本年鉴获中国史学会东方历史研究出版基金资助

1998 中国历史学年鉴

生活·讀書·新知 三联书店

责任编辑　潘振平
封面设计　钱月华

图书在版编目(CIP)数据

中国历史学年鉴 1998/中国史学会《中国历史学年鉴》编辑部编．－北京：生活·读书·新知三联书店，2000.3
ISBN 7－108－01364－9

Ⅰ．中…　Ⅱ．中…　Ⅲ．历史－研究－中国－年鉴－1998　Ⅳ．K207－54

中国版本图书馆 CIP 数据核字(1999)第 44907 号

生活·讀書·新知三联书店出版发行
(邮编 100010　北京市东城区美术馆东街 22 号)
北京市宏文印刷厂印刷　新华书店经销
2000 年 3 月北京第 1 版　2000 年 3 月北京第 1 次印刷
开本 850×1168 毫米 1/32　印张 20.5
字数 900 千字　印数 0,001—2,000 册
定价 40.00 元

目录

特稿

史学研究

考古文物新发现

现代已故史学家

（按逝世先后为序）

书目、论文索引

世界史论文索引 王　凌

特　稿

民族主义研究浅议

徐　蓝

冷战结束后，随着国际形势的急剧变化，世界性的民族主义潮流异军突起，强烈震撼与冲击着转换中的世界政治格局和重组中的国际关系。不管是发达国家还是发展中国家，都不同程度的受着民族主义的困扰。人们不仅看到苏东地区一批新的民族国家的诞生和民族战争的重演，也看到分裂了几百年的西欧正在沿着经济合作与政治联合的地区民族主义方向发展；不仅看到伊斯兰原教旨主义和泛突厥主义一度高潮迭起，向一些国家的现代世俗文官政府挑战，也看到在发达国家中出现的一些自称少数人集团(minority)的人们开展的争取自我权益的社会运动；而中国则由于90年代国学的复兴，自然也表达了对华夏文明现代化的热忱关怀。

90年代上半期民族主义在世界范围内全方位多层次地高扬，不仅引起了国际社会的普遍关注，也引起了国内外学者对它的新一轮探讨，并因此成为90年代中国学术界的热门话题。1992年在香港和1995年于深圳分别召开了以“民族主义与中国的现代化”和“世纪之交的民族主义”为题的两个讨论会。前者的主要研究成果收集在刘青峰主编的《民族主义与中国现代化》(中文大学出版社1994年版)一书之中，后者的主要研究成果则在“世纪之交的民族主义”标题下分别发表于1996年第一、二、三期的《战略与管理》之上。此外，除了《战略与管理》在1994年第三、四、五期以“变动中的世界格局与民族主义”为题发表了几组论文外，其他一些杂志也不断刊登了一些引人注目的文章，而北京大学亚非研究所也于1997年召开了“当今民族主义问题学术讨论会”。一时间对民族主义的研究几成显学。这种现象如果出现在80年代，则是难以想像的。

但是应该看到，民族主义问题在90年代之所以显得特别突出，一个重要的原因是由于冷战时期社会主义和资本主义两种尖锐的意识形态冲突的淡化，于是水落石出，其实石头本来就存在。今天，另一个值得注意的突出现象是，不同文化、不同制度国家之间的交往不断加强，不仅各大国基于21世纪的战略考虑纷纷建立起一系列高层对话和“伙伴关系”，而且近190个国家都希望在联合国、世界银行、国际货币基金组织等国际组织的作用下加强协作和共同解决问题，一些因民族主义而引起的地区热点有所降温（尽管也有反复），这必将进一步引导各国民族主义的健康发展。

从对民族主义的探讨中我们发现，它涵义宽泛，内容复杂。造成这种既宽泛又复杂的原因，一方面在于它在现实中就是如此，另一方面则是被各种文献搞复杂的，诸如语言学的、历史学的、民俗学的、文化人类学的，以及政治学的，等等。但是从目前来看，无论是就现实的关注而言，还是就学术本身的发展而言，在民族主义问题上都需要简约思维的方法。根据这种原则，本文对近几年来国内有关民族主义研究的一些主要问题予以评介，不妥之处，恳请指教。

一、对民族主义概念的解析

尽管许多学者都发现，把民族主义的所有特征汇集起来，或给民族主义下一个确切的定义是相当困难的事，但是为了说明民族主义的涵义并尽可能避免在研究中造成混乱，一些学者还是从词源学、语言学和民族主义的起源方面进行了探讨，并得出了现代民族主义既是意识形态又是实践运动的结论，尽管一些人对前者更为强调。如：王逸舟在《民族主义概念的现代思考》（《战略与管理》1994年第3期）中认为，民族主义表达了一种强烈的、通常已经意识形态化了的族际情感。它有时作为一种思想状态，吸引着族内每个个人忠诚和报效热情；它有时变成一种系统化的理论和政策，为实际的民族成长过程提供原则和观念；它有时充当一种运动的口号和象征，起着支持或分裂国家的巨大作用；它还可以有多种变形，一切视具体的条件和场合而决定。

洪韵姗在《关于民族主义小议》（《社会科学研究》1997年第1期）中认为，民族主义是伴随民族国家的产生和发展而出现并不断壮大，以实现民族利益为终极目标，以民族文化、传统、价值观为凝聚力的一种政治思潮和实践运动。

马瑞映在《论冷战时代的民族主义特点》(《山西师范大学学报》1997年第2期)中认为,民族主义是民族基于同一性的认同,要求独立、统一、自由和发展的思想体系和政治实践。

徐蓝在《关于民族主义的若干历史思考》(《史学理论研究》1997年第3期)中指出,民族主义是近代以来民族在其生存与发展过程中产生的,基于对本民族历史与文化的强烈认同、归属、忠诚的情感与意识之上的,旨在维护本民族权益、实现本民族和民族国家的发展要求的意识形态和实践运动。

上述这些看法,为我们考察民族主义的历史、现状和未来发展提供了相对一致的标准,无论在学术上还是在现实中都可以避免某些不必要的混乱。

二、对民族主义发展轨迹的勾勒

由于人们对民族主义的概念有着各种各样的界定,因此对民族主义形态的划分也就五花八门。但是大多数学者实际上还是以政治、经济、文化来划分民族主义形态的,因此对民族主义发展轨迹的勾画也多以此为主,特别是以政治民族主义的发展变化为其论述的主要问题。在这方面,王缉思《民族与民族主义》(《欧洲》1993年第5期)、尹保云《民族主义与现代经济的发展》和《论民族主义的发展》(分别见《战略与管理》1994年第3期和1996年第1期)、时殷弘《民族主义与国家增生的类型及伦理道德思考》(《战略与管理》1994年第5期)、程人乾《论近代以来的世界民族主义》(《历史研究》1996年第1期)、陈明明《政治发展视角中的民族与民族主义》(《战略与管理》1996年第2期)、张晓刚《民族主义、文化民族主义、第三世界民族主义》(《战略与管理》1996年第3期)、徐蓝《关于民族主义的若干历史思考》(见前引杂志)以及李宏图《西欧近代民族主义思潮研究》(上海社会科学出版社1997年版)等都作了论述,本文不在这里一一赘述,仅综其要点。可以看出,大多数学者都认为,尽管中世纪已有某些民族主义的萌芽,但近代民族主义的发展大致与资产阶级作为新兴社会力量登上历史舞台同步,它一开始就是资产阶级革命时代急风暴雨的产物;18世纪末19世纪初的三大事态:法国革命和人民主权论的学说,德国的浪漫主义和历史主义,工业革命及其引起的社会大转型,给了民族主义发展以直接的推动力;19世纪是民族主义在欧洲发展并取得胜利的时代,也是西欧民族主义的蜕变时期和东方民族主义的萌芽时期;20世纪是民族主义在东方取得全面胜利的时代,也是民族主义在世界范围内全方位多元化发展的时代。

在这里值得提请注意的问题是对社会主义条件下的民族主义的论述。大多数学者都认为,尽管按照马克思主义的传统观点,民族主义是资本主义的产物,属于资产阶级的思想体系,与社会主义的意识形态和社会制度格格不入,但是20世纪世界历史的实际进程却表明,对这种传统观念需要重新审视。

程人乾以原苏联为例,剖析了社会主义条件下的民族主义问题。指出,在社会主义条件下,由于久远的历史原因和复杂的现实因素,不仅社会主义国家内部各民族之间,而且社会主义国家之间,仍存在着民族差异和发展差异,即存在着民族利益的差异,更不用说存在着根深蒂固的民族情感的差异了。正是这种种差异使民族主义在社会主义条件下仍然得以以不同形式顽强地保持着自己的生命力,尽管有时处于潜伏状态,尽管它与社会主义的意识形态和制度并无本质的必然的联系。(见前引文)

尹保云认为,苏联没有"民族主义",斯大林一边把"民族主义"斥为"资产阶级的",一边在二战以后采取民族同化政策,这一政策又为戈尔巴乔夫以温和的方式所继承。但是从斯大林到戈尔巴乔夫都是用"俄罗斯的民族主义"充当"苏联的民族主义",而真正的苏联民族主义始终没有形成。这种没有建立民族主义的情况同捷克斯洛伐克一样,所以在1985—1989年改革的刺激和经济困难加剧社会矛盾的情况下,俄罗斯人也是分裂苏联的积极推动力量。(见前引文)

薛衔天在《试论俄罗斯民族主义与苏联解体》(《东亚中欧研究》1996年第3期)中进一步指出,俄罗斯民族文化回归主义,对外事务的民族孤立主义和经济上的民族自立主义相互影响和融合所形成的新的俄罗斯民族主义思想——民族本位主义,是导致俄罗斯脱离联邦,苏联解体的重要因素。

在经济民族主义的研究中,较有代表性的是江时学《论拉美民族主义的兴衰》(《战略与管理》1996年第3期),作者论述了拉丁美洲民族主义从殖民地时期的"本土主义"到20世纪的"泛拉丁美洲主义"和"经济民族主义”(“发展民族主义”)的发展过程,认为二战后尤其是60—70年代,以国有化和反对美国干涉与控制的拉美经济民族主义呈现出十分强劲的势头,在此期间军人在推动民族主义方面发挥着不容忽视的作用;而80年代末和90年代初以国有企业私有化、积极发展与美国的关系和吸引更多外资为主要内容的拉美经济改革,则向人们提出了需要进一步思考的问题,即如何认识民族主义与依附论之间的关系,以及如何处理民族主义与全球主义的关系问题。

在文化民族主义方面,许多学者以中国为例进行探讨,本文将在后面专题介绍。

三、对民族主义消极作用的分析

在研究过程中,几乎每位学者都对民族主义的“双刃剑”作用,即对民族主义在反对强权政治,培养民主平等意识,增进社会凝聚力,争取民族独立主权,发展民族经济,维护本民族的文化价值观等方面所具有的积极作用,以及在民族分裂与强行民族同化,对外扩张与盲目排外等方面的消极作用给予了论述,特别是对民族主义的消极因素进行了较深入地探讨。

宁骚在《民族与国家》(北京大学出版社1995年版)中对成为民族主义基础的“一个民族一个国家”的理论界定提出疑问。认为以往国内外的许多理论家大多都是从国家的民族构成上去界定“民族国家”,实际上是将它等同于“单一民族成分的国家”,但是在现实生活中,绝大多数都是“多民族国家”。一个民族建立一个国家,这只是资本主义上升时期西方思想家为适应国内经济发展而提出的一种理想的国家模式。实际上被人们当作“民族国家”典范的英法等国,其民族构成也并非单一,至于二战后建立的大批新兴民族国家,民族构成更为复杂。于是在理论上便出现了矛盾:一方面认为民族国家已成为世界性的国家体系,是国际关系和国际法的根本主题;另一方面绝大多数国家又是“多民族国家”,而并非“单一民族国家”。为了克服这一矛盾,作者认为只有从实际出发,对“民族国家”重作界定,即所谓“民族国家”,就是建立起统一的中央集权制政府的,具有统一的民族阶级利益以及同质的国民文化的、由本国的统治阶级治理并在法律上代表全体国民的主权国家。在这里,民族构成并非本质内容。因此毛泽东在《中国革命和中国共产党》中在说明“中国是一个由多民族结合而成的拥有广大人口的国家”的同时，强调“中国是一个伟大的民族国家”，就不但在学术上而且在现实方面具有重大意义。

尹保云指出，法国18世纪的民族主义的人权内核(human rights)包括两个方面：社会个人的权利和集团的权利，即一个民族一个国家的理想。这两个方面一起构成了早期的“民族自决”理论。但一个民族一个国家的思想是18世纪民族主义思想中的消极因素，它势必导致两个难以解决的问题：一个是领土收复主义，一个是国家内部的种族分离主义。历史上的人口迁徙所造成的种族杂居，很难做到一个族体一个国家，若强行为之必然带来无休止的种族纷争和战争，以人种血缘的纯粹性来规定现代国家，可以说是人类文明的一个倒退。18世纪法国民族主义中的这一消极因素，在欧洲大陆上越往东越是走向极端化，最终发展为本世纪希特勒的种族同质化运动(见前引文《论民族主义的发展》)。

时殷弘通过对历史的考察，认为民族主义蕴涵着非理性与暴力冲突的倾向。19世纪和20世纪的国际关系史差不多主要由创立和巩固民族国家的斗争构成，而在民族主义激励下的国家增生(即独立国家数目的增加)往往引发战争，通过战争来实现，并播下国家独立后冲突的种子。二战后特别是近几年来的民族分裂、归并，及多民族国家的瓦解，有些是非正义的，因为它们主要是为了本民族的自决而侵害了其他民族的正当权益，甚至实行民族压迫和残杀，使族际或国家交往无平等与和平可言。(见前引文)

对民族主义发展轨迹的勾勒和对民族主义“双刃剑”作用的分析，使我们更清楚地认识到，民族主义的确是世界历史进程中最重要、最引人注目的动力之一。凡近现代历史上具有世界性影响的重大政治事态，从宗教改革到法国大革命和拿破仑战争，从德意志统一到两次世界大战的爆发，从二战后殖民帝国的崩溃到前苏联的瓦解，几乎无一不与民族主义相关。在当今的冷战后时代，被许多人视为世界政治特征之一的无序倾向，也与民族主义密切相连。因此对民族主义与国际关系的研究，也就成为当前学术界讨论的重要课题。

四、对民族主义与国际关系的阐述

冷战后的今天，世界范围内民族主义的大规模泛化张扬，与塑造新的国际关系和国际格局的要求，与世界经济一体化和人类生活全球化的趋势，形成了十分突出的相悖现象。因此探讨民族主义与国际关系发展变化的关系，以及民族主义与全球化的关系，也成为许多学者研究的课题。

在民族主义与国际关系发展变化的历史方面，郭少棠在《西方的巨变1800—1980》(香港教育图书公司 1993 年版)一书中，系统论证了民族国家与国际秩序的关系。指出主权是民族国家建立的基石，同时也是“双刃剑”，既是统摄民族国家“内部”的至高原则，也是主宰民族国家“外部”秩序的关键，只有在一个较诸国家更宽更广的国际体系中，国家主权受到其他国家的尊重，才能体现“主权国”的地位。列国在对等的基础上相互尊重，从主权国家投射出现代的国际关系与国际体系。作者评述了 19 世纪民族国家之间国际关系的建立过程，分析了 1815 年西方创始的、为保证欧洲免于战乱的欧洲协调和势力平衡原则的运作与失败，阐释了 20 世纪西方开始的集体安全的国际政治的运作方式和过程，以及各种类型的国际组织与合作机制的建立对人类走进环球时代的世界秩序的影响，从而勾画出国际政治与国际体系自 19 世纪以降从西方走向世界、不断容纳新独立的民族国家，终于演化成具有环球史意义的国际秩序的历史进程。

在民族主义对现实国际关系的影响方面，熊家学《冷战后的民族主义浪潮及其影响》(《湖南师范大学学报》1996 年第 1 期)认为，在民族主义的作用下，一些地区的民族问题得以解决，这对确立公正的国际政治新秩序有一定的积极意义，丰富了国际关系的内容；这次民族主义浪潮对国际战略力量的配置和新的世界格局的形成也将产生重大影响。但是它对世界的和平与发展也带来了严重损害，它加剧了地区冲突，使国际经济合作受到干扰，与世界经济一体化背道而驰，并加剧了逆裁军倾向，还使一系列国际关系的准则：国家主权原则，非战原则，领土与边界不可侵犯原则，不干涉别国内政等原则受到挑战。今天民族主义的这种负面影响更为重要。

在民族主义与全球化方面，张树青《关于当前民族主义现象特征及起因的思考》(《西北史地》1996 年第 3 期)指出，全球化带来的不仅是开放、融合与一致，也伴随着某种损害、筛选与淘汰；全球化是对传统的国际关系，对国家主权及其他权利，对以国界标示人类活动区别的规则的一种深入持久的挑战。对于一个民族国家来说，地区组织、国际机构数量的增多，规模的扩大以及权力的升级，只能意味着原有的绝对主权、绝对利益的丧失，而作为一种反弹，民族主义的兴起就成为一种必然。当前的全球化无论从哪一方面来说，均带有浓厚的西化色彩，这对于欧美发达国家来说，不仅受冲击较小，甚至在某种程度上处于领导地位，因此往往干涉主义和霸权主义滋生膨胀；但对欠发达国家来说，这种全球化就不尽然是一个值得高歌迈进的过程，而被其视为对本民族生存的威胁与挑战，因此它招致的显然不可能是应和而是反抗，民族主义就是最有利最方便的惟一反抗武器。

洪韵姗认为，世纪之交的突出特点是世界经济的全球化随着信息技术革命而迅速发展，成为不可阻挡的强劲趋势。世界经济正被几百个全球网络化的跨国公司所控制，这些可以轻易地突破时间、空间、国界、语言、习俗与意识形态的跨国工商企业正在形成一个新的世界经济体系。这种现象正在悄然地侵蚀着民族国家的某些主权，削弱民族国家对本国经济、政治、文化的控制力，影响某些领导的决策。有人断言民族国家的内涵将发生某种变化。民族主义的高涨同全球化的趋势，同解决全人类共同问题的要求是相悖的，是不符合时代的大潮流的，马克思的“挖掉工业的民族基础”的断言正在成为事实。（见前引文）

徐蓝指出，如果我们仅仅把民族主义和世界经济一体化和人类生活全球化看作是相互对立的力量，认为前者加剧分裂，后者促进统一，是过于简单的。实际上，民族主义作为资本主义发展的产物和推动资本主义经济从欧洲走向世界的力量，是全球经济一体化的主动力之一。当前经济的全球化之所以未能削弱民族主义，其深层次的原因主要有两点：其一，民族国家作为今天全球一体化的行为主体和参与力量，必然把追求国家利益，增强本民族的发展能力和生存能力作为其行动的出发点和根本任务，而国际经济一体化过程中竞争烈度的不断加强，以及各国为了在竞争中最大程度地获得利益和最小程度地减少损失，以维护国家的主权和尊严，必然高举民族主义的旗帜。其二，在旧的国际经济秩序下世界各民族国家之间发展的不平衡性是民族主义长期存在的根本原因。可以说当前第三世界民族主义的高扬不仅包含着对原有不平等国际经济秩序的极大无奈，也是对大国控制世界、垄断各种利益的旧秩序的坚决抗争。（见前引文）

通过对民族主义与国际关系的探讨，可以肯定，今天在建立新的国际政治经济秩序的过程中，民族主义在有效捍卫国家主权、维护国家经济权益、保护本国的生存与发展空间方面，在振奋民族精神和推动民族民主运动方面，其作用是不容忽视的。但民族主义的张扬也必须有一个合理的限度。特别是在和平与发展成为世界历史发展主潮流的今天，对这一问题的强调就更有必要。时代的特征和主题决定了民族主义的消极方面应当也必将会受到更多的限制。

五、关于中国的民族主义问题

在当代中国现代化的进程中民族主义思潮的回归引起了学术界的关注，特别是注意到中国民族主义的文化层面，并对中国传统文化中的天下主义的命运问题，以及儒家文化作为中国的传统文化与中国民族主义的关系问题，进行了探讨与论述。

盛洪《从民族主义到天下主义》(《战略与管理》1996 年第 1 期)论证了中国文化传统中的天下主义的内涵与近代民族主义的关系。认为中国历史的独特发展道路使中国的文化传统中具有天下主义的内涵，这与欧洲的文化以民族主义为主导不同；近代中国之所以败于西方，其根本的原因是文化上的，即一个天下主义的文化必然要败在民族主义的文化手下；为了民族的生存，近代中国的选择只能是唤起民族主义的意识，而近代中国以抗日战争胜利为最高标志的民族主义的“觉醒”，不仅使中国的命运有了根本性的转机，同时也是天下主义的衰落，是为了民族的生存而抛弃了民族的文化；尽管中国人在近代以来转而采用民族主义，但这种民族主义是在天下主义的背景之下的，是具有防御性的包含了天下主义的民族主义。

萧功秦在《民族主义与中国转型时期的意识形态》和《中国民族主义的历史与前景》(《战略与管理》1994 年第 4 期和 1996 年第 2 期)两文中，从学理与现实方面，论证了中国当代的现代化可以启用以儒家主流文化为基础的民族主义作为社会凝聚与整合的新资源的问题；并认为由于近代中国的民族主义产生的原因主要是与民族面临生存危机所作出的反应有关，其类型的特点是应激—自卫型民族主义，加之儒学这种主流文化形态，这就决定了 21 世纪的中国民族主义并不具有非理性的狂热性、扩张性和易爆性。作者还认为，中国的历史地理与文化使民族主义所发挥的动员力相当有限；中国作为多民族的国家共同体，使“民族主义”这一语汇的运用将受到相当严格的限定；民族主义的内涵只能继续以“爱国主义”来表达。

皮明勇《民族主义与儒家文化——从梁启超的民族主义理论及其困境谈起》(《战略与管理》1996年第2期)则对梁启超的民族主义理论以及该理论体系的困境进行了评介。作者认为，梁启超的民族主义理论在近代中国具有代表性，后来的民族主义理论都从此演绎而来；如果说民族主义在将来一定时期内有可能在中国形成一个新的思潮或运动的话，中国传统的主体文化儒家文化则无论从哪个角度说，都必然会对之产生重要的影响，而且在当今中国，儒家文化在社会的某些层面已经开始恢复发挥自己的整合作用。但作者认为，儒家文化作为一个庞大体系，无论是被当作民族主义所予以保护的对象，还是被当作民族主义的工具，都不是十全十美的，一旦将它与民族主义捆在一起，尤其是被当作目的又被当作手段时，就将很难对它的长处和不足作出理性的选择。儒家文化对民族的整合作用具有一定功能，但同时也带来了安于守己不思进取等不良的心理素质，这就是梁启超民族主义理论体系的困境带给今天的重要启示之一。

陈方正《民族主义的剖析：起源、结构与功能》(见《民族主义与中国现代化》)指出，本世纪初中国的民族主义虽然有其弊病，但并非不成功，事实上它所应发挥的最基本功能即建立独立自主国家的功能已经发挥出来了；而且以中国在20—50年代的表现而论，它所发挥的民族主义其实是惊人地有效，即能够在恶劣的国际环境甚至强大的外力侵略下，达到维持民族凝聚力和维护国家独立与自决的目的。它之所以不足以作为进一步文化、经济发展的基础，是由于中国的民族主义本身有严重的内在限制：它在过去有限度的效能并不是今后继续发展的依据。作者认为，作为一个最早完成了多个阶段民族与文化融合的大国，中国今天最有条件去发展的应该是以一个普世性的政治架构为基础的多民族、多文化、多元国家。

陈少明《民族主义：复兴之道？》(《东方》1996年第2期)对中国近代历史上以康有为为代表的大同主义与当代中国的改革开放的关系进行了论述。作者认为，中国近代史是今天民族主义主张灵感的源泉，近代中国对民族危机的反应有两条不同的路线，一条是以康有为为代表的试图通过制度的改革来满足普遍价值追求的大同主义，即改革主义；一条是以章太炎为代表的通过历史文化的梳理来塑造民族灵魂振奋民族信心的国粹主义，即保守主义，又被当作民族主义，而前者实际上是拯救民族危机的战略。近代以来，正是“改革—大同”的思想路线为中华民族摆脱危机，传统中国走入现代世界起更决定性的作用，这是今日民族主义需要加以考虑的历史前提。作者还认为，民族主义是陷入民族危机时不得已的法宝，但滥用不得；大同主义和民族主义者一样，都希望民族复兴国家强盛，在这一点上，双方都具有一份中国情怀。但具体主张的差别，可以导出不同的结果。提倡大同主义，说到底，是对改革开放方向的不可逆转持一种更支持的立场。

90年代的世界与中国的变迁表明，“民族主义”作为一个跨世纪的话题，其热度远未消退，它对未来世界可能产生的深刻影响已越来越引起人们的重视，因此对它的研究应当也必将越来越得到深化。

——（作者为首都师范大学历史系教授）

香港的史学研究

郭少棠 邹重华 董 群

一

1927年香港大学中文系之建立，当为严格意义上香港史学（限于华人）之发端。香港富商冯平山为鼓励和发展国学研究，捐资10万元在港大兴建“冯平山中文图书馆”，于1932年完工，发展成为香港最重要的中国史籍资料库。初期的中文系师资，多是从国内来港的清廷遗臣及名儒学者，如赖际熙、区大典、朱汝珍等，学术局限在旧国学范围。1935年，学贯中西的著名学者许地山从燕京大学南来，应聘为港大中文系主任，按西方汉学之体系，将中文系改组为文、史、哲三科，使原来只侧重朝代更替的单一政治史，又增添了宗教史、文化史、交通史等领域。许氏本精于佛、道二教史，来港后又对香港史产生了兴趣。许氏在港大，直至1941年8月逝世。1939年夏，史学大师陈寅恪离开西南联大，由昆明抵港，欲赴英国牛津大学出任汉学教授，值二战爆发，未能成行。1940年夏，陈氏由昆明再至港，仍未能赴英国，乃应聘为香港大学中文系客座教授。陈氏在港撰成《唐代政治史略稿》，后在重庆印行时易名为《唐代政治史述论稿》。陈氏在港撰成的论著尚有《读东城老父传》、《读莺莺传》和《魏书司马睿传江东民族条释证及推论》等文。许地山逝世后，陈寅恪继任为港大中文系主任。1941年12月8日太平洋战争爆发，香港为日本人占领，陈先生离港大闲居，力拒日本人邀其筹办东方文化学院之请，于1942年5月回到内地。总体而言，1949年以前之香港史学，尚处于草创阶段，可述者不多。

二

香港史学的发展，1949 年是一个重要的界标。这一年，一批学者由中国大陆来港，如钱穆、罗香林、简又文、左舜生、饶宗颐等，大陆之史学，因此部分转移到了香港，香港史学从此进入了一个较大发展期。1952 年，港大聘任英籍汉学家林仰山教授（F. S. Drake）主持中文系（林氏前此曾任教山东齐鲁大学），延聘罗、饶二氏任教，成为港大传授中国史的主要教授，历年造就双语文史哲人才不少。钱、简二氏则被聘为港大东方文化研究院研究员。钱穆等人又创办新亚书院，培养了余英时等一批史学人才。1963 年，新亚书院与崇基学院、联合书院合并，组成香港中文大学（以下简称“中大”）。钱氏等乃另立新亚研究所，继续培养史学人才。60 年代前后，牟润孙、严耕望、全汉升、李定一、王德昭、陈荆和、王曾才等亦由台湾、南洋等地来港，执教于香港大专院校，进一步充实了香港史学队伍的力量。六七十年代，一批在本港培养的学者登上大专讲台。70 年代以后，一批在本港接受基础训练的学子负笈欧美，获得博士学位后，返港进入大学担任教职。有的在海外从事教学研究一段时间以后，于八九十年代亦回港执教。同时，亦有台湾留美学人来港执教。这些学者兼有中国与西方两种学术研究的训练，为香港的史学研究注入了新的成分。70 年代，尤其是 80 年代以后，一些海外知名华人学者先后应聘来港执教，如余英时出任香港中文大学新亚书院院长两年，陶晋生、许倬云、陈学霖先后出任香港中文大学历史系讲座教授，陈氏并兼任系主任，王赓武出任香港大学校长，丁邦新出任香港科技大学人文学院院长等，大大提升了香港史学的国际地位。这种趋势还在延续，如旅美著名思想史学者张灏，将于 1998 年秋季应聘到香港科技大学执教。大陆开放以来，亦有少量学者移居香港，在大专院校从事教研工作。目前，除香港中文大学历史系、香港大学中文系和历史系、香港浸会大学历史系外，香港科技大学人文学部、香港城市大学、香港理工大学、岭南学院、香港公开进修大学、香港教育学院等政府资助院校，均有史学专业的教师，参与相关教研的工作。私立的树仁学院、珠海书院亦设有历史系，新亚研究所开办有历史学研究生课程。概而言之，至 70 年代末中国大陆开放以前，香港史学界与台湾及海外学者的联系较多。大陆开放以后，两地交往日多，香港史学界形成与大陆、台湾及海外学者全方位交流的局面。

三

以下对香港史学研究的情况分三大类作简略介绍。

(一)中国专题史研究

中国史学史　从研究范围及成就而言,以明清及现代为重点,成果较丰。以研究者而论,分为两类:一为长期在港学者如饶宗颐、许冠三、汪宗衍、牟润孙、周亿孚、刘伟民、赵令扬、罗炳绵、何冠彪等,另一类为曾在本港居留者如钱穆、余英时、逯耀东、杜维运等。泛论性的有钱穆的《中国史学之特点》和《中国史学之精神》,牟润孙《从中国的经学看史学》等文。讨论史学上的正统观,有赵令扬《关于历代正统问题之争论》和饶宗颐《中国史学上之正统论——中国史学观念探讨之一》两部著作。中西史学比较研究方面,曾任教于香港大学的杜维运著有《与西方史学家论中国史学》及《中西古代史学比较》两书。关于史学方法,有罗香林《史学方法论》(讲稿本),柳存仁《中国历史研究法》,许冠三《史学与史学方法》,杜维运《史学方法论》,严耕望《治史经验谈》等书。其他论著有钱穆《〈史记〉地名考》,许冠三《刘知几的实录史学》,杜维运《赵翼传》、《清代史学与史家》,许冠三《新史学九十年(1900—)》,逯耀东《中共史学的发展与演变》、《史学危机的呼声》等书。60至80年代,港大中文系有一批硕士论文选题为明清史学,如何冠彪《邵廷采思想研究》(1978),曹光明《潘耒的史学——兼论顾炎武史学的继承》(1985)等。

中国政治制度史　这方面的研究,五六十年代成果较丰。第一代学者以严耕望、徐复观较重要。牟润孙、饶宗颐、王德昭亦有重要论著发表。钱穆主持的新亚书院,有关的硕士论文就有孙国栋《唐代三省制之发展研究》(1957)、罗球庆《北宋兵制之研究》(1957)、陈启云《两晋三省制度之渊源、特色及其演变》(1958)、黄开华《明代土司制度设施与西南开发》(1959)、金中枢《北宋之科举制度)(1960)、梁天锡《宋代祠禄制度研究》(1963)等。孙氏等属第二代学者,从钱穆、牟润孙、罗香林诸先生受学。研究中国政治制度史的,六七十年代,还有林天蔚、曾一民、李弘祺、吕元聪,分别研究宋代相权、唐代考课制度、宋代官学教育制度与科举、清代监察和翰林院等;70年代以后,有严耕望门生廖伯源、苏基朗、刘健明等,分别研究汉代爵位制度、唐前期都督制度、五代枢密院等,刘氏之博士论文为《中唐政府权力转移之研究》(中大,1984)。

中国思想文化史 以儒学的发展为主(一般称新儒学,但钱穆及其弟子余英时不认同此词),以新亚书院和徐复观创办的《民主评论》(1949—1966)为主要阵地,以钱穆、唐君毅、牟宗三、徐复观为代表,张君劢亦三次由台湾来新亚书院讲学。70年代以来,哲学出身的刘述先、劳思光和社会学出身的金耀基,是研究中国思想文化史的重要学者。上述诸人之论著已广为人知,兹从略。中大哲学系的王煜、冯耀明(现任教科技大学),亦有相关论著发表。

中国社会史 以香港社会的地区研究,成绩较为突出。集中研究的课题包括:婚姻、家族及族谱学;人口构成及社会阶层,如客家、蜑民及奴婢、士族;人口及城市发展;社会问题如骚乱及工人运动等。较有代表性的如罗香林及其门人林天蔚、萧国钧、萧国健的族谱研究,罗氏及谢剑的客家研究,科大卫、吴伦霓霞等对新界社会的研究,冼玉仪对香港社团的研究等。中大历史系罗炳绵及弟子游子安,则从事明清社会史的研究。社会学者金耀基、刘创楚、李沛良,人类学者乔健、谢剑、陈其南等,亦有相关的研究成果。近年来,社会史的研究,有历史学、社会学、人类学相整合的趋势,重点研究华南地域社会。

中国妇女史 以本地女性生活史及传统女性观两方面的成果较多,参与者除史学工作者外,也有其他人文、社会学科人士。1985年,香港中文大学创设"性别角色研究计划",1990年易名为"性别研究计划"(Gender Research Programme),成员包括该校文史哲、工商管理、教育、医学、社会科学的教职员,旨在推动跨学科的性别研究,以探讨转变中的香港在社会、经济及文化领域内的两性角色,妇女史是其中一个研究重点。中文大学历史系的叶汉明和浸会大学历史系的黄嫣梨、刘咏聪三位女性学者,在妇女史研究上较为活跃。

宗教史 香港的大专院校和民间宗教团体,都有从事基督教、佛教和道教研究的学者,尤以基督教的研究成就较多。早期以港大简又文和罗香林为代表,70至90年代,先后有吴利明、李志刚、林荣洪、刘洁贞、梁元生、吴梓明、梁家麟、赵天恩、麦炳坤、黄文江等,研究范围包括中国基督教史、地区史、会堂史及人物研究、教会史与其他专史结合的研究。旅港大陆学者刘小枫，亦擅长基督教史。香港中文大学和浸会大学设有宗教系，亦侧重基督教史。近年来，中文大学由梁元生、吴梓明主持，与内地及海外多所高校合作，开展中国基督教大学校史的研究，在教会大学史的资料整理与研究方面都取得相当大的成就。1996年，中文大学崇基学院建立“宗教与中国社会研究中心”，致力推动宗教与中国社会的研究。

（二）中国断代史研究

先秦、秦汉史 这方面以秦简、交通、思想等方面成果较可观。钱穆在北京大学时的秦汉史课堂讲义，于1957年在港以《秦汉史》之名出版，该书写至西汉末，侧重于学术文化和思想的论述。钱氏来港后作有《孔子与春秋》。钱穆先后聘请牟润孙、严耕望两位对秦汉史素有研究的专家由台湾来新亚执教，培育出一批研究生，早期如余英时、陈启云、曹仕邦等，后期有谭宗义、李学铭、廖伯源等人。此外，如饶宗颐、徐复观等，亦就秦汉史的某些问题提出己见。80年代后，一些国内学者来港从事教研工作，发表论著，如曾宪通、王人聪、叶其峰等。主要有饶宗颐、曾宪通合著《云梦秦简日书研究》、宋叙五《西汉货币史初稿》、王人聪、叶其峰《秦汉魏晋南北朝官印研究》等书，严耕望《战国时代列国民风与生计——兼论秦统一天下之背景》、《杨雄所记先秦方言地理区》、余英时《东汉政权之建立与士族大姓之关系》、孙国栋《秦汉思想的特质及其影响》等文。李学铭发表了数篇研究东汉外戚、酷吏的文章。徐复观在港期间，完成《两汉思想史》三卷和《周官成立之时代及其思想性格》。

魏晋南北朝史 前辈学者中有钱穆、牟润孙、牟宗三、饶宗颐、严耕望等，第二代学者有逯耀东、曹仕邦、苏绍兴、杨勇等。研究范围集中于思想、文化、政治制度、社会、宗教等领域，经济方面较薄弱。重要论著有：钱穆《略论魏晋南北朝学术文化与当时门第之关系》、牟润孙《论魏晋以来之崇上谈辩及其影响》二文。牟氏在新亚书院及中文大学指导的硕士论文有：苏庆彬《两汉迄隋入居中国之蕃人研究》、罗炳绵《西晋迄隋战乱之损害》、曹仕邦《论两汉迄南北朝河西之开发与儒学释教进展》、邝利安《两晋南北朝人才地理分布》、逯耀东《论拓拔氏初期文化与其婚姻的演变》、梁凤仪《南朝寒人在中央政府中的地位》。牟宗三研究魏晋玄学，并在港大指导了若干篇研究魏晋玄学与佛教的硕士论文。饶宗颐在港大与罗香林共同指导陈学霖的硕士论文《北朝华化之探讨》，个人指导的论文有苏绍兴《东晋南北朝之文学世族》、杨勇《世说新语校笺》。严耕望在新亚研究所和中大，亦指导了多篇研究魏晋南北朝史的硕士论文。黎明钊近年开始在中大历史系执教，专研秦汉及魏晋政治与社会、家庭制度。

隋唐五代史 第一代学者有罗香林、全汉升、严耕望、牟润孙、饶宗颐等，其中严耕望的唐代交通史研究成绩最为突出。第二代学者以孙国栋、章群为最重要，二人均为钱穆学生。其他如林天蔚、杨远、黄声孚，亦有重要著作。第三代学者主要有曾一民、黄约瑟、杨永安、苏基朗、刘健明等。在研究课题方面，政治史、制度史、军事史、社会史、宗教史方面较有成果，经济史、文化史较薄弱。90年代初，赵雨乐任教于公开大学，先后出版《唐宋变革期军政制度史研究(一)——三班官制之演变》和《唐宋变革期之军政制度——官僚机构与等级之编成》。

宋史研究 交通史方面，有罗香林的《蒲寿庚传》、林天蔚《宋代香药贸易史》、苏基朗《唐宋时代闽南泉州史地论稿》。制度史方面，罗球庆研究宋代军事制度，梁天锡研究宋代祠录、台谏和枢密院制度，金中枢研究宋代科举，三人均在新亚受学。李弘祺于1971—1990年执教于中大历史系，为宋代教育史专家，著有《宋代教育散论》和 *Government Education and Exaninations in Sung China*(中文版名为《宋代官学教育与科举》)。苏基朗近年亦专注于宋代法制史研究。学术思想史方面，侧重于理学(新儒学)的研究，已见前述。罗球庆在中大历史系曾指导多篇硕士论文，如何冠环《论宋太宗朝之赵普》(1979)、曾瑞龙《北宋种氏将门之形成》(1984)，何氏另出版《宋初朋党与太平兴国三年进士》一书。曾瑞龙于1997年开始在中大历史系执教，专研军事史、宋夏关系。罗氏学生并汇编有纪念罗氏荣休的《宋史论文集》。美国亚利桑那大学宋辽金史专家陶晋生，1988—1990年曾出任中大历史系讲座教授。陈学霖近年由美国西雅图华盛顿大学应聘来中大历史系出任讲座教授兼系主任，陈氏治宋辽金元明史，著有《宋史论集》及英文金、元史论著数种。内地学者邹重华由四川大学来中大，在陈氏指导下，完成博士论文《士族与学术——宋代四川学术文化发达原因探讨》。香港从事宋史研究的年轻一代学者，还有许振兴、黄富荣、赵雨乐、王章伟等。

明清史 早期学者有钱穆、罗香林、牟润孙、全汉升、王德昭、陈荆和等。钱氏弟子从事明清史研究的，有余英时、罗炳绵、苏庆彬、杨启樵、黄开华等。港大中文系为明清史研究之重镇，自罗香林以下，先后有赵令扬、马幼垣、黄兆汉、何冠彪、冯锦荣、许振兴等。港大历史系的吕元聪，亦以研究清代前期政治史及制度史著称。珠海书院培养的明清史学者，有罗香林指导的郭永亮、马楚坚，王韶生指导的朱鸿林。朱氏后赴普林斯顿大学师从牟复礼教授，最近由台湾“中央研究院史语所”来中大历史系执教，专长明代思想史。中大历史系陈学霖亦专治明史，早年参与美国哥伦比亚大学之《明人传记计划》，为主要撰稿人之一；近年出版有《刘伯温与哪吒城——北京建城的传说》、《明代人物与传说》。罗炳绵亦治明清史，并指导了一批硕士、博士生。香港浸会大学历史系，现有李金强、刘咏聪从事明清史的研究。

中国近现代史 早期重要学者有港大的罗香林、简又文，新亚和珠海的左舜生。60年代后，有中文大学的黄福銮、李定一、王德昭、王尔敏等，后三人均由台湾应聘来港。70年代，香港浸会学院因司马长风、萧作梁、许冠三、刘家驹等加盟，确立了以中国近现代史为教研重点的风格，延续至今。港大、中大、珠海书院及新亚研究所，培养了超过250名以中国近代史为论题的硕士、博士，出版近代史著作30余种。近20年，举办过数十次国际学术会议。1985年成立“香港中国近代史学会”，出版《香港中国近代史学会会刊》。香港地区中国近代史研究的成就和特色，可概括为如下几点：第一是重视内地和香港的历史关系；第二是重视中国近代化历程的研究；第三是比较强调平衡和开放的史观。

中大历史系先后有王尔敏著《中国近代思想史论》，许冠三著《刘少奇与刘少奇路线》，郭少棠研究五四及文革之批孔、现代中国之个体主义与集体主义，叶汉明研究1937年以前山东农村的农产品商品化，刘义章研究国民党元老胡汉民，何佩然以法国年鉴学派群体生平学方法，对民国时期及当代的社会精英与人文学科学者作系统分析研究。港大历史系有连浩鋈研究民国时期的广东农村经济，陆人龙研究中共党史及清末民初思想史，刘洁贞研究近代政治及外交史，颜清湟研究民国时福建的社会变迁和华侨史，美籍学者程凯礼(K. L. MacPherson)研究上海城市史，陈明銶研究近现代社会经济史、工运史、省港社会运动、民国时期的劳动教育等。浸会大学历史系周佳荣研究梁启超、蔡元培等思想家，林启彦研究清末民初宪政运动及西洋民权思想在中国的传播，鲍绍霖研究近代中西文化交流及中美关系，李金强研究青年党人与民国史学。新亚研究所全汉升研究中国近代经济史，李木妙研究荣氏企业。科技大学蔡志祥研究近代农业经济、宗族与社会变迁等,齐锡生研究军阀政治及国民党在抗战时的活动。公开进修大学的苏维初研究国民党左派,特别是汪系改组派。树仁学院余炎光研究朱执信、廖仲恺等。

(三)本地史及外国史研究

香港史 (1)香港古代史的重建,有赖考古学的发展。香港考古工作已有 60 多年历史,20 世纪 90 年代进入专业化时期,近年来本地考古新发现层出不穷,使香港古史的重建出现重大进展。80 年代以前,香港的考古工作主要由外国人主持。例如 1954 年在九龙李郑屋村发现之汉墓,即由港大之林仰山教授主持发掘。1978 年,著名考古学家郑德坤及林寿晋在香港中文大学中国文化研究所创立中国考古艺术研究中心,1987 年,中大考古队开始积极参与香港地区的田野考古工作,1987—1989 年,发掘大屿山东湾遗址,包括唐、六朝、战国和新石器五个时期文化的序列,最早年代约距今 6000 年前。同年底,与中山大学人类学系合作,在南丫岛大湾遗址发掘了十余座先秦时期的墓葬。伴随香港新机场工程的开展,1992 年中大考古队联同中山大学及陕西考古研究所,分别发掘了白芒和扒头鼓遗址,在白芒首次发现了本地区西汉时期的文化,在扒头鼓发现距今 4000 多年,属新石器时代末期的小型村落。中文大学考古研究中心主任邓聪发表《古代香港历史的新发现》一文,详细介绍香港考古新成就及对香港古史重建的作用,驳斥了香港先民外来说的观点,论证了香港早期文明与大陆母体的密切关系。

(2)早期香港史研究,以洋人为主,叙述香港割让的经过,及香港开埠以后之社会情况。许地山任教香港大学时,对香港史作过一些研究。1949 年以后,罗香林、简又文、饶宗颐对宋元时期香港史作过深入研究。罗氏在港大中文系开设香港前代史,启华人讲授本地史之先河。罗香林又著有《一八四二年前之香港及其对外交通》和《香港与中西文化之交流》。英文著作亦较以前丰富。除港大、中大以外,香港考古学会和香港皇家亚洲学会亦是研究香港史的重要组织。60 年代以后,有林天蔚、霍启昌、叶灵凤、萧国健等研究明清两朝之中西交通及海防,史维理(Peter Wesley-Smith)、刘伟研究香港英属问题,吴伦霓霞、科大卫、郑宇硕、李明等研究新界地区,林天蔚、萧国钧、萧国健等研究族谱。吴伦霓霞对香港早期教育、郭少棠对二次大战后教育亦有研究。近年,吴氏更全面搜集和研究沙田地区的资料，郭氏则逐步出版大陆、香港人口移动和文化转移之关联的研究成果。外籍学者对两次大战期间之香港历史和外资财团在香港的经济发展史，则有较多研究。

西洋史与中西交通史 香港的华人学者自60年代开辟此领域，以中大王德昭、王曾才及港大卫聚贤为代表。王德昭早年就读北京大学，后到台湾任教及留学哈佛，1966年由新加坡转到中文大学历史系任教，为本港培养了不少西洋史学生。其主要著作有《西洋通史》和《历史哲学与中西文化》。王曾才原任教于台湾大学，于1972年应聘到中文大学历史系任教，努力编译西洋近现代史的中文教本，并对中英外交史有深入研究。卫聚贤毕生致力于中美(洲)交通史的研究，力图论证美洲是中国人首先发现的。70年代以来，负笈海外的本港学子陆续归来，在大学教授西洋史，但专门从事研究的学者却不多，执教于中文大学历史系的郭少棠、张学明两位是主要代表。郭氏双重主修19、20世纪欧洲史及中国史，张氏则专攻英国中古政治制度。郭氏强调中西历史的比较研究，并从欧洲历史观照、关心中国的现代化，代表作有《德国现代化新论——权力与自由》、《西方的巨变》、《后冷战国际秩序之形成》；张氏研究宗教在唐帝国和诺曼王朝所扮演的政治角色等，亦致力于中西历史比较和汇通的工作，并译有欧洲近代史大家霍尔本(Hajo Holborn)的《欧洲的没落》及中世纪史权威贺力斯特(C. Warren Hollister)的《西洋中古史》。中大历史系美籍学者卫思丹(Stanley H. Vittoz)专研美国政治传统中的自由主义与民主，Cathy J. Potter专长17世纪前俄国社会文化史。香港西洋史学者在专业训练和语言上较佳，研究质量不差，惟研究人员太少，加强与内地世界史学界的交流，是今后发展的方向。

日本史及中日关系史 1949年以后，甘友兰、左舜生、卫挺生、陶振誉、陈荆和等先后到香港，为早期日本史及中日关系史研究的主要学者，侧重于中日关系。70年代后，在南下学者训练下，一批本港学人成长起来，且多有留学日本的经历。具代表性的学者有谭汝谦、林启彦、周佳荣、陈万雄、陈湛颐等，注重探讨中日相互的作用、近代日本对中国发展的影响，重点放在文化与思想方面。谭汝谦与日本学者合编的《中国译日本书综合目录》、《日本译中国书综合目录》，是中日关系史研究的两部重要工具书。中大历史系美籍学者麦丽淑(Miles F. C. Bobbitt)专长战前日本研究。

东南亚史及海外华人史 50至70年代，有港大罗香林教授著《西婆罗州罗芳伯等所建共和国考》，以及其学生赵令扬、陈璋、陈学霖、罗文编辑之《明实录中之东南亚史料》上下册。1962年，新亚书院增设东南亚研究室，由陈荆和主持，从事东南亚历史、社会及文化的研究，1967年中文大学成立中国文化研究所，下设"中国与东南亚关系组"，1971年在社会人文学科研究所成立东亚研究中心，均由陈荆和主持，出版一批研究成果及整理的史料。中大地理系陈正祥著有《真腊风土记研究》，《香港中文大学中国文化研究所学报》及《联合书院学报》，亦刊有不少关于东南亚史及华侨史的论文。除港大、中大以外，香港还有一些从事这方面研究的学者，如黄福銮、梁子衡、徐松石、冯汝陵、蔡忠同、何若庸、宋哲美、刘芝田、黄枝连等。宋哲美主持的东南亚研究所，于1965年创刊《东南亚学报》，1976年创办《东南亚年鉴》，并出版了一系列的丛书。80年代以来，港大研究东南亚史的国际知名学者有C. M. Turnbull、N. G. Owen、颜清湟、王赓武等。中文大学在80年代举办了几个有关亚洲区华人社会问题的国际研讨会并出版论文集，1990年中大亚太研究所成立，注重亚洲区当代华人社会问题，并设有"海外华人资料研究室"，政治学者郑赤琰主研东南亚问题与华人史。香港浸会学院(现称大学)历史系先后有刘家驹、周佳荣研究东南亚史。香港地平线出版社的《华人月刊》，1981年创刊以来，刊载了大量有关华侨史事和华人问题的文章。90年代以来，香港岭南学院成立亚洲太平洋研究中心，除组织学术活动外，还出版研究专刊。曾在新加坡、美国任教多年的梁元生，返回母校中文大学历史系执教，东南亚史及海外华人史，是他的教研领域之一。

四

自70年代末中国大陆开放以来，香港与内地史学界的学术交流日趋频繁。除双方学者互访、讲学、出席会议以外，特别应指出的是，香港史学界承办的诸多学术会议，在促进两岸三地(大陆和台、港地区)史学界的交流及大陆学者与国际学术界的交流方面，发挥了十分重要的作用。随着1997年香港回归中国，香港与内地的学术互动和合作将更趋频密。香港所扮演的沟通中国大陆史学界与外界交流的桥梁作用，将会进一步加强。进入90年代以来，香港史学界发生了一些新的变化，以新课题的拓展、本地史、区域史为其特点。新课题包括：由传统的分类史、断代史向跨学科分支和比较史学发展，拓展中外文化交流史、全球华人史的研究和性别研究。中文大学历史系近年全面开展比较史教研工作，学术方向相当明确。近年以来，因97回归问题，香港本地史的研究为更多的学者所关注，新的研究领域正不断开拓。与此同时，香港史的研究在内地亦掀起热潮，研究机构纷纷设立，一批研究论著、工具书亦陆续出版，不少高校开设了香港史专题课程。香港学者将香港放到珠江三角洲这个更大的地域范围，与内地学者合作，开展华南区域研究，取得了一些成果，目前这一研究工作还在持续发展。香港与内地的同行，在上述研究领域，有着广阔的合作前景。目前，中文大学由郭少棠主持，与内地史学界合作，正在进行"中国世界史信息网络"的建立工作，以促进中国世界史学界的学术研究与交流。同样的工作，还将扩展到中国史领域。香港的学者，亦更积极地与内地史学界加强联系，如内地的宋史研究会和元史研究会，已吸收了一些香港会员。可以相信，今后香港与内地史学界的交流合作，必将进一步发展，并利用其在资讯和资源上的优势，为两地文化的良性互动，作出较大的贡献。

香港虽然仅为一弹丸之地，但史学研究成就却多有可观。欲在一篇八九千字的文章里全面介绍香港史学概况，难免挂一漏万，尤其没法介绍诸多学者的论著或注明发表、出版资料。欲详细了解香港学者的论著，可参考周佳荣、刘咏聪主编之《当代香港史学研究》(香港三联1994年版)及高明士主编之《中国史研究指南》五册(台北联经1990年版)。笔者亦多参考二书，谨此致谢。

(作者为香港中文大学教授)

史学研究

史学理论

朱政惠

(一)历史学的意义及其走向现实

1997年的史学理论，在如何看待历史学的意义及其功能方面的探讨有更广泛而深入的阐述。彭卫在其新出版的《穿越历史的丛林——史学论》(三联书店1997年4月版)一书中，曾引用俄国文学家赫尔岑的这样一句话："历史的思维是人的世世代代相传的活动，是生气勃勃的真正的科学。"他说，千古兴亡，百年悲欢，留给后人的远不仅是某种直接的借鉴，把历史感完全等同于借鉴，无异于说饮食仅仅是为了果腹。简单地依赖于历史知识，最终只能导致心智的弱化。他强调，在历史的峰峦上登高远眺所拥有的历史感，决不只是一种单纯的观照。王东在《为历史学辩护——漫谈历史智慧》(《天津社会科学》1997年第1期)中则认为：历史的智慧，就其实质来讲，是一种关于人类存在的形式及其本质的智慧。它与哲学智慧一起，构成了人类赖以安身立命的大智慧。但哲学在总体上并不以人类的已有全部经验为惟一指归，它还关注着经验之外的彼岸世界——超验的形而上的世界。从这个意义上来讲，当今世界的各种学科或人类认识自我的各种现有途径或方法中，以人类已有的全部经验为前提，全面关注和整体统摄人的本质和人类终极性问题的，就只有历史学这惟一的学科了。历史认识的特点及历史学的独特学术魅力正在于此。瞿林东在《历史·史学·历史智慧》(《山西师大学报》1997年第4期)文中强调，历史既无情，也无私。历史无情，是因为任何人都不能阻挡历史潮流的前进；历史无私，是因为它总是一如既往地给一代代人留下宝贵的遗产和丰富的智慧而永无止境。

那么，面临新的市场经济背景，历史学又如何发展？任奇正在《史学与公众的统一》(《史学理论研究》1997年第4期)中，提出这样的观点——公众的实践决定史学的发展和效益。他认为，公众的实践既是史学研究活动的前提，也是其基础和必然归宿。公众是历史认识的最终主体，历史学家只是史学研究的主体，是代表公众直接从事史学研究活动，为公众提供史学认识的公仆。雷戈在《社会转型与史学变革》(《史学月刊》1997年第1期)中，从另一角度谈了大体相似的看法。他说，社会转型是一次深刻而又全面的社会革命，为史学认识社会、研究社会提供了深远的背景，为历史学的创造性和批判性提供了一个强大的推动和有力的启示。刘家和在《史学的求真和致用问题》(《学术月刊》1997年第1期)中认为，可以从两个方面研究这个问题。就其分力或者求真与致用的矛盾方面来说，它们彼此之间是可以互相为害的。如果史学的致用超过了一定的限度，也就是超过了史学之真的限度，那么这样的致用就成了滥用。同样，如果史学求真确实远离了致用，以至连间接的致用的作用也不具备，那么这样史学是不可能不逐渐萎缩以至失去存在的可能。所以，史学的求真也不能脱离了致用的极限。

刘修明在《史学工作者的心态转换》(《史学月刊》1997年第3期)中，就如何参加好当前史学研究的问题谈了看法，他说，史学工作者在中国特殊社会条件下的心态转换，不仅是转折中的冷静，纷纭中的沉着，物欲中的淡泊，更要有理想的执著，对未来的追求，对事业的信念。具体说来，就是要沉下去，跳出来。蒋大椿在《为建设而研究历史》(《史学月刊》1997年第3期)中这样写道：处在当代中国的现实条件下，人们已经不再提出“历史科学为无产阶级政治服务”的口号。我们提倡历史科学为社会主义服务，为人民服务。为着更加切合当代的历史条件和更加突出有效地发挥史学的研究功能，“我认为当代中国的历史科学应当为建设而研究历史”。王钟翰就史学研究与人生追求，谈了自己的三点想法：其一，重视人文精神是中国文化的传统和优长，轻视或者看不到文史哲的作用是悲哀的。其二，治史是件苦差，特别需要提倡“板凳要坐十年冷”的精神，急功近利要不得。其三，学术研究也是一种职业。传统史学非常强调治史者的德、才、学、识，要异乎常人，这至少说明并不是每一个人都适合于治史。如果发现搞历史研究不能发挥自己所长,可以改行。一旦决定下来,要以顽强意志坚持下去。这就是敬业精神。(危兆盖《史学研究与人生追求——王钟翰先生访谈录》,《光明日报》1997 年 10 月 4 日)

(二)历史学研究的方法论

坚持马克思主义唯物史观方法论仍旧是当代学者们普遍坚持的看法。于沛在《坚持唯物史观要注重新的实践和新的发展》(《史学理论研究》1997 年第 4 期)的文章中,强调了实践对于唯物史观发展的意义。他认为唯物史观的生命力在于它的实践性,就历史研究而言,在于唯物史观的理论指导,用唯物史观的基本原理去揭示历史矛盾运动的规律,分析复杂的社会历史进程,评价形形色色的历史人物,概括和总结历史的经验和教训等等。唯物史观对当今各流派的史学也发生了巨大影响,20 世纪中外史学史也充分表明了这一点。《史学理论研究》1997 年第 2 期还发表《重视和加强史学理论建设——中国史学如何走向 21 世纪的思考》的编辑部文章,在回顾了 20 世纪中国史学的历程后指出,本世纪中国史学发展的历史,从某种意义上可以说,首先是一部史学理论发展的历史。唯物史观是史学理论的核心,但唯物史观的革命意义并不局限于历史学,而在于"在整个世界史观上实现了变革",那种认为唯物史观即是史学理论的看法,实际上削弱了唯物史观的重大理论指导作用,历史学同社会科学的其他学科一样,需要在唯物史观的指导下,建立有本学科特点的更为具体的理论。田昌五《史学与史家》(《学术研究》1997 年第 4 期)中这样写道:我们一直把历史唯物主义视作史学理论,这是不对的。历史唯物主义只是历史观。属于哲学范畴,史学理论应是史学家如何治史的理论与方法。作为马克思主义史学理论家,就应研究马克思主义史学应有的理论与方法。

有学者还专门探讨了历史哲学的研究问题。刘修明在《学术月刊》1997 年第 1 期撰文《历史研究和历史哲学》,他写道,人类社会的各种活动记载表述为历史,也从一个重要方面体现为哲学思想,并成为哲学的重要组成部分。近代把这种人类历史活动表述和总结的哲学思想,名之曰历史哲学。人类几千年文明史对人的社会关系以及物质与精神生产的记载,总是自觉不自觉地以某种历史哲学为指导。

历史活动、历史记载、历史研究和历史哲学是不可分的。历史研究若不以历史哲学为指导，不会取得突破性的进展。从中国学者来说，历史研究——历史哲学——中国历史哲学，应成为中国史学发展的方向和坐标。

新时期的史学是改革开放的史学，各种各样的新鲜的史学方法在广泛采用。有关这方面的总结和探讨也日渐增加。例如，初雪在《口述史学与民俗学基本伦理管窥》(《国外社会科学》1997 年第 1 期)中，这样评价口述史学陡盛的原因：口述史学的问世，表明史学领域出现了一场深刻的、根本性的变革。首先，口述史学的出现打破了旧有模式，向几千年的传统史学观念提出了挑战。其次，口述史学是现代历史科学长期发展的必然产物，很大程度上反映了历史研究多元化的发展趋势，颇有“后现代”色彩。赵世瑜在《史学月刊》1997 年第 6 期撰写《打破学科畛域与历史学的学科本位》一文，提出，今天已经不应也无法固守某一时期确定下来的历史学学科界限。历史学与其他学科的区别，就在于它研究的是过去的一切，并且通过此发现过去与现实之间的联系。历史学家的工作在于发现和利用各种各样的史料，利用各种各样的概念工具对史料进行多元的解释——发现了说明事实的新材料和对材料及事实做出新的解释。在这里，拓宽学科视野，打破学科畛域就很必要。

路振光在《浅论信息革命对我国史学的影响》(《史学月刊》1997 年第 4 期)中，认为，以计算机技术和现代通信技术为主体的信息革命，已深刻影响到社会的各个领域，史学也不例外。信息革命将促使史学科研手段的现代化、史学作品多样化，加速史学教育的发展和普及。葛志毅在《由社会史引起的史学思考(论史学发展中的科学化与大众化问题)》(《求是学刊》1997 年 5 月)一文中，从另一角度谈了史学的发展手段问题。作者认为，近代史学发展过程中所出现的大众化趋势，主要表现于史学在研究对象、表述形式及发展趋势诸方面，受到来自社会大众方面的制约和影响。随着“新的新史学”的兴起，“微观史”或“日常生活史”日益受到关注，而开始疏远科学，不再像新史学主流那样自称为科学。史学在向科学化迈进的过程中，不能忽视来自社会大众方面的制约和影响，我们在促进现代史学科学化的同时，切莫忘记保留一块大众化的地盘。社会史研究中出现的科学化、大众化问题，在今后的史学发展中值得注意。

（三）中国近现代史学家的学术贡献

在 1997 年的史学理论研究中，对近现代史学家的史学研究的文章，显得相当多，而且还有不少传记，如《〈往事与沉思〉传记丛书》等。

对中国马克思主义史学家的回顾和探讨，是其中的一个较热门的问题。陈其泰认为中国马克思主义史学的成就是巨大的，不但在本世纪史学中占有重要地位，而且在整个中国史学发展长河中有重要地位。评价 20 世纪马克思主义史学的地位，不是说看不到它发展中的曲折、失误，而是在充分看到成长过程中的曲折教训的前提下进行总结。他认为中国马克思主义史学把 20 世纪史学推向更高的发展阶段。1. 出现了为数众多的史学家，开辟了广阔的研究领域，取得了丰富的研究成果。2. 在人才培养、资料整理、刊物创办上都有卓著的成绩。3. 马克思主义史学用辩证唯物主义、历史唯物主义解释历史现象，要比王国维、陈寅恪、陈垣等的成就，整整高出一个时代。4. 在发挥史学社会功能，用历史知识教育人民方面，马克思主义史学的作用也是其他史学流派不能比的。（《中国马克思主义史学历史地位学术讨论会纪要》，《史学史研究》1997 年第 3 期）

刘大年在《革新派先贤祠中的一员》（《近代史研究》1997 年第 4 期）中评论了翦伯赞的品行和对历史学贡献。他认为翦伯赞热情忠厚，刚直不阿，是一位真正的马克思主义历史学老一辈学者，他的马克思主义史学家的风骨值得学习。他特别引用侯外庐在《韧的追求》中对翦伯赞的赞语：翦老是严谨的学者、勇敢的革命斗士、兼备精深的史识和高尚史德，在反革命集团逼供时，宁死不作谤书，铸下了史德的最后一笔记录。他说，翦老这位挚友出于肺腑的评价，公允精当，不可移易。

张剑平在《略论吴玉章在中国马克思主义史学中的地位》（《社会科学研究（成都）》1997 年第 4 期）中说，吴玉章对中国马克思主义史学发展的一个突出贡献，就是对实事求是的提倡，强调历史研究要采取科学的态度。1961 年和 1962 年，他大声疾呼树立严肃的学风，强调史实可信是科学的最基本要求，历史要求事实完全可靠，不允许有任何虚构和夸张，认为“史实务求其真实，评价务求其公允”是治史的座右铭，学术研究要百家争鸣。张剑平认为吴玉章的这番话，是对50年代后期史学界日益滋长的主观主义、教条主义学风的批判，展现了这位学者深厚的史学修养和深透的历史洞察力。

如何客观地评价马克思主义史学家对于中国史学的贡献，是这一年学术研究中，人们关心的问题。蒋大椿在《吕振羽史学的始创性贡献》(《湘潭大学学报》1997年第2期)中，综合了学术界的研究成果和意见，认为吕振羽在中国马克思主义史学发展史上，至少有9个方面的始创性贡献：1. 马克思主义的中国原始社会史研究的开拓者；2. 首创殷代奴隶社会说；3. 西周封建论的最早提出者；4. 中国封建社会内部分期的理论奠基和最初划分；5. 中国资本主义萌芽问题的最早考察者；6. 最早系统具体地探索整个中国社会历史的马克思主义中国通史学家，吕著《简明中国通史》是我国最先出版的马克思主义中国通史著作之一；7. 吕著《中国政治思想史》是用马克思主义系统研究中国思想发展的开山之作；8. 我国马克思主义民族史研究的开拓者；9. 在史料学上，吕振羽是运用马克思主义研究中国古代神话传说以探求历史的第一人。他认为中国马克思主义史学发展史上，李大钊是奠基人，郭沫若是第一位开山大师，吕振羽则是仅次于郭沫若的第二位开山大师。

在老一辈的马克思主义学者中，佟冬也是很有贡献的人物。宋德金在《佟冬与历史学》(《社会科学战线》1997年第4期)中，认为佟冬的突出贡献在于培养了一批优秀的接班者。经过他培养分散在各地的学者，在东北史、辽金史、明清史研究，文献整理以及学术编辑与出版等方面做出了可喜的成绩，为中国历史学的繁荣和发展贡献了力量。

张生力在《黎澍之路》(《史学理论研究》1997年第1期)中，也谈到了史学家的做人和做学问问题。他认为当今的学者要学习黎澍的敢于创新、敢于说真话的史学革新精神。黎澍有句名言，“科学是为真理而斗争的事业，即使冒犯了上帝，也要无所畏惧”。他的后半生为此奋斗了10年，不少史学论著均以独特的风格引起史学界的重视，但他从来不以权威自居，更不迷信别人的权威。不惟上，不惟书，不附和社会上的各种不良风气。他认为学术问题不能以“一言”代“群言”，不能以“一尊”压“百家”。他说：“学术问题绝对不允许搞集中制，有了争论，只能平等讨论，不能服从多数，不能服从个人，不能服从权威，不能服从定论。”这都是从理论上对中国史学发展所作出的贡献。

除了马克思主义史学家,近代实证主义史学家的研究,也是1997年史学理论中关注的内容。学者们试图从对他们的研究中,总结近代史学发展的一些经验和教训。

例如,学者们比较肯定像傅斯年这样的学者的集众研究的工作方式。傅斯年认为,科学史料学研究,仅仅依靠个人的孤立研究,难以完全胜任,“非群力不能为功”。所以他提倡史学的集众研究,并创办史语所,为集众研究提供合适可行的组织方式,以使史家在集体的研究环境中,各展所长,互补所短,相互引会和订正,胜任较大规模的科研项目。研究者指出,这种各展所长而又互相补充、相互切磋的近代集体史学研究的组织方式,与古代史馆的合修“官书”迥异其趣。傅斯年创办和领导的史语所,运用集众研究的方式,不仅在史料学研究上取得一系列重大成果,而且在这种集众研究中,从直接研究和扩充史料着手,培养造就了一大批学有专精的史学大家,对中国史学发展作出了重要而意义深远的贡献。

当代学者如张舜徽等,也受到学者们的关注和研究。王玉德在《张舜徽先生的学术成就与贡献》(《文献》1997年第4期)一文中,对张舜徽的学术成就作了分析和评价。他认为张舜徽的史学研究在海内外已有相当的影响。“六七十年代以来,台湾、日本翻印或翻译了他的著作几十部之多,像《中国古代史籍校读法》、《清人文集别录》等著作都称誉海外。”

(四)中西史学交流和相互取鉴

当我们把当代中国史学放到一个坐标上考察,纵向上看,有个和传统史学关系的处理问题;横向上看,有个与海外各国史学交流、取长补短的问题。在中国马克思主义史学史上,在以马克思主义唯物史观对马克思主义史学发展总体的指导问题上取得了很大成绩,但由于“左”的思潮的影响,教条主义和形式主义的存在,在若干环节上,在与传统史学、近代史学的关系处理上,还是有失误的。第二次世界大战以后,特别是60年代以后,欧美史学发展相当快,各种新的理论、方法论层出不穷,历史研究的理论化、整体化趋势不断加强,历史学新的分支学科不断出现,我们知之甚少,明显吃了大亏。加紧对海外史学的研究尤其是西方史学理论的研究,就是在这样的情况下,在深刻反思的基础上提出来的。

赵晓阳在《西学传入与近代中国历史观念的创新》(《史学理论研究》1997年第2期)中，回顾和分析了取鉴西方先进史学的积极意义。他写道，任何文化形式的产生与发展都是时代的产物。历史学作为社会文化形态的重要组成部分，其运动和发展总要受到某一时代的政治、经济、社会思潮的影响和制约。鸦片战争后日益呈现的文化不适应性，激化了日益增多的否定传统和创造新事物的冲动。西方科学技术、经济文化向她提供了新的生机，中国文化在自己的土地上觉醒过来。石破天惊的时刻给中国带来了近代化的希望，西学成了改造传统文化的契机和利刃。中国史学研究不仅在理论上加深了对史学自身意义的认识，还引起一系列具体史学实践的变化。如历史学研究范围的重新界定、史料范围的重新认识、历史表述方法的更新、历史功能的重新认识、历史研究方法的更新、历史哲学理论的丰富与发展等。

中西史学发展的路径是有区别的，近代中国史学是在西方史学影响下展开其新的眉目的。诚然，在深重的历史背景的影响下，中国史学发展会有什么特点，这是史学史工作者所关心的。胡逢祥在《试论中西古代史学演变的不同途径与特点》(《学术月刊》1997年第9期)中这样阐述道，由于中国古代史学的发展是沿着同一文化统绪不断延伸、修补和加固的过程，故在治史态度、方法、规范和文书编纂结构等方面，经过几千年的积累，形成了一套根深蒂固的观念或体系。这种体系越是有效和稳定，对封建史学的完善便越有利。但，一旦因社会总体结构发生大变动而需其作出相应的运行机制调整时，这种体系又往往会因稳定性高而显得转换滞重缓慢。在西方，中世纪以前的史学，既无中国古代那样发达，也未形成如此根深蒂固、几千年一脉相延的旧传统，故在经历新的文化机制转换时，反能较快适应。"中西史学的这一特点，在各自近代化的过程中有着明显的反映。"

对国外史学的热心和关注，是新时期史学发展所特有的现象。从这些年史学理论方面的研究文章看，对法国年鉴史学、英国新社会史和美国新经济史、新社会史、新政治史，以及西方马克思主义史学、前苏联史学研究的文章不少。学者们着重探讨当今国外史学发展特点和发展趋势，一方面是出于对研究对象的关注和了解，另一重要目的，在于希望从中总结出有益于促进当代中国史学发展的经验。陈启能在其题为《回到世界文明大道》(《20世纪中国史学笔谈》,《史学月刊》1997年第4期)的文章中,着重谈到这一问题。他写道,所谓回到世界文明大道,主要是针对以往那种长期封闭隔绝状态和改变这种状态并高水平发展史学而言。历史研究与其他学术研究一样,是一个知识不断积累丰富和继承创新的过程,积累、继承不能只局限于本国。只有在吸收、改造国际史学发展新成果的基础上,我们的研究才可能摆脱狭隘的视野和封闭性的思维。

总之,在如何把握马克思主义史学理论、如何正确处理传统史学和国外史学的关系方面,中国的史学工作者都在日益走向成熟,跨出峡谷和困境。

(五)新世纪的史学发展

在世纪之交的时刻,史学理论工作者对即将到来的新世纪的史学理论的建设,也提出了积极的建议。一些理论文章都提到学风建设问题,强调21世纪的中国史学应更重视学风建设。有学者指出,学风问题本质上是思想路线问题。不正视学风,将会影响中国历史学的发展。近年来,有的把学风不正而出现的种种问题视为唯物史观自身存在的问题,因而在是否还以唯物史观为指导思想方面发生动摇;有的不能正面总结历史经验教训,由对过去研究中存在的简单化、公式化、概念化的反感,从重理论轻史料的一个极端走向轻理论重史料的另一个极端;有的因批判了历史学为政治服务的口号,使研究课题远离政治,避开现实,欲"回到乾嘉时代"。关于学风不正,学者们还有不少具体的揭露。林甘泉强调:不论时代如何变化,科学研究必须通过辛勤劳动和刻苦钻研,这是不会改变的。真正有价值的学术著作,往往需要经久磨砺,精益求精,才能传之后世并永远给人以启发。(《新的起点:世纪之交的中国历史学》,《历史研究》1997年第4期)

事实上,这些都涉及到史学研究主体在史学研究中的地位和对史学发展的影响问题。林壁属在1997年的《史学理论研究》撰文《历史认识的主体性与客观真理性》认为,任何形式的历史研究都少不了也缺不得主体的积极参与,历史认识不能排除主体性,相反,要更积极发挥主体的创造性作用。

学者们认为,新世纪的史学发展健康与否,主体性的作用实际已成了很关键的问题。而主体的作用又是多方面的。宋德金在一次学术座谈会上就谈到,外国史学理论、方法的引进与运用,是新时期史学的一大进展。"三论"等自然科学方法及比较史学、计量史学、心理史学、跨学科研究等引起许多学者的兴趣,有的还试图运用这些方法从事具体问题的研究。(《中国马克思主义史学历史地位学术讨论会纪要》)

可以预计,新世纪的中国马克思主义史学将更突出"民族化"、"中国化"、"现代化"的特色。所谓"民族化",就是它将更注重中国传统优秀文化的发掘和优秀的传统文化、传统史学因子的弘扬;所谓"中国化",即是更注重将马克思主义唯物史观理论和中国历史研究实践的具体结合。就是说,不能再出像以往"史学革命"、"文革"史学那样荒唐的问题,以及对唯物史观理论理解的简单化、形式主义问题,对马克思主义史学理论作出中国特色的解释,形成中国马克思主义史学的理论的独有体系;所谓"现代化",就是更注重对海外先进史学和史学理论的考察和借鉴,并以这些人类史学的先进方法和成就,推进当代中国史学的发展,是中国史学和国际先进史学方法接轨,使当代中国马克思主义史学出现一批扬威国际史坛的成果。并且,更关注当代中国的社会主义建设,为中国特色的社会主义建设提供借鉴和咨询。

(作者为华东师大历史系教授)

中国古代社会史

常 建 华

1997年中国古代社会史研究继续深化与拓宽,主要表现在民众意识、信仰的探讨渐开风气,地域社会的研究进一步开展,社会史与地理学、人类学、考古学、宗教学、社会学等学科的对话加强,社会史学科建设的讨论趋向成熟。

一、社会史理论与方法

十年来的中国社会史研究得到进一步地总结和反思。社会学学者周晓虹发表《试论社会史研究的若干理论问题》(《历史研究》1997年第3期)一文,强调社会史的研究对象除了社会结构外,还有另一方面即社会行为。常建华所撰拙文《中国社会史研究十年》(《历史研究》1997年第1期)认为,还历史以血肉的社会生活研究、揭示社会精神面貌的社会文化研究、置社会史于地理空间的区域社会研究,是新时期中国社会史研究的三大特征,并分析了社会史理论中的争论问题,就学科建设表示了看法。葛志毅《由社会史研究引发的史学思考》(《求是学刊》1997年第5期)认为,社会史研究中出现的科学化,亦即借助跨学科研究从相关学科领域吸纳合理因素,是今后史学发展的趋势,但由于史学自身的人文性质特征,以及大众的文化需求对史学发展形式的制约影响,决定了史学的科学化趋势终有一个限度。

社会史与地理学有一定的交叉关系,这在区域社会史研究中尤其明显。王振忠《社会史研究与历史社会地理》(《复旦学报》1997年第1期)一文指出,历史社会地理学以文化环境为研究对象,探讨历史时期各种人群(社会集团)的区域分布,比较人文类型及其形成过程,具有对中国基层社会实态加强理解的意义。地理学与历史学也是时下学术界关心的问题,《读书》1997年第5期围绕"地理学的人文关怀"发表了一组文章,其中唐晓峰的《社会历史研究的地理视角》强调,地理学有"人地关系"还不够,应加上"人与人"的空间关系,指出现在历史人文地理的研究已涉及军事地理、文化村落、疾病分布、商帮研究、地图思想、天下观念、地域宗教、风水思想等,希望国内研究社会历史的同行们,能多关注地理问题。赵世瑜《从空间观察人文与地理学的人文关怀》着重论述了年鉴学派总体史观体现的区域史和生态学问题。

不仅是地理学,人类学对于社会史研究也十分重要,近年来已引起社会史学者的重视。人类学者王铭铭《社会人类学与中国研究》(三联书店版)深入评述了人类学界对中国社区、宗族、市场、民间宗教的研究,对社会史研究者来说,很有参考价值。《读书》1997年第8期以"人类学者的文化视野"为题,发表了一组文章,"编者按"希望,人类学家通过自己的研究,拓展出与历史学和其他社会科学之间"对话"的空间能力,更希望来自其他学科和所有关心中国历史和中国文化变迁的人,能注意人类学的文化视野和由此所获得的感悟。

二、地域社会与环境史学

疾病、灾害与人类关系密切，而且对社会发生种种影响，环境作为生态因素是社会史研究需要考虑的。曹树基《鼠疫流行与华北社会变迁》(《历史研究》1997年第1期)推断，万历九年自山西大同开始的人间鼠疫大流行，造成华北地区人口死亡500万左右。认为万历年间的华北鼠疫大流行使区域经济和社会的发展陷于停滞，崇祯鼠疫则在农民起义中加速了它的传播和扩散。明王朝是在灾荒、民变、鼠疫和清兵的联合下灭亡的。明代后期华北社会变迁可以视为中国北方生物圈变迁的一个组成部分，它是环境与人相互作用的产物。梅莉等的《明清时期中国瘴病分布与变迁》(《中国历史地理论丛》1997年第2期)指出，古籍里所说瘴病主要指具有传染性的流行疾病——恶性疟疾。明清云南和广西是瘴病流行严重区，贵州与广东是流行区，湖广、四川是局部及零星区。文章还探讨了瘴病与经济开发的关系。尹钧科等人著《北京历史自然灾害研究》(中国环境出版社版)一书，系统考察了秦汉至清末的2000余年间发生在北京地区的各种灾害，尤其对明清的各种特大自然灾害作了重点研究。揭示了各种自然灾害发生的时空规律及其相关性，分析了自然灾害发生的原因。马波《清代闽台地区主要灾种的时空特征及其与人类活动的关系述论》(《中国历史地理论丛》1997年第2期)，强调人类的不合理活动是造成灾害的重要原因。

社会生活具有地域性，张晓虹探讨了民俗的地域问题。她在清代陕西婚俗地域分布初步研究》(《陕西师大学报》1997年第2期)依据缔婚过程中缔约程序、迎娶仪式和礼后习俗三项指标，按其地域分布的差异将陕西归为三个婚俗区：即关中区、陕北区和陕南区，并根据内部习俗的异同划分亚区。她又在《明清时期陕西当时民俗的区域差异》(《中国历史地理论丛》1997年第2期)划分出相同的三个区，分区论述了当时民俗的主要特点。康健《明清时期云南民居地域差异的初步研究》(同上)分述了合院式瓦屋、碉房、板屋、竹楼及草屋、竹屋，指出民居的地理差异与自然环境的影响息息相关，民居与经济水平的高低紧密相连，民居区域特点的形成与社会组织的婚姻关系有一定联系。

北京社科院历史所《北京城市生活史》(开明出版社版)分辽金、

元、明、清以及近代5章，系统论述了历史上北京城区居民生活的演变，论述内容包括：北京城区的社会结构、人口、民族、家庭、居民的物质生活和精神生活。杜勇《春秋战国城市发展蠡测》(《四川师院学报》1997年第1期)论述了城市经济特征、类型以及城乡分离运动发生的原因。刘凤云《市廛、寺观与勾栏在城市空间的交错定位——兼论明清城市文化》(《中国人民大学学报》1997年第5期)一文，论述了明清城市商业区、宗教区和娱乐区空间上相互渗透与侵据的情形。王卫平《清代苏州的慈善事业》(《中国史研究》1997年第3期)探讨了苏州官方支持的社会慈善事业、由地方社会创立支持并得到官方支助的慈善机构、士绅或地方有力者支持的慈善活动、工商业者举办的慈善活动。

韩昇《魏晋南北朝的坞堡与村》(《厦门大学学报》1997年第2期)指出，从秦汉乡亭里到隋唐村落制，是中国地方行政制度的一大转变。五胡入据中原与坞壁的普遍兴起，把中国社会瓦解到无以复加的地步，而坞壁的崛起，造成新的豪强门阀政治格局，由此产生了乡村组织为国家政权吸收改造，是中央集权加强与门阀政治衰落的演进过程，表现出国家内在统一的深入发展。关亚新《论金代女真族的村社组织——谋克》(《社会科学辑刊》1997年第2期)论述了谋克的形成、特点及其作用。尹钧科《关于北京郊区村落发展史》(《北京社会科学》1997年第3期)提出，这一课题的研究内容是：各村落出现的历史条件，村落的成因，村落的规模和形态，村落的分布，村落的名称，村落的消失、迁移与合并，北京城市生活与郊区村落的关系，影响北京郊区村落发展的各种因素。

社区划分与城乡关系方面，赵世瑜《庙会与明清以来的城乡关系》(《清史研究》1997年第4期)论述了三个问题：从城隍与土地不同祭祀对象看城乡关系，庙会的商业功能与整合功能上的城乡异同，城乡庙会交融互动及其反映的城乡社会文化联系。张研《试论清代的社区》(《清史研究》1997年第2期)用社会学的分析框架，论述了清代的法定社区、自然社区、功能社区、经济社区等。

冯尔康《清朝前期与末季区域人才的变化——以引见官员、鼎甲、翰林为例》(《历史研究》1997年第1期)率先利用清代丰富的官员履历档案资料，列表统计，比较不同区域官僚人才和科举人才的异同与变化。认为清朝民族政策和科举制度的实行，以及因战争造成的政治变局，均给区域人才的出现和变化以不容忽视的影响。

三、社会习尚与民众意识

属于心态史范畴的民众意识、民间信仰、社会心理，往往同习尚联系在一起，近年来日益受到重视。本年度从丧葬礼俗研究民众死亡观念和宗教观念的几篇论文，将考古资料与宗教学相结合，引人注目。韩国河《论秦汉魏晋时期丧葬礼俗的宗教性》(《中州学刊》1997年第3期)一文，解释画像石墓、壁画墓中明确表示另外一个天上世界的存在，又有“升天或成仙”之景，这是采取“理智化”的结果，天堂和地狱都在来世，思慕和恐惧共存，很好处理死及葬这个环节，成为社会意识形态的一个大问题，原始道教、佛教不约而同都踏入这条道路。山人《道教的兴起与葬俗之理性化变迁》(《中山大学学报》1997年第6期)认为，原始道教反对秦汉厚葬风俗，通过解除神学改变先前的丧葬观念与操作，而两性合气以释罪度厄的观念是道教用以改变墓葬风俗的重要神学手段。此外，关于原始道教与民众观念的关系，方诗铭《黄巾起义的一个道教史的考察》(《史林》1997年第2期)提出，黄巾起义是称为“大道”的原始道教发动的，当社会危机严重之际，《太平经》宣扬劫运来临，将出现一场“善”与“恶”的斗争，“善”将战胜“恶”。张角以“善道”教化，“积善”不但可以免除灾祸，还可以“长生”，借此鼓舞人们的斗志，黄巾成为一支前赴后继“殊不畏死”的战斗队伍。朱瑞熙《宋代的丧葬习俗》(《学术月刊》1997年第2期)指出，宋代薄葬蔚为风气，葬俗中更多地使用纸钱和纸质明器，火葬颇为流行，宋代葬俗受到佛道二教和其他民间迷信很深的影响。

至于佛教与民间信仰的关系，侯旭东《论南北朝时期造像风气产生的原因》(《文史哲》1997年第6期)认为，佛教造像盛行是由于佛经内容对造像兴福的颂扬，兼之上层佛教徒的普遍认同，僧侣游化民间积极宣传造像意义，以及佛教传闻的鼓动，“灵像”的影响，本土偶像崇拜的传统等。严耀中《唐代江南的淫祠与佛教》(《唐研究》1997年第3期)指出，唐代佛教与江南地方崇拜关系的事例中，以将杂神淫祠收伏于佛门之下的形式为多。

民间鬼神信仰方面，徐晓望《略论闽台瘟神信仰起源的若干问题》(《世界宗教研究》1997年第2期)认为，汉代已有可能出现瘟鬼观念，从道教的瘟鬼到民间的瘟神，这一转变是在宋代，而完全定型则是明代，并论述了闽人祭祀瘟神的源流，探讨了“五通”、“五显”与瘟神崇拜的关系。

许兆昌《先秦社会的巫、巫术与祭祀》(《史学集刊》1997年第3期)认为，先秦社会的巫，其功能是降神，巫术已渗入祭祀之中。赵世超《论巫术的兴衰与两汉文化的民间色彩》(《陕西师大学报》1997年第4期)探讨了从颛顼到商周巫术的变化，认为两汉文化具有民间性，与古代巫术密切相关。王子今《西汉长安的“胡巫”》(《民族研究》1997年第5期)讨论了西汉长安“胡巫”的存在和文化影响，指出甚至在以往认为汉文化正统内容的皇家祭祀仪式中，也能够由此发现可以溯源于北方少数民族的文化基因。他认为“胡巫”是“巫蛊之祸”政治变局中的重要角色。

还有人探讨了生殖求爱的观念。吴孙权《卜辞桑祭初探——殷人对两种生产的关注》(《中国社会经济史研究》1997年第2期)指出，桑祭内容主要与农业生产、生育繁衍以及方国战争有关。刘瑞明《敦煌求爱术揭密》(《敦煌研究》1997年第1期)对高国藩所论述的敦煌求爱习俗提出商榷。

此外，王子今《秦汉人的乡土意识》(《中共中央党校学报》1997年第1期)论述了秦汉人对于自己家族和自己本人出生与生活的家乡故土特殊的心理、观念、感情。游子安《明末清初功过格的盛行及善书所反映的江南社会》(《中国史研究》1997年第4期)一文，指出明末清初善书抨击淫靡风气和低假银现象，清初善书既告诫乡绅体恤佃仆，也劝谕他们行善积德。

张国庆、朴忠国《辽代契丹习俗史》(辽宁民族出版社版)论述了生产、生活、人生、社会、娱乐、宗教信仰习俗以及契丹习俗文化源流。任爱云发表了《辽代契丹生活中“用筹决事”的习俗》(《北方文物》1997年第4期)一文。李吟屏《古代西域的自然崇拜》(《西域研究》1997年第1期)论述了太阳、天神、河神、树神等自然崇拜，狼、鹿、牛、鼠等动物崇拜。

四、社会组织与群体

杨茂盛《试论中国古代的宗族部落》(《北方文物》1997年第3期)探讨了宗族与氏族、部落的含义及其联系与区别，华夏大地宗族部落制国家的形成、中国北方民族的宗族制国家形成。吴成国《从婚姻论东晋南朝门阀制度的盛衰》(《江汉论坛》1997年第9期)论述了身份内婚制与士族的衰落、国婚与士族被皇室逐步抛弃、吴土婚姻与俗吴通婚问题。张琳《南朝时期的雍州中下层豪族》(《武汉大学学报》1997 年第 6 期)指出,从刘宋到萧梁,雍州中下层豪族在政治、军事上经历了一个兴起、极盛、式微的发展过程。高诗敏《范阳卢氏形成冠冕之首的诸因素》(《首都师大学报》1997 年第 2 期)强调婚姻是重要因素。刘安志《唐朝吐蕃占领沙州时期的敦煌大族》(《中国史研究》1997 年第 3 期)考察了敦煌大族的活动及表现、作用和影响。

明清宗族的研究成果众多,且具有地域性的特色。江苏地区,吴仁安《明清时期上海地区的著姓望族》(上海人民出版社版)介绍了 20 个著姓望族以及 300 多个家族的门祚,阐述了望族形成的条件、发展变化及其社会影响。王培华《明中期吴中故家大族的盛衰》(《安徽史学》1997 年第 3 期)认为,成化、弘治时兴盛的故家大族于正德、嘉靖时式微,原因在于繁重的赋役和抗倭负担,而不衰与衰而复振的大族则是由于靠子弟入仕而取得优免赋役的好处。安徽地区,朴元熇《从柳山方氏看明代徽州宗族组织的扩大》(《历史研究》1997 年第 1 期)是有关明代宗族组织扩大的社会经济契机和原因的个案分析,认为方氏与吴氏、潘氏之间的祀产纠纷是由徽州的土地与人口之间的矛盾造成的,也反映了明中叶以后乡村社会的失衡状况。以此契机,宗族绅士带头发起修筑家庙的运动,嘉靖十五年朝廷允许士民祭祀始祖,进一步促进了乡村社会的同族结合。万历三十年歙县方氏缔结十派合同,联合起来对付乡村社会激烈的社会变动。唐力行《论徽州宗族社会的变迁与徽商的勃兴》(《中国社会经济史研究》1997 年第 2 期)认为明清徽州地域形成了宗族组织、文化科举和商业经营间的良性互动,宗族居于核心地位。赵华富《徽州宗族族规家法》(《首届国际徽学学术讨论会论文集》黄山书社版)探讨了徽州族规家法的制定、执行和特点,阶级本质,精华。广东地区,叶显恩、韦庆远《从族谱看珠江的宗族伦理与宗族制的特点》(《学术研究》1997 年第 12 期)认为,珠江三角洲的宗族制与商品经济互相适应,其宗族制的特点是:经济功能扩大;由于受到商业功利性的宗族伦理支配,没有严格按照以父系为中心的血缘关系组织宗族制;虚拟宗族流行。断代的通论,有曹凤祥《论明代族田》(《社会科学战线》1997 年第 2 期)一文,论述了族田的兴起与发展、类型、管理与经营、特点、作用以及朝廷对族田的态度。

王日根《明清庶民家族延续发

展的内在机制》(《中国社会经济史研究》1997年第2期)指出,以责权兼具代替单纯权利分家,以严格缜密的制度管理替代眩人的政治威势,以多元资源替代传统的单一资源,是庶民地主家族在官僚地主外取得较大发展的内在机制。吴霓《明清南方地区家族教育考察》(《中国史研究》1997年第3期)探讨了两级教育的目的、阶段,科举入仕是家族教育的热点,家族教育相当专门的教育经费等问题。

杨际平等《五——十世纪敦煌的家庭与家族关系》(岳麓书社版)使用大量敦煌文书,细致论述了魏晋南北朝隋唐时期敦煌的家庭结构、家庭功能、家族关系与社会生活、家庭政治功能与聚族活动密切相关的敦煌边民的文化心态。李伯重《“男耕女织”与“妇女半边天”角色的形成》(《中国经济史研究》1997年第3期)指出,明清江南男耕女织的背景是农家男女劳动的专业化条件;比较了男女劳动生产率;认为“男耕女织”是近代以前江南农家劳动安排的最佳模式,江南农家妇女起到了半边天的作用。黎小龙《论中国封建“义门”同居大家庭的产生》(《山东师大学报》1997年第4期)论述了“义门”的产生过程和早期义门的门第。

有几篇文章论述了行会、会馆兴起的原因,魏天安《行商坐贾与宋代行会的形成》(《中州学刊》1997年第1期)认为,宋代坐贾经济力量迅速发展,具有了行会形成的基本条件,宋代的“行”是中国行会的最初组织形态。张明富《试论明清商人会馆出现的原因》(《东北师大学报》1997年第1期)指出,市场扩大、商人增多,士大夫对商人及商业的认同,为商人会馆的出现提供了历史条件。归属感的需要、捍卫商业利润的推动,把商人会馆的建立提上了议事日程。马斌、陈晓明《明清苏州会馆的兴起》(《学海》1997年第3期)认为,苏州会馆的兴盛主要基于苏州发达的工商业和大量的外来流动人口,会馆的最终目的是为工商业服务。还有几篇论文探讨了不同地区和类型的会馆,刘正刚《试论清代四川南华宫的社会活动》(《暨南大学学报》1997年第4期)指出,清代四川大量出现的南华宫,实质上是广东移民入川后修建的以禅宗六祖慧能祭祀为纽带、凝聚了乡情的移民会馆。清代南华宫分布于四川的92个州县厅内,数量达300所左右,南华宫有自己的组织管理系统与相当大的经济基础,保证其开展各项社会活动,主要通过举办祭祀六祖的庙会、兴办学校,与参予地方事务等活动来不断提高和加强广东移民的地位。刘正刚还发表有《清代广东沿海地区会馆分布考》(《学术研究》1997 年第 12 期)一文。王兴亚《清代河南的商业会馆》(《中州学刊》1997 年第 6 期)指出清代河南会馆在乾嘉时达到极盛,并探讨了会馆的分布、组织及制度、特点和作用。陈尚胜《清代的天后宫与会馆》(《清史研究》1997 年第 3 期)指出,清代后期天后宫的广泛分布和妈祖文化的传播,主要是通过商帮会馆的途径和商业力量推动的。

宁可、郝春文《敦煌社邑文书辑校》(江苏古籍版)是社邑组织资料的重要研究成果。另外,敦煌社会文书研究方面还有赵和平的《敦煌表状笺启类书仪辑校》(江苏古籍版)。秦宝琦《中国传统社会中秘密教门与其他社会群体的关系》(《清史研究》1997 年第 2 期)认为,秘密教门属于民间秘密结社,并对它与宗教、异端教派、农民起义及秘密会党的关系作了探讨。葛庆华《徽州文会初探》(《江淮论坛》1997 年第 4 期)论述了明清徽州文会的类型、管理、功能、文会同会馆的关系、徽商在扬州创办的文会。吴琦《清漕运与民间组织探析》(《华中师大学报》1997 年第 1 期)论述了明清不同阶段漕运水手组织的变化。

马新《两汉乡村管理体系述论》(《山东师大学报》1997 年第 1 期)论述了乡村管理的基本渠道乡,亭与乡村治安管理,里与乡村基层组织。曹国庆《明代乡约推行的特色》(《中国文化研究》1997 年第 1 期)指出,明代乡约是民办和官办的共存、综合性与专门性并举;乡约与保甲、社学、社仓打成一片,建构以乡约为中心的乡治体系;乡约推动了宗约、士约、乡兵约、会约的兴盛与发展;乡约实行则事理民安,虚行则事繁民忧。王日根《明清基层社会管理组织系统论纲》(《清史研究》1997 年第 2 期)论述了家族、乡族、乡约、会社、会馆基层管理组织的形式,以及这些组织的经济依恃和文化活动。

五、社会分类与结构

刘玉堂《楚国的等级结构与阶级关系》(《江汉论坛》1997 年第 3 期)指出,楚国包括等级结构在内的阶级关系应当是王、公、大夫、士、庶人、工商、皂、舆、隶、僚、仆、台、陪台、牧圉。作为被统治阶级主体的庶人指农奴及其他依附农民,春秋前期至战国中期社会性质属于封建社会。高启安《唐宋时期敦煌人名探析》(《敦煌研究》1997 年第 4 期)探讨了敦煌各个阶层各色人等起名特色。

与几十年以来重视主佃关系、地主、农民问题不同，现在对社会各类群体的研究集中于士人。王永平《两汉时期江南士人行迹述略》（《中国史研究》1997 年第 4 期）论述了西汉江南士人的沉寂和东汉江南士人群体的壮大。杜晓勤《唐开元中前期士风之变》（《中国史研究》1997 年第 1 期）认为开元士人具有更为强烈的功名意识、进取精神，人生理想更加雅正。陈得芝《论宋元之际江南士人的思想和政治动向》（《南京大学学报》1997 年第 2 期）指出，随着元朝尊儒重学、优待士人政策的实施，到世祖末成宗初，南士的思想和政治态度发生明显转变，趋于“认同”元朝的统治。

探讨明清士人的论文较多。范金民系统论述了江南进士，《明清江南进士数量、地域分布及其特色分析》（《南京大学学报》1997 年第 2 期）指出，明清江南进士占全国 15.24%，江南进士地域分布集中在苏州、松江、常州、杭州等府的附郭各县的一些世代仕宦的簪缨望族，显示了个别地区和少数家族在科考中非同一般的竞争力。他与夏维中合写的《明清江南进士研究之二——人数众多的原因分析》（《历史档案》1997 年第 4 期）认为江南进士多是凭藉着经济实力，江南社会的好学重教，江南环境之美、条件之优等。范氏《明代江南进士事功述论》（《史学集刊》1997 年第 4 期）论述了明代江南士人正负两方面的活动。许周鹣《论明清吴地儒士的商业意识》（《苏州大学学报》1997 年第 2 期）指出，由于明清吴地商品经济发达，使吴地儒士自觉地认同商业意识。塾师是明清士人的重要职业，韩凝春《明清塾师初探》（《中国社会经济史研究》1997 年第 3 期）从基层塾师身份、职业态度、思想、家计生活及社会活动入手，勾勒了明清塾师的面貌，依据资料以东南地区为主。

有几篇文章从不同角度论述了明清官绅问题。马学强《乡绅与明清上海社会》（《上海社会科学院季刊》1997 年第 1 期）探讨了绅与地方官的关系，乡绅承担的事务以及民抄董宦事件。杨国强《清代的功名与富贵》（《史林》1997 年第 1 期）论述了官绅的生活及社会心理。余新忠《清中后期乡绅的社会救济——苏州丰豫义庄研究》（《南开学报》1997 年第 3 期）指出，乡绅以义庄为依托，试图通过平粜、赈济和推广农业生产技术等手段，维护地方传统秩序及自身长远利益。丰豫义庄的创办既是嘉道时代的要求，也与乡绅个人及其家族的道德观念和社会、政治地位密切相关，反映了清中叶后期江南社会对救济由散赈向制度化发展的一种努力。

农民问题的研究中，孙达人《试给“五口百亩之家”一个新的评价》（《中国史研究》1997 年第 1 期）一文，揭示了战国秦汉时期个体农民生活在完全不同于后来特别是明清以来个体小农的历史条件，如经济方面“五口百亩之家”的农民在生产的规模、结构和效率上具有当时中国乃至世界上的先进性；评估了他们不同于后代的特质，即孔武、进取的特殊气质。呼吁以一种历史的眼光对待中国历史，尤其对待中国农民的过去和未来。

杨师群《东周秦汉私营工商阶层述论》（《社会科学战线》1997 年第 2 期）论述了古代私营工商阶层的兴起、社会作用、属性局限及受到的打击和衰败。杨氏还有《宋代城镇工商阶层述论——与西欧中世纪城市市民的比较研究》（《中国社会经济史研究》1997 年第 1 期）一文。高荣盛《元代匠户散论》（《南京大学学报》1997 年第 1 期）论述了匠户构成、作业形式与身份地位，认为一般来说包括投下私属工匠在内的系官匠户的经济状况较之一般劳动者稍胜一筹。邓亦兵《清代前期的官商》（《北京社会科学》1997 年第 4 期）认为，受政府招募承担国家经济任务的商人或经营国家专卖商品的商人是为官商。国家把官商作为实行财政政策的工具。官商既受国家给与的经营优惠政策，又受到政府的严格管理和控制。官商的盛衰皆系于此。周致元《“徽商”好儒新解》（《历史档案》1997 年第 2 期）指出，徽商好儒之儒不是单纯的儒家学说，而是广义上对文化生活的总体概括，表现在习经、读史、诗词、书画、音乐、收藏、山水、医学方面。

王青《东汉魏晋南北朝时期职业教徒的阶层分析》（《中国史研究》1997 年第 1 期）认为，影响职业教徒的阶级构成的主要因素是宗教的组织制度，其次是统治者宗教政策，而宗教教义是一个极为微弱的影响因素。

李靖莉《从吐鲁番出土文书看唐代西州部曲》（《中国社会经济史研究》1997 年第 1 期）认为，唐代内地的贱口部曲已经很少，趋于绝迹；但在偏远的西州，这种贱民却有一定比例。赵冈《胥吏与贱民》（《社会科学战线》1997 年第 4 期）指出，清代胥吏虽是贱民，但这些低级公务员已经变为地方上有权势的人士。

妇女，虽是特别分类，却赋于了深刻的社会属性，妇女的研究以论证社会地位为多。王恽《从商代

“牝鸡之晨”现象看商周妇女地位的文化差异》(《陕西师大学报》1997 年第 4 期)论述了西周春秋时代的妇女社会地位低于商代妇女,是因为妇女价值观分属“罗马型”和“希腊型”。王扬《试论汉代妇女在婚姻生活中的自由地位》(《郑州大学学报》1997 年第 5 期)从贞节观、婚姻观、生产中的地位说明,汉代妇女具有较高的自主权。张邦炜《两宋妇女的历史贡献》(《社会科学研究》1997 年第 6 期)指出宋代妇女参与政治、主持家政、发展经济、繁荣文化的贡献,认为笼统地说中国古代妇女“无知识、无职业、无意志、无人性”(陈东原语)不妥。低估两宋妇女社会地位和高估理学对宋代社会的影响,是不能正确评估宋代妇女的两个原因。

六、人口问题

移民研究成果卓著。葛剑雄等著六卷本《中国移民史》(福建人民版)问世,是目前最系统而深入的移民通史。葛剑雄将写作该书过程中对研究方法和手段归纳、总结为《研究中国移民史的基本方法和手段》(《浙江社会科学》1997 年第 4 期)一文,论述了移民史研究要以官方史籍、其他古籍、家谱、地方志等文献的研究为主要手段,并借助考古学、人口学、历史地理学、地名学、语言学和文化人类学的研究手段和成果。移民史的另一著作是孙晓芳《清代前期的移民填四川》(四川大学版),论述了清廷治蜀政策、人口迁徙、土地重新分配、经济的发展、移民姓氏、宗族、谱牒、方言、移民会馆、民居建筑、移民风俗、文化等。

有关人口流动问题的论文方面,周霖《秦汉江南人口流向初探》(《江西师大学报》1997 年第 3 期)指出,流向江西的人口分突发式移民和渐进式移民两种类型,后者是江西人口增加的主体部分。孟古托力《辽代人口的若干问题探析》(《北方文物》1997 年第 4 期)探讨了辽代人口的迁徙和分布。任士英《试论唐朝均田令时代的移民政策》(《中国历史地理论丛》1997 年第 2 期)指出,唐朝建国至唐玄宗时期移民政策意在以土地为手段,将民户固定在户籍上,视土地、人口的分布情况进行有序地移动,根据国家的需要进行有节制地迁徙。曹树基《洪武时期凤阳府的人口迁徙(《安徽史学》1997 年第 3 期)指出,洪武年间凤阳府接受移民总数近 48.8 万人,其中民籍移民 30 万,军籍移民 18.8 万,他们共占凤阳人口总数的近 80%。孔潮丽《明清江南流动人口初探》(《安徽史学》1997年第1期)论述了明清江南流动人口现象、特点、存在原因、社会影响。曾可聪《明清海洋移民菲律宾的变迁》(《中国社会经济史研究》1997年第2期)论述了漳州和泉州移民菲律宾的情况。张敏《明清时期苏州府梨园子弟的播迁》(《复旦学报》1997年第6期)认为,苏州梨园子弟外迁对扬州、北京、上海等迁入地的社会风气带来很大影响。

袁祖亮、尚新丽《三国两晋人口初探》(《郑州大学学报》1997年第5期)对这一时期的人口规模等问题进行了探讨。陈勇、刘秀兰《唐后期长江下游户口考》(《中国史研究》1997年第4期)认为,唐后期长江下游地区的实际户数远远高于政府所掌握的在籍户,元和时官方统计户数的下降,并不意味着实际人口真正地减少。孟古托力《辽朝人口蠡测》(《学习与探索》1997年第5期)经过综合考校,提出天庆四年(1114)辽朝总体人口840万人的结论。王跃生《18世纪中后期中国人口数量变动研究》(《中国人口科学》1997年第4期)对该时期人口数量变动进行了分析,探讨了官方人口统计中存在的漏报现象,对《清实录》中所载人口数字作了必要校正。

(作者为南开大学历史系教授)

中国古代经济史

徐东升　钞晓鸿

1996和1997年中国古代经济史研究取得了可喜成绩。据不完全统计,发表论文约800篇,还有若干有分量的著作问世。论文以商贸、农业方面居多,手工业方面较少,经济思想、城市等方面也有相当数量。著作的覆盖面较大,农业、区域经济、经济思想、商贸方面相对较多。从总体上看,商榷争鸣增多,研究领域和视野在拓宽,研究的广度和深度有所发展,但有些领域,如民族经济史的研究仍需加强。

我们试图以著作和综论性、跨时代研究的论文为主,作简要介绍。

理论·方法·综合研究 吴承明《市场·近代化·经济史论》(云南大学出版社1996年版)主张在马列主义指导下广收博采有关理论和方法,尤其重视经济学理论在经济史研究中的作用。全书着重阐述了他所主张的发展观和内因论,认为市场史理论应建立在生产和交换两极上。秦晖、苏文《田园诗与狂想曲》(中央编译出版社1996年版)提出"关中模式",主张对传统经济形态再认识。认为马克思所理解的封建社会是自然经济下以人的依赖关系为基础的宗法共同体,批评"自由封建主义"者不把人身依附化和自然经济化视为封建化的本质。胡庆钧、廖学盛《早期奴隶制社会比较研究》(中国社会科学出版社1996年版)是奴隶制"必经论"的最新和最有分量的成果。而晁福林《我国文明时代初期社会发展道路及夏代社会性质研究》(《史学理论研究》1996年第2期)则认为原始社会并不必然发展为奴隶制,也可以发展为农奴制。李根蟠评价了学术界对于中国封建社会经济特征的诸多观点,主张从国家、地主、农民三者之间的关系来把握地主制经济体系(《中国封建经济史若干理论观点的逻辑关系及得失浅议》,《中国经济史研究》1997年第3期)。张忠民对《"小生产,大流通"——前近代中国社会再生产的基本模式》(《中国经济史研究》1996年第2期)进行了论述。吴承明《利用粮价变动研究清代的市场整合》(《中国经济史研究》1996年第2期)介绍和比较了利用粮价研究市场整合的各种方法,指出其适用范围和应注意事项。袁林利用计量法作了《甘宁青历史饥荒统计规律研究》(《兰州大学学报》1996年第4期)。此外,《中国经济史研究》1996年第1、2期的"纪念创刊十周年笔谈"文章,不少涉及到经济史的理论和方法。

在综合研究方面,高敏《魏晋南北朝经济史》(上海人民出版社1996年版)系中国古代经济史断代研究之三,内容主要涉及该时期的社会经济总貌、庄园经济、南北方社会的不同发展道路等。田昌五、臧知非《周秦社会结构研究》(西北大学出版社1996年版)从土地制度、农工商经济等诸多方面,以春秋战国为重点,对西周至秦统一前的社会结构做了纵深剖析。胡如雷《隋唐五代社会经济史论稿》(中国社会科学出版社1996年版)是作者的论文集,具有多方面的学术价值。李文澜《略论中国古代社会经济的多层性》(《江汉论坛》1997年第11期)把中国古代社会经济划分为特权奢侈型、非特权富裕型和无特权维持型。张鸿雁从五方面论证中国封建城市经济发展的总体特点(《中国史研究》1997年第3期)。

市场·商贸 丁长清从市场类型、商贸活动、贸易与消费三方面论述了《中国古代的市场与贸易》(商务印书馆国际有限公司1997年版)。龙登高系统论述了《中国传统市场发展史》(人民出版社1997年版)的四个阶段:秦汉及其此前的滥觞与初兴;魏晋南北朝隋唐的曲折发展;五代两宋金元的再度兴盛;明清的成熟。其他如钟兴永《中国集市贸易发展简史》(成都科技大学出版社1996年版)、姜守鹏《明清北方市场研究》(东北师范大学出版社1996年版)等。韩国磐《中国古代的市和市井市肆》(《中国社会经济史研究》1997年第4期)论述了市的涵义和市井、市肆的含义及使用情况,认为"汉以前称市井,汉以后称市肆"之说是不当的。吴承明认为,从传统经济到市场经济有个转变过程;市场机制也有个演变过程,迄今我国尚未完成这种转变(《传统经济·市场经济·现代化》,《中国经济史研究》1997年第2期)。李根蟠《封建地主制形成时期小农与市场的若干问题》(《中国经济史研究》1996年第2期)认为战国时我国农村集市已普遍存在,我国农村集市始于唐宋草市的观点以及战国秦汉已形成区域市场和国内市场的观点均有可商榷之处。许檀《明清时期农村集市的发展及其意义》与《明清时期农村集市的发展》(《中国经济史研究》1996年第2期与1997年第2期)从生产与需求之不同将集市分为四种类型;从多方面论述农村集市发展的作用。邓亦兵考察了清代前期的市镇结构和经济特征,市镇与市、集、墟、场、店、城市的异同(《中国社会经济史研究》1997年第3期)。张彬村认为明清市场发展的困境是需求偏低、交易成本偏高与竞租发达,主张加强对中国市场的研究与正确定位(《中国经济史研究》1997年第1期)。此外,江太新研究了传统市场与土地流向(《中国经济史研究》1996年第2期)、龙登高从多方面揭示了中国传统市场的整合(《中国经济史研究》1997年第2期)。

商贸方面成果丰硕。张景月、刘新风《商史通鉴》(九洲图书出版社1996年版)是贯通古今的编年体商业史资料集,除对原始资料述介外,还有简要评论。经济管理出版社出版了郭正忠的《两宋城乡商品货币经济考略》(1997年)。徐晓望《论小商品经济》一文从"小商品经济"概念出发,指出小商品经济是发达商品经济的基础，但未必导致发达商品经济的产生（《中国经济史研究》1997 年第 2 期）。林甘泉认为秦汉的自然经济与商品经济相结合，以前者占统治地位，农民与市场的联系并没有改变小农经济的自然属性（《中国经济史研究》1997 年第 1 期）。侯旭东认为，东晋南朝小农从事商品生产和交换是小农经济的重要补充形式（《东晋南朝小农经济补充形式初探》，《中国史研究》1996 年第 1 期）。秦冬梅《略论六朝时期农产品的交换》（《中国农史》1997 年第 4 期）一文认为六朝时期商品经济确有日见活跃的趋势，农产品在商品构成中占相当份额。

关于商贸制度、政策的研究，郭东旭认为宋代买卖契约制度的发展表现在买卖契约制度的完善（《河北大学学报》1997 年第 3 期）。宁志新《唐代市舶制度若干问题研究》（《中国经济史研究》1997 年第 1 期）一文认为顾炎武关于唐代市舶使的论述，大部分言之有据，但有抄袭宋朝内容和明显错讹之处。唐朝只有市舶使，而无市舶司的设置；并对唐代市舶使的管理机制和市舶官员之间的关系进行了研究。陈高华全面地研究了人们绝少涉足的元代酒醋课问题（《中国史研究》1997 年第 2 期）。李龙潜考察分析了明代税课司、局和商税的征收（《中国经济史研究》1997 年第 4 期）。姜晓萍认为，明中后期对商税官的监察和管理主要体现在行政控制、法律规范和经济稽查，但未能全面实施（《中国史研究》1996 年第 3 期）。

关于商业资本的研究，张忠民从商人资本兴起的社会背景、种类、职能、机制及其在社会再生产中的功能诸方面入手，探讨了商人与商业资本在前近代中国社会再生产中的表现形式、具体地位与作用（《前近代中国社会的商人资本与社会再生产》，上海社会科学院出版社 1996 年版）。邹进文所撰《古代中西商业合伙经营比较研究》（《商业经济与管理》1996 年第 2 期）一文指出，这种资本组织方式在中国历两千余年并无质的突破，而在西方渐演为近代股份公司制。张熙惟考察分析了宋代商品经营资本的发展及其历史地位（《文史哲》1996 年第 6 期），认为宋代商品经营资本明显地表现出商业资本由封建社会前期向后期转变的过渡性质。钞晓鸿认为，明清时期的陕西商人资本的积累可分为经济与非经济途径，具体来源则复杂得多，利润较少转到土地与产业的投资（《中国经济史研究》1996 年第 1 期）。封越健把清代商人资本的来源分为七类(《论清代商人资本的来源》,《中国经济史研究》1997年第2期)。

张正明对晋商兴衰作了全面考察,撰写了《晋商兴衰史》(山西古籍出版社1996年)。杨善群《中国封建社会官商关系探论》(《学术月刊》1996年第12期)一文认为官商关系既有对立,又有统一,这种关系是中国封建社会长期延续的因素。郭正忠《宋代的盐商和商盐》(《盐业史研究》1996年第1期)和李晓《北宋榷茶制度上官府和商人的关系》(《历史研究》1997年第2期)都具体论述了上述官商关系。邓亦兵考察了清代前期民商的交易活动、组织及其发展的客观环境(《中国经济史研究》1997年第4期)。孙文泱《中国古代铜铸币贬值的特征》(《首都师范大学学报》1997年第5期)一文指出,有些不为纸币通货膨胀所具备,如铜币贬值与货币数量之间的关系并不密切等。程民生、张瑞生《论宋代钱陌制》(《中国史研究》1996年第3期)对流行的宋代钱币通行省陌制的观点提出异议,认为宋代钱币是足陌制与短陌制并行,省陌制只是短陌制的一种。陈春声考证出"乾隆十三年米贵问题"的关键是由大臣附和乾隆帝擅断而成,认为仅仅从经济学的角度来理解中国的经济是不够的(《经济不是E-CONOMY》,《东方文化》1996年第4期)。刘秋根研究了清代城市的高利贷资本(《中国经济史研究》1996年第4期)。

农业·手工业 农业方面成果较多。吴存浩《中国农业史》(警官教育出版社1996年版)全面考察了中国农业历史的轨迹,并揭示了中国传统农业发展的规律。覃乃昌详细考察了新石器时代至清代壮族稻作农业的历史发展,论证了壮族地区是栽培稻起源地之一(《壮族稻作农业史》,广西民族出版社1997年版)。另外还有农业史专(编)著多部。明初耕地面积之争又有新观点。曹树基《对明代初年田土数的新认识》(《历史研究》1996年第1期)认为军事系统所辖耕地远不及400万顷,实际上是否认明初耕地约850万顷之说。栾成显把明末清初庶民地主经济的具体形态归纳为:累世同居共业、析产而未分户、析户随即分户三类,指出后者是多层次、多分支的宗族所有制(《明清庶民地主经济形态剖析》,《中国社会科学》1996年第4期)。栾成显还考察了明代土地买卖推收过割制度的演变(《中国经济史研究》1997年第4期)。方行将清代农民经济扩大再生产的形式归纳为外延与内涵扩大再生产(《中国经济史研究》1996年第1期)。方行还从粮食生产、农民耕地规模、农民收入来论证清代是中国封建经济的高峰,反驳有人对明清农业经济的过低评价(《正确评价清代的农业经济》,《中国经济史研究》1997年第3期)。王思明通过中美比较,研究了《传统农业向现代化农业转变的动力和条件》(《中国农史》1996年第1期)。严火其认为传统是中国农业的奇迹(《中国农史》1996年第2期)。人口与耕地、资源等的关系及其影响受到关注。赵冈《人口、垦殖与生态环境》(《中国农史》1996年第3期)认为宋代已出现人口压力,清中叶生态环境受到严重破坏,自然资源已有超负荷的迹象。李伯重对"人口压力"说提出质疑(《"最低生存水准"与"人口压力"质疑》,《中国社会经济史研究》1996年第1期)。乔幼梅《金代的畜牧业》(《山东大学学报》1997年第3期)认为畜牧业在女真国的经济生活中经历了耕牧并重到以农业为主的变迁。高文德论述了中国历史上游牧经济的共性和个性问题(《中国经济史研究》1996年第4期)。侯建新认为,明清农业雇佣经济为何难以发展的答案在于明清中国欠发达的生产者个体与低水平的农业相适应、相制约,妨害传统市场经济的良性发展,阻碍新的产权组织的成立(《中国经济史研究》1997年第3期)。

手工业的研究相对薄弱。郭正忠《中国盐业史(古代编)》(人民出版社1997年版)全面系统地论述了先秦至明清中国盐业发展的过程,揭示了盐业在封建政府收入中的地位,以及官商之间的利益分配关系等。另一本专著是刘淼的《明代茶叶经济研究》(汕头大学出版社1997年版)。毕道守认为奴隶制度是中国封建工商业的基石,而奴隶制残余影响了中国封建工商业从整体上进至高级阶段(《学习与探索》1996年第4期)。魏明孔《试论唐代官府手工业发展的原因》(《中国史研究》1996年第3期)强调民间个体手工业的活跃是动力,不断吸取外来技术是重要条件,完善的多层次管理体系是必要条件。此外,季羡林研究了清代的甘蔗种植和制糖术(《文史哲》1996年第4期)、徐建青考察了清代的造纸业(《中国史研究》1997年第3期)等。

财政·赋役 财政史研究的重要成果是陈明光的《六朝财政史》(中国财政经济出版社1997年版),这部断代区域性的财政史和常见的财政史有所不同:注意分析财政兴衰变化及其与当时的经济、政治、军事的关联。邢铁把中国古代财政预算分为“量入为出”和“量出为入”两个阶段,并论述了决算的时间、方法和预算决算的四大矛盾(《我国古代专制集权体制下的财政预算和决算》,《中国经济史研究》1996年第4期)。顾銮斋认为中西封建社会税权归属的差异在于中国自春秋战国时起由税权集中于中央到日益集中于皇帝之手,西欧则由归属于某一权力集体转归议会(《中国史研究》1996年第4期)。方宝璋作了中国古代审计史的概论(《中国史研究》1996年第1期)。陈峰对清代中央财政与地方财政的调整进行了论述(《历史研究》1997年第5期)。高聪明从“羡余”观察北宋中央与地方财政关系(《中国史研究》1997年第4期)也有新意。

赋役方面。葛金芳从制度与文化的互动关系入手,解析了我国土地赋役制度的种种特质及其演进轨迹(《中华文明与土地赋役制度的演进》,《湖北大学学报》1997年第1期)。冷鹏飞《论中国古代农业税制的发展演变及其社会效应》(《求索》1997年第2期)从宏观上把握中国古代农业税制的演变规律,以及它们与社会经济发展的关系。袁刚《“大索貌阅”新解》(《江西社会科学》1996年第9期)认为大索貌阅是把大搜捕与检查户口联在一起,隋代只在大业五年进行过一次。郑佩欣《租调征收方法和“输籍定样”——与李燕捷先生商榷》(《历史研究》1996年第1期)认为“输籍定样”是为了征收赋税,对李燕捷反对把“输籍定样”的“样”理解为“政府颁布定户等的标准,用这个‘样’来定户等高低”提出质疑。

城市·人口·移民 城市史的研究涌现了一批新成果。于云汉、马继云的《中国城市发展史纲》(天津人民出版社1996年版)是其中的代表作,把3000多年来中国城市的发展分成四阶段,提出18世纪前中国城市的发展水平“无论从哪一方面讲,都绝对处于世界的领先地位”的论断。杜勇认为,春秋战国的城市演变为工商业中心,是中国城市发展史上一次质的飞跃,并对这一城乡分离运动的发生原因和影响进行了分析(《春秋战国城市发展蠡测》,《四川师范学院学报》1997年第1期)。曲英杰指出,周代王与诸侯国都城的营建因等级不同而大小有别;都城的基本形制为内城外郭式,并且南北方都城的外形也有差别。(《周代都城比较研究》《中国史研究》1997年第2期)韩光辉认为,《12至14世纪中国城市的发展》(《中国史研究》

1996年第4期)取得的飞跃性成就表现在广泛出现城市市政建制、对城市实行专门化行政管理,其主要标志是都市警巡院和总管府及路治城市录事司的创立。关于禹都阳城的地望问题,一段时间以来,一直是学者们讨论的焦点。沈长云提出禹都阳城即濮阳说(《中国史研究》1997年第2期)。

人口和移民方面。杨子慧主编的《中国历代人口统计资料研究》(改革出版社1996年版)共分八册,以分类辑录原始资料为主,兼有分析研究。葛剑雄主编的《中国移民史》(福建人民出版社1997年版)是目前国内外最完整、系统的中国移民史,论述了自秦汉时代至20世纪40年代发生在中国境内的移民。全书约260万字,共分6卷,列有大量统计表格和地图。杨国桢等的《明清中国沿海社会与海外移民》(高等教育出版社1997年版)和陈支平的《客家源流新论》(广西教育出版社1997年版)都涉及到移民问题。徐平华认为,人类自身与物质资料的生产比例失调是中国封建社会周期波动的重要因素(《中国封建社会周期波动与人口关系初探》,《中国史研究》1997年第3期)。张国雄认为,中国历史上移民的主要流向和分期为先秦黄河中下游多向移民期、秦统一到两宋从黄河中下游向长江中下游由北向南移民期、元明清长江流域由东向西移民期和近代沿边多向移民期,促进主流移民特征变化的根本原因是地区开发(《北京大学学报》1996年第2期)。周霖指出,秦汉时期人口流向江南分突发式和渐进式,前者主要是政府行为和灾荒所致,后者则与北方中原地区人口密集而资源相对不足有关,从长期看,渐进式移民是江南人口增加的主体部分(《秦汉江南人口流向初探》,《江西师范大学学报》1997年第3期)。袁祖亮《两论十六国北朝时期人口的有关问题》(《郑州大学学报》1996年第3期)认为十六国北朝时期的人口发展变化确呈马鞍型,而不同意"前降后升"的观点,并认为《周书·武帝纪》载北周大象年间户口数基本属实而非"误植"。陈勇、刘秀兰《唐后期长江下游户口考》(《中国史研究》1997年第4期)认为唐后期长江下游地区的实际户数远远高于政府所掌握的在籍户,元和时官方统计户口的下降,并不意谓着本区实际人口真正地减少。

区域经济·经济思想·其他

区域经济方面成果丰硕。郑学檬《中国古代经济重心南移和唐宋江南经济研究》(岳麓书社1996年版)认为技术进步是中国古代经济重心南移的动力之一，坚持两宋南移说，并讨论了“南移”的标准与研究方法；对江南经济的研究也颇具特色。赵予征《丝绸之路屯垦研究》（新疆人民出版社 1996 年版）系统记述了新疆屯田的过程及历史背景，重点研究在西域兴屯田，西域安；废屯田，西域乱，丝绸之路阻绝的历史规律。著作方面还有孙健《北京古代经济史》、李清凌《甘肃经济史》、刘淼《明清沿海荡地开发研究》、陈桦《清代区域社会经济研究》、李经纬《吐鲁番回鹘文社会经济文书研究》等。鲁西奇《论地区经济发展不平衡》（《中国社会经济史研究》1997 年第 1 期）从人口和城镇密度两个指标入手，以历史上汉江流域经济发展的不平衡性为例，认为地区经济发展具有不平衡性，并分析了其原因。

经济思想方面的著作有《先秦经济思想史》、《唐代经济思想研究》、《中国经济思想通史》第三卷、《中国经济思想史简编》等多部。论文方面，丁孝智《中国封建社会抑商政策考辨》（《社会科学战线》1997 年第 1 期）认为，中国的商业政策除“重农抑商外”，也推行重农而不抑商，甚或重农而又恤商的政策，而且从时间跨度和政策执行的实际情况看，后者占有更重要的地位。巫宝山《唐代重商思想的兴起》（《中国经济史研究》1997 年第 3 期）便是其例。陈世陔对秦汉国家经济思想的演变作了分析（《湖北大学学报》1997 年第 5 期）。

土地制度方面，李埏、武建国著有《中国古代土地国有制史》（云南大学出版社 1997 年版）。李埏《三论中国封建土地国有制》（《思想战线》1996 年第 1 期）认为理解土地国有制形式，要把井田的所有权、占有权和使用权区别清楚，阐明土地国有制的兴衰原因，注意商品经济和自然经济的消长关系，对土地国有制的历史作用要辩证地考察。阶级结构方面，王曾瑜《宋朝阶级结构》和张泽咸《唐代阶级结构研究》是其中的重要著作。杨际平指出，唐代的奴婢、部曲与僮仆、家人、净人的法定身份与实际地位往往存在差距（《中国史研究》1996 年第 3 期）。俸禄方面，黄惠贤、陈峰主编《中国俸禄制度史》。施伟青对汉代居延官俸发放的若干问题进行了探讨（《中国经济史研究》1997 年第 1 期）。张艳云探讨了罚俸的施用情况、作用和意义（《唐中后期罚俸制度初探》，《中国史研究》1997 年第 2 期）。李根蟠《对战国秦汉小农耕织结合程度的估计》（《中国社会经济史研究》1996 年第 4 期）一文的论点是：小农耕织结合呈现日益普遍和紧密的趋势。

牟发松《略论唐代的南朝化倾向》(《中国史研究》1996 年第 2 期)认为唐代的南朝化倾向不是南朝制度的简单重复,而是在南朝基础上有新发展。

中国古代宗教史

王 承 文

我国古代宗教具有教类繁多、历史悠久的突出特点。它是传统文化重要的组成部分,又以其特有的方式对现实社会和文化继续产生深刻的影响。80 年代,我国学术界对中国古代宗教史的研究逐步恢复并取得了实质性进展。进入 90 年代以来,我国古代宗教史研究呈现前所未有的繁荣局面。表现在:研究队伍不断壮大,国内国际学术交流不断发展,研究领域进一步拓宽,一批具有较高水平的研究成果不断推出,而且在一系列重要问题上取得新的突破和进展。以下试图分成几大类对此作一初步综述。

一、中国佛教史研究

在中国古代宗教史研究中,尤以佛教研究基础最为坚实,热度最高,涉及范围最宽,研究成果也较其余各种宗教为多。在中国佛教汉传、藏传、南传上座部三大派系中,以汉地佛教研究最为深入和充分,藏传佛教次之,南传上座部佛教则显得相对薄弱。研究的热点,则与近年来国际学术界佛教研究中的禅宗热和藏学热明显有关,汉传佛教以禅宗为热点,藏传佛教以反映西藏中心地带佛教研究的格鲁派为热点。

90 年代有关汉传佛教的研究涵盖了经籍文献、历史发展、宗派义理、佛教哲学、寺院经济、寺院建筑、佛教文化艺术、地方佛教、高僧传记、佛教与中国传统文化等各个领域,而有关著述以史学著作最为突出。

杜继文主编的《佛教史》(中国社会科学出版社 1991 年版)是受国家教委委托作为高校文科选修教材编写的一部著作,比较系统地介绍了佛教的产生、发展和演化。有关中国部分的论述摆脱了印度佛教中心论和汉传佛教为中国佛教惟一代表的传统窠臼，使之更符合历史发展的实际。顾吉辰的《宋代佛教史稿》（中州古籍出版社1993年版）是一部专门研究宋代佛教传播历史的学术著作。该书对宋朝的佛教政策、僧官制度、佛经传译、撰述、宗派等作了专题研究。有关佛教思想史研究，比较有代表性的有郭朋《中国佛教思想史》（福建人民出版社1995年版）梳理了中国佛教思想发展的基本历程和基本线索。姚卫群的《佛教般若思想发展源流》（北京大学出版社1996年版）对佛教般若思想的基本内容和历史发展作了较系统的阐述，揭示了般若学说在各个主要发展阶段上的基本特征以及在思想文化史上的重要意义。

近年来，有关佛教专门史研究的著作具有代表性的有白文固、谢重光的《中国僧官制度史》（青海人民出版社1990年版）是一部内容较为齐全的专题通史。该书从总体上把握了中国佛教僧官制度产生和发展变化的过程、僧官制度的发展与当时中国社会、政治、经济、宗教的关系；并以此来揭示僧官制度的内在本质。尤其是该书对宋代以后僧官制度的全面研究，加强了宋代以后佛教研究中的薄弱环节。吕建福的《中国密教史》（中国社会科学出版社1995年版）是中国第一部密宗历史专著。该书对于中国密教的历史、理论、派别、礼仪、生活行事以及与密教有关的种种文化现象都作了系统和深入的阐述。在中国密教研究中有开拓之功。黄有福、陈景富《中朝佛教文化交流史》（中国社会科学出版社1993年版）则从大量汉文、朝鲜文史籍中概括出中国佛教东渐朝鲜半岛及其发展历史，介绍了朝鲜僧人在中国佛教发展史上的突出贡献以及两国佛教文化艺术的交流。蔡鸿生教授的《尼姑潭》（中山大学出版社1996年版）和《清初岭南佛门事略》（广东高教出版社1997年版）都是独辟蹊径的专著。

在佛教文献学研究方面，方广锠的《佛教大藏经史（八——十世纪）》（中国社会科学出版社1991年版）有代表性。该书将敦煌资料与传世史料及金石材料结合起来系统地考察了汉文《大藏经》的形成及发展历程。大体上摸清了唐朝汉地流行的8种佛经目录，并对敦煌藏经目录作了还原，加强了敦煌学研究的薄弱环节。陈士强的《佛典精解》（上海古籍出版社1992年版）对26部文史类经典作了分类和解说。

80年代中期禅宗热在大陆兴起，重点在人物、派别、历史、经典、教义、公案等方面。杜继文、魏道儒的《中国禅宗通史》(江苏古籍出版社1993年版)是系统论述禅宗历史的一部专著。该书突出特点在于把禅宗的形成放在广阔的社会背景中加以考察，指出其社会基础是失去土地的农民。魏道儒《宋代禅宗文化》(中州古籍出版社1993年版)是对宋代禅宗进行总体研究的尝试。关于禅宗思想史，洪修平的《禅宗思想的形成与发展》(江苏古籍出版社1992年版)是系统论述早期禅宗思想的著述。作者认为禅宗仍然袭取了印度佛教思想，但又站在佛教立场上融各家于一炉，并摄取了儒道等传统思想从而形成了独具特色的中国佛教宗派。其《中国禅学思想史纲》(南京大学出版社1994年版)则论述了禅学思想在中土演变发展的全部历史。潘桂明的《中国禅宗思想历程》(今日中国出版社1992年)勾勒了禅宗发展的基本线索。葛兆光的《中国禅宗思想史》(北京大学出版社1995年版)体现了在中国禅宗思想研究中将历史考据、理路追寻、思想阐释三者结合起来的可贵尝试。另外还有顾伟康的《禅宗：文化交融与历史选择》(知识出版社1990年版)、邢东风的《禅悟之道——南宗禅研究》(中国人民大学出版社1992年版)、洪修平、吴永和的《禅宗与玄学》(浙江人民出版社1992年版)等都是有学术价值的著作。在《坛经》研究方面，最突出的是杨曾文编著的《敦煌新本〈六祖坛经〉》(上海古籍出版社1993年版)。该书具有资料最新、研究精深的特点。

有关藏传佛教研究，比较有代表性的著述有班班多杰的《藏传佛教思想史纲》(上海三联书店1992年版)是对藏传佛教宁玛派、萨迦派、噶举派、觉朗派、格鲁派五大宗派教义思想进行概述与评价的著作，其资料引用广且新，其研究具有开创性。宿白的《藏传佛教寺院考古》(文物出版社1996年版)将藏传佛教寺院分成西藏、甘青内蒙古、内地蒙元时期遗迹三大区域进行考察，是宗教考古研究的力作。

从今后中国佛教史研究的发展趋势来看，佛教历史、教义思想、佛典等方面的研究将继续发展，并将在整个佛教史研究中占较大比重。需要加强的研究领域包括：一是在宗派研究方面，除了禅宗、格鲁派以外，应加强对净土、天台、法相、华严、密宗等宗派的研究；二是应加强藏传佛教、上座部佛教的研究以及三大派系的对比研究；三是在历史研究上应加强宋代以后佛教史的研究。

二、中国道教史研究

我国道教史研究是从历史和哲学两个学科中分化出来的，在中国古代各种宗教史研究中有比较雄厚的基础。90 年代道教史研究已有长足的进展，其研究领域涉及道教典籍、道教史、道教哲学、道教宗派、道教养生、道家思想与中国传统文化的关系等领域。并在历史、经书整理和研究、概论通论等三方面具备了较坚实的基础。在道教历史著述中，任继愈主编的《中国道教史》(上海人民出版社 1990 年版)是第一部完整系统的道教通史，纲领明晰、资料翔实、叙述精当，在许多方面有突破性贡献。卿希泰主编的《中国道教史》共四卷(四川人民出版社版)，于 1995 年出齐。该书全面地叙述了中国道教产生、发展和演变的历史过程。对道教的产生和发展作“社会学”和“政治学”的考察是该书的一条主线。该书取材广泛，叙论平实，对一些道教事项尤其是明清道教史研究具有开创意义。

关于道教与传统文化的关系，具有代表性的有王明的《道家与传统文化》(中国社会科学出版社 1995 年版)，该书为其生前亲自编纂，其上编着重探讨道家等传统思想，下编专论道教。作者试图把道家与道教放在中国传统文化大背景中进行考察，通过比较来揭示道家与道教的思想文化特征。李养正的《道教经史论集》(华夏出版社 1995 年版)对道教与传统文化关系中的一系列重要问题进行了研究。牟钟鉴主编的《道教通论：兼论道家学说》(齐鲁书社 1991 年版)是由中国社科院多位道教研究专家联合编写的一部关于道教道家研究的比较系统的著述。

90 年代我国道教研究的重要进展还表现了一些新领域的开辟。卢国龙的《中国重玄学》(人民中国出版社 1993 年版)是一部具有开拓性的专著。该书对道教重玄学派的来龙去脉以及主要代表人物的重玄思想作了详细的论述，从一个方面反映了道教哲学思想的精致玄妙。其研究对于重新认识中国中古宗教、哲学思想发展史都具有较大启发意义。张广保的《金元全真道内丹心性学》(三联书店 1995 年版)较详尽地阐述了道教内丹心性学的基本内容，引起了人们对道教心性论的重视。道教与中国古代自然科学关系密切，近年也出现了具有开拓性和较高学术水平的成果，如陈国符的《中国外丹黄白法考》(上海古籍出版社 1997 年版)、金正耀的《道教与科学》(中国社会科学出版社 1991 年版)、孟乃昌的《周易参同契考辨》(上海古籍出版社 1993 年版)、祝亚平《道家文化与科学》(中国科技大学出版社 1995 年版)。此外，徐兆仁的《道教与超越》(中国华侨出版公司 1991 年版)，詹石窗的《道教文学史》(上海文艺出版社 1991 年版)、李刚的《道教哲学》(四川大学出版社 1993 年版)都是在各自领域有开拓性的著作。

90 年代有关道教经书的整理和研究发展尤为突出。在此我们可以简单回顾一下《道藏》研究史。在中国古代由于道教书籍主要由师徒按“经箓”的规则传授，因此，直到清末很少有学者研究道藏经的资料。刘师培是在拜托了北京白云观的老道之后，才能写其《读道藏札记》。民国初年，北洋政府总统徐世昌将白云观《道藏》借给上海涵芬楼影印，国际学术界对《道藏》的研究才得以真正展开。本世纪 40 年代陈国符的《道藏源流考》至今被国际道教学界誉为具有划时代意义的著作。任继愈主编的《道藏提要》(中国社会科学出版社 1991 年版)是对道教经书第一次系统研究。该书对道教经书的版本源流、作者、主要内容作了解说，为道教研究者提供了极大方便。法国汉学家施舟人于 1975 年编制的《道藏通检》经陈耀庭的改编，以《道藏索引》出版(上海书店 1996 年版)，也大大方便了学者们的研究。朱越利的《道经总论》(辽宁教育出版社 1995 年版)也是有较高学术价值的论著。王卡的《老子道德经河上公章句》(中华书局 1993 年版)是近年道经整理研究中较好的著作。另外，由巴蜀书社编辑出版的《藏外道书》收书达 1000 多种。虽然其质量受到一些学者的批评，但它为宋明清及近代道教的研究提供了大量珍贵典籍。

由胡孚琛主编的《中华道教大辞典》是一部系统介绍道教文化的专业工具书。在目前已出版的与道教有关的辞书中，规模最大，内容最全，其分类编排很便于人们了解道教文化。

有关道教研究的学术论文主要集中在《世界宗教研究》、《道家文化研究》、《宗教学研究》、《中国道教》等刊物上。其中陈鼓应于 1992 年开始主编的《道家文化研究》辑刊已出版十多期，成为近年道教研究最重要的园地。其中最近出版的“敦煌道教研究专号”表明一个新的研究热点即将出现。

90 年代道教研究的长足进展还表现在一些重要理论问题的突破上。重玄学是 90 年代道教研究的热点之一。其认识价值在于为我们提供了从道教角度切入中国传统文化宏观研究的新方向，认识到儒道释三家的交融互补才构成了中华文化的主流。关于道教和道家关系的研究，表现在利用出土文物和有关文献研究汉代黄老道家宗教化的具体过程，从而基本理清了道教起源的线索。另一方面又认识到道家与道教在历史上是一个同异并存、纠结发展的互动关系。关于道教的现代价值问题上也进行了深入讨论并形成了不少共识。今后道教研究还需要加强的，首先是要加强道教与传统文化关系的研究，要努力站在中国历史文化的大背景中去考察道教的文化意义和变化轨迹。其次要加强明清时期道教资料的整理和历史研究；最后要加强以横向拓宽视野为前提的纵向深入。

三、中国基督教史研究

我国学术界对中国古代基督教史研究起步相对较晚，真正的研究才几十年，90年代以来中国古代基督教史研究也取得了较大进展。当前基督教史研究的热点在于历史、人物、神学思想、中国教会，基督教与中国传统文化的关系等方面。其中教史研究已初具规模。从研究的时间分布看，主要集中在唐代以及明清之际两个时期。

唐代景教属于基督教的聂斯脱利派，其正式传入我国在唐贞观九年（635年）。朱谦之的《中国景教》（东方出版社1992年版）是一部具有划时代意义的专著。该书完成于1968年，但至1992年才出版。全书共20余万言，共11章，分别从景教的传承与唐代景教的教派之属、景教思想、景教东渐史、中国景教产生的背景、景教碑问题等方面深入探讨了景教传入中国乃至消亡的历史，在一系列关键问题上都进行了考证和鉴定，并提出了自己的见解。本书材料搜集宏富，既有国内外保存的原始文献，特别是敦煌新出土的资料，又概括了本世纪以来各家的研究成果，堪称本世纪以来中国大陆景教研究最重要的著作。由中山大学林悟殊教授翻译增订的德国波昂大学克里木凯特博士《达·伽马以前中亚和东亚的基督教》（台湾淑馨出版社1995年版），其上篇为《中亚的基督教徒》。其下篇为《中国的基督教徒》，主要讨论唐至元代的基督教传播。其附录部分所收林悟殊撰的《泉州摩尼教墓碑石为景教墓碑石辨》、《敦煌遗书〈大秦景教宣元本经〉考释》以及林悟殊与北京大学荣新江教授合撰的《所谓李氏旧藏敦煌景教文献二种辨伪》三篇论文，都是近年所见有关唐代景教遗物遗文鉴别考订具有很高学术价值的成果。另外，比较重要的论文还有周祯祥《从景教碑所镌僧寺看中西交通和基督教在中国的传布》（《文博》1993年第5期）、杨钦章《元代南中国沿海的景教会和景教徒》（《中国史研究》1992年第3期）、李伯毅《唐代景教与大秦寺遗址》（《文博》1994年第4期）、高永久《西域景教考略》（《西北史地》1994年第3期）、王承文《唐代岭南波斯人与波斯文化》（《中山大学史学集刊》第1辑，1992年）、段玉明《云南景教考》（《云南民族学院学报》1993年第4期），以上这些论文一般都有一些新材料或新见解。

关于元明清时代以西方传教士活动为中心的基督教史研究，比较有代表性的有伍昆明的《早期传教士进藏活动史》（中国藏学出版社1992年版）。这是一部有关早期西方与西藏地方关系史较重要的论著，在一定意义上填补了我国藏学研究的空白。全书共8章，其第四章为该书重点，论述了17世纪以来耶稣会士在西藏的传教活动。该书主要依据多种语种的外文材料写成，因而具有较高学术价值。耿升翻译的法国荣振华《在华耶稣会士列传及书目补编》（中华书局1995年版），也是基督教史研究重要参考文献。

马淑贞等《基督教传教士在蒙古诸汗国和元代的活动》（《内蒙古师大学报》1993年第3期）是研究早期传教士在华活动比较重要的文章。明清之际西方传教士的活动及其所反映的中西文化交流一直是学术界关注的热点。有代表性的论文有郭熹微《明清天主教兴衰刍议》、《天主教与明清实学思潮》（《世界宗教研究》1993年第1、3期）、张铠《从沙勿略到庞迪我——晚明西班牙来华传教士纪略》（《世界宗教研究》1991年第4期）、阮炜《明末的"名词·礼仪之争"和士大夫基督教徒》（《世界宗教研究》1993年第3期）、冯佐哲《试论顺康雍三朝对西方传教士政策的演变》（《世界宗教研究》1991年第3期）、王继武《新教在中国的传播与发展》（《世界宗教研究》1990年第2期）、何桂春《〈中俄尼布楚条约〉与耶稣会士》（《世界宗教研究》1990年第1期）。以上这些论文有的体现了具体问题研究中的进展，有的论文一方面在肯定传教士活动对中西文化交流重要作用的同时，另一方面则探讨基督教传播中文化冲突的深层原因。

从今后中国古代基督教史研

究的发展趋势来看，由于研究人员较少，其研究基础相对薄弱的局面难以在近期有根本改变。目前需要加强的是中国基督教史料的系统整理，为编撰比较完整系统的中国基督教通史、思想史准备条件。应加强基督教与中国传统文化的研究，以期以其特点在世界基督教研究中占有重要一席。

四、中国古代伊斯兰教、摩尼教、祆教研究

伊斯兰教又称回教、天方教、清真教，公元7世纪上半期传入中国，一直在中国有重要影响。90年代，中国伊斯兰教史研究的热点有：历史、教派史、清代、中国化、同传统文化关系、同民族关系等，在教史、教派、宗教哲学、同传统文化的关系等诸方面均有突破性进展。

近年来比较有代表性的著述有：杨怀中、余振贵《伊斯兰教与中国文化》（宁夏人民出版社1995年版），余振贵《中国历代政权与伊斯兰教》（宁夏人民出版社1996年版），李松茂《中国回族伊斯兰教研究》（宁夏人民出版社1993年版），金宜久主编的《伊斯兰教史》（中国社会科学出版社1990年版），《文史知识》编辑部和国务院宗教事务局宗教研究中心合编《中国伊斯兰文化》（中华书局1996年版）、吴建伟主编《中国清真寺综览》（宁夏人民出版社1995年版），马贤、马忠杰主编《伊斯兰教基础知识》（东方出版中心1997年版），金宜久主编《伊斯兰教辞典》（上海辞书出版社1997年版）等。

在以上著述中，《伊斯兰教与中国文化》在伊斯兰教宗教哲学即教义教理研究方面有开拓性和突破性。主要体现在：首先是发掘出中国伊斯兰教独有的哲学——教义学体系，其次是论述了这一体系的基本架构和具体内容，再次是阐明了这一体系与传统思想的关系。《中国历代政权与伊斯兰教》比较系统地研究了中国历代政权治理伊斯兰教事务政策的具体内容、制定过程和实施效果，并进行了一些比较研究。《伊斯兰教辞典》是一部了解和研究伊斯兰教的重要工具书。

近年来有关伊斯兰教研究比较重要的论文可归纳如下：（一）宗教考古方面。伊斯兰学者马以愚遗著《中国伊斯兰教寺墓考察记》（《世界宗教研究》1992年第4期）是作者对国内主要城市伊斯兰遗寺墓的考古记录。林梅村《从考古发现看阿拉伯文化及伊斯兰教在中国的初传》、《喀喇汗王朝真迹在莎车的发现及其对中国伊斯兰教史研究的意义》两篇文章，均收入其《西域文明》（东

方出版社1995年版)。(二)教史方面。华涛《萨图克布格拉汗与天山地区伊斯兰化的开始》(《世界宗教研究》1991年第3期)将天山地区突厥语民族伊斯兰化的开端确定在公元950年前后,并探讨了其历史背景;丁明俊《元代安西阿难答皈依伊斯兰教及其影响》(《世界宗教研究》1991年第1期)探讨了忽必烈之孙阿难答皈依伊斯兰教的社会背景及其深远影响。另外还有刘正寅《和卓家族兴起前伊斯兰教派在西域的活动及其政治背景》(《世界宗教研究》1991年第4期)。(三)伊斯兰教与少数民族。南文渊《论伊斯兰文化在回族形成中的主导作用》(《回族研究》1991年第3期)、丁文楼《略论伊斯兰教对维吾尔文化的影响》(《民族研究》1991年第3期)。(四)伊斯兰教与传统文化。王俊才《试论中国伊斯兰教对理学的吸收融合》(《河北学刊》1992年第2期)认为伊斯兰教与中国传统文化的结合主要是与"新儒学"即宋明儒士发展起来的"理学"结合,并形成中国伊斯兰教。马东平《试论中国传统文化与伊斯兰教的整合》(《甘肃社会科学》1995年第6期)。杨怀中《中国历史上伊斯兰教文化的四次高潮》(《回族研究》1994年第1期)。金宜久《论刘智的"复归"思想》(《世界宗教研究》1990年第1期)讨论了中国穆斯林学者刘智(1670—1730)关于"复归"思想的渊源问题,认为中国传统文化对刘智的"复归"思想也有影响。

在中国,伊斯兰教史研究起步较晚,近年来虽有重要突破和进展,但仍是一个亟需加强的研究领域。今后需要加强伊斯兰教历史资料系统整理研究以及国外成果的翻译介绍,以期写出有见地和水平的通史、断代史、专门史以及哲学史和派别发展史。而对中国伊斯兰教哲学文化等层面的开掘将会成为中国伊斯兰教史研究的重要领域。

摩尼教是公元3世纪中叶波斯人摩尼 Mani(216—277?)所创立的一个宗教,唐初传入中国并产生了很大影响。本世纪以来,许地山、陈垣、林悟殊等学者各有贡献。90年代,中国摩尼教史研究的重要成果,一是林悟殊在台湾出版的《摩尼教及其东渐》(淑馨出版社1997年版)是80年代中华书局版的增订本,增加了《摩尼教"三常"考》和《摩尼教研究之展望》两篇论文以及一篇对《下部赞》原件的考察。其次是自80年代以来,中国学者晁华山和日本森安孝夫在德国考古学家所做研究基础上对吐鲁番摩尼教遗址进行了进一步考察研究,并取得可喜成绩(晁华山:《寻觅湮没千年的东方摩尼寺》,

《中国文化》1993年）。

祆教，又称火祆教、拜火教、琐罗亚斯德教，也是唐代流行的一种西亚宗教。本世纪初以来，陈垣等学者有过重要研究。90年代比较重要的成果有姜伯勤先生利用敦煌吐鲁番文书作了深入研究，先后发表了《敦煌白画中的粟特神祇》、《论高昌胡天和敦煌祆寺——兼论其与王朝祭礼的关系》两篇长文（均收入其《敦煌艺术宗教与礼乐文明》，中国社会科学出版社1996年版），认为十六国至唐宋时期流传于中国的祆教有别于萨珊王朝正统琐罗亚斯德教而可称为比前者更加古老的马兹达教。其教不是直接由伊兰传来，而是经由中亚“间接传播”的。其后文还研究了祆教传至中国后被纳入官府祭礼的问题，证明了中华文明的强大统合力和辐射力。两篇论文以其开阔的学术视野和学术水平将唐代祆教研究推进到一个新的阶段。林悟殊教授《波斯拜火教与古代中国》（台湾新文丰出版公司1995年版）一书汇集了作者有关波斯拜火教在中国传播的10多篇论文。作者主要依据西方资料，结合中国古籍记载系统地论述了该教的研究史、该教的经典文献、教义特点以及礼俗习俗等。并在前人研究的基础上就该教在古代西域及中国内地传播的诸问题，提出了自己的独到见解。张乃翥《中原出土文物与中古祆教之东浸》（《世界宗教研究》1992年第3期）也是关于祆教与粟特移民关系研究有分量的论文。可以预见，随着今后考古工作的进行和新材料的发见，摩尼教、祆教研究将不断走向深入。

五、中国古代民间宗教、少数民族宗教和宗法性传统宗教研究

中国古代民间宗教和少数民族宗教长期以来是一个被相对忽略了的领域。90年代以来却取得了可喜的进展。其研究的热点和重点有：明代白莲教、妈祖等东南沿海信仰，萨满教、苯教等。

马西沙、韩秉方大部头的《中国民间宗教史》（上海人民出版社1992年版）是中国民间宗教史研究的开拓之作。该书内容上起汉代，下止清末，历时2000年。作者从众多的教派中选择了对当时的中国社会政治具有重要影响的25种教派，重点放在明清时期的民间宗教，详尽地论述了25种教派的来龙去脉，递嬗演变等。我国东南沿海地区民间宗教和信仰丰富，如妈祖、吴真人、三山国王、临水夫人、开漳圣王、清水祖师等。还有不

少传播到台湾及东南亚地区。其中以妈祖研究最盛。1990年首届妈祖研究国际学术讨论会在福建莆田举行。其后相继出版和发表了不少妈祖研究的论著和论文。有关研究和讨论集中在:关于妈祖的家世生平;关于妈祖信仰的起源与传播;关于妈祖信仰的属性;关于台湾及海外的妈祖信仰;关于妈祖文化现象等。

萨满教是渊源于我国北方阿尔泰语系各民族渔猎生活时代的一种原始宗教,至今还保存在我国北方不少民族中。西方学术界对萨满教研究始于17世纪,近半个世纪发展愈盛。1991年、1993年在汉城和布达佩斯先后举行了第一、第二届国际萨满教会研讨会。国际上萨满教研究已成热点。90年代我国学术界也取得较多成果。有代表性的著述如富育光《萨满教与神话》(辽宁大学出版社1990年版),刘小萌、定宜庄《萨满教与东北民族》(吉林教育出版社1990年版),富育光、孟慧英《满族萨满教研究》(北京大学出版社1991年版)等。有关研究论文集中在《世界宗教研究》、《黑龙江民族丛刊》、《北方民族》、《内蒙古社会科学》、《民间文学论坛》、《社会科学战线》等刊物上。90年代萨满教研究进展主要体现在:萨满教历史资料的整理、对活化石资料的抢救;理论探讨和具体研究集中在萨满是不是宗教,其性质、形成年代、内容和演变等方面。

中国古代是否存在宗法性传统宗教是90年代中国古代宗教史研究中一个十分引人注目的问题。有的学者将它表达为儒教。对这一问题的讨论深化了人们对传统文化与宗教关系的认识,亦推动了哲学及其他相关学科研究的深入。其中比较有代表性的论著主要有:牟钟鉴《中国宗法性传统宗教新探》(《世界宗教研究》1990年第1期)、张践《儒学与宗法性传统宗教》(《世界宗教研究》1991年第1期)、童恩正《中国古代的巫》(《中国社会科学》1995年第5期)、李禹阶《史前中原地区的宗教崇拜和"礼"的起源》(《中国史研究》1995年第1期)、晁福林《论殷代神权》(《中国社会科学》1990年第1期)、朱凤瀚《商周时期的天神崇拜》(《中国社会科学》1993年第4期)、李申《辽代宗教》(《世界宗教研究》1990年第1期)、程民生《论宋代神祠宗教》(《世界宗教研究》1992年第2期)、陈来《古代宗教与伦理——儒家思想的根源》(三联书店1996年版)。

总之,中国古代民间宗教、少数民族宗教的研究已在90年代崛起,且有后来居上之势。随着调查和档案材料的利用以及将其置于历史、文化、社会的整体背景中进行考察，其研究必将有突破性发展。而中国宗法性传统宗教作为古代宗教史研究一个较新的领域也将受到越来越多的关注。

六、结　语

学术界对中国古代宗教史研究是在改革开放以后才真正发展起来的。在当今世界，宗教问题仍是许多国家和地区所面临的重大社会问题之一。在我国，宗教在现实和未来社会中仍将保持巨大而深刻的影响，这就为宗教史研究乃至整个宗教学研究提供了广阔的文化背景和社会背景。在即将到来的21世纪，宗教史、宗教学研究必将有一个快速甚至超常的发展。任何一种学术文化的建设都离不开资料的搜集和整理。目前，迫切需要加强对各种宗教历史资料的系统整理和研究，从而为未来学术文化的高潮准备条件。早在本世纪20年代，史学家陈寅恪先生就曾告诫国内学人，“今世之学，以世界为范围，重在知彼，绝非闭门造车之比。”(《吾国学术之现状及清华之职责》)时至今天，充分了解国际学术研究已有的成果和发展动态已显得尤为重要。这种重要性一方面体现在由于中国古代宗教文化所具有的世界历史性价值，长期以来一直是西方比较宗教学和“汉学”研究极为重要的内容，因而已积累了大量研究成果。另一方面，近代宗教学自19世纪70年代在西方产生以来，已形成了一系列科学的理论和研究方法。我们只有及时地了解、吸收国外研究的成果，才能提高我们宗教史研究的水平，也才能参与全球性的学术研讨和发展。

(作者为中山大学历史系教授)

中国历史地理

辛德勇　华林甫

本年度内中国历史地理学的各个分支领域都取得了一些重要

进展，成就显著。由于篇幅所限，本文只能撮举一小部分比较具有代表性的成果，分为十个方面加以适当的评议。

一、学科理论和方法研究

在学科理论和方法方面，比较重要的成果，是唐晓峰等人在《读书》1997 年第 5 期上发表的以“地理学的人文关怀”为总题的一组文章，和唐晓峰在《九州》创刊号上发表的《中国古代文明是大地域文明》一文。唐晓峰等人的主旨，是强调历史地理学必须在历史人文地理方面进一步广泛拓展研究范围，要及时地把所有社会历史文化现象都收入自己的视野之内；同时，也呼吁其他各历史文化学科的学者，积极关注每一种社会历史文化现象都与生俱有的空间属性。为实现这一设想，唐晓峰自筹资金，创办了建国以来第一份靠学者个人力量兴办的历史地理学刊物——《九州》。《九州》的特色就是撰稿人中有一大半是历史地理专业以外的社会历史文化学者，他们各自从本专业的角度出发，论述有关空间问题。从 1997 年出版的创刊号来看，已在很大程度上取得成功，给历史地理学注入了一股新的活力。

两年前，黄盛璋提议把民族历史地理的研究上升为一门独立的、新兴的学科，即民族历史地理学来加以建设。这个提议得到了李并成的赞同，他在《西北民族历史地理研究刍议》(《甘肃民族研究》1997 年第 1 期)一文中将其归纳为“民族历史地理学研究的对象主要是历史时期不同地域上的民族及其民族群体的起源、发展、迁徙、演变的历史过程及这一过程和地理环境的关系”，并倡议展开西北民族历史地理研究。王振忠《社会史研究与历史社会地理》(《复旦学报》1997 年第 1 期)一文，阐述了历史社会地理研究的价值和意义。

二、历史自然地理研究

本年度在历史自然地理研究方面颇有见解的一篇文章，是陈可畏的《唐代河患频繁之研究》(刊《史念海先生八十寿辰学术文集》)。因黄河中游的农田开垦面积扩大而引起水土流失加剧，从而导致黄河下游河患频繁发生，这是谭其骧、史念海等提出的著名学术观点，许多年来已为历史地理学界普遍认同。而陈可畏则提出了与通行观点不同的看法，指出“唐代黄土高原的农田面积不是在扩大，而是在缩小”，所以“所谓唐代河患的增多，是由于黄土高原农田大规模的开发，引起水土大量流失，造成黄河泥沙严重淤积”之说不能成立。他认为唐代河患频繁的原因有二：一是河防工程老化、功能低下，二是气候转变为湿润多雨、特别是下游多大暴雨。陈可畏的看法能否取代旧说，当然还需要讨论，或许根本不能成立；但这篇文章的重要性不仅仅局限于唐代河患这一问题本身，更重要的是他勇于力矫历史自然地理研究中按照固有的结论去填充材料的严重程式化趋向，坚持实事求是地探讨问题。

满志敏《黄浦江水系形成原因述要》(《复旦学报》1997年第6期)一文认为：北宋开始的海平面上升导致的吴淞江曲流发育是黄浦江水系开始发育的动力，13世纪末的海平面下降又导致了太湖地区水文环境的改变，从而致使吴淞江淤浅，推动了黄浦江水系的发展，而明永乐年间范家浜的开浚则标志了黄浦江水系的形成和全面成熟。黄河接纳渭河、洛河的三河汇流区河道变迁频繁，王元林《历史上黄渭洛汇流区河道变迁及沿岸的治理开发》(《地域研究与开发》1997年第2期)探讨了汇流区河道变迁过程及这一地区人民与河患争田夺地的治理状况，从而提出了兴利除弊、综合开发的具体建议。

海陆变迁研究，谭其骧早在1965年就论述了渤海湾西岸的一次大海侵。1994年，陈雍著文认为该地考古学文化遗存从未发生过中断，“渤海湾西岸西汉末年的海侵得不到考古学方面的证实”(《北方文物》1994年第1期《渤海湾西岸东汉遗存的再认识》)。对此，韩嘉谷《再谈渤海湾西岸的汉代海侵》(《考古》1997年第2期)提出商榷，重新检讨了各处考古遗存，并提出了若干新的证据，说明文物年代割裂现象(没有东汉遗存)是确实存在的，从而认为西汉末年开始、东汉早期达到高潮的海侵是事实，并为地质学、考古学一致证实。张修桂《上海地区成陆过程概述》(《复旦学报》1997年第1期)概括性论述了上海的成陆过程，即冈身以西六七千年前已成陆，而里护塘以东则是600年来成陆的新浦东。

环境变迁研究，王振堂等《犀牛在中国灭绝与人口压力关系的初步分析》(《生态学报》1997年第6期)一文认为：3000多年以前，犀牛沿黄河两岸自西向东约有1800多公里广阔的分布北界；近3000年来，犀牛在中国的分布北界不断南移，以至于本世纪初在云南灭绝；犀牛在中国灭绝的根本原因是人口压力，由历史例证得出犀牛种群只能承受小于4.0人/km^2人口压力的结论。

三、历代政区和政治地理研究

近年来，历史政区的研究成果相对较少。本年度比较重要的成果是周振鹤的四篇论文：《县制起源三阶段说》(《中国历史地理论丛》1997 年第 3 辑)把春秋战国县制的起源划分为县鄙之县、县邑之县、郡县之县三个阶段，“由县鄙得县之名，由县邑得县之形，由县的长官不世袭而得县之实，这或者可以看成是县制成立的三部曲”；《西汉地方行政制度的典型实例》(《学术月刊》1997 年第 5 期)根据江苏东海县尹湾六号汉墓出土木牍，依两重证据法指出《汉书·地理志》东海郡下“于乡”为“干乡”之误、“祝其”为“况其”之误，钱大昕认为“海曲”为“海西”之误也得到了出土文物的证实；《〈汉书·王子侯表〉笺正》(刊《史念海先生八十寿辰学术文集》)是作者继《西汉政区地理》一书之后，对于西汉诸侯王国领域变迁的进一步深入分析研究，功力深厚；《中国历史上行政区划幅员的伸缩变化》认为：县的幅度相对稳定，统县政区幅员变化的总趋势是逐渐缩小，高层政区则全经历了由大变小的过程，认为造成这种趋势的关键原因是政治因素，目的是要实现中央集权对地方分权的抑制。另外，周伟洲的《新发现的秦封泥与秦代郡县制》(《西北大学学报》1997 年第 1 期)也是历史政区研究的一大收获，该文利用 1983 年以来在西安郊区秦章台遗址陆续出土的 1000 多枚秦封泥中 11 枚秦郡、42 枚秦县封泥，印证了汉承秦之郡县制度，并补出《中国历史地图集》未绘的 9 个秦县：阳陵、华阳、酆、翟道、西城、兰干、洛都、建陵、西共。

在政治地理研究方面，比较引人注目的是唐晓峰《五岳地理说》一文(《九州》创刊号)，从王朝政治角度出发论述了五岳信仰在疆土控御方面所起的重要作用。本文观察的角度和所提出的问题，都很有意义。在这方面，今后可以展开许多研究。

四、历史经济地理研究

古代中国以农立国，所以历史经济地理研究侧重于农业方面。耿占军《清代陕西农业地理研究》(西北大学出版社版)是历史地理学界又一部区域农业地理断代研究的专著。该书深入地探讨了清代陕西的农业垦殖、农田水利、粮食作物与经济作物的分布、农业自然灾害、商业性农业以及农业开发对生态环境的影响。鲁西奇《论地区经济发展的不平衡》(《中国社会经济史研究》1997年第1期)一文,以汉江流域开发史为例,对历史上地区经济发展不平衡的土地、人口、环境、政治、交通等原因进行了有益的探讨。王社教《明代苏皖浙赣地区的杂粮作物及其分布》(《中国农史》1997年第3期)认为:各种杂粮的集中分布区各有不同,如豆类南北各地皆有,黍、稷、粟、高粱等以淮北平原种植最为广泛,而芋薯类主要分布在长江以南。马雪芹《明清时期黄河流域农业开发和环境变迁述略》(《徐州师范大学学报》1997年第3期)简述了森林植被破坏、水土流失严重、河道决溢频繁、土壤盐碱沙化等由农业开发而引起的后果,以期引起当代开发者的注意。

高王凌《近代中国经济地理的主要变化》(《九州》创刊号)重点论述了经济发展的模式在近代中国的地域发生序列,特别是四川盆地、珠江三角洲和长江三角洲等地的经济类作物和手工业在本地区经济构成中所占的重要地位,认为以此代表的区域经济构成形式与其他广大的传统农业地区的差异,是近代中国经济地理格局最主要的新变化和最主要的特征。

五、历史人口地理研究

如果说探讨历史上各朝代、各地区人口分布状况是历史人口地理的静态研究,那么近年来这一领域侧重于动态研究,即人口迁徙的研究。本年度最为重要的成果是葛剑雄主编,葛剑雄、吴松弟、曹树基合著的六卷本《中国移民史》(福建人民出版社版)。该书全面论述了历史时期的移民活动及其各个方面的影响,不仅解决了历史人口地理中的一系列基本问题,同时也为整个历史人文地理研究提供了重要基础。葛剑雄《研究中国移民史的基本方法和手段》(《浙江社会科学》1997年第4期)是作者主编此书过程中对研究方法和手段的综合归纳和高度总结。移民必然对迁入区的文化产生影响,葛剑雄《永嘉乱后汉人对河西的迁移及其文化意义》(刊《中国前近代史理论国际学术研讨会论文集》)认为该时期汉人西迁人数虽不及南迁,但对中国文化的贡献并不在南迁移民之下,而对北朝以至隋唐文明的影响显然更大于南迁移民。黄尚军《湖广移民对四川方言形成的影响》(《川东学刊》1997年第1期)一文显示:湖广移民带入四川地区的湖北话(主要是麻城话)、湖南话、江西话等，在四川官话的形成过程中的确起了非常重要的作用。

曹树基《鼠疫流行与华北社会的变迁（1580—1644）》（《历史研究》1997年第1期）是一篇颇具特色的论文，因为以往有关中国历史的研究，多考虑人的社会属性，很少注意到人也是生物圈的一个组成部分；该文则认为：人口的繁殖与迁移、农业区的开发与拓展也是一种生物行为，一种类似于动物觅食、求生的本能；为此，他考察分析了万历、崇祯年间山西、河北、河南三省鼠疫两次大流行及其生态背景和社会环境，认为嘉靖时期汉族移民开始对山西长城口外的蒙古草原实施移民开垦，扰乱了乌兰察布高原长爪鼠鼠疫疫源地长爪沙鼠的生态环境，万历九年自大同开始的人间鼠疫大流行很可能与汉族移民的这一活动有关。据他估算，明末两次鼠疫大流行中华北三省死亡人口合计超过一千万，明王朝是在灾荒、民变、鼠疫和清兵的联合作用下灭亡的。

六、历史城市地理研究

这方面的研究一向很活跃，但本年度发表的论文并不多。1997年是香港回归祖国之年，司徒尚纪《香港历史地理的变迁》（《热带地理》1997年第2期）在复原香港古代文明和地方建置基础上，阐明香港自古以来即为中国领土，鸦片战争后被英国实行殖民统治的空间扩张过程、市镇发展、经济崛起、特殊政治舞台和特殊文化风格等历史地理变迁，指出香港能成为世界性经济大都会，主要因素在于香港区位、华人资本、人力、技术流入、机遇以及中国人民刻苦经营和辛勤劳动的结果，而非英国殖民主义的胜利。

兴庆府是西夏都城，由于文献匮乏，对于该城的许多问题学术界一直有争论。刘菊湘《兴庆府的规模与“人形”布局》（《宁夏社会科学》1997年第5期）一文论证了银川老城是兴庆府故址的说法是不准确的，其规模也不在银川老城与高台寺之间，“人形”完全是府城内的布局，与贺兰山离宫等无关。

此外，尚有曲英杰《周代都城比较研究》（《中国史研究》1997年第2期）、吴佳新《宋代淮南地区城镇的发展与变迁》（《中国历史地理论丛》1997年第四辑）等。

七、历史交通与军事地理研究

研究历史交通地理的成果不多。王文楚《古代交通地理丛考》（中华书局版），是作者的论文集，以交通地理研究为主。所收论文，都是倾注大量心血的力作，代表了国内历史交通地理研究的最高水平。其中有6篇关于唐宋交通道路的文章是首次刊布，分别为：《唐代洛阳至襄州驿路考》、《唐代长安至襄州荆州驿路考》、《唐代太原至长安驿路考》、《唐代洛阳至魏州幽州驿路考》、《宋东京至辽南京驿路考》和《飞狐道的历史变迁》。这些论文资料详备，排比细密，功力殊深，所以对交通路线的复原非常明晰具体。

在历史军事地理研究方面，成果也不太多。辛德勇的《论刘邦进出汉中的地理意义及其行军路线》（《传统文化与现代化》1997年第4期）和《韩信平齐之役地理新考》（《九州》创刊号）两篇文章，重新研究楚汉战争地理问题。关于刘邦进出汉中问题，作者根据《史记索隐》所记隋人王劭见到过的旧本《说文》，指出《史记》记述的“蚀中”，本名应当是“镒中”，后来因形近讹变为“蚀中”，又因音近讹变为“褒中”。从而把刘邦入汉中时经过的所谓“蚀中道”与张良送刘邦入汉中时相互分手并烧毁栈道的所谓“褒中道”，统一为子午道的前身“镒中道”。此外，作者还指出，韩信指挥的还定三秦战役之所以会一举成功，关键是通过声东击西，转移章邯注意力，放松了对陈仓道的戒备，即“明出陇西，暗渡陈仓”。关于韩信平齐之役，作者着重指出，韩信入临淄后，并未直接转入对齐决战，而是先派遣曹参、灌婴诸将平定逃散到临淄南、北、西三面的齐军，然后才与龙且等决战。宋杰《秦对六国战争中的函谷关和豫西通道》（《首都师大学报》1997年第3期），指出范睢拜相采取远交近攻策略后的秦国，改变兵力部署，把战略主攻方向由豫西通道改至晋南豫北通道，从而获得成功。

八、历史文化地理研究

这方面的研究近年来是历史地理研究的热门。本年度最重要的成果是出版了周振鹤主著《中国历史文化区域研究》（复旦大学出版社版）。该书系由一个个专题汇结而成，分为语言文化区、宗教文化区、风俗文化区、人物地理、文化重心区、区域文化地理六编，最后系以结语，归纳出中国文化地域传播的变迁大势是先由北到南、后自东徂西。本书的撰述形式，本来就基于各专题执笔者都在该问题上素有研究，所以全书颇具学术深度，可以说为历史文化地理各相关问题的研究，作出了成功的示范。

周振鹤《从“九州异俗”到“六

合同风”》(《中国文化研究》1997年第4期)研究了两汉200多年间风俗的同一化过程,认为到西汉后期原有的八方殊俗异彩纷呈的风俗马赛克图景渐渐地趋于六合同风的单一化形态,密集的多元文化区已经消失,因而在东汉后期已没有足够的材料来划分新的风俗文化区。范金民《明清江南进士数量、地域分布及其特色分析》(《南京大学学报》1997年第2期)将明清时期江南八府进士占全国的比重变化分为五个阶段,认为各个阶段盛衰变化反映了江南士子的政治前途与国家命运、江南经济盛衰;作者发现进士集中分布在各府附郭县的一些世代仕宦的簪缨望族中,从而认为所谓的江南文才甲天下,只能指某些地区,而非整个江南。张晓虹《清代陕西婚俗地域分布的初步研究》(《陕西师大学报》1997年第2期)对清代陕西缔结婚姻中的缔约程序、迎娶仪式和礼后习俗三项指标进行研究,依照其地域分布的差异,将陕西划分为关中、陕北、陕南三个婚俗区及六个亚区,并且探讨了自然、经济、移民、政区因素对于形成三大婚俗区的不同程度的作用与影响。

此外,这方面的文章还有张敏《明清时期苏州府梨园子弟的播迁》(《复旦学报》1997年第6期)、李少园《论宋元明时期妈祖信仰的传播》(《福建论坛》1997年第5期)、刘海峰《科举取才中的南北地域之争》(《中国历史地理论丛》1997年第1辑)等。

九、学术史研究与地名考辨

在历史地理学学术史研究方面,陈桥驿在《汪辟疆与〈水经注〉》(刊《史念海先生八十寿辰学术文集》)一文中,依据新的可靠证据放弃过去的看法,赞同台北本《水经注疏》为熊会贞谢世前的最后定稿。至此,这一有关杨、熊合著《水经注疏》扑朔迷离的悬案基本得到了统一的认识。葛剑雄著《悠悠长水——谭其骧前传》(华东师大出版社版),是写文革以前谭其骧前半生的传记。谭其骧为中国现代历史地理学的主要创建者之一,因此本书在一定程度上也是对这段学术史的回顾和总结,在历史地理学界受到很大关注。史为乐《严肃谨慎、意在求实》(《东岳论丛》1997年第2期)一文,回忆了谭其骧生前从事学术研究严谨、求实的朴实学风。顾潮《顾颉刚先生与〈禹贡〉半月刊》(《中国历史地理论丛》1997年第三辑)一文,论述了顾颉刚创办《禹贡》半月刊的经过,使人们对于这一段学术史有了更为准确和全面的了解。

在地理学史研究方面，李零《中国古代地理的大视野》(《九州》创刊号)是本年度的重要成果。文章分别阐述了中国上古“天地相应的概念”、“四方和极至的概念”、“九宫和空间概念”、“山海的概念”、“九州概念”、“中轴线的概念”以及模式化倾向等在古代地理思维中所占的重要地位，是对古代地理观念研究的突破。辛德勇《中国人文地理的传统》(刊《读书》1997年第5期)则指出，那种认为地理学在中国古代一直是历史学附庸的通行看法并不正确，因为传统目录学中的史部并不等同于现代意义的历史学，地理学在四部分类中归在史部只能说明中国古代地理学的人文属性。

地名学史是地理学史中人文地理学史的一个分支，也是历史地理学学术史的一个有机组成部分之一。无论在史学界，还是地学界，地名学史研究一向很薄弱。不过，第一本地名学史著作是地学界学者奉献的——孙冬虎、李汝雯合著的《中国地名学史》已由中国环境科学出版社于1997年出版。该书以19万字篇幅分上、下两篇简述了源远流长的传统地名学和继往开来的现代地名学的发展过程，从先秦时期一直介绍到本世纪90年代中期，为中国地名学的发展历史勾画了一个轮廓；但书中涉及中国古代史的基本知识有些错误，引证史料不讲究史源，对一些重要的地名学史内容也有不少遗漏。华林甫《论唐代的地名学成就》(《自然科学史研究》1997年第1期)则是断代地名学史研究的成果之一，文中对七类地名命名原则的探索，对《括地志》、《元和郡县志》中地名渊源解释的统计与分类，对《元和郡县志》地名渊源解释的溯源，对天宝元年更改天下110处县名具体落实了109处并从微处观察到一些不见历史记载的现象等，在学术界尚属首次。

具体地名考辨与研究方面，安介生《“山西”源流新探》(《晋阳学刊》1997年第2期)是一篇很出色的论文。该文在全面收集并分析了文献中“山西”名号记载的基础上，探讨从秦汉至元这一称谓内涵的演变，特别强调辽金时期以燕山山脉为参照物的一种全新“山西”概念的出现，指出这种概念才是导致“山西”成为今天正式政区名称的真正渊源。该文批驳了一直为学者们认同的顾炎武认为“河东、山西，一地也”的观点，指出“河东”与“山西”作为两种不同的地域概念，是难以划等号的，金、元政区中“河东”与“山西”是并立的，直到明初将原元中书省中的河东山西道改置为山西等处行中书省，这才成为清代及今山西省建置的由来。孙冬虎等《我国山名的记载及其结构变迁》(《中国历史地理论丛》1997 年第 1 辑)研究了古代山名结构的变迁，认为从先秦到唐代山名经历了简化过程，虚词“之”字迅速脱落，语言、尤其是口语对山名的简化起着巨大的推动作用。

十、历史地理文献研究

本年度历史地理文献研究成果不少，某些重大问题上取得了一些进展。专著有金景芳、吕绍纲合著《〈尚书·虞夏书〉新解》(辽宁古籍出版社版)、杜瑜著《舆地图籍——〈异域录〉与〈大清一统志〉》(辽海出版社版)，古地图整理有《中国古代地图集·明代》(文物出版社版)，历史地图成果有侯仁之主编《北京历史地图集·二集》(北京出版社版)等。《〈尚书·虞夏书〉新解》既吸收了最新科研成果，又提出了独到的见解。例如关于《禹贡》著作年代问题，近数十年来大家比较倾向于战国说，本书对此提出异议，从文字古朴、关于海的概念、伏生口授、孔子编定《尚书》四个方面论证，创立春秋初年成书说，书中写道：“最可能的情况是虞夏之时记录下了禹别九州、任土作贡的史料，传至后世，到了平王东迁之后，经过一位学者的加工润色而写定成篇。”

施和金《〈宋史地理志〉补校考》(《南京师大学报》1997 年第 4 期)纠正《宋志》之误 46 条，多有发明，如考定太平州下“南平军”系“平南军”之倒误、静江府领县脱“阳朔县”，等等。

张宝钗《明绘本〈边镇地图〉考》(《东南文化》1997 年第 4 期)考证了世人不知、不见著录的南京博物院藏明绘本该图及作者的基本情况，认为该图上承朱思本手法，形成了新的风格，在地图史、军事史上具有重要的地位。

徐少华《〈中国历史地图集〉先秦两汉若干地理辨误》(载《中国前近代史理论国际学术研讨会论文集》)，结合文献记载、考古发现和实地调查资料，为该图集中的申国申县、谢国棘阳、郦邑郦县、都国丹水、商邑商县等一些先秦汉晋地理问题进行了缜密的辨析、纠误，立论确凿，为今后修订再版提供了补正意见。

(作者为中国社会科学院
历史研究所研究员)

夏商史

朱凤瀚　陈　絜

1997年度的夏商史研究成果较为丰硕，共发表论文百余篇，出版专著数部。综观本年度的论著，通论夏商史的文章较少，夏史研究则主要集中在夏文化及相关类型的考察上，且多以考古发掘材料为依据；相对而言，商史研究显得丰富细致得多，内容涉及到商族的起源、政治、军事、宗教礼俗、社会基层组织以及都城等问题。又1997年距殷墟卜辞的发现已近百年，故用以评述百年甲骨学与商史研究成就的文章亦不在少数。本年度又是“夏商周断代工程”全面启动的第二年，所取成果也较为可观。今择要分类综述如下。

一

本年度通论夏商史的文章，主要探讨的是国家形成的道路、特点、政体及宗教崇拜等问题。杨茂盛撰文指出，中国古代国家形成的道路应该是从部落到部族再到国家，自五帝时代至三代为宗族部族制国家时代，其政治与思想文化都体现着宗族的特征(《试论中国古代的宗族部族及其国家的形成》，《北方文物》1997年第3期)。曹兵武认为三代的立国过程皆经历了“地方性部族文化实体—立国—入主中原成就文化霸权”的三部曲，族是立国之本，它决定了中国国家诞生过程中由血缘关系向地缘关系转变的不彻底性(《夏商周国家的特点及其启示》，《南方文物》1997年第1期)。宋敏桥《略论氏族社会向国家过渡的不同形式及其导向作用》(《黄淮学刊》1997年第1期)认为，中国在由氏族社会向国家过渡时，经历了酋邦制，故导致了君主专制的国家政体。

巴新生撰文指出，先秦时代德的内涵与天命观的演进相关，是一个发展的概念，其内涵的演进可分为图腾崇拜、祖先崇拜与上帝崇拜、统治者的政行、道德观念等四个阶段(《试论先秦“德”的起源与流变》,《中国史研究》1997年第3期)。于逸生将“法自天出”、“王权神授、代天行罚”之类的思想称之为“神权法思想”,作者对先秦时代的这种思想的发生与演进过程作了探讨,并认为周之神权法思想之所以较夏商精致是溶入了“德”所致(《夏商周三代神权法思想嬗变》,《求是学刊》1997年第1期)。研究先秦山川崇拜的文章有张怀通的《先秦时期的山川崇拜》(《河北师院学报》1997年第2期),作者认为山川崇拜起源于远古时代的原始巫术,至商代它还保持着较强的原始宗教色彩,商周之际,它与国家制度、政治思想相结合,表现出明显的政治倾向,春秋以后则成为统治和教化的工具。许兆昌认为,先秦时期巫的基本功能是降神,与萨满相似,但与西方的巫师有较大差别,故不能以巫师文化与之比拟,且先秦社会的巫术与祭祀具有天然的共生关系,故巫觋文化与祭祀文化也不能截然分开(《先秦社会的巫、巫术与祭祀》,《史学集刊》1997年第3期)。

二

自殷墟甲骨文证实了《史记》商王朝世系之可靠性后,司马迁在《史记》中所记载的夏王朝之存在,亦已为绝大多数学者所信从。但确认夏文化遗存,依然是摆在考古学界与史学界面前的一个首要课题。高大伦、李锋指出“耒形端刃器”(亦即我们通常所称的牙璋)是夏王朝之礼器,可视作夏史的重要物证(《夏史物证——兼论歧锋端刃器的定名》,《中国史研究》1997年第2期)。

本年度探论夏文化的起源与发展历程的文章有韩建业的《夏文化的起源与发展阶段》(《北京大学学报》1997年第4期)、王克林的《论夏族的起源》(《文物季刊》1997年第3期)及尤中的《夏朝的建立和华夏民族的形成与周边民族群体的关系》(《思想战线》1997年第1期)。其中韩文指出,先夏文化可能是西方羌戎居民东进豫境而形成的,包括仰韶文化谷水河类型与王湾三期文化前期;夏文化形成于“禹征三苗”之时,中兴于少康之世,包括王湾三期文化所代表的早期夏文化和二里头文化一至三期所代表的晚期夏文化;公元前1600年前后夏为商灭,夏文化亦为商文化取代。

至于夏为商汤所灭后夏人之去向,学界一般讨论的是夏桀于亡国后奔南巢(今安徽巢县)还是鸣条(今河南封丘东),陈立柱撰文指出夏遗民中有很大一部分人继续向北迁移,自伊洛至晋南后又迁至晋中。武丁时期,一部分人又迁向西方,后之大夏、月氏即其后裔;另有一部分人则去了夏家店文化区,或留居河西一带;更有一部分人向西北推进,位于西伯利亚叶塞河沿岸的卡拉苏克文化就是受夏文化北迁影响而成的;北方的匈奴亦与夏族渊源极深(《夏文化北播及其与匈奴关系的初步考察》,《历史研究》1997 年第 4 期)。

探讨二里头文化及其相关类型的起源、发展序列是本年度夏史研究的热点之一。王迅认为二里头文化是融合东方、东南、西北、北方各地区及当地固有文化等形形色色的因素而成的。(《二里头文化与中国古代文明》,《考古与文物》1997 年第 3 期)。安金槐以为颍河上游地区的二里头文化类型早期遗存是直接承袭当地龙山文化发展而来的,它在探索夏文化遗存中具有重要地位(《豫西颍河上游在探索夏文化遗存中的重要地位》,《考古与文物》1997 年第 3 期)。杨贵金则对沁河下游的夏文化作了探讨,认为沁河西南地域的夏文化遗存可称为二里头文化沁西类型,它是二里头类型向东下冯类型发展的一个中间类型(《沁水下游的夏文化与先商文化》,《中原文物》1997 年第 2 期)。夏县东下冯类型的文化因素较为复杂,故其文化性质在学界中有些争议,对此李维明撰文重申其观点,认为该文化类型属二里头文化无疑。(《再议东下冯类型》,《中原文物》1997 年第 2 期)。

史籍中有禹治九州、九州之戎、禹戎等记载,但其地望与相互关系历来众说纷纭,郑杰祥《论禹、戎禹和九州的关系》(《中原文物》1997 年第 3 期)一文对此进行了考察。作者认为禹所治之九州当处在今河南西部及豫陕交界一带,当时该地区除夏族外尚有姜戎族活动于其间,夏戎两族皆系少典氏族之后裔,故禹始得以统一和治理九州。

禹都阳城的地望一直是夏史研究中的争论焦点之一,但一般不离豫西、晋南这两个地区。沈长云则认为其地望应在东方,古河济地区之古都濮阳就是禹都阳城之所在,而它的建造者当为鲧(《禹都阳城即濮阳说》,《中国史研究》1997 年第 2 期)。

三

在商史研究中,先商文化或商族起源问题向为学界所重,本年度涉及该问题的论著依然丰富。张长寿、张光直认为自郑州二里冈以后的殷商文化，很可能有两个先商源头，其中被统治阶级可能来自漳河流域，而统治阶级则可能来自东方的龙山文化区或良渚文化区。考古材料说明，先商文化自东海岸沿现在陇海线的路线向苏北经徐州进入豫东，征服了土著，在商丘一带建立了他的第一个都城——商（《河南商丘地区殷商文明调查发掘初步报告》，《考古》1997 年第 4 期）。曹定云撰文指出，商族是从少昊部落中分立出来的，而少昊又承太昊，故商族之根当在太昊（《夔为殷契考》，《中原文物》1997 年第 1 期）。张富祥《先商与东夷关系》（《殷都学刊》1997 年第 3 期）亦以为商族出自东夷。张国硕《从商文化的东渐看商族起源"东方说"的不合理性》（《中原文物》1997 年第 4 期）则认为，从考古材料中可以看出，商文化存在着由西而东渐之势，故"东方说"不能成立。将先商文化与岳石文化及夏家店下层文化相联系进行考察的文章则有张翠莲的《先商文化、岳石文化与夏家店下层文化关系考辨》（《文物季刊》1997 年第 2 期）。

沁水下游东北地区的先商文化过去学者大多归之于漳河型和辉卫型，或单独归为辉卫型，杨贵金在其《沁水下游的夏文化与先商文化》一文中指出，该类型文化可独立，并命名为沁东类型。

本年度讨论殷商政治制度的文章不是很多，其中沈长云撰文对殷周制度作了综论，作者对王国维《殷周制度论》中的观点大体认同，但对其失当之处提出了自己的一些看法（《论殷周之际的社会变革》，《历史研究》1997 年第 6 期）。杨升南《商代的王权和王权的神化》（《中国史研究》1997 年第 4 期）一文则对商代王权的内容及王权神化的途径和手段等问题作了探讨。殷商猎与军事相关的观点基本上为学界认同，但刘兴林撰文提出新说，认为当时田猎的主要目的是为逸乐（《殷商以田猎治军说质疑》，《殷都学刊》1997 年第 2 期）。王宇信《甲骨文"马"、"射"的再考察》（《第三届国际中国古文字学研究研讨会论文集》，香港中文大学 1997 年版。笔者案：以下凡未标出处者皆表示出自该论文集）一文指出，马与射是商王朝军队中两支性质和作用完全不同的特种部队，马队人在马上，而射队则徒步持弓，并不与战车相配置。濮茅左认为商代已有军事信物骨符，《合集》著录的第 20505 版卜骨就是证据，该卜辞所记载的是武丁命令征伐族、妇之事（《商代的骨符》）。连劭名《殷墟卜辞中的戍和奠》（《殷都学刊》1997 年第 2 期）一文则探讨了殷商屯兵戍边等问题。王恩田《释ヒ(𠂤)、ㄋ(官)、帀(師)补证》一文亦与军事相关。

在泰沂山脉北侧已发现的商文化遗址已达百余处，任相宏以为这些遗址是商人东征的结果。作者进一步指出，东征时间自二里冈上层时期一直持续到殷墟三期前后，在东征过程中，大辛庄、史家、苏埠屯都起到了非常重要的作用(《从泰沂山脉北侧的商文化遗存看商人东征》，《中国文物报》1997 年 11 月 23 日)。

本年度关于商代宗教祭祀的文章亦很可观。刘一曼《安阳殷墟甲骨出土地及其相关问题》(《考古》1997 年第 5 期)一文考察了殷人的占卜习俗，认为当时占卜习俗的差异与等级身份的差别相关。国光红指出，卜辞中“鬼梦”之“鬼”如同《周礼》中的“占梦”，为占凶吉而作梦是其专职，因“鬼”能见常人所不能见，故其所见者即为神赤之兆(《释“鬼梦”》，《殷都学刊》1997 年第 1 期)。晁福林认为殷人有卜筮并用、三人同贞同占及占筮九卦等习俗，筮在卜先，但商王以龟卜结果来取舍定夺，而当时的易卦与筮法尚处在比较粗疏阶段(《商代易卦筮法初探》，《考古与文物》1997 年第 5 期)。蔡运章则专门研究了当时的互体卦问题(《论甲骨金文中的互体卦》)。研究商代日书与卜日问题的则有连劭名《商代的日书与卜日》(《江汉考古》1997 年第 4 期)一文。吴孙权则具体考察了卜辞中𣏟祭的内容，认为从有关𣏟祭卜辞中可以看出，商人对物质生活资料及人自身的生产相当关注。作者在文中还指出，卜辞中𣏟禾、𣏟年、𣏟禾田、𣏟年来实际上都与𣏟雨一样，是求雨之祭，𣏟启卜辞极少，说明殷商地处中原，是比较缺水的(《卜辞𣏟祭初探》，《中国社会经济史研究》1997 年第 2 期)。在殷墟墓葬中，历年所出的青铜生产工具数量众多，孔德铭以为它们是作为一种辅助礼器而随葬的(《殷墟青铜生产工具浅析》，《华夏考古》1997 年第 2 期)。孟宪武、李贵昌《殷墟出土的玉璋朱书文字》(《华夏考古》1997 年第 2 期)一文公布和释读了 1985 年刘家庄南殷墓出土的十七片玉璋朱书文字，并指出此类朱书文字主要是记载贡祭之事，属记事书辞；而玉璋则是祭器和敛尸器，是墓主身份的体现。安金槐《再论郑州商代青铜器窖藏坑的性质与年代》(《华夏考古》1997 年第 1 期)一文对近年先后出土于郑州商城城垣外侧的三个二里冈期的青铜器窖藏坑的年代和性质作了探讨，重申其“祭祀埋葬坑”的观点。方酉生则以为还是视作窖藏坑为妥(《从郑州后家庄期商文化说到仲丁都隞》,《武汉大学学报》1997年第5期)。研究殷商青铜器纹饰的文章则有李慧萍、贺惠陆的《殷商青铜器纹饰研究二题》(《殷都学刊》1997年第2期),作者认为,殷商青铜铭文中的"目"字是以鋬为鼻梁、两个大眼为饕餮之目的"饕餮"图案,而饕餮纹则是鸱枭抽象变形拼合而成的。周亚则对商代中期青铜器上的鸟纹作了专门研究,提出了一些不同于前人的看法,其说值得注意(《商代中期青铜器上的鸟纹》,《文物》1997年第2期)。

张光直将先秦文献及古文字材料中的"上下"释作"天地",并以此为主要证据之一推断商周社会是巫觋社会。但周言以为巫觋社会说缺乏文字学上的依据,该词自商至春秋,其词义是变化发展的,并不专指"天地"(《说"上下"》,《史学月刊》1997年第1期)。

江昌林撰文指出,甲骨文"四方风"的内容保存了中国远古社会原始的方位宇宙观念,其先"东西"后"南北"的方位观来源于对日出、日落方向的观察(《甲骨文四方风与古代宇宙观》,《殷都学刊》1997年第3期)。

本年度探讨商代家族组织与制度的文章有韩建业的《殷墟西区墓地分析》(《考古》1997年第1期)与李贵昌、李守庆的《先秦合葬墓刍议》(《华夏考古》1997年第7期)。韩文将殷墟西区墓地划分为8个墓区、24个分区、40个墓组、100多个墓群。认为分区、墓组、墓群所代表的共同体分别代表族、分族与家族,平等只在家族(家庭)内部体现。李文则认为商周时期一夫一妻制家庭得以普遍确立,夫妻异穴合葬已成为当时夫妇合葬的主要形式,而男女同穴(同椁或同棺)合葬则是奴仆为主人殉葬而形成的合葬形式。

探讨婚俗的文章则有胡新生的《商代"余子"类卜辞所反映的原始婚俗》(《山东大学学报》1997年第1期)。作者认为,"余子"类卜辞所贞问的是此子与商王之间是否有血缘关系,此类卜辞反映出当时尚存在女子不落夫家及性关系较为自由等原始婚俗。

1996年发掘的桓台史家遗址,为我们研究东夷与夏商文化的关系提供了重要资料。随着对该遗址的进一步发掘与研究,我们将有可能解决古史中有关薄姑、箕子的祖居或发迹之地,以及甲骨文的发源地,乃至商民族、商文化的起源诸问题,故本年度在山东桓台召开了殷商文明国际研讨会。本次研讨会主要围绕商代甲骨、殷商考古、殷商史以及与殷周文明有关的主题展开，详情可参见杜金鹏《殷商文化研究取得新进展》（《中国文物报》1997年9月21日）与袁琳《'97山东桓台中国殷商文明国际研讨会综述》（《殷都学刊》1997年第4期）等文章。

殷墟卜辞自发现至今已近百年，经几代学者的努力，甲骨学与商史研究成绩斐然。本年度诸多文章就是针对百年成就而作的。

朱凤瀚《近百年来的殷墟甲骨文研究》（《历史研究》1997年第1期）是"20世纪中国历史学回顾"专栏文章，论文评述了近百年来甲骨文研究中的主要成就，同时也对甲骨学中争论较大的问题谈了一些自己的看法，如作者提出"不同系统的甲骨出土坑位分布区域的差异也可能与不同的贞人组经常从事占卜的宗庙（及其他祭所）与宫室地点不同有关，不一定与贞人居所不同有关"，而祭祀制度的研究将有助于卜辞科学的分类与断代等。类似的综述文章还有曹定云的《殷墟甲骨文研究百年回顾与展望》（《社会科学战线》1997年第5期）。

具体评述小屯南地甲骨的意义及研究状况的文章有郭振禄的《小屯南地甲骨综论》（《考古学报》1997年第1期），作者还在文章中对"高祖"与"后祖"等称谓的含义提出了自己的见解，以为"高祖与后祖之间很难划出一条界线，也很难确定一个明确的范围，它是随着时代的变化而变化的，是一定历史阶段的称呼"。

评述国内外甲骨学著作的文章则有王宇信《近年日本新出版的几部重要甲骨学著作》（《殷都学刊》1997年第1期）、《踏破铁鞋无觅处》（《殷都学刊》1997年第4期）及陈炜湛的《读〈甲骨文断代研究例〉小记》（《中山大学学报》1997年第4期）。王文介绍了日本学者所作的《甲骨文字字释综览》、《中国古代文化研究》、《关于中岛玉振旧藏甲骨片》三书以及新近由齐鲁书社出版的明义士旧著《甲骨研究》；而陈文则以札记的形式对《甲骨文断代研究例》一文作了补正与诠释。

对甲骨作断代研究的文章则有黄天树的《谈殷墟卜辞中的自组肥笔类卜辞》（《文博》1997年第2期）。作者认为自组肥笔类卜辞是目前所知殷墟卜辞中时代最早的一类卜辞。钟柏生则对史语所于1928—1948年间先后购置的199版甲骨中的部分重要卜辞作了释读（《中央研究院历史语言研究所所购甲骨选释》）。林小安《殷墟卜辞奞字考辨》认为，卜辞中的"奞"

字系会意字，应释读为动词“舍”。沈宝春指出，“[illegible]”字应隶定作“[illegible]”（修），其词义本为祭祀前于庙寝埽除粪洒，引申为修饰、修治、修洁、修长，假借为语词“所”，卜辞及经传或用作名词（《甲骨文“[illegible]”字说新解》）。宗静航《“亦雨”、“夜雨”辨》一文认为，卜辞中的“亦”字不能假借作“夜”，故“亦雨”也不应解作“夜雨”。考释甲骨文字的文章尚有李宗焜《释磬声》、季旭昇《读甲骨文中“耳、戊、己、士”部中一些待商的字》及连劭名《甲骨刻辞中的矢》等文章。

近年来，学界对卜辞中命辞是否属疑问句的问题颇有争议，唐钰明《甲金文词义辨析两则》一文指出，甲骨文“贞”是“卜问”之义，故命辞仍当确定为疑问句。文章还指出卜辞中“御”、“驭”两字既有联系又有区别，“御”可包容“驭”，而“驭”并不等同于“御”。朱岐祥则通过对卜辞中“不”字特殊句例的分析，提出命辞有属问句的可能性（《由“不”的特殊句例论卜辞命辞有属问句》）。

四

商代都城问题向为商史学界所重，而本年度该问题的争论焦点主要集中在亳都与隞都的地望上。方酉生认为偃师尸乡沟城址是商汤灭夏后始建之都西亳，与夏桀无涉（《偃师尸乡沟城址是商汤灭夏后始建之都西亳》，《江汉考古》1997年第3期）。张国硕《商汤“还亳”考辨》（《殷都学刊》1997年第3期）一文指出郑州商城是商汤灭夏后所还之亳。宋豫秦指出，加强对菏泽地区和商丘地区漳河型先商文化的考古学探索是解决南、北亳存在与否，地处何方诸问题的关键所在。而郑州商城和偃师商城皆系成汤之亳都（《关于探讨南亳与北亳的途径》，《殷都学刊》1997年第3期）。李民以为，成汤之主都在南亳，北亳是“景亳之会”之景亳，也是成汤“还亳”之亳，西亳即偃师商城，二者系辅都，其中西亳最为晚建（《〈尚书·立政〉“三亳阪尹”解》，《殷都学刊》1997年第4期）。田昌五、方辉指出，景亳之地望当在菏泽曹县北的梁堌堆遗址，尸乡沟商城则是夏商两个王朝政权更迭的直接表现（《“景亳之会”的考古学观察》，《殷都学刊》1997年第4期）。张良仁则认为郑州商城与偃师商城都属商代中期之都城，二者的早晚关系尚是悬案，商汤之亳应处在二里头文化第三期遗存中（《偃师商城考古新发现及其意义》，《中国文物报》1995年5月18日）。

1995年郑州小双桥遗址的发掘被列为中国考古十大发现之一。陈旭指出，小双桥遗址文化内涵之重要性似乎仅次于郑州商城，它应该就是隞都（《郑州小双桥商代遗址即隞都说》，《中原文物》1997年第2期）。任相宏的观点与之相同，并指出，出土于小双桥遗址的方孔石器来自岳石文化，是仲丁征蓝夷的战利品，同时也是祭品（《郑州小双桥出土的岳石文化石器与仲丁征蓝夷》，《中原文物》1997年第3期）。李维明认为小双桥遗址自身年代跨度不少于50年，当包括仲丁迁隞之前、仲丁迁隞以及河亶甲迁离以后三个不同时期（《小双桥商文化遗存年代浅析》，《中国文物报》1997年10月19日）。方酉生认为郑州商城才是隞都，小双桥遗址只是当时王室的一个祭祀场所或郊区城镇（《从郑州白家庄期商文化说到仲丁都隞》）。持相同意见的还有许俊平、李锋的《小双桥商代遗址性质探索》（《中原文物》1997年第3期）。

在商代都城问题上，安阳殷墟是否系商后期都城之所在亦是近年来争论的问题之一。秦文生在本年度又撰文重申其殷墟非殷都的观点。作者认为盘庚所迁之都应在郑州商城，具体活动地点在今郑州市人民公园一带，殷墟是武丁至帝辛时期的宗庙区、陵墓区和大型祭祀场所（《殷墟非殷都再考》，《中原文物》1997年第2期）。

垣曲商城是近年来较为重要的考古发现，其年代与性质也引起了学界的注意。本年度相关论文有董琦的《垣曲商城遗址始建年代研究》（《中原文物》1997年第2期）、《城门磔人：垣曲商城遗址研究之二》（《文物季刊》1997年第1期）等。作者在《年代》一文中指出：在夏代后期垣曲古城南关形成了类似回字形的环壕聚落，商人在二里冈下层偏晚阶段占领和利用了南关环壕聚落，并在此基础上扩建为垣曲商城。

山东前掌大商代遗址或属商代的方国遗存，学界一般将之视作商奄族遗址，但李鲁滕以为是商薛族遗址，其文化应视为“任薛文化”（《略论前掌大商代遗址群的文化属性和族属》，《华夏考古》1997年第4期）。论述商代方国的文章还有李瑾的《论卜辞“臣方”与氐羌“纵目”人的关系》（《重庆师院学报》1997年第2期）及饶宗颐《殷代西北西南地理研究的定点》。李文认为卜辞中的“臣”是方国名，也即文献中的“纵目”人，是古氐羌族属。从卜辞臣方的地望可知，氐羌族在中国古代东部地区分布广远，是诸夏之族的主体。饶文则考证了卜辞中地处西北西南地区的十几个殷代方国与地名。

长江流域文明的研究是先秦史研究的重要组成部分。本年度这方面的研究成果令人瞩目。

李伯谦撰文对长江流域的文明历程作了探讨。作者认为长江流域正式进入文明阶段是在商代早期，而这一重大变化又与黄河流域中原地区夏商文化的参予密不可分(《长江流域文明的进程》,《考古与文物》1997年第4期)。

宋治明在《早期蜀文化与商周文明》(《四川文物》1997年第1期)一文指出，早蜀文化是由川西地区新石器时代文化发展而来的，而中原商周文明对其产生了强烈的影响，早蜀文化是商周文明的有机组成部分。王宏指出，蜀文化的分布主要以川西平原为中心，早蜀文化受夏商文化的影响较大，巴文化起源于鄂西南清江流域，最后两种文化汇合一起形成巴蜀文化(《巴、蜀文化源流粗疏》,《江汉考古》1997年第3期)。杨华撰文指出巴人有崇虎之习俗，卜辞中的“虎方”及金文中的“荆方”皆指巴方(《巴族崇“虎”考》,《华夏考古》1997年第4期)。

俞伟超则认为，蜀文化之所以迅速发展起来，与“三苗”之民的到来有关，而早期蜀人以土地崇拜和祖先崇拜为其核心(《三星堆蜀文化与三苗文化的关系及其崇拜内容》,《文物》1997年第5期)。赵殿增以为，三星堆的居民有“眼睛”崇拜与“手”崇拜的习俗，分别体现了对始祖神“纵目人”蚕丛的崇拜和对由宗教首领发展而来的“英雄”的崇拜(《从“眼睛”的崇拜谈“蜀”字的本义与起源》、《从“手”的崇拜谈青铜雕像群表现的“英雄”崇拜》,分别刊登于《四川文物》1997年第3期与第4期)。

广汉三星堆遗址一、二号坑自出土以来，学界对其性质与年代的认识有分歧。对此，陈显丹《广汉三星堆遗址一、二号坑的时代、性质再讨论》指出，二号坑的年代为商末周初，较一号坑晚，其性质则为祭祀坑(《四川文物》1997年第4期)。李学勤则认为，洋县范坝发现的仿玉铜牙璋有助于三星堆器物坑的年代断定，而铜牙璋使用者的族属当为商代西南夷的一支(《论洋县范坝铜牙璋等问题》,《文博》1997年第2期)。

探讨新干大洋洲居民宗教思想的文章则有彭适凡的《一件诡秘怪谲的商代神人兽面铜头像》与杨美莉的《浅论江西新干出土的玉羽人》(二文皆刊载于《南方文物》1997年第1期)。彭文指出，出土于大洋洲商墓的神人兽面铜头像表现的主题是“人兽母题”,反映出殷商贵族强烈而共同的宗教巫术信仰心理,其功用和性质是用以作上天入地通神的神器与礼器。杨文以为玉羽人的形像构筑是取自殷商文化的,但其表现的羽化观念则是本土文化的延续和再现。文章进一步指出新干商文化风格的形成在白家庄期已完成。

另吴春明《华南沿海的先秦文化与早期文明》(《中原文物》1997年第2期)一文对先秦时期华南沿海地区的文明历程作了探讨。作者认为夏商周文明因素的介入加速了该地区的文明进程,但因诸多因素的影响,其进程明显滞后。同时作者指出,对中国先秦社会历史的统一性不宜评价过高。

五

本年度是“夏商周断代工程”全面启动的第二年,所取成果较为丰硕,其中与夏商年代学相关的文章主要有以下几篇。

仇士华、蔡莲珍《碳十四断代技术的新进展与“夏商周断代工程”》(《考古》1997年第7期)一文主要介绍了最近十多年来碳十四断代技术的新进展,并详细论述了“断代工程”中的碳十四断代方法。席泽宗《夏商周断代工程中的天文课题》(《中国文物报》1997年2月23日)一文主要介绍了中国科学院天文所所承担的与断代工程有关的十项天文课题。李仲操《对武王克商年代的更正——兼论夏商年代》(《中原文物》1997年第1期)一文通过对戊午蔀年份的具体计算,更正了其克商年为前1070年的旧说,认为武王克商在前1071年。而成汤灭夏之年则在前1570年,其中《竹书纪年》所记帝辛在位五十二年应是四十二年之误,历年“四百九十六年”则是“四百九十八年”之误;夏代历年则为四百三十一年。《胤征》有中康日食之记载,但确凿与否,一直为史学界所争论。赵恩语认为其真实性不允怀疑,并指出这次日食发生在夏历九月朔(《中康日食的认证》,《安徽史学》1997年第1期)。宾组卜辞中有“己未夕皿庚申月有食”的月食记录,但学界对这次月食发生的日期和月份素有争议,其焦点即在于对“皿”字的释读上。常玉芝指出裘锡圭释“皿”读“向”之说可从,是表示介于前后两天之间的一段时间,故这次月食当发生在十二月己未日下半夜并持续到庚申日天明(《“己未夕皿庚申月有食”解》,《殷都学刊》1997年第1期)。常氏的观点又经断代工程专家专题讨论,获得了普遍的认同(《“夏商周断代工程”简报》第二十八期）。而赵光贤则认为“㞢”字以释“至”为当（《说“至”》，《殷都学刊》1997 年第 3 期）。

1997 年 8 月 31 日至 9 月 1 日，“夏商周断代工程”甲骨文日、月食专题研讨会在北京召开。与会专家除对“己未夕㞢庚申月有食”的月食进行讨论外，还对历组卜辞中的记录有日食的两组卜辞作了探讨，得出了统一的认识，认为“癸酉贞，日月有食”条卜辞是一则记录在癸酉日确实已经发生了的日食，可据以推算年代，“日月有食”作“日月频食”解较合实际；发生地点在安阳，时间与蝗灾有关。而“日有戠”则当读为“日有食”，并认为《合集》33697—33700 等卜辞大致可作天文学推算；“三焰食日”卜辞则可排除在“日食”范围之外（《“夏商周断代工程”简报》第二十八期）。

六

本年度有关夏商史的专著不多，其中需要介绍的有张荣明的《殷周政治与宗教》（五南图书出版公司版）及傅杰所编的《失落的文明》（上海文艺出版社版）二书。

张著全面系统地论述了殷周时期政治与宗教的关系，认为当时的政教是合一的，具体表现为信仰的合一、组织的合一、权力的合一及制度的合一，而造成这种政治与宗教合一的原因则在于部族血缘组织的沿存。

《失落的文明》一书系编者根据李学勤四十余年来所发表的主要论著摘编而成的。编者共辑出 190 个条目，按主题编排。在不失原著学术价值的前提下，增强了可读性，其做法值得提倡。

综观一年来的夏商史研究，虽然在上述诸专题的探讨上都有不同程度的进展，一些富有启发性的新见解亦极有助于今后夏商史研究的深入。但不足之处亦很明显，如有些著者视野不够开阔，不能及时、充分地吸收国内外学者的研究成果，而更主要的缺憾在于运用多学科交叉研究方法进行系统、深入研究的力作还是不多。这都是我们在今后的研究工作中需要改进和提高的地方。

（作者为南开大学历史系教授）

周　史

沈长云　温玉春

近年来，包括周史在内的先秦史研究越来越趋向于对微观性课题的选择及对具体史料的考订，本年度的周史研究也仍然显示出这种风格。一些传统课题继续不受重视。为了掌握新的史料，人们对考古资料，尤其是出土古文字资料投入更多的注意力。许多考古工作者也直接投入利用出土文物对于古史的研究。这些，反映了先秦史学界平实的学风，是值得肯定的。但同时，似乎也应提请人们对于宏观史学理论及历史规律的注意，历史研究总是在微观与宏观相结合的基础上，才产生出更令人瞩目的成果。以下，我们从七个方面对本年度周史研究的成果进行总结。

一、“夏商周断代工程”及其他有关年代学问题的研究

自1996年国家将“断代工程”列为重点研究项目以来，本年度这个问题的研究达到高潮。除夏、商二代外，有关西周的年代一时间成了人们讨论的热点，发表的论文及讨论纪要占了本年度周史研究文章的很大部分。首先吸引研究者注意的是近年山西曲沃北赵晋侯墓(M8)出土的晋侯苏编钟。该器铭文不仅涉及到对于西周后期具体历日的判断，更关涉到对整个西周历法，尤其是周人所使用的月相术语的认识。为此，“断代工程”项目办公室委托《文物》杂志组织部分专家围绕钟铭进行了一次笔谈，笔谈内容发表在《文物》1997年第3期上，其中一些专家的观点亦见诸别的刊物，今择其要介绍如下：

李学勤认为，此器铭文中的晋侯苏即文献中的晋献侯；铭文首记“惟王卅又三年”是建子的周正，适与《史记》所载厉王纪年相合。但厉王33年乃公元前846年，相当于晋靖侯13年，与晋献侯在位时间不合，对此，李先生推测铭文中的晋侯苏系其即位后的追称，该铭乃追述他在其祖父(即晋靖侯)在位

期间追随周厉王所进行的一次战役。陈久金则认为铭文中的“卅又三年”更可能是宣王的 33 年(前 794 年)。张闻玉在笔谈中坚持用定点月相说来解释苏钟历日，他将铭文分作两部分读，认为前部分“惟王卅又三年”以下只合于穆王历日，后部分记有“六月初吉戊寅……”乃周宣王八年之天象，并与晋侯苏在位当宣王时期吻合。张培瑜则指出，根据苏钟历日的内在联系，可以发现月相定点说存在着较大的困难。他说，如马承源那样将苏钟定为厉王 33 年器，其所记历日皆合于四分月相(马文见《上海博物馆集刊》第七期)；但如像王占奎那样，以共和纪年合于厉王纪年之内，厉王 37 年奔彘，宣王于是年称王，则按此计算的宣王 33 年(前 809 年)之历日亦与铭文记载相合(王文见《中国文物报》1996 年 7 月 7 日)。裘锡圭在笔谈中表示改变自己过去倾向于认为钟铭 33 年属厉王的看法，认为钟铭似乎不大可能如李学勤所说那样去原原本本追忆二十余年前之事，并按追记时器主的身份去改变他当时的称呼，因而他现在倾向于上述王占奎的说法。

除上述专家外，冯时在《考古学报》1997 年第 4 期上以《晋侯苏钟与西周历法》为题，对苏钟铭文所记历日进行了探讨。他认为，钟铭中的两个“二月”并非同年同月事，四分月相说非西周实际历法，西周时应存在两个并行的纪时系统：一为吉日系统，初吉非月相；另一种为月相系统，包括既死霸、旁死霸、哉生霸、既生霸、既望等月相术语。

其他有关西周历法及年代考证的文章，首可举张培瑜的《西周年代历法与金文月相纪日》(《中原文物》1997 年第 1 期)，文章再次强调西周时期尚处于观象授时阶段，后世文献所记载的四分术及三统历均有误，不可用，西周主要是靠月相变化来确定日序的，四分月相说可能较为接近真实。李仲操在《对武王克商年份的更正——兼论夏商周年代》(《中原文物》1997 年第 1 期)中将武王克商年代重新考订为公元前 1071 年，其以自己确定的四种月相定点日期来推算该年的历日，适与《武成》所记相合，以此克商之年来推论成、康年份，其月相、干支亦与《何尊》、《洛诰》、《顾命》、《毕命》等所记相合。周流溪在《西周年代考辨》(《史学史研究》1997 年第 2 期)中则认为将武王克商之年定在公元前 1039—前 1025 年之间较为接近历史实际，而以前 1030 年为克商之年更是一个接近于《纪年》所载西周积年为

257年的取舍，周历的岁首当是建申。李学勤在《光明日报》(1997年12月23日)上发表《静方鼎与周昭王历日》，据在日本刊布的静方鼎铭文，联系过去一些器物，新排定周昭王十七年至十九年的历日。他初步推得周昭王十七年为公元前999年，并认为上述铭文采用的都是四分一月的记时法。张闻玉在《鲁世家与西周王年》(《贵州社会科学》1997年第2期)中通过《史记·鲁世家》和《汉书·律历志》所引有关材料的分析，认为武王克商之年当在1106年；又通过对金文的分析，认为共王在位23年，孝王在位12年，懿王在位23年，夷王在位15年。此外，他还在《关于成王的纪年》(《中原文物》1997年第3期)中论证成王在位37年，即公元前1104—前1068年。

对西周以外年历的考订，有王雷生的《平王东迁年代新探》(《人文杂志》1997年第3期)，认为《史记》所谓平王元年东迁说不可信，平王东迁当在携王被杀以后，而携王被杀在平王21年，故平王东迁当在前747年。白光琦《子犯编钟的年代问题》(《文物季刊》1997年第2期)就近年发现的这件青铜器铭文中提到的“唯王五月初吉丁亥”进行考证，认为其年应是周襄王20年，《左传·僖公二十九年》所记“五月丁未，献楚俘于王”即此。刘信芳《战国楚历谱复原研究》(《考古》1997年第11期)尝试用考古学器物拼对复原的办法，将见于楚简的历点一一列入干支表，并以此排定楚怀王期间长达七年的干支表。

二、政治进程与国家控制制度的研究

这方面的研究对象，既包括国家结构，也包括国家政治制度与具体的政治(及军事)运作。关于西周时期的国家结构，赵伯雄在《论三代国家的结构特征》(《河北师范学院学报》1997年第4期)中认为，包括西周在内的三代国家是由许许多多的“邦”组成的，王朝不过是以一个大邦为中心的对天下万邦的统治；西周时期的众邦既包括从远古演化而来的原生形态的氏族小邦，也包括通过“封建”而产生的次生形态的邦，这后一种邦已具有了浓厚的地缘色彩，并在以后通过兼并而逐渐具有了政治实体的性质。关于西周的政治制度，沈长云在《论殷周之际的社会变革》(《历史研究》1997年第4期)中循着王国维《殷周制度论》的基本论点，重新讨论了西周实行的嫡庶制、分封制、宗法制等政治制度，并讨论了周代实行这些制度的社会背景及历史意义。胡戟的《周公制礼》(《陕西师大学报》1997 年第 3 期)认为,周公制礼创立了中国历史上影响深远的政治文化,多数都用为后来传统政治的基本框架原则。巴新生在《西周"宗盟"初探》(《东北师大学报》1997 年第 2 期)中讨论了西周时期"宗盟"这一政权组织形式,认为它的实质是西周血缘宗族社会组织形式不断扩大和完善的产物,"赐姓、胙土、命氏"是其形成的主要方式和途径,"异姓为后"是其重要的组织原则。晁福林在《先秦爵制的起源与发展》(《河北学刊》1997 年第 3 期)中讨论了周代的爵制及其演变,认为先秦爵制可能滥觞于周代的册命制度,用爵来称呼贵族的秩位等级可能是西周后期的事,战国时期爵制有了很大发展,由表示出身转而表示身份和功劳,即所谓军功爵制。

关于西周时期的具体政治进程,近来少有文章涉及,沈长云在《论成康时代和成康时期的铜器铭刻》(《中原文物》1997 年第 2 期)中认为成康时期的治绩主要表现在三个方面:1. 继续文、武、周公以来的对四方的征伐,以至最终奠定下周家天下的规模;2. 实行全国范围的大分封;3. 开展大规模的制度建设,奠定了华夏礼乐文明与制度文明的基础。文章同时对旧史将成康时代的治绩归结为所谓"刑措"提出了不同看法。

对春秋战国时期政治与军事的探讨,有蔡锋的《国人的属性及其活动对春秋时期贵族政治的影响》(《北京大学学报》1997 年第 3 期),该文认为国人是一个地位特殊,阶层广泛,且包含着一部分贵族在内的政治集团,在春秋时期政治舞台上起着举足轻重的作用,不仅参与当时上层贵族领导的政治斗争,而且以其政治舆论影响国家政治的决策,但由于其所受时代的局限,其政治活动仍然带有很大的消极性。宋杰在《秦对六国战争中的函谷关和豫西通道》(《首都师大学报》1997 年第 3 期)一文中对秦与六国战争的进军路线做了考察,认为从公元前 314 年秦占领函谷地区到前 270 年范雎拜相时,秦对山东六国以函谷关、豫西通道为主要作战方向;在这之后,秦行远交近攻之策,改以晋南豫北通道为主要进军路线,以赵国作为首要打击对象。

三、两周经济与经济制度研究

这方面的文章不多,且多集中在对城市及工商业的研究上。在对西周经济的研究方面,张永山《西周时期陶瓷手工业的发展》(《中国史研究》1997年第3期)从普通陶器、印纹硬陶、原始瓷器及陶质建筑材料等四个方面对西周时期的陶瓷制造业进行了总体概括。杨师群的《西周社会财产私有制问题的考察》(《学术月刊》1997年第5期)则涉及到当时的社会经济形态,他认为西周时期的所有制是一种周王最高所有权和贵族等级领有权相结合的多层次财产所有制形态,而各级贵族的财产领有权又与村社共同体的实际占有和使用权相重叠,其核心是王有制与贵族领有制而非私有制,因此不能用西方的财产所有制模式来套中国的状况。

涉及春秋战国社会经济的文章主要有杜勇的《春秋战国城市发展蠡测》(《四川师院学报》1997年第1期),该文认为春秋战国时的城市已演变成了工商业的中心,这是中国城市发展史上一次质的飞跃。他将这个时期的城市划分为交通与商业城市、大手工业城市、中小工商城市、文化城市四种类型,并对造成当时城乡分离的社会原因进行了探讨。刘玉堂《春秋至战国中期楚国直接生产者身份蠡测》(《湖北大学学报》1997年第4期)认为,楚国的直接生产者主要包括农奴、自耕农和雇农几部分,农业奴隶在楚国只是个别现象且仅限于在畜牧业中使用,此外,居住在都邑的国人中也有极少数从事农作者。黄启标《论战国时期抑商政策产生的原因及其实质》(《学术论坛》1997年第1期)分析了战国时期各国采取的抑商政策的背景,认为这种政策的产生是由于春秋战国以来商业及商人阶层的迅速发展与当时新兴地主阶级及封建制度产生冲突的结果,抑商政策的实质是以金钱、财产为标准的权力分配被以政治权力和大地主占有为标准的权力分配所压制。

还有几篇对先秦社会经济史某些环节进行具体考证的文章。白秦川的《先秦货币二考》(《历史研究》1997年第2期)一则考证商周时期的"朋"无定数,即用以计算当时贝币的单位"朋"具体包含多少枚货币并无确定的数目;二则考证春秋战国时期布币名称的来源,认为布乃"流布"的意思,并非传统认为的是"镈"的通假字。臧知非《"叚门逆旅"新探》(《中国史研究》1997年第4期)对云梦秦简所记《魏户律》和《魏奔命律》中的"假门逆旅"的身份重新进行了解释,认为"假"当读如本字,"假门"即借居或寄住于他人之门者,"假门逆旅"指的是借居于逆旅者。

四、精神文化研究

由于近年提倡传统文化，有关先秦文化史的研究相对于其他专史显得要热闹一些，不过多数文化史研究的论题都集中在春秋战国这个时间范围之内。综合本年度这方面的研究文章，知其大致包括以下几方面的内容。

1. 春秋战国的道德观念及孔子思想研究。杨华《春秋战国时期“宗统”与“君统”的斗争——兼论我国古代忠孝关系的三个阶段》(《学术月刊》1997 年第 5 期)认为，我国古代的忠孝观念经历了从忠于宗族到忠于国家政治，再到忠于君主个人的历史演变过程。康德文在《论春秋战国之际“孝”观念的变迁》(《社会科学战线》1997 年第 4 期)中亦认为西周春秋时期的“孝”观念带有浓厚的宗教意味，到战国时期则转变为纯伦理道德意义上的“孝”了。孙聚友《论春秋时期的道德精神》(《东岳论丛》1997 年第 5 期)试图从整体上把握春秋时期的道德精神，他认为此期道德精神主要体现在道德存在的本体意义和价值的被发现，以及由此产生的对于人的存在的行为准则的规范和对于人的存在的价值取向的彰显。陈学凯《西周春秋重民轻神思潮与孔子的鬼神观》(《陕西师大学报》1997 年第 3 期)指出，孔子对西周春秋上帝神鬼观的修正、改造和创新，实质是将春秋以前神鬼宗教式的政治伦理观，发展到以注重道德人性培养为核心的新层面。张广汇《孔子社会稳定思想探析》(《北方论丛》1997 年第 5 期)探讨了过去人们未曾注意的孔子社会稳定的思想，还对孔子这种思想的精华和局限性进行了分析。

2. 战国诸子百家研究。张松辉《老庄文化应属中原文化》(《湖南师大学报》1997 年第 4 期)不同意将老庄文化归属于楚文化的传统认识，他从老子的出身，老庄生活和活动的地域及他们思想的渊源等方面论证了老庄文化应属中原文化。丁原文《多元一体的齐道家》(《文史哲》1997 年第 3 期)则对战国时期聚集于齐国稷下的道家学派进行了归纳，认为它统摄了以田骈、接予为代表的道术派，以《管子·法法》等篇为代表的道法派和以《管子·心术》等篇为代表的道之整合派这三个系统，其总的趋势是由道论转向气论，由自然无为转向君术，由道法结合转向道同百家之学的融汇，从而为汉初黄老之学的兴盛做了铺垫。曾振宇、崔明德《由法返德：商鞅社会理想之分析》(《中国史研究》1997 年第 1

期)认为商鞅的社会理想包含了前后两个发展阶段,一是在重刑主义基础之上的"法治"社会,一是在道德理想基础之上的道德自律社会,商鞅实质上是一位德、法并重的法伦理化的思想家。此外,田旭东以《先秦齐国兵学成就略论》(《中国史研究》1997年第3期)为题,对春秋战国时期齐国的兵学书籍、齐国兵学成就的背景及齐国兵学的流派等方面进行了勾勒。

3. 战国文字及史籍研究。关于战国文字,李运富不同意将战国文字按国别分为若干系并认为各系之间具有不同的"地域特点"的流行看法,他在《战国文字"地域特点"质疑》(《中国社会科学》1997年第5期)中认为,战国文字国别之间的差异属于局部书写风格或个体字符字样的不同,从本质特征和总体上说,战国文字仍然是一个不可分割的完整系统,秦始皇的"书同文"只是在战国文字系统内部作了异写异构字的规范,并非从整个系统上用一种文字取代了另几种文字。与此观点相类似,李裕民的《战国文字研究》(《文物季刊》1997年第2、3期)亦指出,战国文字的主流是好的,并非混乱不堪,秦始皇统一文字前,六国文字已有统一。对于战国史籍的研究,王志平、吴敏霞《论〈左传〉在中国军事学术史上的地位》(《中国史研究》1997年第1期)着重介绍了《左传》对于古代战争记述的特点及其中显示出的古代战争活动的基本原理,认为从其所记述的历史的重点来看,《左传》具有战争史的史学价值。周少川的《评〈左传〉解〈易〉》(《北京师范大学学报》1997年第5期)则从《左传》对《周易》的解释上探讨了《易》学对先秦史学发展的影响,认为先秦史官正是通过对《易》的解释吸收了《周易》的合理内核,锻炼了辩证思想,培养了变通的史观。

五、民族结构与族际关系之考察

这方面的探讨不算很多。杨东晨《周族兴起地及其相关问题考辨》(《河南大学学报》1997年第1期)认为周民族源于炎帝后裔有部氏和黄帝后裔帝喾高辛氏部族,其初兴地在伊洛地区,后被喾迁于汾水地区,尧舜时封后稷部族于汾渭地区,遂在关中迁移流徙,最后发展并建立了国家。尤中的《西周王朝及其境内的民族群体》(《云南社会科学》1997年第3期)则主要依据《逸周书·王会解》来考察西周王朝与其四周边境之外的民族群体。以上两篇谈论周族起源及西周时期民族结构的文章都较少引用考古材料，尤其是古文字资料，对于像《逸周书·王会》这样的文献记载是否完全符合于西周乃至更早时期的民族结构亦缺乏考察，因而有关论点还值得进一步商讨。

从民族关系的角度论及西周覆亡的文章有两篇。刘宝才、梁涛《周族与西戎》(《人文杂志》1997年第6期)认为，周族乃炎黄之后，西戎则与炎帝关系密切，周人早期与西戎的关系是联合大于冲突，周人能够崛起西陲，壮大灭商，联合西戎起了重要作用；但在西周后期，西周与西戎的斗争一直继续不断，并愈演愈烈，以至最终被西戎灭亡。龚维英《西周覆亡新探——兼论当时的族际关系》(《人文杂志》1997年第2期)则认为，犬戎与姬周同宗共祖，是血缘已疏的"本家"，犬戎、申、缯三国灭周，实是同宗疏族间的交争。

历史上古部族的迁徙亦是学者经常讨论的一个议题。杨铭、柳春鸣《西周时期的气候变化与民族迁徙》(《中原文物》1997年第2期)一文认为从西周初年始，黄河流域就开始了一个由寒冷到干旱的持续时期，由此造成了甘青地区部分寺洼文化居民的南迁并演化为从事农业的氐人，亦导致了原居于今河南西部的卢戎南迁到今湖北汉水流域。王雷生《由史密簋铭看姜姓莱、曩侯的南迁》(《考古与文物》1997年第6期)通过对史密簋铭文的分析，认为铭文记述的参与这次与南夷作战的齐师、述人、莱伯等都是西方姜族劲旅，铭文清楚地揭示出西周时期生活在今山东半岛的姜姓纪、莱二国是由西方迁封去的国族。

六、礼俗与社会生活研究

这是近年来随着社会史研究的兴起而逐渐被人重视的一个研究领域。其中首先受到关注的是人们居住的都邑的状况。对此，曲英杰《周代都城比较研究》(《中国史研究》1997年第2期)结合古文献及考古资料对周代都城的规模、基本形制及南北都邑的差异进行了比较研究，认为西周各国都城规模基本合于礼制，春秋时期的大国都城已有违礼制，至战国则各国均已不再遵循礼制。李自智《东周列国都城的城郭形态》(《考古与文物》1997年第3期)一文指出：春秋时期，是宫城位于郭城之中，形成回字形；战国时期，宫城独立于郭城外之一侧或一隅，其转化原因则是在礼崩乐坏情况下为加强王宫安全防御所致。

周人的用玉制度亦是近来人

们关心的一个议题。臧振《玉器与周人的社会生活》(《人文杂志》1997年第5期)认为，周人之用圭、璧作为礼器，意在泛祭群神，以玉为神灵之食品；又因古人以玉为精气所聚，故而食玉、佩玉、并以玉敛葬，此实以玉作为巫术的道具；周代玉器不少来自新疆和阗，由是知穆王西巡亦甚有道理。杜金鹏《试论北京琉璃河西周墓出土的玉冠饰》(《文物季刊》1997年第4期)则专门对古代玉冠饰的使用情况进行了考察，认为其始于大汶口及良渚文化，历经一千数百年的演变，到西周早期已气数殆尽。

由山西曲沃北赵晋侯墓考察周人墓葬制度的文章主要有两篇，李伯谦《从晋侯墓地看西周公墓墓地制度的几个问题》(《考古》1997年第11期)认为，在西周公墓墓地的选择上，其要有三：一是公墓区不得与邦墓区相混淆，二是设于都城的北方和东方，三是选择依山面水的高平之地；在公墓区内墓位的安排上，晋侯墓显得与其他诸侯墓有些不同，一是无族葬迹象，再者是各晋侯按年代先后排列、而不分何者为昭，何者为穆；此外，从晋侯墓看来，西周存在墓祭制度，而且有专门针对特定墓主举行的活动，但无墓上建筑。孙华《晋侯檍/断组墓的几个问题》(《文物》1997年第8期)除论证该墓的墓主应为晋献侯及晋侯苏钟应是周厉王时器以外，也对此墓组的棺椁制度、饰棺制度、用鼎制度及用玉制度等提出自己的看法。

此外，王厚宇、谷玲《战国时代的羽旌》(《社会科学战线》1997年第5期)通过对青铜纹饰上羽旌图象的分析讨论了我国古代的旗帜制度，并纠正了历代经学家在这个问题上的某些错误。

七、国别史与地方文化探研

近年来，随着各地方历史文化热的兴起，两周的地方史及国别史研究也成为一个不大不小的热点。其中，南方各地的古国古文化研究又占据了研究的主流。本年度的周史研究亦呈现这种特征。

首先，从宏观上描述中原文化与南方文化关系的，有李朝远的《青铜器上所见西周文化在南方影响的递衰》(《中原文物》1997年第2期)，文章认为在南阳至淮水中游地区，其文化风格已基本融入宗周文化，而在南方湘、鄂、赣地区，出土铜器的数量和质量则逊于商文化对南方的影响，可是在东南的吴地，宗周文化的影响又要远远大于殷商之时。吴春明的《华南沿海的先秦文化与早期文明》(《中原文物》1997年第2期)认为在周文化与楚、吴、越等方国文化的影响下,西周春秋时期青铜文化已初见于华南沿海,到战国时期,此地的青铜文化达于鼎盛,铁器文化亦初步出现,并形成了闽越和南越王国。

对南方各地区古国古文化进行具体研究的,有段瑜的《西周时代楚国疆域的几个问题》(《中国史研究》1997年第4期),文章认为,西周初年的楚国当位于汉水中游,即今鄂、豫、陕交界的汉水、丹水和淅水之间,而不会远到汉水以南的南漳县境;昭王南征时楚的疆域还局限在汉水以北;西周后期楚国的版图亦始终在汉、丹、淅水之间,直到春秋初年,楚国通过占领濮人的土地,才走上兴旺发达的道路。田敏《论巴无姬姓》(《东南文化》1997年第2期)就西周巴国的族姓等问题发表看法,认为巴人并未参与武王伐纣之役,史称"武王伐纣,实得巴蜀之师"指的是实得巴蜀地区之师;"周封宗姬于巴"是封姬姓周王室子弟统治巴人,"巴子"之称是指统治巴地的姬姓周王室之子弟,而非以五姓为代表的巴人首领。魏宜辉《再谈番国青铜器及相关问题》(《东南文化》1997年第2期)认为,春秋番国青铜器铭文中的"番君"并非文献中的沈尹氏,番国早在西周就已存在,春秋时期其地望在今河南固始、信阳、潢川一带,后为楚所灭,其族融入楚国成为楚之潘氏。何先岳《姬姓吴国的建立与南迁》(《江西社会科学》1997年第8期)认为,姬姓吴国始祖泰伯、仲雍始受封于周原附近的陇县吴岳,主祭祀天神之职,其后南奔荆蛮,迁回于今赣、皖、苏一带,最后建都于今江苏无锡的梅里。董楚平《越国王室迁葬考》(《历史研究》1997年第1期)就其过去发表的《〈国语〉"防风氏"笺证》提出的越国王室从山东迁来的论点作出补证,列举文献中有关越国王室"欲徙葬琅玡"的资料五条,认为这些材料表明了越王室"鸟飞返故乡兮,狐死必首丘"的故乡情结。

对其他地区古国古文化,包括考古文化的探讨,还有刘绪、赵福生的《琉璃河遗址西周燕文化的新认识》(《文物》1997年第4期),文章指出,琉璃河西周时期的遗址明显地分为早晚两期,早期即周初的文化因素复杂,既有强烈的周文化作风,又有浓厚的商文化作风,还有土著文化的成分;晚期即西周中晚期的文化因素趋于单一,有不少中原地区西周中晚期常见的器物;琉璃河古城作为燕都亦主要属西周早期。宣兆琦《齐国兴盛原因探析》(《东岳论丛》1997年第1期)认为齐国兴盛的原因主要有主变合时、繁荣经济、加强军备、安定社会、举贤任才、尊士重教等项。王钧林《论邹鲁文化》(《东岳论丛》1997年第1期)则着重分析了邹鲁地区儒家文化兴盛的原因,认为这是本地区既有殷及东夷文化的丰硕遗存,又独受周文化的厚赐,从而形成了浓郁的文化氛围的结果。

(作者为河北师范大学历史系教授)

秦汉史

王子今

秦汉史研究在1997年取得的进步,突出表现在对于秦汉社会基本问题的研究受到重视,研究选题的拓展和研究方法的更新受到重视,学术交流受到重视,研究水平有所提高。

一

以秦汉经济史为对象的较为集中的高水准研究成果的发表,是1997年秦汉史学界的显著成绩之一。

孙达人在《试给"五口百亩之家"一个新的评价》一文中提出了重新认识秦汉时代经济基础乃至社会基础的关键性的问题,即当时作为社会基石的个体农家的经济和社会特性。他认为,秦能够不断强大直至最终实现统一,主要是因为培育了用当时最先进的技术武装的个体农民。秦始皇"使黔首自实田"的命令,废止了东方残存的旧田制。"强大的秦朝尽管很快就灭亡了,它所培育的个体农民经济通过了秦末农民战争的洗礼却更加充分地显示出其强大的生命力。"这种农民的性格特征和习惯意识有这些基本特征:一、具有极强的小家庭观念却仍然聚邑而居;二、具有极强的刻苦耐劳和勤俭节约的精神,同时又包含着后来越来越缺少的强悍性格;三、使用着当时最先进的生产工具——铁器牛耕和掌握着当时最先进的精耕细作农业技术,从而具有极强的经验理性精神;四、具有很简单的男耕女织的经济结构,因而具有相当程度的独立性(《中国史研究》1997年第1期)。这种分析对于真切认识秦汉经济的基础以及以此为条件的秦汉时代民族性格与时代精神的形成,显然是有意义的。

专意探讨秦汉个体农户的生产和生活条件的论文,还有李根蟠的《对战国秦汉小农耕织结合程度的估计》一文。通过结合文献记载和考古资料的认真研究,作者指出,战国至汉初,黄河中下游地区的农民已经比较广泛地在不同程度上实行耕织结合,但结合的程度和范围远逊于后世,不仅不同地区之间不平衡,而且同一地区不同农户之间也不平衡,不从事纺织生产,要从市场购买衣物的农户占有一定数量。西汉中期以后,随着牛耕的推广,个体小农的耕织结合日趋普遍和紧密。分析这一历史变化的原因,不能忽视国家政权经济职能的作用(《秦文化论丛》第5辑,西北大学出版社1997年6月版)。

秦汉经济史研究较有影响的论文,还有林甘泉《秦汉的自然经济与商品经济》(《中国经济史研究》1997年第1期)、臧知非《刘秀"度田"新探》(《苏州大学学报》1997年第2期)及《汉代田税征收方式与农民田税负担新探》(《史学月刊》1997年第2期)、薛振恺《试论汉武帝的敛财政策》(《北京师范大学学报》1997年第4期)、杨有礼《秦汉俸禄制度探论》(《华中师范大学学报》1997年第2期)、施伟青《汉代居延官吏俸禄发放的若干问题》(《中国经济史研究》1997年第1期)、马克林《略论战国秦的经济立法思想》(《西北师大学报》1997年第3期)、徐其忠等《西汉武帝统一币制因果之研究》(《山东金融》1997年第6期)、王亚春《汉代关税小考》(《山西大学学报》1997年第3期)等。

以新的角度考察秦汉经济,近年多有学者进行有益的探索,本年度仍然有研究成果发表。如王鑫义《司马迁对中国商业地理学的贡献》(《中国史研究》1997年第3期)、马新《两汉乡村管理体系述论》(《山东大学学报》1997年第1期)以及台湾学者徐青莲《汉代蜀布之形制与交通路线——汉代布帛研究举例》(《中国历史学会史学集刊》第29期,1997年9月)等。

二

秦汉社会史仍然是为相当多的学者所认真关注的研究领域。

与一般断代社会史研究专著不同,马新著《两汉乡村社会史》(齐鲁书社1997年6月版)一书以汉代具有普遍性与代表性意义的特定社会实体——乡村社会作为具体的考察对象，所取得的研究收获不仅有助于认识汉代社会的总体面貌，也有助于理解汉代社会的深层结构。

1997年的秦汉社会史研究，除了关于社会物质生活的形式和特点继续多有成果发表之外，以民间观念形态为重要内容的社会精神生活的形式和特点也受到重视。民间礼俗信仰及其相关的社会生活情状，成为许多学者关注与研究的对象。

彭卫的《汉代"大丈夫"语汇考》一文深入分析了"大丈夫"这一汉代男子习用熟语的社会心理意义，揭示了汉代社会生活中男性对自己生活价值的追求，以及这个时代对男性气质和社会作用的定位。作者认为，"'大丈夫'语汇的流行，既是汉代社会雄阔气象的一个结果，也是它的一个标志。"(《人文杂志》1997年第5期)这种通过对语言构成的解剖，从某一层面探讨社会生活的文化内涵的研究，应当说是成功的。

汉代的灾异观是政治学说的基本内容之一，然而又具有社会文化思想的重要背景。执政集团因灾异而进行政权修补和政策调整，其实有社会观念方面的因素，即当时社会较为普及的灾异即"天谴""天诫"的观念所造成的文化压力。王保顶《汉代灾异观略论》一文涉及到这一问题，阴阳术士们借灾异进行的巫术宣传，也受到作者的重视(《学术月刊》1997年第5期)。

赵世超在《巫术盛衰与汉代文化》一文中指出，西汉文化的形成和发展，有民间文化提供了丰富素养这一重要条件。植根于民间的原始巫术在这一历史阶段演进的清晰轨迹，也可以说明西汉文化的民间性(《北京师范大学学报》1997年第5期)。胡新生《论汉代巫蛊术的历史渊源》否定了巫蛊术来自外国的推测，认为"中原地区的巫蛊术和巫蛊活动自有其久远的历史传统和很深的历史渊源，汉代巫蛊术的盛行与匈奴习俗基本上没有关系"(《中国史研究》1997年第3期)。

姜生《汉阙考》一文认为，汉代建筑遗存以及汉代画象资料中所见的"阙"，并不仅是一种汉代建筑艺术形式，还是早期道教所追求的仙界的象征符号和人界与仙界相互交通的神学媒介，是道教神学家为死者提供的引导墓主通天升仙的天梯(《中山大学学报》1997年第1期)。

司马迁的《史记》是当时社会历史的全景记录，具有极丰富的文化内涵。有的学者于是称司马迁的历史思想为"'大历史'史观"(黄留珠《论司马迁的"大历史"史观》,《人文杂志》1997年第3期)。王子今著《史记的文化发掘》(湖北人民出版社1997年10月版)一书就分析司马迁《史记》中反映的汉代社会盛行的神秘主义意识,从若干方面进行了探索。

吴小强《秦简〈日书〉与秦汉社会的生命意识》(《广州师院学报》1997年第1期)、尚民杰《云梦〈日书〉与五行学说》(《文博》1997年第2期)、马强等《〈史记〉与中国神秘文化》(《汉中师院学报》1997年第4期)、刘钊《秦简中的鬼怪》(《中国典籍与文化》1997年第3期)、王瑶《原始神话与汉代小说》(《东北师大学报》1997年第2期)、傅正谷《〈后汉书〉与〈三国志〉之写梦》(《渤海学刊》1997年第1期)、吴宏岐《汉长安城兴起与衰落原因的风水学解释》(《唐都学刊》1997年第3期)、孙家洲《汉代"应验"谶言例释》(《中国哲学史研究》1997年第2期)、韩国河《论秦汉魏晋时期丧葬礼俗的宗教性》(《中州学刊》1997年第3期)等,也都从不同侧面分析了秦汉社会民间信仰和礼俗生活的若干特征。

刘则鸣《〈古诗十九首〉的孤独伤痛与汉末士人的生存焦虑》(《内蒙古大学学报》1997年第2期)、王子今《秦汉人的乡土意识》(《中共中央党校学报》1997年第1期)等论文,则从不同角度就秦汉社会心理的若干倾向进行了讨论。

对于社会生活形态中文化结构、文化形式的作用,也多有学者予以注意。于迎春著《汉代文人与文学观念的演进》(东方出版社1997年6月版)一书涉及汉代社会的儒学化及相应的社会风气和士人精神的历史特征。台湾学者陈文豪题为《汉代书肆及其相关问题蠡测》的论文全面探讨了书肆的起源及汉代书肆发展兴盛的历史过程。作者认为,作为传播文化的重要媒介的书籍的流通,对于当时社会生活的面貌有显著的影响(《庆祝王恢教授九秩嵩寿论文集》,1997年5月版)。

台湾学者邢义田的《东汉的方士与求仙风气——肥致碑读记》(《大陆杂志》94卷2期,1997年2月)、刘增贵的《天堂与地狱:汉代的泰山信仰》(《大陆杂志》94卷5期,1997年5月)、谢昆恭的《鼎瑞与汉武帝封禅刍议》(《中国历史学会史学集刊》第29期,1997年9月)、香港学者黎明钊的《西汉中期之三老与豪强》(《新史学》8卷2期,1997年6月)等论文,也都对于深化对秦汉社会的全面认识有积极的推进。

对于东汉末年黄巾起义的研究，方诗铭《黄巾起义的一个道教史的考察》堪称政治史研究与社会史研究成功结合的力作。作者指出，黄巾起义是在原始道教教主张角的领导下发动的，“无可置疑，在当时的历史条件下，原始道教对黄巾起义应该起过十分巨大的作用”，离开民间宗教的影响来探讨这次起义是不全面的。论文分析了黄巾所奉事的宗教实体的名称、教义，回答了“除社会原因外，为什么黄巾凭借这个宗教能够在十数年间，即拥有道众达数十万之多？黄巾所崇奉的经典是今本《太平经》吗？”等问题，并且联系此后的原始道教及其起义进行了考察（《史林》1997年第2期）。

三

陕西西安一批秦封泥资料的发现，在本年度一开始就吸引了诸多学者的学术目光。《考古与文物》1997年第1期和《西北大学学报》1997年第1期报导了这一发现。《西北大学学报》还刊发了一组文章，对有关研究成果进行了集中的展示。李学勤《秦封泥与秦印》一文指出，这批秦封泥的发现，“对研究当时职官、地理、文字等方面，有非常珍贵的价值”。这批封泥为秦玺印、秦封泥的断代、确认，也提供了直接的资料。张懋镕《试论西安北郊出土封泥的时代和意义》分析了这批封泥的年代和价值，认为这批资料的面世，是100多年来封泥发现史上最为辉煌的一次，其意义可以与云梦秦简的发现相媲美。黄留珠《秦封泥窥管》、周伟洲《新发现的秦封泥与秦代郡县制》、余华青《新发现的封泥资料与秦汉宦官制度研究》、周天游《秦乐府新议》、周晓陆等《秦汉封泥对读》、路东之《秦封泥图例》等，也都对这一重要发现各陈新见。以秦封泥为对象的研究成果，还有田静等《新发现秦封泥中的“上寖”及“南宫”“北宫”问题》（《人文杂志》1997年第6期）等。

刘信芳等编著《云梦龙岗秦简》（科学出版社1997年7月版）的出版，为秦史研究者提供了必要的资料。编著者“在原报道的基础上，吸收有关讨论的成果，订正失误，并增加简文摹本和检索”，对于认识和掌握这批资料创造了便利的条件。

尹湾汉墓出土简牍在发掘者、整理者和出版者的共同努力下，以相当快的速度，使《尹湾汉墓简牍》一书（中华书局1997年9月版）及早面世。研究尹湾简牍的论著相继发表，成为本年度秦汉考古资料受到特殊重视的又一例证。

周振鹤《西汉地方行政制度的典型实例——读尹湾六号汉墓出土木牍》在肯定尹湾汉墓简牍重要的证史、补史作用以及论述一二号木牍所载资料的年代断限之外，还就“由吏员配备看县乡亭里制度”、“县级行政区划的等第”、“由亭的数目看县邑侯国幅员大小与吏员总数的多少”、“盐铁官性质与盐官的数目”等专题进行了深入地考论（《学术月刊》1997 年第 5 期）。张金光《秦乡官制度及乡、亭、里的关系》一文运用了多种秦汉考古资料，其中也包括尹湾汉墓出土简牍（《历史研究》1997 年第 6 期）。卜宪群《秦汉公文文书与官僚行政管理》一文的撰成，尹湾简牍也是基本资料之一（《历史研究》1997 年第 4 期）。

谢桂华《尹湾汉墓简牍和西汉地方行政制度》（《文物》1997 年第 1 期）及《尹湾汉墓新出〈集簿〉考述》（《中国史研究》1997 年第 2 期）、高敏《试论尹湾汉墓出土〈东海郡属县乡吏员定簿〉的史料价值——读尹湾汉简札记之一》（《郑州大学学报》1997 年第 2 期）及《〈集簿〉的释读、质疑与意义探讨——读尹湾汉简札记之二》（《史学月刊》1997 年第 5 期）、刘乐贤《尹湾汉简〈行道吉凶〉初探》（《中国史研究》1997 年第 4 期）等，都体现出积极可贵的研究热忱。尹湾汉简的研究，在今后还会有突出的进步。

尹湾汉墓出土《神乌赋》受到许多研究者重视。裘锡圭《〈神乌赋〉初探》（《文物》1997 年第 1 期）、刘乐贤等《尹湾汉简〈神乌赋〉与禽鸟夺巢故事》（《文物》1997 年第 1 期）、伏俊连《从新出土的〈神乌赋〉看民间故事赋的产生、特征及在文学史上的意义》（《西北师大学报》1997 年第 6 期）、万光治《尹湾汉简〈神乌赋〉研究》（《四川师范大学学报》1997 年第 3 期）、马青芳《〈神乌赋〉的生命价值观及其悲剧意义》（《青海民族学院学报》1997 年第 3 期）等，都是颇有价值的研究成果。就出土简牍的部分内容在短时间内有如此集中的论文发表，已经十分罕见，而研究者的视点不仅限于文学史，同时关注当时的社会生活和社会意识，尤其令秦汉史学界欣幸。

1997 年 9 月出版的《大陆杂志》第 95 卷第 3 期，集中刊发了 3 篇研究尹湾简牍资料的高质量的学术论文：邢义田《尹湾汉墓木牍文书的名称和性质——江苏东海县尹湾汉墓出土简牍读记之一》，廖伯源《尹湾汉墓简牍与汉代郡县属吏制度》，纪安诺《尹湾新出土行政文书的性质与汉代地方行政》。

大陆新出简牍资料的发表在海峡对岸迅速引起的学术回应，似乎象征两岸学术交流进入了新的阶段。

汉代经今古文学之争，是经学史上的一件大事，对于文学、史学、哲学、教育学都有久远的影响，然而多年异见纷陈，其学术史的真相不能十分明了。高明在《从出土简帛经书谈汉代的今古文学》一文中利用考古发现的汉代简帛经书，澄清了若干疑点，为进一步开展有关研究提供了很好的线索（《考古与文物》1997年第6期）。

汉代官印，是有助于全面了解当时职官设置、地理沿革、姓氏渊源等历史文化现象的珍贵的文物资料。汪桂海《汉印制度杂考》一文利用文献记载，结合新的考古发现，讨论了汉代官印的刻制、管理和使用等问题，使人们对于汉代官印制度得到了新的认识（《历史研究》1997年第3期）。

四

在将近世纪之交的年代，多有学者对秦汉史研究的历程进行了有意义的学术回顾和学术总结。

龚留柱《评半个世纪以来〈秦汉史〉编纂之得失》一文，比较分析了50年来12种以《秦汉史》为题的断代史专著，分别指出了其成败优劣。对于总体学术形势，作出了“马克思主义史学著作不断克服‘左’倾思想的干扰，逐渐走向成熟，实证派史学家和西方史学家的著作特点鲜明，与前者呈现出不同的旨趣和风格”的大体概括。作者希望，21世纪的新的《秦汉史》，“不仅要打破思想上的封闭性，更新治史方法，拓宽研究领域，也需要改造体裁形式，使之既是科学的，又是艺术的，让社会大众感到可亲、可爱、可信。”（《史学月刊》1997年第6期）

林甘泉《继承·探索·创新：读〈中国通史〉第四卷〈中古时代·秦汉时期〉》是一篇长篇书评，然而其中可以透见作者关于秦汉史研究的若干重大问题的深刻思考，鲜明地阐说了作者有关秦汉史研究的一些思想原则。作者开篇就写道，编撰秦汉史首先遇到的问题是：要不要阐明秦汉时代是什么性质的社会？“只有掌握与一定生产力水平相适应的‘生产关系总和’这一基本线索，才能揭示其历史发展的规律和特点”。作者认为，不应当反对有些学者在编撰中国通史时采用社会经济形态以外的历史分期，但是有志于以马克思主义为指导来编撰中国通史的学者，还是应当“坚持马克思主义的社会经济形态理论”。在作者看来，“封建的经济制度和政治制度虽然在战国时代已经形成,可是封建生产方式的主导地位只有到了汉武帝时期才真正得到了巩固。"(《史学史研究》1997 年第 2 期)

美国学者张春树《1970 年以来西方秦汉史研究概述》一文,对西方 28 年来的秦汉史研究进行了总结(《中国史研究动态》1997 年第 4 期)。这样的总结,显然有利于大陆治秦汉史者进行有益的借鉴。

五

近年来,比较研究成为许多研究者注重运用的方法。李学勤著《比较考古学随笔》(广西师范大学出版社 1997 年 8 月版)其实是利用考古文物资料进行历史文化研究的著作,其中《规矩镜、日晷、博局》、《中国铜镜的起源及传播》及《续论中国铜镜的传播》等篇,都是关于汉代史研究的成果。王振铎遗著《东汉车制复原研究》(李强整理补注,科学出版社 1997 年 3 月版)中的《汉代车制与域外车制的关系》一节,也是进行比较研究的范例。

以比较研究的方法撰写的值得肯定的论文,还有徐卫民《秦隋速亡原因比较研究》(《陕西师范大学学报》1997 年第 1 期)、黄爱梅《睡虎地秦简与龙岗秦简的比较》(《华东师范大学学报》1997 年第 4 期)、陈恩虎《两汉外戚特点比较研究》(《淮北煤师院学报》1997 年第 1 期)、赵志坚《西汉与匈奴前后期和亲之比较》(《烟台大学学报》1997 年第 1 期)、徐鸿修《秦汉时期两次大规模更改地名的比较》(《文史哲》1997 年第 2 期)、梁晓云《〈史记〉与〈左传〉〈国语〉所记之吴越历史的比较研究》(《河南大学学报》1997 年第 1 期)、洪涛《刘曹优劣论》(《学术月刊》1997 年第 2 期)、彭文等《秦人齐人尚武精神》(《秦文化论丛》第 5 辑,西北大学出版社 1997 年 6 月版)、康清莲《评张良的黄老之术:兼与范蠡比较》(《绥化师专学报》1997 年第 2 期)、江力心《刘邦与朱元璋治国方策误区比较》(《晋阳学刊》1997 年第 1 期)等。

说到比较研究,应当提到梁作榦著《罗马帝国与汉晋帝国衰亡史》(广东高等教育出版社 1997 年 7 月版)一书。如刘家和在该书《序》中所说,这一部书作为"对中外古史作系统比较研究之作","在国内尚无先例"。不过,虽然"其中新意甚多",但还可以再作充实与完善的努力。《序》作者希望"有好学深思之士,读梁先生此书而能得其意,于中外古史比较研究之领域有新拓展”。

高凯题为《从性比例失调看南越国的建立与巩固》的论文，在考察角度和研究方法上都进行了有意义的探索，其中也进行了南越地区越人和中原人的人口构成的比较（《客家先民首批南迁与赵佗建龙川2212年纪念学术研讨会论文集》，华侨出版社1997年12月版）。

关于徐福东渡问题，近年来曾经成为秦汉时期中外关系史讨论的热点。安志敏《论徐福和徐福传说》一文认为，“严格地讲，有关徐福研究应分别属于‘历史的’和‘传说的’两个范畴，二者不可混为一谈。前者主要考察当时的历史条件以及有关事件的原委，而不能夸大方士徐福的个人作用；后者需要分析这一传说的产生背景和发展过程，不能作为信史对待。”（《考古与文物》1997年第5期）中日合作项目的成果，韩康信、松下孝幸《山东临淄周—汉代人骨体质特征研究及与西日本弥生时代人骨比较概报》，通过对古人骨的体质人类学的考察，通过“量化和测量的比较研究”，得出了这样的结论，“临淄周—汉代人的体质特点与现代和古代蒙古人种的东亚类群接近”。“多种形态量化及作图法的比较又证实，西日本弥生人类群与临淄周—汉代人具有相近的种族形态学基础，因而他们在种族人类学上应该同属蒙古人种的东亚类群。据此推测，他们在东亚大陆应该有最直接的共同或至少非常相近的祖源关系。”作者认为，西部日本渡来弥生人的故乡应该主要在中国大陆的华北地区。“他们最近的祖先可能来自早先分布在黄河中下游和地理上更近沿海地区的青铜时代的居民。山东半岛可能是其中重要的地区。但也不排除这个地区范围可能扩展到近海的江淮地区。”作者推测，导致他们迁动的原因有社会的也有自然的多种因素，在迁动的时间上也可能是多层次的。而渡海迁徙活动大概主要发生在“大致和中国的春秋战国——秦汉时期相应”的时代。可能正是在这一大变动时期，“促使一些人口四向避乱，或寻求安定生活空间，其中的一些人则渡海到达邻近的海岛世界，同时也把他们最重要的赖以为生的文化和习俗带到了该地区。”（《考古》1997年第4期）这样的研究结果与徐福传说的关系，无疑在研究方法方面可以给予我们有益的启示。

（作者为中央党校教授）

魏 晋 南 北 朝 史

曹文柱 谢冬荣

1997年是魏晋南北朝史研究取得丰硕成果的一年，仅专著而言，就不下十余种。其中不少著作在选题上具有一定的开创意义，如黄惠贤著《中国政治制度通史·魏晋南北朝卷》（人民出版社版）、曹文柱主编《中国社会通史·秦汉魏晋南北朝卷》（山西教育出版社版）、陈明著《士族：特殊形态的知识分子研究》（学林出版社版）、方诗铭著《曹操·袁绍·黄巾》（上海社科出版社版）等。至于学术论文，则更为繁富，据不完全统计已达200余篇。以下分专题对此略作介绍。

一、政治·军事

石荣伦《九品中正制二题》（《江海学刊》1997年第3期）对传统的曹魏政权实施九品中正制是为了巩固门阀制度这一观点提出异议。他认为，其指导思想是：(1)纠正世家大族及名士对人才评定与官吏选拔的垄断；(2)纠正以往用人标准上的偏差；(3)考虑的是整个地主阶级的利益，而非个别阶层或少数政治集团的要求；(4)中正定品的政策实为汉末"乡举里选"的翻版。石文指出，九品中正制并没有完全替代汉代察举制，而只是魏晋南北朝时期官吏选拔制度的一个环节。简言之，魏晋南北朝的选官制度可以概括为"九品中正察举征辟制"。

张金龙《北魏御史台政治职能考论》（《中国史研究》1997年第4期）指出，北魏御史台的主要政治职能是对百官违犯政令的纠察，即监察权。与监察权相对应，北魏御史台还具有其他辅助性政治职能，如出使纠劾、行刑，讨伐叛逆，出任官职，监（营）护丧事，谏诤等。在另一文《北燕政治史四题》（《南都学坛》1997年第4期）中，张金龙认为，北燕的政治制度大都沿袭后燕。主要表现在最高统治者称王、称大单于、中央设尚书中书门下三省机构、地方为州郡县三级体制等。

关于司马氏代魏之原因，陈寅恪先生曾从社会阶层的分野入手，认为司马晋代曹魏是外廷士大夫阶级战胜内廷阉宦阶级的表现。封海清《曹与马之争辨析》(《云南教育学院学报》1997年第1期)一文对此提出商榷，并从三方面加以辨析：阉宦阶级在汉末群雄中已不复存在；曹操自起家至统一北方的整个过程中得到士大夫阶层的充分合作；曹氏与士大夫之间，无论在政治态度、政治行为和意识形态方面都不存在长期而根本的对立。因此，司马氏与曹氏之争的性质并非士大夫阶层与宦官集团的斗争，而是世家大族与皇权的斗争。在另一文《论司马氏代魏之原因》(《昆明师专学报》1997年第2期)，封海清从专制皇权与士族地主之间的矛盾这一角度出发，剖析司马氏代魏的原因，进一步论证自己在前文提出的观点。

离散部落是北魏道武帝拓跋珪开拓帝业时期的一个重大历史事件。由于涉及此事的史料数量有限，因而目前史学界对“离散部落”尚未有一个清晰的认识。田余庆《贺兰部落离散问题——北魏“离散部落”个案考察之一》(《历史研究》1997年第2期)以贺兰部落的离散为个案考察对象，探求离散部落的内涵。分析了贺兰部与拓跋部之间的关系，阐述了前秦、后燕时期贺兰部的情况。

李琼英《论东晋外戚》(《西南师大学报》1997年第2期)指出，东晋时期外戚不但都来自侨姓高门大族，而且同一家族多次与皇室联姻，因而造成不少辈份紊乱的婚姻关系。由于各世家大族互相牵制，任何一家都不能独霸朝政，所以避免了汉代某些外戚的灭门之灾。张琳《南朝时期的雍州中下层豪族》(《武汉大学学报》1997年第6期)认为，雍州中下层豪族在政治中的兴衰荣枯，归根结底取决于他们在当地士族社会中的地位，以及他们与雍州地方社会联系的强弱程度。

周兆望《魏晋南北朝的女兵》(《江西社会科学》1997年第2期)认为，在世兵制度之下，兵户中的妇女也是世兵。她们与男性兵士同为兵户中的重要成员，隶属兵籍，居于军营之中，世代在军中服役，地位低下。不同之处仅在于两者所负主要任务不同。王永平在《江东士人与陈敏之乱关系考实》(《江海学刊》1997年第1期)一文中指出，江东大族人物与陈敏有一个相互利用的合作过程，时间约在305年末至307年初。江东士人企图借助陈敏的武力，维护江东的稳定。

至于后来，抛弃陈敏，究其原因，大致有三：一是江东士人鄙视陈敏的出身，难以长期屈从合作；二是陈敏的举措失当与晋廷的武力威摄；三是西晋末年乱后，护国护种比南北地域之争更为重要。

二、社会经济

张尚谦、张萍《再释西晋的“户调之式”》(《云南民族学院学报》1997 年第 1 期)对西晋“户调之式”的涵义及其内容作出了全新的解释。认为，“户调之式”就是西晋赋税的“品式”，赋税的“标准品样”，不是赋税的法和令，也不是赋税的具体规定，目前史学界把“占田”释为“爰田”、“限田”、“名田”，或土地限额申报制度，显得十分勉强，把“课田”释为“屯田”的继续或“赋税制度”都是错误的。

朱和平、翁小云《东吴商品经济初探》(《许昌师专学报》1997 年第 3 期)，不同意整个魏晋南北朝时期是我国古代典型的自然经济时代，是商品经济发展的逆转时期这一观点。认为，汉末三国时期，与北部中国商品经济萎缩相反，江东孙吴政权的商品经济走出汉代的低谷，呈迅速发展的趋势。黄金铸《六朝广西“二轴三区”开发格局初探》(《中国边疆史地研究》1997 年第 1 期)探讨了六朝广西政区城市的迅速发展与区域综合开发的关系。提出政区城市发展格局即是区域开发格局的观点。

任怀国《论魏晋南北朝北方坞壁地主经济》(《烟台师院学报》1997 年第 2 期)认为，坞壁地主经济是一种因战乱而扭变了的畸形地主经济。它产生于西汉时代，东汉末年发展迅速，西晋末年达到了极盛。坞壁经济既具有管理体系掺杂宗教色彩的特点，又具有游动性的特点。郭宁生在《3 至 6 世纪：中国南方农业发展原因探析》(《安徽史学》1997 年第 4 期)一文中认为较为安定的社会环境是南方农业发展的前提条件。东汉末年和西晋末年的两次大规模北人南移浪潮使得南方人口有了大幅度地增长，并促进了少数民族地区的开发。北方先进的农业生产技术和丰富的农作物品种在南方得到广泛推广，大土地占有制的发展和统治者比较重视农业都推动了南方经济的腾飞。此外，3 至 6 世纪南方农业的发展还是我国古代农业自身发展的必然结果。

三、家族·民族

本年度有关魏晋南北朝家族史、民族史的研究也有所进展。

在《渤海高氏与东魏政治》(《中国史研究》1997年第2期)一文中,陈群认为渤海高氏是西晋时登上历史舞台的大族。在以后的前燕、后燕、北魏诸朝中,家族的政治、社会地位日渐上升。永安三年(530)高乾拥戴高欢,从而确立了渤海高氏家族在东魏、北齐政治中的特殊地位。高欢与这一家族的矛盾,出现于统治地位得到巩固之后。永熙二年(533)的高乾之死,即是冲突之一。曹文柱《东晋时期陈郡谢氏琐谈》(《北京师大学报》1997年第1期)指出,谢尚刺豫是谢氏发迹史上的转折点,然而其取得成功并非易事。名士谢安屡召不仕,其因是以下三点:借助清谈以提高门户声誉、开拓东土以巩固家族生存基础和士林给予他的舆论压力。淝水之战中,桓氏家族开辟的西部战场,对于谢氏家族迅速取得战争胜利,意义重大。孟繁冶《魏晋南朝时期江东顾氏考论》(《史学月刊》1997年第3期)认为,江东顾氏乃越王勾践之后,其发祥地和郡望所在是在吴郡。

杨茂盛、刘柏冬《"五胡十六国"时期少数民族的汉化是其自身发展的需要》(《民族研究》1997年第3期)认为,"五胡十六国"时期各少数民族的汉化,首先是其民族自身发展的需要,其次才是他们统治者出于政治的需要。伍晓晴在《魏晋南北朝民族迁徙的特点及影响》(《河北学刊》1997年第2期)一文中,指出魏晋南北朝时期的民族迁徙具有动因多、迁徙民族多、迁徙范围广、人口迁徙数量大、迁徙方向呈多向性等特点。魏晋南北朝的民族迁徙虽不可避免地具有某些消极的因素,但从历史发展的进程看,其积极的作用是主要方面。它对加速民族融合、推动社会进步、丰富汉族文化、扩大经济区域等方面都产生了积极的影响。

四、思想·文化

长期以来,不少学者以为两汉经学在魏晋南北朝时期已经完全衰竭。李金河《魏晋南北朝经学述论》(《山东大学学报》1997年第1期)不同意这一看法。认为,儒家经学在此时期不仅未被玄学、佛学所淹没,而且仍然发挥着社会统治功能,维持着社会思想的正统地位。魏晋时期的经学未能形成统一的局面,在风格上有别于两汉经学。张天来《魏晋南北朝儒学、家学与家族观念》(《江海学刊》1997年第2期)认为,魏晋南北朝时期儒学虽不如汉代那样在意识形态中居于崇高地位,但它仍以一种家学形式,作为世家大族的精神支柱。当时不少士人由儒入玄，或者儒玄结合，甚者儒道、儒佛结合，乃至三者兼有之。这是魏晋南北朝儒学发展的主流。

李军《论魏晋玄学生成的学术渊源与理论逻辑》(《杭州大学学报》1997年第3期)指出两汉道家文化潜流，特别是扬雄儒道兼融的太玄思想，是魏晋玄学的重要学术渊源。中国传统的“道一分殊”思想是魏晋玄学的基本思辨逻辑，汉魏之际“辨名析理”的时代学风，则为魏晋玄学提供了重要的理论方法。孔毅、李民《魏晋玄学的衰落及其与佛教的合流》(《许昌师专学报》1997年第2期)认为东晋时期涌现的一股批判思潮是玄佛合流的先声。佛玄合流通过两条途径进行：一是以佛学理论补充和丰富玄学；二是名僧通过游历帝王大臣之家和与名士接触交友，从而在佛教与皇权结合、名僧与名士结合的基础上推动玄佛合流。其结果，魏晋玄学逐渐丧失独立地位，而佛教则改变附庸玄学的角色，走上独立发展的道路，到萧梁时，佛教反客为主，排挤玄、儒、道，独自登上了“国教”宝座。

巴蜀地区因其独特的地理环境而形成了独特的学术流派。陈国灿《略论汉魏时期的巴蜀学派》(《浙江师大学报》1997年第4期)认为，巴蜀学派是汉末三国时期盛行于西南地区的一个颇具特色的学术流派，集谶纬学、经学、史学、古文献学和政治学于一体。巴蜀学派的兴起，源于东汉时期广汉杨门的谶纬学和巴西谯氏的经学，三国初年达到历史上的鼎盛。谯周之后，走向衰落。邓星盈、黄开国《三国至隋唐的巴蜀学术》(《四川大学学报》1997年第2期)对此问题也有所论述。

王青《东汉魏晋南北朝时期职业教徒的阶层分析》(《中国史研究》)1997年第1期)认为，东汉魏晋南北朝时期佛教和道教的职业教徒在阶层上存在着明显差异。这种差异不仅表现在两教之间，也表现在同一种宗教的不同阶段。造成这种差异的缘由，是两者在宗教制度上存在的不同。汉魏时期，佛教职业僧人基本上是由来自西域的和尚所构成。西晋时期，随着佛教组织制度的进一步完善，中原人出家的情况渐渐增多。佛教僧侣的阶级构成呈现复杂的情况，虽然有出身一流士族的僧侣，但大部分僧侣还是出身于寒门。南北朝时期，佛教僧侣阶级构成发生巨大改变，农民开始成为僧侣的主体。与佛教相比，道教从汉至东晋后期出身于官僚家庭的人物较多，这与当时道教实行祭酒制和师徒制的组织制度有关。南北朝时期，随着宫观制逐渐代替祭酒制、师徒制，职业道士的身份发生了很大变化，平民成为职业道士的人数大增，而贵族官僚则难以成为职业道士。

孔定芳《永嘉之乱后中原文化之整合》(《中州学刊》1997 年第 3 期)认为，永嘉之乱后异质的草原游牧文化直入中原农耕文化区，两种文化展开了空前的冲突与碰撞，他们各自有选择地从对方文化基因中吸取有益因子，以便相互适应，从而促使胡汉文化不断涵化和整合，并最终趋于一体化。中原胡汉文化的整合有两种方式：强制整合和自然整合。张传燧《魏晋“言意之辨”及其教育教学思想》(《西南师大学报》1997 年第 1 期)认为，魏晋“言意之辨”是在儒学独尊地位动摇、经学教育的目的内容和做法受到人们的冷峻反思和激烈批评的背景下产生的，其实质是为魏晋人思虑教育问题时提供方法论。

五、社会生活

前人一般认为，魏晋南朝是一个重视门阀的社会，婚姻最重门第，门第婚姻一直盛行不衰。赵志坚《魏晋南朝的门第婚姻》(《历史教学》1997 年第 8 期)认为并非如此。他指出，门第婚姻在魏晋南朝有一个萌芽、产生、发展、凝固、松动、衰落的嬗变过程。三国时期是门第婚姻的萌芽阶段，两晋时期为发展凝固化阶段，而南朝则是松动衰落阶段。李聪、赵志坚《魏晋南朝妇女婚姻散论》(《齐鲁学刊》1997 年第 5 期)指出，魏晋南朝是一个社会动荡和思想解放的时代。在思想解放的潮流中，妇女的婚姻观念发生了一系列变化，表现出了高度的婚姻自觉意识，具有鲜明的时代特色。吴成国在《从婚姻论东晋南朝门阀制度的盛衰》(《江汉论坛》1997 年第 9 期)一文认为，魏晋之时，士族门阀制度刚形成，身份内婚制尚不十分严格。随着东晋政局的稳定，门阀政治最为典型，门阀士族间的等级内婚姻也壁垒森严。自南朝刘宋始，士族身份内婚制已无法保持并很快被打破。随着隋灭陈门阀制度的衰亡，士族身份内婚制也走向衰亡。

侯旭东《论南北朝时期造像风气产生的原因》(《文史哲》1997 年第 5 期)认为，促使南北朝造像风气产生的因素有下列几方面：(1)西土传来经像，为造像提供合法的依据；(2)中土僧人对于造像兴福表现出程度不同的积极态度，并利用不同手段加以鼓励；(3)作为本土传统之一的偶像崇拜在东汉时已很盛行。孙开萍《六朝时期的民间信仰》(《扬州大学学报》1997年第4期),对六朝时期民间广泛存在着的对汉民族英雄人物、对本地神灵、对贤明官吏、对自然神灵信仰进行了探讨。作者认为:六朝时期民间信仰的多样与广泛,与吴、楚地区历来盛行的巫鬼风习密切相关。它有着深深的地区性痕迹,也有着神化倾向和强烈的功利色彩。司马俊莲《论魏晋士人狂放之因》(《湖北民族学院学报》1997年第5期)剖析了魏晋士人任诞放达、超迈不羁表象背后的四个原因,即独特的社会政治环境、玄佛道之教的碰撞与儒家文化独尊地位的被冲击、庄园经济的发展、知识分子本身的特点。文章还指出魏晋士人的狂放,并非现代意义上的洒脱不羁,而是一种现实逼迫,是一种无奈,是一种逃遁。

赵斌《鲜卑"髡发"习俗考述》(《青海社会科学》1997年第5期)认为鲜卑发式与乌桓相同,都是"髡发",就其具体式样而言,基本上可分为两大类型:一是头发全剃而呈光头状;一是只剃去除头顶以外的全部头发。

六、人物评价

本年度的人物研究多集中在三国时期,诸葛亮仍为热点之一。诸葛亮北伐是"以攻为守"的观点,在学术界似已成定论。郑之洪《诸葛亮北伐新探》(《学术月刊》1997年第2期)对此提出异议。他认为,从魏晋对抗的史实、双方的战略目的和实际结果三方面来看,诸葛亮北伐并非"以攻为守",而是欲伸本志,兴复汉室。诸葛亮北伐之所以屡败屡战,固执而不罢手,其根本原因是为实现兴复汉室还于旧都的志向。而"平取陇右"的策略也是他北伐失败的重要原因。对诸葛亮一生的成败得失,后人多从用人、处事、军事等方面进行褒贬评价。李子伟《诸葛亮的思想体系及其成败》(《贵州文史丛刊》1997年第1期)一文则从诸葛亮政治思想的形成、特征等方面,来探求其一生的成败得失。认为诸葛亮的政治思想是以儒家的政治思想为基础,兼融诸子思想,形成了儒家为主体、道家为养、法家为治、兵家为用、墨家为求、其他诸家为辅的特点。在以后的政治、军事实践中,诸葛亮的政治思想固然有其成功的一面,但是失败之处也不容忽视。保守谨慎、求全尽善是诸葛亮政治思想失败的原因。李乐民的《略论诸葛亮的修身思想》(《河南大学学报》1997年第6期)、杨彦平、姚继荣的《诸葛亮法治思想成因初探》(《青海师专学报》1997年第3

期)、陈本荣的《诸葛亮南征新考》(《贵州文史丛刊》1997 年第 1 期)分别研究了诸葛亮的修身思想、法治思想及南征路线。

王永平《论荀彧——兼论曹操与东汉大族的关系》(《扬州大学学报》1997 年第 3 期)指出,作为大姓名士的代表,荀彧依附曹操,献计献策,为其由弱变强、统一北方立下汗马功劳。但是荀彧的用意在借此兴复汉室,实现天下稳定。随着羽毛渐丰,曹操进位之心昭然若揭,从而造成了荀彧的内心痛苦及其与曹操的正面冲突,最终酿成了他的人生悲剧。王晓毅《钟会——名法世家向玄学转向的典型》(《中国史研究》1997 年第 2 期)认为,钟会秉承家学,尤重视刑名家学传统。在正始清谈中,钟会是何晏、王弼玄学思想的积极追随者,并以其刑名学特长,参加了一系列论争。嘉平三年司马师上台后,钟会逐渐投向司马师,以其多种出色的"技艺",充当司马氏家族的谋士和爪牙,逐渐成为一个唯利是图、残忍狡诈的官僚。

陶渊明也颇为研究者所关注。陶渊明与佛教的关系问题,学术界存在迥然不同的看法。陈寅恪先生不承认陶渊明受过佛教的影响,而朱光潜先生则认为陶渊明达到了最高的禅境。卫绍生在《陶渊明与东晋佛教》(《中州学刊》1997 年第 5 期)一文中,从分析陶渊明与东晋佛教领袖慧远及其他佛门弟子的关系入手,发现陶渊明不仅和莲社领袖慧远是好朋友,为方外交,而且与莲社中的其他一些人物也有交往。这不仅使陶渊明对佛教有了较多的了解,而且也使他自觉不自觉地接受了佛家教义的某种影响。这种影响表现在陶渊明的人生态度上,并能够从其隐居生活和诗文创作中得到印证。顾农《陶渊明对佛教的态度》(《山东师大学报》1997 年第 1 期)认为,陶渊明不赞成放弃世俗生活的乐趣而入山念佛坐禅,但并不排斥佛教的许多精义。他追求生活与心灵的自由自在,与后来的禅宗义旨颇为切合。由此观之,他的思想境界比慧远法师等人要高明得多。

罗新本《娄昭君平议(兼论北齐乾明政变)》(《天府新论》1997 年第 5 期)认为娄昭君堪称一代女王,是一位有影响的鲜卑女政治家。她扶助夫君,转战南北,艰难创业,后又勤于辅佐诸帝,严于律己,生活简朴。在乾明政变中,娄昭君表现出来的决断力和政治才干,足以证明她是中国历史上难得的一位女政治家。

(作者为北京师范大学历史系教授)

隋唐五代史

宁 欣

本年度隋唐五代史研究呈平稳态势，论文约200余篇，专著和论文集数部。由于处于世纪之交的特殊时期，总结百年来的隋唐五代史研究学术成果、如何从整体上评价隋唐五代史的历史地位，以及将其放在更长的历史时段考察，成为近年的热点。敦煌藏经洞内文献重见天日已达一个世纪，敦煌学历经百年沧桑走向了全面辉煌，如何使敦煌文献在隋唐五代史的研究中发挥更大的作用，是继去年后本年度的另一热点。传统的领域因有所拓展和新的视角而隐隐呈现出新气象，社会史、文化史、民族史等领域的研究仍受到更多的注意，论题也更为宽泛。但五代十国史的研究尚未摆脱“薄弱”的境地。

一、综合性研究

唐史学会高级研讨班本年度研讨的主题之一为唐朝的历史特性与综合国力，其中有几篇力作颇引人注目。吴宗国《唐代的特性》(《唐研究国际学术会议论文汇编》〈内部刊行〉)认为：唐朝处在中国封建社会前期已经结束，后期刚刚开始的转折时期。一般地主土地所有制的蓬勃发展和政治制度以及各项制度的不断的全面的变革，构成了它的基本特性。正是这样一个特性，决定了贞观之治、开元之治和元和中兴，决定了唐朝政治、经济、文化等各个方面的发展。东晋十六国以来的民族融合和唐朝与各民族关系的进一步发展，唐与亚洲各国经济、文化交流的加强，给唐朝的发展增加了活力，使之更加丰富多彩，生气勃勃。胡戟《汉魏隋唐历史底蕴的初探——历史大势、礼仪制度与士人的追求》(同上)一文从政治、经济、统治集团、文化心态等方面力求全面审视处于中国专制主义中央集权社会前期的秦汉至隋唐间1128年的历史大势。认为：唐高宗显庆四年至唐亡的两个半世纪，是士族门阀经济、政治失势以后，处于向科举官僚政治过渡的后门阀社会阶段，也是中国中古社会的转型期。这时期礼仪制度的趋同的政策取向，展示了五胡民族与汉族融合和国家重新统一的历史大势，而一切历史轨迹又都呈现为文化的积淀，其根本内容是人们对自身价值追求的热情和成效所反映出来的人的觉醒与人权进步状况。此后，整个中华民族失去了汉唐的魄力精神。文章颇具启发性。为我们重新认识这段历史开拓了思路。葛承雍《唐代综合国力散论》(同上)，杜文玉《唐宋经济势力比较研究》(同上)，牟发松《开元盛世与唐代的历史转折》(同上)等文，也使我们能从不同角度探讨唐代的历史特点。

二、经济史

经济史属传统的研究领域，曾为学术界热门论题的均田制，近年稍显沉寂，似因无新材料而落到“题无剩义”的境地。但也有人指出：“沉寂并不意味着漠不关心，而是一种沉思。”短暂沉寂之后新的论争又起。杨际平《也谈唐代西州的土地管理方式——再论唐代西州的两种授田制度》(《中国社会经济史研究》1997 年第 4 期)，就卢向前近年发表的一组论述西州田制的系列文章，提出了不同见解。针对卢文认为“部田”属“麴氏高昌从中原引进的新名词”，是指那些“少高卬，不易浇溉之土地”的观点，杨际平仍坚持认为部田“源于过去的屯田部”。他认为唐代西州存在着均田制与官田授田制这样两种不同的授田制，在应授田对象、应授田标准、编制有关文书手续以及田土分布情况诸方面都迥然不同，不同意卢文将其合而为一的观点。

商业史的研究近年日益受到重视，多角度地研究逐渐展开。巫宝三《唐代重商思想的兴起》(《中国经济史研究》1997 年第 3 期)分析了中国“重商思想”在唐代兴起的由来、表现、历史作用等问题。指出：“重商思想”的概念是指中国封建社会时期“抑末”(抑工商)思想和政策中出现的一种经济思想，与欧洲封建社会末期出现的重商主义经济思想是有区别的。抑末思想和政策，始于秦，盛于西汉，到唐代开始转变，出现了重商思想。这一新思想的出现，改变了人们对工商业态度和认识，关系到工商业在封建社会经济体制中所起的作用，具有重要的历史意义。文章依次剖析了崔融、刘秩、刘晏、韩愈、白居易、令狐楚等人在与旧的抑末思想的对立和斗争中，表现出重商主义的新思想，他们的意见和主张，是时代要求的呼唤，已形成一种思潮，并直接影响到国家财经政策的制订。但唐代理财家和思想家在流通过程中取得的反对传统的抑末思想和政策的胜利，随即又被封建经济体制所束缚了。

以往唐代藩镇与商业的关系学界没有给予足够的关注，因而也影响对唐后期商业实际面貌的整体认识。张剑光《唐代藩镇割据与商业》(《文史哲》1997 年第 4 期)一文论述了唐代藩镇割据势力对商业活动的重视，商人与藩镇的相互借重关系，指出：商品经济的发展，商人地位的提高，藩镇对商业利润的需要，构成唐代藩镇重视商业的社会条件，但商人对当时的政局不可能有多大影响，因而不同意有的学者提出的“在中央和地方发生矛盾和冲突的时候”，商人“必然成为割据势力的基础”(魏承思《略论唐五代商人和割据势力的关系》，《学术月刊》1984 年第 5 期)观点。李志生《唐代工商业者婚姻状况初探》(《人文杂志》1997 年第 3 期)从社会史的视角介入工商业，她认为唐代官府工匠仍属贱民，私营手工业和商人虽然脱离了贱籍，但在一般人的观念中，他们的身份依然较为低贱。工商业者在应举、入仕、婚姻等方面仍然受到很多歧视。在婚姻方面受到歧视最突出的表现是规定手工业者须“当色为婚”，若要与士族、士人联姻则相当困难。由于财富的积累和人们对财富观念的变化，唐代商人的社会地位已有长足的提高，但身份还是低于一般良人。商人身份的双重性使得他们的婚姻也呈现出双重性和多样性。士族拒绝与商人为婚，而某些官场失意、企图仰仗商人资财伺机东山再起的官僚则乐于与商人结亲。唐代工商业者的身份处于不断变化时期，随着时间的推移他们的地位不断提高，受到的限制不断减少，婚姻状况也在不断发生。

人口问题是 80 年代以来经济史研究新开拓的领域之一，亦成为经济史研究向纵深发展的契机。周边少数民族人口问题研究是唐代人口史研究中的难点之一，崔明德《唐代西北少数民族人口初探》(《历史研究》1997 年第 5 期)一文对迄今学术界尚无专文论述、而在唐代民族史及民族关系中占有重要一席的西北少数民族人口的数量、结构、特点、人口移动的主要走向及特点、降户反叛的原因以及唐与少数民族争夺人口的斗争等若干问题进行了研究。由于西北少数民族本身的特点，人口统计的流动性、变动性远远大于以农耕为主的汉族，史料记载又多不具体和较为零散，更加大了对这一问题研究的难度。崔文在这一领域的拓荒之功值得肯定。

陈勇近年以区域经济研究为基点，对长江下游进行了系统研究，本年度发表了与刘秀兰合作的《唐后期长江下游户口考》(《中国史研究》1997 年第 4 期)是其系列文章之一。该文通过对唐后期中央财政所倚重的两浙、宣歙、淮南等道户口的考察，认为：元和时官方统计的在籍户数与此前相比有明显下降，但并不意味着上述地区实际人口真正减少。由于社会环境相对安定，北方人口南迁，经济实力较强，运输道路的转移，良吏的治理等原因，使长江下游诸道人口减少的程度远远低于全国平均数。由于浮寄户与逃户的大量存在，这一地区的户口不仅没有大幅度减少(如官方所统计)，反而呈增长趋势。这一研究更加深了我们对杜佑在《通典》一书中论列的唐后期在籍人口与实际人口之间的矛盾关系的认识。十国史的研究更具有区域性特点。研究浙江地方史的学者，多认为吴越国之所以国运长久，能在恢复、发展唐末以来浙江及苏南太湖流域社会经济方面发挥重要作用，主要是因为钱镠及其继承者们贯彻执行了“保境安民”的基本国策。对此，李志庭提出了不同意见，他在《也谈钱镠“保境安民”国策》(《中国史研究》1997 年第 3 期)一文中指出：钱氏吴越坚持的是“善事中国”、“勿废臣礼”，是为对付吴(南唐)而采取的一种远交近攻的策略，实际上兵戈不息、赋役苛繁，称其“保境安民”并无充分依据。

以往人们较多关注于唐代的财政改革，但隋朝国库积蓄之富堪称历代王朝之最，末年，“天下储积可供五十年”，其原因何在呢？赵云旗《论隋王朝的殷富与财政改革的关系》(《汕头大学学报》1997 年第 3 期)一文从隋朝财政改革的角度，集中分析了均田制、赋役制、仓廪制改革及推行“大索貌阅”制、财政节减政策对国家财政积蓄的积极历史作用。认为上述改革都是从不同的渠道和方面调节社会集团的利益分配，以此来解决所存在的各种社会矛盾，从而提高了生产力，推动了社会经济发展，保证了国家的财政积蓄。

三、政治史

本年度政治及制度史研究有以下几篇值得重视的文章。三省制度的来源、演变及发展历来是唐史研究中的重要课题，吴宗国《三省的发展和三省制的确立》(《唐研究》第三卷)分别探讨了尚书省、门下省和中书省是如何从南北朝尚处在发育状态并逐渐突破这一过渡模式的过程，隋代三省制的最终确立以及在中国古代政治制度史上的划时代意义。针对将北周制度排除在三省制发展过程之外的传统说法，即杜佑《通典》中所论："故隋氏复废六官，多依北齐之制"，他强调指出：隋官制实吸收南北各朝的积极成果而加以总结，三省机构是以北周六官为基础而加以分解、改造，并非打破原有机构重起炉灶，一切重来。官名依前代之法，其中也包括一些北周的官名。韩国磐《唐初三省长官皆宰相——〈论唐代宰相中书门下二省制〉读后》(《厦门大学学报》1997年第4期)认为，尚书省长官从唐初起就不是宰相之说法不确。从武德元年到唐太宗去世，尚书仆射不加衔即为宰相，高宗继位后到武则天去世，仆射须加同三品等衔方为宰相，这是将三省长官以外官员加衔为宰相之法用到仆射身上，使仆射仍为宰相之职。及至神龙、景云时，仆射有不加衔者即不能履行宰相之职。此外，韩文对中国历史有所谓"宰相集体制"、政事堂"实际上是'宰相三省制'破坏以后自然而然形成的一种适应'宰相二省制'格局的附生制度"等观点也提出了不同意见。刘后滨《论唐高宗武则天至玄宗时期政治体制的变化》(《唐研究》第三卷)尝试把政治制度置于整体政治社会的演进之中加以考察，认为：传统界定的互相配合、互相制衡的三省制，只存在于隋唐之际一个很短的时期，是整个帝制时代前期宰相制度向后期宰相制过渡的一个特例，随着政治体制和统治形势的变化，三省制向中书门下兼掌决策行政的体制转化，形式上又回到了秦汉魏晋以来传统的宰相制度，但相权已被严重削弱。韩升《魏晋隋唐的坞壁的村》(《厦门大学学报》1997年第2期)考察这一时期基层组织的变化，该文认为：从秦汉乡亭里到隋唐村落制，是中国地方行政制度的一大转变。五胡入据中原与坞壁的普遍兴起，把中国社会瓦解到无以复加的地步。而坞壁的崛起，造成新的豪强门阀政治格局，由此产生的乡村组织为国家政权所吸收改造，是中央集权加强与门阀政治衰落的演进过程，表现出国家内在统一的深入发展。该文从基层组织入手，研究地方行政制度以及国家统一的内在因素，为我们研究这段历史提供了新的视角。

鉴于“学者们在探讨中国古代政治制度史时，对政权组织延革倾注了极大的心力，而对构成古代政治主体的‘政治人’(即政治主体——官僚阶层)则缺乏通贯和具体的分析”，李浞所撰《唐太宗与东南文人》(《中国史研究》1997 年第 2 期)试图扭转这一偏差。文章认为：从《诗经》时代到本世纪初，中国的政治主体走向大致以唐代为分界线，前后经历了贵族政治和文人政治两大不同的历史阶段。贞观时期，唐太宗改革“关中本位政策”，大批非关陇集团的东南文人被拔作朝廷大臣，以此为契机，中国古代的政治主体走向发生了根本性的变化，中国的封建政治由此步入了文人政治的新纪元。唐初的东南文人自觉不自觉地成了中国文人政治的首批弄潮儿，他们亦因此与开创文人政治的唐太宗结下了不解的缘分。文章的观点颇具启发性，但也有可斟酌之处。

何汝泉《汉唐财政职官体制的三次变革》(《西南师范大学学报》1997 年第 1 期)整体考察了汉唐时期中央财政职官体制的三次变革的演变轨迹、变革性质和意义。指出发生在唐中期的第三次变革，是为适应国家政治经济的变化而出现的，表现为户部理财演变为使职理财。使职理财持续三百多年，起过积极作用，具有历史的正当性和优越性，但深受其变革自发性的影响。

政治体制改革以及反腐倡廉是近年政治史的热点问题之一。贾三强的《武则天时的廉政建设》(《西北大学学报》1997 年第 2 期)、李文才的《试论会昌时期的吏治建设》(《中国史研究》1997 年第 1 期)即是对这方面问题的探讨。

四、民族史、边疆史

本年度民族史、以及相关的边疆史研究成果不少，与此前相比更加深入。张广达、荣新江《八世纪下至九世纪初的于阗》(《唐研究》第三卷)从考证、论定和阗地区出土的汉文和于阗语文书的年代入手，并结合相关史籍和出土文书，综理了安史之乱后处于吐蕃统治下的于阗地区政治历史变迁，并列出大事年表。本文揭示出不少前所未明的史实，特别是对唐朝史料中记载的关于安西四镇的陷蕃问题提出全新的看法，相信该文对澄清这段混乱的历史，解开八九世纪西域史研究的关结所在极为重要。吴玉贵《凉州粟特胡人安氏家族研究》(《唐研究》第三卷)指出：侨居唐朝的最著名的粟特胡人家族之一凉州安氏家族，见于北魏，兴于隋末，盛于唐，衰于五代。隋末唐初，以安氏家族为代表的粟特胡人在凉州具有十分重要的地位，甚至直接左右着河西的局面，李轨政权的成败，在很大程度上取决于他们的向背，安兴贵家族在唐朝统一河西的过程中曾起了关键性的作用。作者希望通过对凉州安氏家族的研究，更好地了解西域胡人在隋唐朝社会中的生活状况，从而进一步加深对中国古代文化多元性的认识。杨铭《吐蕃经略西北的历史作用》(《民族研究》1997 年第 1 期)在前人研究的基础上，力求对唐代吐蕃经略西北的历史过程及其作用进行全面的考证和客观评价。指出：吐蕃经略西北地区的政治作用在于维系了唐退却后西北地区的地域完整性，客观上起到了抵御大食东进的作用，密切了同西北各族的关系，西北各族的政治、经济、文化对吐蕃社会以较大的影响。在吐蕃统治时期，形成蕃、汉及其他各族形成民族杂居互处、语言、文化、艺术互相交融的局面。进一步印证了“吐蕃化”是唐末、五代河西民族关系的主要特点之一。李鸿宾《唐代墓志中的昭武九姓胡》(《文献》1997 年第 1 期)一文依据周绍良主编的《唐代墓志汇编》一书撷取若干例证，并辅以其他材料，分析了粟特人入华以后在唐朝的活动及发展特点。

总体来看，上述研究与此前相比更为深入，但多集中在西、西北和北方的民族及边疆，对西南、东南地区的研究尚嫌不足。

五、社会史、文化史

唐代西北地区的地方大族，与中原相比，带有明显的地域、民族、文化特点，他们的活动和兴衰与西北政局交互影响。刘安志《唐朝吐蕃占领沙州时期的敦煌大族》(《中国史研究》1997 年第 3 期)一文探讨了长期垄断敦煌地区的政治、经济命脉，并对河西地区的历史产生过重大影响的敦煌大族，在唐代中叶吐蕃占领沙州前后的活动及表现，以及由此所产生的作用和影响。对于我们进一步认识近二百年的归义军史，了解 9 至 11 世纪初叶丝绸之路的再度畅通以及沿边地区的历史文化与当地大族的关系颇有启迪。希望此文能推动对其他边疆地区、民族地区当地大族研究的更进一步开展。

唐代史书对唐代不同时期的士风都有形象描述。士风是文人士子心态的表象反映，每一时期士风的形成都有其多方面、深刻的原因。杜晓勤《唐开元中前期士风之变》(《中国史研究》1997 年第 1

期)一文指出:开元中前期良好君臣关系的重建、文人政治格局的初步形成、对儒学经世精神的重视成为影响当时士子心态形成的较直接的因素。与武后、中宗朝士人相比,开元士人不但普遍具有更为强烈的功名意识、进取精神,而且其人生理想也更加雅正,具有明确的政治理想。

探讨文明文化的交流与交融是本年度文化思想史研究的特点。张弓《汉唐佛寺:华梵文明的遇合与化新——〈汉唐佛寺文化史〉自序》(《唐研究国际学术会议论文汇编》〈内部刊行〉)一文,论述了辉耀古代世界的两大文明系——南亚的古印文明与东亚的华夏文明在中国遇合后的长近千载的交融历程中,华夏社会对佛为媒介的古印文化因素,鉴别,扬弃,代换,涤新,充分展示出中华文明长于消化吸纳外来文化因素的特长。葛晓音《论唐前期文明华化的主导倾向——从各族文化的交流对初盛唐诗的影响谈起》(《中国社会科学》1997年第3期)针对长期以来史学家只注重搜寻唐代文化的风俗的"胡化"具体例证,而没有分析它们在总体文化中所占的比例大小和层次的深浅,从而给人造成唐代社会开元前后普遍"胡化"的笼统印象的现象,通过初盛唐诗歌对唐前期风俗"胡化"的反映,指出唐前期文明的主导倾向仍是华化。

六、其他

如何更好地利用敦煌文献和石刻资料开展历史研究,是近年学术界关注的论题。荣新江《归义军史研究——唐宋时代敦煌历史考索》(上海古籍出版社,1996年11月),是在整理考察敦煌文献的基础上,从事历史研究的重要成果之一。此外,郝春文《关于唐后期五代宋初沙州僧俗的施舍问题》(《唐研究》第三期),郑炳林《唐五代敦煌的粟特人与佛教》(《敦煌研究》1997年第2期),余欣《唐代民间信用借贷之利率——敦煌吐鲁番出土借贷契券研究》(同上,第4期)等论文也为两者的有机结合做出了努力。继张国刚主编的《隋唐五代史研究概述》(天津教育出版社1996年版)之后,我们又看到胡戟主编的《隋唐五代史论著目录(1982—1995)》(陕西师范大学出版社1997年版)面世,本书作为中国社科院历史所魏晋隋唐史研究室主编的同名目录(江苏古籍出版社1985年版。该目录所收范围为1900年至1981年)的续编,收录了自1982年至1995年中国(包括港台)所发表的有关隋唐五代史论著目录13万条，不仅使研究者受益匪浅，也使我们在本世纪即将结束时，能以此为基础，全面审视百年来的学术动态及研究概貌。

近年学术研究的规范化以及与国际学术研究接轨也是人们关注的话题。重视书评和加强书评在学术研究中的分量和数量，是创造学术争鸣氛围，活跃疏通学术交流渠道，提高学术研究综合水平不可或缺的积极因素。《唐研究》第3期共发表20篇书评，占全书分量六分之一左右，应该说是个很好的趋势。如何使书评更具有学术性、探讨性、兼容性，是进一步拓宽书评领域并使之向纵深发展的必要条件。对妇女史研究的日益重视在唐史研究中也有反映，但本年度多集中在个别研究上，总体把握似嫌不足，尚需研究者予以注意。

(作者为北京师范大学历史系教授)

宋　史

张　彤

1997年宋史研究有长足进展，出版和发表了一批具有较高质量的研究专著和论文。《庆祝邓广铭教授九十华诞论文集》(河北教育出版社出版，以下简称《祝寿文集》)和《宋史研究论文集》(云南民族出版社出版，以下简称《年会文集》)共收有经过筛选，具有较高水平的宋史研究论文五十余篇。此外，还出版十余部专著，发表二百余篇论文。因专著另有评介，本文不作赘述。以下对见于论文集和各种刊物上的论文择要予以评介。

一、政治史与法制史

政治史的研究依然是本年度研究重点，高水平的论文较多。有的文章摆脱了以往制度史研究的模式，从动态的角度，考察一种制度的形成过程和运作机制，读来耳目一新。如邓小南认为由于“考课不实”的问题，官员黜陟与他们的课绩脱节，“岁月序迁”的原则极大影响着“循名责实”原则，于是便形成了以精选任、密考课、严防弊为主的，多种途径、多种方式、多方参与的政绩考察机制（《略谈宋代对于地方官员政绩之考察机制的形成》，《祝寿文集》）。刘复生指出北宋初五运说仍有相当市场，欧阳修的正统说将朝代兴衰与社会因素、道德因素联系起来，在理论上宣告了“五德转移”政治学说的终结，这在政治思想史上是一大进步，是一个重要的文化转折（《宋朝“火运”论略——兼谈“五德转移”政治学说的终结》，《历史研究》1997 年第 3 期）。

关于北宋初期的政治。王育济认为陈桥兵变形成了宋代文明、理性的开国气象，对两宋政治产生深刻影响（《论“陈桥兵变”》，《文史哲》1997 年第 1 期）。李华瑞对宋初先南后北统一方针提出了三点看法（《关于宋初先南后北统一方针讨论中的几个问题》，《河北大学学报》1997 年第 4 期）。漆侠认为高梁河之战失利是宋太宗“守内虚外”政策转换的关键（《宋太宗与守内虚外》，《祝寿文集》）。李裕民通过对宋神宗制造的一桩冤案的剖析，进一步印证了斧声烛影确系谋杀案（《宋神宗制造的一桩大冤案》，《祝寿文集》）。

关于王安石变法。赵涤贤认为通过变法，使宋军战斗力获得显著提高（《试论北宋变法派军事改革的成功》，《历史研究》1997 年第 6 期）。高启明、高文对王安石嘉祐年间的政绩谈了自己的看法（《浅谈嘉祐中王安石参与议榷茶问题》，《河南大学学报》1997 年第 6 期）。此外还有高纪春《关于吕惠卿与王安石关系的几点考辨》（《河北大学学报》1997 年第 3 期）。

关于南宋初期政治。何忠礼指出秦桧集团瓦解后宋高宗执行没有秦桧的秦桧路线，使南宋政治继续走向黑暗（《“绍兴和议”签订以后的南宋政治》，《杭州大学学报》1997 年第 3 期）。高纪春认为朋党之忌使赵鼎集团失去庇护，阻挠和议使其成为宋高宗的对立面，最终导致赵氏集团的瓦解（《赵鼎集团的瓦解与洛学之禁》，《中国史研究》1997 年第 3 期）。

关于官制，王云海、苗书梅对幕职州县官的分等、改官途径及条件进行了研究，并对磨勘改官法的特点、利弊作了评论（《宋朝幕职州县官及其改官制度》，《祝寿文集》）。肖建新《论宋朝审官院之演变》（《中国史研究》1997 年第 1 期），苗书梅《宋代监当官初探》（《年会文集》），虞云国《试论宋代对台谏系统的监控》（《史林》1997 年第 3 期），贾玉英《略论封驳制度在宋朝的演变》(《年会文集》)分别从不同角度对官制中的部分内容进行了探讨。张全明认为宋代以寄禄官差遣之职作为发俸数额的基本标准,形成了较完整的俸禄体系(《简论北宋官员的俸禄制度及其特点》,《年会文集》)。他还指出宋代官员俸禄水平总体上相对平稳,且呈上升趋势,在中国历朝中处于中上等水平(《也论宋代官员的俸禄》,《历史研究》1997 年第 2 期)。

本年度宋史研究者十分关注法制史。戴建国认为编敕是宋代最主要的立法活动,这个制度承袭了以唐律为代表的中国封建法典的基本精神,上刑重而下刑轻,科条细密,规范详备(《宋代编敕初探》,《文史》第 42 辑)。郭东旭认为"宁人息讼"的审判原则,调判结合的审判方式,情法混用的审判标准,自由惩罚的审判作风是南宋"名公"的审判精神(《论南宋"名公"的审判精神——读〈名公书判清明集〉有感之一》,《年会文集》)。社会经济的发展,对有关的经济法规提出了更高的要求,研究者对这一问题给予了关注。郭东旭认为宋代买卖契约制度渐趋规范化(《宋代买卖契约制度的发展》,《河北大学学报》1997 年第 3 期)。余贵林、郝群从多方面对典卖制度进行了探讨(《宋代典卖制度散论》,《中州学刊》1997 年第 5 期)。有关专门法研究的有郭正忠的《宋代私盐律述略》(《江西社会科学》1997 年第 4 期),安国楼的《宋代蕃法与蕃汉关系法》(《中南民院学报》1997 年第 3 期),游彪的《宋代士兵逃亡法考述》(《年会文集》)。这些研究成果反映了宋代法制史研究走向细致和深化。

二、经济史

经济史的论文,从数量上看较往年略有减少,主要集中于财政货币、茶及相关问题、地区经济、市场与专卖制度等问题上。

关于财政货币问题。高聪明认为"羡余"是为解决中央财政困难,扩大中央财政所占份额的一种非制度化方式(《从"羡余"看北宋中央与地方财政关系》,《中国史研究》1997 年第 4 期)。贾玉英认为提举常平司制度是王安石变法的产物,是宋代地方财政体制的一次重大改革(《宋代提举常平司制度初探》,《中国史研究》1997 年第 3 期)。包伟民对南宋杂征调问题进行了探讨,认为这种靠地方以诸杂征调来满足中央与地方财政需求的做法造成了税制的混乱(《南宋杂征调简述》,《祝寿文集》)。高聪明认为货币使宋代社会关系发生一些新变化(《货币在宋代社会经济生活中的地位》,《河北大学学报》1997年第3期)。黄纯艳探讨了宋铜钱在海外的作用(《略论宋朝铜钱在海外诸国的行用》,《中州学刊》1997年第6期)。

关于茶及其相关问题。李晓对茶商的构成,茶商资本的形态及其经营方式进行了探讨(《论宋代的茶商和茶商资本》,《中国经济史研究》1997年第2期)。林文勋认为北宋茶法除一段时间实行通商法外,一直在入中法的轨道上运行(《北宋茶法变动的历史考察》,《年会文集》)。此外还有孙洪升的《论北宋入中茶法中的"加抬""虚估"及其后果》(《中州学刊》1997年第6期),沈冬梅的《论宋代北苑官焙贡茶》(《浙江社会科学》1997年第4期)。

关于地区经济。朱瑞熙、徐建华对宋代湖南地区的经济开发做了探讨,认为从10世纪开始湖南经济得到迅速发展(《十至十三世纪湖南地区的经济开发》,《祝寿文集》)。黄纯艳对宋代海南岛商业的发展进行了探讨(《海外贸易与宋代海南岛商业的发展》,《年会文集》)。此外还有王四达《宋元泉州的农业危机及其对地方经济发展的影响》(《中国农史》1997年第1期)。

关于专卖制度。廖大河认为宋政府通过抽解、禁榷、和买等手段,使海外贸易正规化、制度化,体现了政权的经济掠夺性(《宋代市舶的抽解、禁榷、和买制度》,《南洋问题研究》1997年第1期)。李晓认为在榷茶制度下,官府与茶商形成了共营共利的关系,阻碍了新的经济因素的生长(《北宋榷茶制度下官府与商人的关系》,《历史研究》1997年第3期)。

关于市场等问题。乔幼梅认为宋代西北市场是在宋夏斗争过程中形成发展起来的,具有特殊性(《论宋代西北区域市场的形成》,《祝寿文集》)。魏天安认为宋代的行是中国行会的最初组织形态(《行商坐贾与宋代行会的形成》,《中州学刊》1997年第1期)。此外还有郭正忠《秦九韶与米斛籴粜——〈数书九章〉社会经济资料考辨(之一)》(《祝寿文集》,龙登高《宋代批发交易试探》(《中国社会经济史研究》1997年第3期)。

杨师群认为宋代城镇工商业一般不成为封建势力的对立物,商品经济的发展是畸形的,繁荣也是虚假的(《宋代城镇工商阶层述论》,《中国社会经济史研究》1997年第1期)。陈峰指出押纲人员是漕运中的直接管理者,其成分由役人渐成为职业军吏和雇募人(《北宋漕运押纲人员考述》,《中国史研究》1997年第1期)。

三、思想、文化史

本年度思想史的研究主要集中于对理学和宗教的探讨,文章数量虽不是很多,但多具有较高的水平。

关于理学。陈振论述了新学、理学、蜀学在南宋的兴衰发展过程(《略论南宋时期"宋学"的新学、理学、蜀学派》,《祝寿文集》)。胡昭曦认为宋代蜀学转型的实际含义就是洛蜀会同(《宋代蜀学的转型》,《祝寿文集》)。而所谓洛蜀会同,粟品孝认为就是以洛学为基础,吸取苏学部分思想,统一到理学轨道上(《试论"洛蜀会同"》,《西南师大学报》1997年第3期)。此外还有朱云鹏《试论北宋时期"三教一家"义理的出现》(《年会文集》),汤勤福《有关"朱陈之辨"的几个问题》(《年会文集》)。

关于宗教。程民生对宋代佛教的地域分布状况进行了探讨(《论宋代佛教地域分布》,《年会文集》)。唐代剑系统勾勒了道教在宋代的发展情况(《宋代道教发展研究》,《广西大学学报》1997年第4期)。林梅村认为英山毕昇碑立于公元1052年,墓主毕氏是从中亚粟特毕国来华的摩尼教徒,他们是唐安史之乱平定不久,回鹘可汗派到江南经商传教的粟特商人的后裔(《英山毕昇碑与淮南摩尼教》,《北大学报》1997年第2期)。此外还有王曾瑜的《宋辽金代的天地山川鬼神崇拜》(《云南社会科学》1997年第1期)。

文化史方面有深度的研究主要集中于宋代士林文化和史学。

关于文化。王曾瑜认为孟子在宋代亚圣地位的确立,始于王安石,成于朱熹(《孟子在宋代亚圣地位之确立及其影响》,《祝寿文集》)。祝总斌认为四书受到重视并得以传播,是因为它既能体现《五经》修身齐家治国安邦的基本精神,又简明扼要,易为士人理解(《〈四书〉传播、流传的社会、历史背景》,《祝寿文集》)。此外还有陈江《宋代考据之学》(《年会文集》)。

关于史学。王天顺认为宋代治史由以往以人物为中心,转到以制度因革和政治兴衰上,形成淹博贯通的治史风尚(《试论宋代史学的政治功利主义》,《中州学刊》1997年第1期)。谢保成认为旧唐书比新唐书更接近历史实际,对新唐书的事增于前需作具体考察(《北宋前中期的唐史研究与〈新唐书〉重修中的几个问题》,《中国史研究》1997年第4期)。

四、社会生活史

社会生活史的研究文章较多，涉及包括家族、妇女、民间艺术、婚丧礼俗、饮食在内社会生活诸方面，但多数文章的研究深度不够。

关于家族。蔡东洲认为阆中《陈氏族谱》有一定价值(《阆中〈陈氏族谱〉考论》,《文献》1997年第3期)。曦洲认为阆州陈氏是由科举而崛起的一个典型文人家族，其兴是右文政策导向与其苦修儒业的结果，其衰是北宋中后期政治变幻和子孙不思进取所致(《宋代阆州陈氏研究》,《四川师院学报》1997年第4期)。戴建国认为家法族规主要来源有两个方面：一是封建伦理道德，一是国家法律(《宋代家法族规试探》,《年会文集》)。

关于社会中的特殊群体妇女。臧健认为由儒家文化渗透而演化出的民间风俗、家规家法，已成为民间传统意识与道德观念和习惯势力，束缚着生活在社会下层的妇女(《宋代家法与女性》,《祝寿文集》)。此外还有宋东侠《宋代妇女的法律地位》(《青海师大学报》1997年第3期)、张邦炜《两宋妇女的历史贡献》(《社会科学研究》1997年第6期)、吴旭霞《浅谈宋代妇女的就业》(《学术研究》1997年第10期)。

关于民间艺术。罗筠筠认为宋代城市审美文化具有不同于平淡单调纯朴的农民文化，不同于刻板奢侈放纵的贵族文化，更不同于风雅飘逸闲散的士大夫文化的新型审美特征(《从宋代城市审美文化的产生看士大夫与市民艺术的不同》,《文史哲》1997年第2期)。王悦勤认为右文政策为北宋东京民间美术的发展提供了基础，多元自由开放的审美思潮是其发展的驱动力，发达的私营手工业为其发展提供了经济基础(《论北宋东京的民间美术》,《史学月刊》1997年第4期)。

关于婚丧礼俗。主要文章有刘春迎的《试论北宋东京婚俗的几个特点》(《河南大学学报》1997年第2期)、朱瑞熙的《宋代的丧葬习俗》(《学术月刊》1997年第2期)、张邦炜的《两宋时期的丧葬陋俗》(《四川师大学报》1997年第3期)。

关于饮食节日。主要文章有王曾瑜《宋代饮食简介》(《中华食苑》第8辑)、冷辑林、乐文华《论两宋都城的饮食市场》(《南昌大学学报》1997年第1期)、刘春迎《北宋东京三大节日及其习俗》(《史学月刊》1997年第1期)。

五、人物研究

人物研究大致可分为两类。一是考证人物的生平事迹，如李裕民指出宋太宗曾尊称神宗(《宋太宗曾尊称神宗》,《晋阳学刊》1997 年第 4 期)。李丛昕经考证认为范仲淹于端拱二年八月二十九日生于真定(今河北正定)(《范仲淹出生时地考》,《安徽史学》1997 年第 4 期)。郭齐对朱熹徽州之行作了较详细的考察(《朱熹入徽考》,《安徽史学》1997 年第 2 期)。

一是将人物置于当时的历史背景下，深入剖析与人物相关的各种关系，使人物较完整地突现出来，更有利于全面理解、把握人物。如王曾瑜《赵鼎与李光》(《文史》第 42 辑)就赵鼎、李光对金政策及其在任时的政绩还有他们同宋高宗、秦桧的关系作了详细的分析论述，认为赵鼎附有若干条件的主和不仅酿成了他生前的惨祸，也成就了他身后的哀荣。赵鼎的再相开始了宋金间的正式和议，而其去位则成就了秦桧的独相事业。李光的参政最初是为赞助对金和议，而其去位又开始了秦桧的专擅。宋高宗罢免赵鼎则增添了对金和议的屈辱，罢免李光又造成了对秦桧相权的失控。张秀平、罗炳良认为岳飞之死不仅是因其与赵构、秦桧有矛盾，而是南宋文人集团要恢复宋朝传统的以文制武立国体制，打击岳家军的必然结果(《岳家军群体人物研究》,《中国史研究》1997 年第 1 期)。此外还有梁太济《赵鼎张浚分歧及其与道学的关系》(《祝寿文集》)、王曾瑜《陈东和欧阳澈之死》(《年会文集》)。

六、史料研究

注重史料学研究是宋史研究的传统，本年度这一方面的研究颇为广泛，考订工作绵密细致。许沛藻指出绍兴年间更修的《神宗实录》和《哲宗实录》是由为了赵宋王朝政治需要的皇帝决策，曲意回护皇帝、母后的史官执笔，按照宋高宗的“圣意”，体现宋高宗的好恶而更修的，这样的实录只能是录而不实，使用时应慎重(《宋高宗与神宗实录》,《祝寿文集》)。裴汝诚通过考证认为《迩英奏对》是司马光追作的一篇日记，追作时间是在熙宁变法以后，这篇日记有误且有伪，由此得出的结论也难令人信服(《〈迩英奏对〉献疑》,《祝寿文集》)。陈智超认为《旧五代史》辑本失误相当多，而充分正确地利用《册府元龟》是提高辑本水平的关键(《〈旧五代史〉辑本的得失》,《祝寿文集》)。王云海对《总类国朝会要》流传不广的原因,著录混乱的状况,确切的书名,两种《总类会要》的作者及其构成,《宋会要辑稿》所反映的原书状况等问题提出了自己的看法(《宋朝〈总类国朝会要〉考》,《年会文集》)。此外还有梁太济《从每卷结衔看〈资治通鉴〉各纪的撰进时间》(《内蒙古大学学报》1997年第5期)。韩酉山《秦桧"乞存赵氏"议状真伪辨》(《安徽史学》1997年第2期)。

时近世纪之末,总结百年以来宋史研究的得失无疑是一件有意义的工作。王曾瑜在《宋史研究的回顾与展望》(《历史研究》1997年第4期)一文中对本世纪宋史研究作了全面的回顾。他强调要加强学术道德的建设;把运用现代科技手段作为一个亟待解决的问题;同时要加强外语训练,以使宋史研究走向世界。他还指出应注重开拓新的课题,避免不必要的重复,这些对宋史研究的健康发展,具有积极的促进意义。

总起来看,本年度宋史研究在政治史、法制史和思想文化史方面有所推进,但也有相当一部分研究成果深度不够;少数论文在选题和内容上重复以前的研究,少有新意,这些理应引起研究者的注意。

(作者为中国社会科学院
历史研究所副研究员)

辽西夏金元史

张 彤

1997年是辽西夏金元史、特别是元史研究较为活跃的一年,有近十部专著、论文集出版,一百余篇论文发表。其中,辽西夏金史的研究,文章虽不甚多,却涉及到各个方面,且多具一定水平;元史的研究,文章数量多、质量高。以下按断代先后顺序,对各代重要文章略作分类,作一简介。

一、辽史

辽史有一部专著出版,二十余篇论文发表,政治史、人口、科举是研究的重点。

1. 政治史　孟凡云认为辽代母后摄政、执政是辽代特殊的民族风格行国特色和政权排他性诸因素共同影响的结果(《论辽代后权的双重性及齐天后失败之原因》,《内蒙古社会科学》1997年第6期)。何天明认为契丹北枢密院是辽最高军政决策部门(《试探契丹北枢密院的职能及历史作用》,《内蒙古社会科学》1997年第2期)。何天明还对辽北宰相府的设立进行了考察,认为其草创时间当系于太祖元年至四年,但无固定办公地点,基本上随皇帝行帐移动(《辽代北宰相府的设立及职官设置探讨》,《社会科学辑刊》1997年第5期)。关树东认为所谓侍卫司等都是辽御帐宿卫机构的代称(《辽朝御帐官考》,《民族研究》1997年第2期)。王继忠认为契丹法汉化的过程也就是其封建化的过程(《论辽法二元现象及其融合趋势》,《安徽大学学报》1997年第6期)。王成国认为辽境内汉人虽处于被统治地位,但其代表人物对辽政权建设起到举足轻重的作用(《略论辽朝统治下的汉人》,《社会科学辑刊》1997年第5期)。魏志江对1020至1125年间的辽与高丽间的关系进行了研究,认为辽丽关系的终结,使契丹构筑的东亚国际秩序也随之崩溃(《论1020—1125年的辽丽关系》,《南京大学学报》1997年第1期)。

2. 人口研究　孟古托力认为辽人口的增长主要是通过战争掠夺方式实现的,辽人口分布由北向南逐渐由稀疏变稠密,呈现出大杂居、小集居的格局,且人口城镇化加深(《辽代人口的若干问题探讨》,《北方文物》1997年第4期)。孟古托力还对辽的人口作了推测,从民族构成的视角切入,推出1114年辽人口为840万,1000年人口为600万左右,且汉族为多数(《辽朝人口蠡测》,《学习与探索》1997年第5期)。

3. 文化教育　周怀宇认为辽科举制有种姓特征和阶级界限(《辽王朝的科举制考察述论》,《安徽史学》1997年第4期)。黄凤岐认为辽的教育具有自身特点,科举制的实行促进了文化、教育发展(《论辽朝的教育与科举》,《社会科学辑刊》1997年第4期)。黄震云考察了修史机构的组成和变迁,并对史学翻译和传播进行了探讨(《论辽代史学》,《山西大学学报》1997年第1期)。此外还有张文毅、董丽《契丹文化艺术风俗习惯的汉化》(《辽宁大学学报》1997年第2期)。

4. 社会生活　任爱君认为"用

筹决事”是契丹族固有的东西(《辽代契丹生活中“用筹决事”的习俗》,《北方文物》1997年第4期)。刘素侠通过对辽墓壁画的研究,对契丹人的社会生活进行更深入的探讨(《从辽墓壁画看契丹人的社会生活》,《社会科学辑刊》1997年第3期)。

二、西夏史

西夏史研究除有十余篇研究论文发表外,还出版了李蔚著《简明西夏史》(人民出版社1997年10月版,29.3万字),研究涉及政治、经济、文化诸方面。

1.政治　雷天寿认为西夏的行政管理体制具有蕃汉合一、两制并存等特点(《西夏行政管理体制特点刍议》,《天津师大学报》1997年第6期)。胡若飞认为以宗族为本位的伦理法在法律上占主导地位,而有官品人等概念,淡化了阶级对立(《有关西夏军制“几种人”的范围考察》,《宁夏大学学报》1997年第2期)。

2.经济史　杜建录对官营畜牧业的经营的机构设置,运行机制,产品分配进行了探讨,认为官牧业的发达,使西夏掌握了对宋出口畜产品的主动权(《西夏官牧制度初探》,《宁夏社会科学》1997年第3期)。李华瑞认为西夏的社会经济结构使其对宋贸易具有重要性(《贸易与西夏侵宋的关系》,《宁夏社会科学》1997年第3期)。

3.文化　韩小忙叙述了道教术语的夏汉对译情况和西夏宗教文化中释道融合的现象(《有关西夏道教研究中的几个问题》,《宁夏社会科学》1997年第6期)。李蔚对《贞观玉镜统》进行了研究(《略论〈贞观玉镜统〉》,《宁夏社会科学》1997年第5期)。此外还有聂鸿音《西夏语声调研究的新课题》(《宁夏社会科学》1997年第5期)。

聂鸿音对西夏刻字司及官刻本的形制进行了考察(《西夏刻字司和西夏官刻本》,《民族研究》1997年第5期)。孙昌盛认为西夏印刷业到仁宗时期达到最高水平,不仅有雕版而且使用活字印书(《西夏印刷业初探》,《宁夏大学学报》1997年第2期)。景永时通过对西夏文书籍实物的研究,认为书籍印刷分雕版活字两种方式,最具特色的是插图精美(《西夏的书籍及制作技艺述论》,《宁夏社会科学》1997年第6期)。

4.关于地理环境　宋乃平认为西夏的地理环境有利于割据政权的形成、延续(《西夏兴衰史中的地理环境》,《宁夏大学学报》1997

年第2期)。宋乃平、何彤慧还论述了西夏的气候、植被及其与农牧业生产的关系(《西夏的地理环境与农牧业生产》,《宁夏社会科学》1997年第2期)。刘菊湘认为“人形”完全是兴庆府城内的布局与高台寺贺兰山离宫无关(《兴庆府的规模与“人形”布局》,《宁夏社会科学》1997年第5期)。

三、金史

金史研究文章不多,主要集中于政治、文化等方面。

1. 政治　关亚新认为谋克推动了女真社会的发展,其政治经济军事三位一体的特点是女真族社会和国力的基石(《论金代女真族的村社组织——谋克》,《社会科学辑刊》1997年第2期)。王景义认为勃极烈是中央统治机构核心成员,它带有原始军事民主性质,有民主内涵(《略论金代的勃极烈制度》,《社会科学辑刊》1997年第3期)。刘浦江认为宇文虚中一案绝非谋反事件,而是一起以藏书获罪的文字狱,它是金前期女真统治者与南人之间紧张脆弱的民族关系的一个反映(《金代的一桩文字狱——宇文虚中案考略》,《庆祝邓广铭教授九十华诞论文集》)。

2. 文化　安贵臣、蒋维忠认为忠孝观念渐为金统治者接受,并成为道德观念,为封建化起了促进作用(《金代的忠孝意识评析》,《中央民族大学学报》1997年第2期)。周腊生经考证后认为金代共举行进士考试43次,取士15000人,出状元74名(《金代贡举考略》,《四川大学学报》1997年第3期)。都兴智认为金建国后佛教才传入金,但真正接受佛教是从熙宗时期开始(《金代女真人与佛教》,《北方文物》1997年第3期)。

本年度经济史研究较为薄弱,值得提及的文章不多。王兴文认为从金代开始古代盐业摆脱了盐铁并论,盐茶并举的局面,形成盐业独立的体系(《金代盐业初探》,《中国史研究》1997年第2期)。

四、元史

本年度元史研究不仅有张帆著《元代宰相制度》(北大出版社1997年7月版,20万字)等六七部专著问世,还有《元史论丛》第6辑(中国社会科学出版社1997年5月版,28万字)出版,发表近百篇具有较高水平的研究论文,使元史研究呈现出较活跃的局面。

政治史研究成绩最显著的是元代政治制度史。李治安认为金行尚书省和蒙古燕京等三处断事官是行省制的两个直接来源(《元代行省制起源与演化述论》,《南开学报》1997年第2期)。他还认为元代行省制的基本特征之一是具有两重性和代表中央分驭各地的使命(《元代行省制的特点与历史作用》,《历史研究》1997年第5期)。刘如臻认为元代江浙行省的职责远大于其他行省(《元代江浙行省研究》,《元史论丛》第6辑)。高士荣认为通过土官制度,元政府加强了对西北民族地区的统治(《蒙元政府推行土官制度的原因和特点》,《兰州大学学报》1997年第4期)。陈朝云、淮建利认为乘驿接待制度实质为官员出使赴任提供免费食宿和交通条件的供给制度(《试论元代官员的乘驿接待制度》,《中州学刊》1997年第4期)。

在经济史研究中,农业、商业和生产者的生存状况受到研究者的关注。李伯重认为南宋末及元末人口有较大波动,但总体呈增长趋势,元代江南耕地较南宋末有一定增加(《宋末至明初江南人口与耕地的变化》,《中国农民》1997年第3期)。王培华认为元代耕地面积扩大,粮食单产较唐宋高,主要源于农业家对土地利用的新认识(《土地利用与社会持续发展:元代农业与农学的启示》,《北师大学报》1997年第3期)。

陈高华认为元政府在南方实行官榷酒醋的办法,在北方城市普遍实行官榷,但在大都则行散办,在北方农村实行散办,他指出酒醋课在财政收入中占重要地位,但由于增长过快,缺乏粮食,酒课呈减少趋势(《元代的酒醋课》,《中国史研究》1997年第2期)。他还对商税进行了探讨,指出元代商税是一种交易税,只有住税而无过税,商税是三十取一,主要来自全国大中城市,其重要性仅次于盐课(《元代商税初探》,《中国社科院研究生院学报》1997年第1期)。叶世昌认为元代的纸币是单纯的国家纸币,比宋、金纸币流通更为彻底(《元代的纸币流通制度》,《中国经济史研究》1997年第4期)。叶世昌还对元代的信用及信用机构进行了研究(《元代的信用与信用机构》,《河北学刊》1997年第3期)。高荣盛认为元代匠户的经济状况较一般劳动者要好一些(《元代匠户散论》,《南京大学学报》1997年第1期)。

民族史历来为元史研究者所重视,本年度也不例外,研究重点在色目,畏兀儿、犹太等方面。邱树森认为元代回回商人在元代商业活动中占举足轻重的地位(《元代回回人的商业活动》,《元史论丛》第6辑)。修小波指出色目商人分布的特点是越往东南色目商人人数越多(《元代色目商人的分布》,《元史论丛》第6辑)。尚衍斌认为畏兀儿族大臣在蒙古及元建立后均倍受重用(《元代中书省的畏兀儿族大臣》,《元史论丛》第6辑)。他还认为内迁畏兀儿人分布遍及今中原及东南各地,在吸收汉文化过程中,科举起了催化作用(《元代内迁畏兀儿人的分布及其对汉文化的吸收》,《民族研究》1997年第1期)。罗贤佑对畏兀儿亦都护谱系进行了系统探讨(《元代畏兀儿亦都护谱系及其地位变迁》,《民族研究》1997年第2期)。

刘迎胜对元以前犹太人移居中国的情况,元代的术忽回回,元代杭州的犹太人等问题进行了探讨(《关于元代中国的犹太人》,《元史论丛》第6辑)。周良霄在《"色目"说》和《"南人"与"北人"》(均见《元史论丛》第6辑)两文中对这三个概念进行了详细的考证、论述。

本年度元代文化史研究侧重讨论士人行为及儒学思想的变化。陈得芝认为,江南士人的思想随元统治者的政策转变也由抵触到认同(《论宋元之际江南士人的思想和政治动向》,《南京大学学报》1997年第2期)。孙宏典、王忠阁认为元初汉文化受到摧残,使这一时期社会思潮中存在着重返儒学的倾向(《元初社会思潮的返儒倾向》,《河南大学学报》1997年第4期)。张志勇认为契丹名士对元儒学有直接影响(《元代儒学与契丹名士》,《中央民族大学学报》1997年第2期)。萧启庆从政治制度史及社会史角度,对蒙元时期译职人员的设置、功能及政治社会地位进行了考察,认为译职人员在元政府设置之普遍,政治、社会地位之崇高,在中国历史上可称空前绝后,充分反映出他们在多元民族国家中的重要性(《元代的通事和译史——多元民族国家中的沟通人物》,《元史论丛》第6辑)。桂栖鹏对元代111名进士的仕宦情况进行了考察分析,认为虽然元代用人重家族背景的倾向和民族歧视政策对进士仕宦产生不利影响,但个人才能依然是进士仕途发展的基础(《元代进士仕宦研究》,《元史论丛》第6辑)。胡务对庙学的修建类型、资金来源、规模、结构进行了考察,对庙学的发展历程、分布特点及其发展原因进行了探讨,认为,庙学在培养人才,提高人们的文化素质,传播儒家思想等方面对整个社会的影响,远超过国学与书院(《元代庙学的兴建和繁荣》,《元史论丛》第6辑)。

本年度元代人物研究进展表现在新课题的选择和传统课题的

深掘。陈高华对东平严氏家族进行了系统的考察，指出严氏父子在东平境内有相当的独立性，主要表现在家族世袭、中下层官吏的任命、高级官员的推荐、赋税的征收、民事案件的审判及军队的组织、训练上；东平的文化事业，由于得到他的保护，成为“汉地”仅次于燕京的文化中心。严氏家族的没落，主要是因其兵强马壮、且地处边境，再加与李璮的种种牵连(《大蒙古国时期的东平严氏》,《元史论丛》第6辑)。

王启龙考述了忽必烈与八思巴结交的复杂过程，并对忽必烈选择八思巴联合及其与噶玛拔希的关系作了阐释与补充(《忽必烈与八思巴、噶玛拔希关系新探》,《清华大学学报》1997年第2期)。王启龙还对八思巴所诞生的款氏家族源流进行了考察(《元朝帝师八思巴家世考述》,《中央民族大学学报》1997年第6期)。

马可波罗是本年度元史研究的热点之一。杨志玖针对英国弗兰西丝·伍德著《马可波罗到过中国吗?》一书中否定马可波罗到过中国的观点，著文指出，该书给人的印象是揣测、推论的多，实证的少，说服力不强，并认为马可波罗到过中国(《马可波罗到过中国——对〈马可波罗到过中国吗?〉的回答》,《历史研究》1997年第3期)。蔡美彪认为马可波罗归途的身份是获准同行的斡脱商人，而非使臣或元廷派遣的官员。通过对马可波罗一家离华返里经过的梳理，认为马可波罗书中所记政事制度，多是得自传闻，又凭记忆；他把他的经历与传闻混为一谈，有自炫、夸耀之处，增加了虚夸不实成分、再加上记录者的混淆误记，加重了其虚夸。因此对其纪事不能简单视为信史，也不能斥为全无根据的虚构，应仔细鉴别去取，以期接近事实(《马可波罗归途记事析疑》,《元史论丛》第6辑)。

明　史

张　英　聘

1997年明史研究成果丰硕，有一批著作和论文集出版，还有百余篇论文发表，内容涉及政治经济、文化教育、社会生活、民族关系和对外关系等领域。

从出版的著作来看，大多数是作者长期研究心得的体现，代表了当前明史研究的较高水平，反映了史学研究的传统，扎实的学风，有的还使用了新的研究方法，从新的角度进行了多层面的深入探讨。如杨绍猷、莫俊卿多年从事明代民族史研究，荏苒六载，终于完成了《明代民族史》(四川民族出版社 1996 年 8 月版)一书，该书在前人研究的基础上，努力进行新的探索，对明代各民族的政治、经济、军事、文化诸方面以及民族关系，加以综合分析和细致描述，展示了明代广阔而有序的民族史画卷。顾诚先生著《南明史》(中国青年出版社 1997 年 5 月版)是作者数十年研究的结晶。该书在已有中外学者有关南明研究成果的基础上，利用了很多第一手新发现的资料。在很多重大问题上，提出了独特的见解。另外，本书还对史料进行了细致地考辨甄别。全书 77 万字。

引入新的研究方法，注意到史学与哲学、宗教、文化、教育、地理、社会学等方面的关系，是近年史学研究的趋向。吴宣德著《江右王学与明中后期江西教育发展》(江西教育出版社 1996 年 6 月版)，从区域文化的角度，系统地介绍了江右王学的某些学说及其与明中后期江西教育发展的关系，阐述了学术的传播对教育繁荣的促进作用，表现了明代思想史和教育史研究的功力。陈宝良著《飘摇的传统——明代城市生活长卷》(湖南出版社 1996 年 9 月版)，对明代城市中政治、经济、文化、宗教、民情、风俗等进行了详尽的描述和揭示，尤其是对明中期以后，由于文化变革的冲击，导致城市中人们在生活、思维观念上的变化，从多层面多角度进行了描摹，展现了明代城市生活独具的特点，即对传统的叛逆。毛佩琦主编的《中国社会通史》(明代卷)(山西教育出版社 1996 年 12 月版)则选取新的角度叙述了明代社会的历史。该书从疆域、环境、生态开始，通过对人口、民族、阶级、阶层的描绘，对各民族生活形态的展示，突出了明代由传统社会向近代社会转型时期的特点，是目前较全面论述明代社会历史的著作。葛剑雄主编、曹树基著《中国移民史》第五卷(明时期)(福建人民出版社 1997 年版)是研究明代人口迁移的专著。该书按移民大省划分，描写了洪武、永乐时期大移民、流民与客民、民族人口迁移、移民人口与经济、文化关系等，对明代大变革时期的移民史作了全面的揭示，开辟了明史研究的新领域。另外，作者还采用了许多历史地理的研究方法，书中插有大量的地图、图表，对人口变化作了很详细地统计。陈尚胜著《“怀夷”与“抑商”：明代海洋力量兴衰研究》（山东人民出版社 1997 年 6 月版）从决定明朝海外贸易政策的文化观念出发，对明朝海外贸易政策和明朝处理重大海外交通事件做了重点和系统的研究。通过研究，揭示出明代海外交通事业由盛而衰的主要原因，在于明朝政府所采取的“怀夷”与“抑商”的海外贸易政策，这是对海外交通史研究的新探索。（意）白蒂著，卫匡士等译校，《远东国际舞台上的风云人物——郑成功》（广西人民出版社 1997 年 6 月版），与传统研究郑成功的论著不同，该书从海洋贸易史入手，从国际关系中透视郑成功的活动及其地位，对郑成功的认识和评价有令人耳目一新之感。尤为难得的是著者旁征博引，涉及 8 种语言的资料，特别是西、葡、拉丁文资料更为珍贵。可以说这是对郑成功研究新领域的开辟。周明初著《晚明士人心态及文学个案》（东方出版社 1997 年 8 月版）着重研究了处于晚明这一历史转型时期士人的心态变化。该书虽然是关于明代文学史研究的专著，但作者采用社会学个案研究的方法，注意运用学科相互交叉渗透关系的角度，也是明史其他方面研究的趋向。

《明史研究》（第五辑）（黄山书社 1997 年 5 月版）、陈怀仁主编《明史论文集》（第六届明史国际学术讨论会专刊）（黄山书社 1997 年 8 月版）、王春瑜主编《明史论丛》（中国社会科学出版社 1997 年 10 月版）的出版，可以说是近年明史学界研究成果的集中展示，其中许多题目是以往学者较少涉及或尚未论及的，具有较高的研究水平。如毛佩琦著《“顺案”考略》（《明史研究》第五辑）围绕南明弘光时期对曾投降李自成顺军的官员加以处治的政治案件，串连有关史实，集中反映了当时举朝上下矛盾斗争的一个侧面，对把握明末清初这一大转折时期的历史，加深对明中后期乃至整个明史的理解，有很重要的作用。商传《明代文化的层间互动》（《明史研究》第五辑）突出了明代文化发展的趋向，明代由传统社会走向近代社会的文化特征。赵毅的《明代豪民私债论纲》（《明史研究》第五辑）论述了明代的豪民私债问题，指出明代的豪民私债不仅范围广、涉及的社会层面多，而且利息率普遍偏高，它的存在严重影响着国家机制的正常运转，加剧了社会的动荡。但与传统观点不同，作者在指出其消极影响的同时，也肯定了其存在的积极合理价值。封越健《明代漕船考》(《明史论丛》)、《论明代京杭运河的管理体制》(《明史研究》第五辑)分别对明代漕运的漕船、漕船管理及京杭运河管理体制进行了考辨和论述,有裨于明代政治制度的研究。南炳文《胡应麟的目录学成就》(《明史论文集》)、《影印本〈万历起居注〉主要底本的初步研究》(《明史论丛》)是关于目录学、版本学研究的力作,前文论述了胡应麟的目录学成就、目录学思想,后文对影印本《万历起居注》的体例、版本源流等问题进行了探索,透视出作者深厚坚实的考辨之功和分析论述的能力。对朱元璋的研究,学术界对其政治、经济、外交等方面的建树论述不少,而对其文化素养的分析鲜有涉及,张德信《论朱元璋对传统文化的认识与理解》就对此予以探论,丰富了朱元璋的研究。

除此之外,今年发表在报刊上的论文,主要集中在以下几个方面:

一、政治史、法律史

关于政治史的研究,谢贵安《〈明实录〉修纂与明代政治斗争》(《武汉大学学报》1997 年第 1 期)论述了《明实录》的修纂与明代的权力斗争。作者指出,《明实录》作为明代最为重要的圣典,君臣各派均将之作为争夺的一个制高点,由此导致了该书的曲笔诬饰。对于正德十六年(1521 年)皇位空缺时期政治格局特点的研究,向来是明史研究中的一个薄弱环节,田澍《论正德十六年皇位空缺时期明廷政局的走向》(《西北师大学报》1997 年第 2 期)通过对正德十六年皇位空缺时期政局走向的分析,指出在这一特殊时期,武宗朝遗留的五种政治力量扮演了各自的角色。该文有助于引发人们对明代中后期政局走向特别是对嘉靖政治进行重新思考和全新认识。

勘合是明代政府行政中广泛采用的一项技术性制度,是古代符契的进一步发展。罗冬阳《勘合制度与明代中央集权》(《东北师大学报》1997 年第 1 期)论述了所有勘合的基本功能,反映了明代中央集权体制的发达,也反映了明代政制、政策趋于保守的特征。方志远《明代的御马监》(《中国史研究》1997 年第 2 期)指出从职权看,司礼监具有相对的稳定性,御马监则有较大的随意性。这也是皇帝随意性的体现和延伸,对御马监的扼制,实质上是对皇帝意志和行为的限制,这种限制的成功与否,很大程度上决定了明代社会的稳定与否。

张士尊《明代辽东马政探论》(《社会科学辑刊》1997年第3期)论述了明代辽东马政由大举、不振到废弛,从自给有余、基本自给到由朝廷输血的过程,中间虽有不断的督责、整饬、改革,但都不能改变其衰败的趋势,其根本原因是明朝统治的日渐腐朽。

徽州社会经济是明史研究的重要内容,阿风《明代徽州批契与其法律意义》(《中国史研究》1997年第3期)利用徽州文书中的批契以及有关土地买卖的文书进行分析,指出"批契"所具有的法律效力和意义,它作为一种成熟的法律文书,在财产转移中占有一定的地位。卞利《明代徽州的诉讼》(《光明日报》1997年5月13日)以徽州为例,对明代特别是明中叶以后民间诉讼观念的变化进行了阐析,指出明代包括徽州在内的全国部分地区诉讼案件的增多,"讼案山积"现象的出现和健讼风气的形成,是徽州等地社会经济繁荣、教育文化相对发达和社会阶层法制意识觉醒的体现。这对澄清吏治、防止贪官污吏徇私枉法起到了一定的积极作用。周致元《明代的宗室犯罪》(《安徽大学学报》1997年第5期)论述了明代的宗室犯罪问题,明政府对罪宗的处罚并不依明律为准,往往先由监察官举劾查验,再经法司会审,最后经皇帝定夺,从法律的角度来研究宗室问题,可以说是宗室研究的一个拓展。

二、经济史

经济史研究历来所占比重较大,严火其的《〈农说〉关于作物生长发育的理论》(《中国农史》1997年第2期)的探讨,对于理解我国的传统农学,具有重要意义。潘清《明代太湖流域水利建设的阶段及其特点》(《中国农史》1997年第2期)对明代太湖流域水利建设不同阶段的管理组织方式、经费来源及呈现的不同特点,进行了总结和探讨,这对于加强太湖流域社会经济史研究极有价值。王社教《明代苏皖浙赣地区的杂粮作物及其分析》(《中国农史》1997年第3期)依据大量的地方志及其他有关资料,对明代苏皖浙赣地区的杂粮生产及分布情况作了较为详细的探讨。

洪璞《试论明代苏州地方仓廪的社会调控功能》(《中国农史》1997年第4期)运用客观社会调控的理论和方法,从调控目标、调控方式、调控机制的结构和调控措施的效果等方面,对明代苏州地方仓廪系统进行了较为全面的考察,对地方仓廪系统对地方社会和经济的稳定与发展产生的影响进行了论述，从而使仓廪的研究伸展到了更为广阔而深厚的社会层面。

明朝边茶易马的茶叶外销体系是以茶户的户役制为核心，从而实现对茶产区进行茶业经济统治的。刘淼《明代茶户的户役与茶课》（《中国农史》1997 年第 2 期）集中考察了明朝茶户户役制的基本内容、茶课及其由本色向折色的转化，并对茶业户役制的性质及影响进行了探讨，这对茶业经济的研究有很重要的意义。

盐政是历代财赋制度的重要组成部分，榷盐收入是国家财政的重要来源，而将榷盐收入专门用于采办官用马匹，即推行所谓的中盐马制度却是一个特例。中盐马是明朝采办官用马匹的重要途径，仅实行在正统至嘉靖的 100 余年间，推行于以宁夏盐池为中心的陕甘宁毗邻地区。姚继荣认为中盐马制度的推行，不仅在于保障西北各边官军骑征备御的需要以及西北边防的巩固，而且客观上也促进了西北地区区域间的经济联系（《明代西北马政中的中盐马制度》载《宁夏大学学报》1992 年第 1 期）。

三、文化史

文化史研究是近年的热点，文章较多，涉及领域宽广，有史学、医学、教育、文学、艺术、旅游、区域文化等。

对明代史学的研究，长期以来学术界重视不足，研究的深度和广度不够。向燕南撰文指出，这是史学本身发展的逻辑必然，是明代史学发展的新形势，对以后史学的发展，具有直接的促进作用（《论明代经济史撰述的突出发展》载《中国史研究》1997 年第 4 期）。明代通鉴学的研究是明代史学的重要方面，吴振清认为明代有关通鉴学的史书，无论从数量上、种类上，还是史学价值上，总体水平远胜元代。以嘉靖为限，嘉靖以前发展迟滞，嘉靖以后著述剧增，而且研究意向也向考证发明，辨正是非的务实、健康方向发展（《明代〈通鉴〉学的成就及其特点》载《北方论丛》1997 年第 2 期）。谢贵安《〈明实录〉的版本和收藏》（《文献》1997 年第 1 期）和朱钧侃《〈徐霞客游记〉版本考》（《文献》1997 年第 1 期）考证详实，论述赅备，有助于该书的研究和利用。

对医学史的研究是一个新领域，梅莉、晏昌贵《关于明代传染病的初步考察》（《湖北大学学报》1996 年第 5 期）一文分析，影响明代传染病地理分布的原因除了地理环境、气候条件、灾荒与战争以外，在很大程度上，与南方山地的开发、流民移动的方向息息相关。曹树基《鼠疫流行与华北社会的变迁（1580—1644）》（《历史研究》1997年第1期）通过对华北鼠疫流行的分析，论述了晚期华北地区社会的变迁。

明代学校教育发达，社会功能广泛，战继发《朱元璋兴学立教的社会功能探析》（《北方论丛》1997年第3期）一文认为，明初朱元璋之所以大力创建学校，是因为他对学校的社会功能有充分的认识，如培育人材、教化与善俗、谘政议、安边抚远等功能，因而学校对重构明朝封建统治秩序、安定边疆、招抚邻国等方面起到了重要作用。

区域文化的研究是史学研究的拓展，也是由于当前地方史学热的影响。陈广宏《假晶现象：明代福建地区文化特征漫说》（《中国典籍与文化》1997年第1期）和郑利华《明中叶吴中文人集团及其文化特征》（《上海大学学报》1997年第2期）论述了明代福建地区和吴中地区的文化变迁，所呈现的文化特征。这对于考察明代文化的趋向，文人士大夫的文化活动有很重要作用。

在晚明特有的种种社会、文化现象中，有一群自称山人的文人扮演了重要的角色。（日）金文京《晚明山人之活动及其来源》（《中国典籍与文化》1997年第1期）对此特殊的文人集团进行了研究，这对加深理解晚明社会有重要意义。

四、边疆史、对外关系史

今年边疆史和对外关系史的研究有所突破，表现了其所具有的实力和水平。王冬芳《关于明代中朝边界形成的研究》（《中国边疆史地研究》1997年第3期）和薛篁《明洪武年间明朝与高丽王朝关系略论》（《社会科学战线》1997年第4期）从不同侧面论述了中朝边界形成的问题，有助于加深理解明朝与女真族的关系。

对明代西部疆域的走向问题，以往学界关注较少。朱新光《东察合台汗国与帖木儿帝国之战及影响》（《中国边疆史地研究》1997年第3期）从对明初东察合台汗国与帖木儿帝国的战争这一重大历史事件全貌的勾勒，揭示了战争对明代西域政局的变化、社会经济发展的影响，同时也阐述了该战争对初步确定我国西部疆域走向的重大意义。

对海外交通史的研究，中外学者往往着眼于海路，而对陆路交通有所忽略。杨富学撰文指出，作为明朝西域政策的一部分，陈诚等多次出使西域，密切了东西方的交往和经济联系,“贡赐”关系稳固发展,因此从这个意义上讲明代的陆路交通并不比以前逊色,甚至在许多方面比汉唐又有新的发展。

对明朝与安南的关系,学者也多注重永乐朝之征及宣德朝之弃,而对嘉靖朝征讨安南之役则少有涉及。李福君《明嘉靖朝征安南之役述评》(《天津师大学报》1997年第2期)通过对部分史料的梳理,展现了这一历史事件的全貌,这不仅对认识嘉靖朝与安南的关系,而且对了解嘉靖朝政,认识宗主国与藩属国关系的实质多有裨益。

对中国和葡萄牙关系的研究,近年有所开拓,万明《明代中葡两国的第一次正式交往》(《中国史研究》1997年第2期)采用丰富的史料,尤其是利用了大量的第一手外文资料,论述了武宗正德年间中葡两国的首次正式交往,对两国的政治制度和统治者的态度进行了剖析,指出两国首次正式交往的失败,其原因虽是多方面的,但却深刻影响了历史发展的进程。

史学界关于郑和下西洋研究的论述,从深度和广度上已不言而喻,但关于明朝初年朝廷封祀海外镇国之山与郑和下西洋之间的关系却鲜有涉及。何平立撰文认为,郑和下西洋期间,明廷屡屡封祀海外镇国之山与开展朝贡贸易,不仅表现了明朝宗主国的观念意识,而且也体现出明朝为取得海疆与周边环境安定之良苦用心(《略论明初海外镇山与郑和下西洋》载《上海大学学报》1997年第4期)。

五、人　物

对帝王研究以往对明仁宗和明孝宗的关注不够,赵中男《论朱高炽的历史地位》(《辽宁大学学报》1997年第5期)论述了明仁宗朱高炽的政治作为和历史地位,认为他一生的主要贡献在永乐时期是协助朱棣理政,在洪熙时期适应社会形势的需要,全面改变了永乐时期的开创性国策,结束了明朝国力的超负荷状态,使明朝进入了一个相对稳定安宁的新时期。李梦芝《论弘治帝的历史地位》(《史学月刊》1997年第2期)对弘治帝从政治、经济、军事、文化的角度予以评价,指出弘治时期的历史,虽没有创业之初那番轰轰烈烈,但于安静守成之中,却有它独特的历史轨迹。

颜钧是明代泰州学派的中坚,但以往对其研究限于资料论者不多,颜学恕、颜煜开《明代平民思想家颜钧的理想追求》(《中国史研究》1997年第2期)对颜钧一生思想发展的轨迹与理想追求加以阐述，对《颜钧集》的新版问世予以说明，这对于颜钧乃至泰州学派的研究，有所补益。

陈诚三使西域，在中外关系史上占有重要地位，李江《陈诚与〈陈竹山先生文集〉》(《江西师范大学学报》(哲社版)1997 年第 1 期)通过对《陈竹山文集》的内容与价值的论述，阐述了陈诚在对外关系发展史上的贡献。

对利玛窦的研究，对其传教活动和中西文化传播中的作用以往论述较多，而对其宗教思想的研究较少涉及。朱幼文《析利玛窦对理学的批判及其影响》(《华东师范大学学报》1997 年第 5 期)论述了利玛窦在其神学代表作《天主实义》中对理学的批判及影响，其所带来的文化思想的冲突具有时空的延续性，而且在客观意义上超越了宗教范畴。

对于 1997 年明史研究的情况，正如商传在《近年来明史研究管见》(《中国研究动态》1997 年第 4 期)所概括的那样：“成果丰硕，重著轻论，缺乏精品。”丰硕的成果令人看到了明史研究的希望，但也看到了它所隐藏的问题，“就当前史学界存在的情况看，精品缺乏、急成粗就，不少成果是由出版社的命题之作已经成为人所共识的问题。这虽然大都是为了适应社会的需求，但是也确实给人一种研究工作不振作的感觉。”这种状况确实令人堪忧。

其次，明史研究呈现出极大的不平衡性，文章题目集中，且大多题材陈旧，缺乏新意。以往关注较多的领域似乎研究有减弱之势，甚至某些方面几成空白，这不仅涉及各个领域，而且在军事史、民族关系史等方面研究中尤为突出。文化史研究虽是热点问题，《中国典籍与文化》(1997 年第 1 期)还特辟了明史文化研究专辑，但也多集中在文学艺术史方面，如邵毅平《明代文学对于商人的愿望与幻想的表现及其意义》、韩结根《明代的新安商人与戏剧》、郑利华《明代的“畸人”与“畸人文学”》、潘良桢《明代书法小史》等，这一方面固然说明明史研究领域的扩展，但也不能不承认明史研究实际成果的减少。

从研究的深度看，虽然一些学者引进新的研究方法，利用了大批新的材料，从新的角度对某些新领域予以探讨，但大多还停留在传统的研究方法上，停留在问题的层面上。因此，发扬传统，拓展领域，加强研究的深度和力度仍应是今后明史研究者的追求和趋向。

清　史

林　海

1997年度，在国内报刊上，发表的有关清史研究的学术论文、文章；各出版社出版的学术论著，据初步统计，量的情况是：本年度发表的明清史研究论文约为110篇，清史(清前期)研究论文约为240篇，二者累计共为350篇，较之上年，在量的方面有所增长。

较之学术论文成果而言，有关学术性专著的出版则要少得多。该年度清史(清前期)研究专著，累计也仅10余部左右。其中，具有代表性的著述是：由白寿彝教授担任总主编、周远廉与孙文良任主编的《中国通史》第十卷《清时期》(上海人民出版社版)；李鸿彬著《清朝开国史略》(齐鲁书社版)；姜广辉著《走出理学》(辽宁教育出版社版)；熊文彬著《中世纪藏传佛教艺术——白居寺壁画艺术研究》(中国藏学出版社版)；邓长风著《明清戏曲家考略续编》(上海古籍出版社版)等。

通观本年度的清史研究，出现诸多新的成果和争鸣点，进而提出不少新的学术见解与结论，且有助于清史研究的拓展和深入。

一、经济史研究中的新成果

赋税制度研究的新进展　何平在《论清代定额化赋税制度的建立》(《中国人民大学学报》1997年第1期)一文中，从"滋生人丁永不加赋"到"摊丁入地"两次重大的赋役改革措施实际内涵分析入手，指出丁银和地粮是清代赋税的基本内容，康熙朝的不加丁赋政策，首先使全国的丁银总额固定下来。雍正年间的摊丁入地，又利用地亩稳定性的特点，使得业已固定的丁银总额更易征足。从财政收入的组织功能上看，清代赋税制度呈现鲜明的定额化特点。

劳动力市场的新探索　孙竞昊《明清江南劳动力市场结构与性能探析》(《江汉论坛》1997年第1期)一文认为，明清江南地区的劳动力市场发育得很不健全，很不成熟，不具备近代意义上的劳动力市场的结构与性能。社会产品大都为土地所产，而非资本所产；商品化的财富更多地表现为商人资本形态，而非产业资本形态。只有在追求市场利润、剩余价值的资本"合理性"经营得以吸引大多数农村人口离开土地转化为工商人口时，真正典型意义上的劳动力市场才会出现。

地区商品经济研究的新成果

对清代西南边疆地区商品经济的发展研究，方慧、徐中起《清代前期西南边疆地区商品经济的发展》(《民族研究》1997年第2期)一文，则利用文献资料和调查材料，从边疆地区与内地贸易往来的频繁、各种贸易中心城镇的形成、农村集市的兴起、边贸的发展几个方面入手，对此进行了新的探讨。

资本主义萌芽研究的新争鸣

明清时期内陆地区是否出现资本主义萌芽，历来观点不一。于少海《试论明清赣南商品经济的发展》(《江西师范大学学报》1997年第1期)一文，认为该地区商品经济获得了迅速发展，闽粤流民的进入进一步刺激了经济作物的种植，随之，加工业也初步发展起来。在这一系列现象中孕育着资本主义生产方式的萌芽，出现了具有农业资本家性质的租地农和具有手工工场性质的瑞金烟草制造厂。

中西部开发研究的新启示

陈然《我国历史上开发中西部的成功典型——清初开发自流井盐业的历史启示》(《贵州社会科学》1997年第3期)一文，着重阐述了清初自流井盐业开发的启示，并认为清政府的政策，客观上促使封建生产关系樊篱开始松动，并向一种代表先进生产力的生产关系过渡。而清政府"务从民便"的政策，则有利于西南边疆开发。

孔府土地形态研究的新视角

李三谋在《清代孔府土地经济形态研究》(《山东师大学报》1997年第3期)一文认为，孔府的公田与私田组成，决定了它农业经济的两重性：不完全的(残余性的)领主制和封建地主制，表现为包括徭役内容的赋税活动与租佃活动的结合，即古典型与时代性并存。其经济形态，既具有传统的典型性，又具有区域的特殊性。

商人会馆研究的新探索 张明富在《试论明清商人会馆出现的原因》(《东北师大学报》1997年第1期)一文中指出，会馆的出现，一是因为市场扩大，商人增多；二是因为士大夫对商人及所从事职业的认同；三是由于归属感的需要；四是协调商业利益，实现求利目的的推动所致。

漕运行帮的新探析　吴琦在《漕运与民间组织探析》(《华中师范大学学报》1997年第1期)一文中认为，从明中叶开始，民间宗教力量渗入漕运行业，引发了水手罗教、水手行帮、早期青帮等民间秘密组织在明清时期的相继出现，构成晚期封建社会中又一社会力量。

二、政治史研究中的进展

明清兴亡辨析　李治亭、王桂平的《努尔哈赤与皇太极亡明辨》(《社会科学战线》1997年第3期)一文认为，明清兴亡是一个漫长而复杂的历史过程，涉及很多问题。以往都把明亡归因于农民起义，这就把一个复杂的问题简单化了。

八旗旗主考析　杜家骥《天命后期八旗旗主考析》(《史学集刊》1997年第2期)一文提出，天命后期已基本确定八个旗主，皇太极继位初年的八旗八个旗主，应是天命后期努尔哈赤安置的，即八王共治国政体制下的八个旗主。

大凌河之战的新探究　李鸿彬在《试论皇太极与大凌河之战》(《史学集刊》1997年第1期)一文中指出，皇太极即位后，"参汉酌金"进行改革，故大凌河之战中有三点变化，一是用人以策略为先；二是开始进入冷热兵器并用时期；三是首次围城打援战术演习成功。

禁南洋案的新探析　郭成康《康乾之际禁南洋案探析——兼论地方利益对中央决策的影响》(《中国社会科学》1997年第1期)一文提出，在禁南洋案问题，中央决策受到东南沿海封疆大吏的直接影响。同时，禁南洋案也从一个侧面反映了旧的政治体制已丧失了活力，更昭示出在专制主义中央集权制度下，仅仅采取一点应急式补偏救弊的政策措施是无出路的。

康熙年间县政研究的新视角　柏桦在《从〈令梅治状〉看康熙年间的县政》(《史学集刊》1997年第1期)一文中，论述了康熙时县政的特点，一是地方意识带有普遍意义，二是施政重点在考成与有关自身名利项目上，三是舞文弄墨，文牍风气甚重。

财政与吏治关系的新探讨　陈锋《清代的钱粮征解与吏治》(《社会科学辑刊》1997年第3期)一文，通过论述钱粮催征过程中胥吏的盘剥及其限制，以及钱粮催科考成的制度与更改，来探讨财政与吏治的关系，并认为制度条文颁布的本身，也正是发现弊端，督抚题参，整饬吏治的结果。

江南进士地域分布的分析　范金民《明清江南进士数量、地域分布及其特色分析》(《南京大学学报》1997年第2期)一文指出，明清时期，江南进士在全国数量最多，比例高达15%，但江南进士在全国的突出比重又是不断变化的，且府与府、县与县之间又极不平衡。

区域人才变化的新探索 冯尔康在《清朝前期与末季区域人才的变化——以引见官员、鼎甲、翰林为例》(《历史研究》1997年第1期)一文中，探讨了区域人才变化的原因，认为一是与战争有关，二是与科举相关，三是与民族政策、旗籍相关联。

中央权力分配体制研究的新论点 长期以来，史学界常将清初内阁与专制皇权相对立，更认为军机处的设立在于强化皇权，故将二者等同。高翔在《略论清朝中央权力分配体制——对内阁、军机处和皇权关系的再认识》(《中国史研究》1997年第4期)一文中对此提出异议，认为清初内阁的出现服务于皇权扩张的需要，在权力分配上，二者之间并不存在严重的对立关系。作为清朝中央决策机构，军机处的出现绝非针对内阁，而是试图将已经形成的皇帝“乾纲独断”局面制度化和规范化，然而，决策制度化在方便皇帝独裁的同时，在另一方面又因其改变了顺康以来传统统治方式和权力结构，逐渐给皇权带来了一些新的异己因素，则是其创始者始料不及的。

三、民族史研究中的新开拓

新普尔钱研究的新拓展 清朝统一新疆后，在天山南部通用的铜币，史称新普尔钱，因系红铜所铸，亦称红钱。吴元丰《清乾隆年间新疆新普尔钱的铸造流通及其作用》(《西域研究》1997年第1期)一文认为，天山南部向来白金稀少，驻防官兵的盐菜银无法就地解决，而要靠内地调拨，长途运送不便，且对中央财政压力大，难为永久之计。而利用当地生产的红铜铸钱，为清政府在新疆地区巩固统一与加强封建统治而进行的措施之一，虽有封建剥削性质，却客观上仍具积极作用。

西藏甘丹颇章地方政权性质的探究 苏发祥《论西藏甘丹颇章地方政权的建立及性质》(《中国藏学》1997年第3期)一文认为，甘丹颇章地方政权既不是藏族本民族建立和组成的单一地方政权，也不是和硕特蒙古在青藏高原上建立的蒙古地方政权。它是一个在蒙古军事势力的直接护持下建立起来的蒙藏联合地方政权。

维藏商业贸易关系研究的新视角 尹伟光在《清代维吾尔族与

藏族之间的商业贸易关系》(《中国藏学》1997年第2期)一文中,探讨了维藏民族之间的贸易形式有直接贸易、中间贸易、非法贸易、熬茶贸易等,其贸易品既有土特产品,亦有转手贸易来的“舶来品”。

四、社会史研究中的新探索

义庄研究的新成果　余新忠在《清中后期乡绅的社会救济——苏州丰豫义庄研究》(《南开学报》1997年第3期)一文中指出,苏州丰豫义庄是由绅宦家族捐建,面向邻里的综合性社会救济机构。

城乡关系研究的新视角　赵世瑜在《庙会与明清以来的城乡关系》(《清史研究》1997年第4期)一文中认为,明中后期以来,传统的政治城市呈衰落趋势,而脱胎于乡村的市镇则大为勃兴,故乡村庙会向城市发展且介入城市庙会之中;而城市庙会下乡却无主动参与和扩展,则恰是此种趋势的反映。

社会史探究　《清史研究》于本年第2期出版“清代社会史研究专号”,其中:张研在《试论清代的社区》一文中认为,多种形态的社区构成了清代社会,其中法定社区、自然社区、专能社区中,后二者作用与功能日益突出。王日根在《明清基层社会管理组织系统论纲》一文中指出,该系统中既存在官与民的二元组织系统,更是二者之间的“缓冲”。郝秉键在《试论绅权》一文中提出,绅权的确立,既标志着专制主义中央集权体制进一步强化,亦是将家族关系引向新阶段。秦宝琦在《中国传统社会中秘密教门与其他社会群体的关系》一文中认为,秘密教门是下层民众为求生存与发展而结成的民间秘密结社,它与秘密会党有相似之处,却更应注意它们的区别。宋军在《清代红阳教与乡土社会》一文中提出,该教以乡土社会的流动人员为传播媒介,并通过其现实而有效的济世性及其和平、温顺、保守、松散的方式,长期而顽强地证明着其存在的合理性。黄平《乾嘉时期的社会变化与经世主张》一文认为,这些主张既是对盛行一时的汉学的反弹,也是对当时社会矛盾和社会危机的反映。李景屏在《清前期奢靡之风述论》一文中指出,由于奢靡之风的刺激,致使大量的社会财富用于享乐,而此风更是“上行下效”的结果。

五、学术史、人物研究中的新视角

汉学与宋学关系新辨析　暴鸿昌在《清代汉学与宋学关系辨

析》(《史学集刊》1997年第2期)一文中指出,清前期并无汉学宋学之分,道咸以降,虽有方东树等人讨伐汉学,但汉、宋二学调和已成主流。

钱大昕学术思想研析 王记录在《钱大昕的学术思想》(《史学史研究》1997年第1期)一文中认为,钱的"实事求是"、"明道致用"、"经史无二学"等学术见解与主张,既体现了乾嘉时代学术特点,又超过该时代。

人物研究中的新视角 赵珍在《那彦成整饬青海述略》(《清史研究》1997年第3期)一文中认为,那彦成任陕甘总督时,政绩卓著,处理青海民族事务,有利社会稳定,且使民族经济贸易进入繁荣时期。陈三弟《徐枋研究》(《清史研究》1997年第1期)一文,对清初"海内三遗民"之一的徐枋的出身、经历、交游与思想渊源进行了探讨。关于施琅研究,则有苏双碧《从多民族国家的角度评价爱国主义历史人物——为纪念施琅逝世300周年而写》、王思治与香港吕元骢《施琅与清初统一台湾》、王宏志《对立和统一——评施琅与郑成功之间的关系》(均见《清史研究》1997年第1期)诸文,均对施琅在统一台湾过程中的举措与功绩予以肯定。

六、中外关系史研究中的新态势

对外政策与中外通商的分析 潘鹏飞的《论清前期对外政策与中外通商——基于恰克图贸易实证分析》(《黑龙江财专学报》1997年第1期)一文指出,19世纪前期,清政府推行"商务外交",将贸易"开"与"停"作为"制夷"的有效武器,此错误观念致使妄自尊大,逐渐沦为落后挨打的地位。

回族商帮与外贸研究新探 申旭《回族商帮与历史上的云南对外贸易》(《民族研究》1997年第3期)一文认为,清代回族商帮形成后,云南回族商业活动以外贸为主,路线已达十余条,通往越、泰、缅、印、老等国。

中朝文化交流研究新视角 王政尧《〈燕行录〉初探》(《清史研究》1997年第3期)一文认为,乾隆中期以后,一些朝鲜学者加入来华使团,通过考察,改变了"华夷"观念,主张学习当时中国的先进文化,改革朝鲜政治、经济、文化。"北学派"逐渐形成,并对"实学派"产生重要影响。

然而,本年度清史研究亦有诸多不足:其一,用马克思主义史学理论作指导,对清史作总体性研究的文章仍感缺乏。其二，在选题、材料使用上，应努力辟新径，避免重复研究。在材料发掘上，当下苦功夫，加强基本功训练。其三，在研究手段与方法上，应力求多元化，在清代经济史、人口史、区域史、商业史、社会史、文化史的研究中，对有关数据的处理、分析，发展态势的评估，当采用现代技术手段，使得其量化研究得以加强，从而得出令人信服的科学结论。

中国近代思想文化史

史 革 新

思想文化是学术研究的重要领域，历来受到学界同仁的重视。在1996、1997两年，学界关于中国近代思想文化的研究硕果累累，无论在广度上还是在深度上，都有较大的展拓。仅就中国人民大学书报资料中心出版的复印报刊资料《中国近代史》、《中国古代、近代文学研究》、《戏剧、戏曲研究》、《音乐、舞蹈研究》等统计，这两年全国各种报刊发表的有关中国近代思想文化方面的论文多达748篇。这还不包括此期出版的各种学术专著。这些成果有些是对旧有研究领域的阐发，有些则是对新领域、新课题的开掘，见仁见智，异彩纷呈，反映出一派繁荣的景象。

文化思想的综合性研究

中国近代思想文化史的研究已历有年，一些综合性、整体性研究成果不断告世，成为衡量阶段性研究水平的标志。

龚书铎主编的《中国近代文化概论》(中华书局1997年版)是近些年来学界关于中国近代文化研究的一个重要成果。该书采用综论和分述相结合的写法，试图较全面地论述中国近代文化发展演变的历史。全书共分14章。前4章是综论性的，论述了中国近代文化的特征、发展变化、中西文化的论争，以及“西学中源”说和“中体西用”论等文化观念。后10章是对具体文化领域的分别阐述，包括社会思潮、儒学、史学、新兴社会科学、文学艺术、教育、自然科学技术、宗教、社会习俗及文化事业和团体等方面。该书把中国近代文化归纳为五个特征，即一、近代经济的多种成分和发展的不平衡，影响了近代文化的多样性和区域性；二、近代文化的发展变化始终同政治变革、救亡图存密切结合；三、近代文化是在西方文化和中国传统文化互相冲突及会通融合的过程中形成；四、科学与民主是近代文化的核心内容；五、近代文化既丰富多样，又肤浅粗糙，没有形成完整的体系。关于近代文化发展的分期问题，该书主张分为两个大的阶段：第一阶段从1840年鸦片战争后到1895年中日甲午战争，这是资产阶级新文化的萌发阶段；第二阶段从1895年中日甲午战争后到1919年五四运动前，这是资产阶级新文化形成发展的阶段。该书对儒学、新兴社会科学、自然科学技术、宗教、社会习俗等问题的论述，也都很有新意。

近些年来，关于中国近代思想史方面的研究成果层出不穷，黎仁凯撰著的《近代中国社会思潮》（河南人民版）对从鸦片战争到五四运动前的各种社会思潮作了系统而深入的研究，围绕着救亡与启蒙的历史主题，把重要人物的思想汇入到每个时期的社会思潮中去，条分缕析，并着重阐述了各种社会思潮产生的原因、发起新思潮的社会团体和思想流派、社会思潮的内容、特色及其在历史发展中所起的作用等。作者不仅对思想精英辈出的社会思潮作了深入研究，而且对一些缺乏思想家的社会思潮，如义和团运动时期的反帝排外思潮等予以充分的注意，用一定的篇幅加以论述，弥补了以往的一些不足。

中外文化交流

中西思想文化的冲突、交融，既是中国近代思想文化研究的重要领域，也是构成其内容的一个基本时代特征，向来为研究者所重视。据上述资料来源统计，近两年论及中西思想文化冲突、交融方面的论文29篇，如《论中国近代的融合中西文化思想》（崔运武，《中州学刊》1996年第4期）、《洋务教育与中西文化》（王冬燕，《长白论丛》1996年第2期）、《传教士与近代香港的中西文化交流》（雷雨田，《广州师范学院学报》1997年第3期）、《文化冲突与反洋教斗争》（胡维革，《东北师范大学学报》1996年第1期）、《略论外国文学对近代小说理论的影响》（袁获涌，《黑龙江社会科学》1997年第1期）、《近代中外音乐交流中的“全盘西化”问题》（冯文慈，《中国音乐学》1997年第2期）、《西学东渐与中国近代教育的变革》（周可桢，《广东教育学院学报》1996年第4期)、《墨海书馆与西学传播》(李斌,《贵州社会科学》1997年第4期)、《林则徐与中外文化》(焦静宜,《北方论丛》1996年第6期)、《论洪仁玕的西方文化论》(成晓军,《贵州社会科学》1996年第6期)、《试论康有为对中外文化的双向选择》(孙亦平,《南京大学学报》1996年第1期)、《严复的中西文化比较研究》(章扬定,《广东社会科学》1996年第4期)、《论林纾对中西小说的比较研究及其价值》(纪德君等,《明清小说研究》1997年第1期)、《冯承钧及其在中国翻译史上的贡献》(邹振环,《学术月刊》1996年第4期)等等。此外,山西教育出版社在1997年出版的《近代中西文化交流史》(于语和、庾良辰主编)一书,是这方面研究的具有代表性的成果。该书共分6章,另有引言。6章的题目依次是:一、近代中西文化交流的序幕:明末清初的"西学东渐"与"东学西传";二、近代中西文化交流的原因;三、近代中西文化交流的过程;四、近代中西文化交流的特点;五、中西文化的碰撞与论争;六、西方文化对中国的影响。书末附有近代中西文化交流史大事年表及著名人物传略。该书一是注意到宏观研究与微观研究的结合。书的引言简要地论述了文化的定义、文化的结构、文化的本质等概念,并在此基础上概述了中国传统文化和西方文化的结构特点及主要区别。在正文的6章中,作者在第二、四、五、六各章则对近代中西文化交流的原因、特点、中西文化的冲突及西方文化对中国的影响等重要问题作了深入探讨。作者在书的第一、三两章对明末清初及近代的中西文化交流作了微观上的阐述。二是系统地论述了"东学西传"的问题。以往人们在谈到近代中西文化交流时主要强调"西学东渐",而对"东学西传"即中国文化在西方的传播和影响问题,或者略而不论,或者一笔带过。而该书则用了两节的篇幅分别对明末清初和近代时期的"东学西传"进行了系统的考察,较全面地论述了中国文化在西方的传播和影响问题,弥补了以往研究的薄弱环节。

区 域 文 化

地方区域文化是引人瞩目的研究领域,近些年来颇受学界同仁的关注。据上述资料来源统计,在1996、1997两年,发表的有关此类文章约有30余篇。有代表性的论文有:《试论近代上海文化之特征》(周学军,《史林》1996年第1期)、《近代上海南京路商业街的形成和商业文化》(陆兴龙,《档案与史学》1996年第3期)、《论岭南晚清文化特质》(汪松涛,《岭南文化》1997年第1期)、《广州商业文化的近代化及其特点》(张富强,《学术研究》1996年第3期)、《论岭南文化的近代精神》(陈胜粦,《学术研究》1996年第1期)、《近代湖湘文化的开放精神》(彭大成,《求索》1996年第1期)、《近代湖湘民主思想与闽粤江淮两地民主思想之比较》(沈其新,《求索》1997年第3期)、《论近代湖南人才群的爱国主义思想和革命精神》(陶用舒,《益阳师专学报》1997年第3期)、《近代江西社会风俗的嬗变》(许海泉,《南昌职业技术师范学院》1996年第2期)、《近代华北民间婚姻述论》(徐永志等,《河北师院学报》1997年第1期)、《关于清末安徽教育的几个问题》(吴强安,《安庆师院学报》1996年第2期)、《移民与新型关东文化》(马平安,《辽宁大学学报》1996年第5期)等。以上论文从不同的角度阐述了岭南、湖湘、上海及华东、华北、关东等地区的区域文化的表现及特征,有的还作了不同区域文化的比较研究。徐永志、吕炳丽合写的《近代华北民间婚姻述论》在对河北、山西诸多区县民间婚俗调查的基础上,从"婚姻成立的条件"、"婚姻的成立"、"婚姻关系的解除与再确立"等三个方面,较为系统地论述了华北民间婚姻从传统趋向近代的演变,分析了这一时期新旧并呈、中西杂糅、多元发展的华北民间婚俗文化的复杂现象,提出了自己的独到见解。马平安、楚双志写的《移民与新型关东文化》一文考察了关内移民对我国东北在近代形成的关东文化的重大影响。作者认为,近代东北是一个移民社会。移民社会自有其特定的心态与性格,而这些心态与性格和中原文化不可分割,并作为一种有价值的文化遗产,一种生命力的表现,积淀于东北人的美好天性之中,至今仍然制约着东北人及东北文化。

社会文化观念、意识及思潮

鸦片战争以来,随着社会和文化发生的剧烈变化,各种社会思潮、文化观念、群体意识不断涌现,构成近代文化的重要组成部分。近年来,关于这方面的研究较为活跃,不仅对原有研究领域,如地主阶级改革思想、洋务思想、改良思想、革命思想、爱国主义思想等问题的研究持续不衰,多有开掘,而且还提出了一系列新课题,开拓出新领域,如荒政思想、精神文明思想、科学思潮、文化保守主义、文化民族主义、军人意识、商人意识、超越意识等。发表的各种论文有87篇(统计来源同前),较重要的有:《中国近代爱国主义的发展阶段和基本特征》(李福斌,《黑龙江社会科学》1997年第1期)、《启蒙:中国近代爱国主义的历史主题》(宋富安,《江汉论坛》1996年第3期)、《近代中国关于精神文明思想的启迪》(魏文青,《理论探索》1997年第3期)、《晚清荒政思想简议》(谢高潮,《晋阳学刊》1997年第1期)、《对于文化保守主义的检省》(马庆钰,《中国人民大学学报》1997年第3期)、《试论中国近代民族主义思想》(罗迁人,《韶关大学学报》1997年第1期)、《晚清国人公商意识的演进》(李玉,《四川大学学报》1996年第1期)、《中国近代早期市场意识初探》(陈明太,《苏州大学学报》1997年第3期)、《论中国近代赶超西方的急躁心理及其现代效应》(彭大成,《湘潭大学学报》1996年第5期)、《尚力思潮与近现代中国思想文化转型》(王本朝,《西南师大学报》1996年第1期)、《中国近代进化论思潮形成的内在逻辑》(陈卫平,《文史哲》1996年第3期)、《中国近代的复古思潮》(袁进,《学术月刊》1997年第3期)、《龚自珍的文化忧患意识》(叶中强,《探索与争鸣》1996年第12期)等等。文化保守主义是近年来颇受学界重视的课题。马庆钰的《对于文化保守主义的检省》一文对产生于清末的文化保守主义作了系统考察,并对这种文化思潮在19世纪中叶至20世纪40年代的中国现代化运动中所起的作用进行评价。作者认为,文化保守主义"焦点是政治的,它们的目的,都是要保持既有的政治规范之'体'。立足点不在于历史进步的要求和大众利益的要求,而在于保守已有的纲常名教道统和君尊民卑的治统,所以保守主义在中国从来都是统治阶级意识形态的组成部分"。当现代化的进程冲击到传统经济的基础、危及政治权力的利益时,文化保守主义便成为"封建传统力量抵制社会全面现代化"的一道屏障。段治文的《中国近代唯科学主义思潮新论》一文认为,中国近代唯科学主义思潮形成于康有为、严复。五四时期,《科学》、《新青年》正式打出科学的旗号,并将其作为价值信仰的对象,陈独秀、胡适便是唯科学主义思潮的代表。五四后期又出现了以丁文江为代表的自然科学家的唯科学主义观,从而"形成中国近代唯科学主义思想发展的三种路向"。文章在分析了唯科学主义形成的原因之后,从两方面论述了唯科学主义在近代中国的影响:一方面肯定了"这场竭力倡导科学的思潮对于中国近代科学文化的形成所起的重要作用";另一面又指出了唯科学主义倡导者们"以激情的批判主义的科学理性开始,却很快就走上了反理性主义,以致'德赛先生'变成了'德赛菩萨'",导致了民族虚无主义倾向的出现。

部门文化领域

部门文化是文化史研究的重要方面。据上述资料来源统计,近两年来在学术、教育、文学、艺术、科技、宗教、文化事业等部门文化领域发表的论文共267篇。其中文学132篇、教育71篇、学术22篇、艺术21篇,是成果较多、研究活跃的几个领域。以下对几个主要方面作简要介绍。

关于中国近代学术的研究涉及到的问题主要有史学、理学、今文经学、考据学等方面。代表性的文章有:《梁启超在构建近代史学理论体系上的贡献》(陈其泰,《史学理论研究》1997年第2期)、《略谈张之洞的儒学》(龚书铎,《河北师院学报》1997年第3期)、《倭仁与晚清理学》(史革新,《中州学刊》1997年第4期)、《晚清公羊学的发展轨迹》(陈其泰,《历史研究》1996年第5期)、《康有为与理学初论》(吴义雄,《中山大学学报》1996年第4期)、《考证学与中国近代史研究》(祁龙威,《扬州大学学报》1997年第1期)、《中国近代新史学的守成派》(方光华,《学术研究》1996年第3期)、《略论晚清学术界的尊颜与反颜之争》(陈居渊,《河北学刊》1997年第1期)等。陈其泰的《晚清公羊学的发展轨迹》一文论述了19世纪最后十年至20世纪初年由资产阶级维新派所改造的公羊学说。作者认为,晚清公羊学不仅直接促进了戊戌维新运动,而且对晚清学术文化给予了积极影响,如促进进化论传播,推动"新史学"思潮发展,激励救亡图存的爱国精神等。作者认为:晚清公羊学"反映了时代的脉搏,拨动了爱国知识分子的心弦,成为他们观察国家民族命运的武器,因而影响了一批知识分子"。

陈蕴茜的《论教育对近代中国知识分子群体转型的影响》一文探讨了教育与中国近代社会及知识分子转型的关系问题。清末教育制度由传统向近代转变,为知识分子转型奠定了基础。教育对知识分子思维模式、知识结构、思想内容及政治取向具有巨大影响。所受教育的差异导致知识分子走进不同的群体。一类知识分子接受正规化传统教育，继续走科举致仕道路，依附官僚体制，遂主张君主立宪；另一类知识分子则接受新式教育，科举废除后中断与封建政权间的联系，政治上趋向反满革命。然而，近代教育变革是不彻底的，知识分子所受的教育呈现出新旧杂糅、中西混合的过渡型特征，一定程度上制约了知识分子完成领导中国社会全面变革的历史重任，同时使他们自身也未能彻底实现由传统向现代的转型。李忠康的《中国近代女子教育思想论析》认为：伴随着中国革命的近代化历程，女子教育作为“救亡图存”和“妇女解放”的突破口，在近代思想文化领域引起了一场深刻的变革。在早期改良派、维新派和革命派的鼓吹与推动下，“相夫教子”、“保种强国”、“独立自养”、“伸张女权”、“男女平等”等女子教育思想的提出，为女子教育的倡行提供了良好的社会文化氛围。这些思想的形成，不仅有力地推动了近代中国在思想文化领域的深刻变革，而且将女子教育作为国民教育的一部分正式纳入了学校教育的轨道，同时也为妇女自身的解放奠定了深厚的思想文化基础。

近代文学艺术是近两年来研究活跃、成果丰富的领域。众多的研究成果在诗歌、散文、小说、文艺理论、文艺流派、文学翻译、中外文学比较、戏曲、音乐、美术等方面，均有新的开拓。主要论文有：《本世纪初叶我国歌曲创作发展概述》（王建国，《宁夏教育学院学报》1997 年第 2 期）、《对中国近百年音乐发展的一些思考》（汪毓和，《中央音乐学院学报》1996 年第 4 期）、《清代地方戏的崛起对中国戏曲的振兴作用》（翁敏华，《上海师大学报》1996 年第 3 期）、《京剧形成的标志与程长庚的历史作用》（吴戈，《戏曲艺术》1997 年第 2 期）、《中国话剧的源头——文明戏》（万海洋，《菏泽师专学报》1997 年第 1 期）、《清末的海上画派与岭南画派》（李毅峰，《历史教学》1997 年第 7 期）、《民初文学的一个奇景：骈文的兴盛》（刘纳，《郑州大学学报》1996 年第 5 期）、《中国近代反侵略战争小说综论》（陈颖，《福建师大学报》1997 年第 2 期）、《各树一帜的近代词家》（程翔章，《高等涵授学报》1997 年第 1 期）、《论近代小说本体论》（王旭川，《上海师大学报》1996 年第 4 期）、《试论近代翻译小说对言情小说的影响》（袁进，《上海社科院学术季刊》1996 年第 3 期）、《欧风东渐中的曾朴与吴趼人》（夏晓鸣，《江汉论坛》1996 年第 4 期）、《晚清新小说的生成和价值内涵》（欧阳健，《吉林大学学报》1997 年第 3 期）等。

《官场现形记》、《二十年目睹之怪现状》、《老残游记》、《孽海花》被称为“清末四大小说”，在中国文学史上占有重要的位置。传统的看法把它们视为中国社会殖民地、半殖民地化的产物，起着使“封建末世能苟延岁月”的作用，把它们称为“谴责小说”。欧阳健的《晚清新小说的生成和价值内涵》对上述说法提出不同的看法，对小说形成及其价值内涵作了阐述。作者认为，“清末四大小说”形成的中国社会固然有冷落黑暗的一面，但在各种社会力量的作用下，形成了席卷全国的改革新的时代潮流，社会充满了改革的生气。四大小说的作者对于当时的改革都以自己的方式持积极参与的态度，而出于他们笔下的新小说价值内涵，就表现在以改革为“反映对象的规定性和创作主体之间的对应形成的独特关系”所规范出的一代文学的基本风貌。它的批判力量，来源于改革事业的推动，它的批判指向，或就改革的全局，或就改革的某一侧面，展示当时社会因改革而带来的真实而复杂的图景，并提出解决有关救亡图强的重大社会问题的方案。骈文是中国古典文学的特有品种。在1912—1919年间，骈文在中国文坛有过一次回光返照般的兴盛。刘纳的《民初文学的一个奇景：骈文的兴盛》对这时期的这种文学奇景作了研究。作者对民初流行的各种用骈文写成的作品，包括徐枕亚的《玉梨魂》等骈文小说，作了深入分析，指出这种文学现象是部分文人怀旧情绪的反映，他们将剩余的才情赋予最具古典特色的文体，去实现对古典性审美情趣的难以割舍的追求。然而，骈体文作品毕竟有它的不合时宜之处，主题愈来愈狭隘，立意愈来愈做作，情感愈来愈酸涩，一条新开拓的路很快便走到了尽头。

人物思想研究

关于人物思想历来就是学术研究的重要课题。据以上资料来源统计，近两年来发表的关于近代人物思想方面的论文共有341篇，是各类研究中成果数量最多的方面。论述比较集中的人物有：孙中山（91篇）、梁启超（45篇）、曾国藩（29篇）、严复（22篇）、康有为（18篇）、魏源（11篇）、林则徐（10篇），以及谭嗣同、郑观应、洪仁玕、王韬、龚自珍、李鸿章等。主要文章有：《孙中山的文化思想述评》（郭齐勇，《中国社会科学》1996年第3期）、《孙中山的中国近代化思想与实践》（周兴梁，《中山大学学报》1997年第1期）、《试论孙中山的科学技术思想》(陈金龙,《自然辨证法研究》1996年第12期)、《孙中山与中国传统文化》(胡瑞华,《陕西师大学报》1996年第2期)、《梁启超政治近代化思想的新境界》(范继超,《南京社会科学》1996年第2期)、《梁启超爱国主义思想的特色》(熊中英,《赣南师院学报》1996年第1期)、《论曾国藩的家教观》(梁景和,《辽宁师大学报》1996年第2期)、《严复进化思想探微》(李承贵,《福建论坛》1997年第3期)、《论康有为的"开民智"思想》(俞祖华,《社会科学辑刊》1996年第4期)、《魏源社会改革思想研究》(陈鹏鸣,《华东师大学报》1997年第3期)、《林则徐的经世思想与爱国主义》(林庆元,《福建论坛》1996年第1期)、《论谭嗣同"民权"思想的意义》(张立明,《松辽学刊》1997年第1期)、《论章太炎在同盟会成立后的民族主义思想》(陶绪,《湘潭师院学报》(1996年第1期)、《论郑观应的近代化思想》(周景晚,《济宁师专学报》1996年第2期)、《论王韬的洋务思想》(傅美林,《历史教学》1996年第8期)、《论李鸿章的外交思想》(隋新民,《广西大学学报》1996年第3期)、《洪仁玕法制思想浅析》(汪秀枝,《许昌师专学报》1996年第1期)等。郭齐勇的《孙中山的文化思想述评》考察了孙中山一生的文化思想历程,认为:其文化思想从一开始就显示出力图从中西方文化资源中选择、转化其精华,以适应现代化过程的品格。作者从孙中山文化观形成发展中得出六点启示:第一,从物质文化层面学习西方和从制度文化层面学习西方应有某种程度的区别,现代化的制度文化建构必须充分借鉴西方的先进经验和学理,并与我国的传统和现实结合起来;第二,民族文化心理结构和价值意识的现代化必须与制度层面的现代化同步推进,而且前者更为艰巨;第三,坚持从古代正统、精英文化中吸取政治资源和道德资源;第四,传统的价值体系和道德伦理是不能被简单抛弃的;第五,科学精神与人文精神、物质文明与心性文明、民主政治与伦理社会的整合,是构建21世纪人类文明和中华新文化系统的基本框架;第六,在跨入21世纪之际,重新解读上一世纪之交以来孙中山等人的文化观,最为重要的启示是,必须重新省视"现代性"问题。

(作者为北京师范大学历史系教授)

中国近代政治史

赵 云 田

1997年的中国近代政治史研究，和往年相比，侧重点发生了一些变化。除了对太平天国、义和团等农民革命运动的研究有所进展之外，统治阶级的政治改革、国共两党的政治关系和政权建设、某些人物的政治活动及其社会作用，则引起人们的更多关注。这从一个侧面反映了政治史研究的深入。

一、太平天国和义和团

天地会和太平天国的关系，太平天国北伐，《资政新篇》，太平天国和爱国主义，是研究者们所关注的重点。

周新国指出，天地会秘密语是研究天地会和太平天国关系的一把钥匙。在太平天国常用语中，有相当一部分来自于天地会秘密语。太平天国根据自己的宗旨对天地会秘密语进行取舍，其在早期大量运用天地会秘密语，是因为天地会秘密语有易于保密、易于记忆的特点，适应了太平天国斗争的需要，并且对于争取包括天地会在内的秘密社会支持起了沟通作用(《天地会秘密语与太平天国》，《扬州大学学报》1997年第1期)。

黎仁凯论述了北伐太平军据守高唐问题，认为高唐据守战在太平天国北伐史上占有重要地位。李开芳据守高唐为牵制清军相互应援的目的是明确的，并非盲目坐困(《北伐太平军据守高唐述论》，《近代史研究》1997年第2期)。李惠民指出，北伐太平军攻打北京的战略目标未能实现，但却有大量太平军进入北京。他对太平军进入北京的时间、人数及构成，以及怎样进入北京等问题进行了探讨(《太平军在北京》，《近代史研究》1997年第3期)。

王庆成对新发现的洪仁玕签驳《李秀成供》的文书进行了研究，认为这件文书提供了很多新事实、新看法，使人感到太平天国存在着深重的内部问题(《洪仁玕签驳〈李秀成供〉文书的发现和研究》,《历史研究》1997年第1期)。

“神助拳,义和团,只因鬼子闹中原……”,这是义和团运动时期篇幅较长、流传很广的一首揭帖。这一揭帖宣示了义和团运动的爆发原因、思想凭借、打击对象和斗争手段及其目的和理想,可以说它是义和团运动的纲领性文件,是许多义和团揭帖中最重要的一件。张守常著文对这一揭帖的不同版本及有关材料,对它的缘起、流传和内容做了详细的考证和说明(《说〈神助拳,义和团〉揭帖》,《历史研究》1997年第3期)。

林华国对反洋教斗争进行了探讨,认为反洋教斗争的主要起因是侵略与反侵略的矛盾,而不是中西文化冲突。反洋教斗争曾采用“扶清灭洋”的口号,但对于广大爱国群众来说,斗争的目的并非扶清,而是“灭洋”。当清政府压制反侵略斗争时,爱国民众不仅不扶清,而且在不同程度上与清政权对抗。维新派否定反洋教斗争的几条理由是站不住的,我们不应当停留在当年维新派的认识水平,把他们的错误也视为正确(《关于近代反洋教斗争的几个问题》,《河北大学学报》1997年第1期)。

二、清末民初政局

清末新政是近年来中国近代政治史研究的热门话题,1997年发表的文章仍然较多,有的从预备立宪方面进行分析,也有的从官制改革方面进行探讨,还有的论述了新政的失败原因。比如江诵《试析清末的“预备立宪”》(《船山学刊》1997年第1期),闫团结《论清末的官制改革》(《唐都学刊》1997年第3期),杨宁《浅论清末新政的失败与中国现代政治文明的起步》(《南京政治学院学报》1997年第4期),杨国强《清末新政:历史进化中的社会圮塌》(《史林》1997年第3期)等。

黄晋祥探讨了清末警政演变的历史轨迹,提出1902年5月京师工巡局和直隶保定警务总局的创设,标志着清末正式举办警政的开始。虽然清政府不断加强警察统治,但由于其整个政权的封建腐朽和半殖民地的性质,因而并不能挽救其灭亡的命运(《论清末警政演变的历史轨迹》,《社会科学家》1997年第2期)。帅建祥也论述了清末的巡警制度,认为它的主要内容包括:全国各级巡警机构的建立,中央、地方最高领导机构的建立,各项警察法规的颁布,以及巡警素质的提高等。清末巡警制度的建立促进了中国警察制度的近代化(《清末巡警制度述论》,《四川师院学报》1997年第2期)。

忻平认为,清末新政使绅权作为与皇权抗衡的重要力量脱颖而出，进一步削弱了本已腐朽的清廷统治。清末新政教育改革中出现的新型知识分子群体，成为改造社会、推动中国前进的主力军(《清末新政与中国现代化的进程》，《社会科学战线》1997年第2期)。彭南生论述了晚清外交官制及其薪俸的形成与变革，认为它反映了清政府从传统外交迈向近代外交的曲折历程，也为外交官的职业化打下了基础(《晚清外交官制及其薪俸制度的形成与变革》，《华中师大学报》1997年第2期)。

白拉都格其指出，以清末新政为背景，一部分比较开明、接触国内外新事物较多的蒙古王公，也提出了振兴蒙古、图强变革的奏议。他们主张在蒙古设立大小学堂，修铁路，开银行，办邮政，兴办工商垦牧各业，以及练新兵，办巡警，改良旗政。只是这些奏议、主张极少有实现的可能性(《清末蒙古王公图强奏议概论》，《内蒙古大学学报》1997年第4期)。赵云田论述了清末新疆新政，认为其政治上包括筹改旧制、调整行政建置、整顿吏治、增设谘议局等内容，军事方面主要是编练新军和实行警政，经济上是广开利源、创办实业，文化教育方面是创办学堂和选派留学生。清末新疆实施新政，一定程度上遏制了帝国主义列强的侵略活动，改变了新疆地区文化落后的面貌，使新疆社会经济发展中出现了近代化的轨迹(《清末新疆新政述论》，《新疆大学学报》1997年第1期)。赵云田还论述了清末西藏实施新政的情况，包括历史背景，以及在政治、军事、经济、文化诸方面采取的举措，展现了西藏近代化的历史进程(《清末西藏新政及其启示》，《中国研究》1997年第12期)。

关于民国初年政局，南京临时政府和参议院引起了人们更多的关注。这方面的文章有：邹小站《关于南京临时政府与〈临时约法〉的几个问题》(《近代史研究》1997年第3期)；李学智《南京临时参议院弹劾案风波》(《近代史研究》1997年第2期)，《关于民国元年参议院风波的几个问题》(《近代史研究》1997年第1期)等。其中，李学智认为，南京临时政府与临时参议院作为以孙中山为首的资产阶级革命政权的行政机关与立法机关，虽有共同开创民国基业的携手合作，亦不乏某种矛盾与对立，主要表现为临时参议院对临时政府某些举措的制约与抵制，尽管造成这种状况的原因是多方面的，但是它对临时政府为巩固政权而斗争产生了消极影响(《南京临时政府与临时参议院的矛盾与对立》，《天津师大学报》1997年第2期)。

孙中山让位于袁世凯，也是民

初政局研究中的一个热点。杨天石认为，民国甫建，迅速出现巨大的财政需求和严重的财政困难，孙中山和南京临时政府时刻面临着军队解散和政府崩溃的危险。在南京临时政府以轮船招商局为抵押向日本借款等一系列努力失败后，孙中山对短期内获得借款已经绝望，不得不接受议和。孙中山让位于袁世凯，固然反映出革命党人对袁的本质认识不足，但主要原因则在于他们无力筹集为争取彻底胜利所必须的经费(《孙中山与民国初年的轮船招商局借款》,《中国社会科学》1997 年第 4 期)。高红霞认为，1912 年 4 月至 1913 年 3 月，孙中山在许多公开场合表示了对袁世凯的推崇，在诸多事件中作出了拥袁的姿态。这是孙中山迫于危局的一种策略，迫于革命派内部分歧的一种选择、基于孙中山一贯具有的双重性的政治性格(《民初孙中山对袁世凯的策略及其原因》,《上海师范大学学报》1997 年第 2 期)。陈一容、张国镛指出，历史事实表明，革命党人和南方独立各省，从开始酝酿到具体筹组民国临时政府，始终都是选定袁世凯为临时大总统，后来选了孙中山为临时大总统，是独立各省与革命党人的权宜之计。因此，孙中山后来卸任交印，实属“还位”，而非“让位”(《孙中山“还位”辨正》,《史学月刊》1997 年第 3 期)。

三、五四运动

五四运动的文化启蒙意义和批判精神，历来为研究者所关注的重点，今年仍有一些学者进行这方面的研究。此外，人们还从民族主义、妇女解放运动、新旧民主主义革命等方面进行了探讨。

李安增、刘煜认为，五四新文化运动是造成中国民族主义进一步发展的直接动因，而民族主义具有超越历史时空的特点，是抵御帝国主义列强侵略的锐利思想武器，是凝聚全国人民为一体的粘合剂(《“五四”运动与民族主义的高扬》,《社会科学》1997 年第 5 期)。

李本义指出，五四运动时期，广大中国妇女以前所未有的革命姿态，英勇地参加了五四爱国运动，推动了妇女解放运动的发展，使之成为中国革命斗争的重要组成部分(《五四时期妇女解放运动的特点》,《湖北大学学报》1997 年第 3 期)。

朱效梅认为，五四爱国运动帮助人们认清了帝国主义的本来面目，并引导人们厌恶并抛弃资本主义道路。同时五四爱国运动掀起了全国范围内讨论社会主义的热潮(《陈独秀与五四运动的发展方向》,《辽宁大学学报》1997 年第 3 期)。

杨建成、吴焕强指出，长期以来学术界普遍认为“五四运动是新民主主义革命的开端”，其实这种观点有欠妥之处，应该精确地定为“五四运动是新旧民主主义的中介”(《五四运动是新旧民主主义的中介》,《社科信息》1997年第4期)。

四、“九·一八”事变和西安事变

王玉祥研究了中东路事件发生、发展及其影响，以及中苏、中日关系，全面地探讨了中东路事件与“九·一八”事变的内在联系(《试论“中东路事件”与“九·一八”事变》,《史学月刊》1997年第4期)。

在西安事变发生60周年之际，史学界发表了较多的论文。关于西安事变发生的原因，姚建从西安事变的群众基础方面进行了探讨，指出“九·一八”事变后席卷全国的各阶级、各阶层的抗日救亡运动，为西安事变的发动奠定了深厚的群众基础。工人、农民、民族资产阶级、学生、士兵等要求停止内战、一致抗日的呼声对张学良、杨虎城的思想起了极大的推动作用(《试论西安事变的群众基础》,《山东大学学报》1997年第2期)。杨奎松认为，张学良并非始终坚持“拥蒋抗日”，他一度曾经预备着联苏联共，实现西北大联合，自成局面，与蒋介石翻脸，并不惜动武。西安事变的发生与此不无关联(《张学良反蒋问题之探讨》,《历史研究》1997年第6期)。潘舰萍指出，红军、东北军与十七路军“三位一体”联合抗日的西北大联合格局，促成了西安事变的发生(《西北大联合的形成与西安事变》,《西南师范大学学报》1997年第2期)。苏晓轩从东北军的抗日意识角度论述了西安事变发生的历史必然性，认为东北军在痛失家乡的漂泊处境下，急迫想打回老家，在共产党的影响和促成下，终于导致张学良逼蒋抗日的西安事变的爆发(《论东北军的抗日意识与西安事变》,《辽宁大学学报》1997年第4期)。张永华认为，1936年11月绥远抗战取得举世瞩目的胜利是西安事变的直接动力。绥远抗战不仅是西安事变的契机，而且张学良、杨虎城二将军正是从绥远抗战的胜利看到中华民族的希望所在，找到东北军和西北军的出路，因此毅然进行兵谏(《论绥远抗战与西安事变》,《内蒙古大学学报》1997年第1期)。

关于西安事变的和平解决，房成祥认为，中共中央和平解决事变的方针，在西安事变和平解决过程中起了重要作用(《关于西安事变和平解决的几个问题》,《山东社会科学》1997年第1期)。李云峰、田建军指出，西安事变的和平解决，是各种力量共同作用的结果，其中，少壮派、稳健派与何应钦共同组成的黄埔系，在西安事变和平解决过程中起到了重要作用（《黄埔系与西安事变的和平解决》，《文博》1997年第1期）。葛桂莲认为，外国人端纳以特殊的身份，三进三出西安，为和平解决西安事变发挥了一定作用（《端纳与西安事变的和平解决》，《兰州大学学报》1997年第2期）。蒋文祥认为，宋美龄在西安事变中的一系列言行，不论其动机如何，在客观上对促进西安事变的和平解决，起到了相当积极的历史作用（《宋美龄与西安事变》，《江海学刊》1997年第3期）。

关于西安事变的历史意义。刘培平认为，西安事变及其和平解决，是中国由内战到抗战的转折点，是中国由分裂到统一的转折点，是中国社会政治由专制到逐渐民主的转折点，是中国共产党由非法到合法的转折点。这一系列转折，奠定了抗日战争胜利的基础，确立了中国共产党在中国社会发展中的领导地位和核心地位。因此，西安事变及其和平解决，在中国社会发展中占有重要的历史地位（《论西安事变的历史地位》，《文史哲》1997年第4期）。王彬从现代化的角度探讨了西安事变的作用，认为它相当程度上加速了中国人的觉醒，促进了中国政治民主化的进程，并为未来新中国经济结构的现代化做了准备（《略论西安事变与中国的现代化》，《史学月刊》1997年第6期）。李云峰从理论与史实的结合上探讨了蒋介石、中共、张杨为代表的三个层次的爱国主义的异同，认为西安事变集中体现了"抗日民主"的主旋律和各种爱国主义的大聚合（《爱国主义：西安事变的主旋律》，《西北大学学报》1997年第1期）。

关于西安事变研究的评论。杨奎松《西安事变新探》1995年由台北大东图书公司出版后，在史学界产生了一定影响。陈铁健相继发表文章，对西安事变发动时间，对张学良是否反蒋或是否有反蒋真心问题，提出了不同的看法（《西安事变发动时间考略：读〈西安事变新探〉琐记》，《近代史研究》1997年第1期；《西安事变简论：读〈西安事变新探〉札记》，《历史研究》1997年第1期）。蒋永敬也对西安事变前张学良所谓"一二月内定有变动"，提出了不同看法（《西安事变前张学良所谓"一二月内定有变动"何指?》，《近代史研究》1997年第1期）。

五、国共两党关系和政权

国共合作与斗争，尤其是民国

时期中央政权和地方政权的研究，日益成为史学界关注的热点，这是中国近代政治史研究摆脱以往的旧框架向纵深发展的表现。

周维强、夏淑清认为，第一次国共合作为中国民主革命打下了基础，但采取了党内合作的形式，是共产国际的错误，也是造成大革命失败的重要原因（《试论国共党内合作形式是大革命失败的重要原因》，《沈阳师院学报》1997 年第 2 期）。孙堂厚指出，国共两党相互关系与政治斗争，是中国现代政治发展和政治斗争最集中和最明显的表现，构建了中国现代政治史的核心内容。国共两党激烈的政治斗争，既是历史长期运行的沉淀，也是现实社会主要矛盾的显露（《论民主革命时期国共两党的政治斗争》，《社会科学辑刊》1997 年第 1 期）。

饶东辉论述了大革命时期国民党南方政权的劳动立法，认为 1924 年至 1927 年间，国民党南方政权把解决全社会关注的劳动问题作为推进国民革命的重要一环，加大了劳动立法的力度，这对于改善工人的劳动状况，促进工人运动的发展和国民革命高潮的到来起了重要作用（《试论大革命时期国民党南方政权的劳动立法》，《华中师范大学学报》1997 年第 4 期）。许和隆论述了南京政府的“弹性政体”，认为南京政府的政府体制在常规制衡下各组成部分职能的不断变动，导致了实际政体的弹性变动。他对这种变动的轨迹及其制动因素进行了简要的勾画和分析（《论南京政府的“弹性政体”》，《韶关大学学报》1997 年第 3 期）。陈明明指出，南京国民政府腐败的政治根源主要有三：一是国民党的性质发生根本变化，丧失了革命精神与活力；二是以蒋介石为代表的统治集团立党为私，放弃孙中山的革命三民主义，在思想上失去了制约腐败的力量；三是政治体制制度化贫弱，权力制约失衡，基层组织无力（《论南京国民政府腐败的政治根源》，《南京师大学报》1997 年第 3 期）。

陈昌保论述了陕甘宁边区民主政权的特色，认为陕甘宁边区是抗日战争时期全国抗日民主运动的指导中心，在政权建设上是全国各解放区的典范。边区民主政权在确保共产党的领导、实行民主政治、提高工作效率等方面的历史经验具有重要意义（《试论陕甘宁边区民主政权的特色》，《江西师范大学学报》1997 年第 2 期）。

（作者为中国社会科学院
近代史研究所研究员）

中国近代经济史

郑 起 东

一年来的中国近代经济史研究呈现出稳步发展的态势。全年发表论文263篇，接近改革开放以来至1996年发表的论文总数5000篇的年平均数277篇。其中确有提出新问题、新观点，运用新方法、新材料的有独到见解之作。然而，也应该承认，有相当部分是就事论事的平庸之作和低水平重复。研究的历史时期，或贯穿于近代或集中于晚清，而北洋时期及其后的国民政府时期则显得薄弱。研究的主题，工商、交通、外贸是重头戏，而农业和少数民族经济史的研究则明显不足。

按主题分类	篇数
总论	21
经济政策	11
工商、交通、外贸	97
财政、金融、外债	43
农业和土地占有关系	30
人口、灾荒、移民	13
民族资本和官僚资本	10
洋务企业	14
帝国主义经济侵略	16
少数民族经济	5
其他	3
总计	263

按时期分类	篇数
近代(1840—1949)	109
晚清(1840—1911)	70
北洋(1911—1927)	23
第一次国内革命战争时期(1927—1937)	15
抗日战争时期(1937—1945)	37
解放战争时期(1945—1949)	9
总计	263

本表论文采自1996年12月至1997年12月发行的中央和地方各报刊和各大专院校的学报。

一、研究的特点

一年来的近代经济史研究体现出以下特点：

第一，微观研究有所加强。长期以来，近代经济史研究重宏观，轻微观。1996年，吴承明先生再次提出："微观理论是宏观理论的基础。研究经济学必须从微观入手，历史研究也必须从个别入手。"（吴承明：《市场·近代化·经济史论》，云南大学出版社1996年版，第95页）一些经济史研究者也深切感觉到了这一需要。樊树志指出："笔者长期从事明清时代江南市镇的研究，深感要深入理解江南市镇在宏观经济发展中的地位，必须从微观分析入手。在微观分析时，常苦于文献资料之不足，便把目光逐渐下移至清末民国时代，对若干市镇作实地考察。"（樊树志：《江南市镇的市场机制——吴江个案再分析》，《中国经济史研究》1997年第2期）丁长清的论文《从开滦看中国近代企业经济活动和中外经济关系》和汤可可、钱江的论文《大生纱厂的资产、盈利和利润分配》（《中国经济史研究》1997年第1期）则都应用了微观分析。丁文从考察1912—1941年开滦煤矿财务制度和财务状况入手，分析中国近代企业经济活动的一般规律，指出："我们对开滦作经济分析，一方面是找到现代企业经营的某些共同的规律性，并引以为历史的借鉴。另一方面，则是要指出外国帝国主义者对中国的侵略和对中国人民剥削的罪行。只批判帝国主义的罪恶，而不研究、学习和借鉴其经营近代企业成功的经验，或因强调学习外国某些有用的东西，而把帝国主义者的侵略说成是友谊，把他们的罪行说成是美德，都不是求实的科学态度。"汤文截取大生一厂1899—1926年的有关统计和核算数据进行整理排比，着重对其资产负债、盈亏损益、分配结构、积累投资等加以剖析，结合探讨近代企业史计量研究方法。文章指出："大生企业集团作为中国近代具有代表性的民族资本企业集团，在数十年的发展历程中留下了相当丰富而系统的档案资料。其中大量账略表册，为对这一典型进行计量分析提供了必要条件。借助系统的统计和财务数据，分析大生集团的投资经营、效益及其分配，不仅有助于民族资本经济研究的深入，而且提示我们认识近代企业史计量研究中若干值得注意的问题。"实际上，不仅是开滦煤矿、大生纱厂有大量资料可供进行微观研究，还有很多企业拥有丰富的资料。因此，在近代经济史领域，开展微观研究是大有可为的。

第二，区域研究成为热点。一年来，发表了93篇近代区域经济史论文，约占论文总数的35%，足以说明区域研究已成为近代经济史研究的热点。区域经济史的兴起有其合理性，以中国之大，各地区发展很不平衡，为免以偏概全，区域经济史的研究实在是一条必行之路。在国际上，区域经济的研究已从早期的工业区位论、传播论发展到区域经济成长论，并有区域经济学出现。而中国近代区域经济史的研究还处于起始阶段。看来，中国近代区域经济史的研究还有很长的路要走。

区域经济史可视为区域内的研究和区域间的研究两个方面，双方应同时进行。区域间的研究就是考察本区域与外区域的关系。总之，区域经济史不能就本区域谈本区域，这也是历史唯物主义的要求。

本来的近代区域经济史研究是瑕瑜互见。只有少量几篇能够结合区域内的研究和区域间的研究。如戴鞍钢的《近代上海与苏南浙北农村经济变迁》(《中国农史》1997年第2期)考察了上海与苏南浙北农村的经济关系。指出，近代上海开埠后，成为中国对外贸易大港和工商业、金融中心城市。毗邻的苏南浙北农村经济受此促动，发生结构性的深刻变化。上海的内外贸易和城市经济，推动了苏南浙北农副业的发展，促进棉花、蚕桑、蔬菜等经济作物种植面积明显扩大，农产品商品化程度提高，并相应形成几个生产相对集中的产区；与此同时，原先面向国内市场，以丝、棉织造为主的农村传统手工业的生产、经营发生剧烈变动，呈现转向国际市场，附丽于进出口贸易的新趋向。这些变化反映了传统农业向近代农业转型的历史进程，体现了近代都市和周边农村互动的双边经济关系。

李宝金的《青岛近代城市经济简论》(《文史哲》1997年第3期)考察了青岛和周边地区，和山东省，和全国以至和德国及日本的关系，研究了青岛的经济功能和辐射网络，指出，近代中国沿海港口城市的兴起与经济发展，不但取决于其良好的自然地理条件、资源优势和历史文化传统，而且也取决于其在特定历史条件下的政治、经济和军事意义，尤其是政权机构对这些情况的综合分析、宏观认识所作出的开发决策。

除以上两篇论文以外，一年来的区域经济史研究多是以地区为单位孤立进行研究，有的研究由于缺乏有关理论的指导往往套用一般经济历史研究的模式，看不出本地区经济内外关系的特点，或在功利目的的驱动下予以拔高，出现被一些学者称之为“孤立化”和“自夸化”的倾向。这种情形虽已开始引起学界的注意，但是看来要想摆脱尚需时日。

二、研究理论和方法

近年来，面对纷至沓来的外国史学理论和研究方法，国内史学者包括经济史学者痛感有建立本国史学理论的必要。多年来，我们一直强调史学研究必须以历史唯物主义为指导理论，但是历史唯物主义不等同于史学理论，正如马克思主义政治经济学不等同于经济史学理论一样。因此，史学理论的界定都成了问题，以致于历史研究几乎成了马克思主义观点的阐释和验证。1996 年，吴承明先生发表了论文集《市场·近代化·经济史论》，指出：“任何伟大的经济学说，在历史的长河中都会变成经济分析的一种方法。马克思的世界观和历史观，即历史唯物主义，是我们研究的最高层次的指导，但它也只是一种方法。马克思的经济理论，在研究经济史中，也是一种方法即分析方法。”（吴承明：《市场·近代化·经济史论》，云南大学出版社 1995 年版，第 102 页）吴承明先生的观点正确地解决了历史唯物主义与史学理论，马克思主义政治经济学与经济史研究的关系。史学理论即史学研究的方法论，历史唯物主义被包括在史学理论之内，但它并不能涵盖史学理论。马克思主义的政治经济学是马克思根据对人类经济史的研究形成的伟大理论，但它对经济史研究来说是“流”而不是“源”。吴承明先生精辟的阐述既坚持了马克思主义作为指导思想的作用，又和教条主义彻底划清了界线。

一年来的中国近代经济史研究主要应用了经济学、社会学的理论和方法。首先是定量分析被广泛应用，应用定量分析的论文有十余篇。

当然，我们不能要求所有的研究都作定量分析，因为有的研究只宜于作定性分析，而有的研究因数据不足，不能作定量分析。

定量分析有两种方法，即统计学方法和计量经济学方法。应用这两种方法对数据进行处理的，称作定量分析。只是引用数据，没有进行加工的，不能称作定量分析。

一年来，使用统计学方法进行定量分析的论文有 10 篇，其中有 4 篇较为有新意。茅海建通过搜集大量的有关资料，磨垢抛光，以确凿的数据得出了鸦片战争的军费为三千万两，使这一有疑点的问题画上了句号(茅海建:《鸦片战争军费考》,《近代史研究》1996 年第 6 期)。曹树基对太平天国战前各省人口数量进行了统计分析(《太平天国战前的中国人口》,《中国经济史研究》,1997 年第 3 期),认为，在施坚雅的论述中，人口的年平均增长率表现为忽高忽低的波动，与我们对中国人口发展规律的认识不相符合。所建立的清代以来的四川人口系列实不足取。张远鹏把东北沦陷对关内民族经济的影响量化，指出，“九·一八”后东北沦陷，使中国丧失了一个面粉、纺织品等工业的重要销售市场，丧失了一个土布、丝织品等手工业品的重要市场，丧失了一个茶叶等农产品的重要市场，丧失了一个近百万关内民众谋生的好地方，急剧地降低了中国的购买力，导致了 1932 年开始空前的经济危机。以东北为基地，日本怂恿、保护下的华北白银走私;日本推动、保护下的华北货物走私，加剧了 1934—1935 年中国的民族经济危机(《东北沦陷对关内民族经济的影响》,《社会科学战线》1997 年第 2 期)。

陈争平以定性分析与定量分析相结合，研究了 1895—1930 年进出口商品结构，引进一个统计指标——MP,即部门间分工参与度，认为，如果一个国家进口的商品完全是初级产品，出口的完全是制成品，则 MP=1,表示该国完全参与了国际的部门间分工，即部门间分工参与度为最大。反之，如果一国进口的完全是制成品，而出口的完全是初级产品，则 MP=0,表明该国主要是以自然资源换取所需的制成品，这是经济不发达的特征，是自然经济的延伸，算不上自觉地参与国际分工，因而部门间分工的参与度为最低。在这两个极端之间，MP 越大，表明一国通过参与部门间分工与世界经济相关联的程度越高;反之，MP 越小，则表明该国经济较不发达。他经过计算，得出当时中国的 MP,1894 年为 0.35,1920 年为 0.27,1930 年为 0.26,MP 值比较低，而且越来越低。这说明在帝国主义经济侵略下，半殖民地的中国越来越成为帝国主义推销制成品和榨取原料的场所(《陈争平:《试析 1895—1930 年中国进出口商品结构的变化》,《中国经济史研究》1997 年第 3 期)。

周中建从农家户均人数及劳动力入手，分别就农业劳动力的耕作能力和主要农作物亩需工量的方面对近代苏南农业劳动力的供需状况进行了理论估算，并结合当时的实地调查资料进行了对照。结果表明，该地区农业劳动力的潜在性剩余率在40%左右，季节性剩余率在70%以上（周中建：《近代苏南农业劳动力供需状况初探》，《中国农史》1997年第3期）。

对于定量分析来说，分析方法比最终结果更重要，就是说，只有建立在严格分析基础上的统计数据才是可用的。以上五文是体现这一原则的。

定量分析的另一方法，即经济计量学的方法，在本年的论文中未有体现，这说明定量分析在中国近代经济史研究中刚刚起步。

社会学是通过探讨社会关系、社会行为和社会组织的功能来研究社会整体的。经济史是研究社会经济的，自应使用社会学方法。然而本年使用社会学方法研究近代经济史的论文较少，突出的有罗苏文的《路、里、楼——近代上海商业空间的拓展》（《史林》1997年第2期）和忻文的《清末新政与中国现代化进程》（《社会科学战线》1997年第2期）。罗文从上海的街、巷、弄到路、里、楼的变化，反映商业文明取代农耕文明在上海的迅速推进，结合欧美环球经贸网络的拓展，近代科技的长足进步，中外文化的交流，近代上海都市生活方式的演变，从时间到空间，说明上海的走向不仅是近代中国社会变迁的一个侧面，也是世界文明进程的一个组成部分。

忻文从清末新政加剧了正在发展的城市化趋势，直接导致了延续千年之久的政治结构嬗变与社会结构的分化，导致走出传统角色的新型知识分子群体的出现，打开了封闭已久的资本主义经济发展的闸门，引起生活方式与观念形态五个方面，全面地说明清末新政是一场全面深刻的改革。并指出："清末新政是中国早期现代化的终结点，也是中国现代化进程的分水岭。它以并非自愿的自我毁灭为代价，较为全面地开启了现代化的闸门，为辛亥后走上正式起跑线奠定了基础。"

研究方法除以上所说，还有系统论和发展经济学等。发展经济学能够用于经济史研究的有比较研究法和二元经济论。比较研究法要求把研究对象放在国际体系中来考察。二元经济论是发展经济学的一项创见。近代中国亦属二元经济，传统农业与近代工业并存，研究其互动作用极为重要。但这些在我们的近代经济史研究中还一无所见。

三、新观点和新见解

一年来的近代经济史坛，没有

重大的理论争论，但也并非没有惊人之论。

赫德是洋务运动中最活跃的外国人。前几年，汪敬虞先生发表了专著《赫德与中国海关》，从阶级立场、思想动机上对赫德作了全面否定。但1996年，毕生潜心研究洋务运动的专家姜铎先生研究了晚清海关制度的演变，认为关税支撑了晚清政府，同时也是大型洋务企业的财神爷，并给予赫德极高的评价。他认为“对赫德为洋务运动所作的奉献的一生，应毫不吝啬地给予满分，即使不给满分，至少应打八十分”（《学术月刊》1996年第11期）。姜铎先生对洋务运动基本持否定态度，然而他却对赫德持完全肯定的态度，这是否意味着我们在进行经济史研究时，不应囿于历史人物的阶级身份，行为动机，而应更多地注意他对历史进步、经济发展所起的作用呢？

四川保路运动，在史学界一贯被正面肯定，被誉为“辛亥革命的先声”。然而萧功秦《清末“保路运动”的再反思》（《战略与管理》1996年第6期）一文，罗列了商办铁路的三大弊端，即资金不足、管理不善与缺乏统筹，指出：“事实上，从各国交通现代化的发展历程来看，铁路筑路权国有，几乎是后起的各国的通例。”他认为，四国借款合同，具有低利率；低抵押风险；力图保障中方利益；优先使用中国工业产品与原材料；由中方监控贷款国的产品与原材料；贷款方不拥有经济利益以外的经济条件等内容。因此，“相对于过去清政府与外国所签订的铁路借款合同而言，这份合同还是较为有利的”。他还认为，“保路运动”是经济排外主义、地方主义与立宪派的结合。保路运动的思想基础是经济排外主义。经济排外主义者对现代实业所需要条件的复杂性知之甚少，这实际上是一种传统封闭心态在新的条件下的延续；保路派的政治力量，还在于地方主义的分利集团与经济民族主义者成功地利用了地方谘议局作为自己的政治舞台，谘议局成为地方主义与经济民族主义者发起保路运动的大本营。

我国马克思主义者对西方资本列强侵略中国的后果有如下论断：外国资本主义，一方面破坏了中国自给自足的自然经济基础，破坏了城市的手工业和农民家庭手工业，又一方面，则促进了中国城市商品经济的发展，这不仅对中国封建经济的基础起了解体的作用，同时又给中国资本主义生产的发展造成了某些客观的条件和可能。林刚根据对长江三角洲近代经济的考察，对此提出了不同意见。他指出："历史发展过程表明：就一些主要部门来看，资本主义近代大工业并不是建立在农民家庭手工业之破坏、小农传统经济解体的基础上，而是恰恰相反：这些部门往往是建立在农民家庭工副业整体繁荣发展之上的。另一方面，资本主义工业的发展，在一定时期、一定条件和一定程度上又反过来促进农民家庭工副业的进步，并在进步、发展中发生了经济组织和生产力的新变化，奠定了农村中的工业、手工业、家庭副业和商品农业在农村经济和整体经济中愈益重要的地位，从而，近代长江三角洲出现并确立了传统农业、近代型农村工副业、近代城市机器工业的'三元结构'。"他认为："近代中国至少在长江三角洲地区，其社会经济绝非是西方经济理论框架中的截然对立的'二元结构'，而是处于对立统一状态中的'三元经济结构'，这是我们中国近现代化过程中的一大特色。"（林刚：《长江三角洲近代经济三元结构的产生与发展》，《中国经济史研究》1997年第4期）

这三篇文章都对我们耳熟能详的传统观点进行了反思。尽管其中有些看法可能需要深化、补充，但他们的探索精神是令人钦佩的。

一年来的近代经济史论坛，平静得发人深省。是近代经济史研究已成熟得不需要争论呢，还是它如此不成熟以至于无从争论呢？但是在这种平静下面，我们仍然可以感觉到有一股理性的思潮在酝酿。史学呼唤理论，理论也必然会光顾史学，希望我们这一预言能成为现实。

民 国 史

汪 朝 光

1996—1997年的民国史研究，在平稳中发展。由于香港回归和卢沟桥事变60周年，在香港问题、中英关系和抗日战争史研究方面，形成了一定的研究热点，有较多的论著出版，学术研讨活动也较为活跃。因为这两方面的研究均有专题介绍，本文主要介绍民国史其他研究领域主要是政治史方面的若干新论著和观点。近两年的民国史研究，在北伐、军事、外交策略、经济政策、保甲制度、某些政治事件、孙中山等重要人物方面，都有所进展；并推出了三套有较大影响的丛书。

该年出版的著作，最重要者当属杨天石主编的《中华民国史》第2编第5卷（中华书局1996年版），全书利用国内外已刊未刊资料，对1926至1928年间北伐时期中国的政治、军事、外交诸方面作了全面研究，尤其对国共双方和北洋军阀间围绕中国的统一和分裂、国共之间从合作到分裂的发展过程、列强对中国政治的影响研究得较为深入，并作了恰如其分的评价，对若干具体问题作了深入考证，得到学界好评。王宗华、刘曼容著的《国民军史》（武汉大学出版社版），莫济杰主编的《新桂系史》（三卷本，广西人民出版社1996年版），较为全面地介绍了民国史上两个较有影响的派系的活动及其影响，在民国专史研究方面取得了一定进展。在近年来出版界较为注重的丛书方面，1996年正值孙中山诞辰130周年，广东人民出版社推出了孙中山基金会丛书，其中专著为刘曼容的《孙中山与中国国民革命》、李吉奎的《孙中山与日本》、段云章的《孙文与日本纪事编年》，另有金冲及、姜义华、张磊、黄彦、林家有、邱捷等关于孙中山研究的论文集和1本译著同时出版，进一步推动了孙中山研究的深入。河南人民出版社的民国史丛书，因为种种原因趋于停顿，但仍有其他出版社的民国史丛书在陆续推出，1996年较有影响的是兰州大学出版社出版的民国人物大系丛书，第1辑共8本，收入民国时期的政治、军事、经济、文化人物，有翁文灏、陈铭枢、白崇禧、孙立人、齐白石、胡蝶、黄金荣等人，保持了一定的学术水准。民国史资料方面，《天津市历史博物馆馆藏北洋军阀史料》1—4卷共33册（天津古籍出版社1996年版），利用馆藏档案影印，具有相当的史料价值，应引起北洋军阀研究者的注意。《周恩来一九四六年谈判文选》（中央文献出版社版），亦为利用馆藏档案出版，对研究抗战胜利后的国共关系极具价值。

关于南京国民政府成立初期的政策措施，以往研究尚远远不够，本年有两篇论文探讨了国民政府成立初期的外交和经济政策。申晓云的《南京国民政府"撤废不平等条约"交涉述评——兼评王正廷"革命外交"》（《近代史研究》1997年第3期），叙述了南京政府成立初期所谓"革命外交"的主要内容及其成败得失。作者认为，对"革命外交”的评价，应以其是否真正坚持废除不平等条约的原则，看其实际结果是否达到预期目标，从这两个标准出发，“革命外交”几无成果可言，甚至在维护国家根本权益的许多重要方面较北京政府更有后退，而国民政府之所以高唱“革命外交”，一是宣传需要，二是对付异己，三是推卸外交失败的责任。作者在论述外交时，可能沿袭了外交是内政的继续的看法，因此采用了自内向外的视点，着重外交与内政的关系。然而外交还有其自身的价值取向，所谓“革命外交”固然不能说是完全成功的，但在收回国家主权方面仍有其值得重视之处，而且其目的是否如作者所论三点，似还有深入探讨的必要。如何认识南京国民政府的外交得失，是一个非常值得研究的问题。即就技术方面而言，南京政府的“革命外交”实际是党治外交，与北京政府的职业外交有明显的区别，其间利弊得失，正待研究者的总结。邱松庆的《南京国民政府初建时期财经政策述评》(《中国社会经济史研究》1996年第4期)，叙述了国民政府成立初期的财经政策的主要内容及其成效和影响，认为这些政策既有利于缓解政府的财政困难，巩固国民党统治，也在一定程度上保护了民族工商业，有利于民族资本主义的发展。这也是一个值得深入研究的课题，由于篇幅所限，作者在文中未及展开。

王云骏的《民国保甲制度兴起的历史考察》(《江海学刊》1997年第2期)，对民国时期的保甲制度作了初步的考察。作者认为，保甲制度的出现，既是国民党强化基层统治、稳定社会秩序的需要，也是社会发展对基层社会组织建设的客观要求，同时迎合了中国传统文化心理。这一制度对于抗战时期总动员和统制民力，以保证抗战胜利，起到了一定作用。对于规范户籍管理，控制流动人口，适应现代社会经济需要也有作用。以往研究对保甲制度一向评价不高，本文作者注意到了其之所以兴起的必然性，但是对其在社会控制力方面的作用，对于国民党运用保甲制度的前因后果，研究尚不充分。

王建朗的《中国废除不平等条约的历史考察》(《历史研究》1997年第5期)，从宏观角度勾划出了近代中国废除不平等条约的历史进程。认为中国废除不平等条约的进程有三个特点：第一，它是几代人和数届政府不断努力的结果；第二，群众性反帝运动与历届政府的废约外交构成了中国争取民族解放斗争的相辅相成的两个方面；第三，废约过程是渐进的，呈现出明显的阶段性。最终，在历史性的机遇面前，中国终于实现挣脱百年枷锁的目标。作者对中国摆脱近代以来不平等条约体系束缚的历史进程作了概括论述，在充分肯定群众性反帝运动的同时，也对民国年间中国政府在这个问题上的作用作了实事求是的评价，观点平实而富创意。

杨奎松继其关于西安事变的著作之后，继续对西安事变的方方面面进行深入研究。《西安事变期间“三位一体”的军事协商与部署》一文(《近代史研究》1996 年第 6 期)，对以往学界注意不够的东北军、西北军和红军之间“三位一体”的军事同盟作了全面的探讨。该文对事变前的军事形势、事变开始后的应急措施、红军配合张杨所部作战诸问题都作了全面的叙述。

海外所藏民国历史资料的运用正引起越来越多研究者的注意。杨天石的《1935 年国民党内的倒汪迎胡暗潮》(《近代史研究》1997 年第 4 期)，利用台湾近史所和美国哈佛燕京学社图书馆所藏的胡汉民档案，对国民党内蒋汪胡三巨头之间令人感兴趣的关系作了有价值的探讨。随着学术研究对外交流的日趋广泛，这样的研究成果也会越来越多。

民国史上的人物研究向受研究者的关注。邓野在 10 年前所作关于巴黎和会中国代表团拒约问题的研究引起过学界的关注，巴黎和会中国代表团的主角是顾维钧，其人经历贯穿民国外交全过程。邓野以《顾维钧回忆录》为基本资料，撰写了《从〈顾维钧回忆录〉看顾氏其人》(《近代史研究》1996 年第 6 期)。该文认为，对顾氏的研究，应该理出两条基本线索，一是他的外交思想和实践，二是他在民国政局中的立场和转变。该文在对 13 卷顾氏回忆录中的大量资料研究的基础上，认为顾氏的外交思想是联美抑日、赖美为助，在实践中为废除不平等条约付出了主要精力，其谈判原则是现实主义，坚持主要目标，而对次要问题予以变通。顾氏为人中性，主张超党派超政治超民众超舆论的独立的职业外交。顾氏虽对国民党不满意，但因为对共产主义本能的恐惧而最终倒向国民党。该文结论是，顾氏在政治上力求保持超党派的中性立场，看重自由主义者矜持的独立品格，但他在北洋和国民党政权失败之际，两次选择与失败者为伍，又表明他不能完全置身于政治之外。他的一生从政记录优劣兼具，而他在废除不平等条约中的作用，为他确立了一个基本的历史地位。该文虽然仅仅利用了顾氏回忆资料，但作者对顾氏其人的评价是平和求实而有价值的。金光耀的《顾维钧与华盛顿会议》(《历史研究》1997 年第 5 期),对顾维钧在华盛顿会议前后的外交努力作了全面的探讨,认为顾氏在会议期间审慎地考虑所面临的现实,采取适当的策略,以尽最大可能争取最有利于中国的结局,收到了一定成效。顾维钧其人及其外交思想和丰富的外交实践,因为其参与民国外交的几乎全过程而更显珍贵,值得研究者们进一步研究。

罗志田的《前恭后倨:胡适与北伐期间国民党的"党化政治"》(《近代史研究》1997 年第 4 期),探讨了自由知识分子的代表人物胡适,由主动呼应大革命到尖锐批判国民党的"党化政治",即前恭后倨的过程,目的在于从此角度对既希望超越政治、又不能超越政治的民初精英知识分子在面临实际政治运动时的两难局面能有深入的了解。结论是胡适只能在不做国民党的"诤友",但要做国家的诤臣这样的两难之间徘徊。作者运用的是常见的资料,但从中发掘出了新的意义,这是研究者值得重视的一种方法。

赵兴胜的《1928—1937年的张静江》一文(《近代史研究》1997年第1期),对国民党政权的一个重要角色、因为"四·一二"政变而一直以负面人物形象出现的张静江,从另一个角度作了有意义的探讨。作者认为,张静江在1928年以后担任建设委员会委员长期间,主张经济建设,主张走自由资本主义道路,与蒋介石发生矛盾,导致他被逐渐排除出国民党领导核心,但也因而形成了他在经济事业上的辉煌时期,是评价他这一阶段历史功过的基本根据。他在煤矿、电力、交通、水利和通讯等方面作出了一定成绩,其基本经济思想是,以发展为原则公私共建,以效益为中心实事求是,自力更生保护国货,重视技术人才与管理。本文从一个新的角度提出了研究中的新问题,但是对于张静江与蒋介石的关系,文中论述和所引材料均显简单,以此而论张蒋政治同盟的破裂显得不够有说服力,在这方面还有深入探讨的必要。如果作者仅以张的建设思想和实践立论而不牵涉其他方面,可能更好一些。在材料和研究尚不深入的情况下,轻率地作出结论,于研究本身并无益处。

卢沟桥事变与抗日战场研究

曾 景 忠

1997年，史学界举办了一些纪念卢沟桥抗战60周年的学术活动，也有一批论著问世。卢沟桥抗战为中国全面抗战的开端。在近两年抗日战争史研究中，对卢沟桥事变后中国抗日战场的研究有较多进展。其中对抗日战场的划分，正面战场与敌后战场的作用及两个战场之相互关系，海军、空军的抗战情况等，有进一步的探讨，提出了一些新的见解。

一、中国抗日战场的划分

中国抗日战争的战场，从敌我战线的角度一般划分为正面战场和敌后战场，过去也有从战场领导者和政治军事力量不同的角度，划分为国民党战场和共产党战场（“解放区战场”）的。

对于太平洋战争爆发后出现的滇缅战场，在中国抗日战场中划属哪个战场，学术界有不同看法。有的论文提出，滇缅战场为中国抗日战争的“西线战场”：中日战争爆发后，战争的方向大致从东向西，以中国战时首都重庆为基准，中国抗日战争正面战场的战线均在东面。但太平洋战争爆发后，日本进攻缅甸和云南，是从西南面向中国进攻。如果把中国抗日战场从方位上加以划分，国内战场为东线战场，滇缅战场则可称为西线战场。西南本是中国抗战安全的后方。但日本侵占缅甸和滇西，使中国抗战处于东西两面被夹击的态势。中国被迫从东线抽调大量兵力用于西线滇缅战场，迎击和抵御入侵之日军，以绝对保障西南后方的安全，这成了中国存亡生死攸关的问题。滇缅战场之重要地位即在于此，把滇缅战场称为西线战场之意义亦在于此（曾景忠：《试论中国抗日战争的西线战场》，《历史研究》1996年第2期）。

有的论文提出，太平洋战争爆发后，中国的抗日战场由两个发展为三个，新出现的“中缅印战场是中国抗日战争的第三个战场”。它“具有双重属性”：“既是中国抗日战争的一部分,又是国际反法西斯战争的一部分”(范德伟:《中缅印战场是中国抗日战争的第三个战场》,《抗日战争研究》1996 年第 3 期)。

二、抗战初期的正面战场

卢沟桥事变爆发后,国民政府的和战态度引起了研究者的重视。过去许多论著不承认国民政府在事变后下了抗战的决心。现有学者认为:7 月 10 日蒋介石要求各地方各部队“确实准备”的密电,“实际上是秘密的全国动员令”,蒋 7 月 17 日在庐山谈话,是“国民政府对日方针的根本性转变,标志着国民政府走上了全面抗战的道路”(李华兴、杨宏雨:《卢沟桥事变:历史的转折点》,《史林》1997 年第 3 期;田勇:《“庐山谈话会”与蒋介石讲话评析》,《江西社会科学》1997 年第 9 期)。

针对有些论著认为卢事发生后蒋介石存在和战不定的心理,对日抱有幻想,急欲直接或由地方与日方交涉和平解决的说法,有的学者认为:事变发生后,蒋迅即作出了一系列的应战部署。说蒋和战动摇不定影响宋哲元和二十九军的抗战决心,这种结论与事实不符。“宋哲元以拜访新任日军司令香月为名,实际向日军道歉”,“这不是蒋介石的意旨,而是背着南京中央政府与日本交涉的”(蔡德金:《对卢沟桥事变几个问题的思考》,《抗日战争研究》1997 年第 3 期;《如何评价卢沟桥事变爆发后蒋介石的对日交涉》,《抗日战争研究》1996 年第 3 期)。

有的学者认为:蒋介石在“七七”事变之前已有一些抗战准备。卢沟桥事变爆发后,蒋令二十九军全部动员,调兵增援华北,全军准备动员,各地皆令戒严,准备宣战手续。从这些可以看出蒋对日主战的态度。而军委办公厅主任徐永昌以“我准备未周,开战难操胜算”,主张“在此困难关头”,“忍耐渡过”,“对日只能讲和”(杨立强:《抗战初期国民党中央统帅机关决策幕后》,《军事历史研究》1997 年第 1 期)。

关于淞沪会战,是否为中国方面主动发动,中国统帅部有无将中日战争的主战场从华北移到华东,以引敌南下,使日军的进攻方向从由北向南改变为由东向西的战略意图,史学界有过争论。张振鹍认为:“从‘八·一三’前前后后中国的军事准备、部署、行动等等来看,在一定意义上可以说国民政府是‘有意’在上海开仗的,目的是及早把敌军消灭掉或赶出去。”战役开始后，中国军队主力逐步集中到了淞沪战场，把侵华日军主力吸引了过来；淞沪战场实际上取代华北战场成为日军侵华和中国抗战的主战场。这改变了日军的主攻方向。战争爆发后国民政府担心敌军南下夺取武汉，而谋以扩大沪战牵制之，可以理解，应该肯定（《淞沪抗战：中国的主动进攻与日军主要作战方向的改变》，《抗日战争研究》1996 年第 3 期）。

徐勇提出："溯长江西进武汉为日军既定的战略主攻方向。"所谓的"日本'原定由北向南之战略'即其'进攻轴线'并不存在"（《日本既定侵华战略进攻方向考察》，《抗日战争研究》1996 年第 3 期）。

武汉会战期间，1938 年 9 月 25 日—10 月 17 日，中国第九战区薛岳兵团曾在赣北万家岭一带围歼敌一〇六师团及一〇一师团四联队之众，取得大捷。过去抗战史研究中对此甚少论及。近年有文章论述了万家岭战役的过程，和此役中中国统帅部和第九战区战略指导正确、战术运用灵活、各部协同作战较好、将士作战勇敢等获胜的原因，及未能将敌全歼等情（郭代习：《万家岭战役述评》，《抗日战争研究》1996 年第 2 期）。

三、抗日战争战略相持阶段的正面战场

关于 1944 年中国抗日战争正面战场的总体态势，以往许多论著纯然持消极评价，近年有些论文提出不同看法。有的论文认为，1944 年"实施滇西缅北反攻"，使中国摆脱了长期以来遭受东西夹击的局面，为 1945 年东线战场反攻态势的形成奠定了基础。从东西两线得失看，整个正面战场还是得大于失（温锐、苏盾：《重评 1944 年中国抗日战争的正面战场》，《抗日战争研究》1996 年第 4 期）。

对 1944 年豫湘桂之战，过去一般偏重论述中国军队的溃败过程。近年有些论文具体研究此役过程中中国军队的抵抗作战情况，补充了以往研究中的薄弱环节。

对豫湘桂战役的开头阶段河南战役，以往主要论述豫中战役平汉路作战的失败，而河南战役后期，中国第一、第八战区的部分军队在豫西山区的陕县、灵宝、阌乡一线，曾与沿陇海路西进逼近潼关的日军展开过激战，甚少提及。近年有论文论述了灵宝战役的经过，认为此役"阻击了日军西犯潼关威逼关中的攻势"，"从而稳定了西安和大西北后方"。"中共陕甘宁边区

对灵宝会战最终阻击日寇西进，平稳西北的紧张局势，反应是积极的”(赵可:《灵宝战役述评》,《抗日战争研究》1996年第4期)。

长衡会战分两个阶段，第一阶段中日双方以争夺长沙为目标，第二阶段以争夺衡阳为目标。一般论著均以衡阳失陷作为此役结束的标志。现有论文认为:此役第二阶段围绕争夺衡阳，中日双方在湖南中部东部作战，连同衡阳保卫战、衡阳解围战和茶陵反攻战、双峰作战，共有四个战役。9月初告终，长衡会战第二阶段才告结束(柯育芳:《论长衡会战第二阶段战役——从长衡会战结束时间的角度考察》,《抗日战争研究》1997年第4期)。

中日军队在黔境的作战过去未见有专作研究的。近年有论文对此作探讨，认为:日本第六方面军第十一军对贵州的进攻，是冒险的孤军深入，其原因是，日军兵力单薄，中国军队“沉重地打击了日军的侵略气焰，造成了日军重大的伤亡”。黔南作战中，国民政府提出了“确保黔边，屏障陪都，相机击破敌人”的总方针。而何应钦在作战计划中，把主要防御阵地划到乌江北岸盘江西岸，是“保守和丧失信心的表现”(李刚:《豫湘桂会战之黔南作战》,《抗日战争研究》1996年第4期)。

有的论文论述了湖南战场在抗日战争中的地位和作用。湖南战场牵制了日军大部分兵力，使后方保持了相对安定的环境，保障了大后方的经济建设，对中国坚持持久抗战，争取抗战的最后胜利，提高中国抗日战争在世界反法西斯战争中的地位起了十分重要的作用(石柏林:《略论湖南战场在抗日战争中的地位、作用和影响》,《抗日战争研究》1996年第2期;范忠程:《湖南抗战述论》,《抗日战争研究》1996年第4期)。

四、敌后战场

关于中共领导的敌后战场的状况，璞玉霍论述了周恩来和中共中央南方局曾指导广东省东(莞)宝(安)惠(阳)抗日游击队和抗日根据地的斗争(《周恩来与南方局的军事工作》,《军事历史研究》1997年第1期)。刘家国论述了八路军南下支队增援新四军，占夺皖北、苏北，建立华中抗日根据地的过程(《八路军转战华中的历史作用》,《军事历史研究》1997年第1期)。高树桥考察了东北抗日联军与苏联远东军的关系(《论东北抗联与远东军的合作及其结局》,《社会科学辑刊》1997年第3期)。

关于敌后战场国民党军的状况，以往对国民党军有无敌后抗日战场有不同看法。莫岳云、郭铁铊认为：“敌后抗日战争应该包括两个部分：共产党领导的抗日游击战争和国民党领导的敌后游击战争。”(《试论国共两党敌后抗日游击战的关系》,《抗日战争研究》1997 年第 1 期)

关于国民党开展敌后游击战的决策，过去有以 1937 年冬汉口军事会议蒋介石采纳白崇禧开展游击战的建议为国民党决定采用游击战的开始。唐利国提出了不同看法：“早在全面抗战爆发以前，国民党已经考虑采用游击战为抗日手段”。“汉口会议之前，蒋介石已经开始命令有关人员准备发动游击战了”(《关于国民党抗日游击战的几个问题》,《抗日战争研究》1997 年第 1 期)。

关于国民党敌后游击战的情况和作用，孙泽学指出：随着抗日战场战线的延长，国民政府对敌后游击战日趋重视。第一、第三、第五、第四、鲁苏等各战区开展敌后游击战；除陆军外，海军在长江中游也开展水上游击战。国民党军敌后游击战的作用，在不同时期有所不同(孙泽学：《国民党敌后游击战述论》,《华中师范大学学报》1997 年第 4 期)。莫岳云认为：第一次南岳军事会议后，国民政府军事委员会部署三分之一的兵力用于敌后游击战，设立了冀察、苏鲁两个敌后游击战区，“对于配合正面战场，支持长期抗战，发挥了一定的作用”。但国民党军敌后游击战除了抗日一面外，还有抑制共产党势力发展的用意。他们“未能处理好同人民群众的关系”，过分强调与正面战场的配合，有游击战“正规化”的倾向。敌后国民党军伪化情况严重。最后，除了山西、浙西、鄂豫皖等少数几块根据地外，敌后国民党军和根据地都垮了(莫岳云：《略论国民党敌后抗日游击战的兴衰》,《史学集刊》1997 年第 4 期)。

关于山东敌后战场的国民党军，张业赏认为：国民党军始终是山东敌后的一支重要力量(《论国民党军在山东敌后战场的地位和作用》,《抗日战争研究》1996 年第 1 期)。

关于敌后国共两党游击战的关系，莫岳云、郭铁铊的前引文章不同意将敌后国共两党军队的关系只写成磨擦关系，认为：“首先是合作关系。”主要是战略配合，也有战役战斗配合。至于敌后国民党军游击战失败的原因，一是国民党敌后游击战始终未能发动人民群众参加，没有坚实的群众基础；二是国民党始终把游击战作为正规战的辅助手段，过分强调与正面战场的配合，忽视了敌后部队独立自主地开展游击战的重要性，未能避实击虚，而是死守硬拼，最后损失惨重。三是相持阶段的反共磨擦既减弱了对日军攻击，又削弱了自身力量，给敌人可乘之机，导致敌后游击军的衰落。张业赏论述了中共与国民党军共同创建山东敌后抗日根据地的情况(《中共关于与国民党共同创建山东抗日根据地的构想与实践》，《党史研究资料》1997年第7期)。

五、中国海军、空军抗战

过去对海军抗日作战研究甚少，近年陆续有论文发表。苏小东论述中国海军作战过程说：由于受“总的抗日战略和海军实力”的制约，“中国海军被迫放弃出海作战，而以长江为主要战场”。第一阶段，在长江下游配合淞沪战场进行江阴阻塞，直至南京弃守。第二阶段，在长江中游的马当、湖口、田家镇、葛店进行保卫武汉的阻塞作战。第三阶段，在长江中游以水雷封锁拱卫陪都重庆，并在中下游开展敌后布雷游击(《中国海军抗战评述》，《军事历史研究》1997年第2期)。

至于中国海军的战略战术，苏小东的另一篇论文认为：中国海军的抗日作战方略是先取攻势防御，一方面协同陆军攻击由海口进入长江登陆之敌，一方面封锁围歼已在长江中游的敌海军舰队。但因日本先发动了上海战役，使后置于江阴的中国海军未能实现抗登陆作战计划，而封锁长江计划被泄，日本海军逃脱，围歼计划也落空，故整个抗日战争中，中国海军实施的是守势防御。在抗战全过程中，海军的作战形式主要有：沉船阻塞战，水上袭击战，水上封锁战，布雷游击战。就战术而言，这些是抗日战争总战略“持久消耗战”在海军战术中的具体体现。不过，中国海军对积极防御的战略认识很不够，战术水平运用比较低(《抗日战争中中国海军的战略战术》，《抗日战争研究》1996年第1期)。

有的论文述及，武汉失守后，国民政府曾指示海军在长江实施水上游击。1940年1月20日，长江中游敌后布雷游击队成立。至抗战胜利，共布雷1500余颗，炸沉敌舰船135艘，毙伤敌5000余名(孙泽学：《国民党敌后游击战述论》，《华中师范大学学报》1997年第4期)。

对于抗日战争中，中国空军与日军争夺制空权的战斗，近年有论文作了概要的论述。中日空军实力相差悬殊，虽然中国空军靠英勇顽强，曾取得一些战果，但“战果与损耗俱增”，很快“陷入艰难困窘”。1938 年，靠苏联航空志愿队的支援，在武汉、南昌与日军展开了多次大空战，并远征台湾，轰炸松山机场，“心理轰炸”日本。其后，日本“零”式战斗机的入役，使中苏空军更处于劣势。“苏德战争爆发，苏联志愿航空队奉命撤回。中国空军陷入孤立作战境地”。1941 年，陈纳德组织的美国志愿航空队先后到达缅甸、昆明后，中美空军携手，开始了一场夺回制空权的激战。1943 年中美空军与日本空军在鄂西展开了空中大会战，“这是中日空战史上重要转折点，它标志着中国的抗日战争已率先在空中领域取得了主动权，由防御转入战略进攻阶段”。中美空军频频奔袭日军后方基地和运输线，在空战中屡获佳绩，另外还开辟“驼峰”运输线，为赢得抗日战争的胜利作出巨大贡献（高平平、李雅茹：《抗战时期中日空军争夺制空权的殊死搏斗》，《军事历史研究》1996 年第 2 期）。

近十年教会大学史研究

马　敏

近十年来，随着对外开放和教育改革的深化，中国教会大学史日益引起国内外学者的关注，成为在华基督教史研究中的一个重要分枝。到目前为止，已出版了 7 本有关学术会议论文集和百余篇学术论文，使这一领域逐渐形成一个新的学术研究热点。有关的研究成果已涉及到教会大学的性质和历史地位；教会大学与中国教育现代化、中西文化交流、中国知识分子、民族主义等方面的关系。

一、教会大学的历史地位及其评价

过去受“左”的思想的影响，通常将教会大学视作“文化侵略的工具”，简单等同于帝国主义的“文化租界”，使之成为一个敏感的话题、学术研究的禁区。对此，教会大学史研究者提出了不同的看法。

章开沅明确提出了“两个区别说”。他指出,过去之所以难以开展对教会大学史的研究,其症结,就在于把教会大学单纯看成是帝国主义文化侵略的工具,以政治评价尺度取代了学术评价尺度;以较为表层化的民族主义情绪和义愤代替了对教会大学这一历史事物的较为冷静、全面和客观的思考与评价。为此,必须将作为教育机构的教会大学与西方殖民主义本身区别开来,不能简单等同。其次,还应将早期的教会大学与成熟时期的教会大学相区别,以正确评价其宗教功能、政治功能与教育功能在不同阶段的不同发展变化。(《中西文化与教会大学》章开沅“序”,湖北教育出版社 1991 年版),史静寰主张在注意到教会教育的宗教、政治背景的同时,不能“忽视了传教士教育活动中应该属于教育的内涵”(《狄考文和司徒雷登在华的教育活动》,台北文津出版社 1991 年版)。

胡景钟等提出要从“三个联系与根本区别”评价教会大学的历史地位。一是帝国主义殖民政治与基督教的联系与根本区别。二是基督教传教与办教会大学的联系与根本区别。三是教会大学中宗教教育与世俗教育的联系与根本区别。(《论中西文化交流中的教会大学》,《中西文化与教会大学》,湖北教育出版社 1991 年版)

有的学者提出,既要区别近代外国在华的不同活动的性质,还要进一步看到其实际的结果,注意动机与结果的歧异性。对此,刘蜀永提出了两个比较重要的观点:第一,把外人在华办学概括为文化侵略是依据办学动机的分析,但对办学实际结果缺乏认真和全面的考查。第二,近代外国在华兴办教育可以说是文化征服,但文化征服不能与军事征服等量齐观。资本主义文化中包含着进步的东西(《19 世纪香港西方学校历史评价》,《历史研究》1989 年第 6 期)。任利剑则进一步指出,教会高等教育的结果与传教士的初衷之所以出现歧异,关键是教会大学的角色出现了变化,由初期的传播福音为主转向后来的以教育为主。(《从“布道者”到“教育家”》,《中西文化与教会大学》)

当然,在如何认识教会大学历史地位及其评价的问题上,学者们的看法也不尽一致。如王立新就认为,在评价教会大学的历史地位时,有一点必须看到:无论传教士如何标榜基督教教育“以全力增进中国人民的幸福为宗旨”,潜藏的则是“以培植一个强健的基督教社会为具体目标”,即促使中国西方文明化(《美国教会在华高等教育事业的考察》,《上海社会科学院学术季刊》1991年第4期)。高时良先生也认为,对待教会学校,既要将它本身的运行过程同帝国主义对华侵略行径联系起来考察,又要从教育的相对独立性、教育自身的客观规律来考察。全面肯定它是错误的,全面否定它也是错误的。(《中国教会学校史》,湖南教育出版社1994年版)

二、教会大学与中国教育现代化

教会大学对中国近现代高等教育的现代化,曾经产生了相当深刻的影响。章开沅指出,中国教会大学虽然只有十几所,学生所占比重也不过是全国大学生总数的10%—15%,但问题不在数量,而在于质量。在当时的历史条件下,特别是在20世纪20年代以后,教会大学在中国教育近代化过程中起着某种程度示范与导向的作用。(同前引文)刘鉴唐也认为,教会学校(尤其是高等教育)的创办和发展,对传播西方文化,促进旧制度废除和新制度建立起到了积极的作用。(《近代教会学校教育与中国教育制度变革》,《中国教会大学史论丛》,成都科技大学出版社1995年版)孙竞昊也指出,就教育现代化而言,以教会大学为最高代表的教会学校体系把欧美先进的教育体制输入中国,其先进的办学方式、崭新的课程设置、高效率的管理机制,冲荡了衰朽的学塾书院制度,成为旧教育最早的历史否定物,充分显示出先进文明的魅力(《西学·西教·近代化》,《中国教会大学史论丛》)。

学者们对教会大学在中国教育现代化中所起的作用,进行了许多具体的分析。胡景钟等认为,教会大学在中国教育近代化中的作用至少有三点:一、冲击中国旧式教育,开中国新式教育风气之先;二、带来以杜威为代表的西方教育思想;三、学科设置打破了中国封建学塾制度的狭隘性、片面性和神秘性(同前引文)。黄新宪归纳为:一、教会大学以西方大学为榜样,建立了高效率的学校管理体制,从而促进了高等教育管理模式的早期现代化。二、教会大学普遍重视教学、研究、推广三者的结合,促进了高等教育职能的早期现代化。三、教会大学在宗教信仰、思想观念、师生关系、社团活动等方面采取较为开明的态度,也是其对高等教育早期现代化的重要贡献(《论教会大学对中国高等教育早期现代化的促进》,《中国教会大学史论丛》第 84—100 页)。

探讨教会大学对中国早期教育现代化的历史贡献,关键在于具体总结教会大学的办学经验与办学特色。对此,高时良先生对教会大学学校管理运行机制作了细致的考察,提出其管理具有如下特点:一、比较严密的学校行政管理体制。二、把重点放在师资队伍建设。三、为提高教学科研质量采取一系列行之有效的措施。四、抓好学生生活指导。五、优化教育育人环境。六、多渠道开拓学校财源。(《迈向现代化的高等教育发展轨迹》,《中国教会大学史论丛》)

马敏通过对华中大学的个案分析提出,如果将教会大学与中国传统的书院及新式私立和公立高等学校相比较,它们大致呈现出如下特征:办学国际化、教学正规化、信仰宗教化、教育社会化、校园家庭化。(《教会大学的国际化特色——华中大学个案》,《文化传播与教会大学》,湖北教育出版社1996 年版)王立诚研究了沪江大学与近代商科教育问题,认为其商科在国内高校中占着首屈一指的地位(《沪江大学与近代商科教育》,《近代中国》第 6 期)。

许多学者注意到,在中国近代女子教育史上,教会女子大学成为中国女子高等教育的先驱,起到了某种程度的开创作用。王奇生认为,教会学校不仅开创了中国的女子高等教育,而且为中国第一代知识女性的成长提供了一块重要的人才培养基地。三四十年代教会大学培养了占全中国女大学生总数的 30%左右的学生(《教会大学与中国知识女性的成长》,《文化传播与教会大学》,湖北教育出版社1996 年版)。

三、教会大学与中西文化交流

中西文化通过教会大学这一媒介所进行的"双向对流",是学者们关注的一个重点。高时良认为,教会大学为中西文化交流架设了桥梁。作为社会文化现象,由西方传教士带来的基督教文化同中国的文化接触,彼此相互渗透,对其中的积极成分,兼容并蓄,亦可成为中国传统文化的组成部分(《全面评估中国教会大学的历史作用——兼论如何对待基督教文化》,《中西文化与教会大学》)。章开沅认为,教会大学既是基督教文化与近代西方文明的载体,同时它又处在东方传统文化环境与氛围之中,因而不可避免地要逐步走向本土化、世俗化。许多长期在中国教会大学工作的西方教职员(包括一些传教士),也不可避免地要在不同层次与不同程度上吸收中国文化，并且将其带回故土。所以，对有些西方人来说，教会大学又是一个观察、了解中国文化与中国社会窗口。因此，我们更应该从文化学的角度来诠释这种文化的双向流动现象(同前引文)。

有的学者探讨了近现代中西文化交流的特点。任利剑指出，近现代中西文化交流，具有两个显著的特点：一是非常态的文化交流，即不是在平等、公正的历史氛围中进行。二是非对等的文化交流。在近代西方文化大规模地输入、渗透，猛烈地撞击中国的传统社会和文化，从而对中国的历史进程产生深远的巨大的影响。这种失衡的中西文化交流，把教会大学推上了历史舞台，扮演着一种双重角色：布道者与教育家(同前引文)。

张寄谦具体考察了哈佛燕京学社在中美文化交流中所起的作用，认为哈佛燕京学社作出了突出的贡献，成为中西文化交流的典型。在哈佛燕京基金的支持下，燕大先后聘请了一批学贯中西的学者来校任教，同时又陆续送优秀毕业生前往哈佛大学攻读博士学位，学成归来，充实燕大教师队伍；燕大出版以发表中国文化研究学术论文为主的《燕京学报》半年刊，推动中国文化研究的开展，使燕大迅速成为当时中国文化研究的重镇。(《哈佛燕京学社》,《中西文化与教会大学》)。何建明研究了辅仁大学的陈垣与国学研究，认为辅仁大学自创办时起就以国学教育与国学研究为重心，以考证的专门学问为特色，以赶超国际中国学(汉学)为志业，在国学人才的培养和国学问题研究方面，都取得了举世瞩目的成绩，成为中国近代国学的重镇之一(《天主教辅仁大学之国学与陈垣》,《文化传播与教会大学》)。

有的学者还从教会大学建筑这一颇富新意的角度，探讨了教会大学在中西文化交流中的作用。董黎通过对若干有代表性的教会大学建筑形态的分析，提出教会大学建筑形态的构成以及因此而导致的中国传统古典建筑的复兴，是中西文化双向流动的较成功的特例，教会大学建筑形态突破了中国数千年以来的物以致用的狭隘建筑观念，使中国古典建筑第一次被赋予了时代和民族文化的象征意义(《教会大学建筑——中国传统建筑复兴的起点》,《中国教会大学史论丛》)。

四、教会大学与知识分子

教会大学既是中西文化交流的一座桥梁，也是培养兼通中西文化的知识分子的一个摇篮。

李湘敏、谢必震通过对教会大学毕业生的统计和分析，指出中国教会大学培养的学生，毕业后主要分布在教会机构、银行、邮政、医院、文教、商业等部门。而大多数主要在文教部门工作(《从中国教会大学的人才培养看其历史的客观作用》,《中国教会大学史论丛》)。

学者们认为，在讨论教会大学与知识分子的关系时，关键要看教会大学究竟造就了什么样的知识分子？为此，陶飞亚与美国学者包德威合作，对齐鲁大学医学院毕业生做了一定的计量分析和问卷调查，指出，齐鲁医学院在几十年中，培养了近700名医科毕业生。这些人早年求学目的从个人来说是借以在社会上立足谋生，从社会角度来说也反映当时的青年人希望用科学来解救人民的疾苦，来促进国家的进步(《齐鲁大学医学院毕业生的历史分析》,《中国教会大学史论丛》)。

在对教会大学毕业生的研究中，陶行知这位出身教会学校的中国现代著名教育家，正日益受到国内学术界的重视。唐文权认为，陶行知日后成长同金陵大学求学期间所受的教育有着密切关系。金陵求学使陶行知产生飞跃。他从早年徽州文化圈上升到金陵文化圈，从而结束了中西文化兼摄的初级阶段。在这里，他基本铸就了自己的道德风范和人生信仰(《青年陶行知人生奠基所在》,《中西文化与教会大学》)。周洪宇在对陶行知与教会教育的关系做了具体分析之后，提出了“接纳与排拒”的命题。(《近代知识分子与教会教育》,《中西文化与教会大学》)此外，徐以骅还撰文评价了浦化人，这位毕业于上海圣约翰大学神学院，并具有从基督教牧师到中共高级干部传奇般经历的人物(《浦化人:出入教会的传奇人物》,《基督教与近代文化》,上海人民出版社1994年版)。何建明对曾任辅仁大学校长的著名史学家陈垣进行了专题研究，认为正是在陈垣的直接领导和教育培养下，经过20多年的艰苦努力，一大批著名的国学人才在辅仁大学成长起来，并走向全国各地和海外，成为20世纪研究和发展中国历史文化的一支重要力量。陈垣与辅仁大学不仅在国学人才的教育与培养方面取得了突出的成绩，而且在国学研究上也获得了丰硕的成果(《天主教辅仁大学之国学与陈垣》,《文化传播与教会大学》)。

五、教会大学与民族主义

对于教会大学与民族主义和

民族运动关系，80年代中期以来的教会大学史研究，仍倾向于肯定非基督教运动和收回教育权运动等民族运动的历史合理性和进步性，但更强调深入地剖析此类运动的错综复杂的政治、社会和文化背景，着力探讨社会政治变动与教会高等教育发展兴衰之间的互动关系。

杨天宏的近著《基督教与近代中国》(四川人民出版社1994年版)认为，促成收回教育权运动最终爆发的原因相当复杂，它广泛涉及政治、外交、教育、宗教以及国内社会思潮等各个方面的问题。既有外部条件的刺激，又有内在因素的促进，至少在新文化运动开始之后不久，教会教育事业便已厝火积薪，处于一种十分危险的、随时可能招致攻击的地位。其原因，首先在于国内对教育社会功能有了新的认识，强调教育必须服务于民族国家的宗旨。而教会教育恰好与这一有浓厚民族主义色彩的思想主张相背而驰。其次，收回教育权运动乃是20世纪初期以来国内收回利权运动的逻辑发展，与企图改变中国半殖民地社会的政治斗争相关联。此外，这一运动与列宁帝国主义和殖民地理论在中国的传播、国共的首次合作和反对列强的政治主张等亦有直接的关联。

顾学稼对华西协合大学的收回教育权运动进行了个案考察，指出，收回教育权运动属于20年代中期中国民族运动的重要组成部分，这场运动的主要动力是教会学校的爱国学生，其中也包括不少的基督徒。在收回教育权运动中，爱国学生发动的退学运动无疑起了最主要的推动作用。如果没有退学运动和广大爱国师生的巨大压力，地处中国内地的华西协合大学的立案，很可能会像上海的圣约翰大学一样，要被大大地推迟。经过收回教育权运动，华西协合大学的面貌为之一新(《华西协合大学的收回教育权运动》,《中国教会大学史论丛》)。

教会大学的历史命运与中国近现代民族运动的分殊离合，使教会大学史研究对于研究近现代中国政治史、革命史以及外交史也具有一定意义。章开沅曾多次提出，与国立大学相比，教会大学的师生与西方文化乃至西方社会有较多的直接接触，思想比较活泼并且享有较多的自由。同时，也由于更为经常直接感受某些外国势力政治、宗教、种族偏见的刺激，比较容易触发民族情绪乃至滋生革命思想，所以，历次反帝爱国运动与民主革命运动，都有大批教会大学师生积极参加，有的教会大学甚至成为爱国民主运动的重要据点(同前引文)。赵清也指出,中国近代知识分子的一部分是从教会大学培养出来的。正是这一部分知识分子从西方传教士传播的西学、新学中学来了资产阶级革命时代的学说,他们要求对中国维新改革,进行资产阶级革命,走西方的道路,许多人成为知识分子的精英(《从反"孔教"运动到"非宗教大同盟"运动——"五四"前后知识分子反宗教道路剖析》,《中西文化与教会大学》)。

有关中国教会大学由盛而衰,最终从大陆消亡的原因,一些学者提出是政治的,而非教育的或宗教的。马敏认为,某种意义上,教会大学从中国大陆的消失,乃是20世纪以来共产主义革命运动与基督教普世运动正面冲突的结果,是中国民族主义与西方殖民主义反复较量的结果,也是二次世界大战以来世界政治格局重新调整组合的结果。因此,教会教育的失败主要的不是一种教育制度或宗教信仰的失败,而是一种政治的失败,是美国和其他西方国家在中国大陆政策失败的附属品。正是在这些更为深刻的历史运动背后,隐藏着中国教会大学消亡的因果性(《艰难的蜕变——解放前后的华中大学与韦卓民》,《中西文化与教会大学》)。

史静寰也认为,教会学校的失败并不在教育上,相反,传教士一直在努力探求教育的内在规律,也试图按照这种规律开办在中国的教会学校。但是,这种努力和尝试都受到传教士所依靠的帝国主义的政治经济利益的限制,传教士本身的宗教目的又进一步加深了这种利益与中国社会的矛盾。这是传教士在近代中国不可能解决的问题。也是导致其教育活动最终失败的根本原因(《在华西方传教士在华教育活动的专业化》,《历史研究》1989年第6期)。

香港史研究

刘蜀永

1997年香港终于回归中国,结束了被外国殖民统治的历史。香港作为中国历史上很特别的一个地区，它从沦为外国殖民地到回归祖国的历史，是中国近现代史的一个重要组成部分，也有其特殊的地位，长期来为国内外史家所关注，改革开放以后更引起中国史家的重视。

1980年之前，关注这一地区历史的多是西方学者（主要是英国学者）。欧德理（E. J. Eitel）的《欧西于中土：从初期到1882年的香港历史》、塞耶（G. R. Sayer）的《香港的诞生、少年和成年（1841—1862）》、《谨言慎行年代的香港（1862—1919）》、许舒（J. Hayes）的《1850—1911年的香港地区》、诺顿—凯希（J. W. Norton-Kyshe）的《香港法律与法院史》、安德葛（G. B. Endacott）的《香港史》、《晦暗无光的香港》和韦尔什（F. Welsh）的《香港史》等是有代表性的著作。西方学者的许多香港史著作资料丰富，具有参考价值。但不少著作都程度不同地反映出殖民主义的偏见，以港督为中心片面地构造历史体系，抹煞华人对香港社会发展的重大贡献，忽视香港与中国内地密切的政治、经济和文化联系。当然，也有部分著作，如史维理（P. Wesley-Smith）的《不平等条约（1898—1997）：中国、英国与香港新界》等，立论比较公允。

相比之下，中国学者对香港历史的研究起步较晚。80年代初，中英关于香港问题的谈判开始以后，中国学者意识到香港问题的重要性，对香港史研究逐渐重视起来，形成了较为稳定的研究队伍，涌现出一些质量较高的研究成果。

内地学者的香港史研究

中华人民共和国成立初期，中国科学院近代史研究所所长、著名历史学家范文澜曾提议研究香港历史，但未引起人们足够的重视。当时没有稳定的香港史研究队伍，只有少数学者写过几本香港史读物。

丁又（杜定友）的《香港初期史话（1841—1901）》（三联书店1958年版）一书，是内地出版的第一本香港史读物，由著名图书馆学家杜定友编写。该书记述了香港地区的历史沿革、英国侵占该地区的经过和19世纪香港社会概况。虽然由于资料条件和政治环境的影响，该书在史料的运用和论述的科学性方面存在一些缺陷，但对内地学者的香港史研究仍有一定的参考价值。

章洪的《香港海员大罢工》（广东人民出版社1979年版）一书，对1922年香港海员大罢工的背景、经过和意义进行简要和系统的论述。蔡洛、卢权的《省港大罢工》(广东人民出版社 1980 年版)一书，主要依据中文书刊和调查访问资料，对省港大罢工进行了较为系统的初步研究，涉及罢工的背景、惨案经过、组织、筹略和影响、罢工过程中的中英谈判、中山舰事件对罢工的影响、北伐战争与省港罢工、国内外对罢工的支援等问题。但上述两本书籍未能利用大量的英文档案资料，影响了对问题探讨的深度。

从 80 年代初开始，中国社会科学院近代史研究所和广东省社会科学院历史所分别建立了余绳武、刘存宽、金应熙等知名学者领导的香港史课题组，逐渐形成南北两个香港史研究中心，极大地推动了国内的香港史研究。

余绳武、刘存宽主编(徐曰彪、刘蜀永、杨诗浩 、张寄谦、霍启昌参与写作)的《十九世纪的香港》(北京中华书局、香港麒麟书业有限公司 1994 年版)是国家“七五”重点科研课题成果，也是第一部对 19 世纪香港史进行深入的学术探讨的中文专著。该书征引了大量中外文档案和书刊，内容涉及英国占领前的香港地区、英国侵占香港地区的经过和 19 世纪香港的政治制度、经济、文化、社会生活。该书出版后，受到香港学术界和新闻界的重视。香港《文汇报》、《大公报》、《新晚报》、《信报》、《华侨日报》和《明报月刊》、《读书人》等报刊杂志纷纷发表评论文章，称之为有“正本清源、添空补缺的作用”；是“资料翔实的香港断代史”；“史料浩繁无字无来历”，“不愧是国家级的历史著作”。并被香港中文大学历史系和香港教育署列为教学参考书。

余绳武、刘蜀永主编的《二十世纪的香港》(政治篇)一书(中国大百科全书出版社、香港麒麟书业有限公司 1995 年版)，是中国社会科学院重点科研项目成果。书中论述了 20 世纪香港政制、香港与中国内地时局的相互影响和中英关于归还香港的交涉等三部分，无论结构、观点、内容均与以往西方出版的香港史著作有所不同。例如，该书明确揭示了港英统治的殖民主义性质，论述了其统治方式的演变，对其某些行政措施(例如廉政建设)也给予了实事求是的评价。又如，以前除了省港罢工问题外，极少有人论述香港与内地时局的相互影响。该书却依照辛亥革命、省港罢工、抗日战争和解放战争等不同历史时期，详加论述。再如，以前没有一本中文著作详细地论述过中英关于归还香港的交涉。该书却围绕二战期间和战后收复香港的交涉、九龙城问题、中英谈判和基本法的制订等问题，系统地加以阐述。该书亦被香港教育署列为教学参考书。

余绳武的《香港历史问题资料选评——割占香港岛》、刘蜀永的《香港历史问题资料选评——割占九龙》、刘存宽的《香港历史问题资料选评——租借新界》等三本书籍（香港三联书店 1995 年版），采用“让文件说话”的写作方法，将反映香港问题由来的大批中外文档案文件公布于众，并加以简要的评说。这种比较新颖的写法被读者所接受，这套丛书出版后很快售罄，现已第二次印刷。

刘蜀永主编的《简明香港史》（香港三联书店 1998 年版）一书的四位主要作者刘蜀永、徐曰彪、张俊义和张丽曾先后参与《十九世纪的香港》和《二十世纪的香港》两书的编写。该书引用了上述两书的重要内容，又补充了作者对香港古代史、港英统治手法的变化、香港经济与社会发展及香港与中西文化交流等方面最新的研究成果，提出了一些新的看法。国务院港澳办港澳研究所陈多、蔡赤萌参加了部分编写工作。这是一部面向广大读者但又具有一定学术水平的通史性著作。

邹云涛等整理的《金应熙香港今昔谈》（龙门书局 1996 年版）收集了已故著名香港史专家金应熙教授有关香港史研究的学术专论、随笔、书评和杂忆等，对后人的香港史研究有很大的启示作用。

邓开颂、陆晓敏主编的《粤港澳近代关系史》（广东人民出版社 1996 年版）对 1840—1949 年广东与港澳的政治、经济和文化关系进行综合研究，填补了港澳历史和广东地方史研究的空白，是“八五”广东社科基金资助项目。

邓开颂、陆晓敏主编的《粤港关系史（1840—1984）》（香港麒麟书业有限公司 1997 年版）一书，从政治、经济和文化等方面，阐述鸦片战争爆发至中英联合声明签署这一百多年间，粤港两地之间的冲突、合作与交流，丰富了人们对香港历史的认识。该书在阐述 1949 年以后的粤港关系时，较多地引用了广东省档案馆的历史档案，披露了一些鲜为人知的史实。

许锡辉、陈丽君、朱德新著《香港跨世纪的沧桑》（广东人民出版社 1995 年版）简明扼要地叙述了从远古到中英联合声明签署期间，香港历史各主要方面的发展概况。书中对香港历史的发展明确提出了自己的见解，对读者有所启发，但该书在史料的引用方面，尚存在一些不足之处。

元邦建的《香港史略》（香港中

流出版社1987年版)是内地学者编写的第一本通史性香港史著作。该书是作者用他所能找到的中文书刊资料在较短时间内组装成的一本书籍,对香港历史的叙述缺乏全面性和应有的深度。

《港九独立大队史》(广东人民出版社1989年版)一书,是在向老战士广泛征集资料的基础上,由广东省社会科学院历史所港澳史研究室江敏锐副研究员执笔编写的。该书记述了东江纵队港九独立大队在香港动员群众、组织队伍杀敌锄奸的英雄事迹,以及在抢救爱国民主人士和文化人士、营救盟军和国际友人、抢运武器、物资等方面的贡献。

姚锡棠主编的《上海香港比较研究》(上海人民出版社1990年版)一书,从历史、经济关系、投资环境、工业、出口贸易、金融业、财政税收、旅游业、地方立法机制、社会保障和福利事业、城市基础设施、市政管理、房地产管理等13个方面,对上海和香港两个城市加以比较。书中许多地方涉及上海和香港历史的比较研究。如该书"近代上海与香港"这一专题中,除开埠前上海和香港的比较外,还对沪港近代化道路的模式进行比较,并对与此相关的一系列问题进行了分析比较,如早期沪港经济地位的相对变化、沪港近代关税问题、沪港两种不同的投资市场等。

冯邦彦的《香港的英资财团(1841—1996)》和《香港的华资财团(1841—1997)》(香港三联书店1996、1997年版),填补了香港经济史研究的空白,是第一次对香港英资财团和华资财团进行系统研究的中文著作。作者花费了许多精力收集了大量中文资料,却较少利用英文书籍和档案,影响了对英资财团研究的深度。

谢常青的《香港新文学简史》(暨南大学出版社1990年版)一书,对1949年以前三十年的香港新文学进行了较为系统的研究,论述了香港新文学与中国现代文学的密切关系,是一部具有开创性的著述。

刘蜀永主编的《一枝一叶总关情》(香港大学出版社1993年版)是一本反映香港大学与中国内地关系的书籍,包括专题论文、回忆录和内地著名港大毕业生传略等。此书记述了孙中山与香港大学的关系、港大毕业生刘仙洲(原清华大学副校长)、朱光潜(著名美学家)、林宗扬(原中华医学会会长)、石志仁(原铁道部副部长)等对中国经济建设和文化建设的贡献、港大与中国内地交流的历史与现状、港大作为中西文化汇合之点所起的作用等，对香港文化史的研究有一定的参考价值。

金应熙主编的《香港史话》（广东人民出版社 1988 年版）一书，以分题介绍的形式通俗地概述香港历史，写到第二次世界大战结束为止，是一本编写态度严肃认真的历史读物。历史读物方面，还有刘蜀永的《香港历史杂谈》（河北人民出版社 1987 年版）、《香港的历史》（新华出版社 1996 年版）、刘泽生的《香港古今》（广州文化出版社 1988 年版）等。在这类书籍中，姜秉正的《香港问题始末》（陕西人民出版社 1987 年版）出版年代较早，但书中属于史实错误的“硬伤”较多。

20世纪90年代初开始，广州和北京的考古学者先后与香港考古学者合作，对香港的一些古文化遗址进行考古发掘，丰富了人们对香港古文化的认识，特别是香港古文化与珠江三角洲文化的渊源和同一性，以及它与长江流域古文化和中原文化的联系。为庆祝中国政府对香港恢复行使主权，中国社会科学院考古研究所在《考古》杂志1997年第6期上开辟了《本刊专稿——香港考古》，发表了安志敏的《香港考古的回顾与展望》、商志馥、吴伟鸿的《香港新石器时代文化的分期与断代》、邓聪的《1925—1936年香港考古工作试述》、白云翔的《香港李郑屋汉墓的发现及其意义》、香港古物古迹办事处的《香港涌浪新石器时代遗址发掘简报》和邓聪、商志馥、黄韵璋的《香港大屿山白芒遗址发掘简报》等一组论文。

资料书方面，有广东哲学社会科学研究所历史研究所编：《省港大罢工资料》（广东人民出版社 1980 年版）、中国第二历史档案馆编：《五卅运动和省港罢工》（江苏古籍出版社 1985 年版）。中国第一历史档案馆编《香港历史问题档案图录》（香港三联书店 1996 年版）将有关香港历史问题的原始档案翻拍彩色精印出版，不仅有其史料价值，亦具有收藏价值。

工具书有曹淳亮、刘泽生主编的《香港大辞典（经济篇）》（广州出版社 1994 年版）。这是一部大型工具书，收有 5000 余辞条，共 300 万字。该辞典对于研究香港当代史（特别是当代经济史）有很大的参考价值。还有李宏编《香港大事记：公元前 214—公元 1987》（人民日报出版社 1988 年版）。

广东学者点校了几种罕见的近代香港史资料和著作。莫世祥点校的《香港杂记（外二种）》（暨南大学出版社 1996 年版），辑录了《香港杂记》、《勘建九龙寨城全案》和晚清 19 种出洋载记中有关游览香港的记述。李龙潜点校的《香港纪略（外二种）》（暨南大学出版社1997年版）辑录了《香港纪略》和《香港市政考察记》。

香港学者的香港史研究

以往香港华人学者的香港史著作数量较少。老一辈的学者中，罗香林等的《1842年以前的香港及其对外交通》、罗香林的《香港与中西文化交流》等是质量较高的专著。许地山的论文《香港与九龙租借地史地探略》对中国学者研究香港近代史产生过较大影响。

最近十余年，香港学者研究的深度与广度不断扩展，论著增多。内容不仅有对香港古代史的深入研究，亦涉及近现代史的许多方面，诸如香港与近代中国的关系、中西文化的相互影响、中英关系、华人团体与华人企业、香港商业的发展等等。

重要的著作有香港中文大学中国考古艺术研究中心编：《南中国及邻近地区古文化研究》、萧国健的《香港历史与社会》、《香港古代史》、丁新豹的《香港早期的华人社会（1840—1870）》、霍启昌的《香港与近代中国》、吴伦霓霞的《东西方的相互影响》、冼玉仪的《早期香港东华医院史》、《与香港并肩迈进——东亚银行（1919—1994）》、陈刘洁贞的《中国、英国与香港》、梁炳华的《城寨与中英外交》、林友兰的《香港史话》、王其乐的《香港中文教育史》、关礼雄的《日占时期的香港》、谢永光的《香港三年零八个月的苦难》、陈湛颐的《日本人与香港》等。

原香港大学校长王赓武教授主编的《香港史新编》（1997年香港三联书店版）是最具代表性的一部大型学术著作。全书约100万字，分上下两册，由23位香港本地的专家、学者历时四年编写而成。该书采用了类似《剑桥中国史》的写法，由有关的专家、学者按专题分门别类阐述香港历史的发展，涵盖面广泛，涉及香港的政治、经济、文化、教育、宗教、风俗和考古等方面。书中的大部分专题都是作者多年潜心研究的结晶，达到空前细致深入的程度，使人耳目一新，无论是对研究香港历史的学者还是对一般读者都很有启发作用。当然，由于作者众多，也存在水平参差不齐的问题。有些学术观点，如英国人对香港华人的统治能否说成是间接统治，二战期间英国是否考虑过把香港交还给中国等，还值得商榷。

鲁言（梁涛）等的《香港掌故》（1—12集）和鲁金（梁涛）主编的“古今香港系列”丛书对香港史研

究亦有其参考价值。

资料书方面，有科大卫、陆鸿基、吴伦霓霞合编的《香港碑铭汇编》和科大卫编《香港社会史文献》。

发展趋势

随着香港经济实力的不断增长，随着香港回归中国这一历史性事件的进程，国内外有越来越多的学者关心和参与香港史研究，香港与内地、中国与外国学者之间在香港史研究方面的交流与合作更为密切。

香港大学在香港史研究中发挥着越来越重要的作用。建立于1974年的香港大学孔安道图书馆是专门收藏香港资料的图书馆，是世界上收集香港资料最集中的地方。该馆与中国社会科学院近代史研究所香港史课题组建立了长期的资料交换关系。香港大学亚洲研究中心利用电脑建立了香港史研究资料库，他们还将研究香港史的重要资料——英国殖民地部档案C.O.129系列(香港政府与英国政府就香港问题的来往文书)的索引制成光碟，供研究者使用。该中心还与中国社会科学院近代史研究所达成了合作研究20世纪香港经济史的协议。

加拿大多伦多大学和约克大学的联合亚太研究所于1990年制定了《加港研究计划》，并于1994年建立了加港文献馆，重点收藏有关香港的发展、加港两地关系、加拿大的香港移民和加籍港人社区情况的资料。

美国斯坦福大学胡佛研究所也建立了《香港文献库》。该文献库主管陈明铼博士主编了《香港回归中国：迈向1997》(Hong Kong Becoming China：The Transition to 1997)系列丛书，现已出版七册。

1995年12月，中国社会科学院、广东省社会科学院和香港新亚洲文化基金会主办的《香港史研究现状与前景研讨会》在珠海召开，来自中国内地、港澳和加拿大的近80名专家、学者出席会议，发表论文40余篇。

1997年12月，中国社会科学院和香港大学主办的《香港与近代中国国际学术研讨会》在香港举办。此次会议是香港历史上规模空前的一次香港史国际研讨会，出席会议的正式代表多达135人，国内外研究香港史的知名学者几乎都出席了会议，他们分别来自中国内地、港澳台地区，以及日本、美国、英国、加拿大、澳大利亚等国家。与会论文涉及香港的考古、政治、经济、社会、教育、文学等方面。

史 前 考 古

陈 星 灿

旧石器时代考古

1997年报导的旧石器时代考古的一些重要发现，以南方地区为多。自1995年以来在秦岭山区南坡南洛河上游的洛南盆地发现旷野类型的旧石器地点38处，洞穴遗址1处，获得各类石制品35万余件，动物化石20余种及踩踏面和灰烬层等遗迹，大部分属于中更新世中晚期遗存。石制品和动物群兼具我国南北方的特点，但更多地体现为南方特色，对探讨南北旧石器文化交流和秦岭—淮河作为自然地理分界的意义等均具有重要价值(《中国文物报》1997年12月7日)。在沪蓉高速公路安徽怀宁段发现旧石器时代遗址，不仅发现30万年左右打制精制的旧石器时代早期的工具，同时还发现旧石器时代中晚期的大量小石器工具。小石器曾被认为是我国北方旧石器文化所独有的，它在安徽的发现，具有重要的考古价值(《中国文物报》1997年5月25日)。

大江截流前的三峡考古，在四川丰都烟墩堡发现原地埋藏的旧石器时代遗址，出土标本1万余件，包括石核、石片和石器等，石制品以砾石为原料，主要采用锤击法打制而成，以石片石器为主，类型多，特色鲜明，可能代表更新世晚期一种新的旧石器时代文化(《中国文物报》1997年2月2日)。在湖北神农架发现近百件旧石器和近千件明显属于南方大熊猫—剑齿象动物群的更新世晚期动物化石，石器以石片石器为主，与三峡地区和汉水流域的砾石石器有所不同(《中国文物报》1997年4月13日)。第二次发掘还发现旧石器时代中期文化遗存，其中的骨锥、骨刀等骨制品为我国南方旧石器时代中期文化所仅见(《中国文物报》1997年12月14日)。在武汉市汉南纱帽镇发现古人类头骨化石，属晚期智人类型。据初步研究，该化石属于年龄在25—35岁的女性个体，被命名为“汉阳人”。这是湖北首次发现的更新世晚期人类化石，年代与北京山顶洞人相当(《光明日报》1997年7月15日)。

湖南临澧县发现了旧石器时代末期的高台建筑，被认为是目前我国发现最早的建筑遗迹。遗迹面积24平方米，外围轮廓呈椭圆形。遗迹所在的台地，提供了一套较为完整的连接旧石器时代和早期新石器时代的地层序列，为探讨旧石器时代向新石器时代文化的转变及早期的建筑形式提供了不可多得的材料(《中国文物报》1997年4月6日)。

此外，房迎山报道了安徽宣州陈山旧石器地点1988年的发掘材料(《人类学学报》1997年第2期)。类型有石片、石核、刮削器、砍砸器和镐等，年代为旧石器时代早、中期。黄慰禾、侯亚梅等《盘县大洞的石器工业》，(《人类学学报》1997年第3期)。公布了贵州盘县大洞的1990—1993年度的发掘材料，在此基础上，提出大洞可能存在代表西方旧石器文化传统的勒瓦娄哇技术。

北方地区的重要发现，主要有北京市等地的考古收获。在北京市中心王府井南口的东方广场12米以下的河湖相堆积中，发现旧石器时代晚期的石制品、动物化石和用火痕迹，是北京市区最古老的古人类文化遗迹(《人民日报》(海外版)1997年1月1日)。另外在西单和崇文门地区还分别发现更新世晚期的古生物化石，说明几万年前的北京，气候适宜动物和人类的生存(《人民日报》(海外版)，1997年5月3日)。

另外，王恩霖报道了河北昌黎亭泗洞发现的属于旧石器时代末期的细石器材料；尤玉柱等报道了山东沂水西水望的属于中更新统的石制品(均见《人类学学报》1997年第1期)。

最近十余年来我国旧石器时代考古的成就主要集中在南方，特别是广西、湖南、湖北和三峡地区的发现为认识南方旧石器时代文化的特征及其与北方同时期文化的关系提供了大批珍贵的材料。王幼平在《更新世环境与中国南方旧石器文化发展》(北京大学出版社1997年版)一书中，对我国南方旧石器的发现和所体现的文化发展道路的独特性作了比较全面的描述和分析，从对南方更新世环境的适应考察了区域性文化传统形成的原因。张森水《在中国寻找第一把石刀》(《人类学学报》1997年第2期)一文认为，在已有发现的基础上，如能扩大调查，多学科深入考察，有希望对此项研究做出更大的贡献。刘武《蒙古人种及现代中国人的起源与演化》(《人类学学报》1997年第1期)则对目前的关于蒙古人种及现代中国人的起源与演化问题，进行了评述。他认为地区连续进化学说似乎更具有说服力，尽管单一地区起源说也有一定的证据。

新石器时代考古

相对于旧石器时代考古而言，新石器时代考古在发现的数量和地区分布上都有很大的扩大，实际上几乎所有的省份都有新的发现。

北方地区　在辽宁葫芦岛杨家洼发现了8千年前的龙形图案。在相距7米的两个探方内揭露出两条用纯净的米黄色粘土做原料，在红褐色地面上塑出的两条龙形图案，一号龙长1.4米，高0.77米，二号龙略小，皆作昂首，挺身，扬尾状，被认为是龙图腾(《中国文物报》1997年6月8日)。这是继河南、湖北发现地塑(摆)龙之后的又一发现，对于了解我国龙的系谱和我国史前人类的精神世界有重要意义。

《古考》1997年第1期公布了1992年度的发掘材料，为研究七八千年前长城以北地区的史前文化提供了重要资料。研究者在对出土房址、窖穴、墓葬和大量玉、石器和陶器报道的基础上，提出兴隆洼聚落形态的演变大体经历了三个阶段。其中第一期聚落处于周密规划、统一营建阶段，房间较大，一般每间约为50—80平方米。第二期聚落承袭一期的聚落布局，房址的排列方式基本与一期相同，但房间面积变小，一般为30—50平方米。第三期聚落突破原有布局，呈现出不同的聚落模式，房屋面积更小，一般每间只有15—30平方米。兴隆洼遗址是目前国内第一个揭露出围沟、房址和窖穴等全部居住遗迹的史前聚落。

1986年发掘的内蒙古敖汉旗赵宝沟遗址，是赵宝沟文化的命名地。《敖汉赵宝沟——新石器时代聚落》(中国大百科全书出版社1997年版)一书，详细报道了此次发掘的半地穴房址、灶址、灰坑和石头堆等遗迹和大量的陶、石、骨、蚌制品。发掘者认为，赵宝沟聚落主要由两个系统不同的血亲集团通过婚姻关系构成，两个集团自成体系，相互遗存并各有自己的集团标识。生产工具表明，该文化的人们已经进入耜耕农业阶段。《文物》1997年第8期公布了红山文化中心遗址——辽宁牛河梁第五地点一号冢中心大墓(M1)和第二地点一号冢21号墓和四号冢筒形器墓的发掘材料，对于认识辽河文明起源的特征具有关键意义。

田广金对内蒙古中南部地区的史前考古所做的综合研究显示，当仰韶温暖期，来自中原地区的移民带来了原始的农业；在仰韶后期，以斝形鬲和鬲为代表的中原文化成为主体，并和其他方向上来的考古学文化形成交融和碰撞，发展出独具特色的地方文化。当气候温湿时，文化向西向北扩展，反之，向东向南推进，在大约公元前3500年的干冷期，该地区完成了从农业到畜牧业的转化，形成了与中原农业部落不同的游牧民族(《论内蒙古中南部史前考古》,《考古学报》1997年第2期)。

黄河流域　《大汶口续集》(科学出版社1997年版)全面公布了大汶口遗址第二、三次发掘的材料。研究证明，此次发掘的大汶口文化遗存是大汶口文化发展过程中的早期阶段，早于《大汶口》报告中的早期墓，后者应属大汶口文化发展中的中期阶段。大汶口墓地平面分布为独立的三个墓组，应视为三个家族墓地的一部分(边缘都没发掘)。到大汶口早期的晚段，家族之间已经出现了明显的贫富差别，有的墓一无所有，有的则随葬彩陶釜等高等级的陶器。

河南巩义市瓦窑嘴发现裴李岗文化遗址，出土了大量裴李岗文化的新资料，被认为是该文化晚期具有鲜明地方特色的一个新的类型，尤其引人注目的是有较大分量(15%)的泥质黑陶器的发现，器形有碗、豆、钵、杯、小罐等，火候高，陶色纯正，造型美观，显示出较高的技术水平，为裴李岗文化的分期和类型学研究以及制陶工艺的探讨，提供了宝贵资料(《中国文物报》1997年9月7日)。河南尉氏圈椅马遗址发现了分别属于裴李岗文化向仰韶文化过渡、仰韶文化以及大汶口文化的遗存，前者是一种前所不见的文化遗存，可能代表早于后岗一期的新石器时代文化。豫东地区过去屡遭水患，新石器时代晚期以前的文化是一片空白，此次发现取得了首次突破(《华夏考古》1997年第3期)。

山西垣曲黄河小浪底水库工程发现数处仰韶、龙山时代的遗址。其中宁家坡遗址出土的仰韶文化早期的遗迹、遗物，填补了山西仰韶时代早期文化资料的不足。该遗址庙底沟二期文化还发现了2座完整的陶窑和附属设施，再现了4700年前的制陶作坊和生产情景(《中国文物报》1997年7月13日)。

张忠培在《仰韶时代——史前

社会的繁荣与向文明时代的转变》（《文物季刊》1997 年第 1 期）一文里，对仰韶时代的文化及其演化，居民种属、健康状况与人口数量，经济类型、生产技术与劳动分工，社会组织及其演变等许多方面进行了分析和总结，对于全面地了解和把握这个阶段的社会发展情况具有重要的价值。

太湖及其周围地区　浙江余姚淄山发现河姆渡一期文化的遗址，出土石骨陶牙木等类文物千余件，揭露出大片干栏式木构建筑遗存，其中打制石器、象牙鸟形圆雕、木制工具等弥足珍贵。特别是 300 多件燧石质打制石器的出土，在浙江新石器考古中属首次发现，为全面认识河姆渡文化的生产、生活状况提供了重要线索（《中国文物报》1997 年 4 月 13 日）。浙江安吉县安乐窑墩遗址发现马家浜文化墓葬 5 座，崧泽文化墓葬 20 多座，出土陶石器和玉器数百件，这是这两种文化在浙北山区的首次发现（《中国文物报》1997 年 5 月 11 日）。江苏苏州草鞋山遗址发现马家浜时期的水稻田，距今 6000 多年，中日专家论证这是迄今发现最早的古稻田（《人民日报》（海外版）1997 年 1 月 30 日）。

上海奉贤江海遗址发现距今 4000 多年前的良渚文化墓葬和生活遗迹以及距今 3000 多年的马桥文化陶窑，丰富了太湖地区古文化研究的资料（《中国文物报》1997 年 7 月 13 日）。浙江余杭汇观山良渚文化祭坛与墓地的发掘，发现了一个长方形覆斗状的祭坛，在祭坛的西南部还发现 4 座良渚墓葬。这批材料的公布对于良渚文化研究具有重要价值（《文物》1997 年第 7 期）。

上海马桥遗址发现良渚和马桥文化遗存，对于了解马桥文化的时空分布、特征以及与良渚文化的关系都提供了重要依据。研究者认为，马桥文化与良渚文化面貌差异的原因是前者替代后者的过程中，只继承了后者的一小部分特征，而大量融入了非当地传统的新文化因素，包括二里头文化、商文化和岳石文化、湖熟文化的因素（《考古学报》1997 年第 2 期）。

江苏高邮周邶墩遗址的发掘，发现了两期史前遗存。第一期文化与龙山文化王油坊类型关系密切，第二期文化则集中体现为岳石文化尹家城类型的特征，对于寻找龙山文化和岳石文化的东移和南移及人地关系的变迁有重要意义（《考古学报》1997 年第 3 期）。

关于良渚文化的讨论，一直是近年来学术界的热点。安志敏《良渚文化及其文明诸因素的剖析》

(《考古》1996年第9期)对目前流行的关于良渚文化社会发展阶段的许多说法,给予批评。他认为良渚文化代表着社会发展的剧烈变革时期,但是否进入文明时代,还有待深入的工作。杜金鹏和朱乃诚分别讨论了良渚玉器刻符和祭坛的一些问题(《良渚神祇与祭坛》,《考古》1997年第2期;《良渚文化玉器刻符的一些问题》,《华夏考古》1997年第3期)。他们都认为玉器上的阳鸟祭祀图是祭坛的写照,立鸟是竖立在祭坛上的神物。前者还提出良渚文化的主要神祇是祖先神和太阳神。刘斌讨论了良渚文化的冠状器和耘田器的关系(《良渚文化的冠状饰与耘田器》,《文物》1997年第7期)。蒋卫东讨论了良渚文化锥形玉器与骨镞的关系,认为前者是后者的礼器化(《试论良渚文化的锥形玉器》,《文物》1997年第7期)。

长江中上游地区　湖南澧县城头山遗址经第6次发掘,证实该城址曾经4次筑造,其第一期夯筑年代在距今6000年前的大溪文化时期,其后直至屈家岭文化早中期,又经过3次筑造,使城墙加宽加高,形成宏大的规模。这被认为是已知时代最古的城址。同时,还发现建城前耕种的水稻田遗址(《中国文物报》1997年8月10日)。

史前城址的发现自80年代以来络绎不绝,在黄河、长江中下游地区据不完全统计已有数十座。湖北荆州阴湘城屈家岭—石家河文化城址和山东阳谷县景阳岗龙山文化城址的调查和发掘简报,给学术界提供了可资研究的新材料(皆见《考古》1997年第5期)。前者的城墙根据地层叠压关系,可分为第一期城墙和第二期城墙,第二期城墙较第一期城墙宽大,其基脚宽达45米。二期城墙经过一段时期的使用后,又经过多次修整,其使用的时间可能是屈家岭文化晚期至石家河文化时期,西周时期为二期城墙的下限。后者略呈圆角长方形,方向为东北—西南向,城墙宽20—25米。城内还发现两座大小不同的台基,分别呈长方形和方形,小台基和大小台基之间发现大片夯土,但由于揭露面积较小,夯土的性质不明。

华南地区　华南地区的考古近年来取得了丰硕的成果。为迎接香港回归,不少报刊都刊登了香港考古的新发现。《考古》杂志还举办了《香港考古》专号(1997年第6期),发表了新界涌浪和大屿山白芒新石器时代遗址的材料,为华南史前考古提供了新的信息。广东南海鱿鱼岗贝丘遗址的发掘,为建立和完善珠江三角洲地区史前文化的编年提供了依据。广西地区的史前考古有新的突破。邕、郁、浔江流域和桂北石灰岩地区12个县市的考古调查，为了解广西史前文化的面貌和建立史前文化的框架，提供了新的材料(《考古》1997年第10期)。而邕宁顶狮山遗址的发掘，发现新石器时代墓葬149座，发现了以屈肢葬和肢解葬为特点的葬俗，大量的小石器和弥足珍贵的可以复原的几件陶器，准确的地层叠压关系以及从陶器表现出来的和湖南、珠江下游地区史前文化的相似性，为建立南宁地区乃至岭南史前文化的编年，了解当时的自然环境和人地关系提供了无可比拟的实物资料(《中国文物报》1997年12月4日)。

中国文明起源的讨论，仍是考古学界的热点问题。苏秉琦的《中国文明起源新探》(香港商务印书馆1997年版)，是他生前出版的最后一部重要著作，对其关于中国文明多元起源学说作了全面阐述。这部带有自传性质的著作，总结了中国考古学者几代人不断探索和思考的结果，系统地阐述了作者提出的中国国家起源的三部曲和发展模式的三类型。所谓三部曲是：古国——方国——帝国；所谓三类型是以北方地区的红山文化、夏家店下层文化和秦为代表的原生型；以中原夏商周三代为中心包括其前后的尧、舜和秦五代的次生型；以及以北方草原在秦汉后入主中原的鲜卑、契丹和清朝三代为代表的续生型。作者认为，“三部曲和三类型是中国万年以来历史发展的总趋势，是关于中国文明起源和国家形成的一个系统概念，也是试图对80年代以来关于中国文明起源讨论进行的一次总结。”严文明《黄河流域文明的发祥与发展》(《华夏考古》1997年第1期)认为，尽管随着长江流域等地区有关文明起源的重大考古发现，黄河流域作为中国文明起源的惟一地区的观念发生了动摇，但是它在中国文明发生和发展中的特殊地位仍然是不能够忽视的。李伯谦《长江流域文明的进程》(《考古与文物》1997年第4期)一文提出，从文明因素的孕育、起源和发展，长江上中下游都是独立进行的，看不到哪个地区是传播所致。但在文明的形成时期，却都有黄河夏商文明的参与，其正式进入文明阶段的时间，也正是商文化最强大最具有外扩能力的时候。

韩建业、杨新改对河南龙山文化系统的王湾三期文化的分区、地方类型、起源和与南方地区的文化关系进行了综合研究。他们认为王湾三期文化的增强和石家河文化的衰落乃至消亡相一致，与古史上的尧舜禹对三苗用兵而终于使三苗衰微的记述很是吻合(《考古学报》1997 年第 1 期)。安金槐再次提出应重视豫西颍河上游在探索夏文化遗存中的重要地位(《豫西颍河在探索夏文化遗存中的重要地位》,《考古与文物》1997 年第 4 期)。张学海《东土古国探索》(《华夏考古》1997 年第 1 期)通过对山东地区出现的龙山时代的城址的分析，提出从大汶口晚期开始，山东地区就出现了“古国”。

此外，孙祖初对 1919—1950 年我国史前学研究的理论和方法论作了比较全面的评述，认为对先秦文献的整理和研究，应该把方向指向史前学的重大课题(《根据文献构建中国史前史的历程》,《考古求知集》)。杜金鹏则指出疑古思潮有种种错误，必须加以纠正。在从考古学探索中国文明起源时，如果首先在理论上否定古代文献，否定传统文明史观，是不科学，不可取的(《考古学与传统文明史观》,同上)。陈星灿的《中国史前考古学史研究(1895—1949)》(北京三联书店 1997 年版)，对 1949 年以前的中国史前考古学史，作了多方面的综合研究。他还在《中国史前考古学发展的若干问题》(《史学理论研究》1997 年第 4 期)一文中对于目前新石器时代考古的成就和存在的问题，作了简要的综合与分析。

夏商周考古

柴　晓　明

一、夏　商

豫西颍河上游地区在探索夏文化中具有相当重要的地位，安金槐著文对此进行了讨论(《考古与文物》1997 年第 3 期)。他认为在这一地区即有与夏代都邑和重要活动地点有关的文献记载或传说，又有大量在年代上相当于夏代的龙山文化和二里头文化遗址，特别是有可能为夏代阳城的登封王城岗龙山文化城址的发现，都证明了这一地区在探索夏文化中的重要性。

东下冯类型曾是探索夏文化的重要对象之一，关于其性质有二里头文化东下冯类型说，也有人认为其属于先商文化、先周文化。《再议东下冯类型》一文（《中原文物》1997年第4期）对东下冯类型作了较详细的讨论。该文认为东下冯类型的年代上限要晚于二里头类型，在文化性质上则以二里头文化因素为主导，兼收了大量的当地土著文化因素，同时还受到先商文化和北方地区同时期文化的影响。晋南地区原非夏人最早的活动地域，而是土著陶唐氏的势力范围，东下冯类型是随夏人向西北方向扩张而产生的。

商族或者商文化起源于东方说是早期商文化研究中一种较为传统的观点。张长寿认为郑州二里冈以后的殷商文明可能有两个源头，即使用粗制陶器的被统治阶级可能来自豫北冀南的漳河流域，而使用夯土基址、铜器、文字等具有财富和美术价值的宝贵物品的统治阶级则可能来自东方海岸地带。先商文化自东海岸沿着现在的陇海路的路线从苏北经徐州进入豫东，征服了土著，在商丘一带建立了他的第一个都城——商。他还介绍了中国社会科学院考古所中美联合考古队为寻找最初的商都而在豫东地区进行田野考古调查发掘工作的有关情况。其中在山台寺遗址发现了龙山文化晚期的夯土房基和埋有九条牛的祭祀坑。在史书中牛与商的先祖关系密切，殷商的考古遗址里常有祭牛的遗迹。山台寺的发现非同一般，以其为代表的在豫东发展起来的一支特殊的龙山文化或岳石文化，有可能是先商文化或其近祖。在商丘县老南关村发现的一处春秋时期的城址，有可能是周封微子的宋城。由于人们一般认为宋城是建筑在商城之上的，所以宋城的发现使寻找商城的工作在地理范围上缩小了许多（《考古》1997年第4期）。张国硕文章的观点则与此不同，他在确定早商和先商文化的基础上，认为商文化有由西向东发展的趋势，从而否定商族起源于东方说（《中原文物》1997年第4期）。

商王仲丁所迁隞都的地望也是近年来学术界关注的热点之一。陈旭认为90年代初发现的郑州小商桥遗址即是商王仲丁所迁之隞都。她从遗址的规模、文化内涵等方面论证小商桥遗址具备了都邑的条件，加之其地理位置又与文献记载隞都的地望相合，年代也与郑州商城的废弃年代前后衔接，主张小商桥遗址就是仲丁自亳迁都于隞的隞都(《中原文物》1997年第2期)。这种认识是建立在郑州商城是商汤所居之亳都的基础之上的。陈昌远“谈敖山与隞都地望”一文(《中原文物》1997年第4期)却认为，位于今荥阳县北、古荥镇西北的隞都由于黄河的冲刷早已不复存在。

70至90年代在郑州商城城垣外侧先后发现了三个铜器窖藏坑，出土一批属于商王室的重器。安金槐撰文对其性质和年代进行了详细的讨论，认为三个窖藏坑是商代举行大型祭祀活动后的埋藏，年代在二里冈上层一期至二期(白家庄期)，据此他断定郑州商城到二里冈二期还在使用(《华夏考古》1997年第1期)。

殷墟历来是商文化研究的重点之一。刘一曼依据50年代以来殷墟发掘出土的甲骨资料，从甲骨的出土地、各遗址出土甲骨的大小、整治、钻、凿、灼的分布、特征等方面分析了当时占卜习俗的特点及所反映出的等级差别。她认为，殷代不同等级、不同身份的人使用的卜龟是有差异的。小屯、侯家庄南地的卜辞大多是属于殷王的，花园庄H3的卜甲，占卜主体是与殷王关系密切的大贵族“子”，以上三处宫殿区或大贵族居住区出土的甲骨数量多、个体也较大。而花园庄南地及其他几个出卜甲的遗址，出土卜甲不仅数量少，且个体亦较小。在这些遗址尚未发现大型房基，而苗圃北地还是铸铜作坊。由此可见，那里居民的身份不太高，遗址中出土的卜甲可能是平民或小贵族占卜后的遗物。殷王卜用的龟甲大多是各地的贡品，平民和小贵族是享用不到的。据此，她认为殷墟所出大卜龟大概与青铜礼器一样，也是等级、权利、地位的一种标识物(《考古》1997年第5期)。对于殷墟西区墓地，过去已有不少学者从各个角度做过研究。韩建业从墓葬的空间集结状况和葬俗的异同等两方面对殷墟西区墓地进行分析，认为西区墓地确实存在着族葬制度。当时生活在该地的各族在葬俗和地位上都有一定区别，来到殷墟的时间早晚也不同。他们以家庭的形式长期在殷墟聚族而居，闲时农垦，战时出征，对商王朝的巩固与繁荣作出了贡献(《考古》1997年第1期)。

殷墟到底是商代后期的都城，抑或只是商王的墓地、宗庙所在地，这在考古界历来都存在不同的意见。秦文生引用近年新的考古发掘资料，从城墙、城市布局、宫殿区的规模和内涵等方面比较了殷墟与郑州商城、偃师商城的不同，重申殷墟非殷都、而是商王武丁至帝辛时期的宗庙区和陵墓区兼大型祭祀场的观点(《中原文物》1997年第2期)。此外，《华夏考古》1997年第2期发表了一组安阳市文物工作队历年来在殷墟考古发掘所得资料，包括刘家庄殷代遗址和墓葬、徐家桥殷代遗址、梅园庄殷代车马坑等。这些资料与以往发表的同类资料相比，虽无多少新的重要发现，但无疑又为进一步研究殷墟增加了材料。

对商王朝周边地区文化遗存的研究较为活跃。山西垣曲商城在前两年已出版专刊，公布了城址的发掘资料。《文物》1997年第12期又发表了1991—1992年的发掘简报。重点报道了城址内文化堆积的情况：有宋代、二里冈上层、二里冈下层、二里头晚期的文化堆积。其中以商代二里冈上、下层遗存为主，并且在城址南部发现了陶窑，为寻找城内的手工业区提供了线索。董琦对垣曲商城的始建年代提出了自己的看法。他同意发掘者关于该城始建于二里冈下层偏晚阶段的观点，同时又认为在夏代后期，具体讲是在二里头文化东下冯类型的晚期，在垣曲古城南关就已形成了环壕聚落，商人在二里冈下层偏晚阶段占领和利用了南关环壕聚落，并在此基础之上扩建为垣曲商城(《中原文物》1997年第2期)。

刘家墓地是陕西关中地区发现的重要的商代遗存之一，牛世山对墓葬的分期与年代、文化性质等问题进行了讨论。他赞成将刘家墓葬分为三期，其中一、二两期可命名为“刘家文化”，第三期则可归入先周文化范畴的观点(《中原文物》1997年第4期)。

山东滕州前掌大商代墓地的发现在当时曾引起广泛关注。李鲁滕从墓地布局、葬俗、随葬品的特点等方面对该墓地作了研究，也认为这里是商代薛国贵族墓地(《华夏考古》1997年第4期)。

由江西省博物馆等单位编写文物出版社出版的《新干商代大墓》，详细介绍了江西新干大洋洲出土的大批青铜器等发掘资料。针对过去有关此批文物出土单位性质的争论，报告作者从各个方面论证它们的出土地是一座大型墓葬，而不是窖藏或祭祀坑，其年代约相当于殷墟中期。报告还认为不论从出土铜器群还是陶器群来看，新干大墓的文化性质绝不是简单的中原商文化的传播，而是土生土长的吴城青铜文化的有机组成部分，它的发现表明当时在赣江流域确实存在着一支与中原文明并行的土著文明。

成都市文物考古工作队发表了他们在新都县桂林乡商代遗址进行发掘的初步成果。该遗址的出土物主要是陶器和石器，类似器物在广汉三星堆、月亮湾、新繁水观音等遗址中都可见到，可视其为早期蜀文化的又一地点。其年代大致介于三星堆遗址的二、三期之间，相当于商代中期(《文物》1997年第3期)。俞伟超在《三星堆蜀文化与三苗文化的关系及其崇拜内容》(《文物》1997年第5期)一文中指出，以三星堆遗址为代表的早期蜀文化尚未找到直接的源头，但成都平原的新石器晚期文化遗存与屈家岭和长江中游龙山文化居民、即古史传说中"三苗"的一部分的西迁有关，言下之意是后者应是早期蜀文化的来源之一。三星堆出土的铜树、铜人、铜面具或铜人头、动物形铸件及铜祭坛等反映了当时的信仰、崇拜活动。其中包含着对自然神、地神和祖神的崇拜，而以地神和祖神崇拜为主。

另外，《文物》1997年第4期发表了北京市文物研究所的在琉璃河遗址发现商代遗迹的简报。从发表的器物看，有些器物的年代或可早到商代，但也有一些具有西周早中期特点的器物，由于缺乏地层依据，它们之间的关系到底如何尚难下论断，但不能排除在商代这一地区已有人活动的可能。

二、西 周

北京琉璃河西周燕国都城遗址，是近两年西周考古中做发掘工作较多的遗址之一。《文物》1997年第6期发表了该遗址96年度的发掘简报，对琉璃河古城城墙形制、结构、夯筑方法及护城河的情况的介绍尤为详尽，这不仅在琉璃河遗址是第一次(中国社会科学院考古所和北京市文物研究所在80年代曾做过较大规模的发掘，但有关资料尚未发表)，而且也是目前发表的惟一年代确切的西周早期城址资料，是研究西周城市不可缺少的材料。发掘者根据西周晚期护城河已被淤塞填满及在城址内缺少晚期高等级的遗物、墓地内也不见西周晚期大中型墓葬等现象，认为这座古城作为燕国的都城是在西周的早中期，西周晚期此地可能已成为一般的居民点。还有一点需要提及的是城址内出土了带字甲骨，其中一片甲骨上的文字为"成周"二字，为所见不多的西周甲骨文提供了新的资料。刘绪、赵福生的《琉璃河遗址燕文化的新认识》(《文物》1997年第4期)一文，依据近年的发掘资料，对琉璃河遗址的文化内涵、特别是陶器的特征进行了较详细的分析，认为该遗址含有商、周、土著等三种文化因素，反映出当时在这里居住着姬姓周人、殷遗民和土著燕人。该文同意这样一种看法，即位于董家林村的古城始建于西周初年，而不可能早到商末，其彻底废弃在西周末年。但该城作为燕国的都城则是在西周早期，至迟到西周早中期之交或稍晚燕国都城即已迁走。

山西曲沃北赵晋侯墓地的 I 11M8 出土了一组编钟，其上有长篇铭文，特别是铭文中含有周王纪年和一系列历日，为探讨、解决西周年代学的许多疑难问题提供了新的依据，引起学术界的广泛关注。孙华认为晋侯苏是 M8 的墓主，晋侯苏即晋献侯，而不是晋穆侯。晋侯苏钟是周厉王时器，铭文中“唯王三十三年”系指周厉王三十三年(《文物》1997 年第 8 期)。《文物》1997 年第 3 期发表了王世民、李学勤、高至喜等一批学者关于晋侯苏钟的笔谈。对于编钟的年代、主人等问题有许多学者的观点与孙华一致，有的先生进一步指出编钟来自南方的楚国。冯时的《晋侯稣钟与西周历法》(《考古学报》1997 年第 4 期)一文，更是通过对晋侯苏钟铭文及其他西周时期纪年铜器铭文的梳理、研究，将晋侯苏钟的纪年形式、钟的年代、西周历法的系统、内容等做了详细的论述。

湖北蕲春毛家咀西周木构建筑遗址的重要性已广为人知。《文物》1997 年第 12 期又报道了在其西侧约 600 米处发现的一座西周初年铜器窖藏的情况。该窖藏内有铜方鼎 5 件，圆鼎、斗各 1 件。方鼎上均有铭文，其中酋方鼎上的“酋”字与在毛家咀遗址采集到的一件青铜爵上的徽记相同，显得较为重要。发掘者之一的吴晓松撰专文对窖藏及相关问题做了讨论，他认为毛家咀一带的西周初期文化遗存是周王朝在越人地区建立的政治、军事据点的遗迹。盂方鼎的主人盂就是窖藏的主人，其身份可能是周王朝外派的政治、军事要员。李学勤在“谈盂方鼎及其他”一文中就这批窖藏铜器的形制、纹饰、文字内容等进行了详细的论证，认为窖藏铜器制造的时间不晚于商周之际，埋藏时间距此亦不远，盂方鼎的主人盂是商王文丁之子，帝乙的兄弟(《文物》1997 年第 12 期)。

1997 年见诸报道的还有一些其他西周考古发掘材料。洛阳市第二文物工作队发表了在五女冢发掘的两座西周中期墓葬的资料(《文物》1997 年第 9 期)。河北迁安县小东庄在修公路时出土了一批青铜器、陶器、金器、玉石器等。发掘者认为这些文物出自一座墓葬，时代为西周早中期。出土器物具有鲜明的北方特点（《考古》1997年第4期）。江苏高邮邶墩遗址中有一类遗存属于西周春秋时期，出土文物主要是陶器，其中有一些硬陶。纹饰主要是印纹，有少量划纹。特征与宁镇地区同类遗存相似（《考古学报》1997年第4期）。

湖南宁乡曾屡次出土西周窖藏铜器。《文物》1997年第12期又报道了那里出土的两批共12件大铜铙的资料。其中一批是形制相同、大小相次的10件一组的编铙，经实证，可演奏出多种不同的调式。

三、东　周

1997年发表的东周时期的考古资料不太多。山西定襄县霍村的两座东周墓出土了大批的青铜礼器、车马器。值得注意的是两墓都有殉葬人，其中一墓殉一人，另一墓殉3人。发掘者认为墓葬有明显的北方戎狄文化的特点。两墓的具体年代为春秋末至战国初（《文物》1997年第5期）。山东临淄商王村一号战国墓是经科学发掘的且未被盗扰的少数齐国墓葬之一。墓中出土大量的陶器、青铜器及在齐墓中少见的玉器。该墓地处齐国腹地，距齐故城仅十余华里。它的发现对研究齐国文化具有相当重要的价值（《文物》1997年第2期）。《文物》1997年第3期发表了成都市金沙巷、西郊金鱼村等处七座战国土坑墓的资料。出土物为四川地区战国时期巴蜀墓中常见的器物。

湖北宜城郭家岗遗址是一处典型的以楚文化为主的遗址。《考古学报》1997年第4期发表了它的发掘报告。遗址出土大批遗物，主要是日用陶器。从年代方面看，大致自西周晚期开始一直延续到战国晚期，包含了楚国从武王徙郢到灭亡这样一个较长的历史时期。遗址的地层堆积丰富，文化发展序列清楚，器物组合完整，这在已发表资料的楚文化遗址中是少见的。荆门市郭店一号楚墓是一座有一条墓道的战国中晚期的土坑墓。墓葬近年被盗，出土遗物并不很多，但重要的是出土了804枚竹简，有一万三千余字。内容涉及《老子》、《礼记》等古文献，无疑相当重要，可惜资料发表太少（《文物》1997年第7期）。

河南桐柏县月河镇一号春秋墓出土大量的青铜礼器、玉器、漆木器等（《中原文物》1997年第4期），依据出土器物特征和铜器铭文，发掘者认为这座墓葬是春秋晚期养国国君之墓。类似墓葬以往发掘并不多，这为研究当时淮河流域各小方国的历史以及它们与楚国的关系提供了一批难得的资料。

东周城市研究由于资料的限制，近年来的进展并不大。李自智的《东周列国都城的城郭形态》（《考古与文物》1997年第3期）一文，根据现有的考古学资料将东周列国都城分为五种形态。他认为宫城位于郭城之中，形成环套布局是春秋时期列国都城的主要形式；将宫城独立出来置于郭城的一侧或一隅的布局则是战国时期列国都城的主要特点。列国都城由春秋型向战国型的转变与当时的历史背景密切相关。春秋型的城郭形态在很大程度上是对早期城郭形态的延续和发展，体现了商周以来立都必居于中土，王宫处于都城中心的传统观念，是王权中心思想在都城建制上的反映。到了战国时期，王室衰微，卿大夫也力图削弱公室，出君、弑君的现象亦屡屡发生。在这种社会背景下，各国执政者都不得不加强王宫的防卫，将王宫独立出来置于郭城的一隅或一侧既是其中重要措施之一。将王宫如此设置既可以郭城为依托和屏障，对付外来进犯，更重要的是可以应付国内反对势力的威胁。

秦汉至元明考古

张　静

一、秦汉时期

遗址的报道以辽宁绥中县"姜女石秦汉建筑群"址最为重要，这是秦始皇东巡所建的行宫之一，《考古》1997年第10期发表了一组考古简报和相关的研究文章。其中石碑地遗址发现的秦代城址呈"曲尺形"，有较强的园囿特点。城内各建筑区域自成体系，也多呈"曲尺形"，并再细分成小区，最小的建筑区内两组夯基相对。主体建筑多分布在城南。汉代的建筑规模很小，以秦代主体建筑为中心建成，也呈"曲尺形"，主体建筑在北部，四周多为回廊。在瓦子地遗址发现烧造建筑瓦件的秦代窑址。华玉冰撰文概述了关于“碣石”的考证和其地名的演变，论证“姜女石”即“碣石”，石碑地即“碣石宫”。杨荣昌则对石碑地遗址出土的秦汉建筑瓦件进行了比较研究。值得一提的遗迹还有汉魏洛阳城新发现东汉烧煤瓦窑遗址（《考古》1997年第2期）。此外，韩嘉谷通过新证据和若干文物年代的辨证，坚持30多年前提出“渤海西岸在西汉末年曾发生过海侵”的论点（同上）。

墓葬的资料很丰富，诸侯王墓就有数座。江苏铜山县龟山二号崖洞墓系西汉楚襄王刘注的葬所，发掘报告见于《考古学报》1985年第1期，新报道的是其墓道、甬道、耳室补充发掘的资料。甬道内的塞石刻铭对于研究汉字的发展及古代丧葬制度等都具有重要价值（《考古》1997年第2期）。宛朐侯刘埶墓位于徐州九里山的簸箕山，出土的金印、金带扣、人物画像镜均为西汉文物中的精品。墓主曾参与景帝三年的七国之乱，《史记》和《汉书》对其结局记载不同。牙齿鉴定表明其属非正常性死亡，葬制也表现出明显的特殊性，既无车马坑和车马器，又少见铜器和玉器，特别是未见玉衣等敛葬玉器，当与谋乱被诛有关（《文物》1997年第2期）。徐州韩山发现两座西汉墓，一号墓出土“刘婞”、“妾婞”玉印，墓主应为女性，可能是楚王的近属。墓内出土了大量的玉佩饰和完整的敛葬玉器组合，600多枚各种形状的玉片可以复原成一件由头、手、足三部分构成的玉套（玉衣），为玉衣的早期形态（同上）。山东长清双乳山一号汉墓是继满城汉墓、广州汉墓之后汉代考古的又一重大发现，《考古》1997年第3期刊发了发掘简报和相关的研究文章。此墓带有覆斗形封土，“甲”字形竖穴式岩墓的规模是已发掘王陵中最大的。葬具使用了二重椁、三重棺，有前堂后寝、梓宫便房的迹象。五辆车舆规格不同，是研究汉代车马制度的新资料。玉覆面是已发现的汉代覆面中最完备的。所出金饼上刻画的文字或符号对研究汉代经济及诸侯国间的关系有重要价值。任相宏考证墓主为西汉济北国最后一代王刘宽，崔大庸将一号马车复原成双辕带盖轺车。

边疆地区较重要的墓葬有新疆和云南三批。新疆吉木萨尔县大龙口战国至西汉时期墓葬群，既有小型的土坑墓、石堆墓，也有大型封堆的木椁墓和仅出鹿石的石堆墓（《考古》1997年第7期）。且末县加瓦艾日克墓地清理的东汉墓葬，平面形状为刀把形，埋葬多人并焚烧，随葬汉式陶器及带有“延年益寿”等字样的织锦（同上）。云南大理下城关北东汉纪年多室砖墓的葬制、葬俗及随葬器物多同与内地同期墓葬，墓主可能为落籍于边疆的汉族移民（《考古》1997年第4期）。九龙半岛南端的李郑屋汉墓是迄今为止香港地区发现的惟一的一座汉代墓葬，白云翔认为其年代可定在公元2世纪中叶，此墓将香港先秦及其以前和六朝及其以后的考古发现衔接起来，显示出香港地区古代文化的连续性，也反映出当时的香港具有同内地相当的文化发展水平（《考古》1997年第6期）。李如森探讨了汉代“外藏椁”的起源与演变。他认为发源于商代后期墓内的壁龛、墓内外的殉人和车马坑到春秋晚期至战国形成了“外藏椁”；至西汉发展到鼎盛阶段，形成了基本模式；到西汉末年至东汉，“外藏椁”消亡（《考古》1997年第12期）。

梦斋藏秦封泥为秦统一至秦二世时的遗物，集中发现在秦章台遗址，内容包括中央官署、地方官署和私印封泥，据此能够建立秦封泥的断代标准，还可了解秦的用印方法和封简制度，对秦代的史地研究也有重要意义（《考古与文物》1997年第1期）。珠海郭氏所藏的编磬曾在西汉文帝、武帝、宣帝、昭帝等几代皇帝宗庙中使用，是中国音律学史上珍贵的实物资料，对研究西汉晚期的礼乐有重大的意义。王子初等通过测量和测试，得知此批编磬音高不成序列，或缺少或重复。11件磬的刻铭涉及西汉庙号、宫廷乐舞、律名、阶名等，内容非常丰富，李学勤逐件辨识刻铭并进行了考释（《文物》1997年第6期）。洛阳李屯乡东汉墓出土的元嘉二年朱书陶神瓶，可辨识93字，是难得的镇墓文资料（《考古与文物》1997年第2期）。

有多篇论文对墓葬出土的文献资料进行研究。《文物》1997年第1期新发表一组研究连云港市尹湾汉墓简牍的文章。尹湾所出的诸种簿籍是我国已发现的最早的一批郡级行政文书档案，谢桂华对其所反映的汉代地方行政制度发表了见解。指出《集簿》所载的乡、里和亭、邮的数量及所辖疆界不仅填补了史籍所阙，也说明分属于不同行政系统。李学勤则专门讨论了尹湾汉简的《博局占》和学术界聚讼已久的“规距纹”。裘锡圭对《神乌赋》进行了注释，并论述了此赋的发现在古代文学史上的意义。刘乐贤和王志平介绍了中国民间故事中与《神乌赋》相似类型的禽鸟夺巢故事及源流。陈松长探讨了马王堆三号汉墓纪年木牍的性质，认为并非“告地策”，而是下葬过程中，验对随葬器物的“读牍验对”木牍。河北定州西汉中山怀王刘脩墓出土的竹简《论语》残本，是目前所见最早的《论语》抄本。《文物》1997年第5期刊发了介绍及部分释文和校注。该抄本的字数不足今本《论语》的二分之一，差异处达700多，是研究《论语》的新资料。

二、魏晋南北朝时期

位于河北临漳县的邺南城经过钻探和试掘，确定了四周的城墙、马面、护城河等遗迹及城内的六条大道，探明了城门及宫城、宫城内主要宫殿基址的位置，初步认识了其整体规划和平面以中轴线严格对称的布局（《考古》1997年第3期）。

北周武帝孝陵位于陕西咸阳市底张镇，由斜坡墓道、5个天井、5个过洞、4个壁龛及甬道、“凸”字形土洞墓室组成，出土有150余件各类陶俑及志石。此陵无封土和陵前石刻，形制、规模、随葬物品与北周的大、中型墓没有较大区别，表明北周尚未形成严格的墓葬等级制度（《考古与文物》1997年第2期）。

《文物》1997年第11期刊发了一组辽宁朝阳市的十六国时期考古资料。其中十二台乡王子坟山21座两晋时期的小型土坑竖穴墓，被认为可能是慕容鲜卑初居辽西的早期文化遗存，时代约在公元3—4世纪之间。出土物中最具特色的是花树状金步摇饰等。十二台乡砖厂88M1出土300余件（套）文物中有成套装饰精美的马具：甲骑具装1套，系国内首次发现；鎏金铜马具是继安阳孝民屯发现的前燕马具后的又一套完整资料。田草沟两座晋墓在石室内置木棺，随葬以慕容鲜卑特有的文化遗物步摇冠饰为代表的成套金器，为慕容鲜卑的早期遗存。七道岭乡三合成墓葬据出土遗物推断为前燕遗存。99件随葬品中，以马具居多，有鎏金铜鞍桥和镫、衔镳、当卢、杏叶、穿管步摇饰、箭箙饰、翼形片、带扣等，丰富了我国早期马具的研究内容。上述文化遗存对于研究慕容鲜卑文化和我国马具的发展具有重要价值。田立坤和张克举对前燕的甲骑具装进行了研究，认为甲骑具装是在中原文化的影响下产生的，通过高句丽影响到朝鲜半岛和日本列岛（《文物》1997年第11期）。王巍通过马具探讨了3—6世纪东亚诸国的交流。指出我国东北地区的前燕和高句丽在3世纪末以前出现的马具最早，通过战争，高句丽吸收了前燕、后燕马具的特点，朝鲜半岛诸国吸收了高句丽马具的特点并将马具传到倭国(《考古》1997年第12期)。

山西灵丘北魏《皇帝南巡之颂》碑为纪念北魏和平二年文成帝拓拔睿南巡而立，新近又辨识出千余字，可多方面补史载之阙。其所存的官爵名称是研究北魏前期政治制度的珍贵资料，而姓氏和人名也可推进对孝文帝改革前后北方少数民族姓氏和名字变化的研究(《文物》1997年第12期)。贺中香、喻少英对鄂城六朝文物的佛像装饰与南方佛教进行了探讨。装饰佛像图纹的四叶八凤纹铜镜与用佛像装饰的青瓷器主要见于孙吴时期的墓中，因所饰佛像与我国传统的装饰艺术共存，显示出佛教初期传播的特点，也证明鄂城作为孙吴的王都和重镇，是南方佛教最早的传播地之一(《文物》1997年第6期)。林梅村对中国境内出土的5件带铭纹波斯和中亚银器的研究，有助于确定其文化属性，推动中国古代金银器研究的深入(《文物》1997年第9期)。

三、隋唐时期

唐代都城的考古收获很大。含元殿为唐长安城大明宫的正殿，1995—1996年发掘收获对殿堂的柱网布置、大台形制、龙尾道位置、建殿时的砖瓦窑址、殿前广场、含元殿与朝堂的相对位置等有了新认识。发掘者认为此殿不是由观德殿改建的，也非毁于火焚，可能在战乱中拆毁(《考古学报》1997年第11期)。隋唐洛阳城宫城内发现的隋唐水渠提供了宫城内水系及其分布的新资料，唐代残房基和唐代路土与乾元门横街及附近的门址有关(《考古》1997年第11期)。郭城东垣南门——永通门的门址平面呈长方形，有3个门道、2道夯土隔墙，建筑方法与以前发现的洛阳和西安唐城城门的情况不同。此门建于唐代以前，曾被火焚，北宋初期或稍前被封堵(《考古》1997年第12期)。

见于报道的大型墓葬不少。陕西礼泉县唐昭陵陪葬的新城公主墓由5个过洞、5个天井、8个小龛和甬道、砖砌墓室构成，墓内彩绘壁画，出土彩绘陶俑。墓主系唐太宗之女、唐高宗之妹，是诸公主中惟一以“皇后礼葬”者，墓葬等级却无明显高于其他嫡出公主墓葬之处(《考古与文物》1997年第3期)。西安唐金乡县主墓为单室土洞墓，仅有3个天井，2个小龛，墓葬等级与县主身份不符，壁画具有唐前期特征。而出土的彩绘陶俑烧造精湛，应是专为皇室成员生产的“东园秘器”。发掘者推测墓葬和壁画成于县主夫君于隐下葬的武周时期，彩绘陶俑随县主入葬于开元年间(《文物》1997 年第 1 期)。陕西富平唐献陵陪葬墓区的一座唐墓绘有乐舞场面、山水屏风和黑奴牵牛等壁画，颇有艺术价值(《考古与文物》1997 年第 4 期)。晋南地区少见唐墓，山西万荣县唐郧国公主驸马薛儆墓与西安地区的皇室贵族墓葬多有相同之处，有天井、小龛各 6 个和砖砌墓室。墓志内容丰富，张庆捷等作了考释(《文物季刊》1997 年第 3 期)。此外，唐德宗崇陵陵园的调查简报对陵园墙垣、门址、门阙、角楼、祭坛及地面石刻作了介绍(《文博》1997 年第 4 期)。

唐代渤海国的考古动态值得关注。考古发掘报告《六顶山与渤海镇》(大百科全书出版社版)，介绍了吉林敦化六顶山唐代渤海国贵族墓地的布局、墓葬结构和葬俗，报道了黑龙江宁安渤海上京龙泉府的整体规划及宫殿、官署、佛寺、街道、里坊等。宁安县虹鳟鱼场墓地清理渤海墓葬 323 座、祭坛 7 座、居住址 1 座，墓葬结构有石室、石圹、石棺、砖室等，平面形状以刀形为主。埋葬以多人二次葬为主，随葬物品既反映出渤海人尚武的习性，也与唐代中原地区有着文化上的渊源关系。墓葬填土和封土中发现大量的马牙可能与以马祭祀有关(《考古》1997 年第 2 期)。金太顺指出，土坑墓是渤海建国前后部分地区的埋葬形式，石室墓是渤海建国后的主要埋葬形式，砖室墓数量少但年代不晚(同上)。

段鹏琦对隋唐洛阳含嘉仓出土 13 块铭文砖进行考古学研究，根据铭文格式和用语所具有的同一性，参考有纪年的铭文砖进行分期。得知此仓在高宗武则天居洛时期最盛，而各时期大不相同的仓砖铭文格式和用语是此仓管理变化的真实记录，砖铭职官署名表明租粮入仓执行严格的收验和勘验制度，铭文砖的用砖主要为方形砖(《考古》1997 年第 11 期)。1975 年扬州唐城遗址发现青花瓷枕片后，众多学者研究唐青花瓷。马文宽指出唐青花瓷纹饰中的伊斯兰风格是为满足国外市场需求而烧制产销对路产品的结果。他认为唐青花早于伊斯兰陶器约一个世纪，是由唐三彩发展来的，巩县窑是其产地(《考古》1997 年第 1 期)。

四、宋辽金元明时期

《北宋皇陵》是河南巩义市宋陵遗迹的考古调查报告，报道了勘察的8座皇陵的现状，及宋真宗永定陵上宫的试掘和元德李皇后陵地宫的清理，还介绍了皇陵的碑志、生肖石像、寺院、陵邑及相关遗迹等(中州古籍出版社版)。有些考古资料丰富或改变了学术界以往的认识。四川成都西郊清理的9座南宋砖室火葬墓有单室、双室之分，根据石质墓主人像和火葬材料，发掘者认为这类小型墓葬与道教信仰有关，并非财力限制而成(《考古》1997年第10期)。曾被认为与佛教徒埋葬有关的塔式墓由地上圆形石塔和地下斗形石室构成，在山东胶东半岛较为多见。塔座为一层或二层须弥座，雕刻花纹以莲花为主；塔身为圆形或弧边方形，多嵌有题记刻石，时代为元代至明代成化年间。据已知的碣石刻文知此类墓系为父母合葬所设(《考古》1997年第3期)。

关于这一时期工艺和技术考察的研究颇多收获。河南临颍小商桥是现存惟一的一座坦拱敞肩古桥，曾被有关专家认为是隋代建造，早于赵州安济桥。河南省古代建筑保护研究所经过多年实地调查和试掘清理，基本弄清了该桥的结构，根据文献记载和建造技术所反映的宋代建筑特点及桥基下文物主要是宋代遗物等，认为小商桥为宋金之际建造，后世仅对桥面和两侧雁翅做过重修(《文物》1997年第1期)。上海奉贤县冯桥宋井筑井技术巧妙，用丁砖榫卯相连垒砌井身，外以竹篾箍圈和木棍加固，下垫木板避免沉降(《考古》1997年第5期)。河北定州为中原与北方交往的重镇，也是各类手工业作坊云集、工艺精巧之地，宿白以历代文物为主线，结合历史文献，探讨了先秦迄北宋定州主要手工业的兴衰(《文物》1997年第10期)。宁波东钱湖南宋史诏墓前的石椅按1∶1比例仿木椅雕成，提供了南宋椅类家具的各种尺寸数据，是认识南宋椅子造型设计手法的实例，在我国家具史上占据一定的地位，陈增弼对其进行了研究和复原(《文物》1997年第5期)。临潼发现的15笏盐司银铤是迄今所见最为集中的一批金代解盐银铤，郭正忠就其性质、来历、称谓及其各种铭文的涵义等发表了见解，并指出这些银铤不是“盐税银”，而是盐司收到的商人买盐“入纳银”或称“钞价银”(《文物》1997年第4期)。南京城于明代洪武元年动工建筑，建成于洪武末年，经历二十余年。据王少华等人近年的实地调查，共有33行府省、12州、150县和7镇提供了城砖，并有兵部、工部系统的造砖和寺庙造砖及犯人造砖等(《东南文化》1997年第3

期)。

五、宗教考古

河南新安西沃石窟位于黄河南岸的峭壁上,据题记可知其建造年代为北魏孝昌年间至普泰元年,表现千佛的塔形龛、屋形龛在河南中小型石窟中罕见。石窟中留存的牛鼻形孔、方形壁孔、栈道顶部残痕与三门峡古栈道遗迹基本相同,可确认为隋唐漕运工程的组成部分(《文物》1997 年第 10 期)。陕西麟游县慈善寺属唐高宗、武则天时代,西崖第 2 窟立佛下方保存的石刻《敬福经》可补佛藏所集之缺,它以须菩提与释迦问答的形式,阐述精诚造像写经与来世获福的因果关系以及造像写经的大体形式,显示了唐代佛教艺术的世俗化倾向(《考古》1997 年第 1 期)。宁波国宁寺是寺前双塔的早期实例,东塔遗址的发掘证实了方志中该塔建于唐咸通年间的记载,塔体小,无地宫,塔基有双层佛龛等特征提供了佛教建筑史的重要资料(《考古学报》1997 年第 1 期)。山西临猗县双塔寺西塔北宋地宫建筑装饰讲究,出土多种舍利容器,大量的“佛骨”舍利材质各异(《文物》1997 年第 3 期)。吴天鹤介绍了莆田广化寺释迦文佛石塔,该塔为中国传统仿木构楼阁式,塔身浮雕的菩萨和罗汉或手施密宗手印,或手持铃之类的密宗法器,为研究南宋佛教密宗在东南沿海地区的传播提供了实物见证(《文物》1997 年第 3 期)。

藏西阿里佛教石窟遗存的发现提供了研究石窟寺艺术在西藏起源、传播及与东西方文化交流的新资料。该石窟遗存以东嘎、皮央两处较为集中,东嘎现存 159 座洞窟,皮央是由寺院建筑、城堡遗址与近千座石窟组成的佛教遗迹。石窟类型有礼佛的佛殿窟和佛坛窟,修行与生活起居的禅窟和僧房窟,堆放物品的仓库窟等。礼佛窟均以泥塑敷彩的方法造像,洞内诸壁绘制色泽斑斓的壁画。其早期的遗存年代约为 11—12 世纪,晚期石窟的年代约在 13—15 世纪(《文物》1997 年第 9 期)。

李裕群将邺城地区东魏、北齐时期刻经洞窟分为节选经文窟和完整经文窟两种,认为它们是有意考虑刻经与造像题材的布局以适合僧俗念诵或为保存佛法而刊刻的(《考古学报》1997 年第 4 期)。宿白根据文献记载和壁画所见图像等探讨隋代佛寺布局,指出其延续传统布局,塔多位于殿前,双塔则东西对峙,也有在寺之旁院建塔的。以殿堂为主的佛寺多图画于敦煌莫高隋窟的经变中,或前后置殿,或正殿居中、两旁配殿相对。也有高阁殿堂与二塔鼎峙、三塔横陈的特殊布局(《考古与文物》1997年第2期)。沈柏村指出,唐代舍利容器纹饰展示的印度与中国特色纹饰共存的现象是佛教艺术中国化过程的缩影,也是两种文化在工艺美术和哲学观念领域交流融合、互相影响的实证(《东南文化》1997年第6期)。

世界上古史

郭 小 凌

我国世界上古史研究在1997年继续了1996年的势头,"稳定、持续、深入地发展",取得了令人满意的成果,论文数量较前两年略有增加,质量也有所提高,老中青三代学人都有较佳的表现。但不尽如人意的地方也有一些,这就是我国世界原始社会史研究因客观条件的限制,一直难以深入到微观分析层面,而传统课题又逐渐失去了论证的价值,因此这一研究方向在本年度不免显得沉寂。故本文只好越过原始社会史、直接从文明史开始陈述。而文明史阶段,古印度史研究在本年度少有人问津,古史比较研究方向上的产出与去年相比有所减少,这令人多少感到有些美中不足。

古代东方史

古代埃及的奴隶制在国内鲜有人做专题研究,已有的埃及史论题或集中在国家形成前后的社会经济和政治史领域,或限于某个局部的政治、社会事件。综合性的古埃及著作在奴隶制问题上也往往泛泛而谈,这种极为薄弱的研究与人们通常所持的有关古埃及社会庞大的定性结论(奴隶占有制社会)多少有些不相适应。因此颜海英的《罗马时期埃及的奴隶制》(《世界历史》1997年第4期)一文的问世显然是应受欢迎的事。作者指出古埃及奴隶制研究的最大困难是资料的局限,巧妇难做无米之炊，所以关于奴隶制存在的具体形式、奴隶劳动在社会生产中的地位以及奴隶与其他生产者之间差别等问题便难以突破。作者看菜吃饭，量体裁衣，选择了纸草材料相对较多的罗马时期作为切入点，从当时使用的奴隶术语和目前已知的史料情况、奴隶来源、奴隶使用概况、奴隶的法律地位和处境四个方面展开了自己的考察。作者认为无论是法老时期还是在希腊化时期，埃及奴隶制均未发展出古典形式。换句话说，在埃及文明社会的绝大部分时间里，仍限于家内奴隶制状态。到了罗马统治时期，奴隶制得到发展，具备了一些古典奴隶制的法律特征。但不能过高估计这种发展，因为现有材料仅限于希腊和罗马人居住地区，不能反映奴隶制的全貌。作者认为：埃及在这一时期，奴隶劳动在农业生产中只有次要意义。在手工业中，奴隶的数量也不多。总体上说，奴隶的使用更多地局限于家内，其劳动只是间接地对社会生产起作用。就当时主要的经济部门农业而言，主要的劳动者是租耕土地的小农，即托勒密时代的那种“国王的农民”、罗马时代的“地产上的农民”。作者最后结论是：由于经济发展的深刻差别，奴隶制的发展在古代各地有很大的不平衡性。不仅奴隶制在各地的发展、发达与衰落的时间不一致，而且具体的表现形式也各有差别。所以并非每个地区都必然地经历过奴隶制社会。埃及奴隶制的状况就是对此的很好说明。

刘文鹏的《古埃及第一中间期的“大饥馑”与人民大起义》（《内蒙古民族师院学报》1997 年第 2 期）一文讨论古埃及统一国家在治乱兴替的第一次循环中所发生的大混乱的起因和表现。作者指出第一中间期的无政府状态并不像通常人们所说系贵族的独立化和亚细亚人的入侵和劫掠等行为所致，必须还考虑到自然饥荒的原因。第一中间期大饥馑的发生有着自然和社会的根源。自然根源在于严重的干旱，尼罗河水位大幅度降低，水利灌溉废弛，农业歉收。饥荒加剧了社会矛盾，终于造成人民大暴动。大暴动的史料是文学作品，如著名的《聂非尔提预言》等纸草文献。这些文献虽不是直接的历史记录，但毕竟一定程度上描绘出第一中间期的严重动乱和人民大起义，具有史料的意义。

郭丹彤的《略论埃及希克索斯王朝》（《东北师范大学学报》1997 年第 1 期）则对古埃及第一个异族王朝的由来、对埃及统治的形式以及在历史上的作用进行了自己的分析和评估，加深了人们对这段历史的了解。

我国研究者过去在亚述学领域的研究工作因长期受到死语言的制约，一直停留在表面的定性分析和一般概括的层面，真正的考据研究极为少见。但近些年来，随着请进来和走出去的双向学术交流，一批新人逐渐成长起来，楔形文字已不再是我国学者对古代东方深入认知的严重障碍，因此国内近些年来逐渐在亚述学以及赫梯学方面问世了一些具体研究的论文，吴宇虹的《古代两河流域的长老会》（《世界历史》1997年第2期）、易建平的《赫梯王权与法》（《世界历史》1997年第3期）、拱玉书的《楔形文字起源新论》（《世界历史》1997年第4期）、于殿利的《巴比伦法的人本观初探》（《世界历史》1997年第6期）等文便是这种进步在本年度的体现。

吴宇虹文指出古代两河流域和古代欧洲及中国一样，是由军事民主制进入城邦文明。虽然那里保存下来的文献提到公民大会的不多，但有关长老会的记载却很丰富，表明两河流域的早期国家由军事首领"王"和各家族父长组成的长老会共同管理。只是由于古代连绵不断的战争使军事首领的权力不断膨胀，长老会才把最高权力以及一些其他职能转让给王。一般说来，长老会的司法权一直保留到最后，尽管有争议时最后决定权属于国王。关于长老会地位和权力的史料主要集中于伊辛、拉尔萨、古巴比伦时期，尤其马瑞（过去译为马里）的王家档案最为突出。作者在详细考察了几个时期长老会的实况后，得出结论：古代两河流域的长老议事制度以及国王执政制度和其他文明地区的政治制度一样，都是脱胎于原始氏族社会的各家家长共同议事和一个军事首长指挥战争的政治模式和制度。起初，一邦之王的推选和废黜权归长老会，有些邦的长老会还掌管外交政策，王权因此低于长老会议的权力。在地区性王国和帝国时期，市长或国王的总督及代表与长老会共同管理市政。随着帝国的军事首脑个人权力的增大、达到独裁的极点，首都长老会成员就变得只保留了荣誉称号，成为国王权力的陪衬和咨询机构。在经济上，过去属于城市和神庙的财产许多都转到了国王名下。但在不属于国王直辖的大城市中，长老会是总督的同事，保有较多权力。总之，古代以雅典为代表的希腊高度民主是古代世界政治制度中的特殊的、极端发展了的、短时期的偶然现象或异变。两河流域及其他文明地区包括中国的古代城邦的历史所展现的王和长老会共享权力、互相制约、随着战争胜负而权力增减，最后在帝国形成的过程中，王最终获得了长久的、独裁的、专制的皇权才是古代社会政治发展的基本规律。

易建平的《赫梯王权与法》根据铭文材料、从立法与司法角度讨论赫梯王权与法的关系，指出在赫梯帝国，国王是最高审判长和立法人，在赫梯社会的民法、刑法、军法和宗教法领域，都可见到国王决断的身影。该文为我们提供了古代早期君主专制制度的一种类型。

拱玉书文介绍了近年来国外关于楔形文字起源的新看法，即美国史家史蔓特-白斯拉特否定传统图画文字起源说，代之以陶筹新说的情况，表明文字可以由一种完全不同形态的记事的实物蜕变而来。作者认为陶筹文字说带来了文字在国家形成中的作用问题。文字一向被视为国家形成的重要标志之一。然而就乌鲁克的材料而言，文字是在国家形成约两个世纪后才出现的。所以，国家的形成与文字不一定存在必然联系。

于殿利的《巴比伦法的人本观初探》(《世界历史》1997 年第 6 期)是本年度另一篇亚述学具体研究的代表作。作者针对巴比伦法典中同态复仇的刑法的评价问题提出自己的论点和论据。通常认为同态复仇为原始落后的惩罚形式。于文对此提出疑议，认为没有证据说明以眼还眼、以牙还牙的肉刑制度系远古的遗风。迄今最早的成文法《乌尔纳木法典》便已实行了罚金，没有这种所谓原始社会遗风的痕迹。尔后的《埃什努那法典》也以罚金为肢体损伤罪的判罚方法。《中期亚述法典》在采用肉刑的同时，也允许交纳罚金。所以古代美索不达米亚的法律在刑罚上向来有经济补偿的传统，所以过去说《汉谟拉比法典》为原始遗风、“拟古主义”是没有什么根据的。作者认为，罚金和肉刑不能看作“落后性”与“进步性”评判的绝对标准，它们只体现了一种社会观念的差别，不能用今天的观念去量度古人。在此基础上，作者尝试一种新的解释，提出《汉谟拉比法典》是为适应巴比伦尼亚更高的文明和高度商业化的社会经济状况而产生的，同态复仇的原则是社会学意义上的一种进步，是对人的尊严或人格在法律上的承认和肯定，体现了立法者的一种人本观念。

吴宇虹、曲天夫的《古代中国和两河流域的“刑牲而盟”》(《东北师范大学学报》1997 年第 4 期)一文利用比较研究的手法试图解释古代两河流域刑牲行为的原因和功能。作者指出两河流域出土的

《马瑞王室档案》反映出两河流域不仅存在类似古代中国那样的"刑牲而盟"的现象，而且还同样存在着刑牲的不同等级。两地的差别仅在于刑牲在中国保留的时间较长，牺牲的品种有所不同，但功能却是完全一样的，这表明了历史发展的共同性。

古希腊史和罗马史

古希腊、罗马史历来是世界上古史研究的大头，今年论文的数量仍占世古史论文总数的四成有三，粗算也有30余篇，质量虽参差不齐，但选题新颖、有史有论的较好的文章亦不在少数。所以以下简介虽谈不上挂一漏万，但漏五、漏十却是有可能的。

我国史学界依据经典作家的论述，通常以为古希腊荷马时代是前国家的原始社会解体的阶段。黄洋撰文《试论荷马社会的性质与早期希腊国家的形成》(《世界历史》1997年第4期）对此加以证伪。作者指出传统看法赖以存在的论据值得怀疑。首先，利用人类学成果来论证古代社会史的方法不大可靠。近代原始部落的社会组织及其结构并不一定反映古代社会的情况，二者之间有显著差异，即前者并没有像后者那样演进到文明社会。其次，近20年来国外对早期希腊社会的研究表明，以血缘为纽带的部落和氏族组织在早期希腊社会的作用被夸大了，它们不是主要的社会和政治组织。作者在分析迈锡尼文化中的某些成分与荷马史诗的关系后认为，迈锡尼社会和荷马社会在形态上存在某种延续性。从荷马社会内部结构看，也似乎没有理由认为它是原始氏族社会的一种形态，相反，应把它看作是国家形态。由此而来，希腊城邦制度并不像通常所认为那样是原生的制度，而是出自迈锡尼王权国家的次生制度。

古希腊民主体制是古代社会十分独特的现象，其起源问题一直引起学界的广泛注意，廖学盛文《试析古代雅典民主产生的条件》(《世界历史》1997年第2期）是对这一问题的新解析。作者认为雅典是通过合并运动形成的国家，这在一定程度上使城邦的内部结构不同于斯巴达等邦，特别是不同等级阶级的力量对比对城邦政体形成和发展关系极大。古风时代，雅典居民中自由人所占比例远大于斯巴达。自由民当中的农民数量占压倒优势。推动雅典共和政体向民主政体演变的最重要的力量正是这种以农民为主体的广大自由平民反对由氏族贵族转化成的奴隶主集团的斗争。这种斗争同奴隶主集团内部的各种矛盾斗争交织在一起,形成一股推动政体民主化的强大力量。作者特别论证了在城邦的早期权力结构和等级阶级斗争的特点,指出最值得注意的特点之一是城邦没有独立于公民集体之外的武装。这就决定了氏族贵族的统治首先凭借的是传统和习惯法,他们之间的争权夺利的矛盾不得不在很大程度上依赖平民的参与。而在梭伦改革前,平民最为不满的是遭受奴役,无权参与政治事务,因此要求彻底改变政体。所以讨论梭伦改革不能离开债务奴隶制。改革使雅典摆脱了因债务奴役,形成了有完备结构的维护自由人利益的政治组织。从梭伦改革后到公元前5世纪中叶,雅典内部历史发展的主流是逐步完善和巩固民主政体。

林中泽文《析古希腊奴隶制经济的外向型特征》(《华南师范大学学报》1997年第2期)则着眼于希腊奴隶制经济的地区特征,指出希腊文明自然条件的特点决定其手工业和农业的分离较早。希腊世界资源分布极不平衡,农业以小园艺种植为主体,因此手工业能较早从农业中分离出来,从而加强了平民阶层的势力,促进了政治的民主化倾向,并最终把希腊世界变成一个庞大的商品市场。由于商品经济中等价交换的原则被引入到城邦的政治生活,城邦国家又以分裂繁殖的方式不断兴起,城邦的公民便有机会成为建立法治社会和追求个人平等权利的先驱。

晚近十多年来,古代西方社会以工商业为本的看法遭到国内外的普遍批评,古代西方社会同样是农本社会的认识已被越来越多的人所接受。但我们仍然能不时看到为传统看法辩护的文章,这就把对古代西方经济属性的讨论引向了深入。李永采、马书山的《论古罗马发达型奴隶制的特点及成因》(《烟台师范学院学报》1997年第1期)便是这类文章的代表作。作者以古罗马为例,指出公元前2世纪到公元2世纪的罗马奴隶制是上古世界奴隶制发展的最高峰。这一发达奴隶制的特点是:奴隶来源广泛,奴隶数量最多,奴隶在生产事业、经济部门、政府机关和家庭中被广泛使用,在它的中心区和经济总结构中,奴隶制的简单商品生产居于主导地位,奴隶反抗的规模大、形式多。作者认为,只有生产发展到商品经济为主的水平,才能有容纳大量奴隶劳动的部门,奴隶制才能进入繁荣阶段。不承认罗马商品经济水平高于古代东方和古代希腊国家,是一种从偏见出发的片面观点。

古代妇女史研究在近两年也有不小的进展，郝际陶、那志文的《古代雅典和斯巴达妇女》(《东北师范大学学报》1997年第4期)继续论及了这个方向的问题。该文从荷马时代妇女的社会地位谈起，考察了以雅典和斯巴达为代表的希腊妇女所扮演的社会角色、婚姻与家庭中的地位、妇女的政治地位、亲情与宗教活动中妇女的作用等项内容。作者认为，亚里士多德明确指出男女关系是统治和被统治的关系，事实也是如此。尽管斯巴达妇女在社会上的地位和自由度要高于雅典妇女，但同样受治于男人的世界。

裔昭印则对宗教在希腊社会中的作用做了自己的论证(《论宗教在古希腊社会中的作用》，载《上海师范大学学报》1997年第3期)。她认为古希腊社会同其他古老社会一样，充满宗教气氛。虽然希腊少数贤哲初步发现了人类理性，但以多神教为特征的宗教信仰仍然是希腊人的重要精神支柱，不仅维系社会组织内部的团结，而且调节希腊人的心理和影响政治生活。裔文分析宗教在古希腊具有重大影响的经济根源是低下的社会生产力和生存性农业，而自然压迫和社会压迫的存在则是其社会根源，古希腊人认识能力的局限是其认识论的根源。

陈恒的《关于希腊化时代的若干问题》(《华东师范大学学报》1997年第2期)试图澄清"希腊化"概念的内涵，以便有效地把握希腊一个重要时代的概貌。该文将希腊化的起点确定在公元前332年亚历山大去世，终结于公元前30年，罗马灭托勒密埃及。具体线索分三阶段，继承者战争阶段，创造性阶段和衰落阶段。创造性阶段的特征是希腊因素影响东方为主，衰落阶段以东方因素、尤其是宗教影响作用于西方为主。

罗马陆军曾是古代最优秀的陆军之一，张维的论文《罗马共和国陆军评价》(《四川师范学院学报》1997年第2期)对这支军队的组织结构、作战队形、装备和纪律进行了评析。文中指出，罗马军队的基本作战单位是军团。起初有4个军团，因公元前4世纪以后战争规模扩大，军团数量逐步增多，到第二次布匿战争已达10多个，到共和末期则数十个军团之多。军团最基本单位是百人队，但不是独立作战单位。后因战场需要，出现介于百人队和军团之间的中队，一军团包括30个中队，基本战术是方阵战术，但在此基础上还形成了三列阵、新三列阵战术。罗马军队的装备在古代地中海世界一直处领先地位，军纪极为严明，严酷的惩罚是纪律的保证。罗马正是依靠这样一支军队征服了古代地中海世界所有国家和民族，奠定了罗马帝国繁荣和强盛的基础。

武文的《世界古代军事后勤思想说要》（《辽宁大学学报》1997 年第 2 期）是一篇选题颇为独特的比较史学的文章，比较对象包括古代中国、印度、希腊和罗马。作者归纳出各国各地后勤思想的一些共性和特性，如耕战合一的思想，徙民实边的思想，广积粮、高筑墙的思想，军队装备和辎重重要意义的思想，以饱待饥、因粮于敌的思想，探查敌人后勤的虚实和知己知彼的思想，坚壁清野的思想。

本年度较为宏观地探讨古代世界史问题的代表作是施治生的论文《试论古代的民主与共和》（《世界历史》1997 年第 1 期）。这是一个具有现实意义的论题，涉及东西方历史发展的共同性和特殊性问题。作者提出了一些很有力度的看法，其基本思路是：人类社会民主历史的源头是原始民主。原始社会末期部落首领个人权力膨胀的结果，导致进入文明的古代国家普遍盛行君主制，只有极少数国家实行贵族制或共和制。无论何种早期政体，这时都或多或少保存着原始的民主传统。由于社会历史发展的具体情况的差异，古代东方国家非专制性质的君主制和贵族制或共和制，不久便发展或并入专制主义体系，而在希腊罗马世界，经过作为次生的国家形式的贵族制之后，出现了古典民主，即在雅典等邦把民主制作为国家形式，在罗马的贵族制中掺合了民主因素，形成共和制，并各自获得充分发展。但雅典民主制和罗马共和制存在数百年后也分别被君主专制所吞并或取代。所以，从古代国家的历史发展趋向来说，无论是古代东方国家还是希腊罗马，都最终归属于专制主义。着眼于世界历史大范围，以广阔深远的视野看待古代国家的发展道路，不难发现在这个问题上反映了人类社会发展的共同性和多样性。希腊罗马发展的民主和共和，则是人类文明地区发展不平衡性的体现。所以，作者批评一种观点，即把古代东方国家中的民主和共和的历史存在，抬高到希腊罗马世界同等的程度，抹杀人类社会历史发展的这种不平衡性。作者同时也反对另一种观点，即把古代东方国家说成是漆黑一片，自古以来西方民族就比东方民族富于自由和民主精神。希腊罗马出现的民主和共和制度毕竟是源流，不能夸张为渊源。

（作者为北京师范大学历史系教授）

世界中世纪史

施　诚

1997年世界中世纪史研究论文共发表30余篇，与前几年基本持平。但是出现了几个可喜的现象：一是没有专题或热点研究的束缚，学者们根据自己的主客观条件开拓了新的研究领域或方向，触及了不少以前研究的薄弱环节或学术空白；二是一些中青年学者勤奋用功，有的一年之内发表了几篇学术论文，显示了研究队伍的梯度。

一、比较研究

马克尧《关于封建社会的一些新认识》(《历史研究》1997年第1期)对中西封建社会的可比性、比较标准和方法作了整体的规范。在评析了近现代中外学者对中西方封建的认识后，认为应该把封建当作一种社会形态，而不仅仅是政治和法律制度，这样封建社会就具有普遍性，中国和西欧都有过封建社会；该文还分析了外国学者中西封建社会比较研究的方法，指出了他们的误区，并提出了独到的见解：从经济和政治结构来看，西欧封建社会的下限应该断在18世纪，而不应该是15世纪或17世纪，中西比较应该注重结构方面的异同，研究影响结构发展的因素，而不是以西方近代社会与中国古代社会相比；关于中西封建社会的发展问题，在评析了西方学者的观点之后，该文指出，"我们不反对以西方的模式来比较研究东方、中国的发展，可是我们必须清醒地认识到，不能因为中国的发展不符合西方的模式，就说明我们发展不起来……如果我们把西方资本主义的开始从18世纪，从工业革命起研究，则抓住了生产力这个轴心，它自己的问题也许较易弄清楚，和中国、东方的发展作比较大约也合理。"本文对于打破史学研究，特别是中西比较研究中的"西方中心论"具有重大的理论和方法意义。

关于中西封建城市的比较研究，顾銮斋在《中西封建社会城市地位与市民权利的比较分析》(《世界历史》1997年第5期)中,从城市地位、市民身份和市民权利三个方面比较中西封建城市的差异;刘文明的《中西封建城市经济结构差异之比较》(《史学月刊》1997年第3期)一文则把城市经济结构分成工商业、经济所有制形式和城乡经济关系三个方面进行比较,认为中国的封建城市是商业繁荣的消费中心,国有制为基础的经济表现为官营手工业和官营商业,城市经济依赖农村经济,是封建小农经济的补充物;而西欧封建城市则是生产性经济中心,以行会所有制为基础,且不依赖封建庄园经济,最终发展成为封建自然经济的对立物和瓦解者。

顾銮斋还对中西封建行会、封建税收进行了比较。在《中西封建行会的一些差异》(《东方论坛》1997年第1期)中,他认为中国封建行会的特点是:对外来人口的接纳性、内部的竞争、对城市没有管理权;而西欧封建行会的特点则体现为对外来人口的排他性、行会内部限制竞争、但是拥有对城市的管理权。在《从帝王、国家、政府之间的关系看中西封建税收的差异》一文里,他试图比较中西封建税收理论,提出封建中国的税收形式以"强权征收"为特征;而西欧在封建前期以特权收入为主,后期则以协议征收为主,但是两种方法都强调法治原则,注重纳税人权利,使西欧封建税收具有相对鲜明的民主程序特征。

二、经济史研究

刘景华的《16世纪意大利城市衰落的历史考察》(《长沙电力学院社会科学学报》1997年第3期)值得重视。该文运用大量史料,从贸易的兴衰、人口的升降、手工业涨落等方面考察了意大利城市走向衰落的全过程,对"意大利城市自16世纪初就走向全面衰落"的传统观点提出了质疑,认为意大利城市的衰落开始于15世纪甚至更早,其过程历经200年,而且起伏跌宕,在16世纪大部分时间里,意大利仍然是欧洲经济最发达的地区之一;只是到了16、17世纪之交,随着西欧新的世界市场体系的推进,才最后摧毁了意大利城市的经济优势,使意大利走向全面衰落。

赵文洪在《论英国行会的衰落》(《世界历史》1997年第5期)一文中认为,传统研究的不足之处是缺乏对行会体制内外的各种变化的系统综合分析。该文提出,行会成员突破区域和行业壁垒等违规行为使行会的监督机制逐渐失效；行会在内外压力下，被迫调整行规和合并，同时城市和中央政府也调整行会方针，打破行会的区域壁垒，开放市场；经济规则的运行从外部发展了取代行会的力量，如家内制、手工工场等，这些因素综合作用使英国行会于17世纪走向衰落。

王素色《重商主义与人文主义》(《社会科学战线》1997年第4期)是一篇别开生面之作。它分析了15—17世纪西欧社会同时产生的两种社会思想之间的关系：人文主义思想的传播促进了重商主义的产生，重商主义者完全站在“以人为本”的人文主义立场，运用“以实际为重”的人文主义方法考察和研究货币与财富的关系；在人文主义的影响下，重商主义者在政治上支持王权，并对封建经济思想进行了批判。人文主义和重商主义为新兴资产阶级文化和经济力量的增长作出了贡献。

三、社会史研究

中世纪社会史一直是国内研究的薄弱环节，幸喜近年有所改变。刘新成《试论西欧中世纪晚期行为方式文明化》(《世界历史》1997年第3期)一文是他转向社会史研究后的又一突破之作。该文透过过渡时期人们行为方式的变化来反映社会的发展、文明观念的变化。随着封建主义向资本主义过渡，西欧的经济、政治和文化都在发生急剧的变革，传统的行为规范受到挑战：人的出身不能决定其社会地位，旧贵族衰落、一批新贵崛起；在一个商品经济发展，社会交往频繁的时代，人们对行为规范的要求从中世纪的尚武转为崇尚人际关系和谐，体现权利与机会的平等，承认个人奋斗的价值取向；另外，人文主义对“血统论”的批判否定了贵族行为天然高贵性，由于封建贵族、新兴资产阶级、专制君主三者的力量互相牵制，使知识阶层获得了暂时的社会独立性，这些因素为行为方式的文明化提供了客观条件。人们的待人接物态度趋向于自尊、尊重他人、与人为善，但是由于宗教的约束，人的本能欲望等仍然需要克制。过渡时期行为规范的特点是：树立以“文雅”为标准的文明行为新观念；行为规范以促进人际关系的和谐为宗旨，对社会交往直接起指导作用。新的行为规范之所以能推广和普及，是由于人们的心理和社会都发生了变化，新的文明观念被人们所推崇。等级制度的破坏、初等教育的实行、各国君主的提倡等使新的行为规范形成了机制。

姜守明的《前工业社会的贫困问题与社会控制》(《史学月刊》1997年第2期)涉及了西方社会史中的一个常见领域,该文叙述了英国都铎王朝社会贫困现象及其产生的原因,还论述了都铎王朝的济贫法等社会控制措施。

四、教会和宗教改革史研究

虽然没有围绕某个专题,但是教会史成为今年学者们研究的一个重点问题。陈曦文《修道院与中世纪前期的西欧文化》(《首都师范大学学报》1997年第5期)有助于对"黑暗时代"的西欧文化和修道院的双重作用作出正确评价。该文追溯了基督教修道院的起源和修道院制度的形成过程,着重论述了修道院的文化作用:修士们传抄和保存了古典拉丁文著作,推动了西欧学术的发展,使各个文化领域都取得了一定的成就,修士的学术活动对中世纪西欧文明的复兴和发展产生了重要的影响。

王亚平《析11世纪德意志皇权与罗马教廷的关系》(《东北师大学报》1997年第3期)探索了中世纪前期西欧的政教关系。他认为,德皇利用教会加强和巩固集权统治,强化了双方的联盟关系,但是随着罗马教会推行改革,教权以削弱皇权为代价来增强自己,这就导致双方之间的摩擦,罗马教会联合德意志的封建世俗贵族对抗皇权,从而引发了长达半个世纪的政教之争,削弱了德皇的权势,加深了德意志的封建分裂。姜德福的《格利高里一世与罗马教皇权的初步形成》(《陕西师范大学学报》1997年第2期)则考察了中世纪初期的教皇格利高里一世对罗马教皇权形成所起的作用:他运用多种手段,使罗马教会摆脱了拜占廷帝国对罗马教会的控制,将教俗权力集于一身,在罗马城及其周围地区建立了政教合一的统治,是为中世纪教皇国的先声,同时加强了组织制度建设,推动修道院和对蛮族的传教活动,从而扩大了罗马教会的势力,为中世纪罗马教皇权威的树立奠定了基础。

林中泽的《中世纪西欧的宗教禁欲主义及其历史影响》(《史学月刊》1997年第5期)分析了中世纪西欧宗教禁欲主义的哲学、社会和思想基础,着重探讨了禁欲主义的负面影响和积极意义,认为中世纪禁欲主义既导致了社会性道德的全面崩溃和极端纵欲主义的蔓延,但是另一方面又在客观上培植了近代资本主义的节俭、勤奋和敬业等新教精神。

关于宗教改革历史的研究，主要集中于英国的宗教改革。毛丽娅的《论罗拉德派运动的历史地位》(《四川师范大学学报》1997 年第 1 期)在叙述了罗拉德派的发展阶段后，主要论述了它在英国历史上的作用，认为它动摇了天主教的神权统治，为英国民族教会的建立铺平了道路；打击了英国封建王朝的统治；直接推动了亨利八世的宗教改革，成为 17 世纪英国清教主义的先驱，罗拉德派对《圣经》的翻译促进了英语的发展。

李增洪《试论英国宗教改革所建民族教会的彻底性》(《齐鲁学刊》1997 年第 4 期)对认为英国安立甘教是不彻底的传统观点提出了质疑，并认为如果以教会的民族性为标准来判断宗教改革的彻底性，那么英国的宗教改革是彻底的，但是它是以教义、教仪和教会体制上的不彻底为代价的。该文还分析了造成这种不彻底性的原因。

五、科技史研究

科学技术史是国内中世纪史研究的空白。刘景华率先作出突破，他的《中古阿拉伯人航海技术的考察》(《湖南师大学报》1997 年第 3 期)一文纵向探析了中古阿拉伯人的航海技术及其兴衰原因，他指出，阿拉伯人的大三角帆、牵星法和指南针的运用都是当时世界上一流的，阿拉伯人还拥有先进的航海知识，只是伊斯兰教的束缚，使阿拉伯人的航海优势被欧洲人取代了。本文有助于纠正贬低阿拉伯人造船和航海技术成就的观点，加深了人们对阿拉伯人在世界科技文化史上的贡献的认识。

六、政治和政治思想史研究

孟广林在《中古前期英国封建王权与世俗贵族的关系》(《历史研究》1997 年第 1 期)一文中，考察了诺曼征服以后百余年间英国王权与世俗贵族之间以封建土地等级分授占有制基础上的合作与冲突的关系，认为王权是贵族封建权益的源泉，贵族的拥护和参与是王权勃兴和扩展的前提，基于共同的利益，王权与贵族在正常的情况下是合作的，但是双方也的确存在矛盾，这是由于王位之争和贵族失意等因素造成的。总之，这一时期王权与贵族之间合作多于矛盾和斗争。在《中古前期英国教士约翰的“君权神授”理想》(《世界历史》1997 年第 6 期)一文中，孟广林从《圣经》所包含的“王权神授”观念出发，结合 11、12 世纪英国政治史状况和国王涂油加冕典礼的演进，系统地分析了12世纪英国政治思想家索尔兹伯里的约翰的政治思想，特别是约翰的“诛暴君说”的多种内涵意义。

王晋新在《试论英国女王伊丽萨白一世的封爵政策》(《东北师大学报》1997年第3期)一文中，通过分析伊丽萨白一世严苛谨慎的封爵政策的原因及后果，探讨了伊丽萨白女王的治国方略。该文认为女王为了限制贵族政治势力、维持传统的等级秩序和都铎王朝的财政状况而采用了少封爵位的国策，这个政策具有双重后果，一方面它减缓、弥合了贵族与乡绅两大社会集团之间的矛盾和冲突，维持了社会各种政治力量的平衡，但是另一方面它不可能具有妥善地调控社会变革的功用，从一定意义上说，它只是掩盖而不是解决了当时英国社会变化所提出的要求，使爵位等级与财富权力之间不协调的状况愈加严重。

夏继果在《伊丽萨白政府的外交政策与苏格兰问题的成功解决》(《首都师范大学学报》1997年第6期)一文中，通过个案研究，详细地分析了伊丽萨白政府在1559—1560年苏格兰问题上采取的有效干涉政策的演进过程，认为英格兰取胜的原因是外交政策调整、独立外交方针，女王与威廉塞西尔相得益彰的合作。苏格兰问题的成功解决，使不列颠岛日益成为一个完整的防御体系，打破了欧陆国家利用苏格兰作为进攻英格兰的跳板的梦想，英格兰探出了一条全新的外交路线：放弃对大陆领地的觊觎，实行不列颠的独立与稳定，发展海军力量。这些对后来英国的外交政策起了重要的作用。

(作者为北京大学历史系博士)

西欧近现代史

李 宏 图

回顾1997年度的西欧近现代史研究，可以大致概括为，以欧共体为切入点的欧洲史研究成为本年度的热点；社会史和思想文化史题材广阔，势头不减；政治史研究佳作纷呈。总之，一年来的西欧近现代史研究成果丰硕，显示着学术的繁荣和进步。

一

1997 年 3 月是“罗马条约”签订 40 周年纪念，为此，1996 年底和 1997 年 5 月，北京大学历史系和中国欧洲学会分别召开“欧洲历史上的分与合”和“欧盟研究”学术讨论会，从微观和宏观上对欧洲历史的演进进行了较为深入的探讨，发表了相当数量的学术论文，形成了本年度西欧近现代史研究的一大热点。

如何看待近代以来欧洲历史上的分与合？郭华榕认为分裂是近代欧洲的主要潮流，它表现为众多的战争，对弱国的瓜分以及大国控制。分裂源于过度追求本国利益；领导人缺乏明智思想；社会文化与物质发展不足。（《1618—1945 年欧洲分裂的历史教训》《北京大学学报》1997 年“欧洲历史研究专刊”）。金重远认为均势是近现代欧洲政治格局的最大特色，它给欧洲带来分，而不是合（《欧洲均势与欧洲分合》《北京大学学报》同上）。徐天新撰文探讨了欧共体在西欧联合中的作用，认为二战后，在欧共体的推动下，欧洲的联合进入了一个新的阶段。（《浅析欧共体在西欧联合中的作用》《北京大学学报》同上）许平认为二次大战造成了西欧各国真正均势的形成，西欧各国把本国民族国家的利益与欧洲复兴强大联系在一起，从而在西欧促成了真正联合机制的出现。（《战后欧洲局势与西欧联合起步》《北京大学学报》同上）李工真则探讨了战后西欧一体化发展的思想前提，指出西欧诸国在反法西斯运动中出现了欧洲一体化的思想，而这则成为战后西欧一体化进程的思想前提。（《战后西欧一体化发展的思想条件》（《北京大学学报》同上）张雄研究了在意大利出现的欧洲联合的思想，认为意大利的一批思想家和政治家有关欧洲联合的思想为欧洲的联合成为现实作出了贡献。（《试论 1918—1958 年间意大利欧洲联合思想的发展》《北京大学学报》同上）

当今世界，欧洲一体化进程日益为人们所关注。吴弦的《欧洲一体化产生的历史渊源和条件》（《欧洲》1997 年第 2 期）一文从资本主义生产方式、工业革命及民族国家的形成等角度对欧洲一体化的历史渊源、条件进行了较为系统的分析。王鹤的《欧洲一体化的外部经济及影响》（《欧洲》1997 年第 2 期）则对欧洲经济一体化的外部世界影响作了探讨，伍贻康在《欧洲联盟的历程及其发展前景》(《学术季刊》1997年第4期)一文中指出，从历史进程来看，欧盟是一个早产儿，先天不足，后天失调，致使其运作不尽如人意，但其一体化的开拓性和不断求同存异的进取性对当今全球区域一体化趋势及21世纪世界格局具有启示作用(《欧洲统一的前景》《北京大学学报》1997年“欧洲历史研究专刊”)。

在对欧洲的分裂与统一的研究中，自然要涉及到民族主义这一学术问题，本年度有数篇关于民族主义研究的文章问世。曹中屏认为，民族国家是近代欧洲的基本政治单位，而民族主义则是近代欧洲政治发展的重要原动力之一。(《民族国家、民族主义与近代欧洲的分裂》《北京大学学报》1997年“欧洲历史研究专刊”)徐蓝对民族主义的涵义、民族主义的发展与嬗变、民族主义与国际关系提出了自己的看法。(《关于民族主义的若干历史思考》《史学理论研究》1997年第3期)王勤榕论述了民族主义的产生，并对出现在欧洲的民主民族主义、文化民族主义、民族沙文主义和自由民族主义等多种类型作了分析。(《欧洲近代民族主义的几种类型》《中央民族大学学报》1997年第3期)马瑞映具体研究了冷战时代的民族主义，认为民族主义在冷战时代呈现出复杂性、持续性、团结性等特点。(《论冷战时代的民族主义特点》《陕西师范大学学报》1997年第2期)俞正梁在《试论现代民族主义新浪潮》(《复旦大学学报》1997年第1期)一文中指出，现代民族主义兴起于17、18世纪的欧洲，20世纪是其高潮。80年代末90年代初的民族主义新浪潮呈现出全球性、多样性和分离性三大特点。

二

本年度社会史研究依然势头不减，涉及城市化、移民、社会保障制度等诸多领域。肖辉英在《德国的城市化、人口流动与经济发展》(《世界历史》1997年第5期)一文中指出，德国的城市化是在没有经历过资产阶级革命、国家四分五裂等历史条件下起步和完成的，这就决定了德国城市化、人口流动和分布具有自身的鲜明特点，城市化的发展推动了农村劳动力的转移和农业现代化。廖跃文探讨了英国维多利亚时期城市化的发展特点，认为英国在维多利亚时期成为世界上第一个城市化国家，在城市化发展过程中，城市的性质发生了转移，结构功能上发生了变迁，并形成和确立了区域城市化及城市群发展态势。(《英国维多利亚时期城市化的发展特点》《世界历史》1997 年第 5 期)潘兴明探讨了移民问题中一个人们较少关注的现象——回流移民。指出,在英国,回流移民现象贯穿于移民运动的全过程,产生这一现象的原因主要在于经济方面和心理方面(《试论英国的回流移民》《史学月刊》1997 年第 3 期)。

对西欧诸国社会保障制度的研究成为本年度社会史研究中的焦点。李建彬撰文探讨了西欧从 18 世纪到 20 世纪社会保障制度的演进。(《西方现代化过程中的社会保障制度的历史演进》《世界史研究年刊》1997 年第 3 期)丁建定分析了近代晚期西欧诸国社会保障制度的内容、特点及建立的原因,指出它与西欧政治民主化一起,使西欧较为平稳地实现了由自由主义向垄断资本主义的过渡(《试论近代晚期西欧的社会保障制度》《史学月刊》1997 年第 4 期)。李工真则具体探讨了德国"魏玛时代"的社会福利,认为这一时期德国的社会保险体制得到了进一步扩展(《德国魏玛时代"社会福利"政策的扩展与危机》《武汉大学学报》1997 年第 2 期)。陈晓律在《简析英国的老年问题》(《史学月刊》1997 年第 1 期)中分析了英国工业革命前的老年问题、养老金的立法及老年人的福利和面临的困境,提出了解决了老年问题一种新的思路。

针对长期以来认为近代法国经济发展缓慢、缺乏活力的观点,沈坚在《关于法国近代经济发展若干问题的再思考》(《华东师范大学学报》1997 年第 6 期)一文中指出,法国近代经济发展遵循了一条特殊道路,应该给予足够的肯定。王家宝探讨了法国贸易自由化对法国经济发展的作用,认为自由贸易政策为法国经济发展起着积极的推进作用。(《拿破仑三世与贸易革命》《世界历史》1997 年第 3 期)高德步在《论近代英国的经济革命》(《兰州大学学报》1997 年第 2 期)一文中分析了近代英国发生的产权革命、商业革命和工业革命。杨豫、王皖强撰文探讨了撒切尔政府通过私有化和自由化两种途径对形成的国有工业进行改造,提高企业的经济效益(《论英国国有工业的改造》《史学月刊》1997 年第 3 期)。罗红波的《意大利南北发展不平衡及其启示》(《欧洲》1997 年第 1 期)文章指出了意大利南北发展不平衡的原因,并对意大利南方开发政策及成效作了客观评价。此外,方立的《德国解决地区发展差距的政策措施》(《欧洲》1997 年第 6 期)一文通过探讨德国对地区发展不平衡问题的种种政策、措施也为我国解决同样问题提供了有益借鉴。

三

近年来崭露头角的思想文化史研究在1997年继续保持其势头，出现了一批质量较高的新作。著名的保守主义思想家伯克继续受到关注。陈志瑞的《保守与自由——埃德蒙·伯克的政治思想》(《世界历史》1997年第5期)探讨了伯克思想的主要内容及性质，认为“光荣革命”的传统制度、原则和精神是他全部政治活动及思想的起点和归宿。陈志瑞还在另一篇研究伯克的文章中对伯克的欧洲观进行了探讨，认为伯克提出了“欧洲国家”的概念，并对欧洲国际社会根源及国际社会性质作了深入思考。(《埃德蒙·伯克的欧洲观》《欧洲》1997年第6期)李宏图研究了19世纪法国著名的自由主义思想家——托克维尔。指出，在托克维尔那里，自由是与专制暴政相对立的一种政治体制，是人的权利和生存状态。文章从政治体制、民主与自由等方面具体评述了托克维尔的自由主义思想。(《孤独的自由——论托克维尔的自由主义思想》《华东师范大学学报》1997年第5期)梅雪芹研究了洛克的人权思想及财产观。通过考察洛克人权思想的基本内容，认为洛克的人权思想既有十分激进的一面，又有相当保守的一面；财产权在洛克政治思想体系中占有十分重要的地位，是洛克详细阐释了资产阶级财产权的思想理论(《约翰·洛克的人权思想剖析》《辽宁师范大学学报》1997年第1期、《论约翰·洛克的财产观》《北京师范大学学报》1997年第1期)。

本年度有数篇文章涉及文化冲突与文化交流。李宏图在《民族精神的呐喊——论18世纪德意志与法国文化冲突》(《世界历史》1997年第5期)一文中指出，18世纪时法国文化大举入侵德意志，给德意志民族带来了严重后果，对此，德意志民族作出了反应，他们抗拒法国文化的入侵，强调培育德意志民族文化，弘扬民族精神。从德法文化冲突中可以看到，在世界近代史中，文化的冲突与抗拒成为这个时代的重大主题，也影响和决定着世界范围内现代化发展方向。钱林森的《伏尔泰与中国文化》(《社会科学战线》1997年第4期)着重考察了在中法文化碰撞交融的大潮中，伏尔泰是位拓开航道的先驱者。

四

近年来，随着西欧近现代史研

究领域愈益多元化和结构日趋合理，政治史研究的论文篇目有所减少，1997年度也不例外。尽管如此，仍有一些高质量的论文问世。

在政治制度史方面，有几篇值得关注的文章。刘北成在《论近代欧洲绝对君主制》(《北京师范大学学报》1997年第1期)文章中指出，欧洲近代绝对君主制是一种特殊的过渡型君主政体。许洁明的《论近代英国政党制度的形成与特征》(《历史研究》1997年第4期)，认为英国政党制度具有内生性、二元性与可变性、利益及政策趋同性及两党高层人物相互流动三大特征。岳爱成考察了英国近代议会制度，认为1688至1760年英国资产阶级议会制所体现的民主是残缺不全的；1760至1832年英国政治的倒退逆流和议会制的困境使得英国近代资产阶级议会制在民主化道路上长期停滞不前，甚至一度背离了民主化方向，作者还在此基础上分析了其原因(《英国近代议会制的困境及政治上的倒退逆流》《四川大学学报》1997年第1期)。

除此之外，还有几篇颇有新意的文章。许平撰文探讨了近代法国贵族阶级与法国政治演进之间的关系，指出法国政治现代化的过程也是贵族逐渐退出政治权力的过程。(《法国贵族与法国政治现代化》《世界史研究年刊》1997年第3期)。张顺供对英国殖民撤退过程中的军事条约和协定进行了考察。(《英国殖民撤退过程中的军事条约和协定》《世界历史》1997年第4期)王春露在《两次世界大战间英国和平主义运动及其历史评价》(《东北师范大学学报》1997年第4期)文章中指出，两次世界大战间英国为什么会出现和平主义运动，其原因为，基督教教义中和平主义因素为其提供了文化精神上的来源。

尤天然在《英法两国现代化模式中的世俗化过程及其特征》(《历史研究》1997年第2期)一文认为世俗化运动作为西方现代化进程的组成部分实际始于文艺复兴，以英法两国为例，从民族国家政权同宗教组织之间相互关系角度进行了探讨。

五

如前所述，以欧共体为切入点的欧洲历史研究，使人们的视野更为开阔，不再拘泥于某一个国家或某一个时段，而是把欧洲作为一个整体来看待，从各个方面透视和把握欧洲历史特别是西欧近现代史的演变，出现了一些具有宏观综合性的论文，这是我国世界史研究值得欣喜的良好开端，也是未来世界史研究的发展趋势之一。实际上，欧洲特别是西欧是有着共同文化或文明的单元，是同一性与多样性的交织，因此，必须从欧洲本身而不是从某个国家出发来理解欧洲。当然，从本年度所发表的论文来看，还仅仅只是朝此方向走了一小步，希望今后能在关于欧洲的整体宏观研究方面多出佳作。

我国的现代化建设和社会发展的丰富现实为历史学家提供了广阔的空间和新的思考视角，在现实的召唤下，历史研究的题材更为多样，现实感更强。从本年度所发表的文章来看，这种特点非常突出，表明历史学家以强烈的社会责任感投入于自己的研究。但由此也产生了另一问题，由于太注重现实，常常影响了其学术水平的深化与提高，如果能在较为充分的学术研究的基础上为现实提供思想资源和历史经验，而不仅仅是从历史上选取一些与现实相类似的个案进行简单的描述可能效果更佳，于学术和现实均有益。因此，我常常在想，中国历史学界目前最最缺乏的是“学院派”，只有在长期的学术积累和学术研究之后，我们才能为现实的社会发展提供更多更好的历史智慧，以及历史的借鉴。

如果说社会史过多地从社会现实中获取素材和灵感的话，那么思想文化史领域则更多地具有“学院派”的意味。但很遗憾，目前在这一领域发表文章的作者每年不过数人，且多为老面孔。看来，如何扭转一向不太为人关注的思想史研究对于历史学界来说非常迫切。一个民族不能没有自己的理论思维，同样也不能不了解、借鉴、吸收西欧各国的思想文化资源，这对于我们这个有着古老文明的泱泱大国来说至关重要。在此提出这一点，既是对本年度研究现状的总结，也是对历史学界的热切期待。

（作者为华东师大历史系教授）

十月革命史

吴 伟

1997年11月7日是俄国十月革命胜利80周年纪念日。为纪念这一重大历史事件，国内许多学术团体召开专题讨论会，不少学者发表文章，从而形成了苏联史研究领域一个最大的热点。综观此次纪念十月革命胜利80周年学术活动，有两个特点非常突出，一是在历史唯物主义思想理论指导下，对十月革命的爆发、取得胜利的原因以及产生的影响，从新的角度进行了探讨；二是针对苏联解体后出现的怀疑、乃至否定十月革命的选择及其历史意义的论调，从历史与现实相结合的高度，重新审视和评价了十月革命的历史意义。

一

对十月革命爆发的历史必然性，以往多是从沙皇俄国成为各种矛盾的焦点进行分析。吴恩远在《十月革命：必然性、历史意义和启迪》（《世界历史》1997年第5期）一文中，除了肯定俄国国内外不可调和的矛盾是十月革命爆发的直接因素外，还把有关现代化研究的概念和方法引入十月革命史研究中来，认为“十月革命是俄国现代化进程矛盾的必然反映”。他引用一系列标明社会经济发展状况的数字，通过与当时主要资本主义国家比较，说明俄国在现代化进程中处于明显落后地位，而要推进这一进程，就必须克服“俄国现代化道路上横亘着的一个巨大的障碍物——野蛮、落后的沙皇专制制度”。对于俄国革命能否走斯托雷平的“绿色革命”道路，作者给予了否定的回答。沈志恩提出，十月革命之所以取胜是因为“条件独具”（《十月革命光芒永存——纪念俄国十月革命胜利80周年》，《浙江师大学报》1997年第5期）。这些条件主要是指：俄国无产阶级集中程度高，布尔什维克党既是批判第二国际机会主义的先锋、又特别善于团结本阶级和农民群众，世界正处于战争和革命浪潮中。但由于俄国军事封建帝国主义的历史包袱、资本主义发展水平不高以及落后的小农经济和大工业并存、众多的文盲和世界级科学文化大师并存，“使巩固和发展这场革命的道路显得相当复杂、艰难，充满着险阻暗礁”。而革命胜利条件独具和巩固发展胜利相当艰巨，“大抵上就是当年列宁思维的两个侧面”，这“又是他主张迂回过渡的起点”。

姜长斌把十月革命的历史经验与马克思主义的发展结合起来考察，从分析马克思主义为什么是科学入手，通过论述马克思主义与十月革命、十月革命与邓小平理论之间的历史联系，说明了十月革命在人类历史进程中的作用和意义。

他在《从马恩学说到邓小平理论——为纪念十月革命80周年而作》(《世界历史》1997年第5期)一文里说,马克思主义传入俄国,“是人类历史进程的伟大进步”,这使“马克思主义的科学原理重新焕发出扭转乾坤的活力”。而十月革命开创的历史进程,“可以肯定地说,必将由邓小平理论指导下的社会主义中国继承下去。”

俞良早在自己的文章中也谈到十月革命与东方社会主义的关系。在《十月革命与东方社会主义战略》中他指出,马克思、恩格斯晚年曾期望俄国爆发革命,尽管这场革命是资产阶级革命,但它的胜利将推动西方社会主义革命的发生和胜利;至于它向社会主义革命的转变,则要依赖于西方社会主义革命的胜利和西方社会主义国家的帮助。“1917年的俄国革命,包括二月革命和十月革命,正是马克思和恩格斯所期望的那一场俄国革命。”十月革命胜利后,马恩的预见在一定程度上变成了现实:产生了全欧洲革命的风暴。但欧洲革命高潮很快过去,而一个无产阶级专政的国家却存在于世界上,这是马恩预料之外的,也是列宁始料未及的。在这种情况下,“列宁和俄共(布)不能不转变社会主义战略”,其内容之一“是向东方寻求支持和援助的力量”,“把苏维埃俄国的前途命运同印度、中国等东方国家人民的斗争联系在一起了”;其内容之二,“是开始探索同俄国经济文化落后的实际相适应的社会主义道路”。经过新经济政策的实践,列宁和俄共(布)基本上完成了探索社会主义道路的任务,找到了与俄国实际相适应的社会主义道路,同时这也是同东方其他经济文化落后国家的实际基本相适应的社会主义道路。由此作者认为,“列宁和俄共(布)的这一战略转变,启开了20世纪东方各国社会主义运动不断发展的新态势。”(《湖北大学学报》1997年第4期)

关于列宁与十月革命、十月革命与列宁主义的发展问题,范玉传撰文从论述十月革命发生的历史条件和时代背景、提出“一国胜利”学说为十月革命胜利奠定理论基础、立足于俄国特殊国情揭示十月革命的必然性以及多方分析十月革命胜利的主观条件等方面,论述了列宁的伟大贡献。十月革命的实践业已证明,列宁对十月革命的历史必然性和合理性的科学分析是正确的,十月革命“是符合客观历史发展规律的,是帝国主义无产阶级革命时代的产物,是俄国社会经济发展的必然结果,又是列宁和布尔什维克领导无产阶级和劳苦大众充分发挥革命首创精神的体现。"(《列宁与十月革命》,《马克思主义研究》1997年第6期)在中国世界现代史研究会暨华北分会和首都师范大学联合举办的"纪念十月革命80周年学术讨论会"上(以下简称世界现代史华北分会会议),发言者谈到十月革命与列宁主义的发展时认为,直到二月革命前,列宁并没有明确指出社会主义革命可以首先在俄国一国取得胜利。但列宁要指导俄国工农大众取得社会主义革命胜利,还需要新的理论突破,其表现是:"第一,列宁从世界革命高度规划了俄国革命,使俄国革命变成了世界社会主义革命的序幕和第一阶梯";"第二,列宁突出了政权问题,把政权问题提到决定一切的高度来认识"。发言者指出,"列宁的这两点论述,是在帝国主义战争条件下结合俄国实际对马克思主义的发展。只有从列宁的这两点论述出发,才能更好地理解十月革命的历史地位和意义,以及苏联社会主义建设的进程和特点。"(《解放思想,实事求是》,《世界历史》1998年第1期)俞良早在另一篇文章中详细阐述了十月革命后列宁战略思想两次转变的过程,认为第一次转变发生在1920年底至次年春,核心内容是肯定俄国先于西方进行社会主义建设的可能性和必要性;第二次转变是1922年底和1923年初,其内容有两方面,除了"由过去的西方社会主义战略转向了东方社会主义战略"外,还"由世界革命战略转向了国内发展战略"。(《十月革命与列宁战略思想的两次转变——纪念十月革命八十周年》,《东欧中亚研究》1997年第5期)李永清比较了自十月革命后80年来世界社会主义的三次大发展,即十月革命的胜利、中国革命的胜利、建设有中国特色的社会主义道路的成功探索,认为这三者的共同点是都以思想理论上的大突破为先导。正是由于列宁创立了社会主义可以首先在"一国胜利"的理论,"才有了十月革命的胜利,才有了社会主义的第一次大发展。"(《社会主义大发展需要实事求是的科学精神与革故鼎新的理论勇气》,《理论学刊》1997年第5期)韦建桦也提出,列宁创造性地运用马克思主义分析帝国主义时代的实际情况得出的新结论,是指导十月革命取胜的指针,"十月革命是坚持理论联系实际的马克思主义学风,创造性地运用和发展马克思主义的光辉典范。"(《社会主义前程远大——纪念十月革命80周年》,《求是》1997年第20期)

另外,李兴耕根据所查到的材

料，对十月革命的最初消息传入中国的渠道作了新的补充。其中，中国驻俄公使刘镜人1917年11月7日、8日从彼得格勒发给北洋政府外交部的电报，彼得格勒工兵代表苏维埃致哈尔滨工兵代表苏维埃的电报，都丰富了人们对这一问题的了解。(《俄国十月革命的消息是怎样传到中国的?》,《马克思主义与现实》1997年第5期)吴伟从二月革命后俄国军队民主化入手，通过分析彼得格勒工兵代表苏维埃和临时政府在此问题上的立场，说明这两个政权的领导人把军队民主化作为政治资本和感情投资来对待，最终成为军队民主化运动的绊脚石，这是它们在十月革命之前和之中迅速走向失败的重要原因之一；布尔什维克党从反对帝国主义战争的立场出发，对军队民主化给予坚定热情地支持，扩大了布尔什维克党在军队中的影响，把军队民主化成功地导向军队布尔什维克化，为十月革命取得胜利准备了必不可少的条件。(《二月革命后俄国军队的民主化及其对十月革命的影响》,《首都师范大学学报》1997年第5期)俞良早结合十月革命后苏维埃政权建设情况，阐述了列宁苏维埃政权建设思想的几个问题。他认为，在十月革命胜利初期，列宁没有所谓"一党专政"的主张和思想，其真正含义，一是说布尔什维克党难以同孟什维克和社会革命党人实现联合，一是说只有布尔什维克党才能领导俄国的社会主义事业；同时列宁也没有所谓"党专政"或"党治制"的主张和思想，相反他深刻地论述了苏维埃制度的特点和优点，指出苏维埃是无产阶级专政的国家制度，并通过联合和团结广大工农群众、使群众获得罢免权和监督权、使公职人员成为社会公仆等等，表现出它的人民性(《关于列宁苏维埃建设思想的几个问题——为纪念十月革命80周年而作》,《政治学研究》1997年第3期)。

二

对于十月革命的历史意义，学术界给予充分肯定。辛岩认为，十月革命在整个人类历史上开辟了一个全新的时代，它"在统一的资本主义世界体系上打开了一个重要的、从此永远也不可能再弥合的缺口"。(《十月革命的原则是永存的——纪念十月革命八十周年》,《高校理论战线》1997年第11期)马文瑞撰文指出，"十月革命之所以值得纪念，因为它是无产阶级革命时代人类第一个最伟大的胜利。第二个最伟大的胜利是二次大战打败德、意、日法西斯。第三个最伟大的胜利是中国革命的成功。”“不能设想没有十月革命和第二次世界大战的胜利而有中国革命的胜利。”(《十月革命永放光芒——纪念十月革命八十周年》,《光明日报》1997年11月11日)而“十月革命对中国的最大影响,就在于它帮助中国的先进分子懂得,必须学习运用马克思主义作为观察国家命运的工具,重新考虑中国的出路问题”。(辛岩前引文)在世界现代史华北分会会议上,发言者认为,应该坚持列宁当年提出的十月革命开创人类历史新纪元的论断,本世纪上、下半期的历史都证明了这一论断。但要避免以前在此问题上的某些误区:一是对新纪元的长期性、曲折性、复杂性强调不够,二是要认识到新时代的内容是多样性的、又是统一的。(《解放思想,实事求是》,《世界历史》1998年第1期)吴恩远从对俄国国内和国际两个角度分析了十月革命的意义,他通过1940年前后苏联与主要资本主义国家社会经济发展状况的比较和1913—1940年苏联与主要资本主义国家的发展指数比较,“证明从十月革命以来苏联各方面发展取得了令人不容否认的成绩”;它“体现社会公正的制度为一战后陷入危机的资本主义世界体系打开第一个缺口”,对人类文明发展进程产生巨大影响,而社会主义中国的建立“既是十月革命的伟大成果,又使十月革命的世界历史意义得到升华。”(吴恩远前引文)世界现代史华北分会会议的发言者指出,十月革命的国际影响有三点不能抹煞,它向黑暗势力开火,其斗争精神给全世界被压迫人民极大鼓舞;它促使西方工人运动和被压迫民族之间的联系,起了桥梁作用;它促进了马克思主义的传播。(《解放思想,实事求是》,《世界历史》1998年第1期)石云霞用中国和苏东正反两方面的事例说明,80年来十月革命愈益明显的意义是:“坚定不移地沿着十月革命开辟的道路前进,社会主义事业就兴旺发达;否定十月革命的道路,社会主义事业就会受挫折,甚至遭到失败。”(《十月革命的道路与建设有中国特色的社会主义》,《社会主义研究》1997年第6期)在由中国人民大学东欧中亚研究所和《高校理论战线》联合召开的“纪念十月革命80周年理论研讨会”上(以下简称理论研讨会),与会者从国际共产主义运动发展进程角度提出,人类对社会主义的探索经历了两次飞跃,第一次飞跃是马克思恩格斯把社会主义从空想变成科学,第二次飞跃是列宁领导的十月革命把社会主义从理论运动变成了制度实践。十月革命是20世纪最伟大的事件，它向全世界表明资本主义制度不是永恒的；十月革命开创了一种思路、一种选择，即在贫穷落后的国家进行社会主义革命，第一次使工农大众享受到社会平等和公正（《十月革命的精神是永存的》，《高校理论战线》1997年第12期）。

十月革命的道路以及这条道路的现实意义，是此次纪念活动中的一个重要论题。理论研讨会上提出两种概括：其一是1956年发表的《再论无产阶级专政的历史经验》一文中的总结和概括，即建设一个以马克思列宁主义为指导的无产阶级政党——共产党，党领导下的工农大众通过革命斗争夺取政权，建立无产阶级专政，进行社会主义改造，实行社会主义工业化、农业集体化，逐步消灭私有制和剥削，发展社会主义经济和文化，逐步提高人民生活水平，为向共产主义社会过渡而奋斗，对外反对侵略，维护世界和平，坚持无产阶级国际主义原则；其二是依据列宁在1923年所著《论我国革命》中的概括，即先夺取政权，后创造条件发展生产力。与会者也强调，十月革命的道路必须同各国国情相结合，各国共产党人不能照抄照搬十月革命的一些具体做法和形式。十月革命的道路只有同各国革命的具体实践相结合，才能越走越宽广。（《十月革命的精神是永存的》，《高校理论战线》1997年第12期）世界现代史华北分会会议上，有的学者认为，十月革命道路总结起来基本就是两点：一是要有无产阶级政党的正确领导，二是要善于把各国的多样性与马克思主义原理相结合。同时，以往对十月革命道路的总结和概括也有值得反思的地方，如把暴力革命看成是普遍规律等（《解放思想，实事求是》，《世界历史》1998年第1期）。

联系苏联解体的实际，不少学者指出，这并不意味着十月革命道路的失败，“而是背弃十月革命道路所体现的马克思列宁主义基本原理的机会主义的破产”；（辛岩前引文）“十月革命开创的社会主义事业在苏联东欧等国的失败，并不是它所体现的社会主义原则的失败，而是在内外反社会主义力量的误导下离开、背离和背叛社会主义原则的结果，是新生的社会主义制度在与暂时强大的资本主义世界的较量中一次挫折和曲折”。（卢之超：《十月革命与社会主义前景——纪念十月革命八十周年》，《高校理论战线》1997年第12期）对列宁以后苏联背离十月革命道路的表现，沈志恩概况为6个方面：背弃列宁迂回过渡的思想和实践，恢复并发展了直接过渡的错误，放弃追踪技术革命步伐和发展国际经济技术联系的战略，因袭彼得大帝的军事强国主义，基本背离十月革命时期切实保障民主和民族平等的思想和实践，背弃《和平法令》的原则，把苏联的安全利益等同于通过缔结秘密协定，扩大苏联的势力范围，苏联共产党一再背离列宁的建党思想和实践，自身建设方面险情迭出。（沈志恩前引文）石云霞认为，经济政治体制上的弊端、反马克思主义的思潮泛滥、屈服于国际帝国主义的诱压政策，分别构成了苏联社会主义事业遭受挫折的历史原因、根本原因和外部原因。（石云霞前引文）胡瑾提出，寻找苏联最终解体的答案，关键是看"在建立了苏维埃政权以后干什么和应该干什么"。他认为实行战时共产主义政策，搞直接过渡，"大大挫伤了工农群众特别是农民群众的热情和积极性，差一点使苏维埃政权丧失全部经济基础和阶级基础，几乎到了破产的边缘！"但列宁及时主动纠正了错误，实行新经济政策，稳定了政局，使苏俄经济得到一定发展。"遗憾的是斯大林没有认真贯彻执行列宁思想和党的基本政策，过早地结束了新经济政策"。可见"列宁的部分错误、暂时错误和斯大林的失误证明了中国的一句成语：欲速则不达，在特定条件下，可以跨越某一种社会制度，但决不能跨越某一种时代及其所肩负的历史使命（任务），必须以另一种方式去完成其没有完成的历史任务，才能取得真正的历史进步。"（《欲速则不达——纪念俄国十月革命80周年》，《山东大学学报》1997年第3期）

在国内学者发表文章和见解的同时，国外特别是俄罗斯学术界对十月革命研究的新成果和观点，也被比较及时地介绍过来。中央编译出版社1997年10月出版了《"十月"的选择——90年代国外学者论十月革命》一书，收录了俄、英学者30余篇文章，从不同角度论述了对十月革命的看法，比较集中地反映了这两国学术界90年代前半期在十月革命问题上的观点。此外，《马克思主义与现实》、《国外理论动态》等刊物，也摘译或编译了有关十月革命的研究文章。这些对推动国内十月革命史的研究不无裨益。

（作者为首都师范大学历史系副教授）

美 国 史

黄 柯 可

1997 年美国史研究成绩不凡，各类专著争相问世。政治方面的有邓蜀生撰写的《罗斯福》(浙江人民出版社 1997 年版)，这是国内关于小罗斯福总统传记的首推之作。经济方面有：王锦瑭、钟文范和李世洞合著的《美国现代大企业与美国社会》(武汉大学出版社 1995 年版)，它开辟了美国史研究的新领域。陈宝森、侯玲合著的《美国总统与经济智囊》(世界知识出版社 1996 年版)为前著《美国经济与政府政策——从罗斯福到里根》(1988 年)的续集，专论美国总统决策的背景。胡国成的《化学工业大王——杜邦公司》(北京大学出版社 1997 年版)是我国史学家首次涉足这一领域的成果。社会文化史方面有：王立新的《美国传教士与晚清中国现代化》(天津人民出版社 1997 年版)、王孜弘等合著的《科学技术与美国社会》(陕西人民教育出版社 1997 年版)。外交史方面有：资中筠等著《架起理想的桥梁——中美关系史研究回顾与展望》(安徽大学出版社 1997 年版)、白建才主编、李晓岗等著《美苏冷战史》(陕西师大出版社 1997 年版)。此外，论文的内容也很广泛，在此只能就比较集中的几个问题作一简要归纳。

一、罗荣渠与《美洲史论》

罗荣渠是蜚声国内外的美国史和美洲史专家。在他去世一周年之际，中华美国学会编辑出版了罗荣渠著:《美洲史论》(中国社科出版社 1997 年版，下称《史论》)，以志纪念。书中汇集了罗教授自 60 年代以来的论文精华，内容涉及美国史、拉美史以及中国与美洲关系史等广泛领域。在我国改革开放之初，罗教授就颇具远见卓识，较早地提出“尊重历史，如实地研究美国”的号召。他在 1980 年发表的《论美国史和中美关系史研究》(《史论》第 1—23 页)一文，系统论述了中美关系的发展历史。他提出，在研究中外关系史时，不但应从中国的角度去看世界，也应该从世界的角度来透视中国。近代西方资本主义同中国的冲突，除了殖民主义侵略和中国的反侵略这对矛盾外，还包括先进的生产方式与落后的生产方式的矛盾、基督教文化传统与儒家文化传统的矛盾等等。他认为，必须全面地了解美国，才能使我们的研究建立在坚实的科学基础上。过去对美国的东西一概排斥是不对的，现在如不加分析地一概照搬，当然也会出错误。

十几年后，90年代初，罗教授再次重申了有关中美关系的态度。他指出，美国应从历史经验中认识到，它总是过高地估计了它对中国政策的影响力，而过低地估计了中国人对自己政策的选择力。正是美国未能真正理解亚洲政治特性的社会基础与美国的根本不同，才导致了过去美国对中国和亚洲政策中的许多严重错误（《世界风云变幻中的政治选择——对美中关系的一种中国观点》，《史论》第325—333页）。

为纪念罗教授，继承其未竟事业，学界发表了不少论著，其中《罗荣渠与现代化研究》（北京大学世界现代化进程研究中心编，北京大学出版社1997年版）一书，以及杨玉圣的文章《历史研究与理论创新——罗荣渠的学术探索历程》（《世界历史》1997年第3期）都强调指出，罗荣渠是我国关于现代化研究的开拓者，早在80年代初期他就指出，对于现代化这个课题当务之急不是讨论有无必要进行研究，而是如何组织力量开展研究，建立马克思主义的现代化理论。他不但创建了研究机构，而且制订了从宏观到微观的五大系列研究重点，还首创了一元多线历史发展观这一新理论思维，用以阐释了以大生产力形态演进为社会进步和经济发展的中轴原理。

杨玉圣的另一篇文章《在探索中创新——罗荣渠的学者气象》（《史学理论研究》1997年第3期）展现了罗教授卓越的学者风范。

二、中美关系史

1997年是《中美联合公报》签订25周年。2月，中华美国学会在北京召开了纪念讨论会，会上的重点发言整理后发表于《美国研究》第2期（下称《研究》）。

陶文钊、牛军在《记取中美和解的经验》（《研究》第137页）一文中，总结了可为借鉴的一些经验：一、从战略高度和两国长远利益来认识中美关系。两国都认为世界正在走向多极化，苏联的扩张是对自身安全的主要威胁。二、求同存异。当时存在的主要分歧有：意识形态的分歧；对世界形势的认识；对苏联是采取强硬还是缓和政策；中美双方寻求和解的意图不同等。三、遵守互不干涉内政的原则。四、领导人的决策能力和政治智慧。

资中筠在《美国的中国问题学者与中美关系解冻》(《研究》第131页)一文中指出，美国学术界在政府对华政策上发挥突出作用的是"美中关系全国委员会"和"大西洋学会"，以及名牌大学的研究所。在学者参与下推动中美关系解冻的事件有：1959年一批学者为参议院外委会提供的研究报告《康伦报告》，它首次提出"一中一台"的方案。报告虽未公布，但始终是美朝野关于改变对华政策构想的框架。60年代，鲍大可等人出版一批著作，并创造了对华"遏制而不孤立"的提法。哈佛大学的学者制订了后来供尼克松使用的秘密备忘录，就美国如何走出越战困境，如何打开对华关系，提出了详细建议和操作程序。

冯承柏在《求同存异与文化交流》(《研究》第141页)一文中提出，中美两国既要注意到同中有异，也要注意到异中有同。一种文化最富于魅力的地方在于它的个性，而不在于共性，在于它的特殊而不在于一般。文化交流中的最大障碍就是族群中心主义，或民族优越感，其另一极端即民族自卑感。在美国表现为早期的"上帝选民"说和"使命观"，到19世纪的"天定命运"论，20世纪的"美国世纪"说，二战后发展到美国负有领导世界责任的论点。而非我莫许，强加于人的做法已经不是族群中心主义，而是文化上的霸权主义。

1949年，围绕"承认"新中国的问题，美国政府推出了鼓噪一时的"共同阵线"政策。林利民的《1949年美国延宕承认新中国"共同阵线"政策述评》(《世界历史》1997年第2期)一文分析了该政策产生的背景、过程和失败的原因。指出，由司徒雷登率先提出的"共同阵线"要求美国不应主动承认新中国，而且西方各国应与美国联合行动。文章认为该政策最终失败的原因在于：一、西方盟国出于各自利益，不与美国合作。二、新中国初期的外交政策促成对方不得不朝背离"共同阵线"的方向运动。三、美政策自身的内在矛盾：政治上，企图以"共同阵线"给中共造成压力，以满足美国的条件，同时却又秘密与中共会谈。在逻辑上，原来美对华实行离间中苏的政策，而"共同阵线"却称不相信靠承认新中国能离间中苏关系。在法律上，该政策套用国际术语，执行时却又任意将其政治化。

新中国成立之初开始的禁运与反禁运斗争，也是一个值得深入研究的课题。陶文钊的《禁运与反禁运：50年代中美关系中的一场严重斗争》（《中国社会科学》1997年第3期）一文指出，美国对华贸易管制始于1949年，到朝鲜战争达到高峰，持续到1971年初基辛格秘密访华前才取消。在高峰时期，美国不但坚持对华禁运政策，而且对“巴统”组织内各国施加压力，迫使其对中、朝实行贸易管制，另使一批产油国对华采取石油禁运。美国还把港、澳地区与大陆等同，也实行全面许可证制度。此外，禁止在美注册的船只驶往中国口岸，管制中共在美的一切资产。文章强调，美国对华实行禁运的意义不仅限于经济方面，而且还有心理上和政治上的影响。美国认为，只有联合国中所有非共产党国家联合起来，对华实行禁运，对华制裁的道义影响才能最大限度地发挥出来。

在冷战时期，美国对华实行心理战术是一个新的话题。孟庆龙的《艾森豪威尔政府对华冷战外交探析》（《世界历史》1997年第5期）一文就此进行了论述。文章认为，艾森豪威尔时期与前任相比，对华政策中的意识形态色彩较为浓厚，热衷于进行核讹诈和以武力相威胁。这一战术出台的原因在于：一、艾森豪威尔和杜勒斯等人非常重视心理战，把它看作外交政策的常规性重要工具。他们对中国深怀偏见，把中国几次作出的和解姿态都视为诡计，多次错过了缓和对华关系的机会。二、美国自恃具有核优势，以为用原子弹和炫耀海空军实力进行战争恫吓，中国便会屈服于美国。三、美国领导人明白，与中国打常规战难以获胜，不敢贸然把对中国的冷战变为热战，使用心理战讹诈就成为他们对付中国首选的武器。

美国对华政策的“解冻”经历了一个漫长的历史过程。苏格在《60年代后期美国对华政策的“解冻”》（《美国研究》1997年第2期）一文中指出，60年代中期，美参议院外委会主席富布赖特主持的听证会，试图影响政府重新审议对华政策。然而，当时总的条件不成熟。文中强调，中国国力的增强，中法建交，以及中国第一颗原子弹试验成功，都对美国对华政策有很大影响。60年代后期，美国对外关系委员会出版的丛书《世界事务中的美国与中国》呼吁重新考虑对华政策。一批学者指出，应在不放弃台湾的同时，允许北京加入联合国。鲍大可建议，美国应先表示事实上承认中国，将“遏制加孤立”的对策改为“遏制而不孤立”政策。198位美国学者发表公开声明，要求政府采取更积极的对华政策。这些都为70年代初打开中美关系大门准备了条件和基础。

顾宁的《美国“遏制但不孤立”中国政策提议的历史由来、反响及其意义》(《世界历史》1997年第1期)一文着重分析了“遏制但不孤立”政策具有的重要意义。它认为，由美国的中国问题专家公开对政府的对华政策进行批评，使美国国会议员和公众第一次有机会了解中国的真相。同时，听证会在促使公开批评政府对华政策问题上，起到一个良好的开端作用。文章强调了这项政策与一直实行的“遏制并孤立”政策的区别，前者提出的新主张有：政治上承认新中国是一个存在的政体；承认经济上的禁运是个失败，主张与中国进行除战略物资外的贸易往来；主张与中国进行高于大使级规格的对话；让中国参与裁军等重大国际事务；在联大搞“一中一台”而不是把中国拒之门外；允许美国人去中国旅行；最终与中国建交。

美国在香港问题上的态度一直鲜为人知。郭又新和刘大平的论文《美国亚洲战略中的香港问题1943—1949年》(《东北师大学报》1997年第4期)利用美国政府解密的档案，对美国在香港问题上表现的“关注”进行了分析。它指出，从罗斯福许诺敦促英国政府归还香港，到杜鲁门帮助英国在香港接受日本投降，再到美国政府对新中国成立前后香港防范措施的研究，美国在几次香港的转折关头，都起到十分重要的作用。文章认为，这充分体现了香港在美国亚洲和全球战略中的地位。美国已不简单地把香港看作是英国的殖民地，而是看成自己实现全球及亚洲战略的一个关键环节，看成对华进行全面遏制和封锁的最前哨阵地。这种战略取向成为新中国建立后美国对香港政策的核心内容。

美国传教士和商人在华的活动是早期中美交往的重要组成部分。王立新的论文《近代基督教传教运动与美国在华商业扩张》(《世界历史》1997年第2期)分析了传教士和商人在华活动的相倚关系和产生的矛盾。美国对华传教运动是在商人的捐助和支持下开始的。商业活动改变了中国人对西方的看法，为基督教的传播提供了有利的心理环境。反之，传教活动刺激了华人对西方商品的需求，为商业扩张打开了市场。同时，传教士对中国社会情况的调查成为商务情报的重要来源。在打开中国大门的活动中，二者进行了有效的合作。二者的矛盾基于它们分属不同的利益集团，来华的动机也不尽相同。传教士试图以文化改造中国，而商人则只关注经济利益和掠夺中国的财富。

三、史学史

在世纪之交之际，《历史研究》专门开辟了“20世纪中国历史学回顾”栏目。张友伦所著《美国史研究百年回顾》(《历史研究》1997年第3期)一文较全面地概括了自晚清以来我国对美国史的研究情况。第一部分指出，19世纪末至新中国成立前，我国的美国史研究和教学均十分薄弱，无专门研究机构和教学组织，出版物多为介绍性的或译著。第二部分概述了建国初期至70年代的曲折经历，指出美国史研究取得瞩目成就，但除了反映能配合政治形势的内容外，研究领域狭窄，对事件和人物的评价缺乏实事求是。第三部分叙述了改革开放以来科研队伍建设的情况。第四部分则系统地综述了在新时期美国史研究的进展。文章认为，过去研究中存在许多空白和禁区，经过十几年努力，研究范围已大为拓宽，开辟了许多新领域。文章还提出了美国史研究尚存的不足之处：马列主义理论修养仍需提高，否则在西方论著中会分不清精华和糟粕；需要进一步端正学风，杜绝互相吹捧、主观武断和随意抄袭的现象，提倡敢于争鸣，互相切磋，一丝不苟的治学态度；在坚持历史唯物主义的基础上，应尽可能采用先进手段，力求缩小同国际水平的差距。

美国史学的变化和进展，始终为我国学界所关注。刘军的《政治史复兴的启示——当前美国政治史学发展述评》(《史学理论研究》1997年第2期)一文指出，二战后蓬勃发展的新政治史学主要研究：大众选举；议会唱名表决选举；集体传记；以公共权力为纽带与社会史、文化史、劳工史、妇女史结合的政治史。文章认为，新政治史学在30年间迅速衰落的原因有：1. 正确批判了传统政治史只局限于政治制度、政府组织和精英人物，却忽视了这些研究对象的政治作用。2. 正确地清肃“西方中心”、“白人至上”的观点，却主张学者应超脱意识形态，站在纯客观的立场上，而且忽视了理论及史学家个人的作用。3. 它正确地看到社会科学各学科间的一致性，都患了严重的“跨学科消化不良症”。4. 在主张拓宽政治史的研究范围时，模糊了政治史同社会史等学科的界限，失去了其政治特点。文章指出，80年代的政治史学与过去的区别在于：由强调社会下层，轻视上层，转变为对上下层同时重视；由静态分析转向重视发展和变化的动态研究；提出研究方法要服从研究内容的需要；重新重视政治制度和机构的作用；由新政治史学出现的杂乱和分散倾向，转向综合研究。

城市史学是一门交叉学科，最早是作为社会学的一个分支在美国出现的。无论说产生于19和20世纪之交，还是20世纪20年代，到60年代已形成了独立的新兴学科。这是黄柯可的文章《美国城市史学的产生与发展》(《史学理论研究》1997年第4期)提出的观点。文章认为，美国城市史学是由芝加哥大学以帕克为首的城市社会学家们推动起来的。帕克率先明确提出城市社会学的性质、研究目的和方法。在1925年出版的《城市》一书中，他们对美国城市进行的系统论述产生了深远影响。本世纪二三十年代，老施莱辛格批评史学只注重政治和军事史，呼吁研究人民的历史，并出版了《城市的兴起》一书，开启了史学家研究城市史的先河。二战后，以理查德·韦德发表的《城市的边疆》一书为标志，城市史学开始独立门户。文章分析了这门新学科的依据：形成自己的学者队伍；建立起自己的学术体系并出版了一批有独到见解的专著；在社会上形成关注和研究城市问题的热潮。

陈其的《剖析美国的政治传统——美国"统一史学"的历史贡献》(《世界历史》1997年第4期)一文指出，40年代产生的"统一史学"(又称"一致论"史学)分为"左"、"右"两派。这是过去有关论著很少提及的。作者认为，"右翼"以布尔斯廷为首，观点为：美国始终是中产阶级为主体的自由平等的社会，不存在尖锐的冲突和革命性质，保守主义占主导地位。"左翼"以霍夫斯塔特为首，在发现"统一性"的同时，将自己置身于此传统之上，比较冷静地剖析了它的缺陷和局限性，正视这种传统对美国民主的破坏作用。文章认为"统一史学"存在以下缺陷：把视点聚集在社会"精英"身上，强调社会的和谐一致性，不但把黑人、妇女和少数民族排斥在外，而且抹杀了美国历史中的矛盾，淡化了经济利益在政治文化中的重要影响。同时，文章又肯定了"左翼"的贡献是把思想传统引入历史研究，称其有超越时代局限的意义，将对21世纪的美国有深远影响。

(作者为中国社会科学院世界历史研究所研究员)

亚洲史

张跃斌

1997年是亚洲史研究继续发展的一年。其中,日本史研究依然占很大比重,这种格局没有改变。各研究领域无论是在深度还是在广度上,都得到进一步拓展。

(一)

1997年是中日邦交正常化25周年和芦沟桥事变发生60周年,各报刊、杂志都发表了大量文章以资纪念。

《日本研究》特开辟《中日邦交正常化二十五周年纪念专刊》。王金林教授以《中日文化交流的第三次高潮》为题,分析了近25年,特别是最近18年开始的中日文化交流,把其视为中日文化交流史上的第三次高潮,并分析了这次高潮的几个特点。即:第一,交流的广泛性。第二,交流形式的多样性。第三,在新的文化交流高潮中,中国的各日本研究机构发挥了举足轻重的作用。第四,在现今仍在进行的中日文化交流高潮中,中国人对当代日本文化的关注,并非是盲目的、毫无重点的。而是根据改革开放的实际需要,有目的、有重点的进行的,主要集中在经济、教育、社会和法制方面。田桓撰写了《论中日邦交正常化及其意义》,叙述了中日邦交正常化的过程,分析了中日政府《联合声明》的特征,探讨了两国邦交正常化的根本原因,最后指出了邦交正常化的意义和影响。就两国关系正常化的意义和影响,田文指出了三点。一是恢复了两国历史传统友谊,二是创建了睦邻友好关系新格局,三是结束亚洲冷战体制,开创亚洲人独立自主的新时代。另外,《日本学刊》在1997年第5期也发表了多篇纪念文章,像张香山《通往中日邦交正常化之路》、张蕴岭、蒋立峰《为发展21世纪的中日友好关系而努力》、刘德有《21世纪中日关系的思考——从日本人的文化心理说起》、肖向前的《从香港回归看亚洲形势和中日关系的发展》等等,限于篇幅,不再一一赘述。

《世界历史》杂志发表了两篇专文以纪念“七·七事变”60周年。一为武寅的《试析日本军国主义的两面性》，一为赵建民的《“大东亚共荣圈”的历史与现实思考》，两篇文章从不同的角度，揭露了战前日本军国主义的罪恶及本来面目，深刻而尖锐。武文从日本军国主义“言”与“行”的强烈反差着手，剖析了日本军国主义两面性及其形成的历史根源，揭露它在不同时期与不同条件下的主要表现，探讨了它在日本统治集团推行战争过程中所起的特殊作用。由于日本是一个后起的资本主义国家，故把武力扩张看作弥补其经济发展上先天不足、使其在帝国主义阵营中后来居上的最好手段。但是，在武力扩张的基本国策尚处于酝酿与形成阶段，即明治政府建立初期，日本军国主义给自己挂着“维护国家独立”的招牌。武文指出，日本统治集团“把‘扩张’与‘独立’融为一体，揉成互为表里的一张很巧妙的牌。统治集团提出独立即扩张的理论，对二者的关系进行似是而非的阐述，它把独立与扩张说成是密不可分甚至完全等同的奋斗目标，鼓吹要独立就必须对外扩张，越是积极有效地对外扩张，越能证明和保障国家的独立，因此它所谓的独立，不是防御式的与自卫性的，而是进攻式的和侵略性的”。在日本军国主义发展过程中，国际环境与日本自身在国际关系中的地位，是形成日本军国主义的一个重要因素。武文分析道：“……当它的武装侵略得手时，以及它被列强所接纳即彼此间的勾结大于争夺时，它便洋洋自得于其‘大国地位’，以比列强毫不逊色的凶残去宰割弱国、小国、贫国，去炫耀其‘脱亚入欧’的战果，这时它绝不承认自己与列强之间有任何差别。但是当它与列强之间的争夺大于勾结，且因自身实力不足而不得不处于守势，不得不作出让步时，它便立刻换上另一副嘴脸，开始喋喋不休地历数它与欧美强国之间的巨大差距，列举曾经有过的与亚洲邻国类似的屈辱经历和争取民族独立的‘共同目标’。一时间仿佛真的成为亚洲弱国、小国、贫国队伍中的一员，成为它们利益的代表，而对昔日那些借以炫耀身份的西方大国，则摆出了一副不共戴天的架式，好像自己是亚洲觉醒的先驱、反抗列强的前锋、弱小国家的代言人。侵略与被侵略的概念在这里被巧妙地偷换了”。另外，铸成日本军国主义两面性的另一个重要因素是国内形势的需要。日本统治集团推行以忠君爱国为核心内容的战争教育，是为了借忠君的大旗，煽动民众，使之支持政府的战争政策。赵文则从日本的政治现实即右翼势力猖獗、否认侵略思潮甚嚣尘上的形势出发，全面回顾了“大东亚共荣圈”的历史。文章考察了“大东亚共荣圈”出笼的前前后后，揭露了“大东亚共荣圈”内的种种事实：扶植傀儡政权，进行殖民统治；建立“区划经济”，掠夺各国资源，进行奴化教育，摧残各国文化；大肆进行屠杀，镇压人民反抗。以此，文章雄辩证明：“日本侵略者声嘶力竭地鼓吹和实施的‘大东亚共荣圈’、‘大东亚共荣圈建设’完全是彻头彻尾的‘共贫独富圈’，是一块进行掠夺、屠杀、奴役的遮羞布。最后，赵文指出正确认识历史对清算目前右翼逆潮的重要性。

揭露日本军国主义罪恶的文章，值得提及的还有王士录的《太平洋战争时期日本法西斯在东南亚的统治方式》(《东南亚》1997年第2期)一文。王文归纳了太平洋战争时期日本法西斯在东南亚的五种统治方式，它们是：一、武力侵占。二、军事镇压，其中包括任意杀戮东南亚本土人民、残酷迫害华侨华人、野蛮屠杀和虐待盟军战俘和欧洲平民。三、组织控制，主要措施有：建立由日本占领军最高军事首长监督和直接控制的、有日本军警直接参与的军事专政；建立、完善和牢牢控制地方政权，建立亲日的政治、军事和文化组织，对占领地区进行行政区划改革，从行政体制上完成“大东亚共荣圈”的计划。四、意识形态渗透。主要手法是：竭力消除西方意识形态的影响；灌输以日本为中心的“大东亚共存共荣”观念，在一些占领区强制推行“日本化”政策；拉拢宗教上层人士，利用宗教进行意识形态控制。五、经济掠夺。

由于近年来日本右翼势力大肆活动，十分引人注目。因此，1997年有多篇文章探讨了这方面的问题。孙祥的《论战后日本右翼势力抬头的原因》(《东北师大学报》1997年第6期)认为日本右翼势力抬头原因有三：首先，自古积淀于日本民族心理潜层的神国观念和天皇崇拜思想的潜在驱动。这种神国观念和天皇崇拜，并未因为一场战争的失败而发生动摇和丧失影响。其次，二战结束时，美蒋特别是美国出于反共需要，没彻底清理和铲除日本法西斯残余势力，且有意加以保留，为战后日本右翼势力重新抬头和军国主义东山再起种下了祸根。第三，“经济大国”的确立和军事势力的增强，重新燃起日本再度称雄的野心。聂好春分析了战后日本右翼势力否认侵略历史的原因(〈战后日本右翼势力否认侵略历史原因探析〉,《郑州大学学报》哲社版 1997 年第 3 期），其观点与孙文大同小异。聂文指出四点：一、战后美对日实行了特殊的扶植政策，致使日本军国主义没有受到有力的批判和清算。二、日本政府某些领导人对历史问题的错误认识。三、日本立足经济大国，积极谋求政治大国的企图。四、历史文化、思想意识方面的原因。除此之外，王莹先的《日本军国势力复活原因简析》（《河南师大学报》哲社版 1997 年第 5 期）亦对有关问题进行了剖析。

（二）

宗教问题是西亚中东的热点问题，多年来一直是我国西亚中东历史研究的重点，1997 年亦不例外。把历史与现实结合起来，是这个领域研究的一个显著特点。

黄维民分析了土耳其伊斯兰宗教复兴的原因（《伊斯兰教与土耳其社会》，《西北大学学报》哲社版 1997 年第 4 期）。黄文认为，土耳其是一个具有数百年伊斯兰历史的国家，在 99%信奉伊斯兰教人口中，思想、生活方式和文化艺术全部都深而又深地渗透着古老的伊斯兰传统，尽管这些传统已经转变为一些显然和过去有所不同的新东西，但从根本上来说，它们依然毫不动摇地保持着伊斯兰特色。这种历史文化的积淀，为战后土耳其国内伊斯兰宗教再度复兴并得到弘扬，提供了合格的土壤和深厚的社会基础。其次，战后随着土耳其从一党制向多党制政体的演变，伊斯兰教必然地变成一项社会政治斗争的工具，各党派争相取悦伊斯兰教教徒，从而使其力量不断增大。再加上战后出现的广泛的社会问题，使伊斯兰教派有的说教在社会中下层引起广泛共鸣。最后，国际和地区形势的变化，也为土耳其伊斯兰宗教的复兴与发展提供了有利的外部环境。黄文还就土耳其伊斯兰教复兴与现代化进程之间的关系提出了自己的看法："按照现代思想和生活水平推行的一种真正的宗教复兴，还是可以在伊斯兰教与现代化之间、在寻求发展与传统之间、在新现实与旧信仰之间，找到一个可行的折衷办法与平衡点的"。

曲洪就二战后中东伊斯兰国家政教关系的基本格局和发展趋势进行了探讨（《论中东伊斯兰国家的政教关系》，《西亚非洲》1997 年第 4 期）。曲文认为，从二战结束到 60 年代，中东伊斯兰国家政教关系的基本格局是宗教服从政治，服从国家的内外政策，宗教不足以决定改变一个国家的政治方向。这种格局主要由三方面因素促成：时代与社会发展潮流的决定性影响；传统的伊斯兰政治思想急剧衰落；依法确立了宗教对国家政权的从属地位。但是，70年代以后，中东许多伊斯兰国家出现了宗教教义政治化、宗教群体政党化的现象，并由此引起政教关系格局的变化。曲文把三件大事作为政教关系格局变化的重大标志，就是伊斯兰会议组织的创建、中东地区大国埃及的“易帜”、1979年伊朗的“伊斯兰革命”。并且，文章概括了70年代以后中东伊斯兰国家政教关系的三大特征：一、伊斯兰政治反对派勃然兴起。二、传统的宗教政治思想的影响明显增加。三、各国竞相以伊斯兰教来增强政治合法性。

在世界三大宗教中，如今惟有伊斯兰教显示着极强的活力，在许多国家的政治生活，社会文化生活中具有无与伦比的影响力。陈德成的文章《论伊斯兰教的生命力及其形成原因》(《西亚非洲》1997年第6期)摒弃了以往偏重于研究现实原因及外部原因的作法，试图从伊斯兰教历史、伊斯兰教本身中去寻找答案。陈文阐述了伊斯兰教具有生命力的表现形式：由民族宗教发展为世界宗教；伊斯兰教自身的发展；在困境中求生存、求发展；西部蒙古汗国的伊斯兰化；非官方体制的伊斯兰教的深入发展；近代的复兴与改革。就伊斯兰教具有生命力的自身原因，陈文提出几点看法：一、伊斯兰教与时代具有趋同性的一面。二、伊斯兰教具有浓厚的文化属性。三、《古兰经》具有经久不衰的魅力。四、鲜明的“三重精神”。五、独具特色的双轨制宗教体制。

除宗教外，犹太复国主义也被给予了相当的注意。余建华的《1882—1914年犹太复国主义运动初兴阐析——兼谈现代阿犹冲突的起源》(《西亚非洲》1997年第4期)全面阐述了1882—1914年这个时间段上的犹太复国主义运动。全文指出1882年是犹太复国主义从理论走向实践的关键一年。“在这一年中，俄国犹太医生利奥·平斯克发表了犹太复国主义理论形成史上承上启下的《自我解放》一书，最早的犹太复国主义组织‘热爱圣山运动’开始在俄国和东欧建立，其中一个团体比卢率先组织犹太青年移民巴勒斯坦，揭开了第一次‘阿利亚’的序幕”，而且，“该年开始了现代犹太移民移居巴勒斯坦的浪潮”。接着，1897年巴塞尔大会的召开是犹太复国主义走向具有明确纲领、组织严密的全球性政治运动的一个决定性转折点。而1904—1914年第二次阿利亚是犹太复国主义初兴的又一标志，因为这次阿利亚产生了重要成果——希伯来语的复活和基布兹的初创。关于阿以冲突的根源，传统观点认为在于1917年发表的《贝尔福宣言》，而余文强调，《贝尔福宣言》固然使阿犹冲突激化，但这一冲突的火种早在1882—1914年犹太人两次阿利亚期间就已播下。

唐裕生则考察了犹太人的故土观念与复国理想的关系(《犹太人的故土观念与复国理想的关系》，《西亚非洲》1997年第6期)。作者回顾了公元70年以后犹太人的流散历史，得出结论：回归故土虽被当作宗教诫命之一，但真正付诸行动的人为数不多。以此为出发点，唐文提出：把历史上一小部分犹太人返回故土的虔诚行动看成是使犹太复国理想得以实现的主要原因，那是一种误解，至少是一种牵强附会的解释。唐文的结论是：从某种意义上说，犹太复国运动的成功具有一定的偶然性，它可以说是近现代历史上两次世界大战尤其是第二次世界大战的产物。如果说19世纪犹太复国主义理想产生的起因是民族压迫的话，那么复国理想的实现则是本世纪世界社会动荡的结果。犹太人的故土观念只是在某种意义上对犹太复国运动发挥了一定的推动作用。

(三)

东南亚曾以经济高速发展而使世界注目。同时，东南亚处于东方文化圈。因此，探讨这个地区传统文化与现代化的关系问题，亦具有相当的意义。

刘稚在《儒家文化在越南的传播与整合——兼谈儒家文化与越南的现代化》(《当代亚太》1997年第3期)一文中，叙述了儒家文化在越南的传播过程，探讨了儒家文化在越南的整合与影响，并预测了儒家文化可能对越南现代化产生影响的几个方面。刘文把儒文化在越南的整合与影响归纳为：儒家文化在越南的传播与整合，使越南形成了一种在内涵和形式上既属于儒家文化圈，又具有越南特色的古代文化；随着儒家文化的传入，科举制度作为培养、选拔官员的基本制度在越南发展起来，延续了800余年；儒家文化在越南的传播和整合加快了越南社会封建化的过程，增强了越南封建国家的国力；由于越南封建王朝实施"教化"政策，儒家伦理深入民间，普通百姓自觉不自觉地遵循儒家的伦理道德和行为规范。作者的预测是：1. 儒家集权制和行仁政思想转换为一种国家导向的发展主义；威权主义政体在新的历史条件下成为促进越南经济发展的重要因素。2. 儒家文化崇尚勤俭节约、艰苦奋斗，这为越南的经济发展提供可贵的资金。

3. 儒家文化是一种个性极强的文化，但一个突出特点是不排他，对于外来文化有巨大的包容性。4. 儒家文化重视教育。

宁平则探讨了佛教在泰国政治现代化过程中的影响(《佛教在泰国政治现代化进程中的影响》，《当代亚太》1997 年第 2 期)。宁文认为佛教传统产生了两种政治观念，一是权威观念，二是似乎与权威观念矛盾的平等观念。这种由佛教观念形成的政治文化使泰国在政治发展道路上表现出自己的特点：第一，泰国政治现代化的发生、发展是非常缓慢的；其次，二战后泰国一方面频频发生政变，一方面整个社会却相当安定。作者进一步论述道：在政治现代化进程中，泰国佛教扮演了多重角色。一方面，佛教观念经过长期封建时代的熏陶，造就出保守色彩较浓的政治文化，如权威观念、非理性的个人观念等，也因而成为泰国现代化发展异常缓慢、军人政权长期独裁的深厚的文化心理基础。而佛教中有利于民主化的观念(如平等观念)在遭受长期的有意识的压制之后，随着中产阶级的崛起壮大，才被逐渐挖掘出来，成为人民大众广泛参与政治的合法诠释。另一方面，由于深深渗透于普通大众心目中的佛教对现有政治构造的认可，部分减轻了从独裁向民主前进道路上的普遍动荡，并因其崇高地位成为统治阶级稳定政局的工具，佛教在政治现代化中起了重要的安定作用。

(作者为中国社会科学院世界历史研究所助理研究员)

非洲史

刘乃亚

一

1997 年的中国非洲史研究呈现出欣欣向荣的景象。与往年相比，本年度的非洲问题研究有以下三个突出特点：第一，学术界加强了对殖民主义、非洲政治文化及现代化等史学理论的深入研究。其中，对殖民主义“双重使命”和非洲现代化的探讨，有了较大的突破。第二，就国别研究而言，南非问题继续成为本年度史学研究的重点。在近百篇的学术论文中，涉及南非问题研究方面的文章就有39篇之多。此外，在对以往重大问题进行深入探讨的同时，学术界还不断拓宽研究领域，如对南非公务员制度、法律制度，以及南非的华人华侨教育现状等方面的探讨，填补了空白，成为该领域研究中的新亮点，这也充分反映了中国学术界对南非研究的重视。第三，1997年学术界还举办了6次大型专题学术研讨会，内容涉及“21世纪非洲发展前景”、“非洲教育”，以及“非洲现代化”等方面，起到了集思广益、理论联系实际的作用。如在中国非洲史研究会第六届年会上，与会者除了深入探讨与非洲现代化有关的政治、经济和文教等问题外，还就加强和深化对非洲历史和相关非洲问题的研究，提出了许多好的意见和建议，这无疑是有利于非洲史学建设的。

二

20世纪后半叶，随着殖民主义退出历史舞台，各国历史学家对殖民主义的历史作用问题，展开了热烈的讨论。近年来，中国学者的讨论主要集中在殖民主义“双重使命”等问题上。郑家馨在1997年第2期的《世界历史》上撰文，对这一研究成果进行了综述。文章在分析马克思提出“双重使命”理论的历史背景之后，就学术界对该命题的不同理解，作了一一列举。郑家馨认为，近年来，对“双重使命”的研究和论述逐渐深入，涉及到过去没有触及到的问题，在以下问题的研究和分析上都颇有新意，取得了较大的进展。

围绕如何评价殖民主义“双重使命”问题，多数学者主张道德判断同历史研究不容混淆，这一原则必须坚持。何芳川认为，仅仅用政治批判的眼光来探讨殖民主义，往往会局限我们科学研究的视野与胸怀，妨碍对殖民主义作整体的把握与认识。何先生同时又指出，在注意这方面的局限性时，我们也应该避免容易被掩盖的另一种倾向(《如何更准确地评价殖民主义》，《北大史学》第3辑)。李安山在《关于亚非研究中若干理论问题的思考》(《西亚非洲》1997年第1期)一文中认为，评价殖民主义的影响和后果，首先必须承认一个前提，即从全人类(而非民族主义)的政治标准看，殖民主义是一国强加给另一国(地区)的统治，是不利于人类共同发展的制度。文章强调，切忌将道德评判与历史研究混淆，二者不可等同。殖民主义者是否应该侵略和统治殖民地是一个道德问题，而具体评估殖民主义的“双重使命”则是一个历史问题。把这两者混同，在政治或情感上或可满足某种需要，但在学术上则不可取。

殖民主义“双重使命”在内容上表现为实现“双重使命”的殖民主义者主观上满怀着无可怀疑的侵略、掠夺的目的，客观上其社会行为却对东方社会起着改造的作用。郑家馨从三个方面对此进行了剖析。首先，他认为，近代殖民主义者在殖民地的社会行为受三种力量的驱使和制约：个人（或集团）的利欲及获利的最方便手段、殖民地的生态环境和自然条件，以及当地传统文化对域外力量的反应。在这三种力量影响和制约下，近代西方各国在殖民地一般都形成了再造自身的功能。如果征服者文明高于被征服者，则后者就会受资本主义文明的改造。其次，工业革命后的资本主义文明建立于发达的商品和市场经济基础上，因其代表先进生产力、资源配置合理、经济效益很高，而在与封建主义的自然经济较量中，占有着明显的优势。第三，到了垄断资本主义阶段，垄断性高额利润给予宗主国资本输出以极大的刺激。但在投资过程中，殖民国家一般要在政治、经济、思想、社会等领域，对殖民地和半殖民地进行广泛的改革，在经济基础和上层建筑实现其“双重使命”。郑家馨指出，由于殖民主义的消极作用确实太大，这是影响人们客观评价殖民主义历史作用的一个重要原因。至于崇洋媚外心理，文章认为，这是殖民文化的沉渣泛起，是未彻底清除的殖民文化心理的一种表现。它主要根源于对殖民主义侵略缺乏深刻的理性认识，因而陷入了盲目性。

关于东方社会能否依靠自己力量缓慢地发展到资本主义社会，以及能否找到内在力量实现自身的现代化问题，是史学界探讨较多的一个问题。马克垚通过对东西方封建生产方式的深入比较研究，认为它们没有什么本质差异，都有导向资本主义的可能性（《资本主义起源理论问题的检讨》，《历史研究》，1994 年第 1 期）。潘润涵通过对英国从封建主义到资本主义过渡的研究，指出四大发明没有首先在自己的祖国而是在西欧找到相应的社会力量来实现其历史作用，从而使西欧抢先进入了资本主义时代。因而他不同意没有殖民化就没有现代化的说法（《落后国家的被压迫民族具有自身现代化的能力》，《北大史学》第 3 辑）。

三

1997年的非洲史研究涵盖了政治文化领域的许多方面，其中以对非洲国家多党民主制度、非洲传统政治制度等问题的研究最为突出。

陈明明在其《泡沫政治：战后早期非洲国家多党民主制思考》（《西亚非洲》1997年第3期）一文中指出，作为民族共同体一定发展阶段上的部族形态，之所以能够延续至今，除因沙漠阻隔而远离古代农耕文明的中心，从而大大迟滞和限制了民族共同体发育的速度和水平以外，语言文化的非文字性和15世纪末形成的奴隶贸易也是其中的重要原因。后者使民族共同体生成的必要条件，即相对统一的主导文化，难以形成。文章在分析了非洲国家政治制度选择所面临的社会文化背景后指出，多党民主制在非洲失败的根本原因，是这种制度缺乏可资植根的社会经济文化基础。民主政治的发生，需要以建立在统一的市场经济基础上的政治一体化为前提，以与一定社会分工和资源自由流动相适应的自主的社会组织网络为条件。陈明明认为，在独立前后相当长的一段时间里，由于非洲经济是以掠夺为其生命的殖民化经济，它不可能促成殖民地内社会化大生产和自主经济关系的形成。

关于非洲的传统制度研究，彭坤元撰写的《略论非洲的酋长制度》（《西亚非洲》1997年第1期）一文，是近年来该领域研究不可多得的一篇力作。文章对非洲酋长制的形成及特点、酋长制的影响，以及殖民统治时期的酋长制的嬗变及其在独立后的状况等问题，作了较为全面的论述。彭坤元认为，酋长推举制显然是一种原始的民主制度。早期的部落酋长也和普通部落成员一样，占有一份从公有土地中分得的耕地。这种经济上的平等决定了政治上的平等，这是实行酋长推举制度的根本基础。该制度后来逐渐为世袭酋长制所取代。文章认为，在促成这种转变的各种因素中，私有财产特别是个人拥有大群牲畜财产，是实现这一转变的决定性因素。酋长利用职务与权利，往往首先成为拥有最多畜群的人。

酋长制度对非洲人的经济、政治和社会生活的方方面面都有着很大的影响。文章认为，这些影响所以持续久远，主要有三个原因：第一，部落集体土地所有制是酋长制度的重要基础；第二，自给自足的自然经济有利于酋长制度的稳定；第三，血缘观和敬祖观是酋长制度得以长期存在的精神支柱。

四

非洲现代化问题，是史学界在1997年重点探讨的课题之一。

1997年10月6—9日，中国非洲史研究会在北戴河举行了非洲现代化问题学术研讨会暨第六届年会。会议围绕与现代化有关的政治、经济、文化等问题展开了充分的讨论。与会者普遍认为，非洲的根本出路在于现代化。目前，非洲现代化业已启动，并取得了不小的进展，但各国现代化的发展是不平衡的。

关于非洲的现代化与发展的关系，一种核心观点认为，二者相互依存、相互包容，其根据主要有三点：第一，现代化的关键是生产力的现代化，其实质是工业化。除生产力现代化外，还存在生产关系现代化的问题。目前，非洲的现代化进程距国际标准还相差很远。第二，现代化是个动态概念和社会变革的过程，是在不同的基础和起点上不断发展的、漫长的、充满坎坷的追求目标。它在由量变到质变的演进过程中，必然受到国内外诸多因素和条件的制约。第三，现代化是全球问题，其发展是全方位的和分阶段的。一些学者认为，现代化包括政治领域民主化、经济领域工业化、社会领域城市化，以及价值领域理性化等方面。从发展阶段看，可分为准备阶段、转变阶段、高度发展阶段和全球一体化阶段。目前，非洲特别是热带非洲国家，似正处于准备阶段。有学者认为，非洲国家走的是近代化与现代化相结合的道路，这是非洲现代化的一大特点。

有的学者强调指出，人的现代化比物的现代化更重要，根本途径是发展教育。非洲国家独立后普遍注重发展教育，多数领导人把发展国民教育置于优先地位，注意发展非洲特性。但是另一方面，非洲的教育事业也存在着财政拮据及教育制度不合理等突出问题。

关于现代化与非洲传统文化和宗教之间的关系问题，有学者认为，全球现代化浪潮冲击并淹没了非洲各民族的传统文化，但传统文化在现代化发展中确有其存在价值。例如有古老文明遗产的尼日利亚，独立后存在着如何将文化人类学与发展经济学结合的问题。宗教在非洲现阶段有很大的积极作用，伊斯兰教和伊斯兰在非洲有所发展。但伊斯兰法日益不能适应现代化进程的需要，因而非洲一些国家呼吁改革伊斯兰法。

非洲的现代化取决于诸多因

素和条件，这是与会者的共识。有学者认为，90 年代初以来，非洲内部的变化产生了不少有利因素，主要表现在三个方面：第一，政治民主化促进和推动着非洲国家的变革。伟人治国、一党制、军政时代在非洲已基本结束，法治体制在建立和发展之中。非洲国家工人和知识分子在其中发挥了很大作用。政治民主化推动着经济改革。现在非洲国家无一例外地摒弃了计划经济体制，改行市场经济或混合经济体制。经济体制的变革将对非洲现代化进程发挥长远的影响。第二，从外部环境看，非洲国家联合自强，这是非洲实现现代化的重要有利因素之一。此外，东亚经济腾飞对非洲国家也产生了较好的示范效应。第三，非洲是世界上最后一个未开发的商品市场，其矿产资源极为丰富，是世界高科技产业原料的主要供应地。有学者认为，非洲的经济发展趋势将是南、北带动中部，沿海带动内地。由于非洲国家在实现现代化的道路上一直在作不懈的努力，以及发达国家的夕阳产业将向非洲转移和多数非洲国家实行专家治国等因素作用其中，非洲在 21 世纪将会成为外来投资热点地区，21 世纪下半叶将会成为“非洲世纪”。

与会者同时认为，非洲也面临着影响或延缓现代化进程的诸多不利因素，如狭隘民族主义、地区矛盾、外债，以及宗教的消极影响和冷战思维，等等。

五

1997 年是南非政治进程发展平稳而关键的一年。在这一年里，学术界着重探讨了南非新的政治体制、曼德拉的民族主义思想，新南非公务员制度和司法制度等方面内容。

涉及南非政治进程发展及其意义的代表性文章有：杨立华的《南非新体制的确立》(《西亚非洲》1997 年第 1 期)、李保平的《试论南非的政治发展及其意义》(《北京大学学报》1997 年第 1 期)，以及李安山的《曼德拉民族主义思想的缘起与演变》(《北京大学学报》1997 年第 6 期)。杨立华认为，永久性宪法的制定和通过、基层政权的统一，以及政府宏观经济战略的出台，对新体制的巩固和今后的发展有重要意义。南非的政治和解与民主化进程被看作是可在非洲推而广之的模式。李保平对此也持类似的看法。他指出，新南非政治发展的意义不限于南非本身，南非模式有着重要的示范和昭示作用。

关于非国大的执政地位，杨立

华指出，由于非国大与南非工会大会和南非共产党在劳资关系和私有化进程方面的分歧日益明显，三方联盟今后能否继续团结在共同的目标下，这是南非政治发展中一个值得关注的问题。文章认为，今后真正的反对党只能出于黑人政治力量，如果出现代表工人利益的政党，那将是对非国大真正的挑战。

在南非政局的演变过程中，曼德拉的个人威望是非国大赢得国内外支持的重要因素。李安山认为，这种威望与曼德拉的民族主义思想是有着内在联系的。文章指出，曼德拉的民族主义思想经历了从非洲主义即狭窄的、排外的民族主义到包括黑人、印度人和有色人的黑人民族主义，以及从黑人民族主义到包括一切南非人的南非民族主义的二次转变。这种演变是与南非局势的变化和曼德拉本人在南非政治舞台上的地位变化紧密相连的。作为一位身体力行的革命家，曼德拉的民族主义思想为理解南非民族解放运动的历史和建设一个统一南非民族的事业留下了一笔丰富的精神财富。

除对以上问题进行深入探讨外，学术界还不断拓宽研究领域。如对新南非公务员制度和司法制度的探讨，成为本年度南非问题研究中的新“亮点”。

关于南非公务员制度，唐志超在《南非公务员制度改革及现状》（《西亚非洲》1997年第5期）一文中指出，该制度渊源于英国的文官制度。英国和布尔人长期实行的种族歧视政策，使南非的公务员制度深深地打上了不公正、不平等和种族歧视的烙印。1994年新南非诞生后，无论是实现种族平等，还是实施“重建与发展计划”，都迫切需要对已成为新南非发展障碍、不适应时代与形势需要的旧公务员制度进行改革，以建立“一个富有效率、能广泛反映南非多种族社会特征的新公务员制度”。针对旧制度的缺陷以及新形势的需要，新南非政府上台后立即着手对旧公务员制度进行重大改造，旨在改变白人占公务员主体的状况。文章认为，提高黑人比例以增进代表性，以及提高效率是公务员制度改革的两大重点。

关于新南非的司法制度，夏吉生在《新南非司法制度初探》（《西亚非洲》1997年第2期）一文中认为，南非的司法制度经过几个世纪的演变和发展，无论在法律体系、组织机构、司法程序和一些具体制度方面，都已经比较严密和完备。新时期的司法制度对国家的法制建设，起着促进和保障的作用，有利于民主化进程的推进。文章认为，由于南非的多种族社会和独特的历史发展过程，使南非的司法制度具有很多特色，例如大陆法系与英美法系结合，现代法律与传统法律并存，以及建立像“真相与和解委员会”这样南非特有的机构等等，这无疑增添了新南非司法制度的丰富内涵和复杂性。

（作者为北京大学历史系博士）

拉 美 史

金 计 初

1997年的拉美史研究突出了理论研究和文化研究。理论研究具体表现在对拉美殖民地时期的资本主义发展的理论研究和拉美与北美发达与不发达的理论研究上。文化研究则注重史前文化、思想文化和现代文化上。

关于殖民地时期资本主义发展的理论研究，金计初在《拉美史研究的理论探索》(《史学理论研究》1997年第4期)中认为：研究拉美殖民地时期资本主义问题时应该正确理解马克思主义。因为“这里有个学风问题：究竟是单纯从马克思主义书本里的片言只语找答案还是真正坚持马克思主义的立场观点方法来研究当代中国和世界的实际问题。”而在具体研究中首先要解决拉美的大庄园和奴隶制的问题，因为大庄园是当时社会的基础，而黑奴劳动又是大庄园生产的主要形式。研究这个问题要正确理解马克思讲的：“黑人奴隶制排除了自由雇佣劳动，即排除了资本主义生产的基础本身”这句话。有的人认为既然马克思这么说了，那么就说明奴隶制本身不产生资本主义。然而马克思也说了“在这种场合，资本家和土地所有者是同一个人。”大庄园既实行奴隶生产，大庄园主又是“资本家和土地所有者”，说明实行近代黑奴劳动制的殖民地农业生产单位是为资本主义生产的，奴隶主就是资本家。有的人以马克思在这里讲了：“黑人奴隶制排除了自由雇佣劳动，即排除了资本主义生产的基础本身”而否定黑奴的劳动是为资本主义而劳动。我们认为首先黑奴制与古典的奴隶制不是一回事，不能等同起来看。古典奴隶制是为奴隶主阶级的消费而生产的；近代美洲的黑奴制“一开始就是为了做买卖，为了世界市场而生产”的。黑奴生产的目的是为主人产生“剩余价值”。这个剩余价值是通过产品经过市场流通后所取得的。这是一个资本主义的过程，所以说黑奴的劳动是资本主义的。不过黑奴生产的是资本主义不发达阶段资本家所追求的绝对剩余价值，不是工业资本主义时期所追求相对的剩余价值。马克思一直把产业资本主义作为真正的资本主义，所以把黑人奴隶制解释为“排除了资本主义生产的基础本身”，因为黑奴的身分是不自由的，不是工业资本主义生产的基础。工业资本主义需要自由雇佣劳动。不过马克思说的以黑人奴隶制劳动为基础的种植园的资本主义生产是“接种”在黑奴制上，不是从奴隶制产生的，这是与古典奴隶制质的不同处。

至于说种植园中“存在着资本主义生产，虽然只是形式上的”，马克思也讲过：在资本主义生产方式和发展过程中，存在着以绝对剩余价值为基础的生产“形式”，在此形式下资本家对剩余价值的追求，主要依靠直接劳动而不是依靠提高劳动生产率，因而劳动对资本的从属还是“形式上”的。黑奴制受商品经济影响，是资本主义接种在奴隶制上的、扭曲了雇主与雇工之间关系的雇佣关系。雇佣劳动是资本主义社会的基础。所以说在殖民地时期，拉丁美洲是有资本主义的，不过是早期的和不发达的。

陆国俊在《论独立运动前夕拉丁美洲资本主义因素及其特点》《世界历史》1997年第2期中也主张殖民地时期拉美已有了资本主义萌芽。他说：“西班牙、葡萄牙为顺应欧洲资本主义发展的新形势，满足王室对财富的贪婪欲望，亦将欧洲货币、雇佣劳动和市场经济等资本主义因素移殖到美洲殖民地，从而促进了美洲殖民地的资本主义萌芽。”资本主义首先在美洲殖民地贵金属生产中开始萌芽。贵金属的开采和货币流通冲击了人与人之间的依附关系，矿区首先出现了雇佣劳动。货币经济的发展还直接冲击了西班牙在美洲推行的劳役分派制逐渐使它向雇佣劳动制转化。货币亦进一步激发了西班牙殖民者的更大私欲，推动他们对当时实行的贡赋制度进行改革，促进殖民地更多的印第安人加入劳动者队伍。为满足城镇、矿区人们的需要，殖民地的工业和手工业得到了一定的发展，资本主义在这一领域里开始萌芽。大庄园出现了资本主义在农业中的萌芽,因为它为本地矿山和城市的生产、生活服务,逐渐被纳入本地区的市场经济范畴。18 世纪 50 年代后卡洛斯三世的改革促进了西属拉丁美洲资本主义的发展。

但是他认为:"在殖民地时期的巴西矿山开采中,资本主义因素还远远不如西班牙美洲地区。"

他说:巴西广泛存在着种植园制度。产品大都供应欧洲市场,它生产的目的就是为了欧洲市场的需要,是资本主义市场经济的组成部分。从劳动力来说,种植园亦存在一定的雇佣劳动。说明种植园内存在着一定的资本主义因素。

但他特别强调指出:种植园主要是奴隶生产,又从根本上否定了资本主义生产的基础——雇佣劳动制。

为了强调他的观点的重要性,他说:"美国南方种植园制与拉丁美洲的种植园制有着不同的历史背景和特点,不能以殖民地时期的拉丁美洲种植园制与独立后美国南方种植园制进行简单的类比。简单类比的做法必将得出一种错误的结论。"

何顺果在《关于"资本主义"的定义》(《世界历史》1997 年第 5 期)一文中不同意把"美国南方种植园制与拉丁美洲的种植园制"进行比较是"简单的类比"的说法。他明确地指出:"利用奴隶劳动进行资本主义经营的例子是有的,那就是内战前美国南部的奴隶制棉花种植园,以及美洲其他地方的某些类似的奴隶种植园。""这类种植园的产品(如棉花等)完全是为世界市场而生产;第二,它虽以奴隶劳动为主但并不完全排斥自由劳动;第三,这些种植园的"剩余价值"生产主要还是有直接劳动从事的绝对剩余价值的生产。第四,它是特殊的历史条件即资本主义已经产生、资本主义世界市场初步形成时的产物,是从属大洋西岸已经存在的资本主义生产方式的。"何先生把美国的奴隶种植园和拉丁美洲的种植园进行的比较不是"简单的"类比,因为他分析十分科学,得出的结论是相当精辟的。

韩琦对比了拉美与美国发展的不同道路。他在《试探拉美经济发展落后于北美的根源》(《世界历史》1997 年第 3 期)一文中说:"在 18 世纪中叶以前,就经济发展的实际规模来说,伊比利亚美洲是超过英属美洲的,"拉丁美洲过去实际上是西半球的领袖",当时在生产和贸易以及在城市建设方面都超过英属美洲。但到 18 世纪中期以后,形势开始逆转。美国获得了独立,从19世纪起,经济发展的范围不断扩大,速度日益加快,到20世纪初取得了世界最发达国家的地位。而拉美却在西半球经济发展的竞赛中落伍了,在资本主义世界经济体系中逐渐边缘化了。为什么拉美会在19世纪的发展中落伍了呢?因为拉美殖民地时期的宗主国因素和美洲当地因素都含有远较北美浓厚的前资本主义成分,而西葡对美洲的殖民方式又非移民垦植型,而是融合同化型,从而使前资本主义成分特别是印第安社会的落后传统在"碰撞"后产生的殖民地新社会经济结构中得以保存和发展。当北美独立战争和南北战争对前资本主义因素给予彻底涤荡之时,拉美的独立运动却仅仅是一场政治革命,没有进行社会经济体制方面的改革。结果进入19世纪后,美国能走上一条自主发展的工业化、现代化道路,拉美却受殖民地遗产的拖累和外国资本的剥削控制,而走上一条依附发展的初级产品出口的道路。当19世纪末20世纪初美国一跃为资本主义发达国家时,拉美却未能实现经济起飞。可见,拉美的前资本主义特征和依附性特征是导致其经济发展落后的重要根源。因此,坚定不移地改革旧体制将是拉美走向现代化的正确出路。

中拉关系

毛相麟在《中国与古巴关系回顾与前瞻》(《拉丁美洲研究》1997年第2期)一文中认为:"60年代前期,中古曾有过友好的合作关系。在时隔了30年的90年代,中古之间再次出现友好合作关系。两个时期的不同之处是:一、60年代中古两国是处于两个阵营对抗的冷战时期,而90年代两国处于世界走向多极化和正在形成新格局的冷战后时期;二、60年代中古两国对外政策的一个共同点是国际主义,在执行中带有感情的色彩;90年代中古关系的基础则是和平共处五项原则,两国的对外政策都更加成熟;三、60年代中古两国都处于对本国的社会主义建设道路的探索时期;90年代,中国在总结前期社会主义建设的经验教训后确认中国目前仍处于社会主义初级阶段,而古巴则处于和平时期的特殊阶段。目前两国都在建设有本国特色的社会主义。

中古两国关系的特点是:一、两国人民有着传统的友谊和悠久的历史往来,政府和人民都十分珍视这种传统友谊;二、两国的历史和现实有着许多共同点:两国都曾遭受外来侵犯和压迫,两国人民都曾为本民族的独立和解放进行过艰苦的斗争,今天又都在为反对强权政治和外来干涉而继续斗争;三、两国都在建设具有本国特色的社会主义。由于两国的改革方针是一致的,所以,通过双方的正常交往卓有成效地交流了改革的经验,使彼此都从中受益。

思想史研究

刘承军在《拉斯卡萨斯的基督教人道主义思想》(《拉丁美洲研究》1997 年第 4 期)中说:"拉斯卡萨斯认为,无论是国王还是教皇都没有权力惩罚没有改宗的印第安人;不可能有全体智力低下的'野蛮民族',否则就是造化的错误,就是贬低上帝,因为一切民族都是由神圣的人组成的;印第安人的首领是美洲的天然主人,西班牙国王只有在传播基督教、推动社会发展的意义上有权提出政治管理的问题;双方应在自愿的前提下签署政治协议,明确规定各自的职权,然后庄重宣誓遵守协议。可以看出,在当时他的这种思想已经包含了现代国际法的基本原则。他还提出,在涉及委托监护制的合法性等重大问题上应该征求印第安人居民的意见。实际上,这是在 18 世纪才得到确认的公民表决权主张。拉斯卡萨斯的这些思想在他的时代被当成天方夜谭,今天确已成为国际上公认的准则。""虽然由于时代的局限,拉斯卡萨斯还没有提出一切民族都有信仰自由的思想,但是,他以平等的文化观来看待不同民族的文化,没有殖民主义的偏见,也没有自我中心论的高傲。这种态度离信仰自由的思想只有一步之遥。拉斯卡萨斯还认为,历史的成熟在于一神教的产生,基督形象的产生是一神教的重要发展,以这种观点衡量印第安人,他们比西方文化的祖先希腊人和罗马人更具有宗教性,因为后者的偶像崇拜更严重。拉斯卡萨斯的平等思想直接削弱了西方文明优越的理论。

史前史研究

陈太荣　刘正勤在《南美洲印第安人起源新说》(《拉丁美洲研究》1997 年第 5 期)中介绍了近年来关于南美洲印第安人起源的各种研究与探讨。阿根廷考古学家在 1996 年发现了 1.1 万—1.3 万年前当地人使用过的原始工具。美国教授在智利发现当地在 3.3 万年前已有人类存在。1996 年秘鲁学者在南安第斯山发现 1 万年前人类使用的石器。1995 年巴西考古学家在戈麦斯州发现 1.1 万年前的人类化石。巴西圣保罗大学的血液学家于1994年研究确认巴西的印第安人与波利尼西亚人比较接近，但不是他们的直接后裔。1996年巴西与美国的人类学家研究证明哥伦比亚出土的印第安人头盖骨不像蒙古人种而与澳大利亚土著人的相似。巴黎高级研究和社会科学院认为4.85万年前人类是从亚洲通过太平洋或从非洲通过大西洋抵达美洲的。美国考古学家认为南美大陆的古印第安人并非全部来自北美，有些很可能起源于南美大陆本身。

文化史研究

索飒在《阿根廷历史上的探戈》(《拉丁美洲研究》1997年第6期)一文中探讨了探戈舞的发生和发展。他说："探戈是阿根廷首都布宜诺斯艾里斯市郊区的产物。""在这个地区产生的探戈是混血人混合舞蹈，其中有古巴海员带来的哈巴涅拉舞曲的成分，有阿根廷民间舞蹈米隆加的影响，以后又加入了意大利音乐因素。"他在文中引用了作家埃内斯托·萨瓦托的话说："探戈确实出自妓院，不过，仅仅由于这一点，我们就应想到，它应当是自身环境的某种反对物"。所以探戈是一种纯真、质朴的民间艺术。"今天高雅的人们所跳的探戈不是商人的作品，也不是妓院的产物，而是无产者的创造。"探戈是一种舞蹈，也是一种歌唱艺术。探戈的歌词包罗万象，涉猎各种人群和环境。探戈不仅联系着文学，也渗透进阿根廷的政治生活。在探戈的历史上，出现过不少带有政治色彩的歌词。探戈是阿根廷民族的骄傲。

(作者为中国社会科学院世界历史研究所副研究员)

国际关系史

徐　蓝

1997年我国国际关系史研究的一个突出特点，是与这一年我国发生的重大政治事件密切相关，特别是围绕香港回归祖国和以江泽民主席访问美国为标志中美关系的重大改善这两大问题，出现了一批从不同角度研究香港问题和考察不同时期中美关系的学术论文。另外在国际关系史研究的传统热门领域，如美国外交政策、二战史研究、中外关系研究等方面，也有较高质量的著述问世。值得注意的是，在20世纪即将走完它的全程的时候，人们也开始重视对19世纪和20世纪国际关系的宏观探讨。

一、香港回归

刘存宽《英国强占香港岛与所谓"穿鼻条约"》(《世界历史》1997年第2期)依据中英两国的档案文献进行分析研究，雄辩地证明了关于将"香港岛和港口"割让英国的所谓"穿鼻条约"，即义律等所谓经琦善"盖印"、"协议"、"文据"也者，纯属无中生有。英国对香港岛是非法占领的。

萧致治《鸦片战争与香港割让》(《武汉大学学报》1997年第4期)以确凿的史实证明英国早在鸦片战争前200年就蓄意侵占中国领土，并经过深入调查肯定"香港是世界上无与伦比的良港"而积极谋求占领；英国占领香港的经过是义律交互使用外交讹诈和武力威胁的结果，所谓"穿鼻条约"或"穿鼻草约"完全违背历史真相且都是后人所杜撰。

郭卫东《鸦片战争时期中英关于香港居民司法管辖权的交涉》(《史学月刊》1997年第2期)论述了英国对香港居民的司法管辖权问题，指出1841年1月义律和琦善在穿鼻洋蛇头湾的会晤是我们所看到的关于香港司法问题的首次正式谈判，在此之前英方关于双方就香港地区司法达成的协议的所有"通告"都是英人的捏造；但是从1841年1月到1843年底中英之间时断时续拖延日久的关于在港华人在司法归属权的交涉仅仅限于外交谈判，实际上从英国侵占香港的那天起，对在港华人的审判便基本由港英当局单独管理，1844年以后中英未再对此进行交涉，香港居民(主要是华人)的司法管辖权便在有形无形间归于英国。

齐鹏飞《旧中国政府早期"收回香港"的外交活动述评》(《中国人民大学学报》1997年第5期)论述了1919年巴黎和会、1921—1922年华盛顿会议、1923—1924年孙中山的"废除不平等条约"运动和1928年蒋介石发起的"修改不平等条约"运动，力图收回香港但终未成功的历史过程。

王建朗《中国废除不平等条约

的历史考察》(《历史研究》1997年第5期)勾勒了自不平等条约产生起中国人民历经艰辛的废除不平等条约的斗争进程,指出中国的废约是几代人和数届政府不断努力的结果:群众性的反帝运动和历届政府的废约外交相辅相成缺一不可;中国的废约是一个渐进的具有明显阶段性的过程。

李世安《香港在新中国成立初期对外贸易中的作用》(《世界历史》1997年第2期)指出香港是新中国对外贸易的重要桥梁,分析了香港与中国内地贸易发展的根本原因是中国政府实行了正确的贸易政策以及英国政府为了自身的利益而实行的不干预政策,从而使香港为发展我国对外贸易、恢复国民经济作出了重要贡献。

李一平《香港开埠以来英人经济与华人经济的对比研究》(《世界历史》1997年第2期)以大量统计资料,回顾了150年来香港社会经济的发展历程,比较了英人经济与华人经济的力量的发展消长变化。

于群、程舒伟《美国的香港政策(1942—1960)》(《历史研究》1997年第3期)利用解密资料,较详细地论述了1942—1960年美国对香港的政策经历了太平洋战争爆发后美国从道义上支持中国收复香港,到二战结束时帮助英国接受日军受降重建亚太地区殖民统治,再到中华人民共和国建立前后美国把香港作为“岛屿防卫链”的重要一环和对华进行经济封锁与遏制的主要阵地,进而在50年代末利用香港作为对华进行意识形态领域作战的前哨阵地和展示西方生活方式的橱窗的演变过程。

钱乘旦、洪霞《从于心不甘到面对现实》(《南京大学学报》1997年第3期)从英国报刊杂志发表的文章,追寻自1982年撒切尔夫人来华揭开关于香港问题的中英谈判序幕,到1997年7月1日香港回归的15年中英国舆论变化的轨迹,指出英国舆论从对香港负有道义责任到学会以一个局外人的身份来看待香港的回归中国,是从一个侧面表明了大英帝国雄风已去的历史事实。

另外值得指出的是,在围绕香港问题展开讨论的同时,随着1999年中国恢复对澳门行使主权时日的临近,国内学术界也更加关注澳门问题。在这方面比较有代表性的文章是黄庆华《早期中葡关系与澳门开埠》(《史学集刊》1997年第4期),该文依据中外载籍,通过分析和论述16世纪葡萄牙人在中国东南沿海的活动,对早期中葡关系和葡人入居澳门的历史背景进行了梳理,对一些讹传的涉及澳门主权的重大事件和关键问题给以了澄清。文章认为400多年前葡萄牙初次遣使中国遭到失败，其原因既不在明朝政府自大排外，闭关锁国，亦不在华夏文明与西方文明格格不入，而在于葡国政府的海外侵略扩张掠夺及葡人在中国领土上的奸诈专横暴戾；自1522年葡人被逐出广东到1553年借居澳门的30年中，葡人一直在闽浙一带进行海盗活动；而后来葡人入居澳门，既不是靠武力征服，亦不是中国皇帝的赐予，更不是中国政府的割让，而是谎称晾晒被水贡物，重金贿赂海道副使所至；葡人从1553年到1572年借居澳门，从1573年到1848年蓄意改借居为租居，从1849年起借助列强势力，乘中国鸦片战争之危拒纳地租，转而强居；至于讹传的葡人因"助剿海盗得赐澳门"的说法是没有任何真凭实据的。

二、中美关系

王立新《近代基督教传教运动与美国在华商业扩张》(《世界历史》1997年第2期)从近代来华的商人与传教士之间的既相互利用，又各自独立，有时甚至相互攻讦的关系的角度评述了近代以来的中美关系；指出两者在扩张美国文明这一根本目标上的一致性和双方不同的精神追求、价值观念和利益范围是产生上述既合作又矛盾的原因。

朱卫斌《西奥多·罗斯福与排华》(《中山大学学报》1997年第4期)叙述了本世纪初西奥多·罗斯福总统从严厉排华到执行一项较为宽松的排华政策的演变过程，认为罗斯福的排华政策既与他本人的种族主义思想有关，也是对国内主张严厉排华的排华利益集团和要求对中国移民限制较少的"门户开放"集团妥协争斗的结果。

章百家《周恩来与马歇尔使命》(《近代史研究》1997年第4期)运用新公布的中共档案，论述了周恩来外交生涯中的一段重要经历——1946年周恩来与美国调解国共矛盾特使马歇尔的谈判过程。指出在毛泽东提出的总框架下，无论是在谈判前夕对形势的分析方面，还是在"中立美国"的政策制定方面以及在谈判的目标和预案方面，周恩来都发挥着最主要的作用。文章详细讨论了周恩来与马歇尔从谈判开始时双方顺利建立起合作关系到最终无可挽回地关系破裂过程，指出蒋介石决心依靠武力压倒共产党而拒不合作，以及美国政府出于自己的利益需要而不得不支持蒋介石是这场谈判最终破裂的基本原因。

林利民《1949年美国延宕承认新中国“共同阵线”政策述评》(《世界历史》1997年第2期)以中美关系的历史和当时的冷战格局为总背景,依据大量档案材料,对美国企图在承认新中国问题上与其西方盟国实行“共同阵线”政策的提出原因、主要内容、贯彻过程进行了评述,并分析了这一政策最终失败的根本原因在于美国过高估计了自己在国际事务中的影响和驾驭西方盟国的能力,而过低估计了中国革命的意义和新中国奉行独立自主外交政策的信心和能力。

陶文钊《禁运与反禁运:五十年代中美关系中的一场严重斗争》(《中国社会科学》1997年第3期)依据大量史料,论述了50年代美国对华贸易禁运政策的制定、实施和演变过程,阐释了新中国政府颇有成效的反禁运努力。

孟庆龙《艾森豪威尔政府对华冷战外交探析》(《世界历史》1997年第5期)从心理战和决策者个人的作用等角度,分析了艾森豪威尔、杜勒斯政府的对华政策,指出对具体的经济、安全利益的考虑和盟国的态度,是该政府实行意识形态最浓,最热衷于进行核讹诈,但始终没有把冷战上升为热战的反华政策的根本原因。

顾宁《美国“遏制但不孤立”中国政策提议的历史由来、反响及其意义》(《世界历史》1997年第1期)根据较为丰富的史料,对1966年3月8日到30日美国参议院外交委员会先后举行的9次关于美国政府二战结束以来推行的对华政策听证会的背景、内容、反响和意义进行了评述。认为这次听证会为美国的中国通们提供了一个公开谈论美国政府对华政策的机会,使美国公众第一次有机会了解中国的真相,而由这些中国问题学者提出的“遏制但不孤立”中国的政策则最终改变了自杜鲁门总统以来的“遏制并孤立”中国的政策,并成为从尼克松到克林顿政府的对华政策。

杨洁勉《试论中国对美政策的调整》(《复旦学报》1997年第2期)从宏观的角度,叙述了中国对美政策从对苏联的“一边倒”政策,到70年代谋求中美关系正常化的“一条线”战略,到80年代的“不结盟”政策,再到1989年中美关系受到重大挫折的“大起落”状况的调整过程,进而论述了目前中国对美政策的第五次调整,认为这次调整典型地反映了世界多极化进程加速的趋势和中国崛起这一时代特征。

赵宝煦《台湾问题:影响中美关系的重要因素》(《北京大学学报》1997年第1期)从历史与现实的角度论证了台湾问题在中美关系中产生的破坏性影响,认为:美国始终存在着制造"一中一台"并控制台湾的野心以及台湾在美国东亚战略中的重要地位不易改变;李登辉坚持"独台"道路不会回头;中国决不容许侵犯主权原则,绝不容许领土被分割的决心亦不会动摇。这些因素将会使中美之间的关系不断经历激化与缓和交替出现的状况,只有当两岸和平统一条件成熟时中美关系才有可能正常发展。

三、美国对外政策

在对美国外交政策的研究中我国学者开始注意从历史文化和价值观念方面探讨美国外交政策制定的深层次原因。韩莉《威尔逊的社会政治观、历史观及其外交政策》(《首都师范大学学报》1997年第1期)通过对威尔逊担任公职前的学术著作的观点分析,说明:威尔逊在研究了美国的政治体制发展后,认为时代的发展要求美国有一个强大的中央政府对社会加强控制,才能使社会有序进步并保持国家的统一。随着美国实力的强大,他进一步将这个观点运用于国际事务,这就成为国际联盟的理论基础。威尔逊深受边疆学说的影响,认为在西进运动结束后,要将开拓边疆的模式向世界推广,从而形成了美国向外扩张并充当世界领袖提供了理论依据。

王晓德《美国对外关系的文化探源》(《历史研究》1997年第3期)认为对人类历史发展和命运承担特殊责任的"使命"神话,隔岸观火的"孤立"情绪,边疆无尽的"扩张"意识,以及唯我独尊的"优越"心态等文化价值观念都影响着美国外交政策的制定。

时殷弘《苏联东欧内部变化和美国的政策》(《世界历史》1997年第6期)从宏观上探讨了50—60年代美国对苏东内部变化的反应、战略与政策。认为在斯大林去世后的20年间,美国对苏联东欧内部的政治、经济和社会变化采取的主要战略是提供种种条件加强变化趋势以促成根本改变苏东国家性质的演变战略。该战略的实施条件是美苏关系处于缓和状态;该战略的实施则是缓和时期美国对苏东交往的正常内容;演变战略与社会主义国家的改革密切相关,改革的出现和有序进行导致了演变战略的问世和可行性,而改革的停滞也不会改变演变战略的实施。由于演变战略的一项主要功能是使苏东各界人士以西方的面貌为楷模来简单化地评判本国社会，所以在当代条件下，社会主义事业生存和发展的切实希望，是逐步改善社会主义国家的体制，造就使广大民众认同于社会主义事业的那种生活水平和政治文化环境。该作者在《美国与南斯拉夫50年代初内政改革方向问题》(《扬州大学学报》1997年第1期)中则从微观的角度具体探讨了美国对南斯拉夫改革方向的认识和反应，并揭示了美国对南政策的实质是最终改变南斯拉夫的社会制度。

四、中外关系

鸦片战争以来中外关系的一个极其重要的方面就是经济关系，而这种经济关系又是以西方列强的对华经济侵略为主要内容。汪敬虞《19世纪末叶外国在华银行的投资活动》(《近代史研究》1997年第4期)较详细地论述了19世纪最后五年，作为列强对华经济侵略重要工具的外国银行在中国的活动，通过对包括财政借款、铁路借款和企业投资三个方面的争夺，揭示了西方列强越来越以企业联合形式出现的以银行和洋行联合为主体的辛迪加在华争夺势力范围的过程，认为从这些方面也反映了世界资本主义向帝国主义过渡的时代特征。

宓汝成《庚子赔款的债务化、“退还”和总清算》(《近代史研究》1997年第5期)对20世纪中外关系史中的重要事件——庚子赔款进行了详细研究，论述了以下一些重要问题：作为保留清王朝不被瓜分的重要条件之一的庚子赔款债务化的过程，以及按当时中国人口数确定的4.5亿两海关银赔偿额对各国的分配情况；清政府和北洋政府对列强为增加实际赔偿量而炮制的“镑亏”和“金法郎案”委屈让步的经过，从而得出自1901年《辛丑和约》签订后关于庚款的预计本利合计应为11亿两海关银而不是以往所估的9.8亿两才更符合实际的结论；详细考察了美法意比荷俄英等国对庚款的“退还”情况以及日本并未“退还”的事实，指出“退还”是以中国的付给为前提，“退还”的量有从截至约定某年起庚款未偿余额中的部分或全部之别，基本趋势是向全部“退还”演变；指出1902—1938年37年中中国为庚款偿付的本息计为6.7亿海关银两之巨；正是由于中华民族击败侵略者并在反法西斯战争中的巨大贡献才使列强不得不在1943—1946年与中国签订的“新约”中取消了庚子赔款。

沈予《国民革命与日蒋关系》(《近代史研究》1997年第2期)以历史档案文献所反映的事实为依据,揭示了1926—1928年期间日本交替推出“币原外交”和“田中外交”两种不同的敌视国民革命的策略手段破坏中国革命,以及蒋介石背离三大政策走上联日反共道路的真相。认为这一时期蒋介石对日屈从的立场,正是“九一八”事变和30年代上半叶日本军国主义侵华变本加厉而国民政府一味奉行退让妥协政策的滥觞和渊源。

李恩涵《本世纪30年代前后日本对华北的毒化政策》(《近代史研究》1997年第4期)以大量的中英日文资料,详述了日本从本世纪初到1945年在中国华北各省制毒贩毒并从中获取暴利的犯罪事实,并认为尽管后来在美苏冷战和中苏冲突的现实国际政治下台湾海峡两岸有关方面均先后对日放弃了战争索赔权,但新日本和日本社会不应以任何借口推卸其应负的战争赔偿责任。

刘广太《新中国成立先后的加拿大对华关系》(《世界历史》1997年第6期)认为加拿大政府本欲尽早承认新中国并为此进行了大量准备工作,但迫于美国的压力和干预最终迎合了美国的“鼓励中国”的政策。

李节传《加拿大与美国在“联合国军”跨越38°线问题上的分歧》(《南开学报》1997年第6期)认为自朝鲜战争之初,加拿大因担心中国出兵使战争扩大而威胁西方的整体战略利益,曾主张恢复战前状态,反对西方以武力统一朝鲜,并采取种种措施力图防止战争扩大,可是在最后关头却同意“联合国军”越过38°线,明显表现处决策和行动的严重错位。

五、第二次世界大战

程早霞、伍玉林《二战前期苏德经贸关系述论》(《北方论丛》1997年第3期)从经贸关系的角度初步探讨了二战爆发后的苏德关系,认为德国从苏联和第三国取得了战争所必须的原材料和粮食决定性地削弱了英国的大陆封锁政策;而苏联大量战争物资运往德国不但削弱了自身的战争力量,而且由于两个经贸协定的执行麻痹了斯大林对大战即将爆发的警惕性,从而使苏联在战争前期遭受了本可以避免的重大损失。

任东来《美国与1944年英苏划分巴尔干势力范围》(《美国研究》1997年第1期)对1944年英苏两家划分巴尔干势力范围的“百分

比协议”的产生经过进行了论述，并指出美国对这一协议的立场只是沉默而非认可：认为美国采取这一立场的主要原因在于美国寻求所谓的全球领导责任，美国意识到战后势力范围会仍然存在但没有反对势力范围的通盘考虑，并希望利用自己的影响使苏联在东欧建立“开放的”而非“排外的”势力范围，这种对势力范围的复杂看法在外交实践上表现出来的矛盾性，实际使维持美苏战后合作关系变得非常困难。

六、对国际体系与国际秩序发展演变的宏观论述

吴木生《试论1815年维也纳均势体系的特点》（《南开学报》1997年第3期）论述了1815年建立的维也纳体系的三个特点：首次在国际会议上明确了“均势”的定义；具有国际法性质的国际条约所确定的正统主义、均势、补偿与安全等原则是维也纳体系建立的基础；首创了维护均势体系的欧洲协调机构；并认为这种通过外交谈判、平等协商、签订国际条约和建立国际组织的方法解决问题的国际政治均势体系是有利于国际和平的。

曹胜强《20世纪国际秩序的历史研究》（《世界历史》1997年第1期）对凡尔赛体系和雅尔塔体系不同创立过程、形成的国际关系的不同格局以及对战败国的不同处理方法进行了比较，认为尽管凡尔赛体系并非一无是处，但未能消除战争，反而引发了第一次世界大战；而雅尔塔体系则顺应了时代发展的潮流，在和平与发展问题上作出了重大贡献。

杨泽伟《试论30年代经济危机对世界整体发展进程的影响》（《世界历史》1997年第1期）打破了对30年代经济危机的研究主要是论述这场危机给资本主义带来巨大破坏性的局限，而是把这场危机放在世界整体发展进程中进行宏观探讨。认为这场经济危机是世界整体发展进程向更高阶段演进的强大推动力和转折点；它标志着从恢复世界经济旧秩序向筹建世界经济新秩序的转变，各国从单纯追求本国利益采取以邻为壑的短视行为向国际政治经济合作的转变，从战胜国不愿放弃赔款与战债到二战后赔款与战债问题被完全避免的转变；这些转变的最终结果是二战后建立的布雷顿森林体系和一般垄断资本主义向国家垄断资本主义的过渡，以及国家对经济的宏观调控政策的开始。

纵观1997年我国国际关系史

的研究，产生几点想法。1. 研究水平有了显著提高，主要表现在运用第一手资料进行研究的文章不断增加，仅用中文翻译的书籍写就的论文已有所减少。2. 史学研究具有双重功能，即可复原过去，也可借鉴现在，因此应该提倡史学研究贴近现实的倾向。3. 国际关系史的研究与国际政治、国际经济及其它学科的交叉联系日益密切而不可分，这不仅为国际关系史的研究提供了更为广阔的领域，也对其研究提出了更高的标准和要求。

中国古代史史料出版概述

汪 桂 海

1997 年中国古代史史料的出版可分为两个方面。一是金石铭文、简牍文献以及清代条令则例的出版，这类史料皆是第一手的好材料，其中有的还是首次公布。二是将旧史料予以校点整理，纠正文字上的讹误、脱漏、衍文、窜乱，为人们提供了较为可靠的优秀文本。目前许多书籍的发行时间比较其所标的出版时间往往迟后许多，因此，这里谈的 1997 年中国古代史史料出版，除去现已发行的 1997 年版的有关书籍外，还包括本年度才与读者见面的 1996 年版的此类书籍。虽然如此，1997 年的中国古代史史料出版状况并不繁荣，种类不多，不过，其中也不乏一些引人瞩目的材料。

"陕西金石文献汇集"是陕西省古籍整理办公室编、三秦出版社出版的一套地区金石文献丛书，辑录先秦至中华人民共和国成立以前，陕西境内现存的陶文、甲骨文、金文、碑碣、墓志、塔铭、经幢、摩崖、地莂、玺印、器物铭文等文献资料。《汉中碑石》即其中之一种，该书由陈显远编著，1996 年 4 月出版。根据调查，汉中地区现存石碑约在 4000 通以上，作者在力所能及的范围内，对这些碑石刻辞作了收集工作，经过筛选，最后收录有一定史料价值的各类碑石 344 通，除去道光二十年(1840 年)以后的 179 通外，属于古代史范围内的仍有165通。书中将这些碑石按时间顺序作了编排，有传说夏禹王碑1通，汉碑2通，南北朝造象1区，唐碑6通，北宋8通，南宋19通，元1通，明41通，清(道光二十年以前)86通，同时还收录了具有一定史料价值的少数砖铭和钟铭4种，金石共计169件。这些金石刻辞的内容丰富，涉及面广，可分为官私文书(皇帝宸翰、敕谕、宗藩翰墨、官府告示、乡规民约)，纪事刻石(记录修筑城池、道路、水利，以及劝农、兴学、史迹留念等)，述德刻石，创修、重修、赔修寺庙的刻石，墓志墓碑，游览题刻等类。这些碑石除去一部分曾见于过去的著录外，很多尚属首次公诸于众，均属于第一手的材料，史料价值颇高，对深入研究古代史，尤其是古代汉中地区的政治、经济、军事、交通、文化教育、宗教、习俗等具有重要意义。此外，该书后面还附录了汉中地区《佚碑存目》，对了解该地区历代碑刻存佚情况有所帮助。

《金石索》，(清代)冯云鹏、冯云鹓编著，书目文献出版社1996年3月据道光元年(1821年)刻本影印出版。此书是一部综合性古器物图谱，是冯氏兄弟二人竭数十年心力搜罗考校而成，初成于嘉庆末，其后三年中又边收集器物拓片加以补充，边写刻。直至道光二年(1822年)，主要部分方基本完工。书正文共十二卷，分金索、石索两部分。金索六卷，收录历代钟鼎、兵器、度量衡器、杂器、钱币(附外国钱)、玺印、铜镜(附日本国镜)。石索六卷，收录历代碑碣石刻以及带字的砖和瓦当。每种器物大多数有器形图和铭文拓本，附有冯氏兄弟的释文和考订，介绍该器物的来源、收藏情况。书中的金石材料十之七八为新品，其中一部分为冯氏兄弟个人藏品，一部分则采自黄易、叶志诜、桂馥诸家。另有十之二三采自宋代和清代各家钟鼎款识或专著，如《考古图》、《宣和博古图》、《积古斋钟鼎彝器款识》、《西清古鉴》、《印薮》、《印统》等。材料的审定取舍比较精确，考证亦博洽，但也有鉴别不当者，如把所谓的比干铜盘列为商器，把唐代的海兽葡萄镜定为汉镜，相信岣嵝碑、坛山刻石是夏、西周时之物，又把战国布币误认为葛天氏、神农氏时代的遗物。虽然如此，由于此书于材料广采兼收，避免前人著作“详于石而略于金”或“专于金而缺于石”的不足，且材料从商周至宋元，时间跨度大，内容丰富，对于一般读者仍有一定参考价值。此书原有道光元年自写刻本，光绪年间石印本，民国年间商务印书馆铅印本。此次影印出版必将便利于更多研究人员的使用。

《云梦龙岗秦简》，刘信芳、梁柱编著，科学出版社 1997 年 7 月出版。1989 年，湖北省云梦县龙岗出土一批秦代法律文书竹简，这是继 1975 年睡虎地秦律简之后的又一重要发现。本书即收入了这次出土的 150 余枚竹简，总计 283 个编号。全书包括墓葬概况、竹简释文、考释、竹简图版和摹本等部分。原简无律名，为方便阅读研究，整理人员略依出土登记编号和现场清理记录，作了有限的分类与缀联，根据内容分为《禁苑》、《驰道》、《马牛羊》、《田赢》、《其它》五类。睡虎地秦律竹简的出土曾使秦史研究中文献严重不足的局面得到改观。睡虎地秦律多系秦统一之前颁布，龙岗简则系统一之后颁布，二者既有联系，又有区别。睡虎地秦简所随葬的墓主生前长期担任县的御史、令史、狱吏之类的小吏，因工作需要，其习用律令种类较为丰富，故而能多方位的反映秦的史实和各项制度。龙岗简所随葬的墓主曾是习法令辟禁的士，后因犯罪而遭刖刑，受刑后担任"囿人"之类职守，为禁苑守卫者，故而简中关于禁苑管理的律文甚详，而关于驰道、弩道、甬道的管理，关于马牛羊的管理，关于田赢赋税的律文，基本上可视为新出。同时出土的一枚秦牍是迄今所见到的惟一秦冥判实物。龙岗秦简牍的价值是多方面的，《云梦龙岗秦简》一书的出版，使人们能够更全面地了解秦律内容及其演变过程，推动秦律、秦史、考古学、古文字学、简牍学等研究，相信会受到广泛重视。

《定州汉墓竹简〈论语〉》，河北省文物研究所定州汉墓竹简整理小组编著，文物出版社 1997 年 7 月出版。定州汉墓竹简是 1973 年于河北省定州八角廊村的西汉中山怀王刘修墓中出土的，竹简中有《论语》、《哀公问五义》、《保傅传》、《文子》、《太公》、《六安王朝五凤二年正月起居记》、《日书》、《儒家者言》以及写有确切时间的萧望之等人的奏议，是一批具有重大史料和文献价值的出土材料。《儒家者言》、《文子》释文已先后在《文物》1981 年第 8 期、1995 年第 12 期发表公布。《论语》部分释文亦曾于《文物》1997 年第 5 期公布，现在该书是其全部释文的单行本。书中首先对定州汉墓竹简的基本情况和竹简本《论语》的特点作了介绍：原简未见篇题，释文部分据今本补加了篇题，并参照今本《论语》分篇顺序排列，释文后附校勘记或简单注释。竹简本《论语》是目前发现的最早的《论语》抄本，存简 620 多枚，残简居多，录成释文共 7576

字，不足今本《论语》的一半，其中保存最少的为《学而》，仅余20字，最多的为《卫灵公》，有694字。它是公元前55年之前的本子，是时，有《鲁论》、《齐论》、《古论》三种《论语》存在。和今本《论语》比较，竹简本《论语》有两点不同：一是文字上的差异。在不到今本一半的残存文字中，差异者达700多处，或属抄写者之脱漏、错抄、随意简写，或属沿袭所据底本旧有的错误。二是《论语》各篇的分章，竹简本也有独特之处。今本分章节的地方，竹简本则或合而不分，或所分章节数少于今本。因此，竹简本《论语》的出版，为研究汉代不同版本《论语》的流传及其与今本《论语》的关系，研究汉代经学史、思想史，提供了最为直接的好材料，具有特别重要的意义。

《钦定工部则例正续编》，全20册北京图书馆出版社1997年7月出版。该书是"中国古代匠作资料丛刊"中的一种，是一部清代由皇帝亲自批准颁布实施、由工部主管的有关营造制作事务的规则和定例的汇编。书中所汇集的资料有三部分组成：一、清乾隆十四年(1749年)工部所编《钦定工部则例》50卷(后附《乘舆仪仗做法》2卷)；二、清乾隆五十八年(1793年)工部所编《钦定工部则例》98卷(与上一《则例》内容不同)；三、嘉庆二十二年(1817年)所编《工部续增做法则例》153卷。均为清工部刻本。这些规则和定例十分具体细微，包括营造建筑、制作物品的规格尺寸或重量，工艺，材料的品种、成色和产地，工价，材料费和运费等。《则例》所述建筑和物品的范围广泛，内容丰富，凡与国家政治、军事、文化，以及皇室活动、生活有关的土木建筑和物事仪品，如城垣、公廨、仓廒、营房、园林、陵寝、军械、军需、钱币、仪仗、家具、服饰、文具等，均囊括其中。涉及的工种也颇为精细繁多，大致有金作、银作、镀金作、铜作、铁作、锡作、玉作、木作、竹作、藤作、缠筋作、漆作、泥金作、棕作、毡作、皮作、缨作、绣作、毛袄作、门神作、帘子作等数十个门类。这些资料对于研究清代经济、科学技术、建筑、制造工艺、社会风俗极有价值，尤其是为我们今天研究和保护古代建筑，或者仿制、保护、维修其他有关文物，提供了不可缺少的文字参考。

《元朝名臣事略》15卷，(元代)苏天爵(1294—1352年)辑撰，姚景安点校，中华书局1996年8月出版。此书在元代史学著作中是颇具代表性的一种，原名《国朝名臣事略》，清乾隆年间武英殿聚珍版刊行本书，改为今名。书中记载了元初47位名臣的事迹，所收录的人物事迹均辑自有关的碑铭、墓志、行状、家传及时人文集和其他记载，全书引文达123篇，均属第一手材料，有不少篇章即因本书得以保存下来，如元初著名文人王鹗、王磐、徐世隆、阎复、元明善、李谦等人的文集今已不存，他们的不少名篇只见于本书。作开国元勋之一的木华黎初列为四杰之首，其生平事迹亦赖此书以流传后世。本书卷4《平章鲁国文贞公》多取材于姚燧的《神道碑》，而此碑今已不见于传世的《牧庵集》和《元文类》中，其记事亦与《元史》本传颇有出入。类似的例子不少。此书考证详实，采择审慎，条有证据，略而悉，丰而核。尽管书中也存在某些局限性，如人物收录偏重以元朝开国之臣为主，于人之事迹著其善而讳其恶，多所回护，但总的来说，仍是一部史料价值很高的传记体专著，该书现有元刻本、明钞本、清影元钞本、清钞本、清武英殿聚珍本、畿辅丛书本等，此次出版的点校本，是以中华书局影印的元统乙亥（1335年）余志安勤有书堂刊本为底本，以其他不同版本为参校本，吸收了清代学者的校勘成果，并将原文与有关文献作了核对，是目前最为精善的本子。书前另新编了目录，书末附录了《元史·苏天爵传》、《四库全书总目提要·元朝名臣事略》条。该书的点校出版，为元史研究带来不少方便。

《黎城旧志五种》，刘书友主编，北京图书馆出版社1996年12月出版。本书汇集了现存的山西黎城五种旧地方志，即明弘治八年（1495年）《黎城县志》、清康熙二十一年（1682年）《黎城县志》、清光绪九年（1883年）《黎城县续志》、民国24年（1935年）《黎城县志》、民国25年（1936年）《黎城县简志》。所收录方志中有大量的内容属于研究黎城县古代历史的重要文献，对黎城县的建制、邑名、分野、疆域、风俗、形胜、山川、城郭、物产、田赋、户口、公署、学校、桥梁、铺舍、闾里、寺观、祠庙、古迹、职官、人物、艺文等，都有记叙，保存了许多极为珍贵的地方历史资料。这些旧志均已经过点校整理，部分缺页和字迹不清之处，也参据有关史书、方志，作了校勘，便利今人研究使用。

《船山全书》第14册、第16册，杨坚主编，岳麓书社1996年出版。第14册收录了王夫之的《楚辞通释》、《古诗评选》、《唐诗评选》、《明诗评选》，是研究王夫之文学思想的绝好材料。第16册是《全书》的附录，分传记、年谱、杂录三部分，着重收录了90年代初为止大陆地区出版物中有关王夫之本人生平的资料及后人对王夫之思想的研究。其中，传记部分收了包括王敔《大行府君行述》、潘宗洛《船山先生传》等传述王夫之的最初文献在内的有关王夫之的传记。年谱主要收了刘毓嵩《王船山年谱》、王之春《船山公年谱》，清人所著王夫之年谱主要为此二种，皆初创之作，以考订事迹为主。杂录之部分为两编，其中“编辑出版之属”汇辑了三百年来王夫之著作不同版本的序跋、题记及其他附件，是一部王夫之著作出版史资料长编；“记叙研究之属”所辑录的是王夫之生前，其同志友好戚属的记叙、赠答以及后世对王夫之的传述、咏歌、论议、研究诸作，是今天研究了解王夫之本人行事的重要资料，值得重视。《船山全书》于1982年开始筹备，1988年第2册首先问世，随后各册陆续出版。第14、16册是最后完成的两册。至此，该《全书》全部出齐，16册中计经部9册、史部2册、子部2册、集部2册，末册为附录。《全书》广泛搜求王夫之的遗稿与旧抄本，吸收前人研究、校勘的成果，拾遗补缺，务求完备，是一部版本最佳的王夫之著作总集，为研究王夫之提供了最为可靠的材料依据。

《热河日记》5卷，（李朝）朴趾源（1737—1805年）著，朱瑞平点校，上海书店出版社1997年12月出版。朴趾源是李氏朝鲜后期实学派的代表人物之一，著名的思想家、文学家。清乾隆四十五年（1780年）六月，李朝组成使节团赴清朝祝贺清高宗乾隆皇帝七十寿诞，朴趾源的堂兄锦城尉朴明源任使节团正使，朴趾源应明源之邀，以观光客的身份随行。他随团由鸭绿江取道东北，经盛京（今沈阳）、山海关，到北京。适逢乾隆皇帝驻跸热河行宫，使节团又赴热河省承德等地。此行历时三月有余，行程五千数百里。回国后，撰成日记体记行文《热河日记》，书完成于乾隆四十八年（1783年）。该书是一部百科全书式的旅行记，举凡作者此行沿途所见、所闻、所思，诸如风景名胜、社会习俗、人情世故、历史古迹、明季史实，以及清朝政治、经济、军事、文学、宗教、吏治状况，均在记载之列。书中又记载了与中原士大夫讨论经义考据、诗文书画、天文历法等问题的内容。作者作为一个外国人，以局外人的身份观察中国，视角新颖，又无过多的禁忌，因而，书中的许多记述评论愈显宝贵，例如书中屡屡涉及处于清朝统治之下的汉族士大夫的微妙心态，还放谈清朝政事的得与失。总之，此书内容丰富，记载详实，是研究明清社会历史和中韩关系史的又一部重要史料著作。点校本《热河日记》以1931年出版的《燕岩集·别集》之《热河日记》为底本，以台湾中央图书馆藏6卷手抄本（影印件）、1968年韩国民族文化促进会出版发行的李家源句读本为参校本。《日记》原不分卷，点校本对原书篇目按原次序作了分卷，卷1“渡江录”、“盛京杂识”，卷2“驲讯随笔”至“太学留馆录”，卷3“还燕道中录”至“亡羊录”，卷4“审势编”至“玉匣夜话”，卷5“黄图记略”至“金蓼小抄”。书末另附李家源《〈热河日记〉解说》、李佑成《燕岩朴趾源先生事迹碑》，对于了解此书及其作者有一定帮助。点校本《热河日记》的出版必会引起人们的兴趣。

历史新书评介

《中国社会通史》

龚书铎总主编　曹文柱、朱汉国副总主编　山西教育出版社 1996 年 12 月版　3798 千字

本书分为 8 卷，从中国社会雏形写到秦大一统社会正式确立，为先秦卷。从秦建立到鸦片战争前，分别为秦汉魏晋南北朝卷、隋唐五代卷、宋元卷、明代卷、清前期卷，勾画了中国社会发展的轨迹，晚清卷、民国卷，叙述了中国半殖民地半封建社会的过程，直到中华人民共和国建立。本书是目前第一部社会史领域的通史著作。

社会史作为史学的一个分支学科，既有独特的客观存在实体为学科的研究对象，又有准确规范的概念，完整清晰的研究范围，各层次之间的内在的逻辑联系，以及科学的理论和方法论的指导。社会史研究包括两个方面：一是宏观研究，二是微观研究。宏观研究不仅要从断代史或通史的角度出发，从整体上研究长时段或短时段的社会本身构造、运行及变化的过程，而且还应对社会重大问题作综合性研究；微观研究主要是对社会本身的某一细部展开描述，或是一些无法置于宏观研究范围之内的课题。

本书从四个方面对社会史理论进行了阐述。第一方面为社会存在前提，主要从社会存在的时段、地理环境、人口的基本状况和社会生产力的发展程度的角度出发，来探讨社会生产力对考察社会的意义；第二方面为社会构造，从横向构造、纵向构造和文化构造进行分析，讨论它们之间的相互交叉、相互影响的关系；第三方面从社会的运行机制来论述社会的发展和变化，着重介绍了社会的生活方式、社会控制、社会保障和社会激励；第四方面为社会运行状态与社会变迁。把社会运行状态分为良性运行、中性运行和恶性运行，而社会变迁有社会进步、社会动乱和社会革命三种形式。（郭　斌）

《中国政治制度通史》

白钢主编　人民出版社 1996 年 12 月版　4355 千字

本书共分为 10 卷，是中国社会科学院政治学研究所承担的国家社会科学基金的重点项目。该书突破了传统的研究观念与模式，开创了在对国家结构形式深入研究的基础上着力于元首制度、中央决策体制和政体运行机制的探索的新体系，把政治制度史从

陈旧的官制史窠臼中解脱出来。该书的探讨上起三代下迄清末，对各项政治制度追本溯源，论述得全面系统，重视了宏观与微观、主编总其成与分撰纂其业、政治学与历史学、法学、民族学等三个完好的结合。

这部通史叙述了从公元前21世纪中国最早的国家政权——夏王朝的建立，到1911年辛亥革命推翻清王朝，中国政治制度的发生、发展和变化的过程及其规律。采取了纵、横相结合的分卷方法。第一卷为总论，采用纵的（竖切）论述方法，阐述了各项政治制度的来龙去脉，反映各政治制度演化的系统性。

其余9卷，采用横切，即以断代分卷，详细论述各断代政治制度的演变及特点。该书的学术思想和总体结构的设计，突出对历代元首制度、中央决策体制和政体运行机制的探索，并以此为轴心，铺陈各政治制度，能贴近政治学的规范，反映出历代政治体制运行机制的特点。（郭　斌）

《中国古代土地国有制史》

李埏、武建国主编　云南人民出版社1997年1月版　370千字

本书系统地论述了中国古代从西周到清代数千年间土地国有制产生、发展、兴衰的历史，及各历史时期的不同形态，其产生、发展的历史背景及社会原因，是我国第一部系统论述中国古代土地所有制史的专著。

全书共分为13章，第1章介绍西周的封建土地国有制形成及特点、井田制的形成和瓦解；第2章为春秋战国时期封建土地所有制的发展及秦代的土地国有制的形成；第3章为汉代的土地国有制特点及发展；第4、5章为三国两晋南朝的土地国有制的产生及其内容；第6至8章为北朝隋唐、五代十国的土地国有制，着重介绍了均田制的沿革、实施范围和状况、性质和历史地位及唐末和五代十国的土地私有制；第9、10章为宋和金的土地国有制的特点及方法；第11章至13章为元明清的土地国有制的介绍，书后附有主要引用书目。

本书主要论述了各朝代国有土地的所有权、占有权和使用权状况，土地国有制与商品经济的关系，主要是商品经济与自然经济二者之间的作用及其影响，主张对于土地国有制的历史作用要辨证地观察。（郭　斌）

《中国移民史》

葛剑雄主编　福建人民出版社1996年7月版　2600千字

本书是目前国内外最完善、最系统的中国移民史，论述了自先秦时代至20世纪中叶40年代发生在中国境内的移民过程，说明其起因、迁移对象、迁移时间、迁入地、迁出地、迁移路线及方向，迁居过程和产生的影响，并作出定量分析。

全书共分6卷，第一卷为全书导论和大事年表。导论界定了移民的定义和全书的研究范围，确定了中国移民史的分期，移民的类型和特点，阐述研究中国移民史的定义，并介绍研究中国移民史的基本方法和手段。大事年表则列出自公元前21世纪至1949

年间可考的主要移民及有关大事。第2卷至第6卷分别为先秦至南北朝时期、隋唐五代时期、辽宋金元时期、明时期、清和民国时期的断代论述，各卷列有大量统计表格和地图，并均有后记，对相关的学术史和作者的研究方法作出简要说明。 （郭 斌）

《中国史学思想史》

吴怀祺著 安徽人民出版社 1996年12月版 340千字

本书是论述中国史学思想发展和各个时期不同特点的专著。主要内容包括从原始的历史意识到史学思想、中世纪的史学思想的形成与发展、中世纪史学思想的进一步发展和哲理化趋向、历史的批判和史学求变、近代史学思潮等。内容丰富，涉及问题诸多，有不少是史学界长期讨论的热点问题，或被忽略的重要问题，如从口述史事到记载历史，先秦诸子历史观点的争鸣、封建史学的二重性、史学和经学、玄学、理学、事功之学、经世之学、实学之间的关系、理学和史学、历史和学术批判和史学求变、考史中的历史评论与史学评论、近代史学思潮和马克思主义在中国的传播等。 （嘉）

《唯物史观与史学理论》

张艳国著 华中理工大学出版社 1997年5月版 320千字

本书是作者10余年来，潜心研究史学理论的结集，由上中下三篇组成，内容分别是唯物史观的理论反思、唯物史观与史学理论、历史学的理论观照。在上述诸专题研究中，作者以唯物史观的理论与方法为指导，借鉴国内外学者的最新研究成果，运用多学科的综合知识，对当代史学理论研究中的诸多热点问题进行了较深入的探讨，阐明自己的观点。作者认为，马克思主义史学理论十分重视历史与现实的关系问题；重视历史发展过程背后的思想动机和行为目的；重视历史研究主体的能动作用。它完全能够重视现代西方史学发展中的一切合理的、积极的思想材料，加以批判吸收。

（嘉）

《现代社会与历史认识系统结构》

刘爽著 黑龙江人民出版社 1997年3月版 150千字

从理论与实践的结合上探讨历史认识理论的学术专著。主要内容包括历史认识系统的结构与功能、创造性思维与历史认识系统结构、从历史认识系统的动态结构看历史学的科学性及其与艺术的关系、俄苏社会史研究的传统及其在当代史学发展中的意义、科技革命与法国年鉴学派的历史演进、现代化进程与当代历史科学的重建等。作者认为，当代世界处在一场深刻的社会变革中，人类的知识结构、价值观念、思维方式同样在发生着巨大的变化。史学同样面临着巨大的挑战和重要的抉择。20世纪的历史科学一直处在不断变化与发展的动态之中，这种变化首先表现在历史认识系统的变化，这是把握历史科学在现代社会重建的出发点。 （舒）

《穿越历史的丛林:史学论》

彭卫著　三联书店 1997 年 4 月版　130 千字

本书是作者三年中对历史学思考笔记的结集。主要内容包括史学与史家,历史是什么,历史知识的意义;历史学家的情怀;历史的过程,瞬间和节奏,人化的历史时间;在历史轨道上起舞,历史悲剧的分量,历史旋律中的音符;历史学的进步,学派的价值,“今天”是创造力的土壤;追寻的意义;传统史学的步履,历史意识的诞生;表达,是为了理解等。作者强调历史只能是人的历史,历史作品也只能是人的作品。人类历史活动是以“人”为本位的,历史最深的层面是以人性为支撑的,历史研究的最高价值同样也是以“人”为本位的。人的因素被漠视,必将导致历史研究者的被漠视。　(舒)

《福建宗教史》

陈支平主编　福建教育出版社 1996 年 11 月版　429 千字

本书系福建思想文化史丛书之一,着重介绍了几种主要宗教在福建的传播发展演变,及其与福建社会文化的相互联系。福建地处东南沿海,是外来宗教的传播和中国宗教的对外交流的一个重要地点,对台湾、东南亚地区的宗教文化产生了重要影响,使福建的宗教带上了福建社会文化的显著特点。

全书共包括绪言和五编。第一编介绍了道教与三一教,论述了道教在福建的传播和发展及三一教的形成及其演变;第二编为佛教,从历史的角度介绍了两晋至唐五代及宋元明清时期的佛教,并分章对近现代福建佛教的复兴进行了阐述;第三编为摩尼教与伊斯兰教,分两章介绍了摩尼教在福建的传播和伊斯兰教在福建的兴衰;第四编对基督教在福建的传播和发展,其中第一章介绍了鸦片战争以前西方基督教在福建的传播;第二章则着重描述了近代以来的福建教会;第五编集中探讨了福建宗教的社会文化特征,先从福建宗教与福建社会文化结构进行阐述,又对福建宗教文化的信仰层与发展趋向进行了分析,说明了福建宗教史是宗教信仰基层化和民俗化的历史,只有探讨宗教对社会的文化生活的深入影响,才能反映出福建宗教史及其与社会文化变迁的联系。

(郭　斌)

《客家源流新论》

陈胜粦主编　陈支平著　广西教育出版社 1997 年 1 月版　147 千字

本书系客家研究丛书之一,论述了客家民系是由南方各民族融合形成的历史,论证了客家血统与闽、粤、赣等省的其他非客家汉民血统的无差别性,及他们都是中华民族 1000 多年来大融合的结果。

全书分总序、引言、正文、附录,正文包括 8 章。第 1 章对罗香林的《客家源流考》的论点进行了介绍和分析,其后顺序述及中华民族的构造和演进、中华民族中客家的迁移和系统、客家的分布及其自然环境;第 2 章论及客家人与非客家人的中原居地的无差别性;第 3 章阐述了客家人与非客家人的南迁过程大致相同；第4章则说明了客家人与非客家人南迁时同祖而分支；第5、6章分别论述了由非客家分支而成为客家人和由客家人分支而成为非客家人的不同过程；第7章则对客家人与非客家的反复交错迁移进行说明；第8章是结语和需要进一步探讨的问题。附录则包括三方面内容：第一为族谱资料与客家历史研究；第二部分为近年来有关客家历史源流研究的重要论著摘录；第三部分是福建部分客家姓氏源流及始迁情况表。

（郭 斌）

《千古一村——流坑文化的考察》

周銮书主编 江西人民出版社 1997年版 350千字

这是一部地方乡村史研究。流坑村位于江西省乐安县，以它的特殊和古老的建筑群落引人注目。它的典重、富丽的建筑风格和纵横有序的建筑布局，以及古代名人题款等，令人惊叹不已。古代地主阶级为了变中求不变，特别强化了宗法关系，流坑村恰好提供了典型例证，流坑村的建筑群落里大小祠堂较多，前后书院也较多。它的风格非官非民，又亦官亦民；既非城非乡，又亦城亦乡；既不逾越封建等级的定制，而又匠心独运的有所突破，形成了看似不伦不类，其实井然有序的格局。研究流坑村，不仅具有历史研究的意义，还具有现实研究的意义。根据中国的国情把握中国历史发展的内在脉络和轨迹，既推陈出新，又除旧更新，这才是研究流坑村的意义所在。

全书由7部分组成，分别介绍了流坑村的概貌、流坑的历史、建筑、艺术、重要人物、风俗民情和典籍碑铭。

（郭 斌）

《郑樵评传——融会百家贯通古今》

吴怀祺著 广西教育出版社 1997年7月版 124千字

本书是中华历史文化名人评传丛书史学家系列中的一种。作者曾著有《郑樵文集（校补）》和《郑樵年谱稿》。在多年潜心研究郑樵史学思想的基础上，作者完成了此评传，主要内容包括从一介草民到大史学家；《通志》，又一部通史巨制；冲破藩篱，独立思考，"好攻古人"在"开学者见识之门户"；实学主张、类例方法与自得之学；史家当"通百家之学"，在校雠学、目录学上的贡献；郑樵研究八百年等。作者在本书中通过对郑樵研究的重新思考及视野上的拓宽、强调宋代史学家郑樵是中国史界光芒竞天的一颗彗星，他撰写的200卷《通志》堪称我国传统史学遗产中的一块瑰宝。

（舒）

《汤明檖文集》

汤明檖著 广东人民出版社 1997年10月版 200千字

此书是为纪念汤明檖教授逝世一周年，广东历史学会和中山大学历史系于1993年11月联合举办学术报告会，阐述了汤明檖先生的学术成就、历史研究的学术精神与学术规范等问题而编写的文集。

本书收录了汤明檖教授的论文、散文和诗词共18篇。论文《从户籍看中国封建制下的小农》，指出历代王朝推行的户籍制度对当时的社会经济结构有着巨大的影响，强调要重视户籍制度与封建等级身份制的关系，不能离开赋税制度来谈土地占用关系。其余论文指出了对于资本主义萌芽研究的一些基本方法和研究规范的主张。主要包括：重视历代王朝的基本典籍；研究历史上的经济问题，必须对比全部材料，找出规律，弄清具体的经济关系；对于文献资料，必须弄清原文的意义。

汤明檖治学严谨，不但继承了梁方仲教授的学术思想，更继承了梁方仲教授的优良学风，为中国经济史学科的建设和发展，作出了重大贡献。

（郭 斌）

《历劫终教志不灰——我的父亲顾颉刚》

顾潮著 华东师范大学出版社 1997年12月版 270千字

著名历史学家顾颉刚先生的传记，由其长女顾潮撰写，作者写道："女儿竟是在父亲去世之后才懂得了他的一切——经历、理解、奋斗、坎坷、成功、失败、欢乐、痛苦……这不能不说是人生的悲剧！"她满怀深情地记述了顾颉刚先生的家世和少年时代、北京求学、发轫阶段，朴社与《古史辨》的出版、南下的坎坷、壮年的情怀、战乱羁旅、东归的苦闷、长居京华、暮年岁月。作者认为，顾颉刚的头脑里永远装着许多问题，不停不歇地思考学问、工作和生活，剖析他人和自己；更使其极旺盛的生命力和极炽烈的情感得以充分地发泄在他的文字上，坦白、畅尽、热诚，这一篇篇文字都向人敞开了襟怀，好似父亲的自传，这一切成为其写传的依据。

（嘉）

《悠悠长水——谭其骧前传》

葛剑雄著 华东师范大学出版社 1997年10月版 280千字

本书是著名历史学家谭其骧先生的传记。内容从童年起至"文化大革命"前夜。内容包括家世和童年、短暂的革命和大学生活，"应列第一"的燕大研究院毕业生，登上大学讲台，编《禹贡》始末，失望的婚姻，复员杭州，参加土地改革运动，从思想改造到肃反运动，编绘《中国历史地图集》，整风反右，山雨欲来等。作者在撰写过程中，遵照谭其骧教授的嘱托，努力做到完全尊重历史事实，做到实事求是。作者强调谭其骧的经历很简单，从6岁到82岁都没有离开学校，但历史给他留下了风霜雨露的印记，他与中国一起度过了翻天覆地的82年。

（舒）

《两汉乡村社会史》

马新著 齐鲁书社 1997年6月版 356千字

乡村社会是中国古代社会的基点，也是中国古代物质文明与精神文化的源泉。中国古代的乡村社会，分为三个时期：第一时期是国野制下的乡村社会，亦即西周春秋时代；第二时期为自耕农时代的乡村社会，亦即自战国到唐宋之际；第三时期是趋向贫困化的乡村，亦即宋元明清时代。三个时期中以第二时期为代表，是中国古代乡村的辉煌时代，造就了汉唐盛事的基业。古代社会的乡村活力和恢复能力体现在三个方面：第一是中国乡村农民具有较强的综合经营能力，以农为本，亦工亦商，家庭纺织业与副业生产是其经济结构中不可或缺的组成部分；第二是城乡一体的社会与经济结构，城市是乡村的城市，是乡村的集合与代表，适合中古农业经济基础的社会基础；第三是中国古代农业以精耕细作为特点，辅之以先进的农业生产技术和较为普遍的水利灌溉，适于提供丰富的剩余劳动产品，有较强的抵御天灾人祸的能力。

全书共分7章，分别介绍了乡村生产环境与两汉时代的农业状况，两汉时代的土地制度与乡村生产经营，两汉乡村社会的分野与农民的历史命运，两汉的乡村与宗教，两汉乡村的婚姻与家庭，两汉民间信仰与乡村神祇崇拜和民谣民谚与两汉乡村风情。

（郭 斌）

《唐研究》

荣新江主编 北京大学出版社 1995年12月第一卷，585千字；1996年12月第二卷，570千字；1997年12月第三卷，597千字

《唐研究》是由北京大学历史系教授荣新江主编、美国唐研究基金会资助的大型学术专刊，每年由北京大学出版社出版一卷。从1995年的首卷到现在，已出版了三卷。《唐研究》的研究内容是唐代及相关时代的传统学术问题，包括历史、地理、美术、考古、语言、文学、哲学、宗教、政治、法律、经济、社会等各个方面，其特色是论文以外，还发表新史料、书评和学术信息，论文和书评以中文为主，也包括英文论文和书评。从已出版的三卷《唐研究》，它的体系基本由五部分组成：论文、纪念文、书评论文、书评和待评书目，还附有英文目录和论文英文提要，以及有关文物考古论文的多幅图版。

《唐研究》上所发表的论文和书评，都是当年最新的唐研究成果。到了第三卷，它的书评已达到20篇，充分反映了《唐研究》突出书评篇幅，意在进行纯学术的评论。每一篇书评都反映了该领域的学术史或被评书的学术地位。书评作者，都是在相关领域有所研究的专家，或进行不同学科交叉评论，使书评本身充满新意。《唐研究》在刊的最后一部分为读者提供了上百篇新书目。较快地传递信息，及时地反映了唐及其相关研究的最新动向。

（臧文旭）

《唐帝国的精神文明》

程蔷、董乃斌著 中国社会科学出版社 1996年8月版 441千字

在中国历史上，唐代是继汉代以后政治、经济、文化均取得杰出成就的鼎盛时期。唐帝国的文明是一个研究很广泛的论题。

本书从一个新角度——民俗学的角度审视唐代文学，把古代文学研究与民俗学相结合。书中对唐代的岁时节日、都市民俗、妇女生活与习俗、文人士子风貌、神灵崇拜与巫术禁忌、民间文学与技艺等六个方面进行详细的描述和分析，勾勒出唐代精神文明的

大致轮廓，从一个新的、更为具体而有趣味的角度，加深对唐代文化的理解和把握。

本书认为民俗与文学是精神文明的重要构成部分。在研究唐代民俗和文学以及它们关系的过程中，可以认识到，一个民族、一个时代的民俗和文学，正是其精神文明的主要承载者。若能抓住无时无处不在的民情风俗，抓住渗透民俗文化精神的文学，对它们本身以及它们的关系进行分析、透视，便是在对这个民族、这个时代的精神文明进行把握和探索。（臧文旭）

《南明史》

顾诚著　中国青年出版社 1997 年 5 月版　770 千字

本书基本上以大顺军、大西军余部及郑成功等民众抗清斗争为主线，强调历时 20 年的抗清斗争失败的主要原因，是抗清势力内部矛盾重重，严重分散，抵消了抗清力量。

本书介绍了大顺军攻克北京及清军入关问鼎中原以来，直到康熙三年夔东抗清基地覆灭的各地反清运动的历史，它既是群雄争霸，又是明朝的延续，也是清初历史的一个主要组成部分。称之为南明，是因为崇祯皇帝为首的明朝廷业已覆灭，这段时期的战斗主要在南方展开，又是在复兴明朝的旗帜下进行的，而弘光、隆武、鲁监国、永历朝廷都是在南方建立的。

本书特点之一是基本上以大顺军余部、大西军余部、“海寇”郑成功等民众抗清斗争为主线，而不是以南明几个朱家朝廷的兴衰为中心。二是贯串全书的脉络是强调历时 20 年汉族和其他民族（如西北等地的回族，西南等地的少数民族）百姓反抗满洲贵族征服斗争终归失败的主要原因是内部矛盾重重，勾心斗角，严重分散了抗清力量。

本书共分 32 章，大致按照时间顺序分章节叙述，章节之间尽量互相照应。在时间上年份一般注明相应的公历，月日一律用旧历，便于查对引用书目，引用材料尽可能保持原文。

（郭　斌）

《清代习惯法》

梁治平著　中国政法大学出版社 1996 年 6 月版　150 千字

本书是中国政法大学法律文化研究中心文丛之一，主要讨论了民间自发形成的不成文的规范，它多与乡民日常生活，尤其是经济活动和交往有关，该书从法律社会学立场出发，依据清代官府档案、民间契约和民国初期的司法调查等第一手材料，在前人已有研究的基础上，对清代习惯法进行了比较系统的探究，其讨论的范围，由清代习惯法的渊源、背景、流变，直到习惯法与国家法的关系和习惯法研究在社会理论上的意义。

作者认为，习惯法是这样一套地方性规范，它在乡民长期的生活与劳作过程中逐渐形成，用来分配乡民之间的权利、义务，调整和解决他们之间的利益冲突，并且主要在一套关系网络中被予以实施，是不同于国家法的另一种知识传统，受制于不同的原则，是在与包括国家法在内的其他知识系统和社会惯制的长期相互作用中逐渐形成的。

清代习惯法并非存在于各个地方的习惯法之外,而是贯穿其中,在不同地方和依特定时空特定情势发展出来的无数"乡例"、"土俗"、"俗例"背后,有一种起着支持作用的更大更完整的习惯法传统,应当把各地杂多的习惯置于此更加一致的背景中来考虑。

（郭　斌）

《中英通使二百周年学术讨论会论文集》

张芝联主编　中国社会科学出版社 1996 年 5 月版　320 千字

1793 年,清朝乾隆皇帝接见了英国首遣使节马戛尔尼勋爵,此举被史学界公认为是中英通使的开端。1993 年正值 200 周年,召开了中英通使 200 周年学术讨论会。本书共收录与会学者论文 23 篇。

论文作者从多个角度分析、探讨了马戛尔尼出使中国这一历史事件,议题广泛。戴逸将其融入乾隆一朝的外交政策与关系来考察,再次揭示清政府对外政策的全貌;外国学者则多从两种观念、两种制度和两种结果的比较来剖析这一次中西对话;国内其他学者则从贸易、礼节、宗教、文化等多个侧面探究这一事件的前因后果,力求于细微处见实质。文后附有英文摘要。　（郭　斌）

《晚清政治革命新论》

郭世佑著　湖南人民出版社 1997 年 10 月版　426 千字

该书力图用马克思主义理论和西方政治学理论中的"政治革命"概念,重新检讨太平天国起义以降,特别是清末 10 年间的政治运动的"革命"性质和作用。作者首先对以往相关研究中的"政治革命"概念进行检讨,认为按照马克思主义的哲学范畴和当代政治学的研究成果,政治革命是指一定社会的政治制度的重大变革与质的飞跃,既有暴力的,也有非暴力的,否则即使是"暴力斗争"也不是政治革命。按照这一概念,太平天国并非近代政治革命,而是旧式"汤武革命";清末新政、君主立宪斗争、民主立宪(民主共和)斗争和辛亥革命则都是具有不同程度的政治革命,尤其是后两者之间,没有"革命"与"反革命"的区别,只有暴力革命与非暴力革命的区别。此外,作者还以大量的笔墨对以往辛亥革命史研究中提出的民族革命(推翻满清统治)只是政治革命的手段,没有政治革命的性质,辛亥革命是资产阶级革命,以整个资产阶级或其中下层为基础,其结局是失败的或既成功又失败的等观点进行了商榷。认为这些观点,不仅缺乏史料依据,而且存在着许多不合逻辑、自相矛盾和不合历史唯物主义之处。还提出了不少值得思考的见解,如与其说辛亥革命是阶级关系的变动,是资产阶级革命,不如说主要是国内民族关系与国家政权体制的重大变动,是国内民族革命与政治革命的有机结合;与其谈论辛亥革命的阶级基础,不如谈论社会基础,等等。

（虞和平）

《近代中国对民主的追求》

徐宗勉、张亦工、徐思彦、杨群、黄春生著　安徽人民出版社 1996 年 11 月版　420 千字

该书探讨了 19 世纪 70 年代到 1949 年间中国人追求政治民主化的过程和成就，以 1912 年以后的阶段为重点。既论述了立宪派、革命派、孙中山、知识分子、早期马克思主义者、资本家阶级、工农群众、国民党、共产党、新民主主义等各种阶级和派别的民主主张和实践活动，也考察了政治民主化的进展过程，以及民主政治建设与民主革命、社会经济发展程度、政治文化、民主集权政治之间的关系。作者认为，近代中国政治民主化的发展过程大体经历了两阶段，19 世纪末之前为第一阶段，基本上处于思想发展层面，主要是了解和介绍西方资本主义民主的各种制度、观念和运作状况，并以君主立宪制为参照，提出改革中国传统君主专制制度的一些构想；20 世纪初以后为第二阶段，政治民主化转入到以实践为主的时期，对民主的追求开始成为政治运动，并且规模日益扩大，内容逐渐丰富，进展也日趋明显。而且近代中国的政治民主化具有自己的突出特点，一是把它看作是走向民族振兴和国家富强的根本性的方法和途径；二是推动民主思想和民主运动的最直接和最有力的因素是民族危机；三是它非出自本国社会内部发展的客观要求，而是出自外国侵略的刺激，也是对侵略国民主制度的一种模仿和学习，因而始终存在着一种超前状态，使认识与实践、目标的手段、形式与内容、精英与群众之间发生种种矛盾。

（虞和平）

《中国近代史学学术史》

张岂之主编　中国社会科学出版社 1996 年 10 月版　457 千字

本书是一部内容丰富的史学学术史专著。主要内容是近代史学哲学；近代史学方法；近代史学学术成果，有关中外历史和历史地理学的研究；近代史学学术成果等。本书的主要特点是在宏观上把握了史学学术的时代变化及发展规律，在微观上展现了史学学术的深刻内容。作者强调，史学学术史不同于史学史，它不限于史学本身，同时还包含有各种史学成果学术价值及社会效益的估量，以及史学与其他学术成果的关系等等。史学学术史既包括史学成果，也包括历史哲学和史学方法论，二者是不能分割的统一整体。本书不仅对历史学，同时对于推进文化史、学术史的研究都会产生积极的影响。

（舒）

《近代中国的经济发展》

刘佛丁、王玉茹、于建玮著　山东人民出版社 1997 年 3 月版　250 千字

该书用计量研究的方法，考察了 1850—1949 年间的经济发展状况，以经济的增长和波动、国民经济结构变动、收入分配、消费和积累等为基本内容，并对以往的国内外有关研究进行了检讨，提出了不少新的见解。其中重要的见解有：中国近代经济发展过程中存在着 1887—1914 年、1914—1936 年两个期限为 25 年左右的波动周期。

在这两个周期中，国民生产总值和人均国民收入有缓慢的增长，尤以第二个周期为快，在这两个周期之前和之后的两个阶段中则呈下降趋势；农业产出因耕地面积扩大、复种指数和经济作物比例提高而有所增长，但生产率提高十分缓慢；传统手工业在国际市场竞争中丧失有利地位而趋向衰落；农业生产率的低下和农产品价格的大幅度上涨，使工业的工资成本上升，近代产业部门与传统产业部门工资水平的差距远远大于同期的日本，不能发挥低工资成本的优势，进而影响工业的利润和积累，企业的发展主要不是靠内部的资本积累，而是靠外部投资；产业结构渐趋合理；资本主义生产关系和经济成分迅速扩大；外国在华投资如按中国人均数额计算，不仅低于发达国家，而且低于多数不发达国家；国民收入分配趋向平等化，高收入与中低收入的差距缩小，工农群众日趋贫困化的说法也缺乏根据。

（虞和平）

《近代中国价格结构研究》

王玉茹著　陕西人民出版社
1997年5月版　160千字

该书采用计量分析的方法，考察了1860—1936年相对价格结构变动状况及其对经济增长的影响，力图从经济运行的内在规律上说明近代经济发展缓慢的原因。主要内容包括：物价总水平的变动趋势、特点和原因；各种货币价格的变动趋势和相互关系，及其对物价变动特点、经济发展、对外贸易和国际投资的利弊影响；各类商品价格的变化及其对产业结构调整进程的影响，以及市场发育过程中同种商品的地区差价、季节差价和批零差价的变化情况；生产要素价格变动趋向、形成的原因，及其对近代产业部门和传统产业部门经营模式、国民收入分配和资源流向的影响。在揭示这一时期各种相对价格变动状况及其对经济发展影响的基础上，提出了不少新的见解，其中重要的观点有：物价总水平比较稳定，对工业化有利；物价变动的传导机制是世界市场银价的变动通过汇率变动导致进口物价的变动，再导致中国物价总水平的变动；资本和劳动相对价格的变动，使工业资本集成速度加快，资本有机构成有所提高，如果没有日本的入侵，那么由劳动密集向资本密集的转化过程将会加速进行下去；生产要素相对价格的变动，使国民收入在劳动、资本和土地之间分配比例关系发生不利于工业化的变化，利润、利息等非工资所得在越近代化的部门所占的比例越低，在农业中则占绝大的比重，使资源配置长期向传统农业倾斜。　（虞和平）

《总需求的变动趋势与近代中国经济发展》

张东刚著　高等教育出版社
1997年10月版　170千字

该书在统计检验基础上，以总量分析与结构分析、实证分析与规范分析、短期分析与长期分析、静态分析与动态分析、宏观分析与微观分析相结合，对19世纪80年代至20世纪40年代的中国总需求总量和构成变动规律，及其与经济发展的关系进行了开拓性的探讨，试图从总需求变动的角度透视近代中国从传统经济向市场经济转变，即经济近代化的脉络、水平和原因。其考察的内容涉及城乡居民、企业和政府三大需求主体；私人、企业、政府和国外四大需求形成部门；消费、投资、政府和国外四大需求构成。作者不仅依据城乡100余个家计调查和其他调查的统计资料，估算出中国近代国民消费需求总额、农业投资总额、政府部门经常性支出等的长期变动数列，以及一些横截面统计数据，还填补了以往近代国民收入估计中一些年份的缺项，而且通过与日本、欧美诸国的比较，认为近代中国总需求虽呈不断上升的总体趋势，但其基本特征是低水平波动上升，增长幅度较小；就需求的各构成部分所占比重而言，个人消费需求比重偏高，政府消费支出比重很低，投资需求的比重较低，国内资本净额占国民净产值的比例也较低。总的来说，这种总需求总量和结构变动及其对经济发展的推动作用与西方发达国家相差颇巨，但也对近代中国经济的发展和结构变化产生了相应的促进作用。（虞和平）

《转型时期的社会与国家——以近代中国商会为主体的历史透视》

朱英著　华中师范大学出版社　1997年9月版　490千字

这是一本以商会为主体考察对象，从社会与国家互动关系的角度，对清末民初中国市民社会进行实证性研究的著作，试图弥补以往商会研究中尚未引用市民社会理论模式和市民社会研究中多理论而少实证的缺陷。全书论述了国家对商人社会的扶植；商人社会自身的发展；商会的市民社会特征及其独立的经济、政治、司法、立法、舆论活动；社会与国家之间的彼此冲突、制约和互动关系；市民社会的缺陷和作用。其中社会与国家的互动关系是全书的基本构架和主要贡献。作者认为，商会具有一定的市民社会特征，商会的产生和发展标志着市民社会雏形开始形成，使传统中国强国家、弱社会的状况出现明显的变化，开始建构一种新的互动关系，其具体表现是：在国家方面，已在一定程度上依赖社会实现新的动员与整合，因而对社会给予了某些扶植；同时因担心社会获得充分发展会危及自己的统治地位而对社会加以各种限制，甚至加以摧残。在社会方面，已取得了相当一部分自治权力，而且在一定程度上发挥了制衡国家的功能与作用，但始终处于发展不充分的雏形状态，存在着对国家的特殊依赖性，实力比较有限，难以与国家持久抗衡，也无力抵御国家的侵蚀，最终不能摆脱被国家强制扼杀的厄运。（虞和平）

《中国近现代科学技术史》

董光璧主编　湖南教育出版社　1997年4月版　2640千字

这是一部综合系统探讨中国科学技术现代化（近代化）过程的巨著，从1582年意大利传教士利玛窦来华传播西方科学起，一直写到1987年止，其中1840—1949年的内容占三分之二的篇幅。全书分3卷分别论述中国科学技术现代化的三个时期，即1582—1928年的近代科学技术启蒙时期；1928—1956年的近代科学技术形成时期；1956年以后的科学技术现代发展时期。书中不仅介绍了各门自然科学和某些社会科学的传人和发展状况，而且力图阐明近现代科学技术在中国发展的环境、动力和效益，并对有关历史观、科学观、技术观，以及中国社会、中国科学技术史中许多有争论的问题提出了自己的见解。论述了科学技术发展过程中，科学与社会、传统与近代、中国与世界等方面的特征；从传统科学到近代科学、从欧美模式到苏联模式、从国防动力到经济动力的三大转变；以科学与儒学相分离为主要标志的科学社会化，以科学研究专门机构的设置为主要标志的科学研究体制化的两种科学现代化表现。还论述了科学技术的传播和发展，对思想启蒙、新文化运动、教育改革、社团兴起、工农业生产技术进步的影响。最后从技术与经济、科学与技术、自然科学与社会科学、历史与未来的角度对科学技术在中国发展的过去和未来进行检讨和展望。 （虞和平）

《近代绅士——一个封建阶层的历史命运》

王先明著 天津人民出版社 1997年12月版 264千字

该书从社会结构变动的角度，论述了近代绅士阶层的变化过程，除了概括性地论述了绅士阶层的起源和历史流变、社会地位和角色、基层社会控制作用之外，比较详细地考察了鸦片战争之后到辛亥革命后的发展、分化和消亡过程，并分析了绅士阶层的角色转换和历史作用。作者认为，太平天国起义期间因捐输而使绅士的数量获得了从未有过的快速增长，并改变了绅士阶层的构成，融入了“经济”的力量，埋下了绅士阶层制约和背离清王朝的根子。随着资本主义工商业、新式教育和文化事业的发展，绅士阶层的社会流动从封闭型的阶层内部流动日益转变为开放型的跨阶层多方向流动，从而发生日趋明显的分化；特别是1905年废除科举制度之后，中断了绅士阶层社会流入的基本源泉，造成绅士阶层剧烈分化，并开始走向衰退和消亡。中华民国成立以后，宣告了等级身份制度的废除，使绅士阶层借以维系特权地位的封建功名、身份被逐出了法律的范围，从而走向消亡，但是在广大的农村社会中，绅士阶层占统治地位的基本状况仍未动摇。绅士阶层在开放型社会流动和分化中，随着他们的职业和社会属性的改变，显示了近代中国社会由身份等级社会向职业社会转变的近代化趋向，而且使他们从封建统治的社会基础愈来愈走向它的反面，在清末的改造传统社会活动中充当了重要的角色。 （虞和平）

《艰难的转轨历程——近代华北经济与社会发展研究》

苑书义、任恒俊、董丛林著 人民出版社 1997年9月版 443千字

该书主要考察了清末民初时期河北、山西、内蒙古地区的经济和社会由

传统向近代化方向转变的状况。全书以经济的发展变化为重点内容，结合社会结构和政治制度的变迁，分三大部分进行考察，一是农业与农村，论述了资源和环境、传统经济的变迁和特点、资本主义因素的发展、生产技术的改进、社区状况和家庭结构等；二是城市经济与社会结构，考察了城市布局和近代化状况、贸易和金融的转型状况、传统手工业变迁和新工交业发展状况、人口和社会结构变动状况等；三是政治制度变迁，除了介绍一般的政治制度和机构设置之外，还介绍了具有特色的基层政治制度，如山西的“村本政治”、内蒙的盟旗制等。在各个部分中都进行了一定的各省区比较研究，也注意到各省区之间的联系。作者认为，清末民初冀、晋、蒙3省区的各方面都显示出近代化趋向，但是也存在着农村和农业落后于城市和工商业，政治滞后于经济，各省区、各部门之间发展程度有明显差别的艰难曲折性和不平衡性。（虞和平）

《日本在华北经济统制掠夺史》

居之芬、张利民、刘红娟、雷保中著　天津古籍出版社 1997年5月版　316千字

该书论述了1935—1945年间，日本侵略者对包括河北、山东、山西、察哈尔4省全部、绥远省的5盟2市、河南省北部、江苏省北部的华北地区实行经济统制和掠夺的史实。全书分四章考察了日本对华北经济实施全面统制与掠夺的5个阶段，即1935年7月至1937年6月的准备阶段；1937年7月至1939年底的经济统制全面实现和华北沦陷区殖民地经济体制正式形成阶段；1940年初至1941底的对国防基础产业和重要资源产业实施大规模重点“开发”和掠夺阶段；1942年初至1943年上半年的大力推行“大东亚经济共荣圈”狂妄计划阶段和此后的疯狂掠夺阶段。书后附录了有关华北经济综合状况、交通、矿冶、化工、农产、贸易、税收、金融和劳工的19个统计表。作者在考察史实和与东北地区比较的基础上，分析了日本对华北地区实行经济统制和掠夺的特点，认为华北地区除了具有与东北地区相同的沦为日本完整的“占领区”、殖民经济体制、国家垄断资本绝对统制的特点之外，还具有其独有的特点，如因政治和军事统治相对薄弱和不稳而伴随着经济统制和掠夺的困难；因粮食和农产供应不足、重化工业基础薄弱、财力、物力和人力资源匮乏，使之具有更突出的法西斯帝国主义殖民掠夺的野蛮性、疯狂性和破坏性，从而也注定其要在华北民众的普遍抵制和反抗下归于失败。（虞和平）

《外国军事历史研究概论》

张海麟主编　马骏副主编　国防大学出版社 1997年6月第1版　190千字

本书是中国人民解放军全军军事科研工作“八五”计划课题的最终成果。内容包括军事历史和军事历史科学、自上古以来至今的外国军事历史研究的历史演变、外国军事历史研究方法、当代外国史学流派与军事历史

研究、批判与借鉴外国的研究成果，繁荣我国的军事历史研究等。作者力求在马克思主义科学的历史观、战争观和方法论的指导下，将上下数千年、纵横数十国关于外国军事历史研究的认识与方法论概况浓缩于本书中。在按历史编年介绍外国军事历史研究的发展过程时，对外国历史研究的对象、任务、性质、特征、作用以及对史学工作者的问题进行了有益的探讨。（嘉）

《蒋梦麟教育思想研究》

马勇著　辽宁教育出版社 1997 年 6 月版　234 千字

该书以传记的形式论述蒋梦麟的教育思想，既评述其生平，又以其教育思想的产生发展过程为重点内容，书末附有“蒋梦麟年表”。书中着重论述了蒋梦麟于 1917 年获得留美教育学博士学位回国后，投身于教育界的教育调查和教改宣传活动状况，及其所提出的人格教育等的新教育思路。1919—1927 年担任北京大学教育学教授、总务长、代理校长、第三中山大学（浙江大学前身）校长时期的业绩，如协助蔡元培对北大的教育方法、学术方针、学生管理、机构设置等进行改革的情况。1928—1945 年担任浙江大学、北京大学校长、国民政府教育部长期间的教改实践和成果，如关于整顿和改革全国教育和学校体制；改组中华教育文化基金会；在北大设立研究教授、拟定长期发展计划、提出“教授治学，学生求学，职员治事，校长治校”的方针，并进行相应的学校管理体制改革。作者认为蒋梦麟的这些教育改革思想和实践，对民国时期教育事业的发展，特别是北京大学的发展作出过巨大贡献，他在民国教育史上占有仅次于蔡元培的地位。（虞和平）

《美国传教士与晚清中国现代化》

王立新著　天津人民出版社 1997 年 3 月版　368 千字

该书着重考察了美国传教士在中国传播西方文化和教育活动对晚清社会变革的影响，涉及鸦片战争时期的“开眼看世界”思潮、洋务运动、戊戌变法以及近代新学的崛起和传统教育的改革等内容。作者提出，传教士的目的是用基督教文化改造和取代中国传统文化，这与寻求用西方文化改造中国的近代知识分子不谋而合；加之基督教新教价值观和传教内容的资产阶级化、科学化和社会化，及其与殖民主义同流合污，使传教士对晚清中国现代化产生了既促进又误导的双重影响。对其促进作用的主要论证是：传教士不仅把西方自然科学和社会科学基本体系引进中国，而且对中西文化在比较和评判的基础上创造出熔冶中西的新文化；传教士的教育活动对中国传统教育起到了挑战和示范作用，还批评了儒家教育、提出了变革传统教育的种种计划、参与了新式大学的建立过程；传教士的著作成为近代知识分子了解和观察世界的窗口；传教士对洋务运动的参与推动了洋务事业的发展；传教士的文化活动，在一定程度上唤起了维新派的变法和维新意识。对其误导作用的主要论证是：传教士在传播西学过程中的宗教性出发点，造成对西学知识的歪曲，降低了西学的科学性和应有的价值；传教士在中国民众心目中的丑恶形象，使他们的传播西学活动受到拒斥和反对，也影响了中国人对西方文化先进性的认识；传教士从西方利益和传教需要出发设计中国发展的道路，从根本上是错误的。（虞和平）

《亚欧封建经济形态比较研究》

朱寰主编　东北师范大学出版社 1996 年版　350 千字

本书是国家"六五"期间哲学社会科学重点研究项目的成果总结，由朱寰、马克垚、孙义学和姜伯勤四位学者分别撰写。本书选取亚欧封建社会中具有代表意义的中国、日本、英国和俄国作为比较对象，以历史事实为依据，对它们的土地国有、封建土地所有制、封建地产的经营、封建农民的身份和经济状况、农村公社、封建城市、工商业和城市居民进行了多角度的比较，提出了中国学者对亚欧封建社会认识的许多独特观点，取得了我国中西历史比较研究中的一个重要成果，同时又为比较研究指出了思路和方法。

（徐　蓝）

《西欧近代民族主义思潮研究——从启蒙运动到拿破仑时代》

李宏图著　上海社会科学院出版社 1997 年 3 月版　215 千字

本书是作者在博士论文的基础上修改而成的。作者从宏观上把西欧近代民族主义的发展分为两个阶段：第一为建设民族国家的阶段，第二为民族殖民侵略与扩张的阶段，本书即以第一阶段为研究对象；在这一阶段所产生的民族主义在其类型上呈现两种形态：以法国为代表的民主主义的民族主义和以德意志为代表的文化民族主义，前者也称为建设性民族主义，后者也称为"防卫型民族主义"。本书的论述循此展开，通过对民族国家观念的出现与民族感情的增长，法国启蒙运动时期的民族主义和法国大革命中的民族主义，18 世纪德意志的文化民族主义和拿破仑战争对 19 世纪初德意志民族主义成长作用的研究，对近代西欧民族主义思潮的产生、发展及其历史作用给予论述和阐释。

（徐　蓝）

《中西封建社会比较研究》

马克垚主编　学林出版社 1997 年版　380 千字

本书为国家社会科学"八五"规划重点项目，由马克垚教授率领一批中青年学者完成。全书分为四编，在"农业"编中，分析了中西农业耕作制度、封建地产的经营和演变、封建农民经济；在"城市"编中，探讨了中西封建城市的形态、结构之异同，分析了城乡关系、城市在西欧从封建向资本主义过渡中的作用；在"封建政权"一编中，论述了中国封建政权的运行机制，以英国和法国为例探讨了西欧封建政权、政治制度的特点，比较了中西封建财政和税收的异同；在第四编"社会"中，分析了西欧封建社会中的贵族阶层、家庭等以前我国学者不太涉及的领域，同时对中西封建社会中的人口发展特点、人口对社会发展的影响等方面作了可贵的分析。综观全书，其特点是以动态的眼光，多视角地比较中西封建社会，可谓中西封建历史比较研究中的开创之作。（徐　蓝）

《英国都铎时期经济研究》

王乃耀著　首都师范大学出版社 1997 年版　260 千字

这是一本研究西欧资本主义萌芽、特别是英国资本主义兴起的专著。本书从生产力和生产关系的相互关系这一历史唯物主义原理出发，以英国学者关于英国资本主义起源研究的最新成果为基础，采用计量史学的方法，对 16 世纪英国农业劳动生产率和毛纺织业发展状况以及阶级关系等方面进行了定量分析。

作者注意跟踪国际学术界的最新研究动态，对西方学者关于“从封建主义向资本主义过渡”、关于“圈地运动”的各种观点进行了一一评述，本书重点论述了有关都铎时期农业、城市的兴衰、乡镇工业和商品经济的发展及其引起的阶级关系变化，分析了这些因素在英国资本主义兴起中的重要作用，特别突出了都铎时期乡镇经济的发展与英国资本主义兴起的关系，提出了不少独到的看法。（徐　蓝）

《大英帝国的瓦解——英国的非殖民化与香港问题》

张顺洪等著　社会科学文献出版社 1997 年 1 月版　230 千字

本书是中国社会科学院“八五”重大课题“英国殖民撤退史与香港问题研究”的最终研究成果。书中通过考察英国殖民撤退的整个过程，对比分析了英国在香港的撤退行为与过去殖民撤退的异同，对我国学术界过去很少涉及的“非殖民化”问题第一次给以了较为全面的阐述，并剖析了英国“非殖民化”的实质。

作者对“非殖民化”的意义给出了自己的解释。指出，许多西方学者把战后各殖民帝国的瓦解过程称为“非殖民化”过程；过去中国学者强调“民族解放运动”而很少提“非殖民化”；从某种意义上说，“民族解放运动”和“非殖民化”是西方殖民帝国瓦解这一历史过程中的两个方面，但两者强调的内容不同，前者强调民族主义者争取民族独立的活动，强调殖民帝国的衰亡是民族主义力量强大和斗争的结果，后者强调殖民国家在殖民地瓦解过程中的活动，强调西方殖民国家给予殖民地独立的主观能动性。作者还指出，“非殖民化”作为一种时代潮流发生在第二次世界大战之后；殖民地民族主义力量和国际反殖民主义力量的强大以及英国自身的相对衰落是“非殖民化”的重要原因；“非殖民化”并不从属于“冷战”，它所体现的矛盾既存在于“冷战”产生之前，也存在于“冷战”结束之后，那种认为第三世界是冷战双方争取或争夺的对象，扮演着一种被动的角色，只是在冷战结束后非西方民族才加入了历史创造者行列的看法是十分荒谬的。

（徐　蓝）

《东欧演变的历史思考》

阚思静、刘邦义主编　当代世界出版社 1997 年 2 月版　188 千字

本书是一本包括 16 篇论文的论文集，通过对东欧各社会主义国家历史进程中的一些重大问题的研究，从不同角度对这些国家演变的原因和演变所提供的历史教训进行了深入探讨。

本书认为东欧国家演变的主要原因是“先天不足”和“后天失调”。前者是指这些国家建立的社会主义模式并不是根植于本国的土壤之中，而是从苏联机械照搬过来，它不符合这些国家各自的国情。书中通过大量历史事实对这一主题进行了具体论述，认为如果东欧各国按照“二战”后自己建立的“人民民主的模式”走下去，这些国家的社会主义前途将是很光明的，但苏联模式的引进则为以后社会主义的艰难发展直至最终发生演变播下了种子。后者是指这些国家的领导人在引进苏联模式后在制订社会主义建设和改革路线方针中的失误问题。值得特别指出的是本书对民族主义与东欧演变的关系问题的论述。　（徐　蓝）

《美国人权政治——理论和实践的历史考察》

陆镜生编著　当代世界出版社 1997 年 3 月版　460 千字

本书分 11 章，以宏观和微观相结合的方法，系统探讨了从殖民地时期到克林顿政府美国人权政治演变的历史脉络，揭示了它的本质和诸多特点。

书中认为美国人权政治的特点是肇始于《独立宣言》和合众国宪法的双重传统——抽象地奢谈自由平等的象征性的人权政治传统和坚持阶级、种族、性别之间的不平等乃至政治、社会、经济和教育文化方面的不平等的实质性人权政治传统。美国人权政治的历史其本质是维护资产者特权的历史，也是美国普通人、黑人、少数民族和妇女与同情他们的仁人志士一起前赴后继进行斗争并夺得部分他们应享权利的历史。美国三权分立的政府体制、自由主义的政治文化和司法审查权是资产者享有特权的三大保障，一些社会经济理论也是为维护资产者的特权应运而生的。美国人权政治的另一特点是，美国人民每经过一次斗争，就会争得他们本应享有的一些权利，这就是为什么无论美国的宪法修正案和法律抑或是最高法院的判案所体现的对人民的宪法权利的解释都是修补性而没有连贯性，同时也在一定程度上把原为抽象的宪法权利加以具体的界定以利于实施的原因。另外书中指出美国政府允许人民行使一定自由权利是以不威胁占统治地位的权力关系为前提的；强调政治思想的一统，压制个人不同政见是造成美国历史上数次人权危机的主要原因。　（徐　蓝）

《美国现代大企业与美国社会》

王锦瑭、钟文范、李世洞著　武汉大学出版社 1995 年 12 月版　363 千字

该书是我国历史学家首次论述美国大企业发展情况的专著。它首先叙述了美国现代大企业的产生和在各个历

史时期的演变，强调其规律是在不断变革中和克服矛盾中求发展。然后，大部分篇幅放在逐一研究与企业发展有重大关系的问题上。它将企业置身于美国社会的大环境中，分析企业与国家的关系，企业如何处理劳资关系等问题。值得注意的是，大企业与基金会的关系，科学技术对大企业的作用等问题均为很少问津的课题。书中论述了大企业利用基金会谋取利益，又对社会政治生活进行干预的种种手段。关于大企业和科技发展之间相辅相成的关系，书中辟有专章。它指出，大企业的创立和发展既受惠于先进的科学技术，同时它本身又成为推动科技进步的主力军。大企业为适应市场竞争，追求高额的生产利润，通过出资、立项、争取政府支持等办法，促使科技研究工作从分散和个体走向集团化和社会化。书中指出了大企业灵活多样的科研组织形式。该书涉及的新研究领域还有，大企业的社会责任和企业文化。它提出了大企业对资源和环境应承担的责任，还分析了企业在民众心目中地位的变化，以及大企业对消费者应负的责任。在企业文化方面着重论述了企业管理理论，企业文化的主要内容和典型模式，它的特点、意义和作用，以及企业文化产生的原因。该书为史学家进行跨学科研究的力作。

（黄柯可）

《罗斯福》

邓蜀生著　浙江人民出版社　1997年1月版　242千字

这是我国关于美国总统富兰克林·罗斯福生平最具权威的著作。初版发行于1985年，10年间重印3次，颇受读者欢迎。此次出版的修订版增加了新的章节，并对全书作了增订和修改。

作者邓蜀生为资深编辑，长期从事美国历史研究，已出版多部专著。他是我国较早对罗斯福其人和“新政”进行研究的学者之一。《罗斯福》一书没有平铺直叙其生平事迹，而是以总统任内为主线，分别就其事业中的几个至关重要的问题进行论述，如：实行“新政”，与孤立主义潮流作斗争，珍珠港事件及美国参加二次大战，雅尔塔会议，以及美国对华政策等。

该书对罗斯福的重大决策均作出实事求是的评价。评价问题往往是传记作者最难下笔，但又是体现作品价值的地方。书中认为，“新政”的内容繁多，但可分为三大类：救济、复兴、改革。“新政”的性质是一种社会改良措施，根本不触及资本主义制度的基础，但在使美国渡过世界经济大危机方面起了重大作用，使广大人民从饥饿和困顿的状态下缓了过来。在政治方面，罗斯福向三权分立的制衡格局挑战，使总统权力大为扩展；在美国历史上首次提出对宪法应根据时代发展而灵活运用的原则；猛烈攻击阻挠实行改革的最高法院。该书强调，罗斯福的最大历史功绩之一，是在二战中把一个孤立主义传统的美国转变为反法西斯联盟的支柱之一，又成为联合国的发起国。罗斯福同情中国抗战，坚持了援华政策。然而，他把蒋介石当作中国的惟一代表，结果“押错了宝”。该书附有关于罗斯福研究的中外重要书目70余种。（黄柯可）

《非洲民族主义政党和政党制度》

陆庭恩、刘静著　华东师范大学出版社 1997 年 12 月版　220 千字

本书对非洲国家的政党类型、非洲民族主义政党产生的原因及特点、一战和二战后的非洲民族主义政党和组织，以及非洲国家独立后和“民主化”浪潮下的非洲民族主义政党和组织，作了详尽的论述与分析。提出，与西方近现代政党的产生完全不同，非洲民族主义政党（初期常被称为民族主义组织）是在帝国主义统治下的殖民地半殖民地社会的特殊条件下建立起来的。由于缺乏深厚的经济和阶级基础，独立后的非洲大多数国家曾因照搬西方国家多党制模式，而二度饱尝苦果。本书通过对博茨瓦纳和毛里求斯多党民主制的分析，指出，非洲社会一直存在着有非洲特色的传统民主制度，非洲国家的政党制度惟有与非洲各国的生产力发展水平、社会组织程度和人们的承受能力适应，才具有持久力和稳定性。

（刘乃亚）

《日本近代化研究》

吴廷璆主编　商务印书馆 1987 年 4 月第 1 版　402 千字

本书由 20 余位专业研究者参加，统一规划，分别撰写专题论文。全书分国际环境篇、经济篇、政治篇、思想篇、法律、家族与教育篇、文化篇等 6 个部分。国际环境篇由 4 篇论文构成：日本近代初期的涉外政策；日本走上法西斯主义道路的国际背景；战后的国际环境与日本近代化；日本的国际化与近代化。经济篇由 6 篇论文构成：日本资本主义的形成过程（幕末至明治前期）；日本的产业革命与国内市场；明治时期的农村工业化；高桥财政与罗斯福新政；战后复兴时期的产业政策；战后日本经济高速增长的前提和条件。政治篇由 4 篇论文构成：日本近代元老政治；战前日本政治民主化的进程；日本天皇制军人法西斯政治；战后日本的政治。思想篇由两篇论文构成：中日两国近代初期思想的比较；儒学和日本的近代化。法律、家族与教育篇由 3 篇论文构成：日本法律的近代化；家族制度与日本近代化；日本的教育与近代化。文化篇由 5 篇论文构成：前近代中日两国认识西方的历程；洋学与日本近代化；日本近代化过程中“洋风”与“和风”；日本接受西方近代科学文化的思想前提；日本科技立国战略的实施及其发展趋势。

正像前言所指出的，本书体现了以下四个特点。第一，拓宽了研究领域；第二，努力运用多学科、多方面的知识和研究方法；第三，重视当代史的研究；第四，开展百家争鸣，积极与各种学派进行对话。

（斌）

《近代日本政治体制研究》

武寅著　中国社会科学出版社 1997 年 10 月版　229 千字

本书运用较丰富的史料，对日本明治维新后国家政治体制的建立过程及其所走过的道路进行了深入系统的探讨；对其政治体制迥异于

欧美议会民主制的特点以及这一体制产生的背景、内部结构、运作方式、权力制衡机制、内在矛盾等重要问题，提出了较为深刻的见解；并从国家政体的层次上总结了日本资本主义发展道路与发展模式所提供的经验教训与借鉴。

本书揭示出明治宪法体制下的权利制衡机制中存在一个盲点，这就是军权，并从思想渊源、组织结构和客观效果三个方面对军权失控的原因、实态和影响进行了考察。认为军队在明治维新后的国家政治生活中所起的举足轻重的特殊作用，根源于军权在国家政治体制中的非同一般的特殊地位；军权对国家政治的切入度，使它时时处在政权的“监护人”和“接管者”的地位，前者给国家的政治生活蒙上了浓重的军国主义阴影，后者则最终给整个国家与社会带来了灾难性后果。作者深刻地指出，明治宪政体制的崩溃是有形的，它可以通过二战后的政治体制改革和重建得到纠正；但是军国主义战争观的泛滥，以及它遗留的精神、思想、观念、心理的毒素却是无形的，这种无形恶果的消除，则需要付出长期的和异常艰苦的努力。

(徐　蓝)

《日本近代棉纺织业发展史——兼论日本近代资本主义起源问题》

管宁著　天津人民出版社 1997年9月版　260千字

本书是在作者的博士论文基础上修改而成的。全书系统考察了日本幕末开国前国内传统棉业和棉纺织业的发展状况以及日本农村经济中富农经济的成长和资本主义生产方式的萌芽发展与存在状况；日本被迫开国后国内棉纺织业所受外产棉纺织品冲击以及从衰退到改革复兴的过程；日本资本主义改革的整体进程与棉纺织业发展的关系；以及明治维新后日本国内棉纺织业在形成大机器工业过程中的主要特点。

本书通过对近代日本棉纺织业和资本主义发展的上述考察，认为日本近代的棉纺织业如同其他工业一样，并非像英美等国那样走上完全自由发展的道路，而是通过国家资本的引导性投入和政策扶植，走上了一条官民并具、迅速向大垄断发展的道路。这一点也最能说明为什么日本明治维新后选择的是“自上而下”的发展资本主义的道路，而不是像欧美那样给资本以“自由地”发展，这其中就隐藏着所谓“日本道路”或“日本模式”的根本成因。

(徐　蓝)

考古文物新发现

北 京 市

王府井出土旧石器

北京市中心王府井东方广场施工工地，在距地表约12米深的河湖相地层中发现了一些石制品、动物化石碎片和用火痕迹。是一处旧石器时代晚期遗址，也是北京市城区发现的至今所知的最古老的古人类文化遗存。

房山琉璃河西周遗址

对房山琉璃河遗址大规模发掘，解剖城墙3处，发现各类遗迹200余处，出土陶器、石器、玉器、骨器、原始瓷器等类遗物近千件。对琉璃河古城的东、北城墙的局部解剖，结合居址和墓葬的发掘资料，可以认为琉璃河古城始建于西周早期，其废弃年代不晚于西周晚期。G11区108号灰坑内出土“成周”卜甲，初步判断该坑的年代约在成康时期。为进一步研究西周列王的年代乃至武王伐纣的年代确定了一个时间点。

天 津 市

蓟县发现新石器时代遗址

蓟县青池遗址面积约3000平方米。对青池遗址进行的调查与试掘，出土有陶器、骨器、石器等新石器时代文化遗存，而且在它的上层还有青铜时代文化遗存。

河 北 省

配合邯峰电厂基建工程发现史前遗址

发现的后岗一期文化遗迹有灰坑7个，房址1座。房址被3条现代沟所破坏，仅余灶及灶四角分布的四柱洞，灶为马蹄形，有火候极高的烧烤面。出土物以陶器为主，另有少量的石器和骨器。陶器以泥质红陶为最多，少许夹砂红陶；器类有红顶钵、垂直相交斜平行线纹彩陶罐、弦纹罐、支架等。发现的大司空文化遗迹皆为灰坑，共18个，出土物以夹砂红褐陶为最多，泥质红陶次之；器类以折腹盆为主，另有罐、杯等，还发现少量彩陶片，饰有眼睫、蝶须和水波纹。

该遗址发掘的重要收获是发现两种文化在地层上的早晚关系，属于大司空文化的26号灰坑打破属于后岗一期文化的8号灰坑。

唐县出土战国中山国文物

唐县发现了一段中山国修筑的古长城，比秦长城的修造年代还要早100多年。并出土一批中山国文物，有龙形玉佩、错金银牛形屏风插座、山字形仪杖礼器、中山王譽方壶等。中山国是中国北方少数民族狄族鲜虞部建立的诸侯国，始建于春秋末年，战国中期达到鼎盛。出土的中山国文物，豪华富丽，工艺精湛，风格迥异，具有重要的学术价值。

阳原发掘西汉遗址和墓葬

西堡遗址位于阳原县城东约3公里，面积约6.6万平方米，文化层厚1—1.5米。此次揭露面积1750平方米，共发现城址1座、房基2座、灰坑286座、水井5口、瓮棺葬1座、沟1条。遗址中出土大量泥质灰陶片，另有骨器、石器和金属器。包括有陶瓮、缸、罐、釜、壶、甑、碗、豆、奁、拍、纺轮、弹丸、网坠、封泥、石斧、石夯、骨管、骨簪、铁锄、铁铲、铁凿、铜环、铜镞、铜盖弓帽、铜钱等。在遗址的西部出土较多的筒瓦、板瓦和瓦当的残片。

三汾沟墓群位于阳原县东约6公里，共有墓葬51座，墓上均有2—4米以上的封堆。1985年为配合大秦铁路建设，曾发掘了其中的11座，此次又清理了3座。20号、21号墓为洞室墓，墓室长3.8—4.7米，宽2.1—3.4米，墓底距现地表深5米，内有木构架，设置一椁两棺，为夫妇合葬墓。21号墓的墓道平面呈弯曲形，形制较为特殊。两墓中出土有陶壶、陶罐、陶盆、木梳、铁剑、铜盆、铜钱及一些漆器和木器残件。29号墓为长方形土坑竖穴墓，长4.4米，宽1.8米，深7.53米，椁顶平放一层石块，一椁两棺，棺内只有衣冠而无骨骸。随葬品大都放在椁的东部，计60余件，包括彩绘陶壶、铜镜、釜、豆、勺、带钩、铺首、错金纹虎镇、银手镯、铁盏、漆奁、耳杯。漆器的外表绘有精美的云纹等图案。

平山两岔村发现宋金墓群

在平山县下槐镇两岔村西1公里处清理古墓7座。墓葬是被洪水冲出而发现的，一座为圆形穹窿顶石室墓，余为仿木结构穹窿顶砖室墓。墓室平面有圆形，六角形和八角形等几种，直径约1.5—3米，属中小型墓葬。其中2号墓保存较好，墓室平面呈八角形，墓壁砌出假门、假窗、戏台、灯檠并彩绘花卉、箱柜、剪刀、熨斗等壁画，颜色鲜艳。1号墓平面呈六角形，保存有西南、西北及东南壁局部，壁画反映日常家居生活，有侍女、桌椅、牛、犬、竹、荷及器皿等内容。西南壁曾绘有斑纹猛虎，涂掩后仍影绰可见。七座墓葬随葬品有银钗、铜镜、瓷枕、瓷缸、瓷碗、铜钱等。墓葬方向一致，排列有序，推测为一处北宋晚期至金代前期的家族墓群。

宋、金时期家庭壁画墓在河北省发现不多，西岔村墓群是继井陉柿庄宋金壁画墓之后的又一发现。

山海关北段长城考古发掘

为配合北京至沈阳高速公路施工，对山海关北翼城一段进行了两个多月的抢救性发掘。查清了明长城内部墙体结构和早晚期叠压关系，发现北水关南内侧一条登城马道，出土明代带字的长城砖，明以前绳文砖、兽面瓦当、明万历钱币和10多种铁箭头。同时还出土了辽金时期的陶器、瓷器残片和箭楼屋瓦等物。

万里长城发现“文字墙”

位于滦平县境内的金山岭长城，发现一段500米长的“文字墙”。文字墙坐落在金山岭长城的大孤顶楼一带，由上百万块长城砖组成。500多米长的城墙几乎全部用文字砖砌成。城砖上均刻有烧制年代和当时筑城部队的番号。如“万历四年山东左营造”、“万历五年山东右营造”、“万历四年振武营造”等文字。过去在金山岭长城发现过少数刻有明万历年间字样的长城砖，而像这样长500多米、由上百万块文字砖组成的长城文字墙，尚属首次发现。

山　西　省

垣曲黄河小浪底水库区考古发掘

在位于小浪底水库淹没区的山西垣曲县境内进行了大规模的抢救发掘工作，发现新石器时代仰韶文化早期至东周时期的灰坑、房址、灶址、陶窑等遗迹300多座，东周、秦、汉至明、清时期的墓葬300余座，出土了大量的石器、陶器、骨器、瓷器、钱币等文化遗物。其中发现仰韶文化早期的圆形半地穴式房子，室内地面平整光滑。在垣曲县小赵村发掘一处庙底沟类型的遗址，出土磨制精美的石斧、石刀和石铲，以及彩陶钵、曲腹盆、小口尖底瓶等。在宁家坡遗址庙底沟二期文化的两座完整陶窑。两窑相距不到5米，均由窑门、窑室、火口、火膛、火道、抽烟筒几部分组成。窑前有烧陶时留下的灰烬堆积，有制作陶器的工作场所，有专门取土的场地，还有出入窑场的小路，再现了距今约4700年前的制陶作坊和生产情景。在古城南关商代早期城址西侧的探察，搞清了商城墙体及护城沟的结构和关系，初步确定了商城西城门的位置；城内的发掘，揭露出宫殿基址，并对从西城门延伸过来的两条平行壕沟的走向、结构及其与夯土台基的关系进行了确认。这为进一步了解商代早期城市的建筑布局、建筑结构、建筑技术和生产力水平提供了弥足珍贵的研究资料。

内蒙古自治区

清水河县岔河口新石器时代遗址

岔河口遗址面积3万平方米，发现有围沟、房子、窖穴和作坊遗址。出土器物有陶罐、石斧、骨器，计100余件。其时代为仰韶文化早期。

赤峰发掘夏家店下层文化遗址

在英金河（包括召苏河、阴河、半支箭河和锡伯河这四条支流）和老哈河上游，发现35个遗址点，其中绝大部分是夏家店下层文化或以夏家店下层文化为主的地点，此外还对部分地点进行发掘。其中大山前第一地点有小河沿文化、夏家店下层文化、夏家店上层文化和战国时代的遗存。遗存最丰富的是夏家店下层文化。所发现的遗迹有：台地北缘的大墙以及墙外围壕，若干条深沟，为数众多的灰坑，及一批半地穴式和平地起建的房址。遗物主要有陶器、石器、骨器，并出土了石磬、玉钺、卜骨、彩绘陶器等一批重要遗物，反映出夏家店下层文化时期该地点非同一般的性质。

辽　宁　省

葫芦岛发现新石器时代龙图腾

葫芦岛市连山区塔山乡杨家洼新石器时代遗址发掘揭露出两条用纯净的米黄色粘性土做原料、在红褐色地面上塑出的两条龙图腾图案。两龙均系头向南，尾朝北。一号龙发现在T1探方内。身长1.4米、高0.77米。扁嘴，丫字形尾，昂首，挺身，扬尾，作飞腾状。二号龙发现于T2探方北部隔梁下。比一号龙略小，身长0.8米、高0.32米。昂首，展翅。

杨家洼遗址地处渤海沿岸，距海边仅5公里。伴随出土的陶片以夹砂素面红陶为主。还出土打制石球数十件，玉石斧、玉石球、玉环残件等。出土细石器240余件。其中有石核、尖状器、刮削器、石叶。磨制石器有石斧、石锛、石刻刀、石磨盘、石磨棒等。

在清理的房址居住面及灶址旁发现有一厚层已炭化的黑色胡桃楸、榛子皮及完整果核、鹿角等。从出土的陶片、石器观察，该遗址应属新石器时代较早的遗存。其文化内涵与兴隆洼文化有着较大的差异。推测杨家洼遗址的年代应在8000年左右。

望海寺旧址发现金代石佛像

普兰店市双塔镇望海寺旧址西北曾发现一处摩崖造像，共18尊，因有"大定三年"题记，确定这是一处少见的金代摩崖造像。

新发现的5尊石佛像，高度都在1米以上。其中坐像3尊，分别为释迦牟尼、药师佛、阿弥陀佛。立像2尊，分别为弟子阿难、迦叶。这5尊石佛像雕琢技法古朴，鼻高耳大，与大定三年摩崖造像风格一致，经鉴定为金代所雕，当为大雄宝殿内供奉的佛像。

这5尊石佛像的出土和望海寺旧址发现的金代雕砖，再一次证明望海寺至迟建于金代大定三年(1163)，从而纠正了《复县志略》关于"望海寺，明代正德年间(1506—1521)修建"的记载，对于研究金代佛教和造像艺术具有重要价值。

黑 龙 江 省

阿城发现旧石器地点

阿城交界旧石器时代地点，为一处溶洞。经过调查和初步清理，获取古动物化石标本60余件，动物种属有五六种，特别是梅氏犀的发现，对黑龙江地区古动物种属结构的研究和该地点年代的确认，提供了有力的证据。另外还发现了有人工打击痕迹的动物骨骼和石块，由此推测该洞穴很可能是一处旧石器时代人类居住的地点。

渤海上京遗址出土舍利函

渤海时期的舍利函发现于渤海上京宫城西部的宁安市渤海镇白庙子村。

舍利函的外层石函长40厘米、宽38厘米、深30厘米，内套装铜函、鎏金铜函、银函、金函。在铜函西侧放有一个椭圆形玉石小罐，已破碎，碎片与一些丝织物腐块、金丝线等掺合在一起，其间还夹杂着一些腐烂的漆片和木质品。据遗物分析，在铜函外套有漆函。玉石小罐安放在漆函之中，紧靠铜函。罐中存有灰白色的骨灰状物质。金函内有翡翠色长颈玻璃瓶一个，内装有19粒直径为1—2毫米的舍利子，舍利子呈乳黄色光洁亮丽。整套舍利函有7层，除石函外，层层有丝织品包裹，而且一层比一层精致。这套舍利函为唐代渤海国时期的文物。它与1975年当地土台子村出土的舍利函是黑龙江省目前发现的仅有的两套舍利函；对深入研究渤海国佛教及唐代中原文化与渤海国文化的关系具有重要的价值。

海林、宁安发掘渤海时期遗址和墓葬

海林二道河子乡细鳞河遗址是渤海时期大型聚落址。对其进行大规模揭露，共清理房址 9 座，水井 2 口，灰坑 40 个。出土了大量渤海时期的陶器、铁农具和骨器等。在海林紫河羊草沟墓地发掘了 26 座墓葬，皆为封土平顶石室墓。相当一批墓葬中出土了成组的陶器，为探讨渤海时墓葬的演变与分期提供了重要的线索。另外多数墓葬发现了保存状况较好的人体骨骼，对研究渤海民族的构成具有重要的意义。

对宁安渤海三陵 4 号墓的清理，出土了相当完整的三彩熏香瓷炉。其三彩色调均有别于唐三彩与辽三彩，发掘者初步认定其为“渤海三彩”。

上　海　市

奉贤江海遗址发现良渚文化和马桥文化遗存

江海遗址位于上海奉贤县南桥镇西南 2 公里，基本内涵已经清楚，有晋代、马桥文化、良渚文化遗存。发现良渚文化墓葬一座，马桥文化陶窑一座，出土玉石陶器 70 余件，丰富了太湖地区古文化研究的实物资料。

卢湾区发现明清墓群

整个墓群共有 14 个墓穴，成弧形排列，其中既有用浇浆大石板密封的明代墓葬，也有采用砖砌、浇浆再券顶的明末清初墓葬，具有从明到清两个朝代墓葬的典型形制。墓群中出土了一批珍贵文物，其中以金发冠最为精致，一对栩栩如生的金蟋蟀是以前从未见过的。出土的一具女性古尸，年龄约为 40 多岁，保存相当完整，关节还能活动，软组织尚有弹性，鼻骨高耸，没有一般古尸的塌陷相，这是很少见的。这是该地迄今为止发现最完整的家族墓群，对研究明清墓葬文化具有重大价值。

江　苏　省

苏州草鞋山发现马家浜文化时期水稻田

草鞋山遗址位于苏州市唯亭镇阳澄湖畔，这次发掘的东区 800 平方米内，发现 33 块古田块，共 450 平方米。田块大的面积为 12.5 平方米，小的不足 1 平方米。在这些田块里，发现了大量遗落的已炭化的米粒。这些米粒经

研究是栽培稻。草鞋山水稻田属马家浜文化时期，距今6000多年。

扬州胡场发掘汉墓

胡场汉墓位于扬州市郊西湖镇胡场、魏巷两村，面积约1平方公里，是一处汉代广陵国的中小型墓葬群，估计墓葬总数有数百座之多。1979年首次在该地发掘汉墓，并发掘了1—4号墓，80年代又先后发掘了5、6、7号墓。此次发掘8—21号墓，与1—5号墓联成一体。墓葬多为土坑竖穴木椁墓，亦有带斜坡墓道的土坑竖穴无椁墓，深度一般为4—5米，方向不一。葬制有单人葬、夫妇同椁合葬、夫妇异穴合葬等。椁内多为一棺一厢，或头或侧，亦有单棺葬。椁内大都有天花隔板结构，木刻穿壁纹。棺室与侧厢的分隔板上木雕门窗等建筑图案，其中20号墓的木刻隔板雕刻宫殿、楼阙、鼓亭、照壁、游船及金乌、玉兔图案，开汉代画像石之先河。

各墓随葬品差异很大，单棺墓仅有数件随身用品，带侧厢的墓则有上百件之多。随葬品大部分为保存完好的漆器，另有釉陶器、铜器、竹木器、玉器及装饰品等。这批墓葬的时代为西汉时期。从个别墓中出土的“食官”铭器，可以确定墓主当与广陵王毂有一定关系。推测胡场汉墓群为中级官吏阶层与一般平民墓葬群。

无锡太湖发现西晋古井

无锡市渔港乡银湖村发现被1米多厚的土层所覆盖的一口古井，井深约4米，直径约1米，用17.5×3.5×4.5厘米的大青砖直砌成井壁。从井内发掘出10多只西晋粗瓷陶罐。大约1700多年前，这一带还是陆地，有较多人口聚居，后被太湖水所淹没。直到70年代初期大兴围湖造田，才使这儿重变陆地。

徐州发现青瓷窑址

在徐州戏马台东麓的物华大厦工地地面下7米深处发现长约10余米、厚约1米多的青瓷残片堆积层和窑具等。青瓷残片多为碗、盏、钵、盘、盆、瓶、高足浅盘、罐等实用生活器皿。器物多施灰青釉，少量为青黄色釉，釉面开细密纹片，流釉现象较普遍。窑具为三足支钉、垫座、垫圈等，古窑址似为圆窑群址。古窑址为北朝末期至唐代。

镇江发现宋“泥孩儿”作坊遗址

作坊遗址位于宋代市河（今剪子巷）的东侧，坐东面河，东西长约40米，南北宽10米以上。作坊分前后两进，前进为一大开间，存砖铺屋基面、方形石础及砖砌下水道；后进中以15米长的板筑土墙隔成南北两长间。作坊时代以南宋为主，元代废弃。

作坊内出土一批宋代泥塑艺术品，多着彩、施釉，并经烧制而成。其中一类为形态各异的“泥孩儿”，臀部多见戳印“吴郡包仁祖”、“平江朱文明”等苏州籍工匠名字。另一类为宋代杂剧或说唱故事中的人物泥塑，他们头戴幞头、头巾，或装饰高髻、包髻，表情或庄重或诙谐，神态惟妙惟肖。此外，还出土有楼、亭等房屋模型，泥塑制作的工具及印模和灰陶制的牌状工匠名戳。戳上有“徐世明造”、“柯山造”、“叶惠实”等文字，皆楷体阴文。还出有较多生活用品，如釉陶执壶、研茶的擂钵、黑釉茶盏、瓷佛像、骨牌（即牌九）等。

宝应发现两处北宋墓群

两处墓地皆位于宝应县城内，分别发掘12座和9座。墓葬大多为土坑木棺墓，仅两座有简单的小砖券顶外椁。葬具皆为略带弧壁、弧顶、前高后低的船形棺，长2—2.7米，宽0.5—0.7米。葬式分单人葬、夫妻双人合葬及夫、妻、妾三人合葬三种。每墓棺外头部皆置一件青釉或酱釉的罐和瓶，棺内随葬品从数件至十数件不等。随葬品除瓷碗、钵盂及漆盒、碗、盘等外，男性还一般随葬砚、墨、水注等文具；女棺一般有银簪、钗、耳坠、铜镜及瓷粉盒等化妆用品及用具。两处墓地的时代在北宋真宗至神宗前期的七八十年之间，亦即11世纪早中叶。墓主人的身份应为城市士绅阶层。

浙　江　省

余姚鲻山河姆渡文化遗址

鲻山遗址位于余姚市丈亭镇鲻山东北麓，发掘面积350平方米。遗址文化堆积厚约3米，分10个文化层，从河姆渡文化一期（距今7000—6500年）延续至印纹陶时期，共出土石陶、骨（牙）、木等类文物千余件。揭露出大片干栏式木构建筑遗存。有柱洞、木板、木板与块石混合柱础、承重柱（桩）、支撑木、木质榫卯构件等。大的木构件宽达三十至四十厘米，断面大多加工成方形或长方形。出土的打制石器、象牙鸟形圆雕、陶盉、木耜、木桨等弥足珍贵。

三百余件燧石质打制石器，有砸击器、刮削器、尖状器三类，和磨制石器共存。木耜，前宽后窄，刃部光滑，中部凿有两绑扎孔，尾部有绑扎槽。十分完整，是目前出土的最早的一件木耜。

鲻山遗址的发掘，为深入研究河姆渡文化提供了又一批具有较高科学价值的新资料。

安吉安乐窑墩马家浜文化和崧泽文化遗址

安乐窑墩遗址位于安吉县城东北约1公里，遗址区南北长约400米，东西宽约150米，高出农田1.5—8米。

这次发掘的上层堆积为崧泽文化时期的公共墓地，墓葬均为单人葬，头向南偏西。随葬品主要有陶质生活用具和石质生产工具，个别墓葬出土有少量玉器。陶器以鼎、豆、壶、罐为最常见，另有少量的杯、钵、澄滤器等。还出土了长颈垂腹带把附三个矮扁足的形似壶的鬶形器。石器常见斧、锛、凿，还有矛、镞、纺轮等。斧大多为扁平长方形弧刃穿孔斧；锛作长条形，有平背，也有弧背的，也共出有段石锛；凿均呈方柱形，两面刃。玉器有半璧形、倒置似桥形的璜及玦、琀、管等。中层文化堆积中发现有大量的红烧土及部分磨制玉、石器的砺石等遗迹和遗物。下层堆积中清理出柱洞2处计16个，并在柱与柱间发现有榫卯结构，据此分析，这一层可能是居住址遗存。

安乐窑墩遗址的马家浜文化、崧泽文化遗存是浙北山区的首次发现。

遂昌好川良渚文化墓地

80座墓葬均为长方形竖穴土坑墓，部分墓坑开凿于风化的表层基岩中。墓坑大小不一，大型墓坑长4.2米、宽4米；小型墓长仅1米余，宽不足1米。随葬品以陶器为主，另有少量玉器、石器、漆器。早期墓葬随葬品组合简单，数量少，陶鼎、豆、簋、罐、钵、尊等陶器器形矮小，未见陶鬶。玉器仅见玉锥形器。多处发现朱红色漆器印痕。所见的漆器和“杖柄饰”的镶嵌物均系质地较软的叶腊石及泥岩质。圆形、椭圆形、圆角长方形石片均扁平无凹曲。中晚期墓葬，玉锥形器（个别水晶、石英质）、陶鬶、陶罐、陶豆是常见的随葬品组合，玉钺、石钺、玉管、石锛、石镞普遍发现，肩部设有3个鸟喙状装饰的陶罐、管状嘴陶盉、陶杯、泥质陶三足盘（或夹砂陶鼎）、陶尊也是习见的随葬品。陶器器形高大，制作精美，并出现拍印条格纹、之字形折线纹的夹砂陶质印纹软陶器。晚期墓葬还发现青灰色印纹硬陶豆和罐。“杖柄饰”和某种“神像”上的镶嵌物多用闪玉。随葬品因墓葬等级不同而贫富悬殊。大型墓墓坑宽敞，随葬玉器、石器、陶器齐全，数量多，制作讲究；小型墓葬仅以3—5件日用陶器随葬。

好川墓地利用自然小山营建，墓葬随葬品组合、随葬品形态特征与太湖周围地区良渚文化墓葬大体相似，风格一致，同时，它又有鲜明、浓厚的自身特点。

临安发现五代康陵

康陵是五代吴越国二世国王钱元瓘（文穆王）之夫人马氏陵墓，位于距临安市玲珑镇祥里村上界头自然村的松树山下。墓长11.8米、宽2.2米，分前中后3室。整个墓室都有彩绘壁画，前、中室绘有牡丹，象征荣华富贵，后室四壁上雕有青龙、白虎、朱雀、玄武四象，工艺精细，线条流畅。下方12个壁龛内雕刻人物端捧12生肖，栩栩如生。墓顶刻有研究价值极高的天文星象图。

杭州发现南宋陶瓷作坊遗址

陶瓷作坊遗址位于杭州市惠民街北侧、后市街东侧的古城区文化中心基建工地，面积约2000平方米。遗址中有两个釉陶缸、数只韩瓶、钻孔石臼及一些龙泉窑瓷器残片。两缸东侧有排列整齐、大小各异的勘砌房基的宋砖，地面铺有长方砖。该遗址为南宋一民间陶瓷作坊用于练泥、上釉和堆放成品的场所。

仙居发现明代石刻运河图

这幅运河图平放在仙居县田市镇谷岙村的潘氏宗祠前，由三块平整厚重的石板拼合而成。呈正方形，长宽各约1.5米，碑面无字，上面刻画着一条条脉络分明、形似河渠、水闸的图形。该图形象地再现了明朝永乐九年即1411年疏浚大运河后，从山东临清到济宁的200余公里长的会通河段水势运行情况，距今约580年，对大运河演变历史具有极高研究价值。

据明史、县志和潘氏宗谱记载，该图是明朝初年潘邑所留。潘邑为今仙居县白塔镇东潘村人，他任山东济宁州同知后，发现京杭大运河年久失修，淤塞严重。潘邑征了16.5万多民工，经过连续200多天的浚挖，建造水闸38个，终于使这条交通大动脉恢复了通航。潘邑回到家乡后，将会通河的整治图刻于石上。

台州五台里发现明末清初五凤楼古建筑群

五凤楼占地面积约四万平方米，建筑面积一百一十四间一万多平方米，属五井十堂四合院式组合。天井、檐阶均为雕刻石板、条石砌筑。四檐下构成走廊，五井十五堂檐廊来往畅通。整个建筑群为穿斗式构梁与枱梁式混合楼房结构，椽楣瓦栊。五十多扇棂窗花样繁多。重檐歇山与悬山相结合。屋脊及转角作出五攒尖，雕塑五凤向天空作飞翔状，姿势美观别致。为我国江南一种独具风格的民居建筑群。这种五凤楼建筑形式在我国保存下来已很少，一九五六年上海同济大学陈从周教授在调查南方古建筑时，曾在黄岩与临海交界处的黄士岑头发现几间残缺不堪的五凤楼并载入《中国建筑史》中。这次新发现的五凤楼古建筑群规模大，布局合理，工艺精湛，保存基本完好，是我国五凤楼建筑最完美的一处。

安　徽　省

怀宁发现旧石器时代遗址

遗址位于怀宁县公岭镇柏木冲、相庄。在150平方米发掘面积内共获得石片、石核、刮削器近千件。均选用河流形成的白色纯净的石英砾石，工具组合以各种不同的刮削器为主，目前发现有凸刃、凹刃和多刃刮削器，刮削器修理都用锤击法，有的修理相当精致，器形较小。另在公岭镇牌楼庄发现有打制精致的双刃尖状砍砸器，以及直刃砍砸器、刮削器、石片、石核。石制品所用原料都是河床中石英砾石和石英砂岩砾石。打制方法皆锤击法，从发现工具中多数或多或少的保留了砾石的自然面。

肥东出土大玉琮

玉琮作方柱体筒形，外方内圆，上大下小，圆孔由两端对钻而成。器表和孔内两端均琢磨，光润细腻。透闪石质，呈青白色。玉琮上端边长 7.8 厘米、内径 5 厘米、下端边长 7 厘米、内径 4.5 厘米、通高 40 厘米。共分 15 节，扉棱对称，四角磨平，器身素面。对玉琮出土地点进行考查，发现它是一处古遗址，面积 2 万多平方米。在对遗址进行的试掘中，清理房屋和灰坑等遗迹，出土陶器和石器等遗物。从出土文物分析，玉琮时代应为新石器时期大汶口文化晚期或龙山文化早期。

芜湖清理西晋墓葬

该墓坐北朝南，墓室平面呈长方形，前壁已破坏，残长 2.7 米，宽 0.94 米，高 1 米，券顶砖室结构，从棺钉及板灰痕迹看，属小型单室墓。墓底斜铺 15×15 厘米方砖，内有葬具人骨朽痕及红漆痕，说明棺内外曾髹漆。出土完整器物两件，其一是青釉双耳瓷罐，其二是青瓷水盂。此外，还出土了许多青瓷碎片、漆器残片、五铢钱和环五铢残片，未发现纪年实物，据出土文物推断，该墓应为西晋时期墓葬。

福　建　省

福州新店古城村发现闽越故城

古城村四周原有高出地面约 6 米的城墙。

现存东城墙残长 287 米，城墙上大部分盖有旧民宅和古庙，只剩北端龙眼树下有一段残存地面 1 米多高的墙体。发掘证明，东城墙西侧建在生土台地上，底部夯筑约 10 厘米的砂石基。基边用大卵石护基。北城墙长约 310 米，城墙上修了一道现代水渠，其建在生土上，夯土墙体下有一层砂石基，厚 8—12 厘米；砂石基下还填有一层纯砂基，厚 23—30 厘米。墙基宽 10.1 米、墙体宽 7.45 米、残高仅 0.2 米。西城墙残长 478 米，宽 10.1 米，夯层厚约 12 厘米、夯窝直径 5 厘米。下部早期城墙为褐色夯土(一期城墙)，残高 45 厘米(东侧边沿宽约 40 厘米处残高 1.1 米)。上部黄色夯土城墙(三期城墙)，残高 30—40 厘米。新店古城一、二期城墙始建于战国晚期至汉初，正是福建历史上的闽越国时期。推测其为闽越王城，即冶城。

此外，在新店古城外东北侧山坡堆土中发现汉初“万岁”瓦当、“万岁未央”瓦当和大批汉初板瓦、筒瓦、铺地砖等。该堆土来自新店古城西南约3公里的屏山农贸市场工地，现场还残存有汉初板瓦、筒瓦堆积地层，并出土了十几片闽字戳印的残瓦。

上述发现，结合1991年11月在屏山省建行工地（与屏山农贸市场工地毗邻）发掘的汉初宫殿遗址，可知闽越王无诸在战国晚期自封为王时，于福州新店古城修筑了城池。后汉武帝四路大军平定闽越叛乱后"尽徙其民于江淮间，以虚其地。"一把大火烧毁了屏山的闽越王宫，在瓦当等堆积中留下了木炭、红烧土和黑色灰烬等火烧的痕迹。因此，宋《三山志》所载屏山亦称越王山，是有历史根据的。

将乐发现东晋墓

南口乡松岭机砖厂发现一座东晋墓。此墓系长方形砖室墓，坐北朝南，由墓室、甬道两个部分组成，其平面呈刀把形，全长5.2米，全部用印有花纹或纪年铭文的砖砌筑。花纹砖的图案有钱纹、棱形纹、叶脉纹等，纪年文字为"永和十年(354)"，花纹或纪年文字均模印在朝墓室内的一侧或一端。在墓内和取出的土中散见一些青瓷残片，能辨认出形制的器物仅有一小碗。

泉州发现锡兰国王子后裔墓地

在泉州东岳山后一个叫五斗内世家坑的地方发现5方墓碑石，同时还发现了一条刻字石桥及一方悬崖石刻。5方墓碑中3方完整，2方残缺，其刻字分别为"锡兰故考为□孺人变宦□(下部断缺)"、"(上部断缺)□世府君□黎孺人祖坟"、"缗埔世公祖坟"、"清植轩世公墓"、"清世母翁氏坟"、石桥桥板则刻有"文黄世嘉坑石桥"，桥旁坑边的悬崖上刻"世家坑"3个大字。

据史料记载，明朝天顺三年（公元1459年），锡兰国王葛力生戛剌昔利把交剌惹遣其子出使明朝，不料出使期间，锡兰王去世，王位被其外孙所夺，锡兰王子便滞留中国泉州，并于此繁衍生息，以"世"为姓，后发展为泉州市内的一个望族，并购有大片地产作为世姓一族的墓地（即今世家坟一带）。逮至清朝中后期，该族突然在泉州消失，成为史学界的一个谜。这一发现为解开这一谜团，提供了线索。

晋江发现明太学生丁炜夫妻合葬墓

晋江市池店镇清濛村曾府山清濛开发区因基建工程在一米多深的地下发现一处古墓。该墓葬一墓三穴（丁炜、原配陈氏、继室庄氏），下葬于明万历十三年(1685)，三穴内外两重棺和遗骨保存基本完好。由于墓穴内和棺内都已积水，随葬的头梳、折扇等遗物及身上服饰都受到不同程度的腐蚀、损坏。据出土的墓志，墓主丁炜系明嘉靖年间的太学生，与《泉州府志》、《晋江县志》等文献记载相一致。墓志铭系明万历年间乡荐第一李光缙所撰并书。

该墓出土的丝织品填补了海上丝绸之路起点泉州地区古代纺织工业实物史料的空白。丁炜墓志上装饰有阴刻云月纹样，他头戴白帽，这些都是中国伊斯兰教的文化特征，而他的衣着却是当时流行的汉式服装，他的前后妻均为汉族女子，这些反映了明代晋江一带回汉民族融合、和睦共处，共同开发晋江的生动史实。

江　西　省

修水出土北宋墓志铭

修水县出土一块黄庭坚生前为亲戚所撰墓志铭，其上自书“金华黄庭坚”。距金华数十公里的兰溪市水亭乡黄村坞发现明代手书本《鹤山黄氏宗谱》，则进一步表明黄庭坚是浙江省金华人。谱内《宋先太史山谷行社》一文，详细记载了黄氏祖辈和黄庭坚生平，详细周密胜过《宋史》有关黄庭坚的记叙。

婺源发现清代公议茶规碑

婺源县在清华镇洪村洪氏宗祠内墙中，发现一方公议茶规碑。碑长130厘米，宽60厘米，其上记载了清代茶农就茶叶流通管理方面所制定的村规民约。碑文为：“阖村公议，演戏勒石。钉公秤两把，硬钉贰拾两。凡买松萝茶客入村，任客投主，入祠校秤，一字平称；货价高低公品公卖，务要前后如一。凡主家买卖客，毋不得私背卖。如有背卖，查出罚通宵戏一台，银五两入祠，决不徇情轻贷。倘有强横不遵者，仍要倍罚无异。买茶客入村后，银色言明，开秤无论好歹，俱要扫收，不能蒂存。茶称时，明除净退并无袋位。茶买齐先总银，后发茶行，不得私发。公秤两把，递年交值年乡约收执，卖茶之日交众，如有失落约要赔出。道光四年五月初一日，裕堂衿耆约保仝立。”

山　东　省

滕州庄里西发现龙山文化炭化稻米

庄里西遗址是一处高出地面5米以上的台地遗址。此次发掘在灰坑内清理出土的陶器有鼎、鬶、罐、盆、甗、盒、豆、杯、碗、器盖和纺轮。石器有铲、斧、锛、镞等，骨器有针和锥，蚌器有镰。大部分灰坑内遗留有猪、鹿、水牛角及大量鱼、蚌、螺等残骸。58号和138号灰坑内还各发现完整的1件龟甲。发现的炭化稻米粒均出自灰坑内。经鉴定，属当时人工栽培的粳稻米粒。

上述情况进一步证实，龙山文化时期山东地区是人工栽培水稻的重要地区之一。

桓台史家岳石文化和商代遗址

史家遗址位于桓台县田庄镇史家村南。发现岳石文化祭祀器物窖藏，共放置器物356件。其中陶器334件，石器10件，刻字卜骨2件，骨笄形器物7件，角器1件，蚌刀1件，多数完整，放置有序。据器物特征分析，其时代为岳石文化晚期阶段。有的陶罐内盛有粟一类粮食。尚有未曾使用过的半月形双孔石刀和蚌刀。此地自1964年以来曾数次挖出有铭文商代青铜器，其时代可早至殷墟早期。经初步整理，带族徽的铜器已近20件，不同族徽的铭文也有十几种，其中记庙号的有父癸、祖戊、大戊、父辛、文乙、文丁等；铭族徽的有举、命、箕、鱼等。

在史家和唐山遗址的发掘中，发现刻划符号卜骨。能确认系人工有意刻划符号和文字的卜骨共7片，其中史家遗址5片，唐山遗址2片；有刻划符号的卜甲3块，肩胛骨和其他兽类骨骼刻划符号或刻字的4片；所有出土卜骨均有残损。在7片卜骨中，出土于岳石文化祭祀器物窖藏的2片，其时代为岳石文化晚期；出土于商代地层和祭坑的3片，时代为殷墟一期；唐山遗址出土的2片的时代也在商代晚期。岳石文化的一片肩胛卜骨两面有刻字，一面刻道粗深，刀痕明显，刻有“∧”，“入”两字；另面亦刻两字，刻痕较浅，但刀痕明显，即“∧”，“入”，此二字可隶释为“六”、“卜”。这是迄今所见卜骨上最早的文字，其年代相当于夏代晚期与商代早期，距今3700—3500年，比安阳殷墟出土的商代晚期甲骨文提前近300年。

曲阜清理一大型春秋墓

春秋墓一座，位于万古长春牌坊西侧。该墓南北长8.8米，东西宽7米，为土坑竖穴墓，椁室内置双棺，另设头厢、边厢、脚厢。该墓早期曾多次被盗，但仍清理出较多的随葬品。其中青铜器有戈、矛、匕、削、剑等兵器和马衔、马镳等车马器构件及鼎、簠等礼器的残片；玉器有玉璧、玉璜、玉龙、玉蝉及串饰等；以及玛瑙器及金箔、包金铜贝、海贝等。另出土有总计28件的完整的石磬一套，为研究鲁国的礼乐制度提供了实物资料。该墓的年代大致为春秋后期，墓主人的身份应是诸侯一级。

郯城马陵山发现东周墓

墓葬于郯城县马陵山北段司家乡集子村西、东西古道北一高台地的南部，西南距县城驻地25公里。马陵山出土的铜鼎与河南辉县琉璃阁出土铜鼎类同，均具备中原文化风格。郯城马陵山区在1976年于大尚庄出土有战国时期魏国的“欲氏左戈”兵器，近期在马陵古道旁又发现魏国的青铜器和兵器，这为确认齐魏马陵之战古战场在郯城马陵山提供了实物依据。

临淄发掘战国墓葬

在临淄齐国故城西南约5公里的相家墓地发掘6座战国时期的大型墓葬，这是迄今发掘的齐国上层贵族墓中规模最大、数量最多、人殉墓葬最为集中的一处贵族家族墓地。这6座墓葬均遭盗掘，但仍出土各类遗物200余件，其中6号墓位于墓地西部，墓口南北长23.2米、东西宽21.8米、墓道长22.6米。铜器放置于椁室后部的器物坑内，主要有鼎、豆、盖豆、壶、盘、匜、舟、敦等。该墓还随葬有大量的漆木器和竹器。漆木器有簋、豆、盖豆、壶、盘、罍等，与该墓同出的铜礼器和陶礼器的种类与有些器形几乎相同。临淄地区的战国墓葬特别是大型墓葬，早年多已被盗，在历年的考古发掘中极少见到铜礼器，像6号墓这样铜、陶礼器共出的大墓尚不多见。

微山县清理西汉画像石墓

微山县大辛庄村民开山挖沙时发现一座汉墓，墓道自山顶一直下挖至墓室，深度为13米，现长19米，由墓道、甬道、横穴洞室组成，画像石墓砌筑在横穴洞室内，为夫妇双室合葬墓。墓室南北长263厘米、东西宽230厘米、高116厘米。室内铺黑色草木灰，骨架无存，仅有牙齿。东室有铁剑、铁刀、铜带钩、石蝉、五铢钱。西室有铜佩饰、铜顶针、铜镜、石蝉、石环、五铢钱。墓室的盖顶石上面置青瓷瓿、青瓷壶5件，陶鼎、陶壶、陶盂4件，铜釜1件。总计25件器物，71枚钱币。墓室的东、西壁、西室后壁、两块封门石刻画像，阴线刻。后壁石上刻穿璧、封门石上刻楹树、双阙，阙下有一武士骑兽执戟。东壁石上的画像分三格，左格一白虎，奔跑状。中格有2人执桴击鼓，1人乐舞。右格一厅堂，堂上有飞鸟，堂内2人宴饮，楼下的树上系一马，马正饮水。西壁石上的画像分三格，左格两只鱼鹳衔鱼。中格一轺车，车前一马，车上一官员，车后一骑吏，马前蹄腾空，骑吏后仰，后有一随从，执戟，轺车正行于桥上，画前一人执笏躬身相迎。右格二人格斗，执盾、戟、长剑，下有一人狩猎，二犬逐鹿。出土的铜镜为日光镜，铭文为“见日月×象夫明下”八字。五铢钱均为武、昭、宣帝时期的铸币。此墓的时代约在西汉中期稍晚。

西汉青瓷器在鲁南、苏北十分鲜见。西汉时，山东不烧青瓷器，应是从外地运来的。它们的出土，具有重要的学术价值。

微山北魏铜造像

造像出土于枣庄市薛城区。通高13.5厘米，青铜质锈迹不重，佛像上文字清晰可辨，足床残一足。佛像头戴三瓣莲花宝冠，穿袈裟，立于覆莲台上。右手上举执莲蕾，左手施愿印。舟形背光，圆形头光。下为四足庆。背面阴刻愿文：“正光二年三月二日佛弟子张党援兄弟五人上为父母左为身正右为身泰造像一区供养□□作心。”文字为刀刻，不甚工整。正光二年即公元521年。

汶上发现唐代石塔

石塔位于琵琶山南麓山腰中，平面呈四方形，为单层亭阁式建筑。自基至顶全用青石砌成，白石灰接合，非常坚固。塔身设一南门，门为方形，高1.6米。塔檐与塔顶融为一体。檐上用石板叠筑15层，成为攒尖方锥形塔顶，上置塔刹。石塔通高4.2米，宽3.4米。塔内后石壁有龛，系利用天然石壁雕凿而成，龛内有三尊像位居中央，主像结跏趺座于莲花台上，身披袈裟，袒露胸怀，安详地平视远方；两侧为弟子像，他们紧靠左右壁，宽袍长袖，两手合什，站立于两侧，佛像背光有宝相化图案。三尊像造型逼真，衣纹流畅。据初步考证，该塔可能为唐代遗存。

济南发现北宋张温墓

该墓为仿木构砖室墓，墓门朝南，墓室平面基本上呈圆形，直径2.3－2.4米；顶部为穹窿顶，墓室高2.2米。墓顶距地表约1.5米。墓壁似有壁画，但已漫漶不清。出土买地券一方及瓷碗残片。买地券为砖质，长44.5厘米、宽29厘米、厚6.5厘米，券文楷书，分为十一行，共有一百余字。由其可知，墓主为北宋齐州步军都指挥使金紫光禄大夫张温，下葬年代为北宋开宝三年（公元970年）。

蓬莱发现明代古城堡遗址

在蓬莱市赵格庄村北一公里处发现一座军事古城堡遗址。该遗址北面、东面临海，建于悬崖峭壁之上，地势十分险要。目前已出土围墙30余米，围墙高4米，均由大青石砌成。城墙断面为斜梯状，底宽约7米，上宽4—5米。城内有纵的墙基3条，其余地面夯有黄土、碎石瓦砾。东、南、北侧城墙地基仍埋于沙土之下。当地百姓称此地为“营子岬”，“围里”。

城堡遗址在高出现地2米的土台上，南北向长142米，北面东西宽106米，南面东面宽100米。从远处眺望，城址的轮廓十分清楚。根据城址的规模、实体的做工，以及与周边营子里、解宋营的遗址相比较，初步断定为明早期建筑。

兖州出土明代窖藏青铜祭器

窖藏坑长3.65米、宽1.82米。坑内器物排列有序，完整无损。这批文物全部为祭器，主要包括青铜礼器和乐器。青铜礼器有豆、鼎、爵、盘、簠、盒、碗、器盖等8种；乐器有青铜编钟和石磬。其中带铭文者382件（套），铭文多为“大明成化丁未吉日山东兖州府知府赵兰造”、“兖府文庙祭器”、“圣庙乐器”、“文庙”等字样。据铭文可知，这批铜器是兖州文庙用来祭祀用的，制造时间为大明成化二十三年三月（公元1487），制造人为兖州知府赵兰。

河　南　省

巩义瓦窑嘴裴李岗文化遗址

瓦窑嘴遗址位于巩义市区西环路西侧，面积约17万平方米，此次揭露遗址面积近1800平方米。遗址出土遗物具有裴李岗文化的一般特征。如泥质红陶多呈桔红色。部分陶器烧制火候较低，陶质疏松易碎，刚出土时手捏即成粉末；常见器形有三足钵、大口圜底钵、卷沿深腹罐、小口球形壶、圈足碗、杯、勺、石磨捧、石磨盘等。此外，这批裴李岗文化遗物还具有鲜明的自身特点，如大部分泥质红陶器，内壁磨光呈黑色，外壁上黑下红，与仰韶文化的“红顶器”相反。泥质黑陶器占有较大的比例（约占15%左右）。器形有碗、豆、钵、杯、小罐等。这些黑陶器烧制火候高，陶色纯正，陶胎薄而均匀。它们多内壁磨光，外壁素面，有的器表经磨光处理，漆黑而有光泽，显示出当时制陶业已具有相当高的工艺技术水平。有齿镂孔蚌镰、匙形石磨棒、长方形无足石磨盘等，在其他裴李岗文化遗址中均不见。

安阳殷墟发掘房址和墓葬

殷代房基皆地面建筑，平面一般作长方形，大部分采用“先挖基槽然后夯打”方式建成。位于黑河路南段的一座基址占地面积近190平方米，规模较大，结构也较独特。发现的466座殷代墓葬中，除2座带一条墓道的墓葬和50座瓮棺外，余皆长方形竖穴土坑墓。50座瓮棺葬所埋均系儿童，它们绝大部分埋入房基夯土中，当系与房屋的建造有关的祭祀性质的遗存。长方形竖穴土坑墓仍以“成片和成组分布”为特点，不同“片”和不同“组”的墓葬，随葬品组合方式都有某种程度上的区别，再次证明殷人死后是依照宗族关系划分茔地，而以家族为单元埋葬的。遗址中还发现了较丰富的殷墟一期文化的遗存。此次发掘，将殷墟一期文化的遗存扩大到白家坟东地。

新郑发现春秋青铜器

新郑市郑韩故城的东城西南部发现春秋时期郑国青铜礼乐器坑10座、殉马坑20余座及其他东周文化遗存。目前已揭露面积2400平方米，出土郑国王室青铜重器255件，其中4座青铜礼器坑出土鼎、壶、簋、鬲、鉴、豆等111件；6座青铜乐器坑出土编钟18套144件。同时，与编钟相伴出土的还有悬挂编钟的木架6套和吹奏乐器陶埙4件。这次发现的青铜器数量之多、铸造工艺之精美、件套之完整，在郑韩故城的考古发掘中尚属首次。青铜礼乐器坑和殉马坑排列有序，抗内铜器组合与同时期同等级别墓葬中的组合相同，但周围目前尚未发现墓葬。因此，这些礼乐器坑、殉马坑可能与祭祀有关。

杞县清理一座西汉木椁墓

许村岗汉墓位于杞县与太康交界地带、涡河北岸，古属太康辖区。该村汉墓现存4座，地面上皆有高大封土堆。发掘的为墓群中最南、最大的一座，编号为1号墓。从墓室结构、随葬品等方面综合来看，许村岗1号墓的年代应属于西汉晚期。

南阳发现汉代大型石圆雕

该圆雕出土时头部已残缺，但整体基本保存完好。长174厘米、最宽处72厘米、高58厘米。整个形体凸胸、狮腰、凤尾。前胸及身体大部刻有鳞片，两翼刻有两翅（右翅残），两侧肋骨根根暴起，背椎及尾骨节节毕现。整个形象线条流畅、刀法精细、形象生动，似随时准备振翅奔飞，反映了汉代雕刻技术的高超水平。

从石雕的身体结构、雕刻刀法和线条及身体各部位的尺度等情况来看，均与南阳现存且自唐宋以来均有著录的宗资墓前天禄、辟邪（见《中国美术全集·秦汉雕塑卷》）神似。因此，该石雕应为东汉时的作品。

淇县发现汉代铜壶

汉代铜壶一件，内装大半壶液体，密封严闭，盖难打开。此铜壶高30厘米、口径12厘米、底径13厘米，三环钮盖、敞口、长颈、圆腹、圈足底、肩铺首衔环。这件铜壶是该县午盟乡马庄村一座古墓中发现的。

洛阳发掘唐代城门

洛阳隋唐城东门宣仁门遗址位于洛阳老城十字街西南角的建筑工地。发掘清理出宣仁门遗址的石质城门基础结构，有石门坎、铺路青石、铺路砖、石排插柱、将军石础等，以及城门中的人行道、车道、马道上人走马踏的痕迹；城门内被涂成朱红色的墙泥尚存，遗址大部分保存完好。

孟州出土一方唐代墓志

墓志青石质，呈正方形，由志石和志盖组成，边长56厘米、厚18厘米。志盖正中篆书“大唐故孟府君墓志铭”，四周斜面依次阴刻青龙、朱雀、白虎、玄武。志文正书34行，满行43字。首行题“故唐平昌郡孟君墓志铭并序”。志文称，君名延古，字习风，平昌郡人，曾祖孟元阳，任泽、潞等州节度使；祖孟文亮，任朔、宁、庆等州节度使；父孟承叶，任孟州司马。孟延古任河阳三城节度前兵马使、朝散大夫、检校太子宾客，娶妻荥川郑氏，生二男四女，大中九年(885)正月旦日卒于孟州私第，同年八月中旬葬于孟州城东三十里大茔。此墓志的出土，对研究孟州故城迁建的历史，提供了实物史料。

项城发现唐宋墓葬

唐代墓葬17座，宋代墓葬3座。

除少量早年被盗，基建施工部分损坏外，大部保存完好。一般长3米左右，宽1—2.5米，深1—2.5米。唐墓分砖券长方形和船形两种，宋墓多为方形、长方形。有的墓门及四壁为仿木结构。最大的一座北宋砖石墓，长近8米，宽2.5米。这批古墓共出土各类文物一百余件。计有唐代铜镜、铜钵、铜戒指、铜勺、“开元通宝”、铜钱、铁剪、铁刀、青釉瓷壶、瓷钵、白釉壶、黄釉碗；宋代金耳坠、银手镯、铜镜、“祥符通宝”、“治平元宝”等铜钱及带预测星象文字的铭文砖符。

巩义鲁庄镇西侯村北宋纪年石棺墓

该墓为土坑洞室墓。仿房屋建筑结构，顶部有脊，雕刻有横梁、竖梁、椽与条形瓦垅。墓室中央置一石棺，棺盖前端上翘。石棺南壁靠中部刻文字4行：“孝男孙崇寻奉为葬埋父母兄谨造刻石棺一所时大宋宣和四年八月初十日记”，棺内有3具人骨架，头向西依次排列，骨架相当完整。骨架上大面积覆盖被褥和衣服等丝织品。从刻文看，棺内骨架系孙崇寻的父亲、母亲、兄长。在石棺的左侧葬有3具幼童骨架，或躺卧，或靠棺壁和墓室壁，呈不规则状陈列。1987年，与鲁庄镇相临的西村镇西村曾发现和清理一座北宋宣和七年的石棺墓。两墓不仅年代相同，形制也基本相同。在西村墓墓壁与石棺之间葬有2具幼儿骨架。这种父母与儿子同棺以及棺外葬数名幼儿的现象在其他地方甚为罕见。

湖　北　省

神农架发现旧石器时代遗址

在神农架林区红坪西北的“岩包”山几个石灰岩洞发现的旧石器总数达30余件，种类有砍砸器、刮削器、雕刻器、锤击石锤和砸击石锤等多种。其文化特点与长江三峡地区和汉水流域的有所不同。后者均是以较大的砾石石器为主，这里的则是多用燧石结核先制成石片毛胚，然后再作第二步修理，加工成石片石器。其中除较大型的石器外，还有大量小型石器。洞内还发现30多个个体的古犀牛和10多个个体的东方剑齿象骨骸化石，以及大熊猫、貘、水鹿、斑鹿、麂、獐、羊、牛、猕猴、金丝猴、虎、豹、熊、豺、狼、鬣狗、野猪、豪猪、竹鼠、飞鸟等20多种古脊椎动物化石近千件，经鉴定为更新世晚期，亦有部分属于全新世。

武汉市汉南纱帽镇发现古人类头骨化石

该化石保存有额骨和左右顶骨，枕骨沿人字缝脱失，额结节和顶结节明显，眉嵴较弱，骨壁较薄，骨质纤细，属女性个体，估计年龄在25至35岁之间。所处年代与北京山顶洞人、四川资阳人等相当。

三峡库区庙坪新石器时代遗址

庙坪遗址的新石器时代遗存有圆形和椭圆形灰坑及其遗物。石器多为大型打制石器，陶器饰篮纹、绳纹和附加堆纹，典型器类有釜、罐、鼎、缸、盆、豆、碗、钵、杯、器盖、纺轮等，年代约相当于石家河文化早中期。同时，还清理了一座相当于石家河文化时期的长方形土坑竖穴墓，其随葬品为折沿平底方格纹罐、直领圆腹平底灰陶罐等，这是迄今三峡地区仅见的一座龙山时代的墓葬。

蕲春毛家咀西周木构建筑遗址旁出土一批青铜器

铜器4件。3件为铜鼎，其中一件平面呈长方形，口径长18厘米、宽15厘米、通高23厘米。两立耳附于对应的两边口唇上，方唇，折沿，直腹斜收，底近平略下凸，四足圆柱状，中空。腹四面外壁上半部饰饕餮纹，并有细密的雷纹作地纹。下半部饰乳丁纹，四足的上部均凸雕面目狰狞的兽面，腹四角自折沿以下直至足上部均有一条扉棱。第2件鼎平面呈长方形，口径长16.5厘米、宽13.5厘米、通高22厘米，腹四角除有一条不及足部的扉棱，四边部又增有一扉棱将每边均分为二。第3件鼎上部已残，平面呈圆形，通高24.5厘米。瓢形器1件，尖唇，深腹，圜底，柄呈羊角状，横截面呈不规则的棱形，中空，柄上部饰有一周饕餮纹。

这批青铜器的时代与长江中下游及中原地区多有报道的商至西周墓葬出土物的文物特征大体相同，与相距600米的毛家咀西周木构建筑遗址所出土的青铜器、漆器等遗物的文化面貌也相一致，当为西周早期遗物。

当阳发现春秋楚墓

当阳河溶镇陈场砖瓦厂在赵巷取土时发现两座楚国人殉墓葬。第13号墓椁室内设有头箱和棺室，棺室内置两具棺，均为二重套棺，因早期被盗，墓室内已空无一物。第12号墓棺椁保存状况良好，椁室长5.77米，宽3.75米，高1.7米，由厚0.2～0.32米的大方木垒成。椁室内设有头箱、棺室，棺室内置三具棺，中间为大套棺，即内外两棺相套，套棺两侧各置一具单棺。各棺均为悬底方棺结构，每棺内均有人骨架一具(仅存人骨腐烂痕迹)。该墓亦早年被盗，但仍清理出300余件文物。按质地可分为陶、金、铜、竹、木、皮等几类，以青铜器和漆木器为最多。青铜器有车軎、马衔、马镳、铜环、戈、矛、匕、削、勺、镬；漆木器有器物架(可能为悬挂编钟之用)、鼓、瑟、盾柄、弓、兵器杆、伞柄、车辕、豆、几、梳、杖、匜等，其中器物架和豆的纹饰十分复杂精美，颜色完好如新。此外，还发现竹笥、盾、竹席、金属和皮质铠甲片，金属甲片上还贴饰金片。其中以乐器和车马器数量最多，乐器最具特色。

这两座墓葬的年代为春秋末期，

墓主人身份可能是楚国中下等贵族，其级别大体相当于“大夫”。

荆门发现战国早中期家族墓群

荆门子陵镇罗坡岗发掘出战国早、中期家族墓地，清理古墓葬 103 座，出土包括铜器、玉器、陶器等在内的各类文物 500 余件。初步发现中心墓地为异穴合葬。

随州擂鼓墩东周墓群

东周墓葬是墓群的主体部分，按墓葬分布的岗地不同又可分 8 个墓地，总面积 1.33 平方公里。4 座有封土的墓分布在不同的墓地中，封土堆直径多 30—40 米，或为岩坑，或上部土坑下部岩坑，都不带墓道，也未发现车马坑一类附属设施，其规模较大者可能为一代曾侯之墓，如蔡家包 14 号墓墓圹南北长 31 米、东西宽 20 米；另一座较大的王家包 1 号墓东西长 23 米、南北宽 17 米，平面呈多边形，其规模、结构与曾侯乙墓近似。

小型墓葬的形制分长方形竖穴土坑与岩坑两种，一般墓口长 3 米、宽 2 米，长度超过 4 米的墓葬多有墓道。随葬品以陶器为主，仿铜陶礼器以鼎、簠、壶、罍、盉、小口鼎、盘、匜为组合，其中鼎、簠、壶多成对出现，这与江陵一带楚墓特点相同，特殊之处是不见陶敦；日用陶器有双耳罐、橄榄形罐。少数墓葬出土有鼎、敦、壶等铜礼器及剑、戈、镞等铜兵器。目前所见小型墓时代均属于战国中晚期，从器物组合及主体风格看，这批墓葬应属于楚文化范畴。

丹江库区外边沟东周、两汉墓葬

外边沟墓地位于丹江口市均县镇土桥管理区齐家垭子村岗地东坡。东周墓葬 29 座，均为竖穴土坑型墓，仅有一座墓有生土二层台；葬具为一椁一棺或单棺无椁；除一座墓为合葬墓外，其余都是单人葬，葬式多仰身直肢，有上肢抱腹的习俗。随葬品或置边厢头端或置头厢或置足厢，绝大多数为陶器。器形分二大类，一类是日用器，以鬲、盂、罐为基本组合，少见罍、豆。另一类是仿铜陶礼器，基本组合为鼎、敦、壶、盘、匜。除陶器外，还可见铜铃和料珠。

西汉墓共 8 座，均为小型竖穴土坑墓，葬具为一棺一椁，均为单人仰身直肢葬，随葬品均置于边厢，多为陶器，器类有鼎、盒、壶，为基本陶礼器组合。另伴出有日用器甑、鍪、瓮、罐等。多数墓中可见漆木器烂痕。

东汉墓 4 座，均遭不同程度破坏。皆为土圹砖结构，葬有人骨者 2 座，其一为单人葬；另一座为合葬墓，一人仰身，一人俯身下肢交叉。随葬器物多为陶器，器形有鼎、盒、罐、瓮、仓、灶、井等。另有铜钱、铜镜、铜锅等。

随州均州镇出土北宋钱币窖藏

这批古钱币共有 44 个品种，7300

余枚。时代最早的是唐“开元通宝”，时代最晚的是北宋“宣和通宝”，在这批古钱币中，尤以北宋的钱币数量最多，品种最全，44 个品种中就有 41 个品种是北宋的古钱。此外还有五代时期后周铸造的“周元通宝”。

恩施发现南宋西瓜碑

恩施市七里乡柳洲城村，发现南宋咸淳六年(1270)恩施引进西瓜等多种瓜果种植技术的碑文——西瓜碑。西瓜碑镌刻在一块高 4 米、宽 3.5 米的自然砂岩巨石上，碑文字体为隶书体，阴刻，字迹保存完整。碑文中写道：“郡守秦将军到此，栽养万桑，谐菜园修迤花池，创立接客亭及种西瓜。西瓜有四种，内一种蒙头蝉儿瓜，一种团西瓜，一种细子瓜，名曰御西瓜；此三种在淮西种食八十余年矣。又一种回回瓜，其身长大，自庚子嘉熙北游带过种来。外甜瓜、梢瓜有数种。咸淳五年，在此试种，种种出多产，满郡皆兴，支逸其味甚加(佳)，种迹遍及乡村处。刻石于此，不可不知也。其瓜于二月刑，此种须是三五次淹种，恐雨不调。咸淳庚午孟春朐山秦□伯玉谨记。”

湖　南　省

临澧竹马村发现旧石器时代末期建筑遗址

该建筑遗迹位于一高出周围农田约 6 米的台地上。高约 70 厘米的土台建筑直接叠压在台地中的网纹红土之上，遗迹面积约 24 平方米，外围轮廓呈椭圆形，中部内凹呈方形，南北向，在其南部有一门道。在遗迹周围覆盖在遗迹之上的堆积中发现较为丰富的打制石器，包括石核、石片和石锤。石器个体较小，有明显的使用痕迹。

该处建筑遗迹可能是目前国内发现的最早的建筑遗迹。

城头山发现大溪文化古城址

位于澧县车溪乡南岳村的城头山古城址，第一次夯筑于大溪文化早期，距今约 6000 年前；此后，在距今约 5500 年的大溪文化三期或四期及屈家岭文化早期和中期，又分别经过 3 次筑造，使城墙加宽加高，加上城外宽 35 米的护城河，形成宏大的规模。另外还发现了可能属于汤家岗文化的水稻田遗址。

茶陵独岭坳新石器时代遗址

独岭坳遗址位于茶陵县枣市乡虎形村，1986 年文物普查时发现。此次发现面积 300 余平方米，文化堆积分为三个大的时期。第一期遗存与长沙县大塘遗址相当，年代距今约 7000 年。第二期遗存与株洲磨山遗址相当，年代距今约 6000 年。第三期遗存为相当于商代的几何印纹硬陶文化。整个遗址以第一期文化遗存为主，包括大量的陶、石器和动植物遗骸，还清理出墓葬、房屋、灰坑、水沟、卵石遗迹及与制陶有关的遗迹等。陶器有双耳罐、折沿直腹釜、折沿鼓腹釜、敞口折腹圆底盆，斜直腹矮圈足碗、宽折沿束颈深腹圆底罐、浅腹圆底钵、深腹圆底钵、矮圈足杯等。生产工具有磨制的石斧、锛、凿、球、网坠等，发现较多的砺石、打制石器和石坯，还发现有已近炭化的木质尖状器。动植物遗骸发现较多，种类有猪、熊、鹿、羊、酸枣、水稻遗存等。其中以猪骨、猪牙的数量最多。

株洲发现春秋越人墓葬

株洲县白关镇团山村挖出青铜器数件，为青铜鼎一、斧二、戈一、矛一、削一。其中斧、戈、矛基本完整，鼎、削略有残缺。这批青铜器应出自同一座墓葬。墓坑已被挖毁，推测墓坑长在2米以上，深0.7米左右。从青铜器的分布来看，墓葬方向为西北至东南走向。青铜器具有越式风格，尤以青铜鼎的越式特征更为明显。这座墓葬的时代约为春秋晚期，应为楚人入主湘东南之前的越人墓葬。

桃源县清理一批战国墓

桃源县漳江镇的太古山和春雷山是两座相距不到100米的小山丘，这里距战国城址采菱城仅5公里。常德市文物事业管理处在此先后清理的50余座战国古墓，均为土坑竖穴式，部分保留有封土堆，带墓道（规模较大）的均分布在山脊之上。最大的封土堆高达4米，直径30米以上，为一个封包下两并穴合葬墓，墓室相距不超过3米，但大小不一，大的带墓道长12米以上，小的长8米左右。根据发掘情况推测，可能属夫妻异穴合葬。该处墓群先后出土陶器、铜器、铁器、玉器、漆木器等250余件（套），其中陶器有鼎、敦、壶、豆、盘、勺、匜、罐、钵，铜器有铜镜、带钩、剑、矛、戈及编钟、编磬和俑等明器。

这两座小山上墓葬的随葬品表现的时代应大体相当，但埋葬习俗却有明显的特色，说明太古山和春雷山可能属不同的家族墓地。

涟源清理春秋战国铁农具窖藏

铁农具窖藏发现于涟源市杨家滩镇金星村檀木冲千公山上，窖藏器物二十八件，其中以锺最多，另有少量青铜器。锺有方折凹口銎，宽体，弧刃尖角，存有使用痕迹。铲锺作长方体，长方銎，狭刃，直体中部有脊隆起，整个銎部置于体内，銎上有一圆孔，銎与肩几乎齐平。镰正面有细齿，刃部呈弧形，宽端可装短柄，有使用痕迹。

汉寿县清理战国楚墓

战国楚墓11座，位于汉寿县株木山乡马蜥桥村唐家塬。仅10号墓带斜坡墓道，其余均有二层台和头龛；墓葬深1—4米、宽0.8—3米。出土的陶器形分二大类。一类是日用器，以罐、钵、豆为组合；另一类则是仿铜陶礼器，组合为鼎、敦、壶。随葬陶俑，在该地区已发掘的数千座楚墓中属首次发现。除陶器外，还发现有铜剑、戈、矛等兵器。

长沙首次发现东汉简牍

长沙继发现走马楼三国简牍后，又在市中心五一广场科文大厦基建工地发掘一批古井和东汉时期简牍等大批珍贵文物。古井36座，年代从战国到明清各个时期的都有，井内出土文物丰富，其中木制辘轳为汉代遗物，保存较好。瓦当出土较多，其中有5件完整，一件印有“安乐未央”字样，两件饰有卷云图案。推断为东汉或魏晋时期长沙府的官署建筑所用。

东汉时期的简牍达百片，质地多呈黄褐色或灰褐色，分木简和竹简两种，长度一般为23厘米左右，宽3—5厘米，厚0.3—0.8厘米，内容为官府文书、名刺和练字所书三大类。简牍上有“延平元年”字样。从而可以断定这批简牍的时代为东汉中期，为长沙市首次发现。简牍上发现数量较多的草书字体，字迹潇洒娴熟，世所罕见。

广　东　省

和平清理商周时期古墓群

在和平县大坝镇水背管区司前村子顶山发掘墓葬10多座。墓葬均为长方形竖穴土坑墓，一般长3米，宽1米左右，深0.3—0.6米。出土陶器、石器等随葬品共计30多件。陶器主要有折肩平底罐、折肩凹底罐、陶瓮、夔纹陶罐、大口尊、圈足罐、有流带把壶、鸡形壶、陶钵、碗、豆，其器表拍印方格纹、细方格纹、双线方格突点纹、棱格纹、篮纹、夔纹、云雷纹等纹样。石器主要有短身锛、有段锛、穿孔石铲、石戈、石矛、石镞、残石环等。墓葬年代相当于中原的商周时期。

博罗银岗东周制陶遗址

银岗遗址位于博罗县龙溪镇银岗村南，由河谷平原上7个相连的低矮岗丘组成，面积10余万平方米，是春秋战国时期一处大规模的制陶工场遗址。发掘出土的窑场产品，既有大量的碗、钵、杯、罐、豆、盘、釜、鼎等日常生活器皿，也有建筑材料和陶塑动物，同时还出土了一批陶拍、垫等制陶工具及铜器和铁器。

广州发现宋明六脉渠

在广州吉祥路地铁出口处右侧工地上，挖掘出广州宋明六脉渠的一段渠体。其确切建筑年代尚待考证。该段渠体深约4米多，长约9米，渠面宽4.03米，渠底宽3.65米。渠两边用红砂岩和黄砂岩石条构筑，共18层。渠底铺有若干井字形木方。此渠体位置恰好处于广州近代名桥——“七块石”下。

海　南　省

文昌发现明代文物

文昌市蓬莱镇坡田园村出土两件明代魂坛，缸胎质，饰黄褐釉。一件为覆缸盖，顶呈亭阁式，器身为罐形，饰有围栏和附加堆纹，通高24厘米。另一种除盖有别外，形制近同。此类魂坛葬具在海南省琼山及广东珠海、佛山等地均有发现。

广西壮族自治区

邕宁顶蛳山发掘史前贝丘遗址

在遗址的北部、中部和东部共发现墓葬149座，包括181个个体的人类遗骸。墓葬分布密集，均为竖穴土坑墓，未见葬具。大部分为单人葬墓（128座），少数为合葬墓（21座），最大的合葬墓包括7个个体的人类遗骸。葬式均为屈肢葬和肢解葬，未见直肢葬。屈肢葬包括仰身屈肢、俯身屈肢、侧身屈肢（左侧或右侧）和屈肢蹲葬4种。

在遗址的东部共发现柱洞12个，可基本认定为史前人类的居住区。

四　川　省

丰都烟墩堡发掘旧石器时代遗址

为配合三峡工程建设，对四川丰都县烟墩堡旧石器遗址进行发掘。发掘面积496.63平方米，另外还抢救性发掘约370平方米。出土石制品共1215件，包括石核、石片、断块和石器。石器类型较多，有石核刮削器、凹缺器、石锥、钝背力、端刮端、大尖状器、小尖状器、砍砸器、刮削器、似盘状器和复合工具等。烟墩堡遗址出土的石器种类之多，为中国南方旧石器所少见，其鲜明的特色可能代表一种新的旧石器文化。根据长江上游与下游河流阶地的结构、地层对比及石制品特点推测，遗址的时代可能为更新世晚期。

大邑发现东汉画像砖

在大邑县晋原镇莲花村斜江河畔二级台地上发现一座多次被盗掘破坏的汉墓，墓内仅存画像砖五方。砖上浅浮雕图案，分别表现西王母、田猎弋射及轺车出行。

三台出土蜀汉墓志砖

三台县永明镇二村六队书房梁子山上的被盗崖墓中发现一通蜀汉时期墓志砖。志砖为长30厘米、宽24.5—28厘米、厚9.5厘米的梯形花边砖。志上刻“胡功曹之神墓”6字。字体隶书，似在花边砖未烧制前用锐器直接书写而成。

胡功曹墓依山势开凿在山腰，相对高度约15米，坐东向西，方向260度，由墓道和墓室组成。墓室平面略呈长方形，前窄后宽，长3.54米、宽2.09—2.34米、高约1.8米，弧顶。墓室开凿粗糙，内无任何附属设施。封门采用梯形花边砖、楔形砖、鹅卵石与黄泥相砌而成。墓志砖与封门砖就散落在墓门处。从该墓的墓室结构特点与四川崖墓分期与演变规律相对照看，它应属于四川崖墓的初衰期。另外，该墓出土的墓志砖字体与山东东阿县曹植墓砖铭字体近似，只是书写更显规整和秀美，其时代应属于蜀汉时期。

贵　州　省

兴义市发现一批古遗址和古墓葬

在兴义市的顶效、郑屯、桔山等镇的23个自然村，共发现战国秦汉时期的遗存2处、汉代窑址和明清瓷窑遗址各1处、汉代至明代墓葬42座。采集的一批夹砂陶片纹饰为方格纹与绳纹，陶器质地、颜色、饰纹、型制和文化风格等，明显有别于汉文化和四邻的巴蜀、滇、南粤文化，同早些年发现并认定的普安铜鼓山战国秦汉时期的陶片相似或相同；与去年在此附近的郑屯镇团结村白泥地发现、认定的夜郎铜犁同系一个时期。

云　南　省

晋宁石寨山发掘古墓群

石寨山古墓群位于晋宁县晋城镇西。此次发掘的36座墓葬全部为土坑竖穴墓，71号墓长约4米，宽3米、深1.7米，有椁、椁和熟土二层台，出土文物较为丰富。青铜器有执伞铜俑、鼓形狩猎场面贮贝器、桶形猎人、猴、鸟贮贝器、剑、戈、矛、狼牙棒、弩机、犁、锄、斧、刀、铜锯，以及造型各异、栩栩如生的各种浮(圆)雕动物扣饰；另外还有金剑鞘、饼饰、动物饰、长方形和圆形金饰件，玉耳环、玉玦、玉环、玉镯、玛瑙、料珠等装饰品。此次清理出的墓葬大多保留有人骨，有的还保存相当完整。其中二次葬、叠肢葬(尸骨重叠)、断肢葬等葬式和葬俗十分特殊。在76号墓人骨右胸部肋骨上还保存一把完整的无胡方内戈(刃尖朝外侧、戈内位于里侧)。对这些人骨进行体质人类学鉴定分析将有助于对云南石寨山文化主体族群的研究。这批墓葬的年代有早晚之分，晚的可能到西汉晚期。

陕　西　省

洛南盆地旧石器时代洞穴遗址

在洛南盆地共发现旧石器时代地点38处，发现石制品1000余件，主要为各类砍砸器、大型尖状器、石球、石斧以及一些刮削器。其文化面貌类似80年代以来中国南方发现的阶地型石器文化，但也有北方大石片砍砸器文化的特征。在洛南县城北3公里的花石浪山城的龙牙洞，发现有多层古人类居住过的踩踏面、灰烬层等遗迹的洞穴遗址。出土一批石制品，还发现了保存火种的遗迹及一批动物化石，遗址时代当属中更新世中期，大致与北京猿人时代接近。

商州发现一处夏商时期遗址

遗址位于秦岭南麓的商州市城东2.5公里的东龙山东南部，东西长约1000米，南北宽约300米。采集获得大量遗物，其中以陶质用具数量最多，并有少量石斧、石刀、石凿、骨锥等生产工具，以及一些卜骨和兽骨等。陶器中的扁三角足盆形鼎、堆纹扁足鼎、花边口沿罐、深腹盆形甑以及罐、觚等器形，与河南偃师二里头等遗址所出土的同类器物基本相同；而饰有堆纹侈口锥形尖足鬲、大口尊、直腹簋等器型，则与以郑州二里岗为代表的商代早期同类器物基本相同。由此可知，该遗址属于夏代晚期至商代早期。

秦始皇陵园发现动物府藏坑

这座府藏坑跟兵马俑坑一样，属于土木结构地下室建筑，距秦代地面近1米，它南北长23.5米，东西宽10米，由北端的6米长斜坡道入室，坑深5.1米，坑内以9堵东西对称的夯土隔梁分为8区，形成中间为走廊、东西各8间的地下室。每个房间的上下及四壁全用一条条加工精致的松木或柏木木板垒砌和平铺。

这座动物府藏坑曾遭大火焚烧，但坑的底部还留有不少动物残骨。幸存的残骨中以禽类居多。各种动物摆放有序，一至四室主要为禽类，其后4室为兽类，最南端的两室是爬虫类。禽类有鸡及类似鹤的大鸟。哺乳类动物有猪、羊、狗，还有鱼、獾(或水獭)。

户县发现西汉铸币遗址

遗址位于户县与长安县交界处，距西安市约25公里，总面积约90万平方米。遗址南部为陶窑区，中部和最北部有建筑区，东部靠近花龙河古道一线及新河两岸为制范作坊和铸币陶范残块分布区。建筑区内曾发现有夯土基址，并有大量建筑遗物出土，数量最多的是筒瓦、板瓦，另外还有葵纹瓦当、上林瓦当、云纹瓦当、回纹铺地方砖、石板、石条等。新河河岸均暴露多处钱范坑，铸币范砖交错垒叠，堆积厚度达1—2米。发现的钱范中，较多的是西汉五铢钱钱范和王莽时的大泉五十、小泉值一、契刀五百、次布九百、布泉、壮泉钱范等，开挖新河时还曾发现一刀平五千铜范。发现最多的是铸钱背范，其表面有浇铸痕迹并残留有绿色铜痕，龙砖两端各有一定位孔，其内残有定位铁钉。在少数范砖上有纪年铭文，均为绺细的篆文，如宣帝"元康"、王莽"钟官前官始建国元年三月……"。此外遗址内还发现大量铜渣、坩埚残片及制范工具小型尖头铁铲等。

该遗址的发现，对于古代货币史上钟官城遗址的确定、上林之官城遗址的确定、上林之官铸钱场的研究及王莽铸钱的币制改革等重要问题，均有十分重要的意义。

神木县发现一批汉代画像石

画像石60余块，分别出自于13座汉墓墓门处。其中，"春神句芒"画像石画面高1.03米，人面鸟身，左手捧红色日轮于胸前，日轮中绘有黑色三足鸟，右手持矩，足下和身后各一条青龙。"秋神蓐收"画像石画面高0.69米，亦为人面鸟身，右手捧白色月轮于胸前，月轮中以墨线勾勒一蟾蜍，左手持规，耳部有蛇，足下和身后各一只白虎。此二形象与《山海经》和《淮南子》关于句芒、蓐收的记载基本一致。"穆天子见西王母"、"钢钩驯象"、"荆轲刺秦王"画像石亦为陕北首次发现。

这批画像石大多涂有桃红、朱砂、红、白、褐、三绿、紫等色，色彩丰富艳丽，画面细部基本用墨线勾勒。人物发须、古琴弦、马饰、车辐及动物被猎狗咬伤后的鲜血点等均清晰可见。

咸阳渭城发现北魏墓志

渭城区正阳乡后排村砖厂发现2块北魏墓志铭。2块墓志的质地、形状、尺寸均相同，其中一件完整、一件残缺。墓志石质，青灰色，呈长方形不规则状。完整的长42.5厘米、宽30厘米、厚10厘米，正面竖式阴刻楷书6行，每行11字共59字，其碑文曰："魏宁朔将军咸阳太守方城/侯张府君世子妻故军主天/水阎　　伯长女也大魏正始/四年六月八日患亡熙平二/年三月廿三葬于北原长/陵南三里。"墓主人葬于长陵之南三里与今之该墓距长陵的实际距离是基本吻合的。因已被推土机破坏，故墓葬形制、结构不详。

西安发掘唐大明宫含元殿遗址

含元殿东西面阔11间、宽41.3米。从出土的300多件建筑材料可知，含元殿的殿顶用黑瓦，檐口采用华贵的绿色、孔雀蓝色琉璃瓦剪边，此为唐代建材的重要发现。台基周围有石栏杆，栏柱外雕有形态各异、表面涂有红彩的青石螭首，整个建筑显得十分壮丽辉煌。根据印有天宝纪年的砖瓦出土，说明含元殿在天宝年间曾作修缮。大殿两侧偏北各有一条对称的廊道建筑向东西两边伸出。西廊道遭到破坏，仅保存6米，距殿东侧5.6米处的廊道上发现一门址。结合文献记载，此应为通乾门，东廊道南部尽头便是文献载有的翔鸾阁遗址，为母阙和两个子阙相连的三出阙，现仅存母阙和一子阙，母阙东西长17.5米，南北宽12米，在母阙东侧尚存子阙残部。西廊道折向南的尽头为栖凤阁基址，母阙西侧保留着子阙的转角。

由于含元殿建于龙首原南部边沿，文献记载，承载这组建筑的是下大上小的三层台地。此次发掘揭露出第一层台地的南壁，它北距大殿阶基16.5米，南壁下还残留包砖、散水和倒塌下来的石螭首。还发现了大臣、使节上殿的龙尾道。在栖凤阁底部第一层台地的东侧发现一段长约28米、宽2米多的南低北高的坡道，高差2.37米，土质纯净坚实，路土上面原铺砖，已被移走。在第二层台地西部又发现残存17米，东西向的路土，路面上出土二枚北宋“治平元宝”铜币，说明这条龙尾道到北宋时还在使用。这次发掘所见，与文献记载吻合。

甘　　肃　　省

武威雷台发现二号汉墓

在出土“铜奔马”的雷台1号汉墓附近，新发掘出土雷台2号汉墓。出土了陶楼院、陶灶、陶制酒具、香炉、汉代五铢钱等一批陪葬品，以及一条和“铜奔马”的尾巴完全相同的铜马尾。2号雷台汉墓实际上是“铜奔马”作者张江先人的搬迁墓地。1号墓主人张江是东汉的开国功臣之一，曾被东汉当局封为南阳析侯，并任武威太守。

武威清理西夏墓葬

墓中出土器物有彩绘木板画、瓷碟、瓷碗、木宝瓶、木板买地券、木牌位、木棺（骨灰灵柩）、钱币等近10余件。彩色木板画长54厘米、宽24厘米、厚2厘米，大体完好，仅下边略残，上面涂一层淡白色底，然后用淡彩、墨绘制四男一女不同形象的侍者。这五个侍者的服饰具有西夏习尚，是历来武威境内出土西夏人物绘画中甚为珍贵的一件。木板买地券长38厘米、前宽34厘米、后宽30厘米，制作奇特，详细地记载了墓主死葬的确切年代。

安西碱泉子石窟发现西夏文书

安西碱泉子石窟位于安西县城南90余公里的祁连山腹地峡谷，共有24个洞窟，仅有一个洞窟残存壁画。整个石窟皆高于地表6米以上，石壁陡峭直立。在洞窟积沙中发现一具尸体，其应为洞窟开凿者。尸体下铺垫一由芦苇、芨芨草混合编织而成的草垫。草垫下尸体头部位置有数片珍贵的西夏文书。这对碱泉子及附近旱峡、东千佛洞、下洞子石窟开凿，西夏时期瓜州地区人类活动及佛教艺术的研究具有一定价值。

武威发现南宋窖藏钱币

武威市中医医院在建筑施工时，于距地面约1米深处挖出一坛古钱币，总重约100公斤。据初步整理，这批窖藏铜钱以宋钱为主，其中北宋钱占七成半，南宋钱占二成。此外，还有秦汉半两、五铢，新莽货泉、唐代的开元通宝、南唐唐国通宝、金代正隆元宝、西夏光定元宝、天庆元宝。其中较为珍贵的是西夏“光定元宝”和“天庆元宝”，其中前者钱文篆书，后者钱文正楷，是前所未见的珍品。

宁夏回族自治区

青铜峡发现中石器时代地点

遗址位于贺兰山东麓的青铜峡市蒋鼎乡蒋西村鸽子山周围约5平方公里，七处泉墩的地面都散布着大量的石器，有以红、白色石英岩为主要原料的大型打制石器，更多的则是以各种颜色的燧石为主要原料，以间接打击法制成的各类石核、石叶、刮削器、尖状器等细小石器。泉墩含石器的地层大致可分为上下两层，上层出土的多为细小石器，下层石器较少，主要是大型的打制石器。这些石器的年代，最晚的距今约10060年，最早的则距今12700年左右。

西吉县出土汉代标记钱

在古丝绸之路经过的宁夏西吉县，出土了1300多枚汉代窖藏钱币，其中以汉代五铢钱为大宗，此外还有少量的王莽钱币、东汉钱币。这当中弥足珍贵的当属国内首次发现的标有各种不同花纹和符号的30枚标记钱。

这批标记钱上面标有各不相同的花纹或符号，有的标在正面，有的标在背面，但都清晰可辨。有一枚钱币的背面在方孔上方是一条小鱼的图案，线条细腻，栩栩如生。有的钱币上还标有“△”形，“十”字、“五”字、星点、双线纹等图案；有的钱币上还有星星和月亮。

尤其令人感兴趣的是，这些钱币中还有汉代银五铢币和汉代铁五铢币。

青 海 省

同德县宗日史前遗址

宗日遗址发掘揭露面积775平方米，发掘灰坑18个，祭祀坑20个，墓葬341座。出土舞蹈纹彩陶盆、二人抬物彩陶盆、骨叉、骨勺、骨锥、骨针等生产工具、生活用具和装饰品等遗物3.2万余件。陶器具有马家窑类型、半山类型及齐家文化特征。其中，在乳白色夹砂陶器上施以紫红彩绘的作风，具有浓厚的地方特色。

平安发掘东汉墓群

这次发掘的1号、4号砖室墓可分前室和后室，前室用砖砌成穹隆顶，后室砌为券顶；2号、3号墓为单室券顶墓；5号墓亦可分前室和后室，均为券顶墓，墓道进口长达15米。五座古墓中共出土12具棺木、古尸。其中两具古尸绢绸衣服式样清晰，一女性头饰发形亦清晰可辨，两枚发簪保存完好。5座墓葬共出土东汉时期陶器、铜器、木器、漆器、钱币等文物近80件。其中两件漆器奁盒盖与底均镶嵌三只铜乳，奁盒油漆鲜亮。出土的木器中有两件带长把的方斗状雕刻器物，一把首嵌有一木雕鱼，饰鱼鳞纹，为以往所未见。另外，还出土了二件木梳、1件篦子，篦子形如马蹄形，篦齿细密，做工精细，保存完好。

黄河源头发现吐蕃时期文物

在黄河源头鄂陵湖边一个深约两米的窖穴中出土一批吐蕃文物，共有釜、大耳罐、流嘴壶等陶器15件，长柄木勺、木锨、驮鞍等木器3件。这是在高海拔的青海南部地区首次发现吐蕃时期完整的器物群，从文物的质地和罕见的形制初步判断，其时代应为唐宋。其中陶器形状规整、打磨较光滑，釜的腹部有起支掌作用的堆纹和煮肉烹茶留下的厚厚的油腻层，民族特点和实用性非常鲜明，为今后进一步考察青海南部吐蕃文化提供了重要参照。

新疆维吾尔自治区

且末县发现且末古国墓葬

墓葬均开于戈壁砾石层中，墓室平面为椭圆形、圆角长方形、长方形。墓室顶部多铺圆木、柳编席、苇秆、蒲草等，其上铺戈壁砾石或沙土。葬具不用棺木，而是用柳席，或用有4条腿的木质尸床，也有用垫尸布或裹尸布的。出土的毛织品不仅数量多、种类杂，而且做工讲究。丝织品数量较少，主要有刺绣、锦、绢等。青铜器有刀、勺、扣等。此外，还有大量木器、陶器、骨器、角器、漆器、铁器、玻璃器，以及面制点心、化妆器具、料珠等随葬器物。墓葬中还出土了一些汉文文书残片和其他一些来自中原地区或受中原地区影响明显的实物。这批墓葬年代大致在战国至东晋时期。

丹丹乌利克遗址调查

位于和田地区东北沙漠中的丹丹乌利克遗址，是废弃于唐代的一处重要的佛教遗址。该遗址东西稍狭，南北较长，范围约1平方公里左右。这里地势稍平缓，低矮的新月形沙丘连绵不断。发现显露在沙丘上的遗址共6处，房址布局、佛寺布局也很清楚。在一处遗址内，佛寺中心佛坛也略见端倪。在遗址区内采集到玻璃珠、细泥红陶片，以及织毛或编毯时使用的打纬工具等一些文物。

香港特别行政区

马湾岛发掘新石器时代墓葬

在马湾岛东湾仔遗址发掘出21座新石器时代的墓葬，以及包括石器、陶器和贝饰等大量随葬品，还发现了保存完整的人骨架。这次出土的新石器时代完整人骨架，在香港考古史上十分罕见，对研究香港史前先民的体形、体质和生活习惯，提供了宝贵的实物资料。

（李建民）

现代已故史学家

（按逝世先后为序）

许大龄

王天有 张 帆

许大龄，四川省屏山县人，1922 年 12 月 18 日出生于四川成都，1996 年 12 月 15 日因病于北京逝世，享年 74 岁。

许大龄的祖父以经商为业。父亲许仲云（一名许汉新），毕业于成都法政学堂，曾在成都、重庆、北京等地法院任职。许大龄幼时在成都读小学，1931 年随父至北京，继续读完小学，旋即进入辅仁中学就读。1941 年考入辅仁大学历史系，1945 年毕业，获学士学位。在大学期间，他曾受业于陈垣、张星烺、柴德赓等名师，在史学研究方面打下了良好的基础。辅仁大学毕业后考入燕京大学文科研究院历史专业攻读研究生，导师为邓之诚。这一阶段，对他在学术上影响较大的学者，除邓之诚外，还有齐思和和聂崇岐两位。早在辅仁读大学后期，他就通过伯父的介绍拜谒了当时任教于中国大学的齐思和，旁听齐先生所开设的“现代国际政治”、“中国政治思想史”等课程，并就一些西方史学理论问题向齐先生求教。进入燕大后，又问学于聂崇岐，颇受聂先生的奖拔。1947 年夏研究生毕业，获文科硕士学位。此后一度至天津耀华中学任教，很快又返回北京，经齐思和介绍受聘为中国大学历史系讲师。1948 年，受赴美国访学的聂崇岐推荐，回燕大代替聂先生讲授中国通史课程，遂被聘为燕京大学历史系讲师。

建国之初，许大龄仍留在燕大任教。1951 年 5 月至 10 月，被派赴四川绵阳县青义乡平政村参加土改工作，1952年院系调整，燕大历史系并入北京大学，此后许大龄即长期在北京大学历史系中国古代史教研室任教。其中1958年8月至1959年2月在云南西双版纳地区参加少数民族社会历史调查。从建国起，直到1966年“文化大革命”爆发为止，处于盛年的许大龄勤奋工作，在教学、科研上都取得了显著成就。教学方面，他长年担任基础课“中国通史”的教学，主讲元明清部分。另外，还讲授过历史教学法、历史唯物论、史料学、世界通史、秦汉史、中国断代史专题讨论等多门课程。科研方面，他参加了《中国史纲要》、《北京史》等集体项目的撰写和《中国近代史料丛刊》的编辑工作。专业研究主要集中于明史领域，在明代经济史、明代北京史、资本主义萌芽问题等方面用力尤深，深入钻研史籍，摘录了大量卡片，并在此基础上写出了一系列高质量的学术论文。1960年，许大龄由讲师晋升为副教授，并担任中国古代史教研室副主任一职。

“文革”爆发后，北大正常的教学、科研工作陷于停顿，许大龄也受到运动的冲击，但在“文革”前期的混乱局面中，他还是在有关方面组织下尽可能地参与了一些与学术有关的工作。其中包括1967年6月到1968年3月，调至中华书局参加点校《明史》；1969年11月到1971年8月，调至定陵博物馆指导陈列工作；1971年9月到1972年4月，调至北京市园林局编写园林介绍材料，等等。

1976年“文革”结束，北大教学秩序开始恢复正常，许大龄重新投入到繁重的教学、科研工作当中。他连续开设了中国通史、明清史专题、明清经济史研究、明清史料目录等一系列课程，参加六院校合编《中国古代史教学参考资料》的编撰工作，主编第六册明清部分，并指导了多名明史方向的研究生和国内外访问学者。与此同时，他将研究重点逐渐转到明代政治、社会、制度等方面的问题上，发表了一批引人瞩目的研究成果。1983年他晋升为教授，1986年又被评定为中国古代史专业的博士生导师，并从1992年起享受政府特殊津贴。1986年，还曾一度到新加坡访问讲学。正当许大龄步入自己学术生涯收获阶段的时候，他的身体状况却日趋下降。尽管如此，他仍然顽强地与病魔作斗争，克服身体的不适，坚持在家里看书研究，并指导青年教师和学生。

许大龄在中国古代史、尤其是明清史领域的研究上有很深造诣，治学态度严谨，史料功底扎实，孜孜以求，勤于思考，取得了显著的成果。他在清史方面的代表作是长达十万言的学术著作《清代捐纳制度》。该书在搜集并深入钻研大量史料的基础上，从沿革、组织、影响三方面对清朝捐纳进行了系统研究。其中沿革篇分概述、开创期、因袭期上、因袭期下、泛滥期五章，组织篇分暂行事例与现行常例、银数、铨法三章，影响篇分康熙开捐之反动、捐纳之弊、停捐策略三章，各章还附有大量统计表，一代之制，粲然毕备。该书的研究成果以其科学性、创见性及材料翔实深受学术界好评，1950年由哈佛燕京学社作为《燕京学报》专号在北京出版，以后又在海外一再重印，在清代制度、社会史研究领域中占有重要地位。建国以后，许大龄先生的专业研究主要集中到明史领域，在明代历史分期、资本主义萌芽、地主阶级问题、政治制度、东林党议等方面都提出了重要的研究和见解。《十六世纪十七世纪初期中国封建社会内部资本主义的萌芽》(载《北京大学学报》，1956 年第 4 期)是许大龄 50 年代发表的一篇重要论文。这篇论文以马克思主义理论为指导，占有丰富翔实的资料，探索了中国封建社会发展规律的一个带有关键性的问题，在当时学术界有关资本主义萌芽问题的讨论中产生很大影响。此后，1959 年发表的《明代北京的经济生活》一文(载《北京大学学报》1959 年第 4 期)，通过许多零散材料的排比，系统地论述了明代北京地区的经济情况。1987 年连载于《文史知识》4 到 9 期的长文《明朝的官制》，内容详赡，有条不紊，深入浅出，对了解明代政治制度具有重要参考价值。同年为王天有《晚明东林党议》一书所作序言，不仅就明朝后期政治形势和东林党人的活动进行了论述，而且对明朝历史分期发表了重要看法，提出将明朝全部历史分为开创、腐化、整顿、衰敝四期，引起了学术界的高度重视。由于上述成就，许大龄在"文革"以后被推举为中国明史学会顾问、北京历史学会理事、北京史研究会理事及副会长。他曾担任《中国大百科全书·中国历史》卷明史部分副主编，并亲自撰写了作为明朝历史概述的"明"这一条目。他还担任过《中华文明史》中国经济史学科主编，主持《国朝典故》丛书的点校，参与《中国历史大辞典》明史卷的编辑与撰稿。

许大龄长期从事中国古代史教学工作，开设过大量课程。他在教学上坚持认真负责的态度，具有良好的职业道德和敬业精神，几十年如一日，一丝不苟，很多课程虽然已有多年讲授的经验，但每次上课都要认真准备，不断地以自己和中外学术界的最新研究成果充实教学内容，讲授既有深度，又有新意，深受学生欢迎。许多"文革"前的北大学生，在二三十年之后仍对许大龄的授课留有深刻印象。60 年代，他结合教学实践，参与了北大历史系《中国史纲要》一书的编写，负责书中元明清(鸦片战争以前)部分的执笔工作。该书曾被教育部向全国大学推荐为教材，并荣获 1981 年全国高校优秀教材特等奖，多次重印。即使到晚年身体多病的情况下，他仍在培养硕士、博士研究生方面做了大量工作，严格要求，悉心指导，循循善诱，为明史研究领域培育出了很多人材，为学术研究的繁荣、发展作出了重要贡献。

许大龄自幼受到过较好的传统文化教育，具有中国知识分子的传统美德。他毕生致力于教学和学术研究工作，兢兢业业，勤勤恳恳，辛勤耕耘，成绩斐然。他为人正直坦率，忠厚谦和，胸襟开朗、淡泊名利，诲人不倦，提携后学，体现出高尚的品格，深受同事和学生的尊敬和爱戴。只是因受到建国后历次政治运动的影响，再加上晚年身体状况下降、病魔缠身，以至他在学术研究上积蓄的才华和能力，并未得到充分的发挥。即使如此，许大龄的人品、学问、贡献也将永远为后世铭记。

林剑鸣

王 子 今

林剑鸣1935年1月生于北京，曾就学于华北大学，1961年毕业于西北大学历史系，先后在西北政法学院、西北大学、中国政法大学任教。曾任西北大学秦汉史研究室主任、陕西省文物管理委员会副主任、中国政法大学法律史研究所所长、法律出版社总编辑、中国秦汉史研究会会长。曾赴日本关西大学、早稻田大学、东京大学、香港中文大学和澳大利亚新南威尔士大学等高等学府研究、讲学，任客员教授。担任《中国文化史大辞典·秦汉卷》主编、《中国法制史·秦汉卷》主编、《中国经济史·秦汉卷》主编。

林剑鸣自70年代初开始致力于秦史研究，所著《秦史稿》及有关一系列论文具有开拓性的学术意义，曾经产生了较广泛的学术影响。关于秦汉社会文化的综合研究，关于简牍研究，关于秦汉考古与文物研究，关于中国法制史研究，林剑鸣也都有学术水准相当高的论著发表。在近40年间的学术生涯中，林剑鸣出版学术著作10余种，发表学术论文100余篇，主要有：《秦史稿》(上海人民出版社1981年版)；《秦国发展史》(陕西人民出版社1981年版)；《简牍概述》(陕西人民出版社1985年版，台湾谷风出版社1987年版)；《秦汉社会文明》(合著)(西北大学出版社1985年版，台湾谷风出版社1990年版)；《雄才大略的汉武帝》(陕西人民出版社1987年版)；《秦汉史》(上海人民出版社1988年版)；《秦史》(台湾五南图书出版公司1992年版)；《秦汉简史》(合著)(福建人民出版社1995年版)；《吕不韦传》(人民出版社1995年版)；《新编秦史》(台湾五南图书出版公司1995年版)；《秦汉史》(台湾五南图书出版公司1995年版)。以及《中国民族资产阶级究竟何时形成》(《学术月刊》1963 年 3 期);《试论商鞅变法成功的原因》(《西北大学学报》1978 年第 2 期);《论秦汉时期在中国历史的地位》(《人文杂志》1982 年第 5 期);《秦代官爵制度变化的奥秘》(《光明日报》1983 年 5 月 25 日);《中国封建地主阶级产生的两条途径》(《历史研究》1984 年第 4 期);《从秦人价值观看秦文化的特点》(《历史研究》1987 年第 2 期);《西汉时代生产关系的特点》(《社会科学辑刊》1989 年第 2 期);《秦王朝统一后的社会各阶级》(《社会科学战线》1989 年第 2 期);《西汉戊己校尉考》(《历史研究》1990 年第 2 期);《秦汉政治生活中的神秘主义》(《历史研究》1991 年第 4 期)等。

注重对于史料的综合研究、逻辑排比和理论分析,是林剑鸣史学研究的特点之一。他的《秦史稿》、《秦汉史》、《秦汉简史》等著作,都体现出作者的这一方面的学术功力。林剑鸣曾经从著名历史学家、考古学家陈直学习简牍学。在陈直的《居延汉简解要》、《居延汉简校证》、《敦煌汉简评议》、《居延汉简文例》等简牍学专著未正式出版之前,就较早地接触到其中的学术内容,领会了陈直"使文献与考古合为一家","使考古为历史服务"的学术主张,掌握了陈直重视简牍等考古文物资料的研究和应用,"以(秦汉时期古籍)本文作经,以出土古物材料证明为纬"的研究方法,历史考察的视界更为开阔,历史分析的眼光更为深刻。

1979 年起,林剑鸣开始在西北大学历史系开设的"秦汉史"选修课中,增加了简牍学基础知识的内容。此后又编印了题为《简牍学概论》的讲义,发给学生阅读。这一讲义又经过加工,参考日本著名简牍学者大庭脩《木简》一书的体例,完成了《简牍概述》一书。该书 1984 年由陕西人民出版社出版。

林剑鸣在秦汉史研究中充分重视简牍资料的运用。他的最有代表性的学术专著《秦史稿》和《秦汉史》,都大量运用了秦汉简牍中发现的新资料。林剑鸣称此为"开辟新的史料来源"。他在《秦汉史》一书中专门撰写了"对秦汉史研究的展望"一节,指出"文献资料相对较少","是研究秦汉史中特有的困难"。他写道,"对这个问题的解决办法,除加强史学理论和方法的研究,以对原有的文献资料从新的角度进行分析、利用外,更重要的是开辟新的史料来源。所谓开辟新的史料来源,无非是两条途径:一是对以前未被利用的资料认真加以鉴别、研究,发掘其中可供秦汉史研究的史料。如有一批古籍长期被视为'伪书',而被史学家弃之不用,事实上有些书并不'伪',或非全'伪',只不过在长期流传过程中添进后人的作品,即使后人伪造的古籍,其中也多少保存了一些可信的史料,只要我们思想明确,细心耙梳,在这些古籍中亦不乏可利用的史料。"

云梦睡虎地秦简的出土,极有力地推动了秦史研究的深入。睡虎地秦简的研究一时成为学界瞩目的学术热点。林剑鸣相继发表了《秦国封建社会各阶级分析——读〈睡虎地秦墓竹简〉札记》(《西北大学学报》1980 年第 2 期)、《秦国奴隶制社会形态的特点》(《中国古史论集》,吉林人民出版社 1981 年版,又

《秦汉史论丛》第1辑，陕西人民出版社1981年版)、《秦代法律制度初探》(《法律史论丛》第1辑，中国社会科学出版社1981年版)、《从云梦秦简看秦代的法律制度》(《中国法制史论文选》第一分册，北京政法学院法制史教研室)、《秦代中央管制简论》(《西北大学学报》1983年第1期)等高质量的论文，成为当时利用考古资料考察秦史卓有成就的先行者之一。

重视阶级分析和社会基本形态的考察，是林剑鸣学术研究的特点之一。以睡虎地秦简为基本资料，他相继发表了《"隶臣妾"辨》(《中国史研究》1980年第2期)、《"隶臣妾"并非奴隶》(《历史论丛》第3期，齐鲁书社1983年版)、《三辨"隶臣妾"：兼谈历史研究中的方法论问题》(《学术月刊》1985年第9期)等有关"隶臣妾"身份研究的一组论文，在史学界引起了较热烈的讨论。现在看来，在得到更充分的研究资料的今天，这些论文中提出的若干观点或许有可以修正之处，但是当时这种以积极探索、积极争鸣的形式推动学术进步的贡献仍然是应当肯定的。

除了在自己的学术实践中充分发掘简牍的史料价值而外，林剑鸣还通过多种形式推进简牍学的进步和普及。在前面说到的《简牍概述》一书的基础上，他还相继发表了《日本学者对中国简牍的研究》(《中国史研究动态》1985年第12期)、《写在竹片木板上的历史资料：介绍我国秦汉简牍》(《中学历史教学参考》1986年第1期)、《居延汉简研究评价》(《光明日报》1987年3月4日》)、《陈直〈居延汉简研究〉评介：兼谈历史研究的方法》(《西北大学学报1988年第1期》)等文章，总结和介绍国内外简牍研究的历史和现状，呼吁学界重视简牍学的发展。林剑鸣在1985年赴日学术访问期间，曾经在关西大学和日本著名简牍学者大庭脩一起参加了"木简研读班"。随后即着手组织一些学生翻译大庭脩先生以简牍作为重要史料的《秦汉法制史研究》一书，并亲自承担了该书第一篇《序论》的翻译。这部书成为中日简牍学者学术交流与学术合作的一个纪念，也成为林剑鸣和他的学生师生间学术情谊的一个纪念。

林剑鸣继承陈直先生以文献资料和考古资料相结合不断取得新的成果的治学方法，是他取得丰硕学术成果的因素之一。考古文物资料，被林剑鸣看作重要的史料宝库。他常常鼓励学生努力发掘这一宝藏，为推进简牍学的进步多作贡献。任秦汉史研究会副会长兼秘书长期间，林剑鸣曾经发起组织部分学者实地考察秦汉长城遗迹，其行程包括踏勘出土汉代简牍相当集中的居延遗址。陕西地区比较重要的秦汉遗址，也都留下了林剑鸣辛勤考察的足迹。

林剑鸣于1997年1月25日逝世，终年62岁。林剑鸣的逝世，是中国秦汉史学界的一大损失。

罗尔纲

贾 熟 村

罗尔纲(1901—1997),乳名幼梧,别名慕婉。著名史学家,考据学家、金石学家。广西省贵县(今广西壮族自治区贵港市)人。生于清光绪二十六年十二月初十日(1901年1月29日)。1925年,就读于上海浦东中学。1926年,考入上海大学社会学系三年级。后转入中国公学学习。1930年,毕业于中国公学中文系,获学士学位。自1930年7月至1931年9月,在中国公学校长胡适家中做家庭教师,并帮助胡适整理其父胡传的文稿。胡传文稿《台湾纪录两种》(即《台湾日记》、《台湾禀启存稿》)1951年在台湾出版。

1932年至1933年,在广西贵县,任贵县中学教员,兼任该县修志局特约编纂,负责与太平天国有关的部分。写成《太平天国广西起义史》。1934年,陈独秀见到此稿后,深为赞赏,拟与其合作撰写太平天国史。后因故未能实现。

1934年11月起,任北京大学文科研究所助理员,从事整理和校点“艺风堂金石拓本”的工作。写成《金石粹编校补》4卷、《艺风堂金石文字讹误举例》。

1937年,在商务印书馆出版《太平天国史纲》,认为“太平天国革命的性质是贫农的革命”。这在当时的学术界是难能可贵的。1944年,金毓黻写作的《中国史学史》中,将此书评为“具备时、地、人条件的好著作,”推为“最新佳著”,列入“唐、宋以来值得称道的私修史内”。40年后,费正清在《剑桥晚清史》中仍然评价说:“罗尔纲的《太平天国史纲》现在仍然是最好的一部概论性著作。”

1937年秋,中央研究院社会研究所迁往长沙,11月,他奔赴长沙,转入该所工作,任助理员。研究清代兵制史。1939年,升副研究员。出版《湘军新志》,该书认为曾国藩创立湘军制度,为晚清兵为将有的起源，后来因而形成了督抚专政、军阀割据。该年，还出版了一本《捻军的运动战》。1943年，出版了《洪秀全金田起义前年谱》(与陈婉芬合著)、《太平天国史丛考》、《天地会文献录》。

1944年，由广西通志馆借调，至广西研究李秀成自传原稿。该年，出版了《洪秀全》、《师门辱教记》。《师门辱教记》记述了他从学胡适的经历。胡适看后，认为比得几十个博士学位还令他高兴。1958年12月7日，将此书改名为《师门五年记》，加以重印，作为他10天后过生日还礼之用，遍送为他祝寿的亲朋好友。台湾历史学家严耕望称赞此书："不但示人何以为师，亦且示人何以为学，实为近数十年来之一奇书。"从此，台、港商人纷纷擅印，销行量之广，几与某些教科书相埒。1994年，此书与罗尔纲新作之《胡适琐记》，再次由三联书店(香港)有限公司出版。

1945年，出版了《绿营兵志》。此书认为绿营制度，兵权、饷权都牢牢地紧握于清朝中央政府，兵为国有，与湘军制度恰恰相反。他的《绿营兵志》、与《湘军新志》一起，赢得了很高的国际声誉，被称赞说："罗尔纲这些著作，对充分了解晚清军事制度和权力结构的本质极其重要。"美国学者拉尔夫·尔·鲍威尔称他为"中国的军事历史家。"

1947年，升为研究员。1948年，出版了《太平天国金石录》、《太平天国史考证集》、《太平天国广西首义志》。

中华人民共和国创立之后，中央研究院社会研究所改为中国科学院经济研究所，他仍任该所研究员，兼任南京大学历史系教授。1950年，在南京筹办太平天国起义100周年纪念展览，往来江苏、浙江、安徽各地，发掘、搜集到一批珍贵文物与史料。出版了《太平天国的理想国》、《太平天国史辨伪集》。1951年，出版了《太平天国史稿》、《李秀成自传原稿笺证》。1954年，他出版了《忠王李秀成传》。该年4月，由经济研究所调入近代史研究所。因主持太平天国史料编纂委员会的工作，筹建太平天国历史博物馆，仍留南京。他搜集太平天国史料，主要在南京图书馆颐和路书库进行，该书库藏书70多万册，他按库、按架、按排的次序，除经部之外，所有鸦片战争后的史部、子部、集部、丛书、杂志、报纸、函牍、档案等，都一册一册地，一页一页地翻阅，凡看见有关太平天国的资料，就登记在簿子上，把它的库数、架数、排数、书名、著者、出版处、年代和册数等记录下来，其中特别重要的资料，并作一简要提要。共搜得有关太平天国资料的刻本、稿本、抄本925种，方志730种，共15274册。经过多年的努力，抄出1200万字。又进一步精选800万字，编成《太平天国资料丛编》。1960年6月完成。由于篇幅过大，印刷困难，他又从中提出最重要的资料140万字，编为《太平天国史料丛编简辑》，由中华书局上海编辑所于1961年出版。1964年，香港学者简又文发表《五十年来太平天国史的研究》，他写道："据最近报告，罗先生(现任南京太平天国历史博物馆馆长)近年进行一种极为艰巨的工作，……编成《太平天国资料丛编》。……又缩编为一部简辑。……此书问世后，当为太平天国史吐发不少新光，而为一般研究者所最欢迎者，诚罗老先生之至大贡献也。”他对太平天国史资料的搜集、整理、出版，确实为研究者提供了很大便利，极大地促进了太平天国史研究的深入发展。

1955 年，出版了《太平天国史稿》（改写本）、《太平天国新军的运动战》、《清代乾、嘉、道、咸、同、光六朝人口统计》（附刊于经济研究所编写的《中国近代经济史统计资料选辑》一书内）、《太平天国史记载订谬集》、《太平天国史事考》、《太平天国史料辨伪集》、《天历考及天历与夏历公历对照表》。他初从胡适学考据，学习西方科学方法。继入北京大学考古室考订金石，深受乾嘉学派，特别是钱大昕精微缜密考据方法的影响。新中国建立后，又努力学习辨证唯物论与历史唯物论。上承我国古代疑古学派，又受五四时期提倡怀疑，追求真理的精神熏陶，善于独立思考，敢于打破陈说，所作《李秀成伪降考》、《洪大全考》、《清朝统治阶级诬蔑太平军杀人放火奸淫掳掠考谬》、《太平天国史料里第一部大伪书〈江南春梦庵笔记〉考伪》，均为名篇，考据方法，远迈前人。已形成新考据方法。

1956 年，他被评为一级研究员。这一年，他出版了《太平天国史料考释集》、《太平天国文物图释》、《太平天国史画》、《太平天国文选》。1957 年，他出版了《太平天国史稿》（增订本）、《李秀成自传原稿笺证》（增订本）。1958 年，他出版了《太平天国史迹调查集》、《忠王自传原稿考证与论考据》。1959 年，他出版了《太平天国艺术》（太平天国文献第四集）。1960 年，他出版了《太平天国诗文选》。1961 年，他出版了《太平天国印书》（太平天国文献第一集）、《太平天国史料丛编简辑》。

1964 年 4 月，从南京回到北京工作。1979 年，他出版了《太平天国文书汇编》、《太平天国资料汇编》、《太平天国史事考》（第二版）、《太平天国史迹调查集》（第二版）。1981 年，他出版了《太平天国史丛考甲集》。1982 年，他出版了《李秀成自述原稿注》。1984 年，他出版了《湘军兵志》（改写本）、《绿营兵志》（修改本）。1985 年，他出版了《太平天国史记载订谬集》（第二版）、《太平天国史料辨伪集》（第二版）、《太平天国史料考释集》（第二版）、《太平天国史丛考甲集》（第二版）。1986 年，他出版了《困学集》。1989 年，他出版了《困学丛书》、《水浒传原本》。1991 年，他出版了《太平天国史》、《生涯六记》、《我童年的教育·抗病记》、《四季诗》。《太平天国文书》。《太平天国史》的写作，历时近 40 载，五易其稿，终成 150 万字的巨著。全面论述了太平天国的兴衰成败。不仅是他个人毕生心血的结晶，也是新中国太平天国史研究的总结。本书批判地吸收了中国纪传史体裁的优点，创立了以叙论、纪年、表、志、传五部分组成的综合体史书新体裁，是太平天国史研究历程上的一座丰碑。

1992 年，他出版了《水浒传原本和著者研究》、《太平天国文物》。1993 年，他出版了《太平天国散佚文献勾沉录》。1994 年，他出版了《太平天国艺术》（增补本）。1995 年，他出版了《增补本李秀成自述原稿注》、《太平天国史丛考乙集》、《太平天国史丛考丙集》。他对李秀成自述的注释，早在1931年已经开始，关于《李秀成自述》真伪的疑案，他提出一种用八法鉴定字迹的新方法，证明《李秀成自述》是真迹而非伪造。《李秀成自述》是在狱中草就而成，其中有很偏僻的地名、方言、人名、典故、避讳、制度、史实等等，他用了65年的时间，一一加以注释，“从青春注到了白首。”该书31.3万字，注文和正文的比例是四比一。

所著《晚清兵志》，包括《淮军志》、《甲癸练兵志》、《陆军志》、《海军志》、《军事教育志》、《兵工厂志》，正在排印中。

统计他出版著作50多种，发表文章约400多篇。共约800多万字。编纂太平天国文献和资料，约3000多万字。由于他在学术方面的卓越贡献，1950年，被选为广西贵县人民代表。1953年，被选为南京市人民代表。1954年，被选为江苏省人民代表。第二届全国政协委员。1958年，加入中国共产党。1959年，被选为第二届全国人民代表。1964年，被选为第三届全国人民代表。1978年，被选为第五届全国政协委员。近年，又被推举为北京太平天国历史研究会顾问，中国太平天国史学会名誉会长，广西史学会及太平天国历史研究会顾问。在1986年，他从事学术研究60周年时，广西和南京，都举行了庆祝会。海内外学者出版《罗尔纲与太平天国史》、《太平天国学刊》第5辑(庆祝罗尔纲从事学术活动六十年专辑)志庆。他被称为太平天国史学的奠基人、一代宗师、道德文章第一流。

他于1997年5月25日在北京逝世，享年97岁。

苏秉琦

王 世 民

苏秉琦，河北高阳人，生于1909年10月4日，于1997年6月30日在北京逝世，享年88岁。他是新中国考古研究的主要指导者和考古教育的创办人，为我国考古学科的建立与发展作过重要的贡献。

早在30年代中国考古学初创时期，苏秉琦刚由北平师范大学历史系毕业，便参加1934—1936年北平研究院史学研究会在宝鸡斗鸡台进行的重要发掘。随后，他又在抗日战争的艰苦岁月，克服重重困难，创造性地运用类型学方法，整理斗鸡台发掘资料进行周秦墓葬分期和瓦鬲研究，于1948年出版《斗鸡台沟东区墓葬》。这是当时有数的几部田野考古名著之一。

新中国成立以后，苏秉琦一直在中国科学院考古研究所工作(1977年起属中国社会科学院)，历任考古所研究员、汉唐考古研究室主任、学术委员会委员和博士研究生导师等职。50年代，曾参与领导建国以后首次大规模进行的辉县发掘，并亲手发掘战国时期的固围村2号大墓；主持西安附近的考古调查，确认客省庄二期文化，制定其与当地仰韶文化和西周文化的相对年代；主持洛阳附近的考古发掘，勘察东周时代的“王城”遗址，建立中原地区东周墓葬的断代标尺。此间，曾出版由他主编的《洛阳中州路(西工段)》一书。

苏秉琦为培养我国考古事业急需的专门人才，倾注了大量的心血。他从1952年起，兼任北京大学历史系考古教研室主任历时30年，建立了一套较完整的考古教育体系，又曾参与筹划和领导建国初期的四届考古工作人员训练班，受教弟子遍布全国。开始，他在北大讲授秦汉考古等课程，后来重点进行史前时期的考古研究，曾指导考古专业师生进行邯郸涧沟和龟台、华县泉护村和元君庙、洛阳王湾、昌平雪山等项考古发掘实习，极大地增进对中原地区新石器时代，特别是仰韶文化类型划分、时空关系、社会性质等问题的认识。

党的十一届三中全会以后，苏秉琦于1979年被推选为中国考古学会副理事长，1986年起任理事长，又曾兼任国家文物委员会委员、《中国大百科全书·考古学》卷编辑委员会委员、《中国文物地图集》编辑委员会顾问等职。他在改革开放的年代，精神焕发，情绪高昂，经常不顾年迈体衰，远道进行现场指导，亲临一系列讲求实效的专题研讨会，耐心地帮助各地考古人员，总结已有成绩，发现新的苗头，开拓深入探讨的途径。

最近20年来，苏秉琦致力于加强考古学科的理论建设，为提高史前时期考古研究的科学水平，充实和完善中国考古学的学科体系，推进中国考古学更加成熟地走向21世纪，而坚持不懈的努力。70年代后期，他根据自己长时间运用类型学方法的研究心得，结合考古学界恢复工作以后重新关注谱系研究的实际情况，适时地提出考古学文化的区系类型问题，将现今我国人口密集地区分为六大文化区系。随后，他又将区系类型学说发展为，通过考察我国考古学文化的谱系，研究中华民族多元一体格局和中国以汉族为主体统一多民族国家的形成过程，研究这一总过程中各考古学文化的相互关系及其发展的不平衡性。80

年代中期，当考古学界关注中国文明起源问题的时候，他提出把“古文化古城古国”作为当前考古工作的重点，认为“古文化是指原始文化”，“古城指城乡最初分化意义上的城和镇”，“古国指高于部落之上的、稳定的、独立的政治实体”，强调“与社会分工、社会关系分化相应的，区别于一般村落的中心遗址和墓地”的重要意义。90年代初，苏秉琦又提出“重建中国史前史”的学术任务，并且亲自主编《中国通史·远古时代》，以80年代的最新考古研究成果为基础，详细阐述中国史前时期的历史，书中对诸多问题有精辟的论断。他在1996年写作、去世前夕出版的《中国文明起源新探》一书，则对自己毕生从考古学上探索中国文化、中华文明和中华传统起源的漫长历程，进行了回顾与总结，文字清新，雅俗共赏。前此，他在1983年出版的《苏秉琦考古学论述选集》，曾于1994年荣获首届国家图书奖；1984—1994年发表的论文和讲演，汇编为《华人·龙的传人·中国人——考古寻根记》一书。为了推进学科建设和考古学文化研究，他还发起并主编连续出版的《考古学文化论集》(已出四集)。这些论著在考古学界和历史学界都有广泛的影响。

董蔡时

王国平　许金芳

董蔡时，江苏省武进市人，1921年5月6日出生，1997年9月16日因心脏病猝发，不幸逝世，享年77岁。董蔡时自幼生长在农村，1931年，入常州城内武阳小学读书。1933年，考入江苏省立苏州中学读书。1937年7月抗日战争爆发，11月苏州沦陷，随流亡学生入川，继续求学，先后入国立四川中学(后改名为国立二中)、国立十四中学读书，1941年高中毕业，同年考入四川璧山国立社会教育学院，1942年考入国立中央政治大学。大学三年级时，被国家征调为译员，奔赴湘西前线，参加抗战工作，抗战胜利后返校。在求学时代，他学习勤奋刻苦，为以后的教学生涯和学术研究打下了扎实的基础。1946年夏大学毕业后，曾先后在重庆、武进、常州等地师范学校和中学任教。新中国建立后，又先后于常州第一中学、苏州工农速成中学任教。1958年经组织调动入江苏师范学院（即今苏州大学）历史系任教至今，历任教员、副教授、教授、研究生导师，曾担任《苏州大学学报》（哲学社会科学版）主编，校学术委员会、学位委员会、职称评审委员会委员等职，并当选为第七届、第八届苏州市政协委员。同时，他还先后担任江苏省社联理事、《江海学刊》编委、中国太平天国史研究会顾问、江苏省太平天国史研究会名誉会长等职。

董蔡时毕生致力于中国近现代史的研究，尤其在中国近代政治史、太平天国史、辛亥革命史等领域取得了令人瞩目的成就，做了许多开创性的工作，先后出版学术专著7部，主编出版史料集三部，发表学术论文近百篇，著述近300万字。

50年代至80年代中期，董蔡时主要研究领域为太平天国史，他从正反两方面入手，对太平天国这场农民革命运动进行了多角度、全方位的探讨，先后发表了《略论太平天国政权的性质和特点》、《略论太平天国时期的洪杨矛盾》、《关于太平天国分地制探讨》、《关于太平天国杂税》、《略论太平天国并无所谓第二次西征》、《安庆保卫战中若干问题的研究》、《略论陈玉成三打鄂东与胡林翼的碉卡战术》、《关于太平玉玺上八位万岁的考释》等近四十篇论文，涉及太平天国政治、军事、经济、思想、文化、外交和考证等方面。董蔡时对太平天国史研究的贡献主要有三方面：一是研究角度和方法独到新颖，不但全面研究了太平天国农民运动本身的方方面面，而且系统探讨了其对立面湘军、淮军及其代表人物的活动与影响；二是出版了专著《太平天国在苏州》一书，对太平天国后期重要根据地苏福省作了详细探讨，在太平天国区域研究方面取得了新的突破；三是和南京大学、苏州市博物馆等单位合作，搜集整理并点校了大量珍贵的太平天国史料，先后主编出版了《太平天国史料专辑》、《何桂清等书札》、《江浙豫皖太平军资料选辑》等三部太平天国研究资料专集及《李鸿章未刊函稿》等，大大推动了太平天国史的研究。

80年代中期至90年代，董蔡时侧重于晚清政治史和辛亥革命史研究。他从人物研究入手，先后出版了《左宗棠评传》、《林则徐传》（普及读物）、《胡林翼评传》（与王国平合作）、《曾国藩评传》等著作，以辩证唯物主义和历史唯物主义的立场、观点和方法剖析了林则徐、曾国藩、左宗棠、胡林翼等对晚清政局影响至深的政坛人物的功过是非，知人论世，弘扬中华民族的传统美德，歌颂民族英雄，抨击崇洋媚外，痛斥妥协投降。四部评传皆资料翔实，逻辑严谨，论从史出，文思并茂，反映了董蔡时深厚的治学功力和卓越的历史学识。其中《曾国藩评传》尤为其心血之作。在这部董蔡时曾五易其稿，直到去世前一年方得以出版的评传前言中，他首先提出了评价近代政治人物是非功罪的标准主要应看其活动是缓解了近代中国的民族危机，还是加深了民族灾难；是维护了祖国领土主权的完整，还是有损于国家领土主权的完整；是遗爱在民，还是洒向人间都是怨。以此为立论依据，在详尽占有曾国藩手稿等一手资料的基础上，结合与左宗棠、胡林翼等的比较研究，探讨了曾国藩残酷镇压农民革命的思想基础——封建理学；分析了曾国藩为人处世所谓的"派诚"、"派信"的本质；探讨了曾国藩湘系集团内部及其与清政府、何桂清集团、淮系集团等的矛盾和斗争；还探讨了曾国藩晚年受清政府打击后的不平与悲哀处境，特别是从关系学的角度，探讨了"曾（国藩）、胡（林翼）关系"、"曾、左（宗棠）关系"、"曾、沈（葆桢）关系"、"曾、李（鸿章）关系"、"曾、官（文）关系"与"曾、杨（霈）关系"等等。人是历史的主体，是各种社会关系的总和，从人际关系角度论史，可谓提纲挈领，入木三分，从而使史学研究由外在而入内里，由物态而入心态，更能反映历史的本来面貌和真实价值。这些曾国藩关系学研究，加上此前已发表的《略论左（宗棠）、胡（林翼）关系》、《略论曾（纪泽）、李（鸿章）关系》、《略论左（宗棠）、李（鸿章）关系》、《略论曾（国藩）与祁（寯藻）、彭（蕴章）关系》等近代人际关系论，董蔡时由此开创了晚清政治史研究的一个新领域和新境界。

在辛亥革命史研究方面，1991 年，董蔡时主编的专著《辛亥革命史》，由外文出版社译成英文（*The Revolution of* 1911：*Turning Point in Modern Chinese History*）对海外出版发行，被欧美一些大学指定为必读教材。此外，董蔡时撰写的《孙中山与辛亥革命》一书也被外文出版社译成英、法、德、俄、日、西班牙及汉文繁体字等 7 种文字于 1991 年对海外出版发行，促进了我国学术研究的对外交流与宣传。董蔡时的学术成果受到国内外学术界的广泛关注和好评，曾三次获得江苏省哲学社会科学二等奖和华东地区优秀学术著作二等奖。

董蔡时十分注重教学与科研并进，在教书育人方面同样成绩斐然。他思维敏锐，史料娴熟，授课循循善诱，生动风趣，先后开设了《中国近代史》、《中国近代政治史》、《中国近代政治思想史》、《太平天国史》、《晚清政治史名著选读》等课程。他一生从教近半个世纪，呕心沥血、兢兢业业，培养的学生遍布海内外，许多学生已成为学科带头人和学术中坚力量，有的已担任各级领导工作，在不同的岗位发挥着骨干作用。董蔡时一生淡泊名利，乐于助人；他待人至诚，虚怀若谷；他关心别人，热爱学生，扶掖后进，为人师表。他是学生的好老师，同行的好向导，同事的好帮手。董蔡时的为人与学术品格一直为学术界和其他各界人士所景仰。

书目、论文索引

历史新书、再版书书目

曹　江　红

目　录

一、总论、专题史

1. 总论

士大夫政治演生史稿　阎步克著　北京大学　96.5　29.50元

历史学的思想和方法　杨豫，胡成著　南京大学　96.1　16.50元

中外历史专题研究　丁柏传主编　中央党校　96.8　14.50

中国历史之谜　李培栋主编　上海辞书　96.11　20元

中国史学上正统论　饶宗颐著　上海远东　96.8　20元

中国早期知识分子的社会职能　王廷治著　河南人民　97.4　16元

穿越历史的丛林——史学论　彭卫著　三联　97.4　11.50元

儒生与国运　刘修明著　浙江人民　97.1　27.20元

明清人物史事论析　马楚坚　江西高校　96.9　25元

宇宙的重构　王红旗　中国国际广播　97.1　15元

符号之谜——生活中的神奇符号　王红旗著　中国国际广播　96.9　14元

中国大洪水——灾害性洪水述要　骆承政、乐嘉祥主编　中国书店　48元

孔子祖籍考　骆承烈主编　中州古籍　96.5　8.10元

内圣外王的贯通：北宋易学的现代阐释　余敦康　学林　97.1　25元

中国历代领导思想今鉴　张源生等主编

江西高校 96.10 8元
中国历代官员考核 邱宝林、吴仕龙著 云南教育 96.9 13.50元
屈原与他的时代 赵逵夫 人民文学 96.8 26元
荆棘铜驼——西晋八王之乱 罗宏曾著 三联 97.1 13.80元
隋唐政治史论 胡如雷 河北教育 97.6 15.80元
宋朝阶级结构 王曾瑜著 河北教育 96.8 21.30元

2. 文化史

文化的基频——科技文化史论稿 何亚平、张纲 东方 96.11 16元
中国文化与闽台社会 汪毅夫著 海峡文艺 97.4 13.50元
中国文化史概要 谭家健主编 高教 97.7 33.50元
中国史前饮食史 王仁湘主编 97.3 精装 青岛 58元
中国的祠堂与故居 吴英才、郭隽杰主编 天津 97.2 18.80元
中国风雅文化系列 舒大刚、祝尚书主编 四川人民 96.2 全八册 精装 68元
中国吉祥图像解说 完颜绍元、郭永生编文 上海书店 97.1 12.50元
中国古代宫闱百态 齐逸民、王英著 东方 97.6 11元
中国衣冠服饰大辞典 周汛、高春明编著 上海辞书出版社 96.12 精装 150元
中国山水文化 李文初著 广东人民 96.9 28元
中国古代服饰研究:增订本 沈从文 上海书店 97.6 精装 200元
告慰历史与未来:中国历史文化名城保护与开发问题研究论文集 济南社会科学院编 山东友谊 97.2 22元
绍兴桥文化 绍兴市城乡建设委员会等编 上海交通大学 97.1 16元
中国武术史略 李宁、江百龙主编 人民体育 97.6 8元
民间称谓 王定翔著 海燕 97.5 精装 15.50元
民间百工 王静、霍清廉著 海燕 97.5 精装 16.50元
民间禁忌 尉迟从泰著 海燕 97.5 精装 18元
民间庙会 高有鹏著 海燕 97.5 精装 15元
民间节日 刘乡英著 海燕 97.5 精装 14元
民间礼俗 孟宪明著 海燕 97.5 精装 20元
民间食俗 魏敏著 海燕 97.5 精装 16元
民间服饰 孟宪明著 海燕 97.5 精装 19元
千古之谜:中国文化史500疑案(续) 施宣圆等主编 中州古籍 96.10 精装 35元
中国古代小说文化研究 王平著 山东教育 96.9 17元
东方审美文化研究(1) 周来祥主编 广西师大 96.6 15元
唐诗与庄园文化 林继中著 漓江 96.5 6.50元
少数民族与中华文化 田继周著 上海人民 96.5 47.10元
苗族历史与文化 李廷贵等主编 中央民族大学 96.10 17.60元
思维之光:畲族文化研究 雷弯山著 天津人民 97.1 15.80元
蒙古贞风俗 马文学、吴金宝编著 辽宁民族 96.12 8元
拉祜文化论 晓根等 云南大学 97.4 12元

3. 经济史

中国古代经营管理思想研究　杨承辉著　南开大学　96.9　6.50元
中国古代经济重心和唐宋江南经济研究　郑学檬　岳麓书社　96.4　10元
先秦两汉赋税思想史论　周道生著　中南工大　96.5　9.50元
老子与商战权术　杨灿明著　湖北人民　96.5　6元
管子与商战智慧　邹进文著　湖北人民　96.5　7元
《孙子兵法》与现代管理　夏书章著　中山大学　96.11　13.90元
沧州烟草志　李东庄主编　《沧州烟草志》编纂委员会编　中国文史　96.6　精装　45元
合山矿务局:1905—1990《合山矿务局志》合山矿务局编纂委员会编　煤炭工业　96.12　精装　70元
中国煤炭志:河南卷　崔云龙主编　煤炭工业　96.12　精装　85元
鹤壁市交通志　何敏、罗秀英主编　中州古籍　96.5　精装　29元

4. 教育史

中国传统教育哲学　于述胜、于建福著　江苏教育　96.9　15.80元
中国教育改造　陶行知　东方　96.3　14.80元
在教育史册——上海当代普教名人传略　第三集　姚庄行、袁采主编　上海教育　96.4　7.80元
朱子家训导读:教子名言　黄和编著　广东人民　96.10　9.80元
陆九渊教育思想研究　郭齐家、顾春著　江西教育　96.10　精装　18元
吴澄教育思想研究　胡青著　江西教育　96.9　18元
傅斯年教育思想研究　马亮宽著　辽宁教育　97.9　23元
家书　管曙光编译　湖北人民　96.11　12元

5. 宗教史

中国宗教思想史大纲　王治心著　东方　96.3　15.60元
中国宗教名胜事典　袁一锋等编撰　上海人民　96.12　26元
中国佛教发展史略　南怀瑾　复旦大学　96.8　12元
佛学与佛教　业露华著　上海古籍　96.11　9.50元
太平经注译:文白对照　(上、中、下)　罗炽主编　西南师大　96.8　59.80元
伊斯兰文化新论　马明良著　宁夏人民　97.5　14.80元
伊斯兰教艺术百问　刘一虹、齐前进著　今日中国　96.6　10.80元
中国回族伊斯兰教制度概论　勉维霖主编　宁夏人民　97.4　21元
道家与道教　刘仲宇著　上海古籍　96.11　8.80元
道家文化研究　第九辑　陈鼓应主编　上海古籍　96.6　24.80元
道家文化研究　第十辑　陈鼓应主编　上海古籍　96.8　24.10元
道教史　许地山著　华东师大　96.12　10.80元
唐代密宗　周一良著　钱文忠译　上海远东　96.7　17.80元
真禅法师纪念文集　上海市佛教协会编　华东师大　96.11
鉴真东渡　王东、陈鹏鸣著　上海古籍　96.12　8.60元

6. 地方史、历史地理

上海春秋　曹聚仁等编　上海人民　96.8　14.90元

六横志　蒋文波主编　上海书店　96.7　精装　35元

中国地方志　林衍经著　上海古籍　96.11　8元

西藏六十年大事记　(民国)朱绣编著；吴均校注　青海人民　96.4　6元

庐山史话　周銮书著　江西人民　96.4　10元

西南丝绸之路考察记　王清华、徐治著　云南大学　96.7　9元

西域通史　余太山主编　中州古籍　精装　96.6　65元

中西部的希望之星：焦作　赵宗军著　河南人民　96.7　12元

少数民族与中华文化　田继周等著　上海人民　96.5　精装　55.80元

四川岷江上游历史文化研究　冉光荣、工藤元男主编　四川大学　96.12　19.50元

孝义市城关乡志　李林生主编　孝义市城关乡志编纂委员会编　山西古籍　96.12　精装　80元

话说河南　王乃平主编　河南人民　96.8　18元

宿迁市志　宿迁市地方志编纂委员会编　江苏人民　96.12　精装　100元

顺德通　广东省地图出版社编制　广东地图　96.5　5元

枣庄历史与名人　胡小林等主编　黄河　96.6　9.80元

浙江文史集粹　浙江省政协文史资料委员会编　浙江人民　96.12　精装　24元

台湾历史纲要　陈孔立主编　九州图书　96.4　30元

百年孤独：香港历史漫步　何修文编著　海燕　97.6　6.20元

南澳岛纪游　林松阳编　汕头大学　96.12　7元

陕西回族史　穆罕默德·阿里、冯福宽著　陕西人民　97.12　8.50元

金海观与湘湖师范　萧凌主编　华东师大　96.7

奎屯市概览　温志明主编；中共奎屯市委史志办公室编　新疆大学　97.2　12.50元

鲁西南地区革命史　王宗普、田浩存主编　中共荷泽地委党史委著　黄河　97.6　48元

岭南建筑明珠——广州陈氏书院　罗雨林著　岭南美术　96.7　200元

镇海英烈传　中共宁波市镇海区委党史研究室编　百家　97.4　16元

福清少林寺　福清少林寺重建委员会编　福建省地图　96.11　18元

福清革命史　宋克宁主编　福建教育　97.6　精装　25元

湖北工运人物传：1863—1949　张士新主编　湖北省总工会编　湖北人民　96.9　10元

烽火太行摇篮情：太行联中纪念文集　山西省史志研究院　山西古籍　96.11　22.80元

隆昌县档案志　吴晓英主编　四川大学　97.4　精装　38元

暨南人　第一集　钟业坤主编　暨南大学　96.5　28元

人文地理与中华伟人　和文军　天津人民　97.6　19.80元

中国历史大辞典：历史地理卷　郑天挺等主编　谭其骧分主编；明史编纂委员会编　上海辞书　96.8　精装　58.80元

城市地理学　许学强等编著　高教　97.7　13元

世界地名词典 中国科学院地理研究所等编 上海辞书 96.12 精装 91元

世界旅游地理 唐发华、仇奔波主编 江苏教育 96.12 16.80元

最新中国地图册 星球地图出版社编制 星球地图 96.11 精装 15元

天鹅下的明珠——黑河 赵桂卿、陈苍山主编 黑龙江人民 97.3 4.90元

青岛历史古迹 李宝金著 青岛 97.7 10.80元

黄河长江 李向平著 上海古籍 96.11 9.40元

台湾城市与县乡镇总览 毕福臣编著 中国统计 97.1 28元

二、考古与文物

文物鉴定与辨伪实用手册 秦晴等著 上海人民 96.10 24元

上海博物馆文物保护科学论文集 马源源主编 上海科技文献 96.9 精装 120元

云南寺庙塔窟 王明生主编 云南科技 96.5 （中国寺庙塔窟系列丛书） 96.5 15元

中国古代俑 曹者祉、孙秉根主编 上海文化 精装 45元

中国古钱币图目补遗 赵立仁主编 四川大学 96.11 22元

中国古塔鉴赏 顾延培、吴熙棠主编 同济大学 96.6 37元

中国历史文物知识简编 刘录中、游振群主编 湖南美术 96.12 29元

中国印章史 王廷洽著 华东师大 96.12 12元

中国当代大铜章 陈坚、姚家齐主编；上海造币厂钱币研究会编 上海科技 97.4 精装 85元

中国考古学年鉴1994 徐光冀主编 中国考古学会编 文物 97.1 25元

中国铁钱 刘森著 中华 96.6 7元

中国陶瓷 刘伟著 上海古籍 96.8 9.80元

古代舟车 田久川著 上海古籍 96.8 8.70元

古书版本鉴定 李致忠著 文物 97.2 50.00元

古灯 王福康、王葵编著 上海古籍 96.12 8.90元

衣装 高汉玉、屠恒贤编 上海古籍 96.12 12元

克孜尔壁画装饰图案 张爱红、史晓明编 四川美术 96.9 20元

越窑、秘色瓷 汪庆正主编 上海古籍 96.11 140元

龙门石窟一千五百周年国际学术讨论会论文集 龙门石窟研究所编 文物 96.5 50元

归义军史研究：唐宋时代敦煌历史考索 荣新江著 上海古籍 96.11 22.60元

扬州古陶瓷 扬州博物馆、扬州文物商店编 文物 96.9 140元

近代机制币辨伪图鉴 钱屿、钱津著 上海书店 96.11 18元

考古学的历史、理论、实践 中国社科院考古所编 中州古籍 96.5 23元

考古勘探 朱俊英编著 科学 96.9 38元

麦积山石窟 曹昌光等文图 甘肃人美 96.5 12.80元

故宫藏镜 郭玉海编著 紫禁城 96.12 75元

旅顺博物馆藏铜镜　苏小幸、刘广堂主编　旅顺博物馆编　文物　97.2　40元

殷墟甲骨分期研究　李学勤、彭裕商著　上海古籍　96.12　28元

清代书画鉴定与艺术市场　徐建融著　上海书店　96.10　50元

敦煌天文历法文献辑校　周绍良主编；邓文宽编著　江苏古籍　(敦煌文献分类录校丛刊)　96.5　125元

敦煌艺术叙录　谢稚柳著　上海古籍　96.6　39.80元

敦煌宝藏　王惠民著　上海古籍　96.9　8元

敦煌赋汇　周绍良主编　(敦煌文献分类录校丛刊)　江苏古籍　96.5　90元

庐山名胜石刻　徐新杰　江西人民　96.5　7元

人物画　林虞生编著　上海古籍　96.12　12.20元

三、中国通史

中华二十六史简说　文选德著　湖南　97.4　精装　13元

中华历史通鉴　李罗力　国际文化　97.3　260元

中华通史　第一卷上古史　(台湾)陈致平著　花城　96.2　(1—10卷　338元)

中华通史　第二卷秦汉三国　(台湾)陈致平著　花城　96.2

中华通史　第三卷两晋南北朝史　(台湾)陈致平著　花城　96.2

中华通史　第四卷隋唐五代史　(台湾)陈致平著　花城　96.2

中华通史　第五卷宋辽金史前编　(台湾)陈致平著　花城　96.2

中华通史　第六卷宋辽金史后编　(台湾)陈致平著　花城　96.2

中华通史　第七卷元史　(台湾)陈致平著　花城　96.2

中华通史　第八卷明史　(台湾)陈致平著　花城　96.2

中华通史　第九卷清史前编　(台湾)陈致平著　花城　96.2

中华通史　第十卷清史后编　(台湾)陈致平著　花城　96.2

中国古代史　上册　詹子庆主编　高教　97.7　13.20元

中国皇宫五千年秘闻　石成金编著　辽宁民族　97.1　38.80元

中国封建王朝兴亡史：秦汉卷　周远廉主编；王连升等著　广西人民　96.9　18元

中国封建王朝兴亡史：三国魏晋南北朝卷　周远廉主编；蒋福亚等编著　广西人民　96.9　21元

中国封建王朝兴亡史：隋唐卷　周远廉主编；吴宗国等著　广西人民　96.9　23元

中国封建王朝兴亡史：两宋卷　周远廉主编　广西人民　96.9　19元

中国封建王朝兴亡史：元朝卷　周远廉主编；陈世松著　广西人民　96.9　19元

中国封建王朝兴亡史：明朝卷　周远廉主编；南炳文等著　广西人民　96.9　16元

中国封建王朝兴亡史：清朝卷　周远廉主编；周远廉等著　广西人民　96.9　23元

中国历史纵与横　石培华主编　华东理

工 96.12 10.50元

中国历代兴亡录 （上、下） 张汉东、秦永洲著 山东人民 96.3 精装 68元

新编中国历朝纪事本末 王连升主编 秦汉卷（上、下） 山西教育 96.6 精装 35.60元

新编中国历朝纪事本末 王连升主编 宋辽夏金元卷（上、下） 刘洪涛主编 山西教育 96.6 精装 54.80元

新编中国历朝纪事本末 王连升主编 魏晋南北朝卷上、下 孙立群主编 山西教育 96.6 精装 48.60元

新编中国历朝纪事本末 王连升主编 隋唐卷（上、下） 马俊民、于宝华主编 山西教育 96.6 精装 55.80元

新编中国历朝纪事本末 王连升主编 明清卷（上、下） 杜家骥主编 山西教育 96.6 精装 46.60元

四、中国古代史、古代人物

东方哲学与文化 第一辑 中国社科院哲学研究所东方哲学研究室编 社科文献 96.2 16元

先秦政治思想史 梁启超 东方 96.3 17.80元

中国认识论思想史稿 上卷、下卷 夏甄陶著 中国人大 96.6 精装 44元

中国传统社会心态 陆震著 浙江人民 96.3 11元

传统智慧再发现 （上、下） 王树人、喻柏林著 作家 96.2

中国伦理学史 蔡元培 东方 96.3 15.60元

中国伦理学史 上册 陈少峰著 北大 96.2 18.50元

孔子哲学思微 （美）郝大维、安乐哲著；蒋弋为、李导林译 江苏人民 96.9 11.50元

生存与智慧：庄子哲学的现代阐释 崔宜明著 上海人民 96.12 16元

老子他说 南怀瑾著 复旦大学 96.8 精装 24元

孟子旁通 南怀瑾著 复旦大学 96.8 精装 25元

亚圣智慧：孟子新论 王其俊 山东人民 96.12 26元

周予同经学史论著选集 （增订本） 朱维铮著 上海人民 96.7 50元

刘蕺山哲学研究 东方朔著 上海人民 97.3 23元

戴震的哲学研究：唯物主义与道德价值 （日） 村濑裕也著；王守华等译 山东人民 96.3 18元

中国儒学 第一卷 庞朴主编 东方 97.1 精装 23元

中国儒学 第四卷 庞朴主编 东方 97.1 精装 23元

儒家思想与社会管理 骆承烈、张林主编 黄河 97.6 32元

儒学地域化的近代形态——三大知识群体互动的比较研究 杨念群著 三联 97.6 29.29元

二千年前的哲言 上海古籍 97.8 9.50元

佛教般若思想发展源流 姚卫群著 北京大学 96.10 16.80元

中国中古思想史长编 胡适著 华东师大 96.12 15元

十大兵书 华锋、王兴业主编 河南人民 96.9 21.80元

三十六计通解与实用：秘本兵法 原林

编著　广州　97.8　14元
大智慧:中国十大兵书谋略指南　吴如嵩主编　中国工人　96.8　49.80元
不战而屈人之兵:中国古代心理战思想及其运用　文家成主编　军科　97.4
古兵器　黄意明、徐铮编著　上海古籍　96.12　8.90元
《孙子兵法》通解与应用　原林编著　广州　97.8　13元
中国军事史大事记　张丽荣等编撰　上海辞书　96.12　精装　88元
中国军事伦理文化史　顾智明著　海潮　97.4　精装　26元
中国军事伦理思想史　赵枫著　军科　96.9　13.50元
先秦喋血　黄朴民著　97.1　华夏　9.80元
汉匈战争三百年　宋超著　华夏　97.1　9.80元
唐朝对突厥的战争　王小甫著　华夏　97.1　9.80元
甲午海祭　许华著　华夏　97.1　9.80元
再造战神　刘庆　华夏　97.1　9.80元
蒙古民族思想史　达林太等著　军科　96.5　13.50元
人物志　(魏)刘邵　红旗　97.11　19.80元
三千年冤狱　杨师群等著　江西高校　96.4　15元
社区的历程:溪村汉人家族的个案研案　王铭铭著　天津人民　97.4　9.50元
古史学论文集:成均楼论文辑第三种　姜亮夫著　上海古籍　96.6　精装　31.30元
宋金元文学批评史　顾易生等著　上海古籍　96.6　55元
走向海洋的中国人:郑和下西洋590周年国际学术研讨会论文集　南京郑和研究会编　海潮　96.4　精装　38元
清代洪门史　胡珠生著　辽宁人民　96.5　精装　32元
洪帮秘史　郭绪印编著　上海人民　96.11　17.80元
求索真文明:晚清学术史论　朱维铮著　上海古籍　96.12　24.20元
乡土之链:明清会馆与社会变迁　王日根著　天津人民　96.5　16.60元
清末民初的禁烟运动和万国禁烟会　上海市禁毒工作领导小组办公室、上海市档案馆编　上海科技　96.6　28元
中国毒品史　苏智良著　上海人民　97.1　34元
中国禁毒简史　王金香著　学习　96.9　15元
福建族谱　陈支平著　福建人民　96.8　17.20元
国际汉学著作提要　李学勤主编　江西教育　96.6　36元
中国人的精神　郑刚著　广东旅游　96.8　13元
中国流动人口　王建民、胡琪编著　上海财经大学　96.5　25元
中国历代人口统计资料研究　杨子慧主编　改革　96.1　精装　460元
中国地质调查所史　王仰之著　石油工业　96.5　8元
中国残疾人史　陆德阳、(日)稻森信昭著　学林　96.4　22元
中国数学通史:上古到五代卷　李迪著　江苏教育　97.4　19.70元
中国农业史　吴存浩著　警官教育　96.5　精装　180元
中英通使二百周年学术讨论会论文集　张芝联主编　中国社科　96.5　22元
二曲集　(清)李二曲　陈俊民点校　中华　96.3　31元
瓯北集　(清)赵翼著;李学颖、曹光甫校点　上海古籍　97.4　精装　91.50元

识史集　唐振常著　上海古籍　97.4　11元

白话类编二十五史　张永芳等主编　辽宁古籍　96.9　154元

炎黄源流图说　吴兴勇编撰；朱新昌、朱新龙绘　江西教育　96.10　精装　36元

野史精品　第一辑　赵晔等著　岳麓书社　96.4　精装　31元

中国历代文书　常麟瑞、张金涛纂辑　中国城市　96.9　16元

诗经要籍解题　蒋见元、朱杰人著　上海古籍　96.9　13.40元

论语详注及英译　王福林　世界图书出版公司上海分公司　97.4　15元

孔孟解读　王谦、张河著　山东文艺　97.3　12元

日藏宋本庄子音义　(唐)陆德明撰，黄华珍编校　上海古籍　96.9　精装　65元

说文解字集注　蒋人杰编纂　上海古籍　96.10　精装　220元

全注全译经史百家杂钞　(清)曾国藩编纂　余兴安注译　昆山　97.6　精装　328元

史记　(西汉)司马迁撰　中州古籍　96.10　精装　32元

史记考索　朱东润著　华东师大　96.12　18.60元

后汉书　(南朝·宋)　范晔撰　中州古籍　96.10　精装　36元

三国志　(西晋)陈寿撰　中州古籍　96.10　精装　29元

礼记译注　杨天撰　上海古籍　97.4　44元

宋元明清十三经注疏汇要　第一册易本义附录纂注，周易集解纂疏，书经大全(上)；第二册　书经大全(下)，尚书今文注疏，诗经疏义(上)；第三册　诗经疏义(下)，毛诗传笺通释；第四册　周礼述注，仪礼经传通解(上)；第五册　仪礼经传通解(中)；第六册　仪礼经传通解(下)；第七册　仪礼正义；第八册　云庄礼记集说、礼记训纂；第九册　春秋传、春秋左氏传补注、谷梁补注，公羊义疏(上)　第十一册　论语正义、孟子正义；第十册　公羊义疏(下)；第十二册　四书章句集注　孝经大义　孝经郑注疏，尔雅义疏；　中央党校出版社传统文化研究组编　影印本　中央党校　96.10　精装　3200元(全十二册)

帛书老子校注　高明撰　中华　96.5　4元

今文尚书语言研究　钱宗武著　岳麓书社　96.4　11.50元

吕氏春秋　(汉)高诱注；(清)　毕沅校正；余翔标点　上海古籍　精装　96.12　20.60元

古学经子：十一朝学术史新证　王锦民著　华夏　96.9　18.50元

贞元六书　冯友兰著　华东师大　96.12　50元

杂学十三经：导读本　许隽超编选　北方文艺　97.5　48.60元

清史稿纪表传人名索引　(上、下)　何英芳编　中华　96.4　36.50元

康熙满文朱批奏折全译　中国第一历史档案馆编　关孝廉、屈六生总编审；王小虹等翻译　中国社科　96.7　精装　480元

新笔记大观：《新编文史笔记丛书》精选本　萧乾主编；姚以思、刘华庭编选　上海书店　96.8　60元

雍正诗文注解　魏鉴勋注释　辽宁古籍　96.3　25元

岛夷志略　注前进译注　辽宁教育　96.8　9元

影响中国历史进程的文献　伍贻业等编著　岳麓书社　97.2　26元

历代人物谥号封爵索引 杨震方等编著 上海古籍 96.5 19.40元

道藏索引:五种版本道藏通检 (法)施舟人原编;陈耀庭改编 上海书店 96.10 精装 100元

周髀算经 江晓原、谢筠译注 辽宁教育 96.8 7元

吴越春秋辑校汇考 周生春撰 上海古籍 97.7 20.60元

四书今译 夏延章等译注 江西人民 96.10 精装 28元

老子道德经经解 天谷子编著 四川大学 96.7 8.90元

王星殒落——商纣王 谭平著 四川人民 96.9 14.50元

姜太公本传 刘斌、徐树梓著 山东人民 96.10 13.80元

中华十大圣人 王喜成主编 中州古籍 96.7 9.60元

老子考辨续 朱思田著 辽宁大学 97.10

老子:自然人生 戴建业著 长江文艺 97.7 12元

孔子:执着人生 李旭著 长江文艺 97.7 15元

孟子:慷慨人生 王耀辉著 长江文艺 97.7 12元

庄子:逍遥人生 杨帆著 长江文艺 97.7 15元

韩非子 (战国)韩非撰;姜俊俊标校 上海古籍 96.12 精装 16.60元

韩非子:权术人生 阮忠著 长江文艺 97.7 13元

墨子妙语选 李赓扬编著 百花文艺 97.8 6.90元

墨子:兼爱人生 陈伟著 长江文艺 97.7 13元

荀子:进取人生 彭万荣著 长江文艺 97.7 13元

孙子:谋略人生 熊忠武著 长江文艺 97.7 12元

宫闱腥风——秦二世 刘敏、倪金荣著 四川人民 96.9 12.50元

诸葛亮:智圣人生 曹海东著 长江文艺 武则天传 刘连银编著 长江文艺 97.1 16元

景山游魂——崇祯帝 晁中辰著 四川人民 96.9 13元

屈原悬案揭秘 屈小强著 四川大学 96.10 11.80元

李白悬案揭秘 李绍先、李殿元著 四川大学 96.10 11.80元

杜甫悬案揭秘 李殿元、李绍先著 四川大学 96.10 11.80元

苏东坡:旷达人生 范军著 97.7 长江文艺 12元

苏轼悬案揭秘 袁能先、杨隆高著 四川大学 96.10 11.80元

陶渊明悬案揭秘 王定璋著 四川大学 96.10 11.80元

陆游悬案揭秘 刘黎明 四川大学 96.10 11.80元

孙膑 王霞著 解放军 96.1 14.50元

吴起 郭建英、陈纵骑著 解放军 96.1 15元

张良 乔军中著 解放军 96.1 11.50元

刘基 高福锁著 解放军 96.1 13.50元

王猛 江永江著 解放军 96.1 13.50元

范文程 颜廷瑞著 解放军 96.11 13.50元

明清戏曲家考略续编 邓长风著 上海古籍 97.1 20元

古籍刻工名录 张振铎编著 上海书店 96.10 18元

历代书画家生卒年表 樊万春编 文物 96.5 5元

中国佛医人物小传 傅芳、倪青编著 鹭江 96.6 22元

中国历代才女 苏者聪主编 河南人民 96.7 精装 39.80元

五、中国近代史

爱国主义与中国近代史学 俞旦初 中国社科 96.5 12.70元

中国前近代思想之曲折与展开 (日)沟口雄三著 陈耀文译 上海人民 97.8 18元

中国乡村都市化 潘强恩主编 周大鸣等著 广东人民 96.5 13.80元

中国近代史文献必备书目:1840—1919 姚佐绥等编 中华 96.3 精装 29.60元

中国近代史料学概论与史料书籍汇录 郑剑顺编著 厦门大学 96.5 12元

中国近现代发展史论 王付昌、郭文亮主编 中山大学 97.3 19.30元

中国近代流民 池子华著 浙江人民 96.3 12元

中国近代国货运动 潘君祥主编 中国文史 96.2 19元

中国近代史学学术史 张岂之 中国社科 96.10 35元

章太炎学术年谱 姚奠中、董国炎著 山西古籍 96.8 21.50元

女性与近代中国社会 罗苏文著 上海人民 96.12 精装 32元

近代中西文化交流史论 于语和、庚良辰主编;于伟峰等撰稿 山西教育 97.6 9.60元

近代中国社会思潮 黎仁凯著 河南人民 96.5 15.50元

近代中国与新世界:康有为与大同思想研究 (美) 萧公权著;汪荣祖译 江苏人民 97.4 27元

近现代回族爱国斗争史话 张怀武主编 宁夏人民 96.9 8元

追忆:近代上海图史 史梅定主编 上海市档案馆编 上海古籍 96.9 200元

鸦片风云 郑彭年著 复旦大学 97.7 15元

昨天:中英鸦片战争纪实 麦天枢、王先明著 中央编译 96.7 26.80元

外国列强与近代湖北社会 徐凯希、田锡富主编 湖北人民 96.6 9.50元

孙中山与中国国民革命 刘曼容著 广东人民 96.10 31元

孙中山振兴中华思想研究 林家有著 广东人民 96.10 37元

孙中山与近代社会 广东社会科学院孙中山研究所,中山市孙中山故居纪念馆编 广东人民 96.9 22元

孙中山与北京 黄宗汉、王灿炽编著 人民 96.7 48.50元

孙中山:愈挫愈奋的伟大先行者 张磊著 广东人民 96.10 40元

孙中山研究和史料编纂 黄彦著 广东人民 96.10 27元

大道之行——孙中山思想发微 姜义华著 广东人民 96.10 27元

袁世凯全传 王钦祥、辛学明著 青岛 96.8 19.20元

中国近代十大怪杰 马克锋著 湖北人民 96.4 11.80元

中国十买办 徐矛主编 上海人民 96.4 17元

变法以致升平:康有为文选 谢遐龄编选 上海远东 97.3 27元

中华民国外交史辞典 石源华主编 上海古籍 96.6 精装 48.60元

美国传教士与晚清中国现代化：近代基督新教传教士在华社会文化和教育活动研究　王立新著　天津人民　97.3　22元
基督教与近代中国社会　顾卫民著　上海人民　96.5　精装　32.20元

六、中国现代史

关于中国近现代历史上的若干重大是非问题　沙健孙、龚书铎主编　山东人民　97.11　24元
中共党史专题读本　叶敦平主编　中共上海市委党史研究室编　上海教育　97.6　16元
中国革命史　罗正楷主编　高教　97.1　11元
中国革命史　余飞云等主编　武汉工大　97.1　13元
中国革命史论　鲜于浩、何云庵主编　西南交大　96.9　11.50元
中国革命史专题教程新编　钟延豪、华世珍主编　中国商业　97.5　11.80元
中国革命史通论　陈雪等编著　大连　96.9　14.50元
中国革命史学习指导　毕岩主编　东北大学　97.3　10元
简明中国革命史　梁仁编著　中央党校　96.7　12.50元
中国苏维埃区域社会变动史　何友良著　当代中国　96.7　18.75元
红军长征史　中共中央党史研究室第一研究部编　辽宁人民　96.9　39元
长征人话长征　王长龙主编　河北少儿　96.10　69元
长征事典　郑广瑾著　河南人民　96.10　45元
腥风血雨生死路：红军长征全景纪实　李智舜著　黄河　96.6　15.80元
长征精神万岁　陈宇著　黄河　96.5　12元
中华民国大事记　第一册　第一卷——第十二卷　1905—1922；第二册　第十三卷——第十九卷　1923—1929；第三册　第二十卷——第二十六卷　1930—1936；第四册　第二十七——三十三卷；1937—1943；第五册　第三十四卷——第三十九卷　1944—1949　李新总编；韩信夫、姜克夫主编　中国文史　97.2　精装　680元（全套）
中国抗日战争大事记　齐福霖编　北京　97.4　28元
抗战时期的国共关系　温贤美等主编　北京　97.4　21元
抗日战争时期主要资料统计集：1931—1945　强重华编著　北京　97.4　18元
宋庆龄与中国抗日战争　张世福主编　上海社科　96.5　11元
高扬爱国主义伟大旗帜：山东省纪念抗日战争胜利50周年学术讨论会文集　中共山东省委宣传部，中共山东省委党史研究室编　山东人民　96.5　16.50元
五四运动：现代中国的思想革命　（美）周策纵著；周子平等译　江苏人民　96.12　24元
澜沧江两岸的烽火：解放战争时期　1947.4—1950.2　中共景谷傣族彝族自治县委党史征研室编　云南人民　96.9　28元
三青团始末　周淑真著　江西人民　96.9　18元
中国学生运动史　翟作君、蒋志彦著

学林 96.5 18元
自勉斋随笔 陈邦贤 上海书店 97.1 8.50元 （民国史料丛书）
退醒庐笔记 孙家振著 上海书店 97.1 5.80元 （民国史料丛书）
求幸福斋随笔 何海鸣著 上海书店 97.1 5元 （民国史料丛书）
辰子说林 张慧剑著 上海书店 97.1 7.50元 （民国史料丛书）
南巡秘纪 许指严著 上海书店 97.1 10元 （民国史料丛书）
国闻备乘 胡思敬著 上海书店 97.1 5.40元 （民国史料丛书）
民国丛书 第五编 周谷城主编 上海书店 96.12 精装 8800元
春明旧事 石继昌著 北京市政协文史资料委员会 北京 96.12 16.50元
老上海三十年见闻录 陈无我著 上海书店 97.1 18元 （民国史料丛书）
中国共产党广东省汕尾市城区组织史料:1921.7—1996.7 林友重主编;中共汕尾市城区委组织部等编 中央文献 97.4 精装 80元
中共平邑县委党史大事记:1928—1949 王延栋、张成海主编;中共平邑县委党史资料征集委员会编 中共党史 97.6 14元
中共南路党史大事记 中共湛江市委党史研究室编 广东人民 96.10 15元
一野最后一战 剑彬编著 国防大学 97.4 14元
二野最后一战 翟唯佳主编 国防大学 97.4 13.80元
三野最后一战 欧阳青编著 国防大学 97.4 20.50元
陈赓兵团征战记 刘斌武著 国防大学 97.4 18.50元
许世友兵团征战记 杨东雄编著 国防大学 97.4 14.50元
西北大剿匪 李广文编著 国防大学 97.4 14.80元
中南大剿匪 文若鹏等编著 国防大学 97.4 19元
中国留法勤工俭学运动图录 王信平主编 中国革命博物馆编 上海人民 97.4 精装 165元
辉煌与罪恶:国民党军“五大王牌主力”征战秘史 宋健著 广州 96.11 24.80元
文化大革命简史 席宣、金春明著 中共党史 96.7 20元
中国知识青年上山下乡始末 顾洪章主编 中国检察 97.1 11元
中国空军战史 李树山、王叶红著 华夏、广东人民 97.1 9.80元

毛泽东与他的友人 冯彩章主编 中青 96.12 16.20元
才智、胆略、人格的较量:战场上毛泽东与蒋介石 谭一青著 中青 96.1 精装 22元
毛泽东和他的秘书田家英 董边、镡德山、曾自编 96.8 中央文献 22元
毛泽东谋略 萧诗美著 红旗 96.5 18元
毛泽东的历程:一个伟人和他的辉煌时代 解放军 96.6 47元
毛泽东军事指挥艺术 胡永丰、刘卫国主编 军科 96.6 13元
邓小平传 （英）理查德·伊文思(Richard Evans)著 武市红等译 上海人民 96.12 15元
邓小平军事生涯 赫智慧著 解放军 96.6 14.30元
世纪伟人——邓小平纪事 杨国宁等主编 上海文艺 97.3 精装 39元
邓小平经济谋略 程显煜、张星炜编著 四川人民 96.7 9.80元
邓小平人才谋略 向阳等编著 四川人

民 96.7 10.80元

邓小平治国谋略 周治滨等编著 四川人民 96.7 8.80元

邓小平军事谋略 伍文编著 四川人民 96.7 9.80元

周恩来在国统区 吕荣斌著 中央党校 96.7 18元

周恩来总理生涯 熊华源、廖心文著 人民 97.1 30元

周恩来与共和国元帅 李智舜著 解放军 97.5 13.90元

周恩来与共和国将军 李智舜著 解放军 97.5 13.50元

朱德人生画卷 中共中央党史研究室科研部编 中共党史 96.10 24元

旌旗十万集:纪念陈毅元帅诞辰九十五周年 唐功儒主编 同心 97.4 12.50元

青年时代的刘少奇 黄祖琳著 中青 96.8 9.90元

孙中山 乙维清编著 江苏人民 96.10 6.50元

宋庆龄全传 陈廷一著 青岛 96.7 19.80元

陈云 迟爱萍著 浙江人民 96.10 13元

领袖之间 杨崇丽编著 辽宁人民 97.1 21元

横空出世:中国工农红军的66个军和革命起义造就的100多位将帅 张高陵等编著 国防大学 97.4 16.80元

毛泽东之剑:名将之星许世友 王宣著 江苏人民 97.6 16.80元

秦基伟将军 彭荆风著 昆仑 96.9 18.80元

潘汉年 谭元亨著 甘肃人民 96.10 19.80元

潘汉年的情报生涯 尹骐著 人民 97.5 19.50元

杨至成将军 窦孝鹏著 解放军 96.5 18元

王泰吉将军传奇 刘杰诚、余清泉 中央党校 96.5 8.60元

张鼎丞传 《张鼎丞传》编写组编著 中央文献 96.9 35元

吴兆麟传 吴德志著 湖北人民 96.11 15元

杨献珍传 龚士其主编 《杨献珍传》编写小组编写 中共党史 96.7 23元

革命先驱杨介人 黄同甫著 中州古籍 96.7 5.80元

帅荣回忆录 帅荣著 华夏 97.3 12元

七十年征程:江渭清回忆录 上卷:1925—1949.4 江苏人民 96.10 35元

诗人闻一多的世界 唐鸿棣著 学林 96.10 14.50元

邓散木传 张建权口述;谢天福、谢天祥整理 上海人民 12元

王若飞文集 中共安顺地委等编 贵州人民 96.9 22.80元

李烈钧集 上、下 周元高等编 中华 96.6 42元

将军行:蔡锷传 任光椿等著 团结 96.3 14元

军法中将钟汉华 白之芳、都爱国著 江苏文艺 96.12 20元

书生从政——翁文灏 李学通著 兰州大学 96.4 15.50元

青帮大亨——黄金荣 王辉强著 兰州大学 96.4 10.50元

八桂骁将——白崇禧 张学继等著 兰州大学 96.3 精装 30元

东北王——张作霖 张亚忠著 黑龙江人民 97.3 19元

残暴督军——吴俊升 辛培林等著 黑龙江人民 97.3 13.60元

蒋介石全传 张宪文 方庆秋主编 河南人民 96.5 42.50元

戴笠全传 上、下 游国立、席晓勤著 吉林人民 96.10 39.80元
十大特务秘史 上、下册 袁南生编著 华文 96.9 33.50元
胡宗南这个人 杨者圣著 上海人民 96.6 18元
蒋介石和他的谋士们 金达编著 红旗 96.12 16.80元
蒋介石的美国顾问:欧文·拉铁摩尔回忆录 (日) 矶野富子整理,吴心伯译 复旦大学 96.6 16元
陈香梅回忆录 (美)陈香梅著 浙江文艺 96.9 25元
张学良年谱 张友坤、钱进主编 社科文献 96.12 68元
追忆康有为 夏晓虹编 中国广播电视 97.1 23.90元
追忆梁启超 夏晓虹编 中国广播电视 97.1 23元
追忆蔡元培 陈平原、郑勇编 中国广播电视 97.1 23元
梁启超论著选粹 陈其泰等编 广东人民 96.4 精装 60元
梁启超学术文化随笔 夏晓虹编 中青 96.7 16.30元
胡适传论 胡明著 人民文学 96.6 48.50元
胡适学术文化随笔 欧阳哲生编 中青 96.7 16元
梁漱溟学术文化随笔 李凌己编 中青 96.7 17.60元
张岱年学术文化随笔 张岱年著 中青 96.5 15元
任继愈学术文化随笔 任继愈著 中青 96.5 16.90元
金开诚学术随笔 金开诚著 中青 96.5 16.90元

七、当代史

人文中国:中国的南北情貌与人文精神 辛向阳、周树兴、骆爽、李文飞等著 中国社会 97.4 (上、下) 48.80元
大国诸侯:中国中央与地方关系之结 倪健中主编 中国社会 97.4 29.80元
南北春秋:中国会不会走向分裂 辛向阳、倪健中主编 中国社会 97.4 28元
告别港英:两个世纪之交的两个香港之命运 倪健中等主编 中国社会 97.4 上、下册 48.80元
台湾祸福:梳理大陆与大洋之间的历史流变 倪健中主编 中国社会 97.4 64.80元
民族存亡的搏斗 黄道炫等著 河南人民 96.9 精装 24.10元
科学技术革命与社会主义之历史演进 段瑞华著 96.9 华中理工大学 11元
岭南文化向何处去:广东、香港的现时危机与未来选择 郑刚著 广东旅游 97.2 12.60元
高科技时代的社会发展 李惠国、吴元梁主编 中央党校 96.6 13.50元
历史回忆 刘宁著 人民日报 96.7 19.80元
中国律师史话 流水长著 改革 96.12 17元
中华人民共和国法制史 杨一凡、陈寒枫主编 黑龙江人民 97.1 精装 50元
当代四川简史 杨超等主编 当代中国 97.5 22.50元

当代中国工人阶级和工会运动 倪志福主编 当代中国 97.6 精装 142元
外交生涯七十年 曾涛著 江苏人民 97.5 12.50元
共和国第一代"父母官" 康鑫等编著 中国工人 96.4 21.80元
中国现代三大伟人:个性与时代转换 施友松著 中青 96.5 11元
中国科学院院士自述 中国科学院学部联合办公室编 上海教育 96.5 80元
新史学五大家 史学史研究室编 社科文献 96.6 16.90元
南怀瑾的理念 (美)侯承业著 复旦大学 96.11 8元
学人魂——陈寅恪传 吴定宇著 上海文艺 96.8 12元
邓子恢传 《邓子恢》编辑委员会著 人民 96.7 31.90元
邓子恢文集 邓子恢著 人民 96.7 28.50元
乡土足音:费孝通足迹·笔迹·心迹 张冠生著 群言 96.8 20元
锄头考古学家的古迹:李济治学生涯琐记 李光谟撰 中国人大 96.9 12元
一代才华:郑振铎传 陈福康著 上海人民 96.11 14.20元
陈永贵传 映泉著 长江文艺 96.12 15元
走近陈景润 旭翔选编 厦门大学 97.3 12元
中国人物年鉴 1995 中国人物年鉴编委会 中国社会 96.5 精装 58元
中华名流(1996卷) 金城主编 改革 96.12 精装 390元
爱国人士王家桢:《田中奏折》的历史见证人 高殿芳主编 团结 97.2 15元
香港超人:李嘉诚传 陈美华著 广州 96.7 21.90元
董建华——百年香港第一人 费勇等编著 广东经济 97.3 19.80元
季羡林文集 第一卷:散文 精装 52元 第二卷 散文 精装 52元 第四卷 中印文化关系 精装 45元 第五卷:印度历史与文化 精装 45元 第六卷:中国文化与东方文化 精装 47元 第八卷:比较文学与民间文学 精装 52元 第十三卷:序跋杂文及其他(一) 精装 55元 第十六卷:梵文与其他语种文学作品翻译(二) 精装 51元
《季羡林文集》编辑委员会编 江西教育 96.12
邓广铭治史丛稿 邓广铭著 北大 97.11 38元

八、世界史

西方社会思想的历史进程 张传有编著 武汉大学 97.4 11.70元
现代西方史学 张广智、张广勇等著 复旦大学 96.5 20元
现代西方史学思潮评析 罗凤礼主编 中央编译 96.7 13.50元
东南亚文化发展史 贺圣达著 云南人民 赫梯文明与外来文化 李政著 江西人民 96.6 精装 13.80元
玛雅文化:论玛雅与华夏文化同源 胡春洞 复旦大学 97.6 10元

中外关系史论丛 第五辑 中国中外关系史学会编 书目文献 96.1

10.40元
中非关系史　艾周昌、沐涛编著　华东师大　96.1　17元
20世纪的中英关系　萨本仁、潘兴明著　上海人民　96.7　23元
20世纪纵览:1900—1995　陶德言主编　浙江人民　96.7　精装　138元
三千里江山回顾:朝鲜王朝政区建置沿革　魏嵩山著　上海人民　97.1　11.50元
世界上古中古史(上、下)　朱寰主编　高等教育　97.7　20.10元
世界审计史　文硕编著　企业管理　96.11　36元
外国建筑史:19世纪末叶以前　陈志华著　中国建工　97.6　17.60元

日本学　第六辑　北京大学日本研究中心编　北京大学　96.3　12.50元
日本西方文化摄取史　郑彭年著　杭州大学　96.7　18元
韩国研究论丛　第二辑　复旦韩国研究中心主编　上海人民　96.8　22.60元
韩国独立运动血史新论　石源华主编　上海人民　96.4　26元
澳州史　张天著　社科文献　96.7　21.60元
俄国史教程第三卷　(俄)瓦·奥·克柳切夫斯基著　庄少兴等合译　商务　96.8　21.20元
近代俄国立宪运动的源流　姚海著　四川大学　96.4　8元

列宁的历程:一个国际伟人震撼人类的一生　彭卓吾主编　解放军　97.2　48元
毁誉参半:赫鲁晓夫　王福春著　学苑　96.4　17.20元
走向冷战:杜鲁门　李东燕著　学苑　96.4　19.10元
民主之魂杰斐逊　阮宗泽著　世界知识　96.8　15.50元
革命之剑华盛顿　刘文涛著　世界知识　96.8　14元
敢为人先:尼克松　黄金树著　学苑　96.4　22.80元
基辛格传　乔纳森著　河南人民　96.5　18.80元
超级智者:基辛格　李义虎著　学苑　96.4　21.80元
拿破仑之谜　盛云、董峰编著　中央编译　96.8　16.80元
从俾斯麦到科尔:德国政府首脑列传　(德)施特恩堡主编　许右军等译　当代世界　97.2　32元
伦勃朗传　(荷兰)凡隆恩著;周国珍译　上海人民　97.3　26元
塞尚传　(法)利优尔德著;郑彭年译　上海人民　97.4　16.40元
叶卡特琳娜二世传　韦红编著　长江文艺　97.1　14元
英·甘地传　周柏青、游巧荣著　长江文艺　97.1　12元
“地狱”里的温柔:卡夫卡　林和生著　四川人民　97.2　12.80元
勃洛克传　(苏联)图尔科夫著;郑体武译　东方出版中心　96.10　22元
丘吉尔全传　杜查理著　红旗　96.12　43元
爱泼斯坦　张彦著　人民日报　96.7　8.30元
浪漫的现实主义——狄更斯评传　薛鸿时著　社科文献　96.12　19元
维多利亚传　李其荣编著　长江文艺　97.1　12元
石油大王——洛克菲勒传　郭尔夫等主编　海南国际　96.4　15元
珍宝石油大王——哈默传　郭尔夫等主编　96.4　19.50元

创造辉煌:鲁宾斯坦传　李末如等编译　湖南文艺　96.6　精装　23.30元
戈尔巴乔夫沉浮录　(俄)博尔金著;李永全等译　中央编译　96.5　16.80元
从零到亿万:和田一夫传奇　梁建华、温键键著　广州　96.7　18.90元
汽车大王——艾克卡传　郭尔夫等主编　海南国际　96.4　15元
车王传奇:世界十大汽车巨人奋斗史　克苏斯编著　四川人民　96.5　19.80元
抓住龙尾:戴维斯在华回忆录　(美)戴维斯著　罗清、赵仲强译　商务　96.12　19.30元
十大科学蒙难　张明国编著　广西科技　96.12　7.40元
工贸奇才:世界十大企业家　朱煜善主编　上海古籍　96.10　9.80元
文苑英华:世界十大文豪　侯维瑞主编　上海古籍　96.10　9.80元
玉帛干戈:世界十大外交家　陈潮、胡礼忠主编　上海古籍　96.10　9.30元
血火苍穹:世界十大军事统帅　顾云深主编　上海古籍　96.10　9.70元
寻梦天涯:世界十大探险家　张广智主编　上海古籍　96.10　9.70元
画坛巨擘:世界十大美术家　欧阳英主编　上海古籍　96.10　9.00元
乐神之子:世界十大音乐家　方立平主编　上海古籍　96.10　9.80元
通向未来:世界十大科学家　叶书宗主编　上海古籍　96.10　8.60元
智慧之光:世界十大思想家　王德峰、吴晓明著　上海古籍　96.10　9.90元
君临天下:世界十大帝王　沈坚主编　上海古籍　96.10　9.50元
阿拉法特传奇　(美)珍娜、华莱契等著　刘建宏译　广东教育　97.3　16.80元

中国史论文索引

中国人民大学历史系　肖林　张玉婷　蒋香仙

目　录

* 中国人物(分传)排列顺序为:毛泽东、周恩来、朱德、刘少奇、邓小平,再以下按姓氏笔划(从3划—14划以上),最后是混合排列(因题目没有具体人物姓名)。

一、总 论

重看历史主义与阶级观点论战　蒋大椿　安徽史学　97.1

关于评价历史人物的是是非非　瞿林东　湖北大学学报　97.2

自然动力及其在经济时代划分上的意义　王健　社会科学辑刊　97.2

略论史学"滞后"性　李勇　安徽史学　97.1

试论历史的"重演"与历史学的"预言"　张耕华　史学理论研究　97.1

关于建构"20世纪史"若干断想　张晓校　长白论丛　97.2

应科学地界定历史事实与史学客体　刘晗　济宁师专学报　97.1

论历史发展的客体性与主体性的统一　吴建平　内蒙古社会科学　97.2

西方历史思想的十大特点　彼得·伯克　王晴佳译　史学理论研究　97.1

马克思研究公社所有制的历程与亚细亚生产方式的谜底　李杰　云南学术探索　97.2

20世纪中国史学发展的历史条件　瞿林东　安徽史学　97.1

论史学研究的特色　张博泉　长白论丛　97.2

中国传统史学三记　张克兰、王晓清　史学理论研究　97.1

论史学观　雷戈　社会科学家　97.1

历史学社会作用的两重性　施伟青　人民日报　97.9.3

历史·史学·历史智慧　瞿林东　山西师大学报　97.4

历史研究的国际战略前瞻　王家福　世纪论评　97.5

一个全新的马克思主义历史学体系　张涛　中国社会科学　97.6

国家统一与历史进步　光明日报　97.6.16

历史的美：一个被忽视了的对象世界　陈颖　湘潭师范学院学报　96.5

历史学的本质特征：科学性与艺术性的统一　赵兴彬　泰安师专学报　96.4

中国当代史学思想的基本走向：就《二十一世纪后半期中国史学主潮》答客问　王学典　文史哲　96.6

历史研究和历史哲学　刘修明　学术月刊　97.1

重新阐释"历史"　林有能、胡波　江汉论坛　96.12

对新时期史学的反思　雷戈　河南师范大学学报　96.6

从史学中汲取更多智慧　瞿林东　光明日报　97.1.7

继承创新开拓前进，中青年史学工作者专版　光明日报　97.1.21

1. 世纪之交青年史学工作者的责任　翁飞
2. 学术研究与学问精神　黄爱平
3. 城市史研究有待深入　涂文学
4. 在继承的基础上创新　蓝勇
5. 历史研究应当重视专业规范　陈春声
6. 21世纪中国历史学的价值旨趣　李向平

传统体制的现代变迁与中国传统体制的变革机能　禹江　湖南教育学院学报　96.4

漫谈文史不分家：

1. 分亦必然，合则俱伤　蒋国保
2. 分为异体，合为一家（文史关系漫谈）　钱念孙
3. 提倡亦文亦史，反对糟蹋历史　杨雨润
4. "文史不分家"浅议　王光照　安徽史学　96.4

论历史客体　郭文佳　黄淮学刊　96.4

21世纪的历史科学　（俄）伊斯肯德罗夫　董进泉译　德新校译　现代外国哲学社会科学文摘　96.11

历史研究也要讲政治　杨俊兰　长白学刊　97.5

以史为鉴，振奋民族精神　肖银芝　承德民族师专学报　97增刊

普遍永恒的魅力：历史学存在的理由　王家范　历史教学研究　97.2

以人为中心：中国古代史学与史传文学的共性特质　郭丹　福建师大学报　97.2

论历史学的俗化　杨东铭　宜春师专学报　97.3

论现代历史认识的特点　（俄）赫沃斯托娃　现代外国哲学社会科学文摘　97.4

史学的社会功能　孔玲　贵州师范大学学报　97.2

谈谈中国史学经世致用传统　肖季文　历史教学　97.6

论时代的层次性与当代世界主题　马捷莎　北京师范大学学报　97.3

二十世纪中国史学笔谈

1. 史学寻找自己　瞿林东
2. 史学工作者的心态转换　刘修明
3. 为建设而研究历史　蒋大椿　史学月刊　97.3

论历史理性主义　韩震　史学理论研究　97.2

历史的涵义及历史进步的价值尺度　方同义　浙江社会科学　97.3

史学反思：新时期史学发展的逻辑起点　朱发建　湖南教育学院学报　97.3

论历史欣赏　王少卿、朱金瑞　社会科学　97.5

近现代中西方关于科学和历史的关系的比较研究　赵晓阳　江苏社会科学　97.3

历史的潮流和潮流的历史　王步贵　青海师范大学学报　97.2

以史为鉴可以知兴替：简述历史上新旧社会制度更替时的曲折斗争　黄志恒　桂海论丛　96.6
历史学的两种对象　雷戈　江西社会科学　97.2
论马克思跨越“卡夫丁峡谷”的设想的根据　黄凤炎　学术界　96.6
论历史学的科学性质　罗冬阳　北方论丛　97.1
中国古代史学家对历史变化的认识　代继华　重庆师范学院学报　97.1
从历史展望未来　戴逸　历史教学问题　97.1
记历史发展的机遇　唐永坚　社会科学　97.2
历史理性科学化的进程及其逻辑内涵　张慧彬、李雁虹　中国社会科学　97.2
学术意识整合性与世界化　陈引驰　复旦学报　97.1
儒家德治思想与中国历史的周期动荡　刘启良　开放时代　96.5
封驳制的沿革及其对皇权的制约　田兆阳　中国行政管理　97.4
古代官员的俸禄水平与廉政　侯建良　理论学刊　97.2
中国古代的文化元及其整合　范竹增　江海学刊　97.1
中国古代帝王陵寝制度　黄细嘉　文史知识　97.4
古代考核官吏制度的起源　方宝璋　中国公务员　97.1
简论中国封建统治集团对皇帝的培养与约束　金燕　青海民族学院学报　97.1
中国封建社会官商关系探论　杨善群　学术月刊　96.12
我国古代社会的国家观念　杨士彬　河北学刊　96.6
读史浅思：封闭的古代中国　王景泽　佳木斯师专学报　96.2
儒道法与古代社会宏观调控系统　王磊　光明日报　97.6.14
析封建社会中后期的“官冗之患”　沈卫中　南通学刊　96.6
试论吏治与廉政　龙光沛　贵州文史丛刊　96.5
道统和政统：中国古代政治传统的形成与演化　王琨　江淮论坛　96.6
论中国古代的政教合一及其冲突　惠吉星　长沙水电师院社科报　96.4
唯物史观与世纪之交的中国历史科学
1. 坚持唯物史观要注重新的实践和新的发展　于沛
2. 在唯物史观指导下，研究苏联解体史的一点体会　黄立茀
3. 时代感与世界史研究的思考　端木美
4. 建设时代需要更加全面深入地理解唯物史观　蒋大椿
5. 讲政治，让史学为社会主义建设和精神文明服务　姜芃
6. 从唯物史观看美国妇女史研究中的若干理论问题　刘军
7. 保持本色，迎接挑战　孟庆龙
8. 在唯物史观的指导下搞好科研工作　张晓华
9. 坚持唯物史观，建设有中国特色的世界史学科　张顺洪
10. 坚持唯物史观，不断提高运用历史唯物主义的能力　廖学盛　史学理论研究　97.4

二、史学理论与研究方法

新时期运用自然科学研究方法研究中国历史的思考与展望　蓝勇　西南师范大学学报　97.4
从遗传学探讨中华民族的源与流　杜若甫、肖春杰　中国社会科学　97.4
大胆的假设　葛佳渊、罗厚立　读书　97.3
近代接受史学理论试说　李洪岩　学术研究　97.1
农民战争结局论　江连山　绥化师专学报　96.4
论制度变迁中的适应效应：兼对中国历史治乱循环的一种解释　曹正汉　佛山大学学报　97.1
理性在为历史开路　胡宝琛　社会科学辑刊　97.1
方法论问题　刘大年　近代史研究　97.1
古代官员的俸禄水平与廉政　侯建良　中国行政管理　97.6
长城带经济文化交流述略　李凤山　中央民族大学学报　97.4
中国考古学的奠基人与开拓者：沉痛悼念苏秉琦教授　张忠培　光明日报　97.8.8
土司制度对青海社会的影响浅谈　陈新海　柴达木开发研究　97.3
中国古代社会的家庭结构及其对社会政治思想的影响　李汉武　史学理论研究　97.2
学术研究的游击战倾向及“后学”与“国学”的异曲同工　罗厚立　战略与管理　97.1
试论中国当代史学理论的局限性　祝宪传、雷戈　牡丹江师院学报　97.2
中国农民战争史第九次学术讨论会述要　丁云　理论前沿　97.2
不连续的连续性：关于20世纪中国“通史”新综合的一些初步想法　（美）马紫梅　吴艳红译　史学理论研究　97.2
西学传入与近代中国历史观念的创新　赵晓阳　史学理论研究　97.2
重视和加强史学理论研究：中国史学如何走向21世纪的思考　史学理论研究　97.2
政治史复兴的启示：当前美国政治史学发展述评　刘军　史学理论研究　97.2
加德纳的历史因果解释观　乔春霞　史学理论研究　97.2
《圣经》与西欧史学　徐波　史学理论研究　97.2
中国历史大循环的动力：重读农民战争问题　田昌五　史学理论研究　97.2
论社会革命与农民起义的差异　萧平汉　衡阳师专学报　97.2
历史过程统一于决定性与选择性的实践中：兼论人民群众创造历史的作用　李永华　湖南税专学报　97.2
史学批评中的权力视角　雷戈　长沙电力学院社科学报　97.1
中国传统权力思维批判　周安伯　青海社会科学　96.2
中国口述史学漫谈　钟少华　学术研究　97.5
透视历史世俗化现象　杨东铭、陈文滨　南昌职业技术师院学报　97.2
“史学学”的创建及其意义　赵兴彬　齐鲁学刊　97.3
群英史观：“共创论”的再认识　吉彦波　黔东南民族师专学报　97.2

中西封建行会的一些差异 顾銮斋 东方论坛 97.1
从帝王、国家、政府之间的关系看中西封建税收的差异 顾銮斋 齐鲁学刊 97.3
思想英才不可能主宰历史 晋阳学刊 97.3
三巴寻五帝,百越探三皇:一个建筑师的中国古史观 张良杲 理论月刊 97.4
西方社会转型理论研究的历史和现状 孙慕天、刘玲玲 哲学动态 97.4
伽达默尔对海德格尔历史观的发展 刘开会 兰州大学学报 97.2
开创中国农民战争史研究的新局面:中国农民战争史研究会第九届年会综述 王萍 山东大学学报 97.1
论人口增长与农民起义的关系 曾惠燕 怀化师专学报 97.2
封建社会农民负担比率的变化规律 王子耀 延安大学学报 97.1
研究主体的局限和历史人物的评价 施伟青 人民日报 97.5.31
关于殖民主义"双重使命"的研究 郑家馨 世界历史 97.2
历史行为的客观作用问题:主观意志与客观效果的历史思考 董小川 社会科学 97.4
历史的属人性与主体的创造性 王晓林 历史教学 97.5
由社会史研究引发的史学思考(论史学发展中的科学化与大众化问题) 葛志毅 求是学刊 97.5
中西古典史学理论异同论 张齐政 衡阳师专学报 97.4
试论托克维尔的历史观 詹兆平 史林 97.3
"天下之大害莫如贫":中国古代名家论贪污的危害 肖栋梁 暨南学报 97.3
试论中国古代的宗族部族及其国家的形成 杨茂盛 北方文物 97.3
唯物史观与史学理论研究 孙厚生 延边大学学报 97.3
论新历史观(1、2) 雷戈 延边大学学报 97.2、3
古代爱国主义研究中几个问题的辨析和界定 陈友冰学术界 97.3
论中国古代史书体裁之辩证发展 罗炳良 史学月刊 97.5
东方国家现代化发展中的理论问题:第10届全国史学理论研讨会综述 朱政惠 光明日报 97.9.9
当前西方史学理论发展的问答 陈启能、张艳国 社会科学动态 96.11
文化与战后美国的中国历史学 (美)冯珠娣、何伟亚 文史哲 96.6
马克思历史学研究中关于社会发展"超越"理论的历史考察及其研究意义 冯景源、刘振华 黄淮学刊 96.4
现代新史学的理论成就 黄敏兰 社会科学辑刊 96.5
中国古代史学批评中的双重标准 赵梅春 兰州大学学报 96.4
论中村"框架"的方法和基础 李春润 中南民族学院学报 96.6
美国著名汉学家孔飞力 林满红 文史哲 96.6
资本主义与现代世界:沃勒斯坦的世界体系理论透视 赵自勇 史学理论研究 96.4
理论联系实际:论基瓦与扶桑的关系 金计初 史学理论研究 96.4
论史评与史考文体的形成及其特点 曹显征 内蒙古社会科学 96.6
自述:三反及思想改造学习总结 吕思勉 史学理论研究 96.4
恩格斯的历史认识和史学研究 董小川 东北师大学报 96.6
论美国史学理论取向 张广勇 史林

96.4
主体性与历史事实的确立 林校生 宁德师专学报 96.4
刍论普通个人在历史上的作用 雷乐耕 邵阳师专学报 96.4
传统的悖谬:廉吏·清官与公仆 申晨星 长白学刊 97.1
新的起点:世纪之交的中国历史学 林甘泉 97.4
系列展示历史智慧宝藏的探索(读六本史学家评传) 马宝珠 中国史研究 97.3
剖析美国的政治传统(美国“统一史学”的历史贡献) 陈其 世界历史 97.4
佟冬与历史学 宋德金 社会科学战线 97.4
吕振羽在三十年代的孔子研究及其意义 舒文 清华大学学报 97.2
健笔破旧蹊,鸿篇开新局(评十卷本《中国政治制度通史》) 朱大渭、童超 中国史研究 97.3
关于编写中华史之我见 李新 人民日报 97.9.6
中国马克思主义史学历史地位学术讨论会纪要 许殿才 史学史研究 97.3
伟人评说千秋功过:谈《毛泽东评点二十四史》的整理出版 周留树 光明日报 97.9.9
历史认识论对现代社会的回应:读《现代社会与历史认识系统结构》 张广智 学习与探索 97.3
理性:20世纪中国史学的内在基础 雷戈 晋阳学刊 97.4
唯物史观与史学理论研究 孙厚生 延边大学学报 97.3
论中国古代的皇权与相权 曾小华、季盛清 浙江学刊 97.4
历史决定论何以构成与历史选择之对立 倪东 福建论坛 97.4
试论上古国家的形成与中国古史的分期问题 周明 中共浙江省委党校学报 97.4
关于评价历史人物宜用“阶段论”的答辩 降大任 晋阳学刊 97.4
中国封建政制的权力监督与制约的几点评估 应克复 江海学刊 97.4
论封建宗法家族制度下的政治流弊 尹陇生 社科纵横 97.3
论封建文士大夫的价值观及其怪圈 黄世中 江淮论坛 97.4
浅析轴心期现象在中国出现的原因 李淑娟、张艳茹 齐齐哈尔师院学报 97.3
中国封建社会的贪污受贿为何屡禁不止 李修松 探索与争鸣 97.8
外戚社会心态记 陈恩虎 嘉应大学学报 97.4
略论中国皇后制度 朱子彦 上海大学学报 97.4
历史学的两重性与历史美学问题 周国柱 山东师大学报 97.4
历史研究过程中的史证关系 张俊征、张丽 天中学刊 97.1
东方国家现代化发展中的理论问题(第10届全国史学理论研讨会观点综述) 朱政惠 史学理论研究 97.4
中西封建社会城市地位与市民权利的比较分析 顾銮斋 世界历史 97.5
杂议历史人物评价问题 江连山 绥化师专学报 97.3
对马克思主义指导理论的误解导致中国古代分期问题的大失误 黄伟城 广西社会科学 97.5
史学与思想 雷戈 世纪论评 5/6
史学与公众的统一 任奇正 史学理论研究 97.4
农战史研究中有关阶级观点的若干思考 侯云灏 聊城师院学报 97.2
历史与史学:《史学新论》之一 田昌五

山东大学学报 97.3
史学发生论 赵兴彬 泰安师专学报 97.3
反思性历史研究刍议 武吉庆 张家口师专学报 97.2
20世纪中国史学笔谈
1. 20世纪中国历史研究刍议 安作璋
2. 回到世纪文明发展大道 陈启能
3. 更深入地研究"奴隶"与"农奴"的区别 廖学盛 史学月刊 97.4

三、专 史

(一)史学史

重写史学史 雷戈 山东师大学报 97.1
后现代西洋史学发展的反省(待续) 邓元忠 史学理论研究 97.2
史官源流考 许兆昌 吉林大学社科学报 97.1
口述史学与民俗学基本理论管窥(性质、对象、目的、方法比较) 初雪 国外社会科学 97.1
论科技革命对现代史学思维方式的方法论原则和基本要求的影响 石光荣 武汉大学学报 97.4
战国史学简论 刘乃寅 固原师专学报 97.4
说秦史学 许殿才 史学史研究 97.2
论历史学家的存在与本质 雷戈 学术界 97.2
编年纪传二体沉浮升降原因初探 钟育强 桂海论丛 97增刊
关于建立旅游历史学的思考 周永卫 宝鸡文理学院学报 97.2
"史识尤为重要"辨 陈立柱 零陵师专学报 97.2
求真、致用、批判:对史学观的批判性考察 雷戈 山西师大学报 97.3
论中国史学的起源 李颖科 人文杂志 97.1
中国古代传记体史书若干问题浅探 孙玉芝 求是学刊 97.2
中国古代类书史略 俞天 固原师专学报 97.1
"五四"时期的中国史坛与西方现代史学 胡逢祥 学术月刊 96.12
史学的求真与致用问题 刘家和 学术月刊 97.1
试论中国古代的史学政策 雷戈 社会科学 97.1
为历史学辩护(漫谈历史智慧) 王东 天津社会科学 97.1
社会转型与史学变革 雷戈 学术月刊 97.1
中国古代史学史的分期 范沛潍 史学月刊 96.6
《汉学师承记》与《汉学商兑》(兼论清代中叶的汉宋之争) 黄爱平 中国文化研究 96.4
破碎的心镜(中国当代史家的心理障碍分析) 雷戈 青海师范大学学报 96.4
史学研究与档案 李财富 史学理论研究 96.4
《十批判书》真的抄袭了《先秦诸子系年》:评余英时的《互校记》 翟清福 史学集刊 96.4
中国传统史学的特点 张海鹏 安徽师大学报 96.4
论中国古代史学的思想主题 屈小强

天府新论 96.6
从数词组合方式的演变看先秦古籍的断代问题 王晖 唐都学刊 96.4
论史学思维的历史转换 陈颖 长沙水电师院社科学报 96.4
影视史学:历史学的新领域 张广智 学习与探索 96.6
超越疑古,走出迷茫 宋健 河北师大学报 96.4
哲人萎兮,业绩长存 吕坚 中国档案报 97.8.25
中观史学与史家体验 雷戈 求是学刊 97.5
浅谈史学功能与史学危机 申晨星 中学历史教学 97.5
试论中西古代史学演变的不同途径与特点 胡逢祥 学术月刊 97.9
浅论信息革命对我国史学的影响 路振光 史学月刊 97.4
北朝史学与北朝政治 王记录 烟台师范学院学报 97.1
"大礼仪之争"对明代史学的影响 张晓松 漳州师院学报 97.1
晚清史学的文化视野 张佩国 史学理论研究 97.1
广搜博采,精考细订:论乾嘉学风对近代史家的影响 武吉庆 河北师院学报 97.2
不疏园与皖派汉学 汪世清 江淮论坛 97.2
史学与史家(《史学新论》之二) 田昌五 学术研究 97.4
史书论赞与史传文学 郭丹 中州学刊 97.3
历史哲学之我见:兼与刘修明先生商榷 雷戈 学术月刊 97.9
论辽代史学 黄震云 山西大学学报 97.1
马骕与清代的史学和考据学 商庆夫、陈虎 东岳论丛 97.3
后现代西洋史学发展的反省(续) 邓元忠 史学理论研究 97.3
"会通"思想及其历史回声 谢贵安 船山学刊 97.1

史学名著研究

试论《史记》的悲壮美 许世荣 成都大学学报 97.2
《史记》与《左传》《国语》所记之吴越历史的比较研究 梁晓云 河南大学学报 97.1
《史记》和人在历史发展中的主体地位 杨燕起 史学史研究 97.1
勇敢的精神,感人的行动:《史记刺客列传》评说 张三夕 海南大学学报 97.2
《史记》注、疏、译述略 马临漪、蒋经魁 天中学刊 97.1
老子之辨与《史记》的书法体例及附传《史记·老子传》析疑之一 李贤臣 河南大学学报 97.3
西方新史学观照中的《史记》范型 朱玉麟 南方师大学报 97.1
《史记》的历史分期研究法 杨振之 四川师大学报 97.3
《史记》中"焉"字用法研究 连元 北方论丛 97.2
《史记·滑稽列传》四论 陈桐生 汉中师范学院学报 96.5
从《史记》看传统史学的自觉精神 邓鸿光 光明日报 97.10.7
姚思廉及其《梁书》《陈书》浅论 陈表义 暨南学报 97.2
《鲒琦亭集》的学术价值 金伟 史学史研究 97.1
《后汉书》订误一则 王继训 江海学刊 97.4
说"义"(史学批评范畴研究) 赵俊 中国社科院研究生院学报 96.5

读《读书杂志·史记杂志》札记　张家英　绥化师专学报　97.2
精于校雠足称善本：专家学者评议中华书局版《二十四史》　李占领整理　光明日报　97.10.7
论“古史辨”派史学评价的几个问题　侯云灏　史学史研究　97.2
《古史辨》评议　王树民　河北师院学报　97.2
《三国志》的启示：虚名与实力　（日）狩野直祯；沈伯俊译　成都大学学报　96.4
《三国志》和陈寿的史识　孙绍华　史学史研究　97.2
《〈三国志〉今注今译》中郡、县治所注释举误　贾庆申　许昌师专学报　97.1
《左传》灾异预言略论（上）　薛亚军　镇江师专学报　97.1
《左传》灾异预言略论（下）　薛亚军　镇江师专学报　97.2
关于设立《左传》博士的一场辩论　陈大同　岭南文史　96.4
论《左传》在中国军事学术史上的地位　王志平、吴敏霞　中国史研究　97.1
试析《左传》外交辞令在战争描写中的作用　甘佩钦　兰州商学院学报　97.1
评《左传》解《易》看易学对先秦史学的影响　周少川　北师大学报　97.5
《六韬》“云梯飞楼”即《左传》“楼车”考：兼论孙治让对服虔注的误解　陈建梁　管子学刊　96.3
浅论《春秋》三传在西汉的不同命运　战代军　管子学刊　97.3
以史资政的《吕氏春秋》　汪受宽　兰州大学学报　97.4
“《春秋》笔法”与“微言大义”：儒家经典的解读模式及话语言方式　曹顺庆　北京大学学报　97.2
《汉书》的论赞　许殿才　社会科学辑刊　96.6
《汉书》宣汉思想新探　范红军　河北师大学报　97.2
《汉书·艺文志》的体例及学术价值　诸海星　天中学刊　97.4
《汉书·食货志上》补校　希志群　首都师大学报　96.6
漫谈《后汉书》的史学特色　夏祖恩　福建师大学报　97.1
《后汉书·西域传》与《魏略·西戎传》的关系　余太山　西域研究　96.3
《周易》是古代社会行为学著作　谢祥荣　文史杂志　97.2
惠栋《周易》学与九经训诂学简评　尹丹云　宁夏社会科学　97.1
《尚书》，先秦德政通鉴　方兰、文兵　理论导刊　96.9
一部难得的好书：《尚书·虞夏新解》评介　郭守信　史学集刊　97.1
从《〈尚书·虞夏书〉新解》看金景芳先生对《尚书》研究的贡献　郭守信　烟台师院学报　97.4
论梅本古文《尚书》的渊源　王茜　文献　97.2
从《尚书》看中国的神权政治　吴锐　管子学刊　97.3
释“尚书”：尚书：尊而事之的天书　吴锐　齐鲁学刊　97.5
《尚书·牧誓》篇新考　杨华　贵州社会科学　96.5
试论《尚书·周书》中的“殷鉴”思想　郭旭东　史学月刊　96.6
《老子》作为《尚书》的继续　尹振环　中国文化研究　97.3
论《史通》的史学比较　王守正　河北学刊　97.3
《资治通鉴》与传释学　李玉梅　史学理论研究　96.4
《资治通鉴》在金朝的历史地位　解生祥、孙丽萍　北方文物　97.2
从每卷结衔看《资治通鉴》各纪的撰进时

间　梁太济　内蒙古大学学报　97.5
吕夏卿与《新唐书·宰相世系表》　郭锋　史学史研究　96.3
吴缜稽评"《新唐书》修撰八失"说浅析　余敏辉　信阳师院学报　97.3
纠摘谬误，传信求实(吴缜《新唐书纠谬》新探)　余敏辉　殷都学刊　96.3
宋代的考据之学　陈江　上海教育学院学报　96.4
试论宋代史学的政治功利主义　王天顺　中州学刊　97.1
论宋人长编体当代史的崛起　孙建民　史林　97.1
理学与宋代考据学　庞天佑　湛江师院学报　96.4
《宋会要辑稿》述论　韩长耕　中国史研究　96.4
浅议《清实录》的编纂及价值　郭康松　咸宁师专学报　97.1
《大清一统志》的初修与方志学的兴起　乔治忠　齐鲁学刊　97.1
《唐写本说文木部》残卷论略　梁光华　贵州文史丛刊　96.5
《秦记》考识　王子今　史学史研究　97.1
《史通》论史书的编纂方法和技巧　杨绪敏　徐州师院学报　96.4
历史序列的重新编排：宋代德运之争的文化意义　杨世文　中国古籍与文化　96.3
《白虎通义》中的国家学说　许殿才　中国史研究　97.2
《陈书》纪传疑年录　许福谦　首都师大学报　97.1
关于《山海经》与上古社会研究：历史需要什么样的澄清？　宫玉海　社会科学研究　97.2
《周礼》与古代图学　刘克明、周德钧　文献　97.1
《淮南子》的成书、传播与影响　陈广忠　船山学刊　96.2
《禹贡》的九州和贡赋　李学江　宁夏教育学院学报　97.1
《华阳国志校补图注·后贤志》讹误考证　曹书杰　西南师范大学学报　97.3
《明实录》的版本与收藏　谢贵安　文献　97.1
明代《通鉴》学的成就及其特点　吴振清　北方论丛　97.2
论《孙子兵法》在日本的传播与影响　吴荣政　广西民族学院学报　97.3
吴文化与《孙子兵法》散论　徐同林　苏州大学学报　97.1
《蒙古王公表传》纂修再考：第一部《衮传》由何种文字写成　宝日吉根　清史研究　97.1
《政书集成》的史料价值及其编纂意义　杜家骥　中国史研究动态　97.7

著名史学家研究

浅探司马迁在中国民族史上的作用和贡献　阎崇东　内蒙古师大学报　97.3
司马迁"先黄老而后六经"析论：兼论司马谈对其思想的影响　汪涌豪　殷都学刊　97.2
司马迁的善因论述评　陈世陔　江汉论坛　97.6
司马迁师承安国说考辨　陈桐生　学术研究　97.5
司马迁列孔子于《世家》而列老子于《列传》思想发微　刘蕴之　人文杂志　97.1
司马迁刑德理论发微　陈国生　天府新论　97.1
再论走出司马迁天人思想研究的误区　郎宝如　内蒙古大学学报　97.1
司马迁的历史观　刘学智　光明日报　97.5.6
司马迁的史学原理本于《六经》　朱本源

陕西师大学报 97.1
《史记》与司马迁的历史观 王双怀 华夏文化 97.1
试论司马迁的怀疑精神 刘重来 西南师大学报 97.6
司马迁的思维逻辑与《史记》的符号空间 齐效斌 陕西师大学报 97.3
司马迁的学术倾向及其天人观略议 刘学智 陕西师范大学学报 97.3
司马迁学术渊源谈：释“司马氏世主天官” 吴锐 史学史研究 97.3
司马迁与《史记》 艾溪芸 攀登 97.4
对司马迁的再认识 陈晓芬 华东师大学报 97.5
从《史记》十二本纪看司马迁的天人观 崔荣华 南通师专学报 97.2
从《史记》看司马迁的民族思想 杨明 重庆师院学报 97.3
从《史记》传赞首篇看司马迁的文化思想倾向 荆忠岭、陈荣根 山东师大学报 97.增刊
司马迁论商场成功之道 王鑫义 安徽大学学报 97.5
略论司马迁的经济地理观 官悠房 昆明社科 96.6
司马迁人格价值论 徐延庆 东疆学刊 97.1
超越死亡：司马迁的著史心态 朱发建 湘潭大学学报 96.5
司马迁对历史发展趋势的卓识 陈其泰 史学史研究 96.4
司马迁真有侍妾随清娱吗？ 程章灿 中国典籍与文化 96.4
司马迁与《周易》 徐兴海 人文杂志 97.4
从《史记·货殖列传》看司马迁的商品经济思想 孙亚利、马琪山 庆阳师专学报 96.1
司马迁对中国古代商业地理学的贡献 王鑫义 中国史研究 97.3
论司马迁的“大历史”史观 黄留珠 汉中师范学院学报 97.2
也谈司马迁的“成一家之言” 郑振邦、郑红娟 渭南师专学报 97.2
从《史记》看司马迁的人生价值观 胡安莲、金荣权 信阳师院学报 97.3
关于司马迁“发愤说”的重新思考 党大恩等 渭南师专学报 97.1
从《史记》看司马迁的历史观 王双怀 汉中师院学报 97.2
司马迁历史观讨论综述 徐兴海 汉中师范学院学报 97.2
司马迁史学理论的构成(兼评班氏父子的妄评) 朱本源 汉中师范学院学报
论司马迁的“大历史”史观 黄留珠 人文杂志 97.3
孔子、司马迁史学思想的传承及启示 张小平 安徽史学 97.2
司马迁“三不朽”的价值观 李彤 长沙电力学院社科学报 97.2
论司马迁写当代史成一家之言 易平 史学理论研究 97.2
太史公“爱奇”试说 赵素蓉 成都大学学报 97.2
论司马迁在受命、革命问题上的矛盾 王培华 晋阳学刊 97.3
试论司马光的史学思想 左耀华、王德峰 山东师大学报 97.增刊
孔子与中国传统史学 任怀国 齐鲁学刊 97.4
孔子父母“野合”及《檀弓》真伪考辨 张立华 古籍整理研究学刊 97.1
孔子祖籍在夏邑 司英战、张金榜 光明日报 97.3
从乱世之《春秋》到治世之《史记》：孔子与司马迁的史学价值观之比较 雷戈 西北师大学报 97.4
刘知几与《史通》 张邦彦 中国档案报 97.3.31

略论刘知几的历史观　聂中庆　内蒙古民族师院学报　97.3
刘知己的"六家"论　陈立柱　文史知识　97.8
杰出的史学评论家刘知几　刘一辉　淮海文汇　96.12
试析刘知几、章学诚历史编纂理论的异同　路言莉　贵州师大学报　97.1
班固生卒年新说　孙亭玉　长沙电力学院社科学报　97.2
班固与《汉书》　曹之　图书馆论坛　97.2
全国董仲舒思想学术研讨会综述　栗玉仕　光明日报　97.8.30
论董仲舒与司马迁《史记》著述之关系　王保顶　河北学刊　97.4
略论陈寿《三国志》回护司马氏(读赵翼《廿二史札记》有感)　王炳厝　福建学刊　97.4
陈寿的主导历史观评析:读《三国志》札记之一　郑之洪　贵州师范大学学报　97.2
试论郑樵《通志》的史学思想及历史作用　史健　辽宁大学学报　97.1
夹漈草堂上竖起的一座丰碑:南宋著名藏书家郑樵　王长英　福建师大学报　97.1
韩愈集传本及校理源流管窥　常恩春　成都大学学报　97.2
苏轼史学思想述论　王云飞　史学月刊　96.6
角色错位的悲剧:评刘歆　孟祥才　齐鲁学刊　97.2
论焦竑与《国史经籍志》　丁宏宜　图书馆论坛　97.1
马骕《绎史》的史学价值　高平　清史研究　96.4
刘向著述与汉代政治之联系考略　谢谦　西南民族学院学报　97.4
在理想与现实的历史背面:评刘新明新著《儒生与国运》　陈祖怀　学术月刊　97.8
明代大史学家王世贞　仓修良　文献　97.2
明代杰出史家王世贞　徐彬　文史知识　97.1
黄宗羲史学初探　赵连稳　齐鲁学刊　97.1
马端临卒年考　王炜民　浙江学刊　96.6
章学诚创新纪传体的理论与实践　罗炳良、贺南辉　湖南教育学院学报　97.3
秉公笔,存直道,史以纪实:浅论邵晋涵的史学思想　朱依群　宁波大学学报　96.4
文质因时:谈邵晋涵的史文思想　朱依群　宁波师院学报　96.5
王国维意境说理论体系臆解　毕桂发　河南教育学院学报　96.4
傅斯年史学即史料学析论　蒋大椿　史学理论研究　96.4
顾炎武的史评及治学　周文玖　安徽史学　97.1
略谈顾炎武在历史文献学方面的贡献　崔文印　史学史研究　97.3
西陲古地名义考释:为顾颉刚先生百岁诞辰纪念会作　李得贤　中国历史地理论丛　97.1
一部求真、求实的学术人物传记:《顾颉刚评传》读后　钱宗范　中国史研究动态　97.4
顾颉刚抗战期间的学术活动述记　田亮　淮北煤师院学报　97.1
"遗民"陈寅恪　孙郁　当代作家评论　97.4
论《柳如是列传》在陈寅恪学术上的地位与价值　雷戈　学术论坛　97.9
曹马之争辨析(陈寅恪先生说献疑)　封海清　云南教育学报　97.1

论《柳如是别传》在陈寅恪生命史上的创始意义　雷戈　松辽学刊　97.2
不采蘋花即自由:陈寅恪定居岭南考　吴定宇　东方文化　97.1
“不采蘋花即自由”?:《陈寅恪的最后二十年》读后　雷颐　东方文化　97.3
王永兴谈陈寅恪治史之道　李锦绣　文史知识　97.1
陈寅恪的“晚清情结”与他同胡适的关系　何建明　历史研究　96.6
德才学识兼具的一代良史翦伯赞　王学典　文史哲　97.1
理论与实践相统一(翦伯赞与中国现代史学)　心史　历史教学问题　97.3
翦伯赞革命文史生涯录　张传玺　新文化史料　97.3
吕振羽史学的始创贡献　蒋大椿　湘潭大学学报　97.2
吕振羽早年的孔子观述评　舒文　湘潭大学学报　97.2
吕振羽史德的启示　陈瑞云　史学集刊　97.1
全国吕振羽学术研讨会综述　戴开柱　中国史研究动态　97.1
辟开榛莽播浓荫:吕振羽史学成就述要　朱政惠　历史教学问题　97.4
傲骨撑天地,奇文话鬼神:记爱国史学家陈垣先生　徐彬　炎黄春秋　97.6
试论抗战时期陈垣的爱国主义史学思想　田亮　华东师大学报　97.1
严肃谨慎,意在“求实”(忆谭其骧先生)　史为乐　东岳论丛　97.2
悠悠长水:谭其骧传(连载之五)葛剑雄　史学理论研究　97.1
历史是人的行为:白寿彝教授主编的《中国通史》(导论)读后　刘统　史学史研究　96.4
教学改革与史学人才培养:兼论“白寿彝史学论著奖”设立的意义　杨共乐、梅雪芹　史学史研究　97.1
当代史学人才培养的新举措:关于“白寿彝史学论著奖”的设立与首届获奖论文的评选　北京师范大学历史系　史学史研究　97.1
白寿彝先生谈治学:访白寿彝先生　陈磊整理　史学史研究　97.2
在何兹全同志85周年华诞学术座谈会上的讲话　白寿彝　史学史研究　96.4
何兹全教授与中国古代史研究:为祝贺何先生85寿辰而作　安作璋　史学史研究　96.4
不断开拓,不断创新的学术道路:何兹全先生学术成就概述　陈琳国　史学史研究　96.4
一代宗师,笃诚质朴:悼罗尔纲先生　苏双碧　光明日报　97.8.2
崇高的敬意,深切的缅怀:悼念历史学家罗尔纲　潘琦　学术论坛　97.4
章学诚的易学与史学　吴怀祺　史学史研究　97.1
史学研究与人生追求(王钟翰先生访谈录)　危兆盖　光明日报　97.10.4
钱穆及其史学纲要　罗义俊　历史教学问题　97.1
钱大昕历史考据学的渊源、理论和方法　王记录　山西师大学报　97.2
钱大昕的学术思想　王记录　史学史研究　97.1
乾嘉史学大师钱大昕　戴逸　文史哲　97.3
钱大昕学术思想述评　王树民　河北师院学报　97.1
元史专家翁独健教授的治学道路　任崇岳　郑州大学学报　97.2
郑振铎从战火中抢救珍稀图书　王邢华　民国春秋　97.2
徐扬杰先生史学成就述　袁北星　社会科学动态(武汉)　96.11
陈翰笙与世界历史学科的发展　廖学盛

群言(京) 97.1
筚路蓝缕,开前人之所未开:谈王应麟在文献学方面的贡献和成就 布仁图 内蒙古社会科学 97.5
《中华二千年史》的特色与邓之诚的史学思想 王记录 兰州学刊 97.4
萧一山的民族革命史观及其清史研究 李先成 历史教学问题 97.2
叶适“史法论”初探 张晶萍 湖南教育学院学报 97.1
陈懿典及其所撰三种明人传记 李小林 史学集刊 96.4
略评郑学檬教授对唐宋江南区域经济的研究 冻国栋 中国社会经济史研究 97.2
吴地史学家吕思勉自述史学渊源与成就 卞孝萱 江海学刊 97.4
蒙元史研究专家韩儒林 韩文宁 南京史志 97.2
学力根深方蒂固:从《明清史新析》谈韦庆远先生的学术道路 梁希哲 史学集刊 97.3
王重民先生的敦煌遗书研究工作 白化文 北京图书馆馆报 97.3
论傅斯年的史学思想 张利庠 北京工业大学学报 97.2
论黄宗羲在中国思想史上的伟大地位 陈寒鸣 历史教学 96.11
邵晋涵在历史编纂学理论上的贡献 罗炳良 史学史研究 97.2
历史学家李德林和他的断代原则 孟庆斌 文史杂志 97.3
回忆侯外庐校长 张洲 西北大学学报 97.1
黎澍之路 张生力 史学理论研究 96.4
黎澍之路(续) 张生力 史学理论研究 97.1
金毓黻先生学术思想研究概述 范寿琨 北方文物 97.3
屈大均及其史学 关汉华、冼剑民 暨南学报 97.2
明史专家王崇武逝世40周年祭 赵俪生 齐鲁学刊 97.2
毛泽东与《二十四史》(祝《毛泽东评点二十四史》线装本出版) 宋木文 人民日报 97.8.8
晚年毛泽东与中国传统史学 李帆 史学月刊 97.1
邓小平史学观三题 王助民 镇江师专学报 97.1
从乡土、家庭的“边缘性”看郭沫若叛逆性格的必然性 陈晓春 郭沫若学刊 97.1
郭沫若对地域文化的科学审视(纪念《释支干》发表65周年) 罗建中 郭沫若学刊 97.1
郭沫若史料观初探 程学玲 档案学研究 97.1
郭沫若的井田制研究的意义和辨认 谢济 郭沫若学刊 96.4
略论吴玉章在中国马克思主义史学中的地位 张剑平 社会科学研究 97.4
孙中山历史分期思想初探 胡永华、李德栓 云南学术探索 97.2
自强、自奋、自信:缅怀文良治史精神 单素云 辽宁大学学报 97.3
李新对中华史的若干见解 廷雷 解放日报 97.10.29
王献唐为抢救祖国文化遗产做出的贡献 王宽、丁戈晋 东方论坛(青岛) 96.3
王献唐先生学术思想初探 骆伟 东方论坛 96.3
王献唐与吕振羽的学术交流及其在现代史学上的意义 张书学 东方论坛 96.3
王振铎自传 王振铎 史学史研究 96.4
查继佐及其《罪惟录》 陈长征、陈欢

浙江学刊 96.6

何炳松与中国现代的“新史学潮流” 吴汉全 盐城教育学院学报 96.4

融汇东西文化再建中华文明:访海外著名学者唐德刚先生 李立 北京大学研究生学刊 97.2

给人启迪的治学道路(我读张芝联先生《从〈通鉴〉到人权研究》) 申晨星 史学集刊 97.2

庄严的史家画廊(读六本史学家评传) 伍羊 光明日报 97.5.13

试论丘明不可能是太史 杨皑 华南师大学报 96.6

日本的公羊学研究 汤仁泽 史林 97.2

尼·米·卡拉姆律:俄国著名的贵族历史学家 戴桂菊 史学理论研究 97.1

加拿大史学专栏(附编者按)

1. 加拿大史学初探/杨令侠
2. 加拿大史学的奠基人乔治朗/王建华
3. 加拿大城市史研究概述/李巍 史学理论研究 97.1

试论波丹的史学思想 徐善伟 史学理论研究 97.1

英国著名史学家托尼 王晋新 世界历史 97.2

(二)社会发展史

社会历史发展动力的多维度考察 郑宏卫 中共浙江省委党校学报 97.4

摒弃“精英”史观,发现中国农民创造历史的潜力 孙达人 历史教学问题 97.4

中国人类学发展史中的几个问题 王建民 思想战线 97.3

大禹治水对社会发展的影响 徐校雄 云梦学刊 97.1

原始社会和原始法辨 蒋德海 黄淮学刊 97.2

铜陵古采矿遗址和中国文明史 欧远方 江淮论坛 97.3

再论黄帝时代是中国文明的源头 许顺湛 考古与文物 97.4

国家:一个逐步凸显的历史过程 马育良 安徽史学 97.3

关于中国封建社会长期延续的几个问题 任春明 广东社会科学 96.6

关于封建社会的一些新认识 马克垚 历史研究 97.1

一部关于早期奴隶制研究的力作:评《早期奴隶制社会比较研究》 周用宜 世界历史 97.1

论东西方封建结构的差异对经济形态过渡的影响 郝惠 天中学刊 96.4

论社会史研究应具有平实心态 王恩重 社会科学 96.12

洪水传说与中国早期国家的形成 姚文斌 史学月刊 97.4

关于原始社会母系氏族制度成因的辨析 仓林忠 江西教育学院学报 97.2

氏族社会经济的演变与制度要素 陈庆德 云南民族学院学报 97.3

(三)文化史

建筑文化史学的新框架:评两卷本《中国古代北方民族文化史》 于夫 中国史研究 96.4

中国文化中的避讳 王健 贵州社会科学 97.3

从历史发展的角度考察中国文化 朱立元 思想路线 97.3

试谈傅斯年关于中国古代文化起源的假说 杨朝明 中国文化研究 97.2

新科学与中国文化的辩证思维方式 (美)窦宗仪 史学理论研究 96.4

(四)地方史

历史上汉族人向西北边疆的迁徙 王治来 西北史地 97.1

黑龙江古代民族和中原文化的关系 刘邦原 北方文物 97.2

客家民系形成地域之我见 胡希张 嘉应大学学报 97.2

(五)民族史

振奋精神,勇于探索,开创民族史研究的新局面 史金波 宁夏社会科学 96.6

两岸共撰《中华民族史》 羊城晚报 97.8.5

新疆各族人民对祖国历史的伟大贡献:《新疆历史人物》序言 谷苞 西北民族研究 97.1

不断开展民族史的理论学习:在中国民族史学会第四次会议上的讲话 白寿彝 史学史研究 96.4

元朝人不修西夏史刍议 李华瑞 河北大学学报 96.3

论大一统与严夷夏之际 葛志毅 管子学刊 97.1

论藏族社会发展史上的四次飞跃 杨士宏 西北民族学院学报 97.1

21世纪中国民族史研究走向分析 徐杰舜 宁夏社会科学 96.6

象征的源起、隐喻及其认同仪式:对侗族鼓楼的象征人类学诠释 石开忠 思想战线 97.3

堪称民族史大观:评《中国历史民族史丛书》 史诚 民族研究 97.3

古代边疆民族地区屯垦开发概说 龚荫 西南民族学院学报 97.1

内蒙古史学界古代北方民族史研究50年 杰轩 蒙古学信息 97.1

元代回族史研究的开拓者——杨志玖 丁明俊 回族研究 97.1

国外对维吾尔文献的收藏及研究 牛汝极 西域研究 97.2

苗蛮集团来源与形成的探索 韩建业、杨新改 中原文物 96.4

(六)中外关系史

近代菲律宾华侨社会的形成 黄滋生 华侨华人历史研究 97.2

关于早期澳洲华人史的几个问题 张秋生 历史档案 97.2

深化地方修史研究:兼评赵和曼先生著《广西籍华侨华人研究》 谭天星 华侨华人历史研究 97.1

加强研究不断进取:在广西华侨历史学会第二次代表大会上的报告 赵和曼 八桂侨史 97.1

“华侨华人研究国际学术大会”评述 张颖哲 华侨华人历史研究 97.1

蔡廷兰《海南杂著》中所记越南华侨华人 戴可来、于向东 华侨华人历史研究 97.1

试论“五缘”文化及其与海外华侨华人社会 童家洲 华侨华人历史研究 97.1

华侨、华人在中外关系中的作用载体研究 张学惠、江作栋 八桂侨史 97.2

华侨史上一位值得研究的重要人物,安南国王陈日煚籍属辨析 郑山玉、丁东 华侨华人历史研究 97.1

研究澳洲华人史的几部重要著作 王孝询 华侨华人历史研究 97.2

关于早期澳洲华人史的几个问题 张秋生 华侨华人历史研究 97.2

粤籍华侨华人在加拿大 黄启臣 华侨华人历史研究 97.2

近代以来日本的华侨、华人研究(1914—

1996） 郭梁 华侨华人历史研究 97.2
欧洲华侨华人概况 Frank N Preke 李明欢译 华侨华人历史研究 97.2
战后海外华人宗教社团的演变及其特征 翁奕波 汕头大学学报 97.1
我国海外华人的分布及发展 黄润龙 人口学刊 97.1
三百年的屈辱与抗争：读《南非华人史实》 温宪 97.3.21
北大历史系开设世界华侨华人史课 梁志明 八桂侨史 97.2
客家人适应方式的转变与其对马来亚早期开发的贡献 杨鹤书 中南民族学院学报 97.2
从古籍丛书看中日典籍交流 陈东辉 日本研究 96.4
古代福建对日交往及其影响 林家恒 福建论坛 97.4
中国古代江南与朝鲜半岛的交流 卢海鸣 南京社会科学 97.8
论近代以来中国的国家意识与中外关系意识(评佘英时《飞弹下的选举——民主与民族主义之间》) 姜义华 复旦学报 97.3
研究中国移民史的基本方法和手段 葛剑雄 浙江社会科学 97.4
中外海外移民若干问题的比较 张存武 华侨华人历史研究 97.1
德国汉学家帕塔克与中外关系史研究 钱江 中国史研究动态 97.1
中越宗藩关系简论 黄清根、陆妙春 江汉论坛 96.11
古代中朝日文化交流 张敏 北京大学学报 96.东方文化研究专刊
浅谈中国古代的非洲黑奴 肖忠纯 锦州师专学报 97.2
华侨史上三次惨案的探讨 姚兆矩 温州师院学报 96.2
华人姓氏与地名之关系研究 楚战国、楚天骄 河南大学学报 97.1
论海外华人之称谓问题：两种不同性质的名分与属性 郑民 华侨华人历史研究 97.3
也谈侨批的起源及其它 李天锡 华侨华人历史研究 97.3
缅甸华侨华人的历史与现状透视 罗英祥 华侨华人历史研究 97.3

四、专题研究

中国古代旌节述论 常培军 许昌师专学报 97.增刊
从滦河流域的古代文明到避暑山庄文化 田淑华 文物春秋 97.1
重建原始华夏一元文化系统 景以恩 烟台大学学报 97.2
世代弘扬中华和合文化精神：为“中华和合文化弘扬工程”而作 程思远 人民日报 97.6.28
略论中华现代文明发展的三个动力源 包亚宁、张广照 青海社会科学 96.6
关于中国文明主体的再认识：评王献唐对炎帝文明的研究 吴锐 东方论坛 97.4
城址、文字及文明起源 蔡凤书 中国史研究 97.1
中华文明基本特质的生成 李瑞兰 光明日报 97.4.29
研究我国文明起源问题的一些思考 李

仰松 考古与文物 97.1
中华人类文明的独立起源和对外传播 刘志一 衡阳师专学报 97.1
云南大学邀请国内部分中青年学者座谈人类学、民族学发展的若干问题 思想战线 97.3
论世界和中国诸民族宗法制度发展形态的共同规律性 钱宗范 社会科学家 97.3
民主与中国的近代化:从思想文化方面所作的历史省察 陈寒鸣 天津社会科学 97.3
论原始民主 刘欣如 史学理论研究 97.2
中国古代社会保障典制考评 陆士祯、杨小强 中国青年政治学院学报 97.3
西藏对中华文明的历史贡献 陈崇凯 贵州民族研究 97.1
中国古代私人藏书的文化地理状况研究 胡先媛 图书情报知识 97.2
五百年来的地理大发现史研究 王加丰 史学理论研究 97.2
略论敦煌文书的地名学意义 华林甫 中国历史地理论丛 97.2
’96 中国敦煌吐鲁番学术讨论会纪要 王援朝 敦煌研究 97.1
十年一回首,沙漠添绿洲:读杨雄《敦煌论稿》有感 黄征 敦煌研究 97.1
世纪之谜:敦煌遗书知多少? 郭怀亮 光明日报 97.3
郭煌文献中的《斋琬文》王书庆 敦煌研究 97.1
敦煌本《六字千文》初探 郃惠莉 敦煌研究 97.1
长达3000 万字的恢宏巨著《敦煌文献合集》开始编纂 文汇报 97.5.1
敦煌籍帐研究 孔丹岳 档案学研究 97.2
敦煌写本纲和泰藏卷所述帕德克城考 林梅材 敦煌研究 97.1
“丝绸之路”研究中的几个问题:与《公元100 年罗马商团的中国之行》一文作者商榷 杨共乐 北京师范大学学报 97.1
历史上新疆伊犁的果子沟路 洪涛 西域研究 97.1
中国收复香港百年史述略 刘存宽 黑龙江社会科学 97.3
论祖国大陆与台湾的历史发展趋向统一 张昌志 文史杂志 97.1
一部台湾史研究的开拓之作:《宝岛春秋——中国台湾史录》评析 赵士国 湖南师大学报 97.2
台湾殖民地经济概论 陈泽尧 河南师范大学学报 97.1
新兴宗教与传统仪式:一个人类学的考察 李亦园 思想战线 97.3
革新派先贤祠中一员 刘大年 近代史研究 97.4
古村落:亟待研究的乡土文化课题 刘沛林 衡阳师专学报 97.2
评《早期奴隶制社会比较研究》 马克垚 世界历史 97.3
中西封建城市经济结构差异之比较 刘大明 史学月刊 97.3
中西政教关系史比较 彭琦 北京社会科学 97.2
传统文化与爱国主义 瞿林东 大众日报 97.3.31
关于二十世纪的中国思想史研究 吴通福、贾学德 社会科学 97.3
借鉴中国古代监察机制的有益经验 董万新 理论导刊 97.6
编修《桐梓县志》略述 胡大宇 贵州师院大学学报 97.2
张家界市几个历史疑难问题辨析 戴楚洲 武陵学刊 97.1
古代黄河流域社会基层行政组织问题探析 倪国良 开发研究 97.2

中国封建社会周期波动与人口关系初探 徐平华 中国史研究 97.3
菜·蔬·野菜:兼论野菜的祭祀作用 陈采勤 中国农史 97.3
招远历代货币述略 杨希云 管子学刊 97.3
共工考 叶林生 江苏社会科学 97.5
论中国古代战神形象的嬗变 刘庆 广西民族学院学报 97.4
中国古代行为礼仪试探 卢昌德 社会科学战线 97.5
论华夏国家形成时期的六国 姚治中 安徽教育学院学报 97.3
中国古代典籍中的社会理想 安源 内蒙古电大学刊 97.4
试论中国传统行政管理思想的特色 李文发 信阳师院学报 97.4
中国古代的选举制度 陈培强、任怀飞 山东师大学报 97.增刊
中国古代行政监察机制的动因考察 于洪生 中国行政管理 97.7
中国传统社会政治决策思想初探 东方朔 齐鲁学刊 97.5
试论我国古代中央对地方的监察方式 修晓波 97.5
韩非与马基雅维里非道德政治观平议 孙晓春 吉林大学社科学报 97.5
被外戚和宦官杀死的帝王 李柏山 政府法制 97.10
中国古代的谋士谋略 刘涛、翟爱东 淮海文汇 97.7
五行说对中国古代气象学的影响 胡化凯 管子学刊 97.3
史学基地要办出特色 李文海 史学集刊 96.4
新历史发展观与东亚的现代化进程 罗荣渠 历史研究 96.5
论中华民族的形成过程 萧君和 佛山大学学报 96.5
民本思想的反作用是中国封建社会延长的根本原因 蒋昌和 长沙水电师院社科学报 96.4
汉魏六朝起居注考略 陈一梅 中国史研究 96.4
中西封建地主阶级地位的差异 熊家利 湖南师大学报 社科报 96.5
“史前神话”对中国文化整体研究的作用和意义 李新华 齐鲁艺苑 97.4
分裂主义者的历史命运 寇新华 新疆社科论坛 96.3
论古代清官的重民思想和务实作用 王岸茂 史学月刊 97.1
为政以德则治,不以德就乱:中国历史上有关政德的评析 许启贤 人民日报 97.2.23
“马上”得天下,不能“马上”治天下:传统思想对历史经验的总结 林甘泉 中国社科院研究生院学报 97.1
关于印刷术起源问题的管见 张永晖 中国文物报 92.2.16
徽学研究的历史演变 刘伯山 安徽日报 97.2.17
关于城市起源问题的几点思考 许宏 中国文物报 97.1.26
试论我国古都移民的原因与影响 叶骁军 兰州大学学报 97.1
中国古代治安体制的孕育 陈鸿彝 江苏公安专科学校学报 97.1
关于中国警察制度史 林琳 中学历史教学参考 97.8
略论西方史学中的文化史传统 郭长刚、张有智 河北学刊 97.4
关于《北京郊区村落发展史》研究浅说 尹钧科 北京社会科学 97.3
省史学会召开陕西社会史讨论会 黄民兴 西北大学学报 97.3
略论谱牒学在文史研究中的意义 汪俊 扬州大学学报 97.3
关于谱学研究的几点意见 仓修良 历史研究 97.5

解决古代断代问题的钥匙:读《中华传统天文历术》 陆天华 贵州社会科学 97.5
黄帝时代应定名为“黄朝” 周兴春、王玉萍 德州师专学报 97.3
关于成王的纪年 张闻玉 中原文物 97.3
晋侯稣钟与西周历法 冯时 考古学报 97.4
家庭史学简况 舒晓昀 学术研究 97.9
中国传统政治哲学论纲 孙晓春、郑维东 史学集刊 长春 97.2
思路广阔,见解新颖:评蔡运章著《甲骨金文与古史新探》 杨升南 中原文物 97.2
论隐士在中国传统文化中的独立人格和历史命运 谢天杰 社会科学 97.6
中国古代的车战、骑战与作战方法 刘永华 戏剧艺术 97.2
关于《日本碎语》的碎语 唐力行 安徽史学 96.4
古代中国地图的启示 李孝聪 读书 97.7
“礼”的性质和作用及现实意义 杨森、连珩 科学、经济、社会 97.2
客家学潮与客家情潮 李逢蕊 龙岩师专学报 97.1
对构建“客家经济”的几点思考 阎恩虎 嘉应大学学报 97.2
《新安名族志》编纂的背景和宗旨 赵华富 安徽大学学报 97.3
今年是上海设市七十周年 周振鹤 文汇报 97.7.29
人类学·社会——文化人类学·民族志分析模式的变迁和少英 青海民族学院学报 97.1
中国传统伦理政治思想论析 安云凤 西南师范大学学报 97.3
论中国传统政治文化的结构 任军 人文杂志 97.2
关于政治与道德关系的思考:东西方政治思想比较之一 蔡晓萍 青海民族学院学报 97.2
浅议中国科举制度的历史价值与现实意义 李方禄 西北史地 96.3
中国古代犹太人姓氏变化考 魏千志 史学月刊 97.2
美国女性人类学述论 乐梅 广西民族学院学报 97.2
客家学:研究中国历史文化的新视角 王东 光明日报 97.4.22
从预成论到辩证决定论 张俊芳、许修志 东北师大学报 97.3
社会生活方式是社会史研究的重要课题 曹文柱 光明日报 97.5.6
从人类学是一门交叉的学科谈起 费孝通 广西民族学院学报 97.2
发扬文化自觉,坚持田野研究:第二届社会文化人类学高级研讨班综述 周星、王铭铭 广西民族学院学报 97.2
社会史研究与历史社会地理 王振忠 复旦学报 97.1
浅论社会关系与社会史研究 王先明 浙江社会科学 97.2
中华为什么叫“华”林词 衡阳师专学报 97.1
黄仁宇的“中国大历史” 徐友渔 中华读书报 97.8
穷毕生之力治可信之史:读陈致平先生《中华通史》 汤开建 中国图书商报 97.8.27
试论中国传统社会的制度性缺陷 葛金芳 云南社会科学 97.1
政治制度史研究的新成果:读《中国古代政治制度探究》 申海田 烟台师院学报 96.3
继承、探索、创新(读《中国通史》第四卷《中古时代·秦汉时期》) 林甘泉

史学史研究 97.2
多卷本《中国通史·隋唐卷》题记 史学史研究 97.1
不再渺茫无稽的远古时代:《中国通史·远古时代》读后 孙祖初 文物 97.6
马克思主义社会形态理论与新时期的通史编撰:再读多卷本《中国通史·导论》卷 吴怀祺 史学史研究 97.2
中华早期文明的全景画:白寿彝先生总主编《中国通史》第三卷读后 刘统 史学史研究 97.1
可贵的探索,可喜的成就:“社会史研究与《中国社会通史》研讨会”纪要 马宝珠 光明日报 97.4.11
山西教育出版社与本报联合召开社会史研究与《中国社会通史》研讨会 光明日报 97.4.4
居高声自远:评《中国政治制度通史》 王春瑜 光明日报 97.6.21
制度文化与中国政治制度研究〈附编者按〉 刘起釪 北京日报 97.5.26
揭破历代政治制度的谜底:学界名家评说《中国政治制度通史》 北京日报 97.5.26

五、考古与文物

河南省南阳市百里奚出土青铜器玉器 南阳市文物研究所 中原文物 96.3
《古代中国青铜器》评介 曹玮、王辉 考古与文物 96.5
中国早期铜器的起源及发展 王志俊 文博 96.6
什邡船棺葬出土方形王印考 钱玉趾 文物 96.10
略论江浙地区石室墓的几个问题 周大鸣 南方文物 96.3
鹤壁集瓷窑遗址浅说 郝亚山、张长安 中原文物 96.3
成都十二桥遗址发掘纪实 张肖马 文物天地 96.6
白鹿洞书院采集的古陶瓷片 李科友 南方文物 96.3
江西全南县渡田坑、梅子山窑址调查 薛翘、刘劲峰 南方文物 96.2
中国境内出土带铭文的波斯和中亚银器 林梅村 文物 97.9
牡丹江市郊江西遗址调查简报 牡丹江市文物管理站 北方文物 97.1
河北易县发现一批石造像 张洪印、金申 文物 97.7
福建平和窑外销瓷初探 唐蔚莼、喻志芳 南方文物 96.4
福州发现的景德镇青花瓷 傅崇良、林忠平 南方文物 96.4
鸡鸣山驿考略 孟繁峰 文物春秋 96.2
上海首次田野考古的前前后后 陶喻之 东南文化 96.3
胜迹遍东原:山东东平文物述略 吴绪刚 文物天地 96.6
汉晋越瓷款识浅析 周燕儿 文博 96.5
西北林学院基建中发现的古墓葬 高忠玉、赵彩秀 文博 96.5
考古发现的水井与“凿井而灌” 郑洪春 文博 96.5
浙江宁波出土铜镜 李军 南方文物 96.3
中国古代墓葬壁画的缩影 黄景略 文物 96.9

中国古墓壁画内容变化的阶段性:《河北古代墓葬壁画精粹展》座谈会上的发言提纲　俞伟超　文物　96.9
河北古代墓葬壁画研讨会纪要　韩立森、刘朝英　文物　96.9
考古研究所夏商周考古二十年　中国社会科学院考古研究所夏商考古研究室　考古　97.8
桐柏县安棚画像石墓　南阳市文物研究所　中原文物　96.3
河南省南阳市十里铺二号画像石墓　南阳市文物研究所　中原文物　96.3
民初谭镖关于发掘南越古冢的报告　彭仲辉、侯丽蓉　岭南文史　96.3
河南省南阳县辛店乡熊营画像石墓　南阳市文物研究所　中原文物　96.3
黑龙江海林市东兴遗址发掘简报　黑龙江省文物考古研究所、吉林大学考古学系　考古　96.10
铜马、铜马式、天马　何志国　四川文物　96.5
黑龙江海林市渡口遗址的发掘　黑龙江省文物考古研究所、吉林大学考古系　考古　97.7
山东济宁市新征集一批古代铜镜　姜德銮　考古　97.7
辽宁锦县昌盛石椁墓与辽东属国　郑君雷　北方文物　97.2
土山墓考辨　董聿毅　淮海文汇　97.6
河南林州市出土古代铜镜　张增午　考古　97.7
河北昌黎出土燕国货币简述　石守仁、王恩林　文物春秋　97.2
承德县狼崽沟古遗址调查　刘朴　文物春秋　97.2
青龙县青龙河流域考古调查简报　张守义　文物春秋　97.2
宋家房遗址调查简报　怀安县文保所　文物春秋　97.2
徐水县发现我国北方最早的新石器遗址　光明日报　97.9.15
再议东下冯类型　李维明　中原文明　97.2
辽宁牛河梁第五地点一号冢中心大墓(M_1)发掘简报　辽宁省文物考古研究所　文物　97.8
辽宁牛河梁第二地点一号冢21号墓发掘简报　辽宁省文物考古研究所　文物　97.8
辽宁牛河梁第二地点四号冢筒形器墓的发掘　辽宁省文物考古研究所　文物　97.8
举世瞩目的辽西化石文化　曹振印　锦州师院学报　97.3
黑龙江省海林县振兴遗址发掘简报　黑龙江省文物考古研究所、吉林大学考古学系　北方文物　97.3
山东桓台史家遗址发掘获重大成果　人民日报　97.8.19
殷墟考古又有重大突破　中国文物报　97.8.31
江西广丰庄山头遗址第三次发掘　江西省文物考古研究所等　南方文物　97.1
浅论江西新干出土的王羽人　杨美莉　南方文物　97.1
铜岭铜矿遗址出土竹木器研究　刘诗中、卢本珊　南方文物　97.1
湖北襄樊市彭岗东周墓群第三次发掘　湖北省文物考古所　考古　97.8
湖北青山窑考古的重要收获　陈文学　中国文物报　97.7.27
高家堡出土青铜器研究　张懋镕　考古与文物　97.4
荆门郭店一号楚墓　湖北省荆门市博物馆　文物　97.7
商鞅封邑考古取得重要成果　中国文物报　97.8.10
吉林大学收藏我国两汉铜镜选介　史吉祥　北方文物　97.3

伊川齐国太夫人墓出土金银器用途考　梁子、谢莉　文博　97.4
越窑青瓷款识初探　周燕儿　江汉考古　96.3
'96全国十大考古新发现评选揭晓　中国文物报　97.2.2
'96考古十大新发现　闻悟　北京日报　97.2.4
台湾晚更新世以来的环境考古　张伟强、黄镇国　热带地理　96.4
河南历史文化名人文物保护座谈会述要　闻化　奋进　96.12
黑龙江省肇源县小拉哈遗址发掘简报　黑龙江省文物考古研究所　北方文物　97.1
上海市闵行区马桥遗址1993—1995年发掘报告　上海市文物管理委员会　考古学报　97.2
山东日照市两城地区的考古调查　中美两城地区联合考古队　考古　97.4
山西五台县阳白遗址发掘简报　山西大学历史系考古专业等　考古　97.4
湖北荆州市阴湘城遗址东墙发掘简报　荆州博物馆、福冈教育委员会　考古　97.5
褒斜道、石门及其摩崖石刻　陈显远、王云林　西北史地　96.2
三峡悬棺葬的文化内涵　谢应光　四川文物　97.2
浠水县胡弄村墓群发掘简报　湖北省文物考古研究所等　江汉考古　97.1
黑龙江右岸沿江嘉荫至萝北太平沟文物普查简报　黑龙江省文物考古研究所　北方文物　97.2
近百年来的殷墟甲骨文研究(二十世纪中国历史学回顾)　朱凤瀚　历史研究　97.1
尹湾汉墓简牍和西汉地方行政制度　谢桂华　文物　97.1
木计为饰,万文千华:南京博物院藏漆器撷要　顾笕、顾征祥　东南文化　97.1
东北考古述略　干志耿　社会科学战线　97.1
黑龙江省双甲乌山市滚兔岭遗址发掘报告　黑龙江省文物考古研究所　北方文物　97.2
辽宁锦西邰集屯三座古城址考古纪略及相关问题　朱永刚、王永新　北方文物　97.2
夜郎时期考古又有新发现　人民日报　97.7.22
1986—1996年安阳考古工作回顾:纪念安阳市文物工作队建队十周年　党相魁、孟宪武　华夏考古　97.2
安县阜城村我国窑址发掘简报　安阳市文物工作队　华夏考古　97.2
安阳梅园庄殷代车马坑发掘简报　安阳市文物工作队　华夏考古　97.2
简论多学科研究与殷墟考古　贾玉俊　华夏考古　97.2
安阳徐家桥村殷代遗址发掘报告　安阳市文物工作队　华夏考古　97.2
1995—1996年安阳刘家庄殷代遗址发掘报告　安阳市文物工作队　华夏考古　97.2
1983—1986年安阳刘家庄殷代墓葬发掘报告　安阳市文物工作队　华夏考古　97.2
琉璃河遗址1996年度发掘简报　琉璃河考古队　文物　97.6
山东临淄商王村一号战国墓发掘简报　淄博市博物馆　文物　97.6
令彝铭文释读与王城问题　王人聪　文物　97.6
殷墟甲骨拾遗　焦智勤　华夏考古　97.2
杞县发掘一座汉代古墓　张武军、李合群　河南经济日报　97.7.9
洛阳出土的鎏金嵌玉龙纹铜带钩　李缙

云 收藏家 97.3
说九店楚简之武篨(君) 与复山 饶宗颐 文物 97.6
定襄县中霍村东周墓发掘报告 李有成 文物 97.5
内蒙古凉城县王墓山坡上遗址发掘纪要 内蒙古文物考古研究所、日本京都中国考古学研究会中日岱河地区考察队 考古 97.4
殷墟出土的玉璋朱书文字 孟宪武、李贵昌 华夏考古 97.2
从考古发现看春秋战国时期的金银制造业 冉万里 西北大学学报 97.2
山东商代考古小史 方辉等 中国文物 97.8
定州西汉中山怀王墓竹简《论语》释文选 河北省文物研究所定州汉墓竹简整理小组 文物 97.5
定州西汉中山怀王墓竹简《论语》选校注 河北省文物研究所定州汉墓竹简整理小组 文物 97.5
试论浮滨文化 陈兆善 南方文物 96.4
二里头文化与中国古代文明 王迅 考古与文物 97.3
殷墟卜辞中的戍和奠 连劭名 殷都学刊 97.2
三星堆蜀文化与三苗文化的关系及其崇拜内容 俞伟超 文物 97.5
广东南海市鱿鱼岗贝丘遗址的发掘 广东省文物考古所、北大考古系实习队 97.6
香港涌浪新石器时代遗址发掘简报 香港古物古迹办事处 考古 97.6
香港大屿山白芒遗址发掘简报 邓聪等 考古 97.6
深圳市南山向南村遗址的发掘 深圳市文管会办公室等 考古 97.6
香港李郑屋汉墓的发现及其意义 白云翔 97.6
香港地区青铜时代考古及有关问题的探讨 商志䃅、韩德勤 文物 97.6
湖南考古捷报频传 光明日报 97.7.21
虎簋盖铭座谈纪要 本刊编辑部 考古与文物 97.3
虎簋盖铭简释 王翰章等 考古与文物 97.3
古代香港历史的新发明 邓聪 历史研究 97.3
香港地区史前考古与生态环境的研究 商志䃅、吴伟鸣 东南文化 97.2
桓台史家遗址发掘获重大成果 中国文物报 97.5.18
石破天惊显神韵,鬼斧神工铸精魂:我国发现亿万年前的太古石画 余继军 人民日报 97.5.17
中国古代的铁三足架 岳洪彬、唐际根 南方文物 97.4
《黄河上游地区历史与文物》评介 王钟翰 西北史地 96.2
国务院发出通知加强和改善文物工作 人民日报 97.4.18
从考古发现看印刷术的起源 潘吉星 光明日报 97.3.11
日本考古学概论 小林行雄 韩钊、李自智译 考古与文物 97.2
中国动物考古学研究的两个问题 袁靖、安家瑗 中国文物报 97.4.27
新疆出土简牍的考古学研究 刘文锁 西北史地 96.3
中国文明起源的考古学研究 徐苹芳 人民政协报 97.4.7
泥土中"滚"出来的考古学家:郭德维先生访谈录 运时 社会科学动态 97.2
从考古学角度看中日文化交流 张中一 贵州社会科学 97.2
从《从事考古》看宾福德新考古学 孙祖初 东南文化 97.1

日本考古学概论　小林行雄；韩钊、李自智译　考古与文物　97.1
黑龙江考古学的几个问题的讨论：1996年8月24日在“渤海文化研讨会”上的发言　张忠培　北方文物　97.1
长江流域文明的进程　李伯谦　考古与文物　97.4
近两年来宁夏文物考古发现与研究　韩小忙　固原师专学报　97.4
龙虬文化冠江淮　人民日报（海外版）97.8.2
从考古材料看香港与祖国内地的历史关系（二）　杨式挺　岭南文史　97.2
香港考古学发展史简论　（1921—1996）（上）　商志[礻覃]、吴伟鸿　考古与文物　97.2
近年来陕西史前考古的新收获　巩启明　考古与文物　97.4
考古学家在京论证认城头山为中国已知时代最早古城址　中国文物报　97.8.10
关于沙漠考古的若干问题　景爱　中国文物报　97.8.10
聚落考古与史前社会研究　严文明　文物　97.6
谱写北方考古的新篇章　严文明　中国文物报　97.8.17
乔石在文物出版社成立40周年座谈会上要求弘扬优秀传统文化，繁荣文博考古事业　中国文化报　97.7.22
考古发现证明香港古文化同属于珠江三角洲文化圈　文汇报　97.7.3
现代分析测试技术与几件青铜器真伪辨别　马清林、胡之德　文物　97.5
长沙走马楼简牍保护刍议　胡平生　光明日报　97.6.10
古代陶器的研究视野：有关中国考古学方法的几点思考　汪海宁　东南文化　97.2
对《新中国的考古发现和研究》一书几个问题的商榷　高光晶　湖南师大学报　97.3
国际科技考古研究的现状　王昌燧　中国科学报　97.6.25
中国文明起源的考古学研究　徐苹芳　人民政协报　97.4.7
望世纪内外　俞伟超　读书　97.6
关于西藏早期陶器及相关问题的探讨　李玉香　中国藏学　97.2
香港考古学发展史简论（1921—1996）（下）　商志[礻覃]、吴伟鸿　考古与文物　97.3
香港考古的回顾与展望　安志敏　考古　97.6
考古学家发现：重大事件往往同时发生　王星编译　青年参考　97.7.18
1925—1936年香港考古工作试述　邓聪　考古　97.6
香港考古六十年　吴伟鸿　文物天地　97.3
保护文化遗产、打击文物犯罪　马自树　光明日报　97.5.30
编钟研究和《考古“围城”》　叶娃　读书　97.4
试论考古学与旅游业发展的密切关系　王雄平　旅游研究与实践（桂林）97.1
巴人族源辨：人类学与考古学的审视　董珞　中南民族学院学报　97.2
呼伦贝尔历史考古综述　陈桂婷　内蒙古社会科学　97.4
夜郎考古思辨与述评　梁太鹤　贵州民族研究　97.2
五常市砂河子镇西山石棺墓的考古调查　刘展等　中国文物报　97.10.19
碳十四断代技术的新进展与“夏商周断代工程”　仇士华、蔡莲珍　考古　97.7
关于环壕聚落的几个问题　钱耀鹏　文物　97.8

考古研究所汉唐宋元考古二十年 中国社科院考古研究所汉唐考古研究室 考古 97.8
改革开放的二十年，蓬勃发展的二十年：中国社会科学院成立以来考古研究所成就记述 本刊记者 考古 97.8
时空解释新手段：欧美考古 GI5 研究的历史、现状和未来 高立兵 考古 97.7
欧美动物考古学简史 祁国琴、袁靖 华夏考古 97.3
最近考古发现表明：古人类开化时间提早 西北民族研究 97.7
美术考古学的命名性质与研究内容 刘凤君 文史哲 97.4
展示新成就，迎接十五大，促进精神文明建设：《全国考古新发现精品展》前言 张文彬 中国文物报 97.9.21
高丽青瓷初探 彭善国 北方文物 97.3
江西高安发现铜钱窖藏 肖锦秀 南方文物 97.2
应对半坡遗址博物馆进行更高的历史评价 苏东海 中国文物报 97.10.19
我国文物事业不断发展的五年 国家文物局 中国文物报 97.9.14
试述安特生对东亚南部的考古工作：香港考古学个案研究之一 邓聪 南方文物 97.2
张光直谈中国考古学的问题与前景 考古 97.9
中国现代考古事业的先驱吴金鼎 郑学信、王建国 团结报 97.10.15
从一封信看中国近代考古学的发轫 李光谟 文物天地 97.5
新疆库尔勒至轮台间古代城址的遥感探查 中科院考古所、考古科技实验中心 汉唐考古研究所 考古 97.7
关于新疆考古学今后发展问题的初步思考 岳峰、孟凡人 考古 97.9
宗日遗址发掘获重大成果 中国文物报 97.10.26
论中国墓葬封土之源流 林留根 东南文化 96.4
96 年我国考古获 20 多项重要发现 光明日报 97.1.3
日本考古学概论 小林行雄著 韩钊、李自智译 考古与文物 96.6
浅谈科学技术在考古学中的应用 中国社科院考古研究所、考古科技实验中心 袁靖执笔 中国文物报 97.1
中国新史学的助推器——考古学 杜金鹏 读书 96.9
湮没千年的敦煌遗书 剑坤 中国青年报 97.1.10
说考古“围城” 李零 读书 96.12
文学史家的考古学视野 陈平原 读书 96.12
公众需要什么样的考古学 陈星灿 读书 96.12
考古磁学：磁学在考古中的应用 阎桂林 考古 97.1
研究考古遗存的三个过程及其方法 高蒙河 上海大学学报 97.4
陇右石刻 王锷 中国典籍与文化 97.3
敦煌遗书知多少 郭怀亮 丝绸之路 97.4
玉玺的前身是陶玺 西北民族研究 97.1
历代瓦当断代辨伪 呼林贵 文博 97.4
我国古代的青铜器与鉴定研究 黄剑华 四川文物 97.4
良渚文化玉琮在中华文明起源中的特殊作用 骆晓红 浙江学刊 97.4
良渚文物遗址群管理刍议 章忠勋 浙江学刊 97.4
巩义瓦窑嘴遗址出土裴李岗文化遗物 中国文物报 97.9.7

归德军节度印略考　唐国文、曹英慧　中国文物报　97.8.31
西藏文物安全工作座谈会在拉萨召开　中国文物报　97.8.24
陕西历史博物馆藏印丛考　韩建武、师小群　文博　97.4
文物在陕西社会发展中的地位和作用　李炳武　文化艺术报　97.9.13
我国近期将不再主动发掘帝王陵寝　杨春　人民政协报　97.7.26
谈文物工作适应市场经济　曹砚农　中国文物报　97.8.24
台湾发现史前"俯身葬"遗骸　辛华　中国文化报　97.8.28
保定发现我国最早新石器文化遗址　王渊、何东　中国文化报　97.8.28
秦安大地湾遗址的发掘对历史研究的贡献　赵建龙　丝绸之路　97.4
北京延庆古崖居:有待解开的历史之谜　夏俊生　瞭望　97.31
黄河小浪底库区考古发掘收获　赵清等　中国文物报　97.8.24
我国最早的甲骨文出土　西北民族研究　97.1
考古研究所科技考古二十年　中国社科院考古所、考古科技实验研究中心　考古　97.8
考古研究所史前考古二十年　中国社科院考古研究所、原始社会考古研究室　考古　97.8
《全国考古新发现精品展》在历博隆重开幕　中国文物报　97.9.14
关于基建考古的几个问题　张春风等　北方文物　97.3
世纪之交考古学精品战略的实施　光明日报　97.8.26
中国考古学的新阶段:俞伟超先生访谈录　谷建祥整理　东南文化　97.3
关于中国考古学实践和理论的探索与思考:张忠培教授访谈记　王晖　史学史研究　97.3
国务院发出《关于加强和改善文物工作的通知》　四川文物　97.5
在"世纪之交中国考古学精品战略研讨会"开幕式上的讲话　王忍之　考古　97.10
谈谈考古学与自然科学的结合　袁靖　光明日报　97.11.25
Ⅱ星定位仪和地理信息系统在颍河上游考古调查中的应用　宋国定等　中国文化报　97.11.16
北京王府井东方广场旧石器时代遗址的起取　李存信　中国文物报　97.11.16
论新疆史前考古文化的发展阶段　张川　西域研究　97.3
专家呼吁流散海外的敦煌文物回归祖国　中国文物报　97.11.23
"巫山人"发现始末　唐探峰　光明日报　97.8.16
敦煌遗书发现罕见针灸学文献　李江　人民政协报　97.7.31
南原始村落遗址面世　人民日报　97.6.16
保护和利用文物资源:关于我国文物工作的思考　岳峰　新疆日报　97.7.22
加入《文物返还公约》,国际社会联手防盗:文物也可"引渡"　人民日报　97.8.13
一九九七,北京历史地段保护渐入佳境　单霁翔　北京日报　97.8.5
湖北召开石刻造像保护工作会议　中国文物报　97.7.27
广州下大决心保护南越国宫署遗址　中国文物报　97.7.27
中国大力抢修西藏阿里文化遗址　人民日报　97.8.2
论田东出东万家坝型铜鼓的意义　万辅彬等　广西民族学院学报　97.3

从青海柳湾人像彩陶壶谈人类祖先崇拜现象 阿朝东 青海民族学院学报 97.3
山东阳谷、东阿县古文化遗址调查 孙淮生、吴明新 华夏考古 96.4
孝感田家岗东汉南朝及唐墓清理简报 李端阳 江汉考古 96.3
山东章丘市王推官庄遗址发掘报告 山东省文物考古所 华夏考古 96.4
楼兰国都与古代罗布泊的历史地位 王守春 西域研究 96.
“曾侯乙”与“随国”考 吴郁芳 中国史研究 96.4
重论 YH251、330 卜辞 常耀华 中国史研究 96.4

六、史料、文献与动态

史学领域的可贵开始:评李兴盛的《中国流人史》 古永继 惠州大学学报 96.1
《穆天子传》的文献价值 王天海 贵州社会科学 97.3
近年日本新出版的几部重要甲骨学著作 王宇信 殷都学刊 97.1
小臣静簋铭文献疑 叶正渤 南京师大学报 97.2
南越丰碑大块文章:《南越国史》读后 李庆新 广东社会科学 97.3
《周礼》宗祀乐事官联考 吴士法 杭州大学学报 97.2
孙吴“旱丘男子”木简文献价值补说 方北辰 文献 97.4
古云梦觅踪:石泉、蔡述明著《古云梦研究》评介 鲁墨 江汉考古 96.4
从齐赵关系看《触龙说赵太后》史实之伪 周骋 管子学刊 97.3
略论《宋元学案》的体例特点和文献价值 张林川、林久贵 文献 97.1
《经义考》初探 曾贻芬 史学史研究 96.4
回应现实:《史之心德》编后感 陈丽菲 史学理论研究 96.4
云梦《日书》十二时名称考辨 尚民杰 华夏考古 97.3
帛书《五星占》的价值及编制时代 白光琦 殷都学刊 97.3
《武英殿聚珍版丛书》源流考 曹红军 江苏图书馆学报 97.2
《英藏敦煌文献》录校本缘起 郝春文 首都师大学报 97.2
《华阳国志》的史料价值 刘固盛 史学史研究 97.2
在凝重的思考中求索:读刘家和先生的《古代中国与世界》 吴怀祺 史学理论研究 97.1
一部慧眼独具的当代史学思想史:《二十世纪后半期中国史学主潮》编辑手记 王桂荣 史学理论研究 97.2
艰苦的开拓和理论的价值:评《中国古代史学批评纵横》 罗炳良 史学理论研究 97.2
了解国际史学的新发展,然后是……:《当代西方史学流派》读后 赵世瑜 史学理论研究 97.2
一部澳门历史的力作:评黄启臣教授的《澳门历史(自远古——1840年)》 林远辉 中国史研究动态 97.5
历史城市地理研究的重大成果:评史念海主编《西安历史地图集》 邹逸麟 中国史研究动态 97.3
舟曲古代碑铭目录提要 吴景山 西北

民族学院学报 97.1
《古逸丛书》考略 陈东辉 史学史研究 97.1
对《惠阳客家》一文史实的辨正 邹永祥 岭南文史 97.2
坚决杜绝伪造文物的非法行径:《孙武兵法》82篇纯属伪造 文博 97.2
《谥法研究》评介 张金龙 中国史研究动态 97.2
云南金石文献研究评述 陈子丹 思想战线 97.3
激浊扬清、标新立异:评当代史学的生产力标准倾向 江渝 史学理论研究 97.2
探索中国古代社会特点及其发展特点:四十年治史的总结 田昌五 史林 97.2
近年美国关于近代中美关系的研究 王笛 历史研究 97.2
回鹘文献所见蒙古"合罕"称号之使用范围 杨富学 内蒙古社会科学 97.5
谱牒学述略 仓修良 文史知识 97.10
雷文森与儒家中国的现代命运 陈建华 复旦学报 97.4
段、顾之争与校勘原则 余敏辉 社会科学战线 97.3
本市史学界一批青年学者脱颖而出 宓苏长 文汇报 97.2
精心阐释勇于构筑 刘景华 中国社会科学 97.1
浅谈中国古代典籍分类的发展及其形成的原因 丛凤霞、吴凤霞 内蒙古民族师院学报 97.2
古代校雠学阐释 余树声 人文杂志 97.2
古亩折合市亩的三个公式 李虎 中国农史 97.3
研究文史资料,利用人文遗产 高应忠 人民政协报 97.10.1
明套印本著录研究 刘向东 江苏图书馆学报 97.2
贝德士文献的史料价值 章开沅 历史教学问题 97.3
浅议中国古代文献的民族特质 王忠、张明海 青海民族学院学报 97.3
跨越疑古思潮,重建黄帝世系 景以恩 东南文化 97.3
建国以来芍陂问题研究述要 郑全红 江淮论坛 97.3
近年来井田制研究的新进展 周新芳 烟台师范学院学报 97.3
定川汉简《文子》管见 王云度 南都学坛 97.4
秦简中的鬼怪 刘钊 中国典籍与文化 97.3
《上马墓地》评介 许宏 文物 97.8
寻三代之迹,建百世之功:访夏商周断代工程专家李学勤 朱学文、罗传芳 中国文化报 97.10.4
再说考据学 艾尔曼 读书 97.2
图书形志与书籍制度的大变革 黄春青 图书馆论坛 97.1
关于历史研究中的对音问题:从汉译俄罗斯谈起 陈连开 西域研究 97.1
治史须重考据,科学、人文并重:南加利福尼亚州何炳棣教授访问记 忻平 史学理论研究 97.1
周振甫先生访谈录 张立生 史学史研究 97.1
关注时代与史学的思考:朱政惠《史之心张》评介 杜蒸民 学术月刊 97.3
一年来若干学术问题讨论综述(历史学) 学术月刊(沪) 97.2
96年社会史研究概述 陈爽 中国史研究动态 97.5
历史研究所近二十年科研工作纵览 李学勤 中国史研究动态 97.6
第四届中国与琉球历史关系研讨会在京举行 中国档案报 97.11.17

"世纪之交中国考古学精品战略研讨会"纪要 本刊记者 考古 97.10
中国封建社会前期和后期经济发展比较学术研讨会纪要 卓荧 中国经济史研究 97.3
亚洲史学会第六次研究大会在北京召开 王巍 考古 97.1
认真做好学术动态的调查研究工作:历史所成功地召开学术动态研讨会 王震中 中国史研究动态 97.2
适应新的时代要求发展马克思主义史学:在第二届全国青年史学工作者学术研讨会上的发言 蒋大椿 安徽大学学报 97.1
第二届全国青年史学工作者学术会议在合肥举行 从余 近代史研究 97.1
世纪之交的中国历史学:第二届全国青年史学工作者学术研讨会综述 尚典 安徽大学学报 97.1
洪皓马端临国际学术会综述 吴长庚、刘影春 上饶师专学报 97.2
中国农民战争史第九次学术讨论会综述 曾振宇 文史哲 97.2
第二届全国青年史学工作者学术会议综述 潘振平 史学理论研究 97.1
四海学者聚狮城,客家研究结硕果:"第三届客家学国际研讨会"在新加坡召开 深圳大学学报 97.1
洪皓、马端临国际学术研讨会暨中国历史文献研究会纪要 汪圣铎 中国史研究动态 97.2
一部会通开新的中国思想史论著:评周继冒教授新著《论中国古代社会与传统哲学》 雕胡 孔子研究 96.3
制度史研究的重大创获:评白钢主编《中国政治制度通史》 瞿林东 博览群书 97.8
《中国通史》第十卷《清时期》出版 英娣 中国史研究动态 97.6
近年日本对中国史一些问题的研究 刘明 史学史研究 97.3
法国对中国西域的研究 (法)罗伯尔·热拉—贝扎尔 耿昇译 中国文化研究 97.3
《苏联史学理论》评价 苏畅 东欧中亚研究 97.4
汤因比文明兴衰理论评析 郭世钦 湘潭师院学报 96.5
苏联科学院东方学研究所藏蒙文文献评述 (苏)A·F·萨济金 蒙古学信息 97.1
颜面术 (丹麦)克拉夫 现代外国哲学社科文摘 97.2
汉学研究在瑞典 (瑞)罗多弼 学术研究 97.3
韩国近年来的中国史研究概况 谢保成 中国史研究动态 97.2
韩国"国际甲骨学学会讨论会"述要 丁一 中国史研究动态 96.9
评析外国史学名著的宏篇,开拓外国史学史研究的新作 李茂梓 史学月刊 97.2
现代西方史学研究的新收获:读张广智、张广勇的《现代西方史学》 张耕华 史学理论研究 96.4
法国中亚研究机构及学者简介 刘文锁 西域研究 96.4
日本有关内陆亚洲的学会研究会简介 章莹摘译 西域研究 96.4
遨游于学海,与东西方汉学家对话:评价金应熙先生遗著《国外关于中国古代史的研究评述》 叶显恩 学术研究 96.12

七、断代史

(一)中国古代史

1. 专论

四川龙种族系形成的补证 贺福顺等 四川文物 97.3
论夏商周时期湘鄂赣的民族和文化 杨东晨 益阳师专学报 97.2
黄帝氏族起于山东考 温玉春 山东大学学报 97.1
莱夷与莱国 逄振镐 烟台师范学院学报 97.2
百越族称源流新探 李锦芳 云南民族学院学报 97.2
深圳及邻近地区先秦青铜器铸造技术的考察 杨耀林 考古 97.6
“己未殸庚申月有食”解 常玉芝 殷都学刊 97.1
味政合一,饮食之道:上古至周代饮食活动与政治间的关系 马健鹰 东南文化 97.2
礼仪溯源 郝文勉 史学月刊 97.2
论秦汉魏晋时期丧葬礼俗的宗教性 韩国河 中州学刊 97.3
论广西先秦西汉墓葬反映的几种特殊风俗 廖国一等 社会科学家 97.3
原始社会婚姻家庭观念的整体审视 何嗣余 池州师专学报 97.2
古代社会家庭财产关系略论 魏道明 青海师范大学学报 97.1
从大庆地区发现的石器看历史文化 唐国文、杨忠芝 大庆高等专科学校学报 97.2
殷墟青铜生产工具浅析 孔德铭 华夏考古 97.2
关于帕米尔的历史问题 苏北海 中国历史地理论丛 96.3
汉书一锤难定音:近现代关于“名家”的争论 周山 上海社科院学术季刊 96.4
历史上塔里木河下游地区环境变迁与政治经济地位的变化 王守春 中国历史地理论丛 96.3
黑龙江历史地位的变迁 李随安 黑龙江社会科学 96.5
关于南沙问题的历史和现状 傅聚文 上海教育学院学报 96.2
汉唐间岭南地区的民族融合与社会发展 陈长琦 华南师大学报 96.5
论中国古代科学发展的抑制与反抑制 李瑶 广西民族学院学报 97.1
济宁市博物馆藏玉器撷英 姜德銮 中原文物 96.4
洛阳博物馆征集到的古代人物 李随森、张玉芳 中原文物 96.4
永城发掘汉唐宋时期珍贵文物为研究中原地区历史演变提供依据 人民日报 97.1
绮丽多姿的古铜镜 林琳 四川文物 96.6
皖西博物馆收藏的部分古代铜镜 胡仁宜 考古 96.12
浅论岷江上游“石棺葬”之族属 罗进勇 四川文物 96.6
借鉴保举制度管见 张和仕等 赣南师院学报 96.5
雄伟无比的山东古人物阵容 李象新 山东社会科学 96.6
中国文明起源:理论与实际 曹兵武 中原文物 96.4
中国远古文化掠影 向景安 文博 96.6

试论我国古代历史的经纪人及其活动　吴少琅、周群华　洛阳大学学报　96.1
中西封建社会税权归属的差异　顾銮斋　中国史研究　96.4
从敦煌文书中看古代西部移民　杨伟　敦煌研究　96.4
骑兵基本功能探讨:兼释马文化　孟古托力　北方文物　96.4
中国历代外戚封爵食禄制度述论　朱子彦　史林　96.4
试论中国古代监察制度发展的历史走向和特点　章苏、魏秀娣　历史教学问题　96.6
中国古代的为官之道:古代官箴述论　时运生　人文杂志　96.6
古代商人的身份与地位略论　郭志祥　南京大学法律评论　96.秋
北京城始建非公元前1045年　常征　北京社会科学　96.4
汉人与汉族的形成　何光岳　中央民族大学学报　97.1
南海诸岛历来是中国领土的历史证据　黄盛璋　东南文化　96.4
试析青海历史发展的主要特点　王昱　青海社会科学　96.2
近年来关于天水放马滩木板地图研究的回顾与展望　雍际春　中国史研究动态　97.5
历史上的秦汉萧关与唐宋萧关　薛正昌　甘肃社会科学　97.3
龙泉剑小史　林世荣　人民政协报　97.7.30
历代移民屯田政策对青海社会的影响　陈新海　西北史地　97.1
略论战国秦汉的经济立法思想　马克林　西北师大学报　97.3
香港自古属中华,源远流长根基深　董丛林　河北师大学报　97.3
汉印制度杂考　汪桂海　历史研究　97.3
孟尝君考　晁福林　学习与探索　97.4
旧石器时代遗存,新石器时代遗存,夏、商遗存,西周遗存,春、秋战国遗存,秦汉遗存,重要古城址,长城遗存,古道路、桥梁遗存,古代水利遗存,古代帝王陵墓　文博　97.3
从成都平原考古新发现看古蜀历史　杨正苞　文史杂志　97.3
战国古玺分域丛谈　邵磊　南方文物　97.4
揭开深港历史第一页　史红蔚　深圳特区报　97.6.14
黄河与运河关系的历史研究　钮钟勋　人民黄河　97.1
评《平罗记略》之得失　王亚勇　宁夏社会科学　97.2
丝路天水段古镇考略　王彦俊　西北史地　96.1
义渠都城考证琐记:义渠国都在今宁县焦村乡西沟村　张耀民　西北史地　96.1
天师道"蒙秦治"考　龙腾　四川文物　97.3
箴言古玺与先秦伦理思想　李东琬　北方文物　97.2
先秦两汉国人征兆观考论　林怡　福建师大学报　97.2
我国古代女子眉妆概说　陈蕾　杭州大学学报　97.1
陇西李氏家族研究　刘雯　敦煌学辑刊　96.2
中国传统农书整理综论　惠富平　中国农史　97.1
运河文化论纲　《运河文化研究》课题组　山东大学学报　97.1
汉唐陶塑艺术初探　吕建昌　上海大学学报　97.2
祭坛与文明　张德水　中原文物　97.1
山东古代书院　刘蔚华　大庆日报

97.4.14
禹都阳城即濮阳说　沈长云　中国史研究　97.2
刘秀"废田"新探　臧知非　苏州大学学报　97.2
西安附近的原始聚落和城市的兴起　史念海　史先智　中国历史地理论丛　96.4
论水与六大古都　张骅　文博　97.2
云南与东南亚各国的早期经济交往　郭亚非　王菊映　云南师大学报　97.2
古代"和亲"利弊论　芮传明　史林　97.2
试论羁縻政策的思想基础　刘仲华　西北史地　96.1
山东古代烧瓷窑炉结构和装烧技术发展序列初探　刘凤君　考古　97.4
再谈我国古代玻璃的技术渊源　何堂坤　中国文物报　97.4.6
云南景东哈古引水灌溉工程初探　诸锡斌　科学技术与辩证法　97.2
滦平县博物馆藏铜镜　王月华　文物春秋　97.1
秭归庙坪遗址发掘的主要收获　孟华平等　江汉考古　97.1
江西千年古村——流坑　周銮书　光明日报　97.2.18
川东盐业与三峡库区的盐业遗址　钟长永　黄键　四川文物　97.2
南水北调中线工程丹江口水库淹没区文物调查概况　长江水利委员会文物考古队　江汉考古　96.2
南水北调工程丹江口水库郧县淹没区新石器时代考古调查　湖北省文物考古研究所　十堰市博物馆　郧县博物馆　江汉考古　96.2
南水北调工程丹江口水库郧县淹没区考古调查　湖北省文物考古研究所、十堰市博物馆、郧县博物馆　江汉考古　96.2
南水北调工程丹江口水库郧西县淹没区考古调查简报　十堰市博物馆、郧西县文化馆　江汉考古　96.2
羌族史简论　杨东晨、杨建国　固原师专学报　97.1
论两汉至清州制性质变化与中央集权关系　许正文　陕西师大学报　97.1
对中国古代村社组织的历史和理论的思考　程伟礼　苏州大学学报　97.1
中国古代都城制对朝鲜、日本古代都城制的影响　方学风　延边大学新科学报　97.1
丹江口水库区域古代城址的沿革和地望考述　晏昌贵　江汉考古　96.1
上海地区成陆过程概述　张修桂　复旦学报　97.1
古代敦煌地区的边民　张和平　中国社会经济史研究　96.4
从地名看封开的历史文化　宋长栋　岭南文史　96.4
封开县古代"岭南首府"存废探析　高惠冰　岭南文史　96.4
略论封开古建筑在岭南的地位　程建军、潘丽娟　岭南文史　96.4
从秦至隋唐岭南行政区域的建制看广信的历史地位　黄蔡辉　岭南文史　96.4
古广信县置治探源　陈楚源　岭南文史　96.4
关于两汉魏晋南北朝正史"西域传"的体例　余太山　西北师大学报　97.1
西藏八中国版图始自公元初:兼论藏族珞巴族族源　常征　河北学刊　97.1
论皇权　李福泉　湖南师大学报　97.1
秦岭——淮河线与古代政治分野述论　浙江学刊　97.1
说中国古代行政管理的实质及其矛盾:评刘太祥《汉唐行政管理》　白沙　南都学坛　97.1
中国古代廉政俭约史谈　李国荣　历史

档案 97.1
中国古代文明之形成论纲 张忠培 考古与文物 97.1
中国古代治国思想述论 张文秀 南京社会科学 97.2
论中国古代重民思想的借鉴意义 金塔明 昆明社科 96.6
“夷夏之辨”与“以德怀远”说 常金仓 陕西师大学报 97.1
中国古代官僚制二重性的研究 姬金铎 中国青年政治学院学报 97.1
唐宋中书舍人院名物制度述略 张东光、李中 河南教育学院学报 96.4
宦官综论 牛志平 海南师院学报 96.4
纵观中国古代监察制度 曾坚、李雪华 贵州大学学报 97.1
试述中国古代监察制度的历史沿革 田莉姝 贵州师范大学学报 97.1
论文士不遇 刘周堂 中国文学研究 97.1
宋至清颍州文人及其著述小考 孙玉华 阜阳师院学报 96.3
唐宋时期流谪海南的名士 程昭星 文史杂志 97.1
唐宋学术转折与道学文化兴起:略述包弼教授的程颐研究 周晋 中州学刊 97.1
中国古代的人事管理 傅晓晖 政工学刊 97.3
唯才是举令颁行的社会心理考察 薛瑞泽 洛阳大学学报 96.3
古代批评方法及其借鉴意义 郑昌华 学术界 96.6
寻找智慧 杨之水 读书 97.1
中国古代私学的产生及先秦时期私学的特点 吴霓 西南师大学报 97.1
试给“五口百亩之家”一个新的评价 孙达人 中国史研究 97.1
对战国秦汉小农耕织结合程度的估计 李根蟠 中国社会经济史研究 96.4
汉唐财政职官体制的三次变革 何汝泉 西南师大学报 97.1
由法返德:商鞅社会理想之分析 曾振宇、崔明德 中国史研究 97.1
新发现的封泥资料与秦汉宦官制度研究 余华青 西北大学学报 97.1
中国历史上的“帮闲” 郭莹 湖北大学学报 97.1
部落系谱的架构:部落结构初步研究 阿勤 广西民族研究 97.2
黄河流域古餐饮器具文化浅谈 赵荣霞 天中学刊 97.3
甘肃早期铜器的发现与冶炼、制造技术的研究 孙淑云、韩汝玢 文物 97.7
周原出土西周阳遂的技术研究 杨军昌 文物 97.7
论秦代以前越族船舶制造业的发展 林琳 中央民族大学学报 97.4
中国古代铁器及冶铁术对朝鲜半岛的传播 王巍 考古学报 97.3
姓氏的起源与民族融合 汤锦程 前进论坛 97.6
论汉族与异族的战争 吴兴勇 祁连学刊 97.2
论皋陶族及其后裔对华夏文化的贡献 杨东晨、杨建国 中南民族学院学报 97.3
试论古代云南的石棺墓文化 杨德聪 南方文物 97.2
秦汉时期的汉匈关系、贸易和货币 林干 内蒙古金融研究钱币专刊 97.1
甄氏源流与中山无极甄氏家族衍迁考略 刘宗诚 河北学刊 97.4
奇特的甘肃古长城 侯丕勋 中国典籍与文化 97.3
汉唐丝绸之路与陇右的开发 达俊诏蓉 中国典籍与文化 97.3
陇上长城说略 伏俊连 中国典籍与文

化 97.3
赣鄂皖诸地古代矿料去向的初步研究 彭子成等 考古 97.7
四千年前天文台被发现 西北民族研究 97.1
广汉三星堆遗址一、二号坑的时代、性质的再讨论 陈显丹 四川文物 97.4
三星堆文化与巴蜀文化的关系 何志国 四川文物 97.4
三台县崖墓再次利用的探讨 景竹友 四川文物 97.3
深圳大梅沙遗址出土铜器的技术研究 孙淑云 考古 97.7
吉林省青铜文化概述 刘景文 北方文物 97.3
略论晋侯对与晋侯匹 冯时 中国文物报 97.8.24
凤翔新发现的瓦当 景宏伟 文博 97.4
越国青铜鸠杖 周燕儿 中国文物报 97.8.10
古代中国和两河流域的"刑牲而盟" 吴宇虹、曲天夫 东北师大学报 97.4
春秋至战国中期楚国直接生产者身分蠡测 刘玉堂 湖北大学学报 97.4
西周春秋重民轻神思潮与孔子的神鬼观 陈学凯 陕西师范大学学报 97.3
试论中国古代的领导本质观及其现代意义 袁声 沈阳师范学院学报 97.3
全面展市思想的魅力:评三卷本《中国政治思想史》 徐吉军 天津社会科学 97.4 封三
简述中国古代取士制度的源流和状况 卢建一 福建师范大学学报 97.3
中国古代"卖官鬻爵"演变略述 田兆阳 行政论坛 97.4
古代官吏退休制度 眉子 华人之声 97.4
银雀山汉简中反映的刑法思想 崔永东 中国文化研究 97.3
中国封建社会前期监狱制度的演化初探 万安中 广东社会科学 97.3
中国历代军事思想的演化大势及其特征 黄朴民 浙江社会科学 97.5
兵家必争之地:古代荆楚地区的重大战争及主要割据政权 夏日新 政策 97.6
试论中国古代土地制度的公有、私有与国有问题 程念祺 史林 97.3
中国古代的城市社区 王云 聊城师范学院学报 97.3
甲骨文四方风与古代宇宙观 江林昌 殷都学刊 97.3
论古代中国之巫术信仰 (荷)德格鲁特;庞政梁译 淮北煤师院学报 97.2
《说文》字义体系与中国古代图腾崇拜文化 孙永义西南师范大学学报 97.5
河北围场境内的古长城和古城址 彭立平 文物春秋 97.2
中国宗法制度论 钱宗范 广西民族学院学报 96.4
编户齐民与两汉王朝的人口控制 马新 东岳论丛 96.5
从萧曹为相看所谓"汉承秦制" 罗新 北京大学学报 96.5
谷永政论及其"党附王氏"平议 孙家洲 贵州社会科学 96.6
"国家"一词的源流新探 商光晶 湖南师大社科学报 96.5
试论中国宗族政治文化的历史特点 叶娟丽 武汉大学学报 96.6
论中国古代功利主义及其历史地位 刘明华 黄晓众 贵州文史丛刊 96.4
中国人治的历史根源探析 林翠英 柳州师专学报 96.3
以"信"治国纵横谈 姚敏杰 华夏文化 96.3
中国八千年帝王论 何光岳 云梦学刊 96.3

言谏制度的形成、发展和转换 田兆阳 中国行政管理 96.10
中国古代廉政思想略谈 江荣海 今日中国 96.11
古代贿赂制度的生成及其对民族性格的塑造 万兢 中国人民大学学报 96.6
论中国古代和亲的功能 崔明德 烟台大学学报 96.4
中国古代腐败溯源 李静、赵炜 固原师专学报 96.5
“父母官”称谓考 刘荣升 河北学刊 96.5
古代官员升迁、降黜制度在语言中的投影 王建莉 内蒙古师大学 96.3
浅谈中国古代的试官制度 梁仲明 行政论坛 96.5
我国古代官德的缺陷及鉴戒 涂永珍 河南大学学报 96.6
浅谈古代的为官道德 张希清 东方 96.5
封建社会后期两湖移民过程的时空特征 张国雄 中国史研究 96.2
性恶论在中国古代文化中的地位 惠吉兴 学习与探索 96.5
论元、明、清时期西南地区的文化 方慧 云南民族学院学报 96.2
论宋明道学中的本体功夫思想 屠承先 社会科学战线 96.5
历无名间类卜辞及其时代 黄天树 文博 96.5
贵州出土的“条脱”考 潘成义 贵州文史丛刊 96.5
“穹庐”考释 马骏骐 贵州文史丛刊 96.4
中国古代的婚姻形成补续 赵志坚 历史教学 96.11
中国古代婚姻别称集释 席云玲、李会龙 黄淮学刊 96.3
中国古代的各种成年礼仪：现代成年礼仪构想 杨汝福 河池师专学报 96.3
宋明时期老年人会社述论 李修松、王华娣 安徽教育学院学报 96.3
浅论先秦至清代新疆与内地的关系 郎眉宁 实事求是 96.5
南通的古代与近代建筑 凌振荣 南方文物 96.3
战国秦汉时期辽东郡东部边界考 刘子敏 社会科学战线 96.5
阶段性与过渡性：关于商品经济发展与中国资本主义萌芽相互关系的一点思考 李正雄、天府新论 97.3
北京湖广会馆及其修复利用 黄宗汉 北京社会科学 97.2
刘逢禄对公羊学说的出色建树 陈其泰 北京师范大学学报 97.5
东印度公司对华贸易垄断权废止的原因和影响 徐方平 湖北大学学报 97.2
从澳门看中西文明的碰撞和交融 吴志良 开放时代 97.2
关于“库伦办事大臣”的考查 （日）冈洋树 蒙古学信息 97.2
“大朝通宝”钩沉：兼与李逸友先生商榷 庞文秀 内蒙古金融研究 钱币专刊 97.2
晋商与西北茶叶贸易 陶德臣 安徽史学 97.3
新时代催生者的心态与足迹：评《逝去的启蒙》 徐荪铭 船山学刊 97.1
“斗彩”与“青花五彩”的区别 叶佩兰 故宫博物院院刊 97.2
徽州文会初探 葛庆华 江淮论坛 97.4
益阳人文略叙 汤效纯 益阳师专学报 97.3
新疆哈萨克族黑宰部历史渊源考略 袁月凯 西域研究 97.2
余姚《竹桥黄氏宗谱》的史料价值 方祖

献 宁波大学学报 96.2
对烟草传入新疆时间等问题的考订与研究 祁若雄、郭玲 新疆大学学报 97.2
《燕行录》初探 王政尧 清史研究 97.3
锡伯族源出女真论 都兴智 吉林大学社科学报 97.2
土家族“改土归”之我见 苏晓云 江汉论坛 97.3
从政治发展看澳门历史分期 吴志良 学术研究 97.4
关于发表《台雁笔记》等三种黄宗羲遗著的说明 吴光 浙江学刊 97.2
“历忧患而不穷，处死生而不乱”：论王夫之的人生观 衷尔钜 船山学刊 96.2
略论王夫之的正统观 杨达荣 船山学刊 96.2
徐枋研究 陈三弟 清史研究 97.1
陆世仪教育改革思想刍议 吴中齐、曾育荣 湖北大学学报 97.2
痴迷宦海文士梦：由文人的钱谦益看八仕的钱谦益 杨义 古典文学知识 97.2
论颜允的新价值观 盛邦和 河北学刊 97.2
颜允的为学求知思想 康玉良 中国青年政治学院学报 97.1
屈大均国际学术研讨会综述 周文 广东社会科学 97.1
相当于“动物类”的一部我国古农书《蠕范》 谢成侠 中国农史 96.4
鄂西土司遗迹 王晓宁 湖北民族学院学报 96.4
徽商“好儒”新解 周致元 历史档案 97.2
漕运与民间组织探析 吴琦 华中师大学报 97.1
“文须有益于天下”：顾炎武论文章之道发微 徐松巍 文史知识 97.1
《四库总目·存目》明代典籍的史料价值 王智勇 四川图书馆学报 96.6
试论晋商的封建性 刘建生、刘鹏生 清史研究 96.4
论朱舜水的思想体系 成岳冲 江汉论坛 97.1
历史资料证明：钓鱼岛列岛的主权属于中国 吕一燃 抗日战争研究 96.4
论朱高炽的历史地位 赵中男 辽宁大学学报 97.5
历史上并无“清政府” 胡为雄 理论前言 97.16 封三
从《四库全书总目提要》看乾隆时期官方对西方科学技术的态度 霍有光 自然辩证法通讯 97.5

2. 史 前

说“蚩尤” 田晓岫 中央民族大学学报 97.3
龙山时代的城与史前中国文化 曹兵武 中国史研究 97.3
论会稽山禹王陵及其相关问题 杨东晨 求索 97.4
香港地区史前时代居民与族属问题研究的回顾与检讨 郁逸、嗄宏 南方文物 97.2
郑州西山仰韶文化城址浅析 马世之 中州学刊 97.4
新石器时代的人与环境：胶东半岛的贝丘遗址与环境考古学研究 刘洋 中国文物报 97.8.24
从放射性碳素断代看中原地区新石器文化的几个问题 魏书亚 宋国定 中原文物 97.2
江西万年两处新石器时代洞穴遗址出土陶片的初步分析 （美）大卫·V·希尔 唐舒龙译；彭劲松校 南方文物 97.2

论赣鄱地区新石器晚期文化　钟礼强　南方文物　97.1
荆门马家院屈家岭文化城址调查　湖北省荆门市博物馆　文物　97.7
“大湾文化”初议:珠江三角洲考古学文化命名探讨　杨式挺　南方文物　97.2
台湾大坌坑文化的年代及其来源　臧振华、林建红译　南方文物　97.2
三亚落笔洞洞穴遗址文化初探　郝思德　南方文物　97.1
仰韶文化与原始华夏族——炎·黄部族　黄怀信　考古与文物　97.4
试论鲁南苏北地区的大汶口文化　何德亮、孙波　东南文化　97.3
试论皖北地区新石器时代早期文化　冀和　中原文物　97.2
山东荷泽境内的商文化　张启龙　中国文物报　97.8.10
河姆渡残陶画的释读:兼论河姆渡文化的原始崇拜　王宁　南方文物　97.1
花厅墓地浅析　徐坚　东南文化　97.3
先秦闽族文化新论:从县石山文化看黄帝时代的东南方文明　欧潭生、卢美松　南方文物　97.1
红山文化的“唯玉为葬”与辽河文明起源特征再认识　郭大顺　文物　97.8
燕山南北长城地带史前聚落形态的初步研究　刘晋祥、董新林　文物　97.8
左江流域岩壁画始作年代辨正　蓝日勇　南方文物　97.1
中国史前文明的多元发生及其融聚轨迹　邓乐群　衡阳师专学报　97.1
生态环境对史前文化的影响　张之恒　江汉考古　96.3
勾容发现两亿年前古化石　文汇报　97.3.17
徐州九里山白云洞发现古生物化石　文汇报　97.3.4
四川侏罗纪恐龙化石　李奎等　大自然探索　97.1
鄂西北史前文化综述　李桃元等　江汉考古　96.2
1991年唐白河流域及淮源史前遗址的考古调查　北京大学考古实习队,河南省南阳市文化研究所　江汉考古　96.2
从封开地区中前期考古文化看广信作为岭南首府的历史背景　邱立诚　岭南文史　96.4
十五年来安徽和县猿人的发现与研究　房迎三　江汉考古　96.3
郧县人头骨形态特征再讨论　李天元等　江汉考古　96.1
王府井古人类活动遗迹时代确定　刘琼　人民日报　97.3.12
普定县旧石器文化特点及地位　黄万星　贵州师大学报　97.1
环珠江口新石器时代沙丘遗址的聚落特色　李果　考古　97.2
浙江余姚市鲞架山新石器时代遗址调查　河姆渡遗址博物馆考古调查组　考古　97.1
兴隆洼文化居室葬俗及相关问题探讨　杨虎、刘国祥　考古　97.1
内蒙古敖汉旗兴隆洼聚落遗址1992年发掘简报　中国社会科学院考古所内蒙古工作队　考古　97.1
十堰市犟河沿岸两处古遗址调查　十堰市博物馆　江汉考古　96.2
论屈家岭文化形成的年代和主要成因　林邦存　江汉考古　96.2
浅议石家河文化雕塑人像　周光林　江汉考古　96.1
试论大溪文化的变迁　徐祖祥　四川文物　97.1
王湾三期文化研究　韩建业、杨新玫　考古学报　97.1
龙岗寺仰韶墓地葬俗管窥　尚民杰　考古与文物　97.1

浙江良渚考古又十年　牟永抗　东南文化　97.1
苏州的良渚遗存及古代文明　张志新　苏州大学学报　97.1
三皇五帝传说及其在中国史前史中的地位　李衡眉　中国社会科学　97.2
黄帝、炎帝和我国的英雄时代　陈怀荃　安徽师大学报　97.1
轩辕之谜　张开淼　广东民族学院学报　96.3
黄帝陵整修一期工程全面完工　人民日报　97.3.21
黄帝陵首次发现仰韶文化刻符　人民日报　97.3.25
炎帝和帝舜陵何以在湖南　杨东晨　衡阳师专学报　97.1
关于尧舜殛鲧千古隐秘的探析　仓林忠　中南民族学院学报　97.1
炎帝、姜尚与老子　张文祥　唐都学刊　97.1
专家笔谈良渚文化：
1. 良渚文化玉器的雕刻技术　林已奈夫著；林华东、王永太译
2. 良渚文化与文明起源　安志敏
3. 良渚遗址的历史地位　严文明
4. 良渚文化与文明界说　李学勤
5. 良渚文化与文明起源之管见　毛昭晰
6. 良渚文化：东方文明之光　汪遵国
7. 良渚文化研究的回顾与前瞻　黄宣佩
8. 良渚文化研究中的几点感触　张明华
9. 良渚文化时期的稻作　游修龄
10. 良渚文化在东亚文明进程中的贡献　王明达
11. 良渚文化上帝小考　董楚平
12. 良渚文化与中华文明的起源　陈剩勇
13. 良渚方国与古史传说　林华东　浙江学刊　96.5
良渚文化的北渐　栾丰实　中原文物　96.3
论龙的起源与演变关系　郭殿勇　内蒙古社会科学　96.4
关于黄帝、尧舜禹时期帝位继承制度的思辨　仓林忠　天中学刊　96.3
黄帝的历史功绩　方何　华夏文化　96.3
女娲信仰起源于西北渭水流域的推测：从女娲人首蛇身像谈起　杨利慧　北京师范大学学报　96.6
高邮龙虬庄遗址史前人类生存环境与经济生活　李民昌等　东南文化　97.2
史前时期的头骨穿孔现象研究　陈星灿、傅宪国　考古　96.11
下川遗址的新材料　陈哲芸　中原文物　96.4
玉器的起源与渔猎文化　郭大顺　北方文物　96.4
枣庄建新大汶口文化墓葬分析　何德亮、牛瑞红　中原文物　96.4
试论山东地区的龙山文化城　张学海　文物　96.12
北辛文化和山东龙山文化陶器成分的聚类分析　陆巍　考古　96.11
试论河姆渡文化与马家浜文化的关系　吴汝祚　南方文物　96.3
余杭反山良渚文化玉琮上的神像形纹新释　吴汝祚　中原文物　96.4
论炎黄崇拜　孟修祥　湖北民族学院学报　96.4
“女娲、媒神、高禖”商榷　贺福顺等　四川文物　96.5
黄帝婚蜀族，嫘祖诞盐亭　衡平　四川文物　96.5
试论姬姜二族的“三缘”关系　霍彦儒　宝鸡文理学院学报　96.3
王府井发现古人类活动遗址　北京日报　97.1.4
“母权制”质疑　程曦　安庆师院社科学报　96.4
“史前城址与聚落考古学术研讨会”综述

李力 文物 96.11
湖北武汉地区发现的红陶，系史前文化遗存 黄锂 考古 96.12
北京王府井东方广场工地出土化石证实两万年前平原地区已有人类活动 光明日报 97.1.8
古人类曾在这里生活劳作 郁金城等 北京日报 97.1.14
东亚人类进化遗址有新测定，广西百色遗址距今七十三万年 光明日报 97.1.22
“华中屋脊”远古有人烟，神农架首次发现旧石器遗址 文汇报 97.1
广西百色市百谷屯发现的旧石器 曾祥旺 考古与文物 96.6
1985—1986年宜昌白庙遗址发掘简报 杨权喜 江汉考古 96.3
陕西临潼县骊山西麓的新石器时代遗址 临潼县文管会 考古 96.12
1983年湖北宜都城背溪遗址发掘简报 陈振裕、杨权喜 江汉考古 96.4
湖南澧县梦溪八十垱新石器时代早期遗址发掘简报 湖南省文物考古研究所 文物 96.12
小浪底水库区妯娌寨根新石器遗址的发现与意义 叶万松、李友谋 中国文物报 97.1.5
安徽贵池市发现一件古代陶范 赵建明 考古 96.12
洛阳市偃师县高崖遗址发掘报告 洛阳市第二文物工作队等 华夏考古 96.4
姜寨聚落再检讨 陈雍 华夏考古 96.4
珠江三角洲新石器考古文化与古地理环境 黄岩庆 地理学报 96.6
河南焦作地区的考古调查 中国社科院考古所河南一队、焦作市文物工作队 考古 96.11
甘肃积石山县新庄坪齐家文化遗址调查 甘肃省博物馆贾建威执笔 考古 96.11
陕西眉县白家遗址发掘简报 陕西省考古研究所 考古与文物 96.6
东夷始祖神帝俊的原型破译 吴广平 船山学刊 97.1
沅水下游旧石器第二次调查报告 株州市博物馆 东南文化 97.2
论中国南方及东南亚地区早期砾石石器 谢光茂 东南文化 97.2
中国新石器时代南北文化交流的重要地区 陆勤毅 安徽大学学报 97.3
香港新石器时代文化的分期与断代 高志韡、吴伟鸿 考古 97.6
论新石器时代制陶术 傅朗 南方文物 96.4
彩陶图案中线条的功能与性格语言情感表达：新石器时期我国彩陶图案中线条研究之二 郭庆红 福州大学学报 97.2
陶鬶起源探讨 黄宣佩 东南文化 97.2
川东史前文化初探 王鲁茂 四川文物 97.3
浙江史前文化演进的形态与轨迹 蒋乐平 南方文物 96.4
论古蒙古中南部史前考古 田广金 考古学报 97.2
论中国史前时代的原始商品经济形态 冷鹏飞 湖南师大学报 97.2
浅述白龙江流域史前文化发展的内涵 裴卷举 西北史地 96.3
河南商丘全新世地貌演变及其对史前和早期历史考古遗址的影响 荆志淳、高天麟 考古 97.5
寻找最早站起来的中国人 杨享荣 羊城晚报 97.4.4
近年聚落考古的进展 严文明 考古与文物 97.2
我国新石器时代城址综合研究 张国

硕、阴春枝　郑州大学学报　97.2
新石器时代早期文化陶三足器初论　吴耀利　考古　97.3
新石器时代对有机宝石的认识与利用　孔德安　中国文物报　97.4.13
黄河流域文明的发祥与发展　严文明　华夏考古　97.1
内蒙古赤峰大南沟新石器时代墓地的发掘　项春松　文物　97.4
四川广元市文化遗址调查　唐志工　考古　97.5
大地湾遗址的文化内涵与开发前景　汪国富　西北史地　96.2
瓦窑嘴裴李岗文化遗存试析　廖永民、刘洪淼　中原文物　97.1
巩义市瓦窑嘴遗址第三次发掘报告　巩义市文物保护管理所　中原文物　97.1
关于屈家岭文化区、系、类型问题的初步分析　林邦存　江汉考古　97.1
中华北方古老文明之摇篮：红山文化探论　穆鸿利　社会科学辑刊　97.2
试论郑州西山仰韶文化晚期古城址的性质　杨肇清　华夏考古　97.1
濮阳西水坡 M45 与第二、三组蚌塑图关系的讨论　方酉生　中原文物　97.1
仰韶文化瓮棺葬研究的新收获：评《汝州洪山庙》朱乃诚　考古　97.5
黄河流域空三足器的兴起　张忠培　华夏考古　97.1
清凉山龙山遗存的分期及相关问题　段宏振　文物春秋　97.1
山东阳谷县景阳岗龙山文化城址调查与试掘　山东省文物考古所，聊城地区文化局文物研究室　考古　97.5
余姚河姆渡文化又有新发现　光明日报　97.4.17
河姆渡遗址发现的部分木制建筑构件和木器的初步研究　吴汝祚　浙江学刊　97.2
良渚文化的刻划符号及文字初论　钱玉趾　苏州大学学报　97.2
良渚文化玉掩面试探　张明华　考古　97.3
纪念良渚文化发现 60 周年国际学术讨论会纪要　方向明　考古　97.3
从良渚文化遗址群看方国的形成　费国平　浙江学刊　97.2
存在美国的良渚文化陶壶及其字符　钱玉趾　四川文物　97.2
论伏羲氏族文化的内涵　王彦俊　西北史地　96.3
皋陶是人还是神？　谢宝耿　文汇报　96.6
后稷诞生神话之考述　郭风平等　中国农史　97.1
《“嫦娥奔月”图像商榷》的商榷　贺福顺等　中原文物　97.1
浙江余杭汇观山良渚文化祭坛与墓地发掘简报　浙江省文物考古研究所等　文物　97.7
良渚文化与聚落考古　魏正瑾、吴玉贤　南方文物　97.1
良渚文化的冠状饰与耘田器　刘斌　文物　97.7
良渚文化与中原、北方红山文化的比较　朱薇君　南方文物　97.1
良渚文化土筑高台遗址探析　丁金龙、何凤英　东南文化　97.3
从聚落中心到良渚酋邦　戴尔俭　东南文化　97.3
试论良渚文化的锥形玉器　蒋卫东　文物　97.7
良渚古玉界定　张明华　南方文物　97.1
“中国良渚文化国际学术讨论会”纪要　王明达　文物　97.7
山东史前时期自然环境的考古学观察　何德亮　华夏考古　96.3
贵州普定及平坝史前文化初探　刘恩元

南方文物 96.3
中国史前时代的渔捞 (日)甲元真之;滕铭予译 东南文化 96.4
中国史前的金鼎文化 陈文玲 南方文物 96.3
中国史前城址略论 曹兵武 中原文物 96.3
论旧石器时代的漳台关系 曾五岳 南方文物 96.3
广东河源灯塔发现的旧石器 曾祥旺 南方文物 96.3
广东番禺钟村大乌岗发现的旧石器 曾祥旺等 南方文物 96.2
孕育人类文明的摇篮:记盘县大洞遗址 袁成武 贵州师大学报 96.3
漳州莲花池山旧石器时代文化地点的新材料及再研究 张淼水 人类学学报 96.4
陶支架功用新探 陈晓华 南方文物 96.3
长江中游地区文明起源问题的思考 刘彬徽 南方文物 96.2
江淮地区与江南古文化的交融 肖梦龙 南方文物 96.2
从地域分布上看马家窑诸文化的族属 李振翼 西藏研究 96.3
夏家店下层文化源流考 马利清 内蒙古大学学报 96.6
关于昂昂溪采集遗物的考察 (日)大贯静夫 刘晓东译 北方文物 96.3
拾年山遗址的分期及相关问题研究 徐长青 南方文物 96.2
裴李岗墓地新探 戴向明 华夏考古 96.3
晋江、九龙江流域新石器和青铜器时代文化遗存 吴春明 南方文物 96.3
西山古城兴废缘由试探 韩建业 中原文物 96.3
湖北宜昌市蝇堡岛遗址西区 1993 年发掘简报 宜昌博物馆卢德佩执笔 考古 96.9
安徽北部的新石器文化遗存 吴加安 考古 96.9
海城仙人洞遗址装饰品的穿孔技术及有关问题 顾玉才 人类学学报 96.4
从徐氏艺术馆藏品看新石器时代至辽代的陶瓷 蓑丰 收藏 96.9
试论筑卫城文化 唐舒龙 南方文物 96.2
半坡鱼纹是图腾标志,还是女阴象征? 何星亮 中原文物 96.3
姜寨一期墓地初探 赵春青 考古 96.9
皖北大汶口文化晚期聚落遗址群的初步考察 中国社会科学院考古所安徽工作队;梁中合等 考古 96.9
也说大汶口文化拔牙习俗的因由 刘慧 民俗研究 96.4
浙江史前文化的两朵金花:河姆渡和良渚文化 林华东 文史知识 96.10

3. 先　秦

20 世纪中国先秦史研究的回顾与展望 鹤野 烟台大学学报 97.2
先秦合葬墓刍议 李贵昌、李守庆 华夏考古 97.2
新发现的秦封泥与秦代郡县制 周伟洲 西北大学学报 97.1
秦封泥窥管 黄留珠 西北大学学报 97.1
“向死而生”:试论先秦时期的自杀现象 唐德荣 晋阳学刊 97.4
先秦舆人及御夫考述 東有春 江苏社会科学 97.5
先秦车舆说略 吴士洁 浙江社会科学 97.4
简述先秦城市选址及规划思想 赵立瀛、赵安启 城市规划 97.5
先秦诸师考略 王同 杭州师范学院学

报 97.4
试论先秦“德”的起源与流变 巴新生 中国史研究 97.3
先秦齐国兴学成就略论 田旭东 中国史研究 97.3
先秦军事思想的发展及其特征 黄朴民 光明日报 97.7.15
塔尔坡秦人博局图 谢高文、岳起 文博 97.4
华南沿海的先秦文化与早期文明 吴春明 中原文物 97.2
先秦隐逸群体浅论 赵东玉 社会科学战线 96.5
先秦选举制度特点之管见 闫青峰、韩敬友 山东师大学报 96.增刊
论先秦忠君思想 唐宝富 江苏社会科学 96.5
先秦演讲史探略 刘德强 上海师范大学学报 96.3
谈《仪礼》中的“宰夫” 杨天宇 郑州大学学报 96.5
论《尚书·盘庚》之“生生”:兼论盘庚徙都及其本人的历史地位 刘运兴 殷都学刊 96.3
《包山》简文释词两则 葛英会 南方文物 96.3
包山楚简治狱文书研究 葛英会 南方文物 96.3
论楚国菱形纹铜镜 邓秋玲 南方文物 96.2
李冰治理过乐山大佛崖吗? 李豫川 四川文物 96.5
十九年大良造鞅殳镈考 王辉 考古与文物 96.5
言路开放与威王称雄 穆文 管子学刊 96.3
赵武灵王胡骑射改革新研 魏建震 河北师院学报 96.4
越国民族源流考 杨成鉴 宁波大学学报 宁波大学学报 96.3
晋国后期内战及其历史影响 杨秋梅 山西师大学报 96.3
鲁国“一继一及”继承现象再考 杨朝明 东岳论丛 96.5
姜太公法治思想及其对后世的影响浅说 徐树梓 管子学刊 96.3
《尉缭子》逸文蠡测 徐勇 历史研究 97.2
《刺孟》所“刺” 樊琪 南京理工大学学报 96.3
法家的基本精神与历史命运 周舜南 湘潭师院学报 96.4
齐鲁文化渊源论 魏建、贾振勇 东方论坛 96.2
苏秦相六国辨 周骋 江苏社会科学 96.5
1995年郑州小双桥遗址的发掘 河南省考古所、郑州大学考古系、南开大学历史系博物馆学专业 华夏考古 96.3
关于殷墟妇好墓玉凤的归属问题:兼谈楚文化的渊源 吕建昌 东南文化 96.4
从金文兼、郝看古代的养国 董全生 张晓军 中原文物 96.3
谈高邮龙虬庄陶片的刻划图文 饶宗颐 东南文化 96.4
西周、春秋地方行政制度略论 范学辉、吕仁祥 山东工业大学学报 96.3
夏商周三族起源研究述评 张国硕 中国史研究动态 96.10
铜鼓咚响青蛙鸣:南方境外铜鼓保留与亲缘探索 杨豪 岭南文史 96.3
巴属柳叶形剑研究 江章华 考古 96.9
由早熟到辉煌的文化史路:先秦文史哲互摄中的文学建构 赵明 社会科学战线 96.5
《山海经》“建木”考 侯伯鑫 中国农史 96.3
先秦时期爵制的起源与发展 晁福林

河北学刊 97.3
先秦名家之学并非名学 陈孟麟 文史哲 96.6
智谋文化又添新葩:《齐国智谋精典》评介 战化军、文山 淄博师专学报 96.4
秦对六国战争中的函谷关和豫西通道 宋杰 首都师大学报 97.3
释“巴蛇食象” 杨华 四川大学学报 96.4
巴属古文戈铭试读 冯广宏 四川文物 96.6
巴蜀文化陶釜略论 李明斌 考古与文物 96.6
从蜀墓腰坑的设置看巴蜀文化与关中文化的交流 彭文 考古与文物 96.6
略论东夷文化的基本特点 逄振镐 管子学刊 96.3
《曾侯乙墓竹简释文与考释》读后记 张铁慧 江汉考古 96.3
楚国简帛文字研究概观 李运富 江汉考古 96.3
包山楚简释地十则 徐少华 文物 96.12
包山楚简释地五则 徐少华 江汉考古 96.4
楚墓年代分期研究的新突破:《江陵九店东周墓》读后 杨宝成 江汉考古 96.3
楚骨贝的货币性质辨疑 王纪潮 江汉考古 96.4
浙川和尚岭楚墓的时代问题 高成林 中原文物 96.4
楚郢都礼制考 高崇文 江汉考古 96.3
云楚楚王城 H_{11}清理简报 杨文清 江汉考古 96.4
齐国军事领导体制及兵制论略 徐勇 求是学刊 96.6
关于魏灭中山若干史实的辨证 田卫平 河北学刊 96.6
鹤嘴铜斧初论 于建华 北方文物 96.4
勾践重计然之策 林丕 前线 97.1
北京城建史上推至三千多年前 人民日报(海外版) 97.1.20
叔牝方彝断代新论 周书炽 中原文物 96.4
微子墓及墓碑辨伪 张希宇 山东师大学报 96.4
甲骨文“疾”字质疑 张标 考古与文物 96.6
汉城“国际甲骨学学术讨论会”述要 一丁 史学月刊 96.6
河南伊川县南寨二里头文化墓葬发掘简报 河南省文物考古研究所 考古 96.12
关于偃师尸乡沟古城的几个问题 张锴生 江汉考古 96.4
独辟蹊径探幽溯源:读《殷周古文同源分化现象探索》 黄奚山 华夏考古 96.4
殷周易代史迹及其名义之辨 张乘健 温州师学学报 96.4
河南二里头文化墓葬的几个问题 袁广阔 考古 96.12
试论先秦时期郑州的商业 李立新 中州学
先秦时期士阶层的历史考察 刘大秀 理论学刊 96.6
先秦历史是否需要改写:黄瑞云《楚都二千七百周年祭》述评 陈继明 江汉论坛 96.11
论先秦时期家庭及公社的历史演变 李昱皎 河南教育学院学报 96.3
青铜器的时代性与器型的演变 王海文 收藏家 96.6
塔里木盆地及其周围的青铜文化遗存 安志敏 考古 96.12
平洋墓葬研究:乙类墓析出的探索 杨

志军等　北方文物　96.4
云南古代的青铜制作技术　李晓岑　云南民族学院学报　96.4
秽与貊　杨军　烟台师院学报　96.4
论西瓯、骆越文化与中原文化的关系　廖国一　民族研究　96.6
吕国铜器及其历史地理探疑　徐少华　中原文物　96.4
中国古代的人牲人殉新资料概述　黄展岳　考古　96.12
世纪内的一大学术盛事——夏商周断代工程　光明日报　97.1.28
夏商周断代工程取得初步进展:李铁映、宋健再次听取专家汇报　人民日报　97.1.3
夏、商、周三代神权法思想嬗变　于逸生　求是学刊　97.1
浅论先秦时期岭南文化的特点　黄静　首都师大学报　97.1
绍兴出土越国原始青瓷的初步研究　周燕儿　考古与文物　96.6
试论吴越青铜兵器　肖楚龙　考古与文物　96.6
扁鹊与印度古代名医耆婆　刘铭恕　郑州大学学报　96.5
公子手?士人手?春申君身分新说　张兴杰　文史知识　97.3
从酉水流域考古发掘看楚文化与诸民族的关系　邢敏建　民族研究　97.1
楚墓中人殉与俑葬及其关系初探　邱东联　江汉考古　96.1
宜城桐树园遗址发掘简报　湖北省文物考古研究所宜城县博物馆　江汉考古　96.1
论已姓、彭姓诸族的流变和分布　徐少华　江汉考古　96.2
异质文化撞击与交流的范例:淅川下寺墓随葬器物的产地及相关问题　杜德兰等译　江汉考古　96.2
安徽省淮南市唐山乡出土一批楚文物　徐考忠　江汉考古　96.1
湖北教育出版社与本报理论部联合举办“《楚学文库》与楚学研究讨论会”　光明日报　97.3
吴文化博览苑与文化资源开发　高燮初　江海学刊　97.2
吴国青铜器的发展、特色、成就　肖梦龙　苏州大学学报　97.1
先秦儒家艺德观论析　沈壮海　船山学刊　96.1
原始儒家演变的社会根源与内在学术逻辑　冯晓林　中国社会科学　97.1
先秦儒家人才思想述论　陈亚平　扬州师院学报　96.4
“礼不下庶人”发覆　张全民　吉林大学社科学报　97.1
为五千言正名:《记》与《道德经》原名试考　谢阳举　广东社会科学　97.1
纵横家之兴考辨　熊宪光　文献　97.1
《鬼谷子》与中国政治文化　赵瑞民　山西大学学报　97.1
早期阴阳学说的重要文献:《阴阳时令占候之书》初探　陈乃华　文献　97.1
先秦中国与古代雅典的两点比较　李学智　历史教学　97.2
先秦齐国与古希腊雅典城邦政体辨异　陈德正、李慎令　聊城师院学报　96.4
从考古看华南沿海先秦社会的发展　吴春明　厦门大学学报　97.1
谈礼　金景芳　历史研究　96.6
先秦齐地历史沿革述略　王承典　管子学刊　96.4
略论封开先秦历史文物在岭南的地位　杨式挺　岭南文史　96.4
山东地区先秦时期的梳背装饰　靳桂云　管子学刊　96.4
华夏宗族中“昭穆”名称溯源:夏夷融合之人类学透视　李瑾　许昌师专学报　97.1

胥吏与贱民 (英)赵冈 社会科学战线 97.1
越称"瓯""僚"解 李锦芳 民族论坛 96.4
巴师八国考 张良皋 江汉考古 96.1
对川西地区早期青铜器,铸造原料来源问题的研究及其认识 杨华 西南师大学报 97.2
中亚东部青铜和铁器时代的居民国际学术研讨会在美国费城举行 康捷 考古 96.12
松嫩平原早期铁器的发现与研究 张伟 北方文物 97.1
四川新津县宝墩遗址调查与试掘 成都市文物考古工作队、四川联合大学考古教研室、新津县文管所 考古 97.1
吉林辽源市龙首山遗址的调查 辽源文物管理所 考古 97.2
夏商周断代工程中的天文课题 席泽宗 中国文物报 97.2
1995年先秦史研究概况 马季凡 中国史研究动态 97.1
河南安阳郭家庄160号墓出土铜器的成分分析研究 季连琪 考古 97.2
晋侯苏编钟是宣王时铜器 刘启益 中国文物报 97.3.9
晋侯苏钟的年代问题 李伯谦 中国文物报 97.3.9
中国古代秘书官吏——尹 赵映诚 秘书 97.2
河南偃师商城博物馆藏青铜器 郭洪涛 考古与文物 97.1
小屯南地甲骨综论 郭振禄 考古学报 97.1
姜太公学术讨论会综述 李兴斌 管子学刊 96.4
半环陇山的戎族青铜文化 马建军 固原师专学报 97.1
齐都临淄户口考辨 韩光辉 管子学刊 96.4
齐地青丘之国与广饶傅家遗址 景以恩、颜华 管子学刊 96.4
湖南汨罗罗国城遗址的调查与探掘 岳阳市文物工作队 江汉考古 96.1
白圭的经营思想 程美秀 中国企业报 97.3
裴庄遗址清理报告 邯郸市文物管理处 文物春秋 96.4
对巴蜀文化数千年历史特点的思考 屈小强 文史杂志 97.2
试论真武山一类遗存 张昌平 江汉考古 97.1
包山楚简历法刍议 王胜利 江汉论坛 97.2
包山楚简释地八则 徐少华 中国历史地理论丛 96.4
楚文化在秦统治时期的存在和影响 蔡靖泉 江汉考古 97.1
《包山楚简初探》评介 郭德维 江汉考古 97.1
光彩神州丰润中华:"《楚学文库》与楚学研究讨论会"纪要 危兆盖整理 光明日报 97.4.15
爱国精神的弘扬,屈学研究的拓展:'96屈原文化研讨会综述 杨行正 社会科学动态 97.3
'96屈原文化研讨会综述 荆荃 理论月刊 97.2
屈原自我圣化的政治内涵及其悲剧性 胡学常 天津社会科学 97.2
江苏省首届吴文化研讨会综述 徐采石 学海 97.2
从王官文化到儒家学说:关于儒家起源问题的推索和思考 张富祥 孔子研究 97.1
关于颜回研究的几个问题 董韶华、韶军 山东师大学报 97.2
也谈李悝变法 尚志迈 张家口师专学报 97.1

先秦车轮制造技术与抗磨损设计　刘克明、杨叔子　华中理工大学学报　97.1
淮夷变迁　杨东晨　铁道师院学报　96.6
刘国的来源和迁徙　何光岳　中原文物　97.1
先秦时期的山川崇拜　张怀通　河北师院学报　97.2
先秦时期的盲人文化　张应斌　嘉应大学学报　97.1
先秦时期隐士的名称及其分类　刘淑梅　齐齐哈尔师院学报　97.2
先秦货币二考　白春川　历史研究　97.2
先秦齐地人口迁移试探　赵发国　中国历史地理论丛　97.1
誓盟诅约与我国先秦法制　刘向明　嘉应大学学报　97.1
先秦时代齐国参加的主要战争述略　徐勇　烟台大学学报　97.2
巴国与秦、楚关系探微　李杰　社会科学动态　97.4
海洋文化中的古徐人迁徙　李世源　广西民族学院学报　97.2
李大钊谈阳燧和阴燧　杨纪元　文博　97.2
中国早期铜镜及其相关问题　宋新潮　考古学报　97.2
东土古国探索　张学海　华夏考古　97.1
论洋县范坝铜牙璋等问题　李学勤　文博　97.2
安阳殷虚甲骨出土地及其相关问题　刘一曼　考古　97.5
谈殷虚卜辞中的师组肥笔类卜辞　黄天树　文博　97.2
夒为殷契考：兼说少昊、大昊　曹定云　中原文物　97.1
王亥被杀有易事件反映出的母权与父权之争　魏建震、鲁秋慧　河北学刊　97.2
“畯正阙民”解　涂白奎　史学月刊　97.2
对武王克商年份的更正：兼论夏商周年代　李仲操　中原文物　97.1
晋侯苏钟笔谈　王世民、李学勤、陈久金　文物　97.3
江西瑞昌市求雨垴遗址的调查　刘礼纯　考古　97.5
丹江口市下绞遗址调查简报　十堰市博物馆等　江汉考古　97.1
周原出土阳燧的光学特性　杨军昌　中国文物报　97.4
“文王演《周易》”新说：兼谈境遇与意义问题　姜广辉　哲学研究　97.3
《燕史纪事编年今按》评介　朱凤瀚　中国史研究　97.2
秦人齐人尚武精神　彭文　西北史地　96.4
关于郱城古址之讨论：答邹逸麟同志　张之　中原文物　97.1
楚国的等级结构与阶级关系　刘玉堂　江汉论坛　97.3
先秦齐国富强的经济方略　邱文山　97.4
齐国经略东方浅论　张明东、宁光庆　淄博师专学报　97.1
齐国人殉之风试探　梁方健　烟台师院学报　97.1
齐地名称的来历与先齐古史征略　张富祥　管子学刊　97.1
秭归出土青铜兵器概说　梅云来等　江汉考古　97.1
论齐桓公刘霸的阶段性及其特点　宣兆琦　淄博师专学报　97.1
子产法律思想论略　王晓勇　许昌师专学报　97.2
论齐国法制对汉制的影响　陈乃华　中国史研究　97.2

云南漾濞境内的一组苍山岩画 刘光曙 云南民族学院学报 97.2
论蚩尤 伍新福 中南民族学院学报 97.2
论巴无姬姓 田敏 东南文化 97.2
兵家始祖谋略化身:论姜太公的军事思想和指导才能 徐勇 社会科学辑刊 97.3
再谈番国青铜器及相关问题 魏宜辉 东南文化 97.2
楚国灭巴考 田敏 贵州民族研究 97.1
中国南方最早的思想巨子:季梁 刘玉堂 社会科学动态 97.6
东周列国都城的城郭形态 李自智 考古与文物 97.3
关于新田都城的一点思考 桥本淳 西北大学学报 97.2
越王世系考辨 管敏义 宁波师院学报 97.2
计然为文种辨:兼论文种经济思想的历史地位 郑克中 东岳论丛 97.3
试论地理环境与秦霸业 申羽 西北史地 97.1
再论苗族与楚国 石宗仁 黔东南民族师专学报 97.2
略论楚国的社会经济构成 李倩 江汉论坛 97.2
齐鲁文化考辨 周立升、蔡德贵 山东大学学报 97.1
吴文化的开放精神 姜亦华 学海 97.3
先秦儒家处世思想试析 符浩 广西民族学院学报 97.3
从制度创新看商鞅变法 田霖霞 甘肃社会科学 97.3
夏商周国家的特点及其启示 曹兵武 南方文物 97.1
论夏商周三代青铜礼器的工艺文化特征 范琪 史学月刊 97.4
全国皋陶文化研讨会综述 李修松 中国史研究动态 97.8
毕国的来源和迁徙 何光岳 求索 97.5
论成康时代和成康时代的铜器铭刻 沈长云 中原文物 97.2
“汉阳诸姬”国史述考 杨东晨、杨建国 学术月刊 97.8
政治婚姻与晋文公称霸 马晓丽 甘肃社会科学 97.4
姬姓吴国的建立与南迁 何光岳 江西社会科学 97.8
东吴商品经济初探 朱和平、翁小云 许昌师专学报 97.3
楚都名称与楚人的寻根意识 刘玉堂 寻根 97.2
大连地区燕文化遗迹 许明纲 文物春秋 97.2
楚文化及其与周文化的关系 张正明 寻根 97.2
楚学研究的重大创获:简介《楚学文库》 荆璞 寻根 97.2
楚史及楚文化研究的集成之作:评《楚国历史文化辞典》 冯天瑜、张岩 武汉大学学报 97.4
南楚阴兵试译 胡幸福 湖南教育学院学报 97.4
试评对先秦名家的批判 刘玉俊 陕西师大学报 96.3
先秦年代学研究的理论与方法 宋会群 史学月刊 97.4
论吴文化与吴经济 沈立人 江海学刊 97.3
漫谈吴文化的历史发展轨迹及其特点 陈伯海 江海学刊 97.3
吴文化与吴学 罗宗真 江海学刊 97.4

夏

沁水下游的夏文化与先商文化

杨贵金 中原文物 97.2
豫西颍河上游在探索夏文化遗存中的重要地位 安金槐 考古与文物 97.3
西陵陕夏商时期文化遗存因素分析 高应勤 中国文物 97.1.5
虞夏时期的社会发展阶段 董琦 中原文物 96.3
二里头遗址即夏都斟鄩考 吴少珉、郭洪涛 洛阳大学学报 97.1
夏朝的建立和华夏民族的形成及与周边民族群体的关系 尤中 思想战线 97.2
夏史物证:兼论歧铎端刃器的定名 高大伦、李峰 中国史研究 97.2
夏杼钩沉 董楚平 浙江社会科学 97.1
走进夏商 常耀华 读书 97.3
对于上古文明的新阐释:评介《夏商西周的社会变迁》 薛惠若 管子学刊 97.1

商

商代的舞雩 连劭名 古籍整理研究学刊 97.4
殷商文化研究取得新进展 杜金鹏 中国文物报 97.9.21
中子活化分析对商时期原始瓷产地的研究 陈铁梅 Rapp G. Jr 荆志淳、何驽 考古 97.7
商先与东夷的关系 张富祥 殷都学刊 93.3
商汤"还亳"考辨 张国硕 殷都学刊 97.3
关于探讨南亳与北亳的途径 宋豫秦 殷都学刊 97.3
殷墟非殷都再考 秦文生 中原文物 97.2
郑州小双桥商代遗址即隞都说 陈旭 中原文物 97.2
垣曲商城遗址始建年代研究 董琦 中原文物 97.2
殷商以田猎治军事说质疑 刘兴林 殷都学刊 97.2
商代赣境戈人考 彭明瀚 南方文物 96.4
四川新都县桂林乡商代遗址发掘简报 成都市文物考古工作队新都县文物管理所 文物 97.3
北京房山琉璃河遗址发现的商代遗址 北京市文物研究所 文物 97.4
商代"余子"类卜辞所反映的原始婚俗 胡新生 山东大学学报 97.1
宁波商文化发展史初探 陈梅龙 史林 97.2
河南商丘地区殷商文明调查发掘初步报告 张长寿、张光直 考古 97.4
殷墟西区墓地分析 韩建业 考古 97.1
再论郑州商代青铜器窖藏坑的性质与年代 安金槐 华夏考古 97.1
偃师尸乡沟城址是"夏桀所筑，商代利用的城邑"吗？ 方酉生 江汉考古 96.1
早期蜀文化与商周文明 宋治民 四川文物 97.1
耒阳市出土大批古文物及遗址证实:商周时期岭南地区非蛮荒之地 人民日报 97.3.17
湖南株洲县商周遗址调查报告 株洲市文物管理处 株洲县文物管理所 江汉考古 96.1
商代中期青铜器上的鸟纹 周亚 文物 97.2
藁城台西商代居民的人种学研究 汪洋 文物春秋 96.4
殷墟西区墓地分析 韩建业 考古 97.1
商王对南土方国征伐简论 彭明瀚、陈树祥 江汉考古 96.1
商周青铜器上的龙类动物纹饰 孟东风

吉林师院学报 96.1
商代军事行动的视析 连劭台 殷都学刊 96.4
南博藏殷商甲骨文选学:为纪念胡厚宣先生 周晓陆 东南文化 96.4
南阳市博物馆收藏的商代铭文铜器 尹俊敏 考古与文物 96.6
一件诡秘怪谲的商代神人兽面铜头像 彭适凡 南方文物 97.1
胶东半岛地区商代土著文化——珍珠门文化 方辉 中国文物报 97.8.10
郑州商城再探讨 方酉生 华夏考古 96.3
中国古代宗教仪式上的青铜器:来自商代和西周墓葬、窖藏的考证 杰西卡·罗森著 郭旭东译 殷都学刊 96.3
商周玉琮功用初探 高西省 文博 96.5
从考古发现看商代和西周时期的漆器 王明利 文博 96.5
商族源于齐东新探 景以恩 学术月刊 96.10
商族的踪迹 黄红军 中国方域 96.6
殷商君主世系钩沉 吴薇薇、吴晋生 殷都学刊 96.3
试析殷人的祭日习俗及文化传承功能 陈智勇 殷都学刊 96.3
简论殷商多种崇拜 张玉强 四川大学学报 96.3
商代的巫与巫术 晁福林 学术月刊 96.10
也谈伯唐父鼎铭文的释读:兼谈殷代祭祀的一个问题 刘桓 文博 96.6
洋县出土殷商铜器简报 李烨、张历文 文博 96.6
殷虚玉璋朱书文字蠡测 王辉 文博 96.5
从临淄商王村一号墓出土的陶熨具谈我国古代的熨帖术 徐龙国 管子学刊 96.3
长江流域青铜器与商代考古 (美)贝格立著;任汶译;许杰校 南方文物 96.2
山东青州市发现商代铜爵 周庆喜 考古 97.7

周

西周纪年再探析 吴晋生、吴薇薇 贵州文史丛刊 97.2
周公还政成王说质疑 郭茵 河北师院学报 96.4
西周王朝及其境内外的民族群体 尤中 云南社会科学 97.3
两周“佩玉”考 孙庆伟 文物 96.9
对西周铜器分期方法的几点认识 杨平 文博 96.5
论湖北襄樊地区两周甲骨 张昌平 考古与文物 96.5
周人同姓不婚为优生说辨 常金仓 山西师大学报 96.4
甘肃东部地区的先周文化 魏怀珩 丝绸之路 96.5
金文初吉等四个记时术语的阐释与西周年代问题初探:(4×9)×10+5=365假说 王占奎 考古与文物 96.5
武王伐纣之彭国考 伏元杰 四川文物 96.5
有关周初陈、杞封建的几个问题 周书灿 河北师院学报 96.4
论西周的民族政策 刘本军 思想战线 96.5
师弘鼎铭与西周法制 李雪山 殷都学刊 97.1
西周“宗盟”初探 巴新生 东北师大学报 97.2
西周年代考辨 周流溪 史学史研究 97.2
中国第三届西周文明国际学术研讨会在古都洛阳举行 梁晓景 中原文物

96.4
山东济阳刘台子西周六号墓清理报告　山东省文物考古研究所　文物　96.12
应城市孙堰村发现一座两周之际墓葬　李怡南、江艳明　江汉考古　96.4
论周梁玉桥文化　王宏　江汉考古　96.3
周厉王年数释疑　李仲操　文博　96.5
西周教育之特点及联想　杨汝福　河池师专学报　96.4
楚国在西周初年的变迁　杨善群　史林　96.4
大宰即西周相职说补论　宫长为　社会科学探索　96.6
第三届西周文明国际学术研讨会综述　王田敦　中国史研究动态　97.1
杨升南谈《西周王年论稿》　光明日报　97.4.8
西周的社会性质　李英华　云南社会科学　96.6
"中国第三届西周文明国际学术研讨会"述要　宋镇豪　文物　97.3
伊藤道治的金文和西周史研究　王震中　中国史研究动态　97.3
湖北崇阳县出土一件西周铜甬钟　湖北省崇阳县博物馆　江汉考古　97.1
西周邢侯毁铭　傅振伦　文物春秋　97.1
西周扁茎人面纹铜短剑初论　高西省　文博　97.2
西周时期的青铜矛　李健民　考古　97.3
西周玉器中的人龙合一　常素霞　文物天地　97.2
西周王陵何处觅　罗西章　文博　97.2
西周时代葬俗试论　吴存浩　民俗研究　97.2
河北迁安县小山东庄西周时期墓葬　唐山市文物管理处，迁安县文物管理所　考古　97.4
琉璃河遗址西周燕文化的新认识　刘绪、赵福生　文物　97.4
周初齐鲁两条文化路线问题　张富祥　山东师大学报　97.2
西周社会财产私有制问题的考察　杨师群　学术月刊　97.5
西周年代历法与金文月相纪日　张培瑜　中原文物　97.1
再论西周月相和部分王年：兼与王占奎同志商榷　李仲操　文博　97.2
西周时期姬姜二族的"三缘"关系　霍彦儒　华夏文化　97.1
西周崇法制度与《诗经》　王洲明　漳州师院学报　97.1
西周覆亡新探：兼论当时的族际关系　龚维英　人文杂志　97.2
周族兴起地及其相关问题考辨　杨东晨　河南大学学报　97.1
平王东迁年代新探：周平王东迁公元前747年说　王雷生　人文杂志　97.3
周代贵族命名散考　侯强　学术论丛　97.3
西周覆七新探：兼论当时的族际关系　龚维英　人文杂志　97.2
周代世系与周君在位年代补正　吴薇薇、吴晋生　人文杂志　97.3
西周前十王在位年代考　陈书仪　管子学刊　97.2
释甲骨文中所见西周几个重要地名　沈建华　考古与文物　97.4
西周时期的气候变化与民族迁徙　杨铭、柳春鸣　中原文物　97.2
西周时期陶瓷手工业的发展　张永山　中国史研究　97.3
青铜器上所见西周文化在南方影响的递衰　李朝远　中原文物　97.2
武王伐纣不存在孟津观兵之事　苏德荣　河南师大学报　97.1
关于"武王伐纣"的年代研究　杨永林

寻根 97.3
“武王伐纣实得巴蜀之师”辨正 田敏 民族研究 97.4
坚持运用改革手段推动社会进步:论周公的历史功绩 杨善群 史林 97.3
周公制礼 胡戟 陕西师范大学学报 97.3
拂去千年积尘——山西定襄东周墓发掘纪实 田雷 文物天地 97.1
慎终于始,则无败事:《江陵九店东周墓》述评 王光镐 江汉考古 96.2
湖南江华县蒙家寨发现一件东周青铜镐 周九宜 考古 97.4
湖北潜江龙湾发现一处东周窑址 罗正松 考古 97.5
山东沂水县全美官庄东周墓 马玺伦、宋桂宝 考古 97.5
安徽广德县出土东周青铜器 郑振 考古 96.11
陕西武功县赵家来东周时期的秦墓 中国社科院考古所武功发掘队 考古 96.12
新泰敦家泉东周墓墓主身份探析 孔德安 山西大学学报 97.1
周代都城比较研究 曲英杰 中国史研究 97.2
周代燕国考 曲英杰 历史研究 96.5
周代燕君世系考辨 曲英杰 史林 96.4
殷周时期妇女地位的剧变及其因由探析 易永卿 益阳师专学报 97.2
《史墙盘》铭文与西周时代的正统史观 连劭名 文博 97.4

春秋战国

春秋已有石邑考 梁勇 中国历史地理论丛 96.4
春秋时期的诸侯争郑 宋杰 首都师大学报 96.6
宝鸡市益门村二号春秋墓族属管见 赵化成 考古与文物 97.1
河南郑韩故城考古获重大发现:发掘出春秋时期的青铜礼乐器坑10座 人民日报 97.2.4
武穴鼓山发现一座春秋越人墓 黄义军 江汉考古 96.4
春秋时期我国婚姻制度的几个特点 缪昭 河北师大学报 97.3
论春秋时期贵族婚姻的特征和作用 金草 中华女子学院学报 97.2
论齐桓公创霸的条件 宣兆琦 淄博师专学报 96.4
江西樟树观上春秋墓 樟树市博物馆 南方文物 97.2
国人的属性及其活动对春秋时期贵族政治的影响 蔡锋 北京大学学报 97.3
春秋时期两种军赋性质的检讨 (香港)陈建梁 中国史研究 96.4
一部开拓性的学术专著:读《楚文化的东渐》吴兴汉 安徽史学 96.4
楚国手工业生产管理技术职官 刘玉堂 中国科技史料 96.3
楚国法律的起源及法律形式 顾久幸 江汉论坛 96.10
从出土竹简看楚国司法职官的建置及演变 贾继东 江汉论坛 96.9
春秋时期楚国战术略论 刘保昌 江汉论坛 96.9
春秋:山东邹城市出土铜甬钟 程明 考古 96.11
试论春秋列国间的战争 陈筱芳 西南师范大学学报 97.5
海阳嘴子前春秋墓试析 马良民 林化庭 考古 96.9
山东海阳县嘴子前春秋墓的发掘 烟台市文物管理委员会、海阳县博物馆;林仙庭 王富强、孙洪福等执笔 考古 96.9
春秋时期的两种婚姻心理及其对后世的

影响 王石天 广东教育学院学报 96.2
齐刀币始于战国考 于嘉芳 管子学刊 97.1
四川石棉县永和乡战国土坑墓 四川省文管会、石棉县文管所 考古 96.11
湖南常德德山战国墓出土鸟篆铭文戈 文志 江汉考古 96.3
评《商品经济与战国社会变迁》 朴民 历史研究 96.6
河南南阳五交化储运站战国墓 南阳市文物工作队 江汉考古 96.3
江西安远出土战国青铜器 钟荣昌 南方文物 97.2
罕见的战国铜汲洒器 徐龙国 中国文物报 97.9.7
咸阳塔尔坡战国墓发掘简报 咸阳市文物考古研究所 文博 97.4
略论陕南地区的战国墓葬 杨亚长 考古与文物 97.4
山东济南市天桥战国墓的清理 于中航 考古 97.8
从战国时期地主阶级人生价值观看刘邦与韩信的关系 郭秀琦 阴山学刊 96.3
论战国时期的齐国政治体制 宣兆琦 管子学刊 96.3
诸子学说与战国兵书文化精神的构建 黄朴民 浙江社会科学 96.5
试论战国时期的质宫制度 孙瑞 吉林大学学报 96.5
湖南辰溪县黄土坡战国墓发掘简报 怀化地区文物管理处，辰溪县文物管理处 南方文物 96.2
广东始兴县白石坪山战国晚期遗址 廖晋雄 考古 96.9
战国秦“封宗邑瓦书”及其书法 傅嘉仪 书法研究 96.5
由咸阳骑马俑谈到战国秦骑兵 孙德润 考古与文物 96.5
临淄战国齐墓发掘又获新成果 中国文物报 97.3
江陵车垱战国墓清理简报 荆沙市文物处 江汉考古 96.1
唐山市原贾各庄新发现一组战国陶器 孟昭永 文物春秋 96.4
从云楚睡虎地十一号墓竹简研究战国晚期会计史（上、下） 李孝林 北京商学院学报 97.2.3
成都市金沙巷战国墓清理简报 成都市文物考古工作队 文物 97.3
成都西郊金鱼村发现的战国土坑墓 成都市文物考古工作队 文物 97.3
论春秋战国之际“孝”观念的变迁 康德文 社会科学战线 97.4
春秋战国时代人才思想论要 黄永杰 社会科学战线 97.4
试论春秋战国时期秦国的赈灾 蔡万进 中州学刊 97.3
春秋战国时期“宗统”与“君统”的斗争：兼论我国古代忠孝关系的三个阶段 杨华 学术月刊 97.5
春秋战国城市发展蠡测 杜勇 四川师院学报 97.1
春秋战国时期文化学术下移探因 朱根、何小荣 盐城师专学报 96.4
春秋战国商政浅议 颜炜 柳州师专学报 97.2
从《周礼》看春秋战国治安体制的基本构成 陈鸿彝 江苏公安专科学校学报 97.3
中国古代治安体制，草创于春秋战国时期 陈鸿彝 江苏公安专科学校学报 97.2
试论春秋战国时期奴隶制的若干问题 晁福林 北京师范大学学报 96.6
春秋战国时期楚尚左辨 晁中辰 山东大学学报 96.3
春秋战国时期儒商的兴起及其现代启示 何筠、罗卫国 南昌大学学报 96.3

先秦诸子与文化

孔子生卒年月日新考 吴晋生、吴红红 贵州文史丛刊 97.4
孔子的人生观理论及其现代意义 杜振吉 史学集刊 97.3
孔子先世考辨 徐敏 中国社会科学院研究生院学院 97.4
孔子的行政管理思想及其现实意义 孟昭武 邵传瑞 吉林大学学报 97.2
试论孔子对西周宗法人伦制的反思及其影响 张彦群 天中学刊 97.1
论孔子的人格精神 骆锦芳 云南师大学报 97.3
读《庸》偶得:试析孔子论强 罗祖基 中国哲学史 97.1
孔子论"仁"之真义 范长平 孔子研究 97.2
孔子学易考论 郭沂 孔子研究 97.2
从帛书《易传》证知孔子说《易》引用古熟语 邓立光 周易研究 97.3
最早的博物学家——孔子 叶放 中国文物报 97.9.21
孔母"颜征在"考辨 周国荣 苏州大学学报 97.2
孔子关于为政者道德品质的思想 杜振吉 领导科学 97.1
孔子政治道德规范学说述论 杜振吉、万昌华 西南师大学报 97.1
孔子执政思想刍议 欧阳矩明 武汉大学学报 96.6
造圣运动与孔子手订六经 谢贵安 东方文化 96.5
孔子的人生观及其现代意义 杜振吉 江汉论坛 96.10
《正考父鼎铭》与孔子身世无关:古史新说之四 张平辙 西北师大学报 96.6
孟子民本思想及其现实借鉴意义 艾新强 求实 97.7
孟子人学思想探析 孙聚友 孔子研究 97.2
孟子的"义利"观 陈宪猷 船山学刊 96.2
孟子"民贵君轻"说评析:兼论孔孟政治思想异同 罗祖基 安庆师院社科报 96.4
老子与《周易》 解光宇、孙以楷 孔子研究 97.2
《黄帝内经》对老子思想的吸收和继承 艾畦 中国哲学史 97.1
论荀子思想体系中的悖论 李元 求是学刊 97.2
关于庄子故里的考察与论证 王守义、李济仁、朱峰等 齐鲁学刊 96.5
庄子与齐文化 蔡德贵 文史哲 96.5
《管子》的农本论和薄税敛思想 李建南 财经理论与实践 97.4
管仲与梭伦法治观之比较 李怀国、陈德正 求是学刊 97.1
管仲军事思想浅析 张映魁 云南教育学院学报 96.6
《管子》的军事思想体系 黄朴民 学术月刊 96.9
管仲与梭伦法治观辨导 陈德正、谷玉梅 管子学刊 96.3
墨子宋人考辨:兼驳墨子为鲁国人、鲁阳人、印度人三说 王增文 史学月刊 96.5
曾子故里与世系 李洪廷 临沂师专学报 97.1
韩非用人思想论略:兼谈法、术、势 高建立、徐志辉 聊城师院学报 97.1
论韩非的经济思想 蔡泽华 益阳师专学报 97.3
韩非廉政思想初探 张子侠 齐鲁学刊 96.6
简述韩非法治思想的历史地位 孙瑞新 理论月刊 96.12
论《慎子》的学术思想 李廷勇 西南师

范大学学报 97.5
《孙武兵法》八十二篇考伪 吴九龙 寻根 97.1
《孙子兵法》评述 何香枝 福州大学学报 97.3
《孙子兵法》决策理论的科学价值 徐学军、陈炳富 南开经济研究 97.1
五德皆备，可为大将：(《孙子兵法》) 路若华 管子学刊 96.3
《孙子兵法》的篇序安排体现了战争展开的自然进程 王向清 湘潭大学学报 96.4
《孙子兵法》在西方国家的传播与影响 慧敏 华人之声 96.5
散佚近二千年的《孙武兵法》八十二篇在西安发现 杨才玉 收藏 96.10
论《孙子兵法》对欧美的影响 吴荣政 湘潭师院学报 96.4
《孙子兵法》军事认识论思想浅析 张瑞忠 南京政治学院学报 96.6
对《孙子兵法》中战国时期两个论述细节的考证：关于《孙子兵法》《九地》篇中《四五》和《用间》篇中前人未涉及内容的解释 克里托夫·高利科夫斯基 中国人民大学学报 97.1
《孙子兵法》中择人任势思想探析 程美秀 管理现代化 96.6
孙子兵法研究的最新发现 房立中 陕西日报 97.1
《孙子》真伪及价值 黄朴民 烟台大学学报 97.3
孙子是世界上首先揭示战略战术奥妙的大军事学家 吴荣政 湘潭大学学报 97.1
恢宏·笃实·创新：读黄朴民的《孙子评传》 余丽芬 中国史研究动态 97.3
孙子的军事情报思想 吴荣政 贵州社会科学 97.2
论孙子的军事后勤理论 吴荣政 江汉论坛 97.1
当前《孙子》研究中若干问题释疑 徐勇 历史教学 97.3
试论《孙子》的军事情报思想 任俊为 现代情报 96.5
孙子所述领导者的基本素质系统 韩石萍 管子学刊 96.3
浅说孙子与《孙子兵法》 田旭东 华夏文化 96.3
试探孙子智将论的信息特色 韩石萍 淄博师专学报 96.5
利害原则：《孙子》将略中的基本原则 盛奇秀 山东大学学报 96.4
孙子的信息观初探 韩石萍 洛阳师专学报 96.4
孙武与孙文世系源流考论 褚良才 杭州师院学报 97.2
孙武军事经济思想评析 潘明德 武汉大学学报 97.1
试论孙膑的用兵特点及其相关问题 徐勇 齐鲁学刊 97.2
《孙膑兵法》结构体例探讨：与银雀山汉墓竹简整理小组商榷 杨善群 管子学刊 96.4
《孙膑兵法·五度九夺篇》考 吕万里 收藏 96.10
《孙膑兵法》及其军事思想考论 徐勇 烟台师院学报 96.4
先秦诸子军事思想异同初探 黄朴民 历史研究 96.5
杨朱学派新探 管敏义 宁波师院学报 96.4
儒家八派嬗变探因 吴学琴 安徽史学 96.4

4. 秦 汉

秦汉开发北疆的历史意义 肖瑞玲 光明日报 97.3
秦及汉初妇女再婚浅说 肖振宇 张家

口师专学报 96.2
“东南有天子气”释：秦汉区域社会文化史研究 冷鹏飞 学术研究 97.1
论儒学对秦汉地方行政的影响 范学辉 江海学刊 97.2
秦汉时期中原文化对南岭的冲击与影响 刘汉东 光明日报 97.4
秦汉市场的设置与管理 高维刚 四川教育学院学报 96.4
浅谈秦汉十二字瓦当 杨平 文物春秋 96.4
大宁江长城的相关问题 郑君雷 史学集刊 97.1
甘肃秦安上袁家秦汉墓葬发掘 甘肃省文物考古研究所 考古发掘 97.1
中国秦汉史研究会第七届年会暨国际学术讨论会综述 李庆新 广东社会科学 96.6
“中国秦汉史研究会第七届年会暨国际学术讨论会”综述 洪煜 史学月刊 97.1
庆祝广州建城2210年：中国秦汉史研究会第七届年会暨国际学术讨论会综述 曾宪礼、唐文浩 中国史研究动态 97.1
南越国史研究的新碑 彭年 中国史研究动态 97.2
试论荀悦的复仇思想 张全民 长白记丛 97.1
谈马援择君 赵国英、陈心同 辽宁教育学院学报 96.6
秦汉太子六百石以下属官考 孙福喜 阴山学刊 97.1
秦汉地方政府郡、县、乡三级管理体制 袁刚 地方政府管理 97.3
秦汉俸禄制度探讨 杨有礼 华中师大学报 97.2
秦汉时期独相制论纲 张刘新 吉林大学社科学报 97.2
略论秦汉时期河北农业的发展 吕苏生 文物春秋 97.1
论秦汉时期西南区域开发的差异与格局 黎小龙、徐难于 西南师大学报 97.3
秦汉的自然经济与商品经济 林甘泉 中国经济史研究 97.1
东周秦汉私营工商阶层述记 杨师群 社会科学战线 97.2
秦简《日书》与秦汉社会的生命意识 吴小强 广州师院学报 97.1
湖北地区战国秦汉墓出土文物的现场保护 谷德俊、李琳 江汉考古 97.1
也谈陕西咸阳征集古代玺币的断戏与考释 陈根远 文物春秋 97.1
从张庄桥墓出土铜器谈“蜀西工”诸问题 郝良真 文物春秋 97.1
滇国的战马、马具及马镫 张增祺 考古 97.5
何处骊靬城？ 曹家骧 文汇报 97.4.20
试论赵佗对开发岭南的贡献 张诚 史学月刊 97.2
灌婴定赣考讹 吴之邨 江西师大学报 97.1
一位浪漫主义将领的悲剧：析李广难封 姬源 唐都学刊 97.2
从史书记载看李广抗击匈奴的活动 高兵 河南大学学报 97.3
桓谭生卒年驳议 张子侠 安徽教育学院学报 97.2
秦汉郡国农官考实 仝晰钢 史林 96.4
秦汉骊山汤遗址发掘简报 唐华清宫考古队 文物 96.11
秦汉时期南越国历史及岭南文化研究一瞥 赵明、余直 历史教学 96.12
秦汉与匈奴的战争述评 杨建国、杨东晨 宝鸡文理学院学报 96.3
秦汉时期长江流域的人口迁移与经济开发 田强 黄冈师专学报 96.4

试论匈奴民族的衣食住行　乌兰托娅　北方文物　96.4
洛阳延光元年神瓶朱书解除之述略　连劭名　中原文物　96.4
晁错《贵粟疏》适衣而不抑商　薛振恺　史学史研究　96.4
陆贾和岭南　刘修明　史林　96.4
关于吴芮长沙国史实考察　龚鹏九　广西民族研究　96.4
王充与王符关系发微　李少惠　甘肃社会科学　96.6
“臣择君”的启示：读《后汉书马援列传》　李兴华、徐理明　行政论坛　96.6
1995年国内秦汉史研究综述　十宪群　中国史研究动态　96.9
秦汉史国际学术讨论会综述　曾宪礼、唐洁中　学术研究　96.10
中国秦汉史研究会七届年会暨国际学术讨论会若干议题撮述　余直　历史教学　96.10
中国秦汉史研究会第七届年会在广州召开　北吉　文博　96.5
也评叔孙通其人其学　王继训　齐鲁学刊　96.5
李斯：从人才到奸才的历史辨析　周树青　领导工作研究　96.11
对切木尔切克早期非独立墓地面人的认识　王博　新疆艺术　96.5
成也萧何败也萧何：韩信与萧何之比较研究　赵文润、郑世敏　汉中师院学报　96.3
广义治安说：从贾谊《治安策》说起　陈宗瑜　怀化师专学报　96.3
曹参与无为而治　葛亮　江西社会科学　96.9
冒顿请婚再议　蔡敏慧　云南师大社科报　96.4
秦汉弃市非斩刑辨　张建国　北京大学学报　96.5
人才与事业成败：刘邦用人特点浅析　郝建平　阴山学刊（包头）　96.3
论刘邦成功的十个因素　韦天富　广西大学学报　96.5
刘邦西进灭秦的战争线路及历史功绩辨析　周骋　淮海文汇　96.10
王莽二重性格心理探析　孟繁治、柴春法　许昌师专学报　96.4
董仲舒政治哲学蠡测　李森　郑州大学学报　96.6
汉季两北海　赵缊　管子学进　96.3
征侧“起兵”史实考辨：与施铁靖先生商兑　曹金华　扬州师院学报　96.3
班勇对再次沟通丝绸之路的历史贡献　建宽　丝绸之路　96.5
王符法治思想评议　杨彦平、姚继荣　青海师范大学学报　97.3
桓谭生年质疑　韩晖　新疆师范大学学报　97.3
李尤事迹考证　庾光蓉　四川师大学报　97.3
丝路南道重镇——扜弥兴衰略史　孙新茂　丝绸之路　97.4
汉晋时期西南地区渔业活动探讨　官德祥　中国农史　97.3
浅探王莽改制原因　杨青云　天中学刊　97.1
董仲舒的受天监护的君权论　周乾溁　天津师大学报　97.4
刘邦与朱元璋治国方策误区比较　江心力　晋阳学刊　97.1
儒冠不误身：秦汉之际的儒身与刘邦　葛剑雄　东方文化　97.4
刘项关系与《鸿门宴》结局识论　周骋　淮海文汇　97.4
论刘邦的领导艺术　田耕滋　唐都学刊　97.3
八十年代以来韩信研究综述　郝建平　阴山学刊　97.2
评张良的黄老之术：兼与范蠡比较　康清莲　绥化师专学报　97.2

宫省制度与秦汉政治 孙福喜 西北大学学报 97.3
司马迁笔下的陈胜 李牧丁 中国企业政工信息报 97.9.17
项羽败亡成因新探 鲁马 淮海文汇 97.7
论黄老思想时期民族关系的特点 杨秀实 中南民族学院学报 97.3
王充哲学与东汉社会 周桂钿 北京师范大学学报
秦汉公文文书与官僚行政管理 卜宪群 历史研究 97.4
秦汉时期两次大规模更改地名的比较 徐鸿修 文史哲 97.2
秦汉人的乡土意识 王子今 中共中央党校学报 97.1

秦

焚书坑儒别论 雷生友 武陵学刊 96.5
各族共开拓,秦王大一统 金石 民族团结 97.1
楚人事秦与秦朝统一 蔡靖泉 江汉论坛 97.1
秦隋速亡原因比较研究 徐卫民 陕西师大学报 97.1
秦汉封泥对读 周晓陆、陈小洁 西北大学学报 97.1
三纲五常与秦王朝的道德教化 高兵 湖南师大学报 97.1
秦乐府新议 周天游 西北大学学报 97.1
云梦秦简《日书》"行"及有关秦人社会活动考 贺润坤 江汉考古 96.1
秦封泥图例 路东之 西北大学学报 97.1
空前的收获重大的课题:古陶文明博物馆藏秦封泥综述 周晓陆 路东之 西北大学学报 97.1
1970年以来西方秦汉史研究概述 (美)张春树 中国史研究动态 97.4
变革:秦胜六国的根本原因 李明智 中国行政管理 97.3
秦相的设置及相关问题 肖志儒 文博 97.2
云梦《日书》与五行学说 尚民杰 文博 97.2
云梦龙岗简牍考释补正及其相关问题的探讨 刘国胜 江汉考古 97.1
秦俑二号坑:掀起你的盖头来 杨永林 光明日报 97.4.30
秦陵二号铜车车茵考 许坤 文博 97.2
"痕迹考证与秦陵兵马俑"辨析 党士学 文博 97.2
秦灭义渠及其地望考 郭殿忱 西北史地 96.1
论吕不韦之死 奚椿年 江海学刊 97.3
谈秦始皇研究 谢宝耿 社会科学报 97.5.8④
秦始皇统治心理探析 孙忠家 北方论丛 97.2
展现秦末波澜壮阔的历史画卷:评刘敏、倪金荣所著《宫闱腥风——秦二世》 李逸津 历史教学 97.5
秦皇行宫发现始末 杨凤玲 羊城晚报 97.8.5
秦代度量衡标准化的过程及其作用 罗威 益阳师专学报 97.2
秦置豫章郡的历史地理探讨 肖华忠 南方文物 96.4
秦楚胜败的文化分析 王雅红 江汉论坛 96.10
闾左臆解 辛德勇 中国史研究 96.4
秦代楚地吏治松懈刍议 鲁马 淮海文汇 96.11
云梦秦简《日书》所反映秦人的衣食状况 贺润坤 江汉考古 96.4
江陵王家台秦简与《归藏》 连劭名 江

汉考古　96.4
秦二世少子身份考辨　周骋　淮海文汇　96.12
秦统一后的六国遗族　仝晰纲　社会科学家　96.3
秦律名考　吴青　文博　96.6
论秦朝的会计管理制度　周传丽　河南大学学报　96.4
由秦俑雕塑探讨秦人上衣的裁剪　陈春辉　南京理工大学学报　96.4
试论秦官印及其艺术特色　任隆　文博　96.6
秦陵一号铜车马矢箙图案　刘晓华　文博　96.6
对秦东陵有关问题的几点看法　张海云、孙铁山　考古与文物　96.5
咸阳石油钢管钢绳厂秦墓清理简报　咸阳市文物考古研究所　考古与文物　96.5
睡虎地秦简《日书》研究二十年　刘乐贤　中国史研究动态　96.10
秦代的赘婿考释　臧守虎　山东师大学报　96.增刊
秦始皇贞节妇女观的心理探因　王绍东　内蒙古大学学报　96.6
徐福与秦代方士略论　宁光庆、赵志坚　淄博师专学报　96.3
徐福与齐文化探析　赵仁山、赵志坚　管子学刊　96.3
千年难释始皇谜：评《秦始皇帝评传》　林剑鸣　文博　96.5
"赤眉"缘由新探　张祥稳　池州师专学报　96.2
秦前后期统治思想的变化及其原因　高兵　北方论丛　97.4
秦代军法内容略述　梁民愫　玉林师专学报　97.1
睡虎地秦简与龙岗秦简的比较　黄爱柏　华东师大学报　97.4
试论秦国之"属邦"与"臣邦"　陈力　民族研究　97.4
从秦末农民起义看社会的冲突与变迁　房芸芳　探索与争鸣　97.8
秦亡王子婴辨疑　郭守信　社会科学辑刊　97.4
历史人物传记如何写才是成功的？兼评郭守信《秦始皇本传》　周宝宏　社会科学辑刊　97.4
秦始皇宗教思想试探　钱律进　贵州文史丛刊　97.4

汉

西汉后期经学思潮和经学重心的下移　徐金超　绍兴文理学院学报　96.4
试论徐州出土西汉早期人物画像镜　李银德、孟强　文物　97.2
徐州韩山西汉墓　徐州博物馆　文物　97.2
徐州西汉宛朐侯刘埶墓　徐州博物馆　文物　97.2
《西汉前期的政坛》评介　谢桂华　中国史研究动态　97.1
两汉时期的巴蜀文化与岭南文化　李绪柏　学术研究　97.3
西汉吏治何以较清明　易图强　湖湘论坛　97.2
户县发现西汉大型铸币遗址　中国文物报　97.6.1
西汉的市场与经济区　王雅红　西北史地　96.2
西汉时期新疆汉人的社会生活　马国荣　新疆社科论坛　97.1
贾谊法律思想初探　袁兆春　临沂师专学院　97.1
初记贾谊的民族思想及其对于西汉时期民族政策的影响　朱凤相　西藏民族学院学报　96.4
刘向道家思想及其在西汉后期的时代意义　桑风、张宜迁　阜阳师范学院学报　97.1

西汉和亲公主封号蠡测　高兵　烟台师院学报　97.2
西汉武帝统一币制因果之研究　徐其忠等　山东金融　97.6
西汉晚期宗庙编磬考释　李学勤　文物　97.5
近年出土的西汉宗庙编磬　郭汉东　文物　97.5
西汉与匈奴前后和亲之比较　赵志坚　烟台大学学报　97.1
试论西汉前期政治上的安定方针　高敏　史学月刊　96.6
西汉史上的一桩疑案　陈玉屏　贵州师范大学学报　96.3
西汉刑制改革新探　张建国　历史研究　96.6
西汉郡级档案文书的重大发现:东海县尹湾村汉墓出土一批简牍　刘洪石　北京档案　96.12
老河口市百花山西汉墓清理简报　符德明等　江汉考古　96.3
论西汉"四神"的源流　王志杰　文博　96.6
广州西汉南越王墓出土青铜容器研究　李龙章　考古　96.10
山东青州市出土西汉铜镜　李光林　考古　96.10
安徽舒城县秦家桥西汉墓　安徽省文物考古研究所、舒城县文物管理所　考古　96.10
四川绵阳永兴双包山一号西汉木椁墓发掘简报　何志国执笔　文物　96.10
绵阳永兴双包山二号西汉木椁墓发掘简报　四川省文物考古所、绵阳市博物馆　赵树中执笔　文物　96.10
长清西汉济北王陵发掘获重大成果　中国文物报　96.11.10
敦煌西汉金山国档案文献考略　颜廷亮　甘肃社会科学(兰州)　96.5
论西汉的奴婢　孙福喜　黄淮学刊　96.3
西汉将军和将军幕府　余从荣　江西社会科学　97.7
长清双乳山西汉济北王陵发掘成果的学术意义　崔大庸　山东大学学报　97.2
阳原西汉遗址和墓葬发掘取得新成果　中国文物报　97.8.24
微山县清理西汉画像石墓　中国文物报　97.7.27
汉高祖刘邦与西汉世风　张强　陕西师大学报　97.3
西汉地方行政制度的典型实例(读尹湾六号汉墓出土木牍)　周振鹤　学术月刊　97.5
西汉文献整理述略　陈亚新　文史知识　96.11
浅议司隶校尉在东汉的特殊地位:司隶校尉研究之三　朱绍侯　南都学坛　97.1
东汉军事史的若干特点和研究方法问题　黄今言　史学月刊　97.1
湖北随州市义地岗东汉墓清理报告　随州市考古队　江汉考古　96.1
东汉画像石《侍者进食图》引起海内外学者高度重视　文汇报　97.3.12
汉魏洛阳城发现的东汉烧煤瓦窑遗址　中国社科院考古所洛阳汉魏城队　考古　97.2
河北抚宁县邴各庄出土东汉陶楼　吴克贤等　文物春秋　96.4
东汉时期江南士人群体的兴趣　王永平　江苏社会科学　97.2
纸在东汉　刘光裕　编辑学刊　97.3
试论东汉初年地方兵制改革对社会经济发展的促进作用　陈晓鸣　南都学坛　96.5
东汉建宁元年残碑浅识　尚勤学　中原文物　96.4
江西赣县三溪发现两座东汉墓　赖斯清

考古 96.2
河口市杨寨东汉墓清理简报 符德明、潘兆麟 江汉考古 96.4
荥阳东汉仓楼彩绘养老图 王学敏 中原文物 96.4
江西南康县荒塘东汉墓 朱思维、黄卫国执笔 考古 96.9
山东章丘市黄土崖东汉画像石墓 章丘市博物馆 考古 96.10
江苏赣榆县出土东汉别部司马印 李克文 考古 96.10
东汉与罗马的首次交往 张国元、杨国庆 文史杂志(成都) 96.6
东汉洛阳令及相关问题论考 薛瑞泽 郑州大学学报 96.6
汉人的气节观与东汉末政治走向 黄静、吴忠伟 江西教育学院学报 97.1
东汉西北边疆政策述评 高荣 学术研究 97.7
浅谈东汉末年"党锢之祸":范晔《后汉书·党锢列传》简评 杨凯毅 惠州大学学报 97.2
河南洛阳市东汉孝女黄晨、黄芍合葬墓 洛阳市文物工作队 考古 97.7
千年东汉简牍梦醒 邹莲、王国平 中国青年报 97.8.10
湖南常德市东汉砖窑遗址 王永彪、潘能艳 考古 97.7
记东汉前期的"诸王之乱" 曹金华 史学月刊 96.5
长沙走马楼又传新发现:东汉简牍重见天日 邹蓬、王国平 人民日报 97.8.2
西瓯史考 刘伟铿 岭南文史 96.4
汉代的立法形式与立法语言 徐世虹 内蒙古大学学报 97.1
汉代河北农业经济探视 王文涛 河北师院学报 97.1
经学与汉代教育 张涛 历史教学 97.2
记汉代婚姻的特点 朱顺玲、曾兆阁 南都论坛 97.1
广信为岭南早期文化重心论:兼论汉代杰出经学家陈氏父子 郭培忠 岭南文史 96.4
浅谈我国汉代的俳优形象 商春芳 四川文物(成都) 97.1
唐县文保所收藏的两件汉代铜镜 薛香琴 文物春秋 96.4
陕西卷烟材料厂汉墓发掘简报 陕西省考古研究所 考古与文物 97.1
"南阳工官"初探:南阳两汉铭刻辑考之一 刘绍明、曾照阁 南都学刊 96.5
马王堆三号汉墓纪年木牍性质的再认识 陈松长 文物 97.1
《汉代武氏墓群石刻研究》评介 瓯燕 考古 97.2
略述汉代前后新疆地区的工具制造 吴震 西域研究 97.1
关于汉代封王的两个问题 刘敏 南都学刊 97.1
再谈渤海湾西岸的汉代海侵 韩嘉谷 考古 97.2
也评吴楚七国之乱 何为义 辽宁大学学报 97.2
《博局占》与规矩纹 李学勤 文物 97.1
尹湾汉简《神鸟赋》与禽鸟夺巢故事 刘乐贤、王志平 文物 97.1
《神鸟赋》初探 裘锡圭 文物 97.1
刘氏家谱与汉河间献王陵 王军杉 文物春秋 96.4
江苏铜山县龟山二号西汉崖洞墓材料的再补充 徐州博物馆 考古 97.2
汉初民族政策及其历史作用 李三中 安徽教育学院学报 97.1
试论呼韩邪单于与汉的"和亲" 赵志坚 桂林市教育学院学报 96.3

汉朝名相——陈平 徐庆全 文史知识 97.2
论汉武帝的人才观 吴刚 史林 97.1
博士论议与两汉政治:《秦汉齐博士论议集》前言 李伯齐 管子学刊 97.1
略说徐福东渡之谜 苏晰 华侨大学学报 97.1
汉代功次制度初探 蒋非非 中国史研究 97.1
西汉外戚特点比较研究 陈恩虎 淮北煤师院学报
两汉乡村管理体系述论 马新 山东大学学报
汉朝边防军的规模及其养兵费用之探讨 黄今言、陈晓鸣 中国经济史研究 97.1
汉代灾异观略论 王保顶 学术月刊 97.5
汉代居延屯小考——以甲渠候官出土文书为中心 张俊民 西北史地 96.3
汉代田税征收方式与农民田税负担新探 臧知非 史学月刊 97.2
谶纬及其思想效应 肖巍 云梦学刊 97.1
汉代太学的考证与批判 秦彦士 四川师范大学学报 97.2
尼雅"五星锦"小识 孙遇安 文物天地 97.2
尼雅考古大事记 王樾 文物天地 97.2
沉落沙漠的神秘王国:尼雅考古百年祭 王炳华 文物天地 97.2
新疆出土简牍的考古学研究 刘文锁 西北史地 96.3
关于马王堆汉墓出土物考辨二题:兼与周世荣先生商榷 方健 中国历史地理论丛 97.1
双乳山一号汉墓墓主考略 任相宏 考古 97.3
双乳山一号汉墓一号马车的复原与研究 崔大庸 考古 97.3
山东长清县双乳山一号汉墓发掘简报 山东大学考古系等 考古 97.3
汉代猪形玉握 马美艳 文物春秋 97.1
迁西县出土"假司马印" 旅顺博物馆 文物春秋 97.1
山东威海市发现一件汉代铁镬 刘晓燕 考古 97.5
旅顺博物馆藏第廿平阳共鼎补正 王振芬 文物春秋 97.1
山东章丘市平陵故城出土汉代铜器 宁荫棠、牛祺安 文物 97.4
南阳市汉墓出土铜镜简介 包明军、王伟 江汉考古 97.1
苏鲁豫皖地区汉画像视觉形式演变的分期研究 郭晓川 考古学报 97.2
成都青龙乡汉代砖室墓清理 李加锋 文物 97.4
内蒙古呼和浩特市郊格尔图汉墓 内蒙古博物馆 文物 97.4
田尧科村汉墓清理简报 刘忠民 文博 97.2
早期乌桓社会经济述略 王庆宪 内蒙古大学学报 97.3
馆藏王莽货币概述 陈丽凤 文物春秋 97.1
湖北蕲春县对面山西汉墓 黄冈市博物馆 考古 97.5
韩信——一个悲剧人物:重读《史记·淮阴侯列传》断想 王世英、金宪淑 延边大学学报 97.2
也谈"谁把韩信引上了绝路" 林田 甘肃社会科学 97.2
晁错"实边"思想论述 邹国慰、沈羽中 哈尔滨师专学报 97.1
叔孙通与汉初儒学的复兴和改良 陈乾康 文史杂志 97.2
浑邪王归汉年代辨正 王国华、徐万和 西北史地 96.4

刘邦对楚文化承继关系之考察 罗庆康 湖南教育学院学报 97.3
刘邦身世质疑 石荣伦 连云港教育学院学报 96.4
刘邦赴汉中时所行的道路 籍大阳 中国历史地理论丛 96.4
《古诗十九首》的孤独伤痛与汉末士人的生存焦虑 刘则鸣 内蒙古大学学报 97.2
浅析李斯的《谏逐客书》 王圣洪 福州师专学报 97.2
汉代居延官俸发放的若干问题 施伟青 中国经济史研究 97.1
汉代知行观的逻辑发展 张文秀 江汉论坛 97.6
论汉代儒学的社会化走向 惠吉兴 社会科学战线 97.3
贤圣为杖,文武兼用:汉初开放性人才思想初探 金身佳 湘潭师院学报 97.2
汉代河西的行政区划、职官建置及其特点 高荣 西北史地 97.1
汉初新道家的作用与特点 刘厚琴 辽宁师大学报 97.3
淮北出土汉代空心砖 文汇报 97.7.7
简论汉文帝刘恒 师迪 历史教学 97.6
汉武帝废陈皇后 周天 法苑 97.7
汉灵帝中平五年“改刺史,新置牧”考 范学辉、于芹 河南大学学报 97.2
开卷有益——读《洛阳汉墓壁画》 顾森 中原文物 97.2
50年代香港考古重大发现——李郑屋汉代古墓 光明日报 97.6.16
从九龙李郑屋村汉墓的发现谈香港考古研究的几个问题 吴铭 华夏考古 97.2
刘秀与经学 杨天宇 史学月刊 97.3
汉代经济政治原论 刘斯翰 学术研究 96.11
汉代婚姻形态考述 赵志坚、范学辉 史学月刊 96.6
两汉时期对浮侈世风的警觉与批判 王子今 光明日报 97.2.11
两汉后妃多自微贱出 邹莉、王莹章 淮海文汇 96.11
汉印制度杂考 汪桂海 北京大学研究生学刊 96.5
新郑市发现汉印和金印 贾香峰、赵炳焕 中原文物 96.4
河西走廊东部发现的一条汉长城:汉揟次县至媪围县段长城勘察 李并成 敦煌研究 96.4
汉镜铭文的史料学价值 杨爱国 中原文物 96.4
介绍一面与佛教有关的汉代铜镜 翟玉萃 江汉考古 96.3
汉代精绝国与尼雅遗址 林梅村 文物 96.12
南阳汉代画像石砖墓关系之比较 赵成甫 中原文物 96.4
山东汉代墓葬形制初论 郑同修、杨爱国 华夏考古 96.4
1992年辛汉汉墓群发掘简报 武汉市博物馆、新洲县文管所 江汉考古 96.4
个旧黑蚂井出土新莽钱币考释 朱云生 云南民族学院学报 96.4
对汉元成二帝的评价 朱绍侯 洛阳大学学报 96.1
后汉洛阳东观考 朱桂昌 洛阳大学学报 96.1
汉代外戚集团的形成与擅权 朱子彦 历史教学问题 96.4
汉代边兵的日常生活和待遇问题述略 陈晓鸣 江西师大学报 96.3
汉代的博士奉使制度 葛志毅 历史教学 96.10
两汉汝南太守考 郑长兴 天中学刊 96.3

从汉简谈汉代西北边郡运输的几个问题 张俊民 中国社会经济史研究 96.3
西汉太学述论 刘良群 江西师大学报 96.3
从汉画中的水旱神画像看我国汉代的祈雨风俗 崔华、牛耕 中原文物 96.3
河南省邓州市梁寨汉画像石墓 南阳市文物研究所 中原文物(郑州) 96.3
汉代江南漆器制造业初探 周琍 南方文物 96.3
马王堆汉墓文物神秘因素散记 郑曙斌 南方文物(南昌) 96.3
汉代梁苑考辨 王爱华 黄淮学刊 96.4
重庆市江北玉带山出土汉代陶俑 林必忠、董小陈 四川文物 96.5
新津县出土两具汉代画像石棺 郑卫 四川文物 96.5
两汉墓室壁画研究随想 贺西林 文物 96.9
试析东海尹湾汉墓缯绣的内容与工艺 武可荣 文物 96.10
咸阳杨家湾汉墓兵俑服饰探讨 杨秉礼等 文博 96.6
安徽省阜阳市发现汉代汝阴宫殿遗址 刘峰 考古与文物 96.5
邗江湖场汉墓所谓"文告牍"与告地策之谜再揭 黄盛璋 文博 96.5
尹湾汉墓简牍初探 连云港市博物馆 文物 96.10
汉长安城的考古发现与相关问题研究:纪念汉长安城考古工作四十年 刘庆柱 考古 96.10
山东曲阜市出土汉代建武石刻 孟继新 考古 96.10
河北迁安于爱村一号汉墓清理 迁安县文物保管所:李守山等执笔 文物 96.10
汉长安城北宫的勘探及其南面砖瓦窑的发掘 中国社科院考古所汉城工作队 考古 96.10
山东青州市发现汉代铜镜 周庆喜 考古 96.10
汉墓玺印及其制度试探 李如森 社会科学战线 96.5
河南巩义市发现汉代五铢钱纹空心砖 刘洪淼、孙角古 华夏考古 96.3
汉魏洛阳城出土瓦当的分期与研究 钱国祥 考古 96.10
汉代梁国睢阳城考略 阎道衡 黄淮学刊 96.4
军人、汉墓、国宝:追忆汉靖王刘胜墓的发掘 刘业勇 收藏 96.11
试论汉代社会消费与商品经济的同步变异 周金华 湖南教育学院学报 97.4
地震与汉代荒政 陈业新 中南民族学院学报 97.3
略记徐州汉代的宗教与文学 余明侠 江苏社会科学 97.4
两汉时期"戏剧艺术"的滥觞及影响 王盛云 淮海文汇 97.7
四川汉代石棺画像概论 高文 四川文物 97.4
论汉代农业科学技术 陆宜新、张金虎 南都学坛 97.4
河南汉代建筑艺术 黄雅峰 南都学坛 97.2
高句丽社会性质研究 张博泉 黑龙江社会科学 97.4
徐州两汉文化研究的现状与发展 梁勇 淮海文汇 97.7
简论汉代的礼和法 尚琤 史学月刊 97.4
楚王山汉墓群小考 董聿毅 淮海文汇 97.8
汉代士人"移风易俗"理论的构架及影响 孙家洲、邬文玲 中州学刊 97.4
山东乳山市大浩口村出土汉代铁器 考

古 97.8
《春秋》经传与汉代祭祀 李湛 齐鲁学刊 97.4
河南南阳出土一件汉代铁镜 张方、卓远 文物 97.7
汉代“应验”谶言例释 孙家洲 中国哲学史 97.2
关于汉代居延官吏同官异俸的问题 施伟青 中国社会经济史研究 97.2
试论尹湾汉墓出土《东海郡属县乡吏员定簿》的史料价值(读尹湾汉简札记之一) 高敏 郑州大学学报 97.2
尹湾汉墓新出《集簿》考述 谢桂华 中国史研究 97.2
楼兰古道对汉朝统一西域及丝路的重大贡献 苏北海 西北史地 96.4
论盐铁会议的实质 郑先兴 南都学坛 97.2
汉代关税小考 王亚春 山西大学学报 97.3
汉代江南铸铜业的发展 周琍 南方文物 97.2
由汉画看汉代城市建设与布局结构 张伟、曾宪波 南都学坛 97.4
汉长安城兴起与衰落原因的风水学解释 吴宏岐 唐都学刊 97.3
1996年汉长安城冶铸遗址发掘简报 中国社会科学院考古研究所汉城工作队 考古 97.7
邯郸古城区出土汉半两钱范 李忠义 文物春秋 97.2
商品经济与两汉农民的历史命运 马新 文史哲 96.6
两汉军费问题研究 胡宏起 中国史研究 96.4

5. 魏晋南北朝

魏晋南北朝经学述论 李金河 山东大学学报 97.1
骠人族属探源 李谋、李晨阳 北大学报 97.3
魏晋南北朝民族迁徙的特点及影响 伍晓晴 河北学刊 97.2
“胡汉体制”与“侨旧体制”记:评朴汉济教授关于魏晋南北朝隋唐史研究的新体系 周伟洲 中国史研究 97.1
1996年魏晋南北朝史研究动态 张彧、刘雪君 中国史研究动态 97.4
八十年来《颜氏家训》研究概述 刘国石 中国史研究动态 97.4
《敦煌吐鲁番文书与丝绸之路》读后 许序雅 历史研究 97.4
论荀彧(兼论曹操与东汉大族的关系) 王永平 扬州大学学报 97.3
也谈钱镠“保境安民”国策 李志庭 中国史研究 97.3
魏晋南北朝时期的使节 王波 文史知识 97.8
被政变吓死的帝王 铁茅 政府法制 97.9
三国两晋人口初探 袁祖亮、尚新丽 郑州大学学报 97.4
丝绸之路与古代西北民族贸易 蒋致洁 兰州商学院学报 97.1
从《世说新语》看魏晋士人心态 曹扬 江苏教育学院学报 97.3
魏晋名士玄学理想生活的展开 周学军 史林 97.3
魏晋时期的西王母传说以及产生背景 王青 南京师大学报 97.3
大戈壁里的地下艺术宫:嘉峪关魏晋壁画墓 薛长年 中国典籍与文化 97.3
魏晋南朝的门第婚姻 赵志坚 历史教学 97.8
“世纪之交中国古典文学及丝绸之路文明”国际学术研讨会综述 田杉 文学遗产 97.1
写出三国两晋南北朝的历史特点和历史

地位:多卷本《中国通史》第五卷读后 陈琳国 史学史研究 97.3
魏晋南北朝时期朝鲜的社会风俗 丁光勋 历史教学问题 96.6
魏晋南北朝盐政述论 齐涛 盐业史研究 96.4
魏晋玄学之祖 跃进 古典文学知识 96.6
中国中古政治史研究的新收获(汪征鲁著《魏晋南北朝选官体制(系统)研究》综评) 毛汉光 历史研究 97.3
牛李党争研究的现状与展望 (日)渡边孝 中国史研究动态 97.5
余姚虞氏研究:浙东家族史系列研究之一 李小红 宁波师院学报 97.2
论魏晋南北朝北方坞壁地主经济 任怀国 烟台师院学报 97.2
魏晋南朝时期江东顾氏考论 孟繁冶 史学月刊 97.3
难以"忘情"与魏晋士人的人生伤痛:读《世说新语》札记 高建新、张维娜 语文学刊 97.3
魏晋言意之辨的现代诠释 关英菊 长白学刊 97.3
内蒙古汉末魏晋时期若干问题探讨 何天明 北方文物 97.1
济阳蔡氏郡望的历史追溯 朱绍侯 许昌师专学报 97.1
魏晋南朝义阳郡沿革与地望考辨 石泉 鲁西奇 江汉考古 96.3
乌丸帽考 赵斌 黑龙江民族丛刊 96.4
开天大业烦坛墁 张涌家 中国典籍与文化 97.1
新疆尼雅遗址 95MNIM8 概况初步研究 于志勇 西域研究 97.1
信仰与理性:简论魏晋南朝的学术变迁及社会现象 陈明 世界宗教文化 96.冬
东汉魏晋南北朝时期职业教徒的阶层分析 王青 中国史研究 97.1
魏晋"言意之辩"及其教学思想 张传燧 西南师院学报 97.1
魏晋南北朝时期的女兵 周兆望 江西社会科学 97.2
论魏晋思想的文化意义 田文常 中国文化研究 97.1
论魏晋南北朝法律思想的沿革及其特点 乔伟 山东大学学报 96.4
河东裴氏及其族源 虎晓红、周征松 山西师大学报 97.1
独特的裴氏家族文化现象 周敬飞 山西师大学报 97.1
魏晋南北朝儒学、家学与家族观念 张天来 97.2
敦煌陷蕃年代研究综述 金滢坤 丝绸之路 97.1
唐宋间敦煌粟特人之汉化 陆庆夫 历史研究 96.6
吐蕃经略西北的历史作用 杨铭 民族研究 97.1
试论会昌时期的吏治建设 李文才 中国史研究 97.1
试论六朝时期的江淮农业 秦冬梅、陈晓红 中国农史 96.4
江苏六朝画像砖研究 武翔 东南文化 97.1
北朝瓦当 杨泓 收藏家 96.19
十五年来魏晋南北朝佛教研究 王朝晖 历史教学问题 96.6
十五年来魏晋南北朝商业史研究综述 李阳 历史教学问题 96.6
转折时代的社会与阶级全景图:读刘汉东著《混乱与重构》 汪之渔 历史教学问题 96.6
魏晋南北朝的"三五取丁"问题 张维训 中国社会经济史研究 96.3
魏晋政治风云与"名教自然之辩" 孔毅 许昌师专学报 96.4
论六朝时期临沂人群落形成的原因 徐

玉如 山东师范大学学报 96.增刊
运用系统论研究历史的可贵尝试:《魏晋南北朝选官体制研究》评介 庄辉明 中国史研究 96.4
《刘子》与《严氏家训》比较 韩玉兰 青海民族学院学报 96.4
古代荆楚大地的风俗画卷:论《荆楚岁时记》 王永波 吉安师专学报 96.2
试述梁武帝力促佛教僧制的中国化 欧阳镇 江西社会科学 96.11
敦煌、麦积山、炳灵等石窟青金石颜料的研究 王进玉 考古 96.10
西沃石窟与北魏衰亡 李中翔 文物天地 96.5
北魏平城明堂初步研究 李海、侯峻梅、张兰英 科学技术与辩证法 96.5
《元和姓纂》有关北魏宗室族裔记载之证实与正误举例 王新邦 贵州文史丛刊 96.5
论北魏孝文帝之迁都 钮仲勋 山西大学学报 96.4
江苏省六朝史研究会'96年会纪要 胡踞 社科信息 97.2

三 国

从"通力合作"到同床异梦:论曹操的功业与荀彧悲剧 白自东 西藏民族学院学报 96.4
"得陇"为何不能"望蜀"?:从曹操争夺汉中看其统一思想的矛盾性 温勤能 汉中师院学报 97.1
曹操征张鲁人物考辨 刘昌安 汉中师院学报 97.1
崔琰之死与毛玠之废 柳春新 武汉大学学报 97.2
三国人物服饰研究 于涛 民族研究 97.2
三国研究中的几个视点:一次中日三国史研究交流侧记 徐鸿藻 汉中师范学报 97.1
论三国时期的"薄葬"之风 蔡美云 汉中师院学报 97.1
汉中在三国时期的历史地位 蔡秉衡 汉中师院学报 97.1
两汉三国文化与汉中旅游 王芳 汉中师院学报 97.1
三国时期文化的发展与传播 于联凯、于澎 历史教学 97.5
"三国"领袖们的赏罚谋略 孙抱今 广西社会科学 97.1
三国时期的间谍战 尹韵公 光明日报 97.6.3
赤壁之战再评价 胡觉照、王锋 汉中师院学报 97.1
千古赞颂的历史名相:《诸葛亮评传》评述 许辉 学海 97.2
存真求实发覆阐微:余明侠著《诸葛亮评传》评价 卞孝萱、胡阿祥 淮海文汇 97.3
诸葛亮归葬汉中的心态透析 傅兴林 汉中师院学报 97.1
钟会——名法世家向玄学转化的典型 王晓毅 中国史研究 97.2
试论诸葛亮行法治蜀 王玲 贵州师大学报 97.2
诸葛亮伐魏不是"以攻为守":兼论诸葛亮北伐的思想基础 田耕滋 汉中师院学报 97.1
论诸葛亮钟情汉中的人性真实 李锐 汉中师院学报 97.1
三国时期孟获族属新论 杨正权 思想战线 97.2
蜀汉汉中都督考记 雷勇 汉中师院学报 97.1
湖南临武县马塘出土三国吴镜 龙碧林 考古 97.3
安徽全椒县卜集东吴砖室墓 朱振文 考古 97.5
刘劭《人物志》中的人才思想初探 裴传永 长白学刊 97.5

三国时期仓慈、皇郁隆治理河西述评 杨伟、段小强 开发研究 97.3
《诸葛亮研究集成》编纂始末 王瑞功 聊城师范学院学报 97.3
“善用兵”的司马懿 刘月梅 文史杂志 97.4
试论王弼的社会政治思想 裴传永 理论学刊 97.4
试论公元三世纪中日关系中的有关问题 金宪淑 延边大学学报 97.3
王弼《易》、《老》二注成书先后及年代考辨 裴传永 周易研究 97.3
盐业在曹魏恢复北方经济中的地位和作用 王向田 首都师范大学学报 97.3
汉末私谥和曹操碑禁的文化意蕴 徐国荣 东南文化 97.3
黄州赤壁说质疑 李思孟 华中理工大学学报 97.2
沓中考 裴卷举、王俊英 西北史地 97.2
吴蜀往来信使考:入蜀吴使考 裴传永 临沂师专学报 97.2
试论汉魏时期颍川士风的时代特征 孟繁冶、李昱皎 郑州大学学报 97.4
诸葛亮和抚夷越,南北朝重归一统 金石 民族团结 97.5
论魏延的悲剧 达凤全 社会科学研究 97.5
诸葛亮舌战群儒的谈判策略与言语技巧 董伯庸、袁德珍 合肥教院学报 97.2
诸葛亮的举贤任能 王蕴华、宋俊周 河北学刊 97.5
吴国灭亡的原因分析 李海宁 青海民族学院学报 97.3
孙权善用人 孙波 中国青年报 97.9.20
三国尚俭时尚初探 张建明 成都大学学报 96.4
三国时期外交人才述论 刘国石 吉林师院学报 96.11
魏、蜀、吴三国时代的政治地理战略分析 王恩涌、曹诗图 人文地理 96.3
吴蜀往来信使考:入吴蜀使考 裴传永 理论学刊 96.6
王弼的社会控制思想 李禹阶 文史杂志 96.6
45 年来社会史思想史领域曹操研究综述 孙明君 阴山学刊 96.3
从孙刘联盟的破裂看关羽北上襄樊的时机 王石天 河南大学学报 96.6
试论关羽神圣化的历史过程 李惠明 上海师大学报 96.4
漫话关羽 罗民介 新东方 96.5
诸葛亮的人格风采 周国林 华中师范大学学报 96.5
论诸葛亮的成败得失及现实意义 刘于雄 思维与实践 96.5
诸葛亮历史悲剧探因 李淑娴、王秉琴 固原师专学报 96.5
“诸葛”复姓及蜀相诸葛亮世家考 赵运喜、王德峰 天中学刊 96.3
夷陵之战诸葛亮何以未能与谋 薛军力 天津师大学报 96.6
诸葛亮的人格:多重性质之大悲剧 竺洪波 上海教育学院学报 96.4
《出师表》与《止战疏》之优劣论 胡觉照 理论导刊 96.9
江西吉水富滩东吴墓 李希朗 南方文物 96.3
跋鄂州孙吴墓出土陶佛像 杨泓 考古 96.11
“周瑜破曹”说的偏颇 崔吉学 聊城师院学报 96.2
长沙吴简惊世出,补写三国纷争史 王国平、邹蓬 人民日报 97.1.11
略论诸葛亮的战略失误 赵天瑞 辽宁教育学院学报 97.2
武英殿本三国志刊误自序 赵幼文 古

籍整理研究学刊 97.3
“魏讽谋反案”析论 柳春新 江汉论坛 97.5
阮籍政治思想新论 韩宁平 河南师大学报 97.3
玄林“新语” 王生平 中国社会科学 97.4
历史与哲学的交融:《王弼评传》的学术特色及其创见 丁冠文、陈朝晖 中国史研究动态 97.6
试论马谡悲剧的成因 郑继江 聊城师院学报 97.1
诸葛亮法治思想成因初探 杨彦平、姚继荣 青海师专学报 97.3
再论诸葛亮的八阵图 谭良啸 天府新论 97.4
爱才却有嫉才时:诸葛亮的人才思想与实践 李庚辰 中国人力资源开发 97.5
试论孙权迟迟称帝的原因 张志杰 中学历史教学 97.4
三国鼎立和江南人才崛起及其盛衰之评析 叶哲明 台州师专学报 96.4
论曹氏归义军时期官府之“牧子” 雷绍锋 敦煌学辑刊 96.1
人才资源与三国鼎立 丁邦友、魏晓明 广东社会科学 96.5
汲获之战是官渡战役的重要组成部分 潘民中 许昌师专学报 96.4
司马氏集团的改革政策 郑欣 山东大学学报 96.3
曹植墓砖铭释读浅议 卢善焕 文物 96.10
试论曹操的人才思想 关玉生 河北师大学报 96.4
议延不协与孔明失策 刘光亮、刘晟华 吉安师专学报 96.3
江苏泰州市发现一面鎏金神兽镜 黄炳煜 考古 96.9
三国时期的吴蜀关系 赵国华 华中师大学报 97.1
三国后期杰出的政治家、军事家——司马昭 朱子彦 孝感师专学报 96.4
《隆中对》“跨有荆益”的策划为何破灭(论刘备和关羽对丧失荆州的责任) 方诗铭 学术月刊 97.2
论三国兵制之异同 刘汉东 许昌师专学报 97.1
三国女才人及其有异议问题 马植杰 固原师专学报 97.1
三国时代与新闻信息传播 尹韵公 中国文化研究 97.1
刘曹优劣记 洪涛 学术月刊 97.2
《三国志·夫馀传》中的错简问题探讨:与明学、中澍同志商榷 刘子敏 东疆学刊 97.1
试论校事制度与曹魏政治 陈金凤 宜春师专学报 97.1
曹操的用人韬略 白明高 探索与争鸣 97.2
姜维论 黄晓阳 成都大学学报 97.1
海峡两岸专家学者在台研讨“关公文化” 文艺报 97.2.13
诸葛亮的思想体系及其成败 李子伟 贵州文史丛刊 97.1
论诸葛亮多谋善断的文韬武略 唐建华 江西社会科学 97.2
试论“诸葛一生唯谨慎” 马学元 成都大学学报 97.1
诸葛亮北伐新探 郑之洪 学术月刊 97.2
从北伐说诸葛亮将略之失 张华松 齐鲁学刊 97.1
诸葛亮南征新考 陈本荣 贵州文史丛刊 97.1
评诸葛亮进驻五丈原 罗民介 新东方 97.1
陈寿“谤议”诸葛亮质疑 李小树 中州学刊 97.1
《诸葛亮研究集成》序言 陈翔华 临沂

师专学报 96.5
东吴立国与江南佛教 严耀中 中国史研究 97.1
细说长沙走马楼简牍(上、下) 中国考古发掘又一重大发现 胡平生 人民日报(海外版) 97.3.20—22

两晋十六国

东晋南朝西阳郡沿革与地望考辨 鲁西奇 江汉考古 96.2
东晋南朝门阀制度的社会基础 杜小安 汉中师院学报 96.5
广东始兴县发现一座晋墓 王晓华 考古 96.10
略析鲁褒的《钱神论》 解学东、许超 河南大学学报 96.3
河南洛阳市发现东晋窖藏 程永建、赵振华 考古 96.9
再释西晋的"户调方式" 张尚谦、张萍 云南民族学院学报 97.1
东晋时期陈郡谢氏琐谈 曹文柱 北京师范大学学报 97.1
简析八王之乱的原因 王素香、吴玉林 锦州师院学报 96.4
江东士人与陈敏之乱关系考实 王永平 江海学刊 97.1
论东晋外戚 李琼英 西南师范大学学报 97.2
南京农业大学东晋墓 南京博物院 东南文化 97.1
重论孙恩、卢循起兵的性质 赖红卫 东岳论丛 97.1
"王敦惮祖逖"略论 陶新华 杭州师院学报 97.1
追寻五凉历史,再现五凉风貌:评赵向群著《五凉史探》 施光明 北朝研究 96.4
晋王杨广和天台智者大师 袁刚 中国史研究 97.2
安徽两晋墓葬的类型和分期 方成军 安徽大学学报 97.2
再评"二十四友" 王欣欣 晋阳学刊 97.2
萧山出土西晋青瓷俑 施加农 收藏家 97.1
东晋:一个文艺繁荣的时代 张可礼 文史知识 97.4
西晋刘弘行年谱略 李勇 淮北煤师院学报 97.1
西晋越窑青瓷魂瓶 周燕山 中国文物报 97.9
洛阳谷水晋墓(FM5)发掘简报 洛阳市第二文物工作队 文物 97.9
江西九江县东晋墓 刘晓祥 南方文物 97.1
东晋末年的政治状况 朴亨宽 延边大学学报 97.2
论三省六部制形成于两晋南朝时期 陈满光 河北学刊 96.6
战乱与再造(二):试论晋代中原文化变迁 杨宗属 天中学刊 96.3
西晋王氏砖志 梁永熙 华夏考古 96.4
风流放达氛围中的东晋仕者 何锡光 烟台师院学报 96.4
岳池《兰亭序》碑刻考 舒晓华 四川文物 96.6
论王羲之思想的双重性 赵海岭 青岛师院学报 96.2
皇甫谧卒年新考 徐传武 学术研究 96.11
苻坚评述 崔明德 历史教学 96.12
金塔寺石窟中的早期遗迹概述 秦春梅、姚桂兰 敦煌学辑刊 96.1
东晋十六国南北大分裂的原因 刘国石 吉林师院学报 97.2
"五胡十六国"时期少数民族的汉化是其自身发展的需要 杨茂盛、刘柏冬 民族研究 97.3
陶渊明"不为五斗米折腰"辨 邹文生

中州学刊 97.3
永嘉之乱后中原文化之整合 孔定芳 中州学刊 97.3
《晋书》时谈补校举例 牛继清 固原师专学报 97.4
西晋"八王之乱"爆发原因研究述要 景有泉、李春祥 中国史研究动态 97.5
江西会昌西江东晋墓 钟建华等 南方文物 96.4
司马炎与西晋前期玄、儒的升降 王晓毅 史学月刊 97.3

南北朝

北朝天文学成就述略 李海、邓可卉 北朝研究 96.3
山东青州出土两件北朝彩绘石造像 夏名华、刘华国、杨华胜 文物 97.2
磁县出土北朝墓志简述 张子英 北朝研究 96.3
从信都冯氏看北方民族融合 李红艳 北朝研究 96.3
两魏齐周时代的霸府与王都 谷川道雄 张金龙译 北朝研究 96.4
北朝名臣——裴侠 李永康、张彩琴 北朝研究 96.3
也谈北魏均田制的实质 尚志迈 张家口师专学报 96.3
参合陂之役 袁刚 北朝研究 96.3
北魏"立子杀母"制度考证 崔广彬 北方文物 97.1
北魏的灾荒及救灾政策 朱小梅 北朝研究 96.4
北魏鲜卑人斡鲁朵遗制零拾 任爱君 北朝研究 96.3
山西榆社石窟寺调查 李裕群 文物 97.2
北朝教育之剖析 唐群 北朝研究 96.4
南京西善桥南朝墓志质疑：兼述六朝买地券 章湾、力子 东南文化 97.1
论北魏平城的建设及其对洛阳新都的影响 聂晓雨、董成圈 洛阳大学学报 96.3
南京西善桥南朝墓 南京博物院 东南文化 97.1
南齐秀才策题中之法家论调考析 阎步克 北大学报 97.2
贺兰部落离散问题(北魏"离散部落"个案考察之一) 田余庆 历史研究 97.2
渤海高氏与东魏政治 陈群 中国史研究 97.2
从《世说新语》看魏晋士人的风度观 段振良 贵阳师专学报 97.1
魏晋北朝管理青海东部地区的方略 陈新海 青海民族研究 97.1
从诫子书看汉魏六朝终制观的演变 蔡雁彬 中国典籍与文化 97.2
张维先生在仇池国史研究上的成就：馆藏《仇池史料》《仇池国志》《仇池杨氏传》介绍 岳庆艳 图书与情报 97.1
漫谈湖北六朝青瓷的装饰艺术：兼谈外来艺术的影响 贺中香、喻少英 江汉考古 97.1
六朝建康墓葬的地域分布述论 郭黎安 学海 97.2
六朝文人的孤独心态浅析 李正春 铁道师院学报 96.5
拓跋鲜卑崇尚十二之传统及其渊源 王晓卫 贵州大学学报 97.2
北魏反贪惩贪述评 刘伟航、任大川 四川师院学报 97.1
北朝宦官探论 马志强 许昌师专学报 97.2
刘勰悲剧及其文化意义 刘凌 临沂师专学报 97.1
刘宋初期的皇权政治与佛教 杨耀坤 四川大学学报 97.1

关于《傅子》四种辑本的优劣得失　赵以武　社科纵横　97.1
评"法显航渡美洲"说的理论和方法　张箭　史学理论研究　97.2
论所谓"法显航渡美洲"说　张箭　世界历史　97.2
成都外南成汉墓主再探　林集友　四川文物　97.1
试析前秦谶言的产生及其应验　崔明德　烟台大学学报　97.2
美国克兰富林艺术博物馆所藏北凉石塔及有关问题　殷光明　文物　97.4
成都发现南朝佛教造像　雷玉华　文物天地　97.2
兼文武的北魏明元帝拓跋嗣　张承宗　北朝研究　96.3
北魏内官制度杂考　孟志伟　北方论丛　97.2
北魏前期法律制度的特征及其实质　要瑞芬　中央民族大学学报　97.3
拓跋魏中后期之农牧地位关系　杨少卫　怀化师专学报　97.1
河北临漳县邺南城遗址勘探与发掘　中国社科院考古所、河北省文物研究所、邺城考古工作队　考古　97.3
北魏太武帝灭佛原因新论　栾贵川　中国史研究　97.2
英年禅位的北魏献文帝拓跋弘　要瑞芬　文史知识　97.5
试探魏孝文帝迁洛之动机及所走的路线　白艳芳　中原文物　97.1
宇文泰与原州　薛正昌　固原师专学报　97.2
河北磁县北齐元良墓　磁县文物保管所　考古　97.3
山东巨野石佛寺北齐造像刊经碑　周建军、徐海燕　文物　97.3
河北武邑出土一件齐造像　沈铭杰　文物春秋　97.1
须弥山北周石窟的特征　韩有成　固原师专学报　97.2
北周"天元皇太后玺"盗卖案侦破始末　梁开利　文博　97.2
北周武帝孝陵发掘简报　陕西省考古研究所　考古与文物　97.2
六朝建康的私家园林　卢海鸣　东南文化　96.4
湖北鄂州市塘角头六朝墓　湖北省文物考古研究所、鄂州市博物馆　考古　96.11
从北朝骑射女杰到唐代妇侠传奇　李炳海　中国文化研究　96.4
江苏泰州出土一组南朝青瓷器　叶定一　文物　96.11
论北魏均田制产生的社会原因　薛振恺　北京联合大学学报　97.2
雍州势力的发展与齐代政治　张灿辉　益阳师专学报　97.2
刘勰晚年是否北归东莞:刘勰故乡莒县访问记　张少康　北京大学学报　97.3
刘勰晚年北归和浮来山定林寺的刘建　苏兆庆　北京大学学报　97.3
北朝范阳卢氏形成冠冕之首的诸因素　高诗敏　首都师大学报　97.2
响堂山石窟造像题材　刘东光　文物春秋　97.2
北魏冯邕妻元氏墓志纹饰考　施安昌　故宫博物院院刊　97.2
咸阳市郊北周独孤浑贞墓志考述　李朝阳　文物　97.5
浅论北魏孝文帝太子元恂之死　吕克勤　荷泽师专学报　97.1
庾信晚期文风之变　刁毅　河北大学学报　97.7
北齐武威王墓志　李伟科　文物春秋　97.2
冯太后对北魏封建化的历史作用　檀新林　历史教学　97.7
庾信与李陵　张仲谋　文史知识

96.12

河北盐山出土北齐口忝墓志　王志斌、张长发　文物　97.7

论中国封建"义门"同居大家庭的产生　黎小龙　山东师大学报　97.4

论南北朝时期造像风气产生的原因　侯旭东　文史哲　97.5

沈约籍贯故里考　林家骊　杭州大学学报　97.2

寇谦之与陶弘景道教改革比较研究　刘传航　许昌师专学报　97.1

鲜卑拓跋族统一中国北方原因初探　罗嗣忠　青海社会科学　97.5

匈奴与拓跋鲜卑历史发展的不同及其原因　王尚达　社科纵横　97.1

鲜卑拓跋魏前期农牧业地位之比较　杨小卫　首都师范大学学报　97.2

北魏拓跋族与西方关系往来及铸币　洪用斌　内蒙古金融研究·钱币专利　97.2

易县北魏交脚菩萨像造型上的几个问题　金申　文物　97.7

山东博兴县出土北朝造像等佛教遗物　博兴县文物管理所　考古　97.7

贾思勰与《齐民要术》　李群　自然辩证法研究　97.2

泰安岱庙东魏造像石座　王丽娟　文物　97.7

内蒙巴林左旗石房子村发现的夫余族官印　王未想　北方文物　97.3

潘岳年谱　王增文　许昌师专学报　97.1

王羲之晚年行踪　王荣法　东南文化　97.3

鲜卑慕容氏与赵魏士族　刘国石　吉林大学社会科学学报　97.5

"文盲皇帝"石勒与读书学史　丁柏传　湖湘论坛　97.4

试论北凉佛教的影响　杜斗城　民族研究　97.4

试论北魏前期的奴隶主贵族官职世袭制　张旭华　郑州大学学报　97.4

南朝君主的思想倾向与意识形态的多元化　刘莘　重庆师院学报　97.3

关于安徽曹氏一族墓葬的几个问题　(日)关尾史郎　许昌师专学报　97.3

扣"志"识小录　王汝涛　辽宁师范大学学报　97.4

磁县出土济南愍悼王妃李尼墓志述略　张利亚　北朝研究　96.3

济南愍悼王妃李尼墓志的书法价值　殷宪　北朝研究　96.3

6. 隋唐五代

洛阳与隋唐政治　郭绍林　洛阳大学学报　96.1

川东、湘鄂西及黔东北冉氏族源考证　陈剑　四川文物　96.6

藩镇势力的"制约"作用也不容忽视：与陈明光先生商榷　王玉群　文史知识　97.2

造像碑的涅槃经变　李静杰　敦煌研究　97.1

江西高安发现吉州窑舒家记瓷枕　杨道以　文物　97.2

莫高窟唐龛内屏风画的题材内容　赵秀荣　敦煌研究　97.1

内蒙古清水河县山跳峁墓地　内蒙古文物考古研究所文物　97.1

敦煌文书S964的定名及所涉兵员身份　孙继民　敦煌研究　97.1

山西平定开河寺石窟　山西省古建筑保护研究所　文物　97.1

固原粟特墓所出中古波斯文印章及其相关问题　林梅村　考古与文物　97.1

武威天梯山早期石窟分期试论　暨远志　敦煌研究　97.1

黑龙江宁安市虹鳟鱼场墓地的发掘　黑龙江省文物考古研究所　97.2

关于安西、北庭研究中的几个问题　薛宗正　西域研究　97.1
《意林》考辨　王天海　贵州民族学院学报　96.4
九品中正制二题　石荣伦　江海学刊　97.3
魏晋隋唐的坞壁和村　韩昇　厦门大学学报　97.2
隋唐的家庭与社区聚焦　李鸿宾　光明日报　97.5.13
隋唐时期西域乐舞在中原的传播　赵文润　陕西师大学报　97.1
“可萨”初探　王静　固原师专学报　96.5
关于洛阳牡丹来历的两则错误说法　郭绍林　洛阳大学学报　97.1
唐孙樵《兴元新路记》识评：兼述郑子真故里考辨　郭革章　成都大学学报　97.2
近十年来的国内唐宋专卖史研究　黄纯艳　中国史研究动态　97.7
隋唐都城建设与六朝都城之关系　雍际春　中国历史地理论丛　97.2
汉魏及唐宋时期的玉礼器初探　詹德隆　文博　97.4
汉代以后巫术信仰述考　（荷兰）德格鲁特、庞政梁译　阜阳师范学院学报　97.2
北朝至唐末五代室韦部落的构成和演替　张久和　内蒙古社会科学　97.5
唐宋至元代云南汉族的曲折发展　陆韧　民族研究　97.5
渤海朝贡道白山区段及相关问题　王侠　北方文物　97.1
试论隋唐时期的考课与监察制度在反腐倡廉中的作用与流弊　杨希义、翟麦玲　西北大学学报　97.3
略论唐宋明清的析产制度　魏道明　青海社会科学　97.3
唐宋时期潮州的陶瓷生产和外销　庄义青　文史知识　97.9
东西方通过丝绸之路借用纺织术语　詹姆斯·汉密尔顿　冯日华译　第欧根尼　97.6
唐代格·式的编纂　侯雯　文史知识　97.8
丝绸之路沿线的语言与文化交流　丹尼斯·西诺尔、黄长著译　第欧根尼　97.6
魂系“渤海”千古情：医巫闾文化新探　王光·傅金纯　锦州师范学院学报　97.3
山东长清广济桥碑非唐代刻石　王京阳　文博　97.2
《天垢净光大陀罗尼经》为武周朝刻本辨　邱瑞中　光明日报　97.10
香港地区窑址和青花瓷的发现与研究　商志䨒、吴伟鸿　南方文物　97.2
靺鞨——女真系铜带饰及相关问题　王培新　北方文物　97.1
古突厥碑铭中提到的中国和土蕃　沃尔夫冈——埃克·合特夏利普　欣慰译　第欧根尼　97.6
黑龙江考古研究又一重大发现，渤海古国考古出土19枚舍利子　人民日报（海外版）　97.10.13
中亚犹太人与丝绸之路　张咏梅　文博　97.4
试析刘知几史学批判精神的成因　郭文佳　信阳师范学院学报　97.3
闷即出游知多少：柳宗元永州诗文所及遗址新考　何书置　零陵师专学报（永州）　96.4
“怀才不遇”情结与韩愈的人才利用思想　张玉璞　江西社会科学　97.8
论魏徵的治国理论　卢华语　首都师范大学学报　97.4
建国以来关于淝水之战、前秦政权研究述评　崔明德、赵志坚　中国史研究动态　96.11

新发现的长沙走马楼简牍的重大意义 胡平生、宋少华 光明日报 97.1.14
松潘丝道沿线的考古调查(丝绸之路河南道的一支) 陈良伟 中国社科院研究生院学报 96.6
山东广饶佛教石造像 赵正强 文物 96.12
隋唐以前黄渭洛汇流区河道变迁 王元林 中国历史地理论丛 96.3
《突厥语大词典》所展示的古代突厥语族诸民族的游牧文化 袁舍利 新疆大学学报 96.4
1995年隋唐五代史研究概述 李锦绣 中国史研究动态 96.12
北方地区出土越窑青瓷及相关问题 虞浩旭 中原文物 96.4
"程翰林墓志考释"疑义 王京阳 文物 96.11
从朝贡外交看渤海和日本的关系:以国书体例和聘使往还年限之争为中心 王承礼、王巍 北方文物 96.4
李渤《留别南溪》石刻考 林京海 社会科学家 96.2
外来文化对魏晋隋唐服饰民俗的影响 陈昌珠 民俗研究 97.3
四至五世纪河西与内地的文化交流 赵向群 文史知识 97.6
三国至隋唐的巴蜀学术 邓星盈、黄开国 四川大学学报 97.2
三国两晋南北朝遗存 文博 97.3
鲜卑段国史考 孟志伟 牡丹江师院学报 97.2
隋唐五代时期黄渭洛汇流区河道变迁 王元林 陕西师大学报 97.2
隋唐永丰仓考论 艾冲 陕西师大学报 97.2
论隋唐燕乐乐部 沈冬 民族艺术 97.2
隋唐时期的日本留学僧 杨曾文 世界宗教文化 97.夏季号
隋唐遗存 文博 97.3
广安冲相寺摩崖造像及石刻调查纪要 刘敏 四川文物 97.3
广西出土古代铜镜选介 于凤芝 文物 97.5
会昌毁佛原因之再认识 李文才 淮阴师专学报 97.2
试论齐己的清美诗风 蒋力余 船山学刊 97.1
营山县大蓬山安禄山石刻考释 冯汉镛 文史杂志 97.3
李白出生四川之说已为史学界接受 农民日报 97.6.26
《重订渤海纪年简表》及其说明 晓辰 北方文物 97.2
渤海国上京龙泉府地理环境概述 杨雨舒 北方文物 97.2
评"爱民为先"的理财家——刘晏 胥仕元 河北大学学报 97.2
杜甫之父杜闲考略:兼及其子女六人的生年问题 王辉斌 首都师大学报 97.2
从张议朝起义看他与佛教的不解之缘 杨青 西北民族学院学报 97.1
曹魏都督制约的渊源和定型(兼论中央和地方的关系) 陈琳国 北京师范大学学报 96.5
"大索貌阅"新解 袁刚 江西社会科学 96.9
敦煌莫高窟隋唐背光研究 卢秀文 敦煌学辑刊 96.1
隋唐时期洛阳及其周围地区仓储初探 曹铁圈 中州学刊 96.5
"宇文士及割肉"及其他 黄正建 中国史研究 96.4
王审知的治闽方略考 黄新宪 教育评记 96.5
吐蕃统治时期敦煌两位粟特僧官——史慈灯、石法海考 马雅伦、邢艳红 敦煌学辑刊 96.1

赵元一《奉天录》的史料价值 黄寿成 洛阳师专学报 96.4
《登科记考》甄补 黄震云 文教资料 96.4
姚合以女妻李频辨误 王辉斌 吉安师专学报 96.2
隋唐以后史官建置与沿革述略 王和生 辽宁师大学报 97.2

隋

秦隋速亡原因比较研究 徐卫民 陕西师范大学学报 97.1
河北省又一隋碑 傅振伦 文物春秋 96.4
日本"遣隋使"研究 王心喜 海史研究 96.2
论隋朝的中日关系 穆景元 锦州师范学院学报 96.4
隋朝时的朔川 杜成辉 北朝研究 96.4
杨玄感兵变及其评价 韩隆福 益阳师专学报 97.1
隋文帝的用人政策 孙绪秀、赖红卫 山东大学学报 96.4
隋亡实肇因于文帝 孙玉芝 北方论丛 97.1
隋朝内地与西域关系述略 李惠兴 西北史地 96.4
隋代考课制度述略 袁刚 烟台大学学报 97.3
刘宾与妻王氏墓志考释 沈淑玲、唐俊玲 中原文物 97.2
三原开皇三年老君造像 马琴莉 文博 97.4
《董保德功德记》与隋代敦煌崇教寺舍利塔 王惠民 敦煌研究 97.3
隋代的科技集团 戴念祖 世界科技研究与发展 97.4
隋炀帝西巡与张掖盛会 王咏梅 丝绸之路 97.4
关于《隋代江南士人的浮沉》的来信 历史研究 97.4
试论杨坚家庭关系与隋朝的灭亡 张承宗、陈学贵 烟台师院学报 96.4
隋时北方统一南方的原因浅探 刘万云 中南民族学院学报 96.6
记隋王朝的殷富与财政改革的关系 赵云旗 汕头大学学报 97.3
商州市北周、隋代墓葬清理简报 王昌富 考古与文物 97.4
也谈"鞑靼"名称之始见 李玲、东青 北方文物 97.2
吐谷浑与隋唐王朝互使述论 李大龙 西北民族学院学报 97.1
安阳隋墓出土青瓷探析 朱爱芹 华夏考古 97.2
永通桥何以建于隋皇泰 刘元树 文物春秋 97.2
隋炀帝民族政策新论 王三北、赵宏勃 西北师大学报 96.5
隋代佛寺布局 宿白 考古与文物 97.2
"大索貌阅"考 董惠民、李靖莉 浙江学刊 96.5
河南省淅川县西岭隋画砖墓 南阳市文物研究所 中原文物 96.3
隋日交往中的"图书"问题研究述评 黄尊严 北方论丛 96.5
隋废太子杨勇述评 樊广平 文科教学 96.1
论隋文帝的节俭政治 朱柏成 吉安师专学报 96.16

唐

试论唐代帝王的巡幸 拜根兴 南都学坛 97.1
贞观之治的理想色彩及其成因 陈恩虎 安徽教育学院学报 97.1
《贞观政要》的用人之道 祝清凯、田永业 企业家 97.2

唐朝兵变述论　孟宪军　辽宁师大学报　97.1
简论唐朝后期兵变　樊晓红　黑龙江社会科学　97.1
唐代幕府辟署制之认识　石云涛　许昌师专学报　97.1
论唐玄宗诛太平公主事　唐华全　河北师院学报　97.1
唐代人口政策种种　李虎　西北人口　97.1
唐代茶叶生产发展原因探析　孙洪升　云南教育学院学报　97.1
唐代的蝗害及其防治　张剑光、邹国慰　南都学坛　97.1
唐代的文化区域　陈国生、杨晓霞　衡阳师专学报　97.1
唐前期王朝崇抑佛道政策浅析　房晓军　淮阴师专学报　96.4
唐代洛阳福唐观作进士科试场新议　邝健行　杜甫研究学刊(成都)　96.4
唐青花瓷研究:兼谈我国青花瓷所用钴料的某些问题　马文宽　考古　97.1
陕西干阳县上店发现唐代铜佛造像窖藏　高次若、刘明科　考古与文物　97.1
浙江宁波唐国宁寺东塔遗址发掘报告　宁波市文物考古研究所　考古学报　97.1
西安唐金乡县主墓清理简报　西安市文物管理委员会文物　97.1
天津蓟县白马泉晚唐墓　天津历史博物馆考古队、蓟县文物保管所　文物春秋　96.4
巩义市出土唐代九品宫人墓志　刘洪淼、孙留云　文物　97.2
河南偃师市高龙逮寨出土唐代墓志　郭洪涛、王万杰　考古　97.2
唐代茱萸风俗考略　李晖　广西民族学院学报　97.1
洛阳天津桥、中桥与唐代社会生活　郭绍林　洛阳师专学报　96.6
唐初唐与突厥关系的发展演变　曹治怀　安庆师院学报　97.1
试论唐代河北地区胡氏与汉代的两种趋向　马文军　洛阳师专学报　96.6
唐浑联姻与唐的和亲政策　甘措　青海民族研究　96.4
唐代西域吐番人生活管窥　薛宗正　青海民族研究　96.4
唐代墓志中的昭武九姓粟特人　李鸿宾　文献　97.1
渤海墓葬研究中的几个问题　金太顺　考古　97.2
唐代渤海国教育文化刍论　齐红深　社会科学辑刊　97.1
唐宣武镇始末　于式平　史学月刊　97.1
魏徵籍贯辨　卢华语　西南师大学报　97.1
裴度与淮西之乱的平定　负大强、王晓如　唐都学刊　97.1
论韩愈的德育思想　龚抗云、湘湘　船山学刊　96.1
归义军政权的创建者——张议朝　刘靖　丝绸之路　97.1
薛仁贵为捍卫唐朝北疆所作的贡献　梁潮　玉林师专学报　96.4
白居易农业思想试探　张剑光、邹国慰　山西师大学报　97.1
唐太宗领导艺术浅论　李纪轩　信阳师范学院学报　97.1
读罗元贞先生的《武则天传》　王常则　晋阳学刊　96.6
唐玄宗御注《孝经》始末　陈萍萍　台州师专学报　96.5
关于唐代北目司文书的几个问题　冯培红　辽宁师大学报　97.1
《贞观政要》的西夏文译本　聂鸿音　固原师专学报　97.1
《新唐书》陇西李氏敦煌房辨疑　张书城　敦煌研究　97.1

从吐鲁番出土文书看唐代西州部曲 李靖莉 中国社会经济史研究 97.1
唐太宗与东南文人 李浞 中国史研究 97.2
试论唐朝元和长庆间的“销兵” 徐嫩棠 洛阳师专学报 96.6
唐代中后期宦官之祸原因初探 何草 文史知识 97.4
唐朝营田使初探 宁志新 厦门大学学报 97.2
唐代勋官的实际意义 余新忠 铁道师院学报 96.2
唐中后期罚俸制度初探 张艳云 中国史研究 97.2
唐代四镇、伊西节度使考 苏北海 西北史地 96.2
论安西北庭行营军 刘玉峰 陕西师大学报 97.1
唐王代归义军政权中队职问题辨析 冯培红 敦煌学辑刊 96.2
“哥舒白谷两英雄,痛哭儺军万年泪”:唐军与安史叛军的潼关、灵宝之战探析 刘树友 渭南师专学报 97.1
唐开元后期土地政策的考察 (日)池田温 孙晓林译 敦煌学辑刊 96.2
唐五代敦煌畜牧区域研究 郑炳林 敦煌学辑刊 96.2
唐五代敦煌的计量单位与价格换算 张亚萍、娜阁 敦煌学辑刊 96.2
论唐前期文明华化的主导倾向:从各族文化的交流对初盛唐诗的影响谈起 葛晓音 中国社会科学 97.3
唐开元中前期士风之变 杜晓勤 中国史研究 97.1
西域文化东传繁荣了中原文化 贺继宏 西北史地 96.2
敦煌文书所反映的古代丧礼 段小强 敦煌学辑刊 96.2
略论唐代的制举与殿试 赵文润 唐都学刊 97.1
试论唐代的弘文、崇文馆生 李锦绣 文献 97.2
试论唐代福建科举 王圣洪 福州师专学报 96.4
《唐蕃会盟碑》所提历史人物考 汪维祝 西藏研究 97.2
唐会元殿遗址考古获重要成果 中国文物报 97.4.6
吉林浑江永安遗址发掘报告 吉林省文物考古所 考古学报 97.2
江苏徐州市花马庄唐墓 徐州市博物馆 考古 97.3
唐墓壁画的发掘与保护 雒长安 文博 97.2
陕西彬县发现唐代巨碑 根远、跃进 文博 97.2
唐代金银器辨伪举例 韩伟 考古与文物 97.2
唐代花砖 杨泓 收藏家 97.1
唐朝制定民族政策的历史原因初探 骆桂花 青海民族研究 97.1
唐代羁縻府州与中央关系初探 马驰、马文军 陕西师大学报 97.1
浅论唐浑关系与唐代的羁縻州府制 石德生 青海民族研究 96.4
论唐朝与西突厥的关系 张光胜 西北史地 96.3
回鹘西迁新考 薛宗正 新疆大学学报 96.4
开元后期唐蕃关系探谜 邵文实 西北史地 96.3
唐都长安的驯象及其反映的气候状况 吴宏岐、党安荣 中国历史地理论丛 97.4
初揭西域且末国之谜,新疆丝路南道考古取得重要收获 王兆麟 经济参考报 97.5.28
论唐代商人的社会地位 高文鸿 阴山学刊 97.1
空海与袁晋卿 韩旻 文献 97.2

论唐高宗在文化史上的贡献 赵文涧 人文杂志 97.2
论唐宪宗之死 岳纯之、唐澜 烟台师院学报 97.1
论韩愈的社会历史观 许凌云 孔子研究 97.1
唐代杜佑改革思想初探 张剑光、邹国慰 上海师大学报 97.1
李世民与唐代羁縻府州制度 郭灿江 湘潭师范学报 97.1
王玄览融佛入道的道教学说 黄开国 天府新论 97.2
武则天称帝和选士制度政策的革新：评科举殿试的历史作用 叶哲明 台州师专学报 97.1
武则天陵前的无字碑试析 林集友 四川文物 97.2
本世纪以来的武则天研究 王双怀 中国史研究动态 97.3
敦煌文献所见唐玄宗的宗教活动 龙晦 扬州大学学报 97.1
唐太宗的富国政策 张洪恩 黑龙江教育学院学报 97.1
唐太宗与佛教 郭绍林 史学月刊 97.2
试谈唐中后期的内诸司使 贾艳红 齐鲁学刊 97.4
唐代藩镇割据与商业 张剑光 文史哲 97.4
唐代职官的考核与监察 黄冬云 南通师专学报 97.2
开元天宝年间文人入仕方镇论 唐春生 重庆师院学报 97.3
鸡田李氏归属大唐时间考：略论《李良臣碑》的史料价值 翁小云 殷都学刊 97.3
也谈马嵬驿兵变的历史真相 唐华金 河北学刊 97.4
试论唐朝均田令时代的移民政策 任士英 中国历史地理论丛 97.7
唐朝的闲厩使 宁志新 中国社会经济史研究 97.2
唐代越瓷造型及装饰艺术探析 章金焕 南京文物 96.4
略论唐代“恶钱”与“禁恶钱” 王律友 内蒙古金融研究·钱币专利 97.2
贞观宫廷诗坛风会论 聂永华 河南大学学报 97.2
唐崇陵调查简报 刘随群 文博 97.4
广东韶关清理两座唐墓 韶关市博物馆 南方文物 97.2
唐代河东裴氏墓志述论 周征松、高洪山 文献 97.2
唐张守珪墓志考辨及有关史实摭拾 吴建华 中原文物 97.2
《唐薛突利施匐阿施夫人墓志》卒葬年份考 周晓薇 文博 97.4
唐和运墓志和唐邓温墓志释文的再校 王京阳 文博 97.4
敦煌写本晚唐《莫高窟纪游诗》 张先堂 丝绸之路 97.4
唐大明宫含元殿造址 1995—1996 年发掘报告
中国社会科学院考古研究所西安唐城工作队 考古学报 97.3
汶上发现唐代石塔 中国文物报 97.9.7
试论唐代的住宅文化 雷巧玲 人文杂志 97.4
唐代病坊考述 夏晓臻 阜阳师范学院学报 97.2
唐代工商业者婚姻状况初探 李志生 人文杂志 97.3
试以唐诗概述会昌年后唐朝与新罗的友好关系 黄权才 广西师范学报 97.2
唐敕使王玄策使印度路线再考 孙修身 中国历史地理论丛 97.2
唐长安城外龙首原上及其邻近的小原 史念海 中国历史地理论丛 97.2

唐太宗文治思想述论 许辉 江苏社会科学 97.5
畏惧心理对唐太宗个人行为的影响 周采风 齐齐哈尔师范学院学报 97.4
唐太宗尊为天可汉，唐玄宗征蛮失民心 金石 民族团结 97.8
《唐太宗李卫公问对》考论 黄朴民 求是学刊 97.4
试论文献学家的识见：读《贞观政要》的启示 许强聊城师范学院学报 97.3
《全唐文补编》前言 陈尚君 铁道师院学报 97.6
唐后期五代江南地区的北方移民 吴松弟 中国历史地理论丛 96.3
唐代西域汉人的社会生活 薛宗正 西域研究 96.4
“开元、天宝盛世”腐败剖析 王义全 贵州师大学报 96.4
唐五代敦煌粟特人与归义军政权 郑炳林 敦煌研究 96.4
唐末杭州城垣界址之我见 李志庭 杭州大学学报 96.4
贞观统治集团的历史特点 许凌云 烟台师院学报 96.4
从唐贞观年间的政权机构看机构改革 樊素科 人事管理 96.12
唐后期淮南道户口考 陈勇 中国历史地理论丛 96.3
唐代两次灵渠整修工程略论 刘范第 长沙水电师院社科学报 96.4
唐玄宗与盛唐时期长安市场的空前繁荣 武原 经济改革 96.6
唐代福建铸钱管窥 刘敬扬 福州大学学报 96.4
唐代景教四则 黄夏年、梁晓俭 贵州社会科学 96.6
唐代《老》学对内在权威的建构 马良怀 华中师大学报 96.6
敦煌写本概述 (日)藤枝晃著；徐庆全、李树清译；荣新江校 敦煌研究 96.2
蓝田发现唐凤衔绶镜 阮新正 文博 96.6
湖北宜城市皇城村出土唐代文物 张乐发 考古 96.11
唐华清宫遗址出土木建筑构件保存环境因素分析 郭崇华、骆希哲 文物 96.11
唐代哀册发现述要 王育龙 程蕊萍 文博 96.6
吐鲁番阿斯塔那墓出土之唐代三件文书的研究 陈守忠 敦煌研究 96.4
唐独孤夫人墓志考释 马先登、李朝阳 文博 96.6
陕西商州市发现唐代墓葬群 王昌富、陈良和 考古 96.12
河南偃师市杏园村唐墓的发掘 中国社科院考古所河南二队 考古 96.12
唐代百济黑齿常之、黑齿俊父子墓志文解读 束有春、焦正安 东南文化 96.6
唐中宗与法门寺 傅升岐 文博 96.6
唐宪宗新论 岳纯之 烟台大学学报 96.4
唐玄宗西行与新因明东输 沈剑英 上海教育学院学报 96.2
再论郭子仪的历史功绩 王双怀 唐都学刊 96.4
唐太宗与谏议、封驳关系新论 陈连豪 广东教育学院学报 96.4
唐太宗法律思想初探 陈玉 内蒙古电大学刊 96.5
唐太宗的用人艺术 陈轶佳 江汉论坛 96.11
也谈武则天杀文武大臣：与张先昌先生商榷 杨西云 史学月刊 96.6
周唐政权的更迭与儒道释兴衰 陈美林 河北师院学报 97.3
唐代县令考论 黄修明 四川师院学报 97.4

李建成在建唐中的作用　李英祥　河北师大学报　97.3
唐仕途结构述要　楼劲、李华　兰州大学学报　97.2
试论杨素　陈磊　北京师范大学学报　97.3
唐代的官吏腐败及其成因　杨荫楼　齐鲁学刊　97.3
唐朝政事堂制度与现代为政要求　汪国才　中国公务员　97.2
藩镇与唐朝中枢权力分配格局的关系的几个问题:答王玉群同志　陈明光　文史知识　97.7
略论唐代的弹劾制度　高凤林　北京图书馆馆刊　97.2
《唐律》惩贪治吏思想浅析　潘世钦　江西师大学报　97.2
唐代后期财政崩溃原因述论　潘良炽　河北师大学报　97.3
唐代榷茶析论　孙洪升　云南社会科学　97.3
唐代道教规模辨析　张泽洪　宗教学研究　97.1
《贞观政要》问世冷遇考　桂罗敏　学术月刊　97.6
江西石城出土唐代文物　陈必琳　南方文物　97.4
河北涞水唐墓清理简报　朱学武　文物春秋　97.2
唐昭陵新城长公主墓发掘简报　陕西省考古研究所、陕西历史博物馆、昭陵博物馆　考古与文物　97.3
唐张仁宪神道碑考　张鸿膺、吕冬梅　文物春秋　97.2
富平县新发现的唐墓壁画　井增利、王小蒙　考古与文物　97.4
动静方圆——唐朝大智之相李泌　宁欣　文史知识　97.7
韩愈祭鳄的文化反思　邱妙芳　广东民族学院学报　97.1
韩愈与张籍　刘国盈　首都师大学报　97.2
一代女皇:再论武则天　欧远方　安徽史学　97.2
武则天现象试析　谭昌寿　海南师院学报　97.2
武则天时代的廉政建设　贾三强　西北大学学报　97.2
本世纪以来的武则天研究　王双怀　史学月刊　97.3
唐前期典籍整理与目录学成就　战英　古籍整理研究　97.3
论唐代的土地租佃关系　唐任伍　河北师范大学学报　96.4
唐后期的人口南迁与长江下游的经济发展　陈勇　华东师范大学学报　96.5
唐肃宗时期中央政治的二元格局　任士英　中国史研究　96.4
唐文宗朝中枢政局发微　孙永如　扬州师院学报　96.3
论古人的武则天地位观　郭绍林　洛阳师专学报　96.3
唐代门荫制与科举制的消长关系　杨西云　南开学报　97.1
唐代的行政督察制度　王荣全　中国行政管理　96.1
唐朝的五花判事和六押制度　袁刚　安徽史学　96.4
唐代文官晋升制度　刘太祥　扬州师院学报　96.3
唐开元天宝时期边镇幕府僚佐辟署制度考论　石云涛　黄淮学刊　96.4
唐代兵法形成新探　王援朝　中国史研究　96.4
唐朝社会的举贷及高利贷　徐嫩棠　贵州文史丛刊　96.5
唐代酒业政策对社会的影响　董希文　山东师大学报　96.增刊
唐代均田制平民应受田标准新探　杜绍顺　中国经济史研究　96.3

唐五代敦煌手工业研究　郑炳林　敦煌学辑刊　96.1
论唐代官学　张羽琼　贵州社会科学　96.5
唐代使幕文人心态试析　戴伟华　扬州师院学报　96.3
唐代的儒、佛、道　李颖科　华夏文化　96.3
咸阳近年出土墓志述评　李慧　文博　96.5
宝鸡市在"打击走私文物"中缴获的陶俑　王桂枝、富君　文博　96.5
杨敏墓志考补　周铮　文博　96.5
绍兴横棚岭清理三座唐墓　符杏华　南方文物　96.2
试论日本正仓院珍藏的镀金鹿纹三足银盘　王维坤　考古与文物　96.5
金棺银椁"舍利"与唐王朝的灭亡　管炜　天中学刊(驻马店)　96.增刊
俄罗斯科学院东方研究所圣彼得堡分所馆藏敦煌写本中的转帖　列·伊·丘古耶夫斯基;郑炳林、王尚达译　敦煌学辑刊　96.1
俄藏敦煌写本中九件转帖初探　陆庆夫、郑炳林　敦煌学辑刊　96.1
唐代青花瓷器及其色料来源研究　陈尧成、张福康、张筱薇　考古　96.9
长沙窑的产品特点及其兴衰探微　陈文学、张慧琴　南方文物　96.2
南部县出土唐代三彩陶俑　陈钢、陶陈洁　四川文物　96.5
山东嘉祥县出土唐三彩　顾承银　考古　96.9
试论唐朝对岭南的统治　阳旭　山东师大学报　96.增刊
论唐朝中后期的广西民族斗争　王缨　广西师范大学　96.3
从敦煌写本判文看唐代长安的粟特聚落　陆庆夫　敦煌学辑刊　96.1
丝绸之路新北道考实:兼谈玉门关址的东迁　纪宗安　敦煌学辑刊　96.1
新城、南苏、木底道与高句丽南北二道的关系　王绵厚　社会科学战线　96.5
唐王朝与新罗互使述论　李大龙　黑龙江民族丛刊　96.2
从《入唐求法巡礼行记》看唐代山东的对外交往　朱亚非　文献　96.4
唐代岭南蕃州的迁徙与牢禺二州的由来　张伟然　岭南文史　96.3
试论长孙皇后与"贞观之治"　杨随平　山东师大学报　96.增刊
唐代黑齿常之字号及生卒新考　束有春　江海学刊　96.6
试论唐太宗的"守成以文"　张羽琼　贵州师范大学学报　96.3
唐太宗的民本思想与"贞观之治"　黄燕君　桂海论丛　96.4
李世民与唐代书法文化　武原　甘肃社会科学　96.5

五代十国

论太原在五代的战略地位　王振芳　山西大学学报　97.3
南唐建国史略　梁励　历史教学　97.9
福州发现五代吴越国墓葬　楼建龙、王芳　福建日报　97.9.11
试论王审知对福建经济建设的贡献　邓华祥、肖忠生　福州师专学报　96.3
张议潮出走与张淮深之死:张氏归义军内部矛盾新探　杨秀清　敦煌研究　96.4
佞臣冯道　王世英、金荣国　延边大学学报　96.4
五代西蜀词题材处理的地域文化论析　韩云波　西南师大学报　97.4
敦煌文书《某使君选龛设斋赞文》的有关问题　马德　敦煌研究　97.2
王建墓棺床石刻乐伎弄佛曲说探证　迟乃鹏　四川文物　97.3
五代时期的文盲皇帝——后唐明宗　陈

恩虎 山东师大学报 96.增刊
南汉历法初考 张金铣 学术研究 96.10
从敦煌文书看唐五代敦煌地区的医事状况 郑炳林、高伟 西北民族学院学报 97.1
扬州发现五代后周墓葬:民工竟将出土金坠打成戒指 解放日报 97.3.20
吴越国改元探索 朱馥生 杭州师院学报 97.1
江西丰城市窑里、罗坊五代青瓷窑址 万良田、万德强 考古 97.3
对唐宋之交兵制演变的探索与思考:读张其凡著《五代禁军初探》 周生春 史学月刊 97.2
李昪与南唐王朝 梁励 淮海文汇 97.5
岑参出游考 廖立 中州学刊 97.2
李商隐的墓址与籍贯 杜定国 中州学刊 97.2
论钱氏吴越国的立国基础和内外关系 汤蓉岚 台州师专学报 96.5
张说的宦海沉浮与玄宗的政治方略 唐春生 重庆师院学报 96.4
唐五代温州瓷业及外销问题探讨 蔡钢铁 南方文物 97.2

7. 宋、辽、西夏、金、元

宋辽金代的天地山川鬼神等崇拜 王曾瑜 云南社会科学 97.1
辽金元时期东蒙古地区的民族融合 申友良 内蒙古社会科学 97.2
定海湾沉船考古的新收获与宋元明福州港的对日贸易 吴春明 中国社会经济史研究 97.1
宋元时期海外交通考析 申海口、张明锋 山东师大学报 97.2
辽金元少数民族政权与中华民族的发展 任仲书 锦州师专学报 97.2
浅论宋夏兰州战役及其影响 王伟、曹晓兵 兰州学刊 97.1
宋元泉州的农业危机及其对地方经济发展的影响 王四达 中国农史 97.1
浅论宋元时期宁波水利共同体的褪色与回流 成岳冲 中国农史 97.1
文化交融,变迁与多民族国家一体化的历史进程:辽宋夏金元时期士人人格与心态的变迁及历史作用 马瑞江 宁夏社会科学 97.1
宋(北宋、南宋、两宋)
“山西”源流新探:兼考辽金时期山西路 安介生 晋阳学刊 97.2
金、夏积石州考 崔永红 西北史地 96.2
宋金元时期黄渭洛汇流区河道变迁 王元林 中国历史地理论丛 97.4
“南自南北自北”和金宋对峙初期的国家目标 蒋文安 无锡教育学院学报 96.3
“买东西”考 陈江 历史研究 96.6
龙山石窟考察报告 张明远 文物 96.11
哈拉浩特发现的中原风格的绘画作品 (俄)玛丽娅·鲁多娃、张元林译 敦煌研究 96.3
乐山市白崖山墓及摩崖石刻 帅秉龙 四川文物 96.6
论宋元之际江南士人的思想和政治动向 陈得芝 南京大学学报 97.2
阿力麻里古城的位置及其历史发展 苏北海 西北史地 97.1
马克波罗到过中国(对《马可波罗到过中国吗》的回答) 杨志玖 历史研究 97.3
熙宁四年《铨试法》史料的比较与校正 邓小南 古籍整理研究学刊 97.2
《资治通鉴》在金朝的历史地位 解生祥、孙丽萍 北方文物 97.2
论王安石的经济思想 孙树霖 安徽史

学 97.2
论包公文化的由来与发展 程如峰 江淮论坛 97.3
范仲淹对民本思想的实践 张念书 东岳论丛 97.3
试论林灵素与宋徽宗 宫云维 杭州师院学报 97.2
杨端考 禹明先 贵州文史丛刊 97.1
宋巴州通判宗泽与南龛《古楠赋并叙》 苟小梅 四川文物 97.3
李觏思想研究的一部力作:评《李觏评传》 肖冬松 中国文化研究 97.2
二程民本思想简论 陈增辉 河北学刊 97.1
简议欧阳修的经济立法思想 陈金全、李进一 现代法学 97.3
苏轼策题之谤与洛蜀党争 萧庆伟 漳州师院学报 97.1
北京东京市民的夜生活 杨文秀 唐都学刊 97.2
试论北宋东京婚俗的几个特点 刘春迎 河南大学学报 97.2
宋许宗孟墓志补阙 解立新 文物 97.6
北宋定窑描金器 吕成龙 收藏家 97.3
安阳宋代壁画墓考 魏峻、张道森 华夏考古 97.2
北宋理学思潮散论 涂洪兴 浙江社会科学 97.3
北崖程颐及涪陵易学 粟品孝 四川文物 97.2
北宋财政的管理体制 陈志强 江西社会科学 97.4
仁宗朝刘太后专权与宋代后妃干政 祝建平 史林 97.2
力不从心,失地何复!:北宋为何不能收复燕云失地? 何力 北京社会科学 97.2
内部不纯导致改革失败:王安石变法引出的教训 宋曲霞 探索与争鸣 97.5
北宋的开边及其对荆湖新边地区的政策 安国楼 西南师大学报 97.3
北宋官僚丁忧持服制度初探 祝建平 学术月刊 97.3
张其凡著《宋初政治探研》评介 葛金芳 中国史研究动态 97.5
思潮的观点:北宋理学再认识 徐洪兴 中国哲学史 97.1
《华山之神封金天王懿号册》当系北宋以后之人所伪托:兼驳西岳庙原建于黄神谷口后移于官道北说 李之勤 文博 97.4
《宋赠尚书驾部员外郎傅府君墓志铭并序》考释 于联凯、马庆民 临沂师专学报 97.2
北宋时期丝绸东路的贸易网点——唃家位 任树民 西北民族学院学报 97.2
行春桥考 汪铎、许京怀 铁道师院学报 97.2
苏轼高瞻远瞩的军事思想 余盛泽 洛阳师专学报 97.3
苏轼在徐州事迹编年考证 郑广智、张仲谋 淮海文汇 97.8
宋代阆州陈氏研究 曦洲 四川师范学院学报 97.4
宋太宗曾尊称神宗考 李裕民 晋阳学刊 97.4
范仲淹出生时地考 李丛旰 安徽史学 97.4
论范仲淹的儒家风范 郭学信 贵州文史丛刊 97.3
攻瑕批谬,意在求全:评《司马光日记校注》 高纪春 历史研究 97.4
北宋榷茶制度下官府与商人的关系 李晓 历史研究 97.2
沈括与石油 赵翰生 自然科学史研究 97.1

章惇记　喻朝刚　史学集刊　97.1
“两娶宰相女，三魁天下元”：咸宁历史名人冯京其人其事　佘斯勇　咸宁师专学报　97.1
苏东坡为什么不再游罗浮山：兼驳有关谬论　梁大和、苗庆庚　惠州大学学报 97.1
苏辙的变法思想及其实践　吴晓萍　安徽师大学报　97.1
北宋时期的于阗　任树民　西域研究　97.1
《蔡京送行诗碑》解析　康德武　文物春秋　96.3
三答《英山毕昇墓碑再质疑》　孙启康　江汉考古　96.4
熙丰时期“东联高丽”战略研究　孙健民、顾宏义　齐鲁学刊　96.6
北宋时期碑林藏石考述　路远　文博　96.6
宋初学术的文化整合倾向　刘宗贤　哲学研究　96.11
北宋熙宁年间的察访使　李国强　上海大学学报　96.6
简评《清波杂志》的北宋新党论　萧庆伟　中国典籍与文化　96.4
山西临猗双塔寺北宋塔基地宫清理简报　乔正安　文物　97.3
福建建瓯市迪口北宋纪年墓　建瓯市博物馆　考古　97.4
湖北当阳玉泉铁塔塔基及地宫清理发掘简报　湖北省玉泉铁塔考古队　文物　96.10
宝应北宋墓群发掘获重要成果　中国文物报　97.3.9
北宋时旦墓志之文史价值　李祥麟　山东师大学报　97.2
论宋太宗朝的科举取士　张其凡　中州学刊　97.2
略论北宋的漕粮　陈峰　学术界　97.1
略论北宋的专卖法制　张建国　法学研究　97.2
北宋漕运押纲人员考述　陈峰　中国史研究　97.1
都市商品经济，北宋对唐代的超越　房国凤、孙礼刚　东疆学刊　97.1
论“陈桥兵变”　王育济　文史哲　97.1
南宋继承法规范初探　刘春萍　学术交流　97.2
漫谈象山心学的刘立过程：读书笔记　张昌琪　江西社会科学　97.6
陆象山宇宙论漫议　吴定安　江西社会科学　97.6
浅谈陆象山的“尊德性”思想　修淦川　江西社会科学学报　97.6
试论陆象山的散文风格及其影响　姜美　江西社会科学　97.6
躬行践履，匡时救弊：陆象山政见、政绩评述　许怀林　江西社会科学　97.6
“鱼头参政”鲁宋道其人其事　黄锦君　中国典籍与文化　97.2
秦桧“乞存赵氏”议状真伪辨　韩酉山　安徽史学　97.2
南宋名臣李昂英的哲学思维及其价值观　陈宪猷　华南师大学报　97.2
农民起义领袖钟相若干问题考　陈士谔　武陵学刊　97.2
泉州宋氏安平桥建筑年代考　曾维华　上海师大学报　97.2
浙江“衢州徐卸五叔青铜照子”铭文镜　张云土　考古　97.5
南宋后期三学的参政活动及其背景　勾承益　成都大学学报　97.2
南宋“二胜环”寓意解　曾维华　学术月刊　97.6
陆学特质及其历史命运　顾春　中国文化研究　96.3
朱子学在越南　张品端　文史知识　97.4
《文章正宗》的成书、流传及文化价值　李弘毅　西南师大学报　97.2

评黄龟年四劾秦桧　黄义豪　福建论坛　97.3
文天祥与道教　张松辉　宗教学研究　97.2
洪皓马端临国际学术会综述　吴长庚、刘影春　上饶师专学报　97.1
刘锜与绍兴末年的宋金战争　王云裳　杭州大学学报　97.2
爱国精神的赞歌，历史研究的力作：《谢叠山大传》读后　乐文华　中国史研究动态　97.6
爱国知识分子苦难历程的真实写照：《谢叠山大传》　杨国宜　南昌大学学报　97.1
陈亮与南宋浙东学派综合研究的开创性著作　奚建华　中国社会科学　97.4
朱熹思想之与陆象山　金春峰　中州学刊　97.1
浅谈朱熹的道德教育思想　何晓萍　北方论丛　97.1
朱熹入徽考　郭齐　安徽史学　97.2
宋代井研“四李”对理学的贡献　粟品孝　成都大学学报　97.1
陆象山易简教育论纲　金溪县陆象山研究会　江西社会科学　97.6
论陆象山哲学思想的性质　李蕴瑚　江西社会科学　97.6
“绍兴和议”签订以后的南宋政治　何忠礼　杭州大学学报　97.3
南宋经学略说　郝明工　重庆师院学报　97.3
杭州古中河南段采集之瓷片、窑具的工艺及烧制地点研究　李家治、张志刚、邓泽群、故宫博物院院刊　97.3
四川成都市西郊金鱼村南宋砖室火葬墓　成都市文物考古工作队　考古　97.10
从宋、金国力对比看绍兴和议的签订　曹家齐　徐州师范大学学报　97.3
论李全降蒙的原因　孙业耀、谢刚　安徽史学　97.4
论辛弃疾恢复谋略及军事思想　颜家安　海南师院学报　97.2
论胡宏的哲学思想　姜国柱　甘肃社会科学　97.4
论朱熹“中和”学说的理论意义与现代价值　严正　中国哲学史　97.1
从“理欲之辨”看朱熹对历史动因的解释　范立舟　中州学刊　97.5
叶适与朱熹　周梦江　杭州杭院学报　97.5
黄震史学探微　张伟　史学史研究　97.3
曾几生平考异　金晓光　杭州大学学报　97.3
筚路蓝缕，开前人之所未开：谈王应麟在文献学方面的贡献和成就　布仁图　内蒙古社会科学　97.5
岭南名臣李昂英及其《文溪存稿》　陈宪猷　岭南文史　97.3
宋高宗令岳飞退兵原因新论　陈民族　益阳师专学报　97.3
岳飞军事思想试探：兼论宋代军事思想的发展　张其凡　暨南学报　97.4
论《通鉴纪事本末》的史学成就　熊明　辽宁大学学报　97.4
岳家军群体人物研究　张秀平、罗炳良　中国史研究　97.1
宋高宗付岳飞敕书和批答　朱家溍　文物　97.2
“隆名并峙”两忠烈：略说文天祥与陈文龙的相同点　林立群、程德鲁　福建论坛　97.1
秦桧“莫须有”说质疑　顾吉辰　浙江学刊　97.2
洪皓使金及其对文化交流的贡献　赵永春　松辽学刊　97.1
宋孝宗为改变不平等“受书礼”的斗争　范有芳　松辽学刊　97.1
钟相、杨么寨寨址考　陈士谔　武陵学

刊 96.5
安公生祠碑考 陈显远 西北史地 96.1
洪皓、马端临国际学术研讨会综述 末可泓 光明日报 97.2.11
宗氏南迁义乌过程考 徐和雍 杭州大学学报 96.3
新安朱氏与朱熹 翟屯建 安徽史学 96.4
朱熹与南宋书院 谢小华 上饶师专学报 96.5
陈亮功利主义行政思想探略 对元时 贵州文史丛刊 96.5
吕祖谦与《宋文鉴》 陈广胜 史学史研究 96.4
南宋修内司官窑初论 陈方晓、朱丽农 中国文物报 97.1.12
南宋婚姻家庭法规范中妇女地位刍议 刘春萍 求是学刊 96.6
南宋临安水运的繁荣原因探析 方如今、陈建华 浙江师大学报 96.6
论宋代冗官之成因 刘立夫 华中理工大学学报 97.3
试论宋代对台谏系统的监控 虞云国 史林 97.3
宋代胥吏出职与差遣制度研究 祖慧 浙江学刊 97.5
宋代买卖契约制度的发展 郭东旭 河北大学学报 97.3
关于宋乾道本《宣和奉使高丽图经》的几个问题 祁庆富 中国文化研究 97.3
宋元数学人才群体之探索 佟建华 自然科学史研究 97.3
宋元德育思想的实施方法初探 王月清 江苏社会科学 97.5
《宋明家族制度史论》座谈会综述 雷家宏 中国史研究动态 97.7
宋朝的进谏与纳谏之风 张海鸥 深圳特区报 97.10.22
两宋之交武将的崛起与文臣探兵之反复 赵立新、安栓虎 河北师院学报 97.3
五代两宋时期的画院官 赵险峰 河北学刊 97.4
论宋代列女的特质 李晓燕 江西师范大学学报 97.2
宋代批发交易试探 龙登高 中国社会经济史研究 97.3
宋代西北吐蕃的手工业 刘建丽 西北师大学报 97.4
宋代眉山苏氏家族经济生活试探 马斗成 临沂师专学报 97.2
论宋代北苑官焙贡茶 沈冬梅 浙江社会科学 97.4
从生态效益看宋代在平原区造林的意义 谢志诚 中国农史 97.3
宋代典卖制度散论 余贵林、郝群 中州学刊 97.5
货币在宋代社会经济生活中的地位 高聪明 河北大学学报 97.3
由奇及异:宋使如辽事 (法)蓝克利 昆明社科 96.6
《解开〈宋会要〉之谜》读后 杨渭生 历史研究 97.3
宋代胥吏的选任与迁转 祖慧 杭大学报 97.2
宋朝"火运"论略(兼谈"五德转移"政治学说的终结) 刘复生 历史研究 97.3
一部难得的拓荒之作(《两宋御史中丞考》评介) 肖建新 中国史研究动态 97.6
宋代的职田制度与廉政措施 李清凌 西北师大学报 97.1
论宋朝的"轻南"政策及其影响 安国楼 学术论坛 97.3
地方政府与宋、丽外交 孙建民 殷都学刊 97.1
从《突厥语词典》看喀喇汗王朝的物质文

化 邓浩 西北史地 96.4
宋元时期的社会变迁与民族融合 关树东 光明日报 97.5.20
宋仿唐“玄锡”镜琐谈 王春雷、满学员 北方文物 97.2
上海奉贤县冯桥宋井的清理 王世杰 考古 97.5
红绿彩和五彩瓷器 赵宏 文物 97.6
试论“洛蜀会同” 粟品孝 西南师大学报 97.5
1993听蕲春罗州城宋代城垣发掘简报 黄冈市博物馆 江汉考古 97.1
深圳发现窖藏古钱币 深圳市文物管理办公室 南方文物 96.4
治宋刻《颜氏午禄碑》 左启 四川文物 97.2
鹰潭宋代纪年墓葬 曲利平 南方文物 96.4
宁波宋椅研究 陈增弼 文物 97.5
耀州窑瓷器及其仿品 冯先铭、冯小琦 收藏家 97.3
独具特色的列传专著:《宋帝列传》 康迈伦 中国社会科学 97.3
宋代的翰愈研究 陈新璋 华南师大学报 97.2
宋代道冠紫衣、师号制度 唐代剑 宗教学研究 97.1
宋代的酒肆 赵仕祥 文史知识 97.7
也论宋代文人的高丽文化观 孙建民 解放军外语学院学报 97.3
宋明理学家的文化心态 王瑶 北方论丛 97.3
试论宋代社会的孝行 徐惠英 宁波师院学报 97.2
西南师范大学藏宋版《文章正宗》残本简介 李弘毅 文物 97.6
宋代茶事管理机构述略 方健、皇甫志新 中国社会经济史研究 97.2
宋地土地兼并与丈田均赋及其思考 杭宏秋 中国农史 97.2
宋代私盐律述略 郭正忠 江西社会科学 97.4
从宋代禁榷制度的演变看国家与商业的关系 冯芸 云南教育学院学报 97.3
两宋之际孟后垂帘听政与民族矛盾 靳华 求是学刊 97.3
宋代妇女的法律地位论略 宋东侠 青海师院学报 97.2
论宋代“蕃兵”制 安国楼 郑州大学学报 97.1
试论宋代监察制度的几个特点 季盛清 中共浙江省委党校学报 97.2
《宋代监察制度》评介 游彪 中国史研究动态 97.6
宋朝官员行政奖惩制度 朱瑞熙 上海师范大学学报 97.2
论宋代官吏贪墨的手段、危害及社会根源 张学松、刘双 华中理工大学学报 97.1
也论宋代相权 张伟 宁波师院学报 97.1
宋末至明初江南人口与耕地的变化(十三十四世纪江南农业变化探讨之一) 李伯重 中国农史 97.3
《四库提要》辨误十题 杨武泉 中南民族学院 97.3
理学与宋代史学发展的特点 庞天佑 湛江师院学报 97.2
宋代史学义理化的表现及其实质 刘连开 广西大学学报 97.4
宋代的科学技术与社会进步 郑强胜 光明日报 97.11.18
两宋时期的丧葬陋俗 张邦炜 四川师范大学学报 97.3
宋代道教发展研究 唐代剑 广西大学学报 97.4
文化享乐:宋代审美文化的社会动因 徐清泉 上海大学学报 97.5
概论宋明时期的南京书文化史 徐雁、

谭华军 江苏图书馆学报 97.5
中国金属活字的起源和早期金属活字本 潘吉星 光明日报 97.9.23
南京市郊宋墓 张九文、章湾 南方文物 97.1.26
宜君县柴家沟煤矿工地出土耀瓷等文物 兰德省、张建福 文博 97.4
宋代蕃法与蕃汉关系法 安国楼 中南民族学院学报 97.3
大理国的周边关系 段玉明 云南社会科学 97.3
古代浙江与国外的医药交流 朱德明 杭州大学学报 97.2
通江得汉城宋元以来的战略地位 岳钊林 四川文物 97.4
"泉南佛国"考辨 王四达 华侨大学学报 97.2
略论《宋元学案》的学术史批评方法 林久贵 湖北大学学报 97.5
试论北宋择都之误 王艳 洛阳师专学报 97.4
范仲淹与北宋中期的儒学复兴 郭学信 聊城师院学报 97.1
包拯——中国古代监察的典范 李乐宣 南京理工大学学报 97.1
关于吕惠卿与王安石关系的向点考辨 高纪春 河北大学学报 97.3
王安石的人才理论与实践 孟天远 东方论坛 97.2
司马光《手录》佚文一则 李裕民 晋阳学刊 97.4
从《资治通鉴》看司马光其人 栾淑玲 聊城师院学报 97.3
试析司马光的治史方法 阎文永、王德峰 山东师大学报 97.增刊
论宋朝审官院之演变 肖建新 中国史研究 97.1
赵鼎集团的瓦解与洛学之禁 高纪春 中国史研究 97.3
宋朝高丽交聘考 孙建民、顾宏义 信阳师院学报 97.1
宋代壮族地区陶瓷业的兴盛及其原因 蓝日勇 广西民族研究 97.1
宋代民族边区生产关系的发展与边区的开发 安国楼 中国经济史研究 96.4
试论宋代频繁改历的原因 胡静宜 学术月刊 97.4
河南临颍小商桥调查报告 河南省古代建筑保护研究所 文物 97.1
安徽黄山发现宋墓 程先通 考古 97.3
江苏江阴要塞镇澄南出土宋代漆器 林嘉华 考古 97.3
小商桥出土五枚宋代大铁锤 孟巍坚 光明日报 97.4.8
江西高安市南门村出土一件宋代瓷枕 杨道似 考古 97.3
观台磁州窑遗址繁荣阶段述论 秦大树 中原文物 97.1
宋代的丧葬习俗 朱瑞熙 学术月刊 97.2
宋官窑瓷器及其仿品 冯先铭、冯小琦 收藏家 97.1
略论宋代馆阁藏书的基本来源 李婷 江苏图书馆学报 97.2
宋代书院及其与西欧中世纪大学之比较 彭琦 北京图书馆馆刊 97.1
论两宋进口香药对宋人社会生活的影响 孟彭兴 史林 97.1
中国宋学及其与东方文明的关系:1996"中国宋学与东方文明国际学术研讨会"述评 杨翰卿 学习论坛 96.6
关于宋学及其与东方文化的关系 卢连章 学习论坛 96.7
宋代江苏境内漕运工程考述 高荣盛 江苏社会科学 97.2
行商坐贾与宋代行会的形成 魏天安 中州学刊 97.1
珠联璧合的宋代市场网络研究:林文勋、

龙登高的两本专著片说 邢铁 昆明社科 97.1
宋人城镇工商阶层述论:与西欧中世纪城市市民的比较研究 杨师群 中国社会经济史研究 97.1
1995年宋史研究概况 张彤 中国史研究动态 96.12
武昌县安山宋墓清理简报 武昌县博物馆 江汉考古 96.3
湖南常德市戴家山发现宋墓 龙朝彬 考古 96.12
甘肃镇原县发现宋代铜印 张亚萍 考古 96.11
福建南平发现的宋彩绘陶器 张文崟 文物 96.11
科举制度与宋代士大夫阶层 郭学信 山东师大学报 96.6
宋代饮茶文化与蔡襄《茶录》 樊如霞 福州大学学报 96.4
宋明州高丽宝云义通大师事迹考:兼论其在佛教史上的作用 方祖猷 宁波大学学报 96.3
论宋代后妃的文化品格:中国女性文化思考之一 季晓燕 江西社会科学 96.10
宋代军士与大庆文化 王汉民 湘潭师院学报 96.4
两宋时期鄂西南土家族地区的经济与货币 邓辉 湖北民族学院学报 96.4
宋代"镇"的废与置 于云汉 安徽史学 96.4
两宋播州军民在抗击金蒙(元)斗争中的贡献 侯绍庄 贵州师大学报 96.4

辽

辽朝人口蠡测 孟古托力 学习与探索 97.5
略论辽朝统治下的汉人 王成果 社会科学辑刊 97.5
浅析辽朝对中国历史发展的贡献 柳孟训 历史教学 97.9
从仁德皇后被诬案看辽代中后期的政治斗争 邱立 黔东南民族师专学报 97.3
辽"统和"铁钱及其相关问题浅议 罗树坤、陈文彦 内蒙古金融研究 97.2
廊坊市发现一座辽代墓幢 陈卓然 文物春秋 97.2
韩匡嗣墓志及其相关的几个问题 葛华廷 北方文物 97.3
河北滦平县银窝沟辽墓 河北滦平县博物馆 北方文物 97.3
辽代一桩诬陷皇后的文字狱 王祥初 艺苑 97.5
辽王朝的科举制考察述论 周怀宇 安徽史学 97.4
耶律德光的历史作用 柳孟训 学术交流 97.4
全国辽史契丹史学术研讨会在阜新、朝阳市召开 丁酉 社会科学辑刊 97.5
辽代北宰相府的设立及职官设置探论 何天明 社会科学辑刊 97.5
论1020—1125年的辽丽关系 魏志红 南京大学学报 97.1
内蒙古巴林右旗发现辽代《王延福办佛会发愿碑》 苗润华 考古 97.2
廊坊安次区翟各庄南尖塔辽墓 廊坊市文物管理所、安次区文保所 文物春秋 96.4
宣化辽墓壁画服饰内容之研究 郑绍宗 文物春秋 96.4
辽《张建立墓志》读后记 朱子方 北方文物 97.1
阜新辽代文化述评:兼论其文化内涵特征和价值 张志勇 阜新社会科学 97.2
辽代妇女贞节观淡化微议 唐玉萍 昭乌达蒙族师专学报 96.4

浅谈契丹民族的审美意识　贲鹤龄　中央民族大学学报　96.6
试探契丹北枢密院的职能及历史作用　何天明　内蒙古社会科学　97.2
辽朝御帐官考　关树东　民族研究　97.2
西辽考　李世春　阜新社会科学　96.5
鸭子河诸说之评述　郭珉　北方文物　96.4
北京建都始于北辽　苏仲湘　社会科学战线　96.6
内蒙古巴林右旗友爱辽墓　巴林右旗博物馆　96.11
辽代鸡冠壶类型学探索　冯恩学　北方文物　96.4
黑河卡伦山辽代墓葬出土的漆器及制作工艺　郝恩德　北方文物　96.4
辽代耶律羽之"墓志"所记东丹国史事考　杨雨舒　社会科学辑刊　96.5
陈庄一号墓女俑身份商榷　林沄　北方文物　96.4
内蒙古巴林右旗博物馆收藏的辽代鎏金凤纹银马鞍饰件　乌兰　考古与文物　96.6
辽金时期契丹女真族马镫研究　王世杰　北方论丛　96.6
渤海亡国年月正误　(韩)金在善　民族研究　97.1
独乐寺塔壶门雕砖乐考　梅鹏云　文物春秋　97.2
从辽墓壁画看契丹人的社会生活　刘素侠　社会科学辑刊　97.3

西　夏

西夏的内宿制度　杜建录　固原师专学报　97.4
贸易与西夏侵宋的关系　李华瑞　宁夏社会科学　97.3
西夏官牧制度初探　杜建录　宁夏社会科学　97.3
西夏和回鹘对活字印刷的重要贡献　(维吾尔族)史金波、雅森、吾守尔　光明日报　97.8.5
被炸古塔中的秘密　庄电　光明日报　97.5.31
地理环境对西夏社会的影响　刘菊湘　固原师专学报　97.5
乌海市所出西夏某参知政事碑考释　陈国灿　内蒙古大学学报　97.4
西夏印刷业初探　孙昌盛　宁夏大学学报　97.2
有关西夏军制"几种人"的范围考察　胡若飞　宁夏大学学报　97.2
西夏方塔塔心柱汉文题记考释　孙昌盛　考古与文物　97.1
宁夏发现世界最早木活字印本　人民日报　97.2.13
西夏农田水利的开发与管理　杜建录　中国经济史研究　96.4
西夏学国际化的发端和发展浅议　穆鸿利　宁夏社会科学　96.6
关于西夏主体民族起源的语文学思考　聂鸿音　宁夏社会科学　96.5
额济纳旗绿城新见西夏文物考　史金波、翁善珍　文物　96.10
从阿弥陀来迎图看西夏的往生信仰　张元林　敦煌研究　96.3

金

史鉴对金世宗施政的影响　靳华　中南民族学院学报　97.2
行人银铤断代刍议　姚玉成　北方文物　97.2
林甸县四合乡渔场金代墓葬调查简报　林甸县文物管理所　北方文物　97.2
临潼金代解盐银铤考　郭正忠　文物　97.4
金代盐业初探　王兴文　中国史研究　97.2

论金代女真族的村社组织——谋克　关亚新　社会科学辑刊　97.2
略论金代的勃极烈制度　王景义　社会科学辑刊　97.3
金朝物力通检推排法述论　曾代伟　民族研究　97.5
后金“计丁授田”问题探讨　徐怀宝　首都师范大学学报　97.4
论金文档案文书纪时方式的嬗变　朱瑞芬　山西档案　97.4
河南荥阳金墓发掘简报　河南省文物考古研究所　荥阳市文物保管所　华夏考古　97.3
黑龙江省密山市出土的两方铜印　金英极　北方文物　97.3
金代贡举考略　周腊生　四川大学学报　97.3
洛阳嵩县发现金代买地券　刁淑琴　文物　97.9
宾县出土金“承安宝货”银铤　李伯权、付援民　北方文物　97.3
滨海地区出土铜镜综述及断代　(俄)B.B.沙弗库诸夫　李秀兰译　北方文物　97.3
从一枚金制佛像看金初佛教的盛行　王春雷　中国文物报　97.10.12
关于徒单镒“状元”说之我见　张敏杰　北方文物　97.3
议阿骨打在抗辽建国时期的外交政策　吕云峰、王春雷　农垦师专学报　97.2
金代土地问题的一个侧面(女真人与汉人的土地争端)　刘浦江　中国经济史研究　96.4
东夏国“北京功农使印”考述　刘长海、王清民　考古　96.11
不二寺大雄宝殿迁建保护与研究　李小涛　文物　96.12
哈尔滨东郊和宾县发现的金代文物　刘丽萍、杨敏　北方文物　97.1
金真正府署所在地出土一方“提控之印”　刘友恒　文物春秋　97.1
记河南洛阳出土的二方金代官印　赵振华、张勇　华夏考古　97.1
佳木斯地区近年发现的金代官印考释　包长华　佳木斯师专学报　96.4
金代的忠孝意识评析　安贵臣、蒋维忠　中央民族大学学报　97.2
论女真文化体及其演进　苍松　求是学刊　97.2
金代女真民族文化整合原因探析　关玉华等　蒲峪学刊　97.2
略论金代勃极烈制度的历史作用　王景义　绥化师专学报　96.4
论金代女真族的村社组织——谋克　关亚新　社会科学辑刊　97.2
读《金史·骨郝传》　张博泉　北方文物　96.4
完颜希尹新解　王可宾　北方文物　96.4
再论金代铜镜刻款及相关问题　田华、邱玉春　求是学刊　96.6
金代知识分子政策浅析　董克冒、雨君　社会科学战线　96.6
金代的交通及其管理　崔广彬　学术交流　96.6

元

元朝管理青海方略初探　雷莉　青海民族研究　97.2
浅谈元朝的官吏制度　李淑娥　唐都学刊　97.2
略论元朝仕进制度中的民族歧视政策　姚继荣　青海社会科学　97.3
成吉思汗灵柩迁移过程　群克加、雷英　青海民族研究　97.2
成吉思汗葬在何处　易旭东　文汇报　97.6.8
论成吉思汗的伦理思想及其政治意义

宝贵珍 黑龙江民族丛刊 97.2
成吉思汗发展经济的措施和指导思想 田俊迁 西北史地 97.1
多达纳波对蒙藏文化的交流和发展的贡献 丹林 青海社会科学 97.2
欧阳玄与元代史学 江湄 北京师范大学学报 97.3
试论张养浩的最后岁月 陈松柏 中国人民大学学报 97.3
扩廓帖木儿的族源:本名与汉姓 党宝海 西北史地 97.1
元代蒙古族状元拜住事迹考略 桂栖鹏 浙江师大学报 97.3
贺惟一与元末政治 吴海涛 阜阳师院学报 97.1
元代回回史学家察罕 杨志玖 回族研究 97.2
元蒙时期的六盘山 祝世林 固原师专学报 97.4
凉州会晤与河西崇佛 刘建丽 西藏民族学院学报 97.1
元明中央对西藏经济的扶持政策及作用 陈崇凯、顾祖成 西藏研究 97.2
山东牟平县北头墓群清理与调查 林仙庭、侯建业 考古 97.3
辽、金、元代的长壶 (日)长谷川道隆 杨晶译 北方文物 97.2
也谈巴思八文款青花瓷器的年代 葛师科 文物 97.6
元代竹温台碑初考 王大方 文物 97.6
红西樟树元纪年墓出土文物 黄冬梅 南方文物 96.4
金元时期全真道宫观的道士生活 程越 宗教学研究 97.2
元代的信用和信用机构 叶世昌 河北学刊 97.3
元代市镇管窥 高荣盛 江海学刊 97.3
王祯农书与农业技术地理 萧正洪 中国历史地理论丛 96.4
土地利用与社会持续发展:元代农业与农学的启示 王培华 北京师大学报 97.3
元代青海地区土地占有及赋役状况探讨 崔永红 青海社会科学 96.4
乃颜——哈丹事件与元丽关系 毕奥南 内蒙古社会科学 97.3
云南契丹后裔探源 曹相 云南师范大学学报 97.4
"元史暨元文化学术研讨会"述要 中州学刊 97.5
元代金帐汗国的建立及其统治 苏北海 新疆大学学报 97.3
试论元代官员的乘驿接待制度 陈朝云、淮建利 中州学刊 97.4
试评元监察官杨朵儿只 李棣华 贵州社会科学 97.5
西藏早期的家族式政教合一制 王献军 西北史地 96.2
鄂西土司遗迹调查 王晓宁 民族论坛 97.1
关于河南的蒙古军 (日)松田孝一 蒙古学信息 97.2
论元代江南租佃经营模式下劳动力的组织管理 姚恩全 辽宁师大学报 97.4
从元代官印看元代的尺度 杨平 考古 97.8
元代雕塑家钩沉 马明达 西北民族研究 97.1
儒学在元代蒙古人中的影响 舒振邦、舒顺华 内蒙古社会科学 97.5
江西新建出土元代铜锅 万为民 南方文物 97.1
江西高安发现元末红巾军铜印 杨道似 文物 97.10
弘吉剌部与成吉思汗系通婚关系的变迁 (日)宇野伸浩 蒙古学信息 97.2
元明藏族传统文化的繁荣及对其他少数

民族的影响:西藏传统文化研究之二 陈崇凯 西藏民族学院学报 97.3
萨班在元朝统一西藏中的贡献 薛学仁 宝鸡文理学院 97.2
元修《三阳图志》和《三阳志》 马明达 文史知识 97.9
蒙元皇帝的葬地:神秘的起辇谷 王大方 中国文物报 97.9.7
元代泉州的繁盛及其原因 庄景辉 光明日报 97.9.2
中国学者指出:《马可·波罗游记》和《萨迦世系史》证明吐蕃是元代中国的一省 赵江涛 团结报 97.9.27
秃黑鲁帖儿汗麻札 郭林平 中国文物报 97.8.31
喀喇沁阿力素地名考:谈和田清博士《明代蒙古史论集》 照归格图 内蒙古社会科学 97.5
《元史·地理志·西北地附录》吉里吉思传说考述 那木吉拉 民族文学研究 97.3
刘福通起义原因探微 崔思棣 合肥教院学报 96.2
马可·波罗问题争论的焦点何在? 杨志玖 光明日报 97.10.4
赛典赤赴滇时间考 李清升 云南教育学院学报 97.4
元代蒙古草原上的法国人威廉师傅 王大方 中国文物报 97.8.10
成吉思汗统战行动中的哲学内蕴 白春雨 内蒙古社会科学 97.5
忽必烈与八思巴·噶玛拔希关系新探 王启龙 清华大学学报 97.2
《元史》土土哈·不忽木列传订误 修晓波 文献 97.4
《宁玉墓志考》辨误 李秀萍 华夏考古 97.8
《说郛》简介 张旗 华夏文化 97.3
元代行省制起源与演化述论 李治安 南开学报 97.2
元代匠户散论 高荣盛 南京大学学报 97.1
契丹四楼源流说 任爱君 历史研究 96.6
元代畏兀儿亦都护谱系及其地位变迁 罗贤佑 民族研究 97.2
元代和忽必烈的商业政策 汤标中 北京商学院学报 97.1
元代儒学与契丹名士 张志勇 中央民族大学学报 97.2
论蒙元时代的收嫂婚与其法例 李淑娥、魂簇 法制与社会发展 97.2
统一前后蒙古民族的伦理思想 白万柱、额尔德木图 内蒙古民族师院学报 97.1
元朝盐户研究 高树林 中国史研究 96.4
从萨都剌诗歌看元朝政治的衰变 曾晓玲 内蒙古大学学报 97.2
中亚蒙古统治者的定居化倾向 李一新 贵州师大学报 97.2
论中国近代蒙元史研究的历史发展 庞天佑 湛江师院学报 96.1
吉林扶余岱吉屯之墓第二次清理简报 扶余市博物馆 文物 96.11
河南濮阳元代唐兀公碑 张相梅 中原文物 96.3
元青花和五彩瓷款识及相关问题的初步研究 张英 北方文物 96.4
元代"镇宁州诸军奥鲁印"三题 许子荣 北方文物 96.4
营儿门马氏:汉族大家庭中前元蒙古贵族的后裔 岳青、培植 丝绸之路 96.6
元代亦集乃路的民间借贷契约 杨远弟 内蒙古师大学报 96.3
元代卢世荣的钞法改革思想评介 侯原吉、胡江滨整理 河南师范大学学报 96.6
元明清时期的"西北水利议" 王培华

北京师范大学学报 96.6
试论元朝的法制建设 何天明 黑龙江民族丛刊 96.3
北元、蒙古、明代蒙古：兼与鲍音先生商榷 李学 内蒙古师大学报 96.3
山东寿光县发现元代铜权 黄爱宗 考古 96.12
山东利津县发现元代铜权 王增山 考古 96.12
湖南郴州市发现元代铜权 龙福廷 考古 96.12
西北回族社会的组织化历史运动 霍维洮 宁夏社会科学 96.5
试论元城大名府的兴衰 孙尧奎 山东师大学报 96.增刊
元代大理段市总管世次年历考略 方慧 广西民族研究 96.4
再论成吉思汗《大札撒》 奇格 内蒙古社会科学 96.6
1995 年日本蒙元史研究情况 (日)荻原守 晓克译 蒙古学信息 96.4

8. 明 清

明清江西农村社区中的会：以乐安县流坑村为例 邵鸿 中国社会经济史研究 97.1
试论明清兴化族田的发展及作用 林震 宁德师专学报 97.1
论明清时期的官员经商问题 岑大利 社会科学辑刊 97.2
明清江南流动人口初探 孙潮丽 安徽史学 97.1
明清南方山区的水利发展与农业生产 张芳 中国农史 97.1
试从历史的广角析晋商 赵荣达 理论探索 97.2
明清时期河南周边省区商帮概说 史玉德 经济经纬 97.1
明清江南士子心态的变迁 邹莉 华东师大学报 97.2
明清怀宁回族马氏闻人考述 马肇曾 安徽史学 97.1
明清之季中韩宗藩关系探索 陈潮 学术论坛 97.1
明清时代海盗 (日)松浦章 清史研究 97.1
明清上海地区棉花及棉布产量估计 侯杨方 中国史研究 97.1
乡绅与明清上海社会 马学强 上海社会科学院 学术季刊 97.1
读《明清时期的两湖移民》 辛德勇 中国史研究动态 97.2
江户时代的町人与明清商人之比较(兼论中日都市文化的差异) 刘凤云 中国人民大学学报 96.6
明清山西官商一体家族浅议 孙丽萍 晋阳学刊 96.6
为张鹏翮的人品与文品一辨 李朝正 社会科学研究 96.6
天地会起源研究的可喜突破(评赫治清的《天地会起源研究》 薛瑞录 历史档案 96.4
明清之际士人的“世族论” 赵园 中国文化研究 96.4
明清长江三角洲地区与两湖平原农村经济结构演变探异：从“苏湖熟，天下足”到“湖广熟，天下足” 张家炎 中国农史 96.3
明清时期的农业灾荒及其对策 洪琢 南京理工大学学报 96.2
明清江南商品经济与分配结构关系探析 孙竞昊 史林 96.4
明清两代云南商业发展概述 吴兴南 云南学术探索 96.5
明末清初峡区土司对外关系的变化 吴旭 民族论坛 96.3
明清两朝异地安置云南土司述略 杨筑慧 民族工作 96.12

初论湖南明清瑶官制度 胡仁亮 民族论坛 96.3
一个独具特色的明清史研究体系:读李洵先生《下学集》 赵毅、张明富 史学集刊 96.4
明清江南进士数量、地域分布及其特色分析 范金民 南京大学学报 97.2
清代汉学与宋学关系辨析 暴鸿昌 史学集刊 97.2
明清基层社会管理组织关系论纲 王日根 清史研究 97.2
试论明清赣南商品经济的发展 于少海 江西师大学报 97.1
明清之际的西学东渐 吴乃华 中央社会主义学院学报 97.3
明清江浙藏书家的主要功绩和历史局限 韩文宇 东南文化 97.2
明清曾子故里之争及其余波 李常松、李莹 临沂师专学报 97.1
试论明清晋商文化 张正明 史学集刊 97.2
论明清吴地儒士的商业意识 许周鹣 苏州大学学报 97.2
开放与整合:明清汉文化在桂西壮族的传播 赵壮天 广西民族学院学报 97.2
论明清以来下坝经济的盛衰 钟德彪 龙岩师专学报 97.1
"李二曲及明末清初学术思潮"研讨会综述 孙萌 唐都学刊 97.2
不是一番寒彻骨,争得梅花扑鼻香:刁书仁著《明清东北史研究论集》评介 梁希哲、李善洪 史学集刊 97.2
试论明清商人会馆出现的原因 张明富 东北师大学报 97.1
毛奇龄与明末清初的学术 黄爱平 清史研究 96.4
古代循吏重农行为考察:以明清为例 王仲 中国农史 96.4
明清江南劳动力市场结构与性能探析 孙竞昊 江汉论坛 97.1
明清时期河南煤炭的开采与利用 王兴亚 殷都学刊 96.4
明清以来文安洼的水灾与聚落发展 孙冬虎 中国历史地理论丛 96.3
明清间中西文化的冲突与损益 王显春 西南民族学院学报 96.6
明清之际西学东渐的解释学启示 李志军 学习 97.1
试论明清之际反禁欲主义的人性论思想 肖永明 广西师大学报 96.4
从《明清间耶稣会士译著提要》看中西学术交流 胡先媛 四川图书馆学报 96.6
明末清初民窑青花珍品赏析:记几件带暗花边饰的青花瓷器 于荣丽 文物春秋 96.4
明清澳门海上贸易史研究的回顾与设想 张廷茂 中国史研究动态 96.12
明清时期常德的历史文化和人物 陈致远 武陵学刊 96.5
十年来两湖地区暨江汉平原明清经济史研究综述 张家炎 中国史研究动态 97.1
纪念南开大学明清史研究成立四十周年暨第三届明清史国际学术讨论会综述 何孝荣 清史研究 96.4
第六届中琉历史关系学术研讨会在京举行 海燕 历史档案 97.1
喜读《明清史新析》 郭松义 中国史研究动态 97.1
十七世纪中西交往的新见证(英国王室收藏的一幅中国天主教徒肖像) 徐伟灵、承载 上海社会科学院学术季刊 97.3
明清之际中国大国地位衰微的内部原因探讨 卢红飙 理论学习月刊 97.8
明清敬老制度述略 张志斌 学术论丛 97.5
明清庶民地主家族延续发展的内在机制

王日根 中国社会经济史研究 97.2
略论明清时期山西资本主义萌芽的历史前提 王福应 山东师大学报 97.增刊
明清区域经济发展与武汉九省通衢形成 张笃勤 学习与实践 97.7
从苏州《彭氏宗谱》管窥明清江南人口状况:兼论谱牒与人口史研究 余新忠 铁道师院学报 97.2
明清时期台湾蔗糖业的发展 陈学文 台湾研究 97.3
明清南方山区的水利发展与农业生产 张芳 中国农史 97.3
明清时期黄河流域农业开发和环境变迁述略 马雪芹 徐州师大学报 97.3
明清广东铁农县的生产 鲍彦邦 暨南学报 97.4
论明清时期的盐政变革 李绍强 齐鲁学刊 97.4
明清之际潮州的海盗与私人海上贸易 陈春声 文史知识 97.9
“西学中源”与明清社会文化心态 张增一 烟台师院学报 97.3
明清之际中国启蒙思想家的“君王论” 东方溯 学习与探索 97.5
明清欧人对中国科举、教育制度的介绍与评价(一) 吴孟雪 文史知识 97.1
明清苏州会馆的兴起(明清苏州会馆研究之一) 马斌、陈晓明 学海 97.3
天儒同异:明末清初中西文化学说述评 李天纲 复旦学报 97.3
明清海洋移民菲律宾的变迁 曾少聪 中国社会经济史研究 97.2
元明清时期中央与西藏的财政关系 阮应国 财政研究 97.7
明清时期农村集市的发展 许檀 中国经济史研究 97.2
明清时期商业伦理的构成研究 姜晓萍 西南师范大学学报 97.4
明清商人投资文化教育述论 张明富 西南师大学报 97.4
明清南方地区家族教育考察 吴霓 中国史研究 97.3
论西方传教士在明清之际中西文化交流中的作用 丁顺菇 广州师院学报 97.3
略论明清之际的西学输入 倪学德 聊城师院学报 97.1
上海发现明清墓群,女尸完整关节能动 科技日报 97.8.18
卢湾发现明清墓群,一批珍贵文物出土 解放日报 97.7.28
明清时期的江西民居文化 曹国庆 房地产世界 97.7
明末至民初——中国的近代科学史 张纯成 南都学坛 97.2
十七世纪日荷在台冲突中的政治因素 陈小冲 台湾研究集刊 97.2
论福建在明清中琉关系史上的地位 赖正维 福建论坛 97.4
明清时期广西对水稻品种资源的开发和利用:明清时期广西稻作农业史研究之二 覃乃昌 广西民族研究 97.2
历史具体和理论“态度”:评《明清徽商与淮扬社会变迁》 陈克艰 史林 97.3
清朝前期与末季区域人才的变化(以引见官员、鼎甲、翰林为例) 冯尔康 历史研究 97.1
明清庶吉士制度对比研究 吴仁安 社会科学战线 97.2

明

明初徐达筑城与元大内宫殿的拆毁(“明代北京营建始末”辨析之一) 李燮平 故宫博物院院刊 97.2
明中期吴中故家大族的盛衰 王培华 安徽史学 97.3

中外关系史研究的新成果:《明帝国与南海诸藩国关系的演变》评价 张英聘 史学集刊 97.3
试论张居正的改革 徐桂芳 新疆教育学院学报 97.1
从《故马公墓志铭》证郑和为赛典赤·赡思丁后裔 李清升 云南民族学院学报 97.2
郑和下西洋与精神文明建设 陈显泗 南京政治学院学报 97.4
郑和在海外华人中的影响 梅显仁 八桂侨史 97.2
试述朱元璋对西南民族地区的治理 徐晓庄 河南大学学报 97.2
明太祖严驭宦官试析:兼及朱元璋的评价问题 田禾 社会科学战线 97.4
朱元璋历史观与史学思想初探 谢贵安 江汉论坛 97.5
论钱谦益性格的文化内涵 任火 河北师大学报 97.3
“宝剑埋冤狱,忠魂绕白云”:明代靖海英雄胡宗宪 卞利 文史知识 97.8
近年来的徐学研究 陈庆江 中国史研究动态 97.6
徐光启的经济思想 张守军 财经问题研究 97.8
北京图书馆珍藏的沈周手稿《石田稿》考述 王荣民 北京图书馆馆刊 97.2
黄道周年谱考评 侯真平、娄曾泉 文献 97.3
“杖策只因图雪耻,横戈原不为封侯”:明代督师袁崇焕 杨艳秋 文史知识 97.8
论汤显祖的人生道路与《紫钗记》 曲家源、白照芹 社会科学战线 97.4
李善长籍贯再考 方光禄 安徽史学 97.3
“爱而知其丑,憎而知其善”:小议南明弘光帝朱由嵩 陈麟德 社会科学战线 97.4
《明史·汪道昆传》补正 赵克生 安徽史学 97.3
从“寒素起家”到“位极人臣”:严嵩成长道路探析 张德信 齐鲁学刊 97.4
寸丹冷魄销难尽:南明殉国使臣左懋第 丁鼎 文史杂志 97.4
抗倭将领刘江:望海埚大捷 王彬 大庆高等专科学校学报 97.2
王阳明维护国家稳定和统一的历史贡献 鲍庆林 贵州社会科学 97.4
王阳明道德教育思想的积极意义 黄晓众、刘明华 贵州文史丛刊 97.3
王世贞与《史乘考误》姜胜利 海南大学学报 97.2
“诗、书、画三绝”的文征明 周晓光 文史知识 97.8
李自成起义是旧式农民革命的最高峰 简修炜、章义和 学术月刊 97.7
李自成修缮西安城 吴铭 北京晚报 97.8.19
明洪武年间明朝与高丽王朝关系略见 薛篁 社会科学战线 97.4
时代因应与政策:陈埭丁氏回族汉化过程之考察 庄景辉 厦门大学学报 97.2
明代安多藏区部族志 王继光 西北民族研究 97.1
《天工开物》论析 邓子平 河北科技图苑 97.2
简论明朝中后期社会风气变化的原因及影响 张化斌 湖北电大学刊 97.2
威县发现明代弘治年间圣谕 文物春秋 97.2
河北遵化市发现一座明太监墓 刘震 文物春秋 97.2
陕西历史博物馆收藏的明代珐华器 黄桂珍 文博 97.4
明代长城考略 魏保信 文物春秋 97.2
从景德镇官窑的书款制度看岱吉屯“至

正年制”款彩瓷碗的年代及其他 欧阳世彬 文物 97.5
东林书院被毁经过 朱文杰 东南文化 97.3
《明通鉴·考异》的学术价值 刘新芳 安徽师大学报 97.3
明代嘉靖、万历《固原州志》与文化生成 薛正昌 宁夏教育学院·银川师专学报 97.4
明代宗室的文化成就及其影响 都樾 学术论坛 97.3
略论晚明经世思潮的兴起 黄长义 江汉论坛 97.6
古建明珠——山陕会馆 张勇 人民日报 97.8.5
试论明代后期对外贸易的禁通之争 陈东有 南昌大学学报 97.2
试论明代盐商中的囤户 李绍强 山东大学学报 97.2
明代金牌下的“差发马”易茶形态 刘淼 中国社会经济研究 97.2
明代茶马贸易价格结构分析 刘淼 史学集刊 97.3
试论明代贵州布政使司的农业区域 陈国生 贵州社会科学 97.4
明代茶户的户役与茶课 刘淼 中国农史 97.2
明代茶客解运制及其实态 刘淼 中国经济史研究 97.2
明代“永免凤阳、临淮二县徭赋”考辨 周致元 中国农史 97.2
洪武时期凤阳府的人口迁移 曹树基 安徽史学 97.3
明代徽州批契与其法律意义 阿风 中国史研究 97.3
傅有德、冯胜之死因再探 刘长江 淮阴师专学报 97.2
试论浙江沿海抗倭之久烈 郑慧日 台州师专学报 97.2
浅析宁王宸濠叛乱之原因及准备 江凤兰 江西教育学院学报 97.2
初探“高墙” 周致元 故宫博物院院刊 97.2
明代贡象考述 蓝勇 安徽史学 97.3
明朝“陵山之祭”述论 刘毅 故宫博物院院刊 97.2
“谁与青天扫旧尘”:“大礼议”思想背景新探 邓志峰 学术月刊 97.7
明代的“戴罪还职”奇观 贾杏年 中国企业政工信息报 97.8.13
立储之争与明代政治 胡凡 西南师大学报 97.4
明代中央集权的特点及其弊端 邵启富 贵州师大学报 97.3
南京明代城墙的建造 王少华 东南文化 97.3
明代乡约推行的特点 曹国庆 中国文化研究 97.1
论明代族田 曹凤祥 社会科学战线 97.2
明代财政制度中的起运与存留 肖立军 南开学报 97.2
《明史·诸王传》补正 刘毅 南开学报 97.2
论正德十六年皇位空缺时期明廷政局的走向 田澍 西北师大学报 97.2
明代“九边”的军数 梁淼泰 中国史研究 97.1
姚雪垠坚持李自成殉难“通山”说 文汇报 97.3.18
王船山抑制官商思想探微 唐斌成 湖湘论坛 97.1
晚明珠江三角洲区域社会情志的忠实记录:《盟水斋存牍》简介 叶显恩 广东社会科学 97.1
清人文献中的明史材料拾补 姜胜利 史学史研究 97.1
圣贤发微:读《海瑞评传》 冯巽 广东社会科学 97.2
郑和下西洋对东南亚华人移民的影响

黄先成 东南亚 96.4
应正确认识朱棣在历史发展中的作用 陈景云 济宁师专学报 97.1
从朱元璋和朱由检的用人看明朝的兴亡 王瑞平 黄淮学刊 97.1
朱元璋惩贪"剥皮实草"质疑 王世华 历史研究 97.2
《关于史可法书札的考释及其他》一文的商榷 刘九庵 文物 97.1
《智囊》评注与冯梦龙在寿宁的善政思想 田聿月 宁德师专学报 97.1
史可法评论四议 朱宗宙 扬州师院学报 96.4
徐霞客滇游与大理风光资源及其开发 杨载田、谢莉 无锡教育学院学报 97.1
对《徐霞客年谱》几个史实问题的考订 邬秋龙 无锡教育学院学报 97.1
鲜明的地方特色,真切的人文精神:《王阳明与贵州文化》一书评介 张立文、祁润兴 贵州社会科学 97.2
生命行动的哲学:论王阳明的知行合一说 张新民 贵州师大学报 97.2
彭泽年谱 薛仰敬 西北史地 96.3
叶梦熊——惠州历史上的名人 古永继 惠州大学学报 96.2
张国维——一位掩不住光耀的古人 陈福康 炎黄春秋 97.2
论傅友德 刘亚中 淮北煤师院学报 97.1
朱燮元与奢安事件 张羽琼 贵州师大学报 97.2
论弘治帝的历史地位 李梦芝 史学月刊 97.2
李自成终局争论再起风波:禅隐石门夹山之说重提 余力文 文汇报 97.3.18
也谈李自成之死 王兴亚 天中学刊 96.4
明代两广总督府的设立及对粤西的经略 颜广文 学术研究 97.4
明代两广总督对澳门商埠的设置与管治 刘伟铿 学术研究 97.2
明末以后中甸地区隶属沿革考 肖亮中 云南民族学院学报 97.1
明嘉靖朝征安南之役述评 李福君 天津师大学报 97.2
高丽与北元关系对明与高丽关系的影响 张士尊 绥化师专学报 97.1
晴隆等地喇叭苗庆坛与其族的迁徙 张业强、杨兰 贵州大学学报 97.1
建国以来明代女真经济问题研究述评 栾凡 中国史研究动态 97.3
论明代洪熙宣德时期的蒙古政策 杨艳秋 中州学刊 97.1
明代蒙古社会组织新探 达力扎布 内蒙古社会科学 97.2
明代西北推行土司制度原因刍议 高士荣 西北史地 96.3
明代广西土官设置新探:兼评日本学者研究广西土官所得的结论 范植清 中南民族学院学报 97.1
景德镇银坑坞明代空白期民窑瓷器 赵荣华 收藏家 97.1
嘉靖官窑青花鱼缸评略 张兆祥 文物春秋 97.1
明代梵式佛造像 罗文华 收藏家 97.1
论保定出土的明早期景德镇民窑青花瓷片 田宝玉 文物春秋 97.1
陕西扶风县出土明代《重修法门寺大乘殿记》碑 考古 97.4
明威将军李宣墓志铭考释 刘恩元 贵州文史丛刊 97.1
苏州虎丘明墓清理简报 苏州博物馆 东南文化 97.1
河南出土明代回回买凤墓志考释 任昉 民族研究 97.2
河北遵化县发现一座明墓 考古 97.4
明代凤阳的皇陵 周致元 东南文化

97.1
明孝陵 罗宗真 东南文化 97.1
95年南京明故宫出土文物研究 张浦生、霍华 东南文化 97.1
明人山水趣尚 夏咸淳 学术月刊 97.4
明代西北官牧制中的"马价"问题 姚继荣 西北史地 96.4
明代西北马政中的中盐马制度 姚继荣 宁夏大学学报 97.1
明代贵州军粮数额及贮运考 郑维宽 贵州师大学报 97.2
关于明代鸟统的来源问题 阎素娥 史学月刊 97.2
明代"九边"的募兵 梁淼泰 中国社会经济史研究 97.1
明代的运军 陈峰 中州学刊 97.1
明代徽州的诉讼:兼析明代民间诉讼观念的变化 卞利 光明日报 97.5
明宪宗的腐朽统治与孝宗朝君臣的励精图治 傅玉璋 实与虚 97.2
勘合制度与明代中央集权 罗冬阳 东北师大学报 97.1
明洪宣时期历史特点论略 赵中男 求是学刊 97.2
严嵩、徐阶比较研究 尹选波 中国人民大学学报 96.6
关于严嵩评价的史料问题 梁希哲、王剑 史学集刊 96.4
俺答汗在明代蒙汉关系中的作用 唐玉萍 社会科学辑刊 96.6
叶尔羌汗国政教关系的演变 陈国光 西域研究 96.3
明代军事思想简论 范中义 历史研究 96.5
紫禁城宫殿的总体布局 郑连章 故宫博物院院刊 96.3
紫禁城建设中的墙和门 黄希明 故宫博物院院刊 96.3
孙奇逢立德行世的人才思想及实践 高建立、徐志辉 天中学刊 96.3
《明夷待访录》的史论特色 张明堂 山东师大学报 96.增刊
95年明史研究概况 张宪博 中国史研究动态 96.10
王阳明国际学术讨论会综述 万路平 贵州社会科学 96.6
朱元璋用人思想及实践粗探 郑群德 淮海文汇 96.10
刘逊永嘉治绩考 张如元 温州师院学报 96.2
明王朝的最后特使——卜弥格传(一、二、三、四):传播中国文化的先驱——卜弥格传 (波兰)爱德华·卡伊丹斯基 张振辉译 东欧 96.1.2.3.4
明代来华传教士的汉语学习及其影响 董明 北京大学学报 96.6
倭乱备忘录 刘哲 东方艺术 96.6
明王朝的殉葬人 王浩人 文物春秋 96.3
明代雕漆之断代与辨伪 陈丽华 故宫博物院院刊 96.3
关于宁夏明长城的几个问题 孙盼芝 山东师大学报 96.增刊
安徽滁州市南小庄发现明墓 朱振文、夏天霞 考古 96.11
洪武时期府州县学设置及其特点考述 郭培贵、赵永兰 内蒙古师大学报 96.3
明代丛书的繁荣 崔文印 史学史研究 96.3
明代云南人才地域性分布略论 陈国生 中国历史地理论丛 96.2
论明朝月港开放的局限性 陈尚胜 海交史研究 96.1
明代官商运盐的基本形态 刘淼 盐业史研究 96.4
略谈明初的盐政与边政 王海燕 内蒙古民族师院学报 96.1
明代两浙盐业述略 董郁奎 浙江学刊

96.6
明代新安守御所考略:云南历代汉族移民研究之一 朱端强、白云 云南师大学报 96.5
明后期掣签法述论 刘渝龙 江西社会科学 96.10
明代中葡两国的第一次正式交往 万明 中国史研究 97.2
明代中叶吴中文人集团及其文化特征 郑利华 上海大学学报 97.2
明朝后期满汉两族统治阶级之间的斗争 谢承仁 首都师大学报 97.2
《西宁卫志》及其史料价值 徐晓萍 图书与情报 97.1
《刘基评传》评介 陈永草 镇江师专学报 97.2
日本学者小野和子教授之《明季党社考》评介 张正明 晋阳学刊 97.3
明代中州文献选录 傅瑛 信阳师范学院学报 97.2
近年来明史研究管见 商传 中国史研究动态 97.4
南京牛首山弘觉寺塔地宫二探 葛晓康 东南文化 97.2
朱元璋的军师刘伯温:兼评周群博士的《刘基评传》 吴迪 书与人(南京) 97.3
论朱元璋的佛教情缘 刘志庆 殷都学刊 97.2
朱元璋的廉政思想及其惩贪治腐举措 王君 西北史地 97.1
朱元璋兴学立教的社会功能探析 战继发 北方论丛 97.3
"因看吴越谱,世事使人哀":经世学者归有光 王培华 文史知识 97.5
吴敬梓"不赴廷试"辨析 谢谦 四川大学学报 97.2
明末忠良杨继盛冒死斗奸佞 春晓 炎黄春秋 97.5
瞿佑续考 李剑国、陈国军 南开学报 97.3
李贽之死:重估思想史上的一段公案 黄卓越 中国文化研究 97.2
明代平民思想家颜钧的理想追求 颜学恕、颜煜开 中国史研究 97.2
陈诚与《陈竹山先生文集》 李江 江西师大学报 97.1
王阳明之江西事功、文学与学术 常耕 上饶师专学报 97.1
王阳明"龙场语道"新论 钱耕森 嘉应大学学报 97.2
丘浚经济思想考述 刘雪河 广州师院学报 97.1
研究徐霞客业绩,学习徐霞客精神:纪念徐霞客诞辰410周年 胡润 云南学术探索 97.3
徐霞客思想渊源新论 王安庭 山西师大学报 97.2
论徐霞客及其游记 许正文 阴山学刊 97.1
试论徐霞客的叛逆精神 王圣宝 97.2
张居正改革新论 林永光 社会科学战线 97.3
李自成起义与封建知识分子的作用 王亚勇 固原师专学报 97.2
关于东林党的几点思考 夏维中 南京大学学报 97.2
刍议明代云南民族农业地理 陈国生 中国历史地理论丛 97.1
山海关北段长城考古发掘有新发现 光明日报 97.6.24
论明代回回的朝贡贸易 胡方生 回族研究 97.2
回族在明代经济文化交流中的历史作用 骆桂花 青海民族学院学报 97.2
杭州明代民居初论 高念华 浙江学刊 97.3
河北赤城县古塔调查 赤城县博物馆 文物春秋 97.1
余干博物馆收藏的明代官印 周祥辉

南方文物 96.4
江西明万历外销瓷盘的发现 姚澄清、姚连红 南方文物 96.4
明代武举制度述略 李建军 南开学报 97.3
浅论明代入监读书和开科取士的得失 张建文 东岳论丛 97.3
明朝中后期饮食文化探赜 滕新本 洛阳师专学报 97.1
《颜钧集》与明代中后叶的平民儒学 陈寒鸣 中州学刊 97.3
刘蕺山与明代理学的基本走向 崔大华 中州学刊 97.3
有关陈圆圆死葬思州的传说 景戈石 贵州文史丛刊 97.2
明朝中后期旅游热初探 滕新才 北方论丛 97.3
论"靖难之役的性质" 郭原安 西北师大学报 97.3
杨一清与明代西北马政 张明富 史学集刊 97.2
明代辽东马政探论 张士尊 社会科学辑刊 97.3
明代贵州军粮来源考述 郑维宽 贵州社会科学 97.3
明代的社会保障 毛佩琦 光明日报 97.6.3
明代的御马监 方志远 中国史研究 97.2
明代吏员制浅探 桑国车、徐舜光 辽宁师大学报 97.3
从柳山方氏看明代徽州宗族组织的扩大 朴元熇 历史研究 97.1
略论明初"三杨"权势与"仁宣之治" 赵毅、刘国辉 东北师大学报 97.1
明代女官制度探析 王云 齐鲁学刊 97.1
明代人口变动的考察 田培栋 首都师大学报 96.5
《齐民要木》明代刻本的以讹传讹 缪启愉 中国农史 96.4
1587年中国大特写:读《万历十五年》 徐敬亚 深圳特区报 97.3.5
张居正与《给驿条例》 刘宝河 学习论坛 96.6
拓展徐学研究的盛会:记96中国武夷山徐霞客学术研讨会 高松风 地理知识 96.12
袁宏道:适意与避世 周明初 中国文学研究 97.1
浅析罗汝芳论学为政之实施 易宗礼 江西师范大学学报 96.4
陈诚出使西域事迹考 李江 江西社会科学 96.12
明代彝族女政治家奢香考评 东人达 贵州文史丛刊 96.6
北京图书馆藏抄本《明珠墓志铭》考述 陈桂英 承德民族师专学报 96.4
贪财误国的一代昏君——明神宗 郭永学 社会科学探索 96.6
明武宗评述 蓝东兴 贵州师范大学学报 97.1
简论明代宦官的代表人物 郭文俊 淮阴教育学院学报 96.3
鼠疫流行与华北社会的变迁(1580——1644年) 曹树基 历史研究 97.1
《尼布楚条约》不同文本的比较研究 (日)野见山温 关怀民译 赵道泰校 黑河学刊 96.6
明嘉靖时期的海禁与倭寇 林瑞荣 历史档案 97.1
明宣德款漆器真伪辨析 张荣 收藏家 96.6
青花八仙庆寿图香炉 郑淑霞 文物春秋 96.4
明西十库遗址与烘武瓷器 陈华莎 收藏家 96.6
武当山白庙敕谕碑与武当官山 徐耀进 江汉考古 96.3
四川珙县悬棺族属考 刘振艰 西南民

族学院学报 96.6
明代国子监生历事制度概述 刘瑜龙 绥化师专学报 96.4
假晶现象:明代福建地区文化特征漫说 陈广宏 中国典籍与文化 97.1
明代因明研究概论 郑伟宏 中国典籍与文化 97.1
明代三大著者群 曹之 图书情报论坛 96.4
明代河南王庄农业经济研究 马雪芹 中国经济史研究 96.4
洪武时期山东东三府地区的人口迁移 曹树基 中国社会经济史研究 96.4
资治篇:明代甘肃屯田何以成功 宁恢 发展 97.2
明代荒政述论 叶依能 中国农史 96.4
明朝在青海地区的施政方略 荣宁 青海民族研究 96.4
“明代大案多枉”原因探析 刘长江 淮阴师专学报 96.4
南明史研究与顾诚的《南明史》 秦晖 北京日报 97.11.16
《明实录》体裁与体例研究 谢贵安 史学史研究 97.3
傅岩《歙记》及其文献价值 卞利 文献 97.4
《徐霞客游记》版本研究 黄丽霞 江苏图书馆学报
于谦归葬杭州考 钱国莲、项女惠 杭州大学学报 97.3
异端乎?传统乎?:论李贽的社会政治思想 鲍和平 青岛大学师范学院学报 97.3
刘伯温的谋略 胡星斗 华夏文化 97.3
明代军事家翁乃达 黄赞发 文史知识 97.9
关于徐夜生卒年的考订 李崇葵 文献 97.4
徐霞客学术研讨会在江阴举行 光明日报 97.10.20
锦衣玉食非为福:元末明初江南传奇豪富沈乃三稗海寻踪 祁子青 南京社会科学 97.8
陈圆圆生平史迹述略 黄冬云 绥化师专学报 97.3
明代重臣王琼 张正明 晋阳学刊 97.5
王守仁与江西书院教育 魏佐国、李萍 南方文物 97.1
明成祖即位初期的外交活动及海外诸国的朝贡 申海田 齐鲁学刊 97.5
山东威海发现明初创寨碑 张云涛 文物 97.9
河北宣化文物保管所藏明代墓志初析 刘海文、李敬斋 文物春秋 97.3
南京南郊明墓清理简报 南京市博物馆 南方文物 97.1
明代教育监察制度述略 高春平 晋阳学刊 97.5
再论洪武儒学教育 陈寒鸣 河北学刊 97.5
第49届美国亚洲研究协会暨美国明史学会年会综述 万明 中国史研究动态 97.7
再论洪武儒学教育 陈寒鸣 河北学刊 97.5
简论李开先思想的变化与文艺观的刘新 李献芳 齐鲁学刊 97.5
明代高利贷资本活动形式 刘秋根、王福鑫 史学月刊 97.5
明代金华府市镇探微 陈国灿 社会科学论坛 97.3
明代苏皖浙赣地区的杂粮作物及其分布 王社教 中国农史 97.3
明代衡王府庄田 余同元 烟台大学学报 97.4
明代云南地主经济发展的特点 解炳昆 云南民族学院学报 97.3

明代的宗室犯罪　周致元　安徽大学学报　97.5
嘉靖时期的山东吏治与巡抚洪芳洲的吏治举措　余同元　烟台师院学报　97.3
明代葡萄牙殖民者对中国的侵略　张献忠　历史教学　97.10
明后期煮赈浅探　段自成、张远来　殷都学刊　97.3
论明代官场贪贿之风及其成因　陈晓光　辽宁广播电视大学学报　97.3
贵州宣慰使是明正统七年赐姓安氏的朱屏　贵州文史丛刊　97.4
略论明初海外镇山与郑和下西洋　何平立　上海大学学报　97.4
十六——十七世纪的中国社会：一个外国人看中国　萧平汉　衡阳师专学报　97.4
《明代外国官生在华留学及科考》质疑　郭培贵　历史研究　97.5
明代谏臣杨继盛弹劾严嵩底稿在美国哈佛燕京图书馆发现　文汇报　97.11 11
《明实录》修纂与明代政治斗争　谢贵安　武汉大学学报　97.1

清

试论清代的社区　张研　清史研究　97.2
论乾嘉学风对近代史家的影响　武吉庆　南开学报　97.3
论方苞与康雍时期的理学　暴鸿昌　中国史研究　97.2
清初治藏政策及其特点　成凯文　西北民族研究　97.1
试论清代雍正时期贵州的改土归流　余宏模　贵州民族研究　97.2
清代陕西婚俗地域分布的初步研究　张晓红　陕西师大学报　97.2
一部研究边臣疆吏的力作：《清代伊犁将军论稿》读后　李大龙　民族研究　97.5
清代苏州的慈善事业　王卫平　中国史研究　97.3
"唐船风说书"与流传在日本的乾隆南巡史料　华立　清史研究　97.3
清代官修史书与《大清会典事例》　乔治忠、王鸿雁　史学史研究　97.3
郑成功与妈祖信仰　黄炳元　福建学刊　97.4
略论郑成功取得厦门庚子海战胜利的原因　施伟青　学术月刊　97.9
略论洪承畴降清后的作用及评价　阎少华　河南教育学院学报　97.3
《乾隆御笔素尚斋诗轴》初探　黄柏权　广东社会科学　97.4
雍正惩贪探微　刘佩芝　冯会明　上饶师专学报　97.4
浅谈《明良记》中龚自珍的思想　周益锋　华夏文化　97.3
论黄宗羲的社会理想　贺福安　湘潭大学学报　97.4
阮元与《宛委别藏》　陈东辉　杭州师院学报　97.5
试论道光帝　张安东　安徽大学学报　97.5
论清代中国的东方明珠——浙江乍浦港　徐明德　清史研究　97.3
清代雍正时期对贵州苗疆的开辟　余宏模　贵州民族研究
钦定藏内善后章程二十九条的形成与版本问题　张云　民族研究　97.5
嫩江县清代"崔家坟"二号墓区3号墓葬的清理　张鹏、刘淑华　黑河学刊　97.4
谈避暑山庄文物的保护和利用　冯亚平　承德民族师专学报　97.3
避暑山庄体现的清帝宗教思想　蒋秀丹　承德民族师专学报　97.3
避暑山庄烟波致爽殿的几幕历史活剧

韩利、袁丽坪 承德民族师专学报 97.3
清代中期两国边界问题的理论思考 姜龙范 延边大学学报 97.3
清代社会研究讨论会一瞥 世界宗教文化 97.4
清代内阁满文档案述略 吴元丰 满语研究 97.1
研究康熙的新成果:评《康熙帝本传》 孟昭信 社会科学辑刊 97.4
清游美学务处档案史料 中国第一历史档案馆 历史档案 97.3
清练兵处主要官员履历 中国第一历史档案馆 历史档案 97.3
同治初年清理乾天尤官号史料 中国第一历史档案馆 历史档案 97.3
天命后期八旗旗主考析 杜家骥 史学集刊 97.2
努尔哈赤与皇太极亡明辨 李治亭、王桂平 社会科学战线 97.3
乾隆朝整饬科举史料 中国第一历史档案馆 历史档案 97.3
郑成功、施琅统一台湾各有其功 王宏志 炎黄春秋 97.6
康熙帝倡谦肃贪述论 里明等 河南大学学报 97.2
康熙帝统一台湾斗争方略探析 季云飞 学术论坛 97.4
皇太极绥服漠南蒙古及其作用 白洪希 社会科学辑刊 97.4
略论努尔哈赤和皇太极的伦理思想 成积春 史学集刊 97.3
试论多尔衮与汉族知识分子的关系 彭勇 南都学刊 97.4
那彦成撰书《平定州东路修治石道碑》帖考 王振华 文物春秋 97.2
试论龚自珍《尊隐》篇 (韩)金庆国 江淮论坛 97.4
公羊三世说与龚自珍的古代社会史观 陈其泰 浙江学刊 97.3
黄百家科学思想和成就钩沉 杨小明 华侨大学学报 97.2
倭仁与晚清理学 史革新 中州学刊 97.4
杨守敬学术成就浅识 郗志群、陈建堂 光明日报 97.8.12
章学诚论辩 舒仁辉 浙江学刊 97.4
胡雪岩和胡雪岩像 周武 文汇报 97.8.12
乐山发现何绍基手书碑文 帅秉龙 四川文物 97.3
齐彦槐及所制天文仪器 张江华 文物 97.8
清代爱国将领林兴珠 张桂林 林建亭 福建师大学报 97.3
尹会一治豫述论 王珂 中州学刊 97.3
清初诸家赠王士禄册页 张茂荣 文物 97.6
清代西南移民会馆名实与耿能研究 蓝勇 中国史研究 96.4
"三王"续顺公所部"隶旗"考辨 谢景芳 北方论丛 96.6
清代台湾社会动乱原因与性质的分析 陈孔立 台湾研究集刊 96.4
1995年清史研究概况 杨珍 中国史研究动态 96.11
南开大学明清史研究室成立四十周年暨第三届明清史国际学术讨论会综述 史讯 史学集刊 96.4
别具一格的史学佳作:《康熙皇帝一家》读后 邓锐龄 清史研究 96.3
康熙朝"礼仪"问题的一件新发现文献:武英殿监修书官寄西洋人书并考释 王庆成 社会科学战线 96.6
有关乾隆后期北京高利贷的几件史料 中国第一历史档案馆 历史档案 96.4
清代引见履历档案的史料价值:以雍正朝为例 冯尔康 故宫博物院院刊

96.4
乾隆初西安巡抚崔纪强民凿井史料　中国第一历史档案馆　历史档案　96.4
康熙帝克己节俭兴盛世　郭永学　长白学刊　96.6
评施琅在维护祖国统一中的历史作用　杨亲华　社会科学　96.11
施琅以战逼和统一台湾的决策　陈在飞　台湾研究集刊　96.4
清代回族将领马进祥　马兴民、马苏坤　回族研究　96.4
刘墉为什么在大学士衔实授上屡屡受挫　张其凤　文史知识　96.7
略论吴其浚的治淮方略　王星光、杜心从　许昌师专学报　96.4
略论明遗民查继佐晚年生活之研究　区志坚　中国文化研究　96.4
1864年库车维吾尔农民起义及其与阿古柏匪帮的斗争　刘志霄　西域研究　96.3
清康熙敕建郑家庄王府考辨　韩光辉　中国历史地理论丛　96.2
清初两藩攻占广州史实探微　林子雄　岭南文史　96.3
清代台湾建省述论　季云飞　江苏社会科学　96.6
清代新疆汉民族的文化生活　齐清顺　新疆大学学报　96.4
记乾隆朝蒙地的封禁政策　刁书仁　史学集刊　96.4
坤宁宫为清帝洞房原因论　刘璐　故宫博物院院刊　96.3
清帝大婚礼的文化诠释　刘璐　中国文化研究　96.4
清代民间秘密宗教组织体系初探　濮文起　天津社会科学　96.4
清代民间教门起事浅析　孔祥涛　晋阳学刊　96.5
满洲族思想文化源流考　鲍明　山东师大学报　96.5
古莲池清代皇帝御制诗碑　郭峰、张媛　文物春秋　96.3
桐城古文学派与莲花池书院　魏际昌、吴占良　文物春秋　96.3
张裕钊主讲莲花池书院时的几封家书　王金科　文物春秋　96.3
论清代山东与辽东之间的海上运输　程美秀　辽宁师大学报　96.6
论道光十二年淮北票盐之制的实行　方裕谨　盐业史研究　96.3
清代滇粤"铜盐互易"略论　黄国信　盐业史研究　96.3
清代云南米价的上涨及其对策　王水乔　云南学术探索　96.5
清代湖广榷盐制度的演变　吕一群　江汉论坛　96.7
清代长江流域的农业开发与环保问题　吴敌　四川师院学报　96.6
从家谱资料试析清代登莱二府的人口迁移　赵发国　中国历史地理论丛　96.2
清代台湾的人口增长与土地开垦　马波、张瑞清　中国历史地理论丛　96.2
有关八旗生计措施　严爱景　中央民族大学学报　96.6
清朝治国重心的转移与靳辅治河　孙琰　社会科学辑刊(沈阳)　96.6
清中后期乡绅的社会救济(苏州丰豫义庄研究)　余新忠　南开学报　97.3
清代绿营的管辖区域与区域社会(以江南三角洲为中心)　(日)太田出　清史研究　97.2
乾嘉时期的社会变化与经世主张　黄爱平　清史研究　97.2
李颙早期启蒙思想简论　魏文青　山西大学学报　97.2
清乾隆时期收元教的流传　孙以东　历史档案　97.2
刍议清代藏区土司制度　曾国庆　西藏

研究 97.2
罗卜桑丹津《五台山旅行指南》成书、刊行年代考 阿尔丁夫 内蒙古社会科学 97.3
清代前期某些生产资料的运销 邓亦兵 首都师大学报 97.1
清代的钱粮征解与史治 陈锋 社会科学辑刊 97.3
论清代赋役制度的定额化特点 何平 北京社会科学 97.2
清代孔府土地经济形态研究 李三谋 山东师大学报 97.3
陈宏谋的一种重要经济思想 (美)罗威廉、伍艳萍译、钟国仕校 社会科学家 97.3
清前期经营东北的军事战略失误 王景泽 北方文物 97.2
雍正皇帝与秘密建储 薛瑞录 中国青年报 97.5.26
清室姻亲小议 孙德昌 辽宁大学学报 97.3
清代宗室贵族的封爵与谥号 程大鲲 兰台世界 97.4
清朝的回避制度 刘战 辽宁大学学报 97.3
清前期社会调控的几个特点 赵云田 光明日报 97.5.27
清代治理“老瓜贼”问题初探 常建华 南开学报 97.3
试论绅权 郝秉键 清史研究 97.2
试论后金时期的蒙古八旗的形成 赵琦 内蒙古大学学报 97.3
乾隆初粤闽湘赣抢米遏籴史料(下) 中国第一历史档案馆 历史档案 97.1
乾隆朝重修辽、金、元三史剖析 (香港)何冠彪 蒙古学信息 97.1
宗扎布案满文译稿(待续、续完) 中国第一历史档案馆 历史档案 97.1.2
清初划一升斗史料 中国第一历史档案馆 历史档案 97.2
康熙初年平寇将军石华善告示 中国第一历史档案馆 历史档案 97.2
可贵的探索、难得的成果:评王冬芳《满族崛起中的女性》 杜家骥 史学集刊 97.2
一本《钱南园传》,半部乾隆朝政治史:读朱桂昌教授《钱南园传》札记 李尚英 中国社科院研究生院学报 97.3
《刘廷哲执照》相关问题考 杨海鹏 北方文物 97.2
二十世纪清代学术思想史研究之回顾 王俊义 中国社科院研究生院学报 97.3
乾隆家世新证 华锡初 苏州大学学报 97.2
康熙帝的决策思想 胡星斗 决策与信息 97.5
康熙拔人二题 孔金平、王明志 中国人才 97.5
论康熙的尚廉思想 时保吉 殷都学刊 97.1
皇太极与火炮 李鸿彬 历史档案 97.2
清代女科学家王贞仪 李敏 中国科技史料 97.2
乾嘉朴学传黔省,西南大师第一人:郑珍学术成就表微 吕友仁 河南师范大学学报 97.2
戴名世死因新说 卢佐诚 武陵学刊 97.1
论枢臣鄂尔泰 赵秉忠 辽宁师范大学学报 97.3
“世界第一”的中国之主:论嘉庆帝 陈辽 南通师专学报 97.1
乾隆末湖北孝感富户活埋抢粮农民案 中国第一历史档案馆 历史档案 97.2
清代清海的城市建设与商业经济 陈新海 青海民族学院学报 97.2
清初、中期黑龙江人口、民族构成演变与

农业开发　薛子奇、王英利　黑龙江民族丛刊　97.1
清初嫩江流域的早期开发　周喜峰　黑河学刊　97.1
我国历史上开发中西部的成功典型：清初开发自流井盐业的历史启示　陈然　贵州社会科学　97.3
清前期广州中英茶叶贸易　杨仁飞　学术研究　97.5
18世纪清政府禁教政策的确立与实施　宝成关　河北学刊　97.3
略述清代西藏递丹书克的有关问题　桑丁才仁　中国藏学　97.1
试论清代西藏递丹书克制　李凤珍　西藏民族学院学报　97.1
甘丹颇章政权初期的政教合一制　王献军　西藏民族学院学报　97.1
论清朝对藏区法制的立法思想和立法原则　陈光国　青海社会科学　97.3
《番例》——清王朝对青海藏区的特殊法律　何峰　青海社会科学　97.3
从《番例》看清王朝对青海藏区的管理措施　何峰　青海社会科学　96.6
论哈密达尔汉伯克额贝都拉　王希隆　民族研究　97.3
历世哲布尊丹巴呼图克图与清政府对喀尔喀蒙古人政策　祁杰　内蒙古社会科学　97.3
清政府对锡伯族的统治政策　吴元丰　黑龙江民族丛刊　97.1
"徽州朝奉"的俗语学考证　王振忠　中国社会经济史研究　96.4
清前期奢靡之风述论　李景屏　清史研究　97.2
沈阳故宫藏银背壶考析　白洪希　社会科学战线　97.3
浅谈清代景德镇民窑青花瓷器　张云芳　南方文物　96.4
张惠言与常州经学　徐枫　杭州师院学报　97.2
段、顾之争与校勘原则　余敏辉　社会科学战线　97.3
论晚清知识分子思想观念素质的嬗变　苏全有、祝宪伟　河南师大学报　97.3
清代内务府包衣对清代文化的贡献　祁美琴　内蒙古社会科学　97.3
康乾之际禁南洋案探析（兼论地方利益对中央政策的影响）　郭成康　中国社会科学　97.1
论清代定额化赋税制度的建立　何平　中国人民大学学报　97.1
清代前期人口问题研究论略　周祚绍　山东大学学报　96.4
论康熙时期的吏治　黄健　重庆教育学院学报　96.4
论宁夏八旗驻防解体与民族文化融合　腾绍箴　宁夏社会科学　97.1
清代县制研究　郑秦　清史研究　96.4
试析清代幕业经济生活状况　郭润涛　中国社会经济研究
乾隆年间灾荒述略　王金香　清史研究　96.4
清代北京赈恤机构时空分布研究　韩光辉　清史研究　96.4
清代河南农业生产中的人地关系　马雪芹　陕西师大学报　96.4
清代长崎的同安商人及其贸易网络　戴一峰　中国社会经济史研究　96.4
乾嘉年间新疆的商业贸易研究　潘志平　西北民族研究　96.2
论道光中叶以后上海在徽茶贸易中的地位　张燕华、周晓光　历史档案　97.1
清代八旗子弟的家庭教育　韩大梅　辽宁师大学报　97.1
清前期东北满族教育探微　吴文博　辽宁大学学报　97.1
清初江西三大学派岐同述略　胡迎建　江西社会科学　96.12

梵蒂冈所藏中国清代长城图　唐晓峰　文物　96.12
清初马齐、马武、傅恒与孝贤皇后关系考辨　邓庆　社会科学辑刊　97.1
评道光皇帝的"清、慎、勤"　汤道富　龙岩师专学报　96.2
试论阮元对广东文化发展的贡献　关汉华　广东社会科学　96.6
试论蓝鼎元的政治功绩与学术思想特色　刘青泉　清史研究　96.6
清代"破肚将军"蓝理述论　王政尧　清史研究　96.4
严如熤及其经世文献的价值　蓝勇　清史研究　96.4
纳兰性德与顾梁汾书　朱鉴珉　承德民族师专学报　96.6
施琅——郑成功伟大事业的继承人　唐文基　福建师大学报　97.1
陈榕门宦海黜陟心态钩沉　冯力行、唐国英　桂林市教育学院学报　96.3
善驭群臣的康熙皇帝　王明志、王竹菊　行政论坛　96.6
雍正面斥汤倓的启示　周胜良　中国行政管理　97.1
道光十年私造假照案概述　方裕谨　历史档案　97.1
宗扎布案满文译稿　中国第一历史档案馆　历史档案　97.1
魏裔介及其家族墓志综考　李建丽等　文物春秋　96.4
《卢氏墓志铭》解说　罗星明、陈子彬　承德民族师专学报　96.4
说张澍的《续黔书》　伏俊连　社科纵横　96.6
清代琉球唐人墓考述　谢必震　华侨华人历史研究(京)　96.3
王夫之论曹操　龚鹏九　船山学刊　97.1
王船山对湖湘文化中主变精神的承接及对近代湖南的影响　丁平一　船山学刊　97.1
罗马天主教会与中国礼仪之争　朱静　复旦学报　97.3
试论清朝的治藏方略　彭建英　西北史地　97.2
清代维吾尔文学及其特点　海热提江·乌斯曼　西北民族研究　97.1
清至民国时期政府行为在成就新疆双语中的作用　刘平　西域研究　97.2
试析清代前期的边疆民族政策　李双璧　开发　97.3
清代满族契约生活刍议　赵维和　抚顺社会科学　97.8
《康熙朝官送刘孟倬之任东藩》跋　杨仁恺　文物　97.8
热河宫廷文物迁运遭际　稷若　故宫博物院院刊　97.2
从存世文物看清代宫廷中的中西美术交流　聂崇正　文物　97.5
乾嘉汉学家的经学思维方式及其政治意义　陈寒鸣、杨菊芹　中国社科院研究生院学报　97.4
论黄宗羲与徐光启和刘宗周的西学观　徐海松　杭州师院学报　97.4
清代文字狱辨　赵志毅　东南文化　97.3
清代宝钱局在今毕节和大方　尹明芳　贵州民族学院学报　97.2
清代海商眼中的世界——《海录》　黄顺力　中国社会经济史研究　97.4
论清代大陆与台湾贸易各阶段的特点　黄福才　中国经济史研究　97.2
论清代商人资本的来源　封越健　中国经济史研究　97.2
试析清代四川井盐生产中的合伙法律关系　张洪林　现代法学　97.3
清代的造纸业　徐建青　中国史研究　97.3
从李之芳《赋役详稿》看清代赋税征课额的构成　何平　学术研究　97.6

谈谈清代的“耗羡归公” 陈伟桐 光明日报 97.8.12
19世纪30年代在华西人的中国人口观 郭小东 学术研究 97.7
再论“计丁授田”问题 赵令志 中央民族大学学报 97.4
略论清代东北八旗牧厂地的开放 刁书仁、东今顺 社会科学战线 97.4
论清前期苏松地区的仓储制度 吴滔 中国农史 97.2
论18、19世纪美国对台湾的侵略主张与活动 孙俊杰 河南社会科学 97.2
鸦片战争前殖民主义者对香港的侵扰 郑继江 中州学刊 97.3
关于澎湖癸亥海战的气候问题 施伟青 台湾研究集刊 97.2
清代帝后婚礼漫谈 李国荣 中国档案报 97.7.14
盛京清宁宫萨满祭祀考辨 白洪希 故宫博物院院刊 97.2
清代管理青海河湟地区方略简述 李建宁 青海民族学院学报 97.3
清代中央政府对大活佛转世事宜的管理 赵学毅、常为民 社会科学战线 97.4
雍正朝养廉银制度及其历史作用 邬文玲 文史杂志 97.4
清代的职官俸禄与廉政 赵慧峰、杨爱琴 中州学刊 97.4
浅论清代皇帝的朝服 童永纪 历史档案 97.3
清雍正年间的政区勘界 韩光辉 中国方域 97.4
道光时期胥吏违法问题 谢世诚 97.3
清初内务府及其与十三衙门的关系 祁美琴 清史研究 97.1
试论皇太极与大凌河之战 李鸿彬 史学集刊 97.1
从《令梅治状》看康熙年间的县政 柏桦 史学集刊 97.1
清雍正年间厄鲁特盟史事钩沉 佟佳江 内蒙古社会科学 97.2
东山与台湾关系学术研讨会综述 孙英龙 清史研究 97.1
纪念沈阳故宫博物院建院七十周年清前期文化国际学术研讨会综述 唐英凯 清史研究 97.1
巴黎发现《钦定满州祭神祭天典礼》满文本 人民日报 97.3.23
试析松筠《西陲总统事略》中经营农业生产的经济思想 何金山 内蒙古社会科学 97.1
台湾大天后宫《平台纪略碑记》述论 李玉昆 清史研究 97.1
一部有分量的学术著作:读《清代经济简史》 李华 清史研究 97.1
乾隆初年的吏治整顿 王勇 中国青年报 97.4.11
康熙治理黄淮、运对农业发展的影响 任重 中国农史 97.1
康熙皇帝的洋教师:南怀仁 郝镇华、许明戈 国际人才交流 97.3
沉默百年之后的回声:《陶澍评传》读后 廖双初 湖南师大学报 97.2
读周积明著《纪昀评传》 葛承雍 历史研究 97.2
从多民族国家的角度评价爱国主义历史人物:为纪念施琅逝世三百周年而写 苏双碧 福建学刊 97.1
“施琅”学术研讨会论文”:1. 从多民族国家的角度评价爱国主义历史文物(为纪念施琅逝世300周年而写) 苏双碧 清史研究 97.1
2. 施琅与清初统一台湾 王恩治、吕元骢 清史研究 97.1
3. 对立和统一(评施琅与郑成功之间的关系) 王宏志 清史研究 97.1
郝浴父子与奉天铁岭银冈书院 谢景芳 辽宁师大学报 97.2

清朝两湖“南北分闱”与湖南人才之兴起　彭大民　船山学刊　96.2
乾隆时英国马戛尔尼出使中国简介　汪光荣　华东经济管理　97.1
18世纪西洋人在测绘清朝舆图中的活动与贡献　秦国经　清史研究　97.1
清代前期的云南对外贸易　吴兴南　云南社会科学　97.2
论清政府与台湾郑氏集团的谈判和“援朝鲜例”问题　邓孔昭　台湾研究集刊　97.1
论清前期对外政策与中外通商：基于恰克图贸易实证分析　潘鹏飞　黑龙江财专学报　97.1
对清代封禁东北政策的再认识　王景泽　东北师大学报　97.2
清朝雍正年间滇西南地区的改土归流　曹相　云南师大学报　97.1
论清初阿拉善和硕部与清政府的关系　徐晓萍　西北史地　96.3
明代贵州民族地域性研究　陈国生、杨晓霞　贵州民族研究　97.1
努尔哈赤时期科尔沁部与满洲的关系　汤代佳　西北史地　96.4
试论清朝前期贵州的土司制度　余宏模　贵州民族研究　97.1
清雍正粉彩团蝶碗与民国后挂彩仿品　吕成龙　收藏家　97.1
清永陵始建“万历二十六年说”正误　李凤民　社会科学战线　97.2
衡水市发现两件清代官方邮品　光明日报　97.4.10
清代紫禁城的排水系统　关精明　中国档案报　97.4.14
锦州发现百年穴藏贡酒　人民日报(海外版)　97.5.3
吉林大安县后宝石墓地调查　郭珉　考古　97.2
贵州首次乡试略　刘范弟　贵州文史天地　96.6
清代官方在妈祖信仰传播中的作用　杨永占　史学月刊　97.2
论清代的太谷教：从《老残游记》谈起　贾二强、王忠　陕西师大学报　97.1
《四库全书》与文字狱　张杰　清史研究　97.1
论满族形成时期的文化结构　胡凡　清史研究　97.1
清代的功名与富贵　杨国强　史林　97.1
康乾时期文化政策的复杂性及其对小说的影响　张国风　中国人民大学学报　97.2
清初文化政策及其影响　袁正平　文史杂志　97.2
清乾隆年间新疆新普尔钱的铸造流通及其作用　吴元丰　西域研究　97.1
略谈清朝的圈地与退地　于海君　承德民族师专学报　97.1
清代前期西南边疆地区商品经济的发展　方慧、徐中起　民族研究　97.2
清代州县储粮　李映发　中国农史　97.1
清代四川闽粤移民的农业生产　刘正刚　中国经济史研究　96.4
清代官俸制度及其特点　李志茗　华中师大学报　97.2
清代回避制度　吴兆清　故宫博物院院刊　97.1
清代皇后册立与八旗大姓氏族　刘潞　故宫博物院院刊　97.1
闲话清廷后宫问政　刘翔宜　中国档案报　97.1
清代康雍乾三朝平定边疆叛乱之分期比较研究　杨洪　四川师大学报　97.1
“盛世”的思虑：中国十八世纪研究中的对话与争鸣　高翔　中国史研究动态　97.2
清代新疆军府制度研究概述　管守新　中国史研究动态　97.6

从“立国”到“立人”：爱国主义从近代到现代的演进 王培元 社会科学辑刊 96.5
论中国近代赶超西方的急躁心理及其现代效应 彭大成 湘潭大学学报 96.5
当前近代史研究中的几个理论问题 刘大年 人民日报 97.1.11
中国近现代关于现代化问题的理论探索 张正明 学术交流 97.1
近些年来近代史人物评价的若干问题 郑师渠 北师大学报 97.1
中国近代爱国主义的发展阶段和基本特征 李福斌 黑龙江社会科学 97.1
论近现代中国革命与现代化的关系 徐成芳 辽宁教育学院学报 96.6
关于毛泽东的中国近代史论 姜铎 社会科学 97.1
关于晚清时期一些人物的评价问题 安言、温雨娴 高校理论战线 97.1
船炮、宪政、民主：百年巨变的中国近代化进程 薛其林 益阳师专学报 97.1
近代中国社会转型的发展趋势及其特征 刘伟 华中师范大学学报 97.1
对中国近代化历史进程的一点看法 李文海 清史研究 97.1
近代中国社会最主要矛盾辨析：兼与王付昌同志商榷 黄文典 广西大学学报 97.2
历史研究的新视野：“近代中国‘民众动员’的社会观念”研讨会补记 罗志田 社会科学研究 97.3
中国近代化历程纵横观 汪林茂 浙江社会科学 97.3
近年来中国近代史研究中的若干原则性争论 张海鹏 马克思主义研究 97.3
加强中国近代史的研究和教育：序《走什么路》 朱开轩 高校理论战线 97.5
论中国近代开放意识的社会历史特征 任淑艳 天津党校学刊 97.2
中国近代史研究传统模式及其变革刍议 陈新文 暨南大学研究生学报 97.1
民族意识与近代中国 贾同跃 江苏社会科学 97.4
以出世的精神做入世的事业：一个近代知识分子的生命形态 徐跃 重庆师院学报 97.2

(二)中国近代史

1. 总 论

略论近代爱国主义与中国近代化 李淑娴 银川师专学报 96.5
中国近代史研究学术座谈会发言选登
(1)中国近代历史运动的主题 刘大年
(2)认识近代国情的几个重大历史是非 李文海
(3)关于中国近代史研究中的殖民主义观点问题 汪敬虞
(4)什么是历史科学的创新 沙健孙
(5)究竟应该怎样看待帝国主义侵略 刘克祥
(6)对近代中国发展道路的两种回顾 程歗
(7)近代史研究应当有一个基本的立足点 郑师渠 近代史研究 96.6
改革开放是近代爱国主义思想的一条主线 刘宽民 理论导刊 96.4
清末西方资产阶级及文献传入与中国近代化 白克誉 图书馆界 96.4
略论中国近代迟缓发展的症结及诊治 林萃生 龙岩师专学报 96.2
胡光明 河北大学学报 97.1
不懈的斗争：中国近现代史上的悲壮一页 徐如俊、郑固固 人民日报 97.6.17①
晚清社会的阶级与等级 史革新 光明

日报 97.6.10⑤
清末最后一个状元究竟是谁 邱远猷 文史杂志 97.2
开展中国早期现代化的思潮研究 萧功秦 天津社会科学 97.3
王韬的"道器说"及近代中国史前途的认识 王守正 史学集刊 97.2
关于南京临时政府与《临时约法》的几个问题 邹小站 近代史研究 97.3
简评《军国民篇》 梁义群 安徽史学 97.2
穿越历史:《女性与近代中国社会》评介 徐榕 中国妇女报 97.7.16③
浅析民国初年政党政治失败的原因 缪国龙 学海 97.3
中国近代国家观念溯源:关于伯伦知理《国家论》的翻译 (法)巴斯蒂 近代史研究 97.4
中国近代自开商埠由思想到实践的发展 梁民愫 广西师大学报 97.2
自开商埠与中国城市近代化 刘文俊 广西师范大学学报 97.2
废科举、兴学堂与中国近代社会的转型 应星 战略与管理 97.2
美国传教士与鸦片战争后的"开眼看世界"思潮 王立新 美国研究 97.2
论中国近代城市产生发展中的几个特点 侯蕊玲 云南民族学院学报 97.2
近代中国无政府主义传播的原因新论 齐卫平 学术月刊 97.7
《南京条约》签订前之中国 陆水明 南京史志 97.4
近代湖湘爱国主义精神辨析 鼎三 船山学刊 97.1
《中国近代社会思潮》的方法论评析 邝柏林 哲学研究 97.6
近代辽宁犹太人述论 房建昌、李薇 辽宁师大学报 97.4
清末蒙古王公图强奏议概论 白拉都格其 内蒙古大学学报 97.4
论清末的官制改革 闫团结 唐都学刊 97.3
浅论清末新政的失败与中国现代化政治文明的起步 杨宁 南京政治学院学报 97.4
试析清末的"预备立宪" 江涌 船山学刊 97.1
近代中国人对立宪政治的文化误读及其历史后果 萧功秦 战略与管理 97.4
清末新政:历史进化中的社会圮塌 杨国强 史林 97.3
《南京条约》与中国士大夫散论 沈渭滨 史林 97.3
中国近代史上的五次北伐 王献甫、李达 中学历史教学参考 97.8
清同治年间奉天诰命在赵县发现 李永辉 文献春秋 97.2
新的课程、新的突破:读《粤、港、澳近代关系史》 赵立人 广东社会科学 97.4
清末的国际移民及其在近代上海文化建构中的作用 邹振环 复旦学报 97.3
试论近代北京的城市结构变化 袁熹 北京社会科学 97.3
中国革命中的台湾与大陆 周文顺 西北民族学院学报 97.2
近代中国社会控制系统与赌博之禁 涂文学 社会学研究 97.4
清代咸同年间同安、马巷的抗粮与械斗 郑剑顺 中国社会经济史研究 97.2
近代国际禁烟会议与中国禁烟 王金香 史学月刊 97.4
抵制美货运动时期中国民众的"近代性" (韩)金希教 历史研究 97.4
是"送"还是"求":马克思主义来到中国的根本原因辨析 李坚 社会科学辑刊 97.4
中国近代历史发展的时空因素 符啸

东南文化 97.3
华侨与黄花岗起义述论 任贵祥、吴北战 广东社会科学 97.4
晚清时期对灾因中社会因素的认识 康沛竹 社会科学辑刊 97.4
论近代湖南人才群的爱国主义思想和革命精神 陶用舒 益阳师专学报 97.3
地方自治:晚清新式绅商的公民意识与政治参与 马小泉 天津社会科学 97.4
中国早期资产阶级的价值观及其社会效应 乔志强、赵晓华 河北学刊 97.4
有关中国近代社会转型的几点思考 马敏 天津社会科学 97.4
辛亥革命时期的妇女斗争与中国近代化事业 李灿珍 求索 97.5
略评《中国近代史通鉴》 陈铮 光明日报 97.10.4⑤
试论清末内阁的产生及演变 何善川 淮阴师专学报 97.3
近代中国卫国战争对台湾社会之影响 周文顺 民族论坛 97.2
国际竞争与近代中国的反应及落伍 季荣臣 河南教育学院学报 97.3
中国近代的爱国主义 熊宗仁 贵州文史丛刊 97.4
权力聚散与中国现代化史的演变 马尚斌、王硕 辽宁大学学报 97.5
论辛亥革命前的改造国民性社会思潮 周建超 社会科学研究 97.5
试论晚清直隶总督参与外交 张振鹍 河北学刊 97.5
保路运动的历史启示(兼与萧功秦先生商榷) 周衡 战略与管理 97.4
近代城市发展的中国模式及其与美国城市化的比较 于云汉 学术研究 97.8
试论晚清江湖帮会的组织特征及演进轨迹 汪润元 河南师范大学学报 97.4
从社会学角度考察中国历史 北京日报 97.9.7④
关于近代中国资产阶级的历史地位和作用问题 胡滨 人文杂志 97.3
论辛亥革命时期的民族斗争 王令金 山东师大学报 97增刊
光绪宫禁两案 刘法绥 中国青年报 97.11.8⑧
简析《时局图》产生的背景及暗喻作用 兰芳群 黔东南民族师专学报 97.3
晚清政治为什么特别腐朽反动 唐凌 玉林师专学报 97.2
关于近代中国主战与主和问题的辨析 郑师渠 光明日报 97.8.19⑤
论爱国主义在中国历史上的几种主要表现形式 崔海滨 山东师大学报 97增刊
论辛亥前的改造国民性社会思潮 周建超 江海学刊 97.5
中国近代化历程学术研讨会述要 刘悦斌 光明日报 97.11.18⑤
关于中国近代史分期和基本线索问题的讨论 李平生 烟台大学学报 97.4
近代中国官员选任制度及其得失 关学增 史学月刊 97.5
由总理衙门设立看清朝中央权力争斗 郭幼茂 学术月刊 97.3
中国废除不平等条约的历史考察 王建朗 历史研究 97.5
试论近代移民对巩固中国边疆的作用 张根福 史学月刊 97.5

近代经济

谈北洋政府时期银两制度的改革 魏贻侃 宁德师专学报 96.2
近代甘青川康边藏区与内地贸易的回族中间商 马平 回族研究 96.4
近代云南三关贸易地位分析 郭亚非

云南师范大学哲学社会科学学报 96.5
论近代地主阶级改革派的对外贸易观 陈强、萧然 大庆高等专科学校学报 96.3
试析近代黑龙江流域的移民浪潮与经济开发 梁玉多 黑龙江社会科学 96.5
试论鸦片战争前后中国资本主义的生产关系 耒立成 宁夏教育学院·银川师专学报 96.5
近代湖南经济与湖湘人才关系 周辉湘 衡阳师专学报 96.5
治学不为媚时语:简评《晚清经济政策与改革措施》 段维 中国图书评论 96.10
清末民初吉林涉外经贸畸形发展管窥 薛篁 吉林大学社会科学学报 96.6
近代中国通商口岸研究——历史与现状 杜语 中国社会科学院研究生院学报 96.6
近代中国公司制度不发达原因探析 宫玉松 文史哲 96.6
中国传统社会生产结构对近代中国现代化进程的影响 江秀平 福建学刊 96.5
一个推进中国现代化的伟大设想:孙中山建立东方大港和开发扬子江流域经济述评 虞宝棠 上海大学学报 96.6
淮系集团与轮船招商局的创办 张勤 安徽教育学院学报 96.4
宁波帮传统优势行业的转型:鸦片战争后宁波帮近代化的标志之一 周静芬、张孟耸 浙师大学报 96.6
近代上海航运发展与城市变迁 凌弓 社会科学 96.12
清末商会兴商学活动述论 赵洪宝 历史档案 97.1
咸丰朝户部钞票舞弊案研究 唐晓辉 清史研究 96.4
清末商标立法述论 熊秋良 湖南师大社会科学学报 97.1
北京民国政府时期铁路外债述略 孙永松、蔡佳伍 中国社会经济史研究 96.4
清末关于利用外资的一场是是非非:评“收回利权”运动 (日)石田琢智 探索与争鸣 97.1
晚清各省铸造银圆史料选辑(上) 中国第一历史档案馆 历史档案 97.1
清末北京的华资银行 司马城 历史档案 97.1
近代中国的两合公司与股份两合公司 李玉 贵州师大学报 97.1
近代江南地区的资本集团与区域发展 孙海泉、马俊杰 江海学刊 97.1
上海钱庄的弊端及其资本主义化 郭志芹 苏州大学学报 97.1
北洋外债简论 金普森 浙江社会科学 97.1
光绪末年的吉林省渔业状况 吉林省档案馆 历史档案 97.1
中国近代农产商品化的发展与米市的形成 徐正元 安徽史学 97.1
对外贸易与近代国货产销 樊卫国 史林 97.1
民初纸币问题探析 刘海军 四川金融 97.2
中国近代中央银行体制演变刍议 刘慧宇 民国档案 97.1
论近代早期资产阶级改良派的市场意识 李自茂 南昌大学学报 97.1
评马敏著《官商之间——社会巨变中的近代绅商》 王光明 历史研究 97.2
梦想还是理想:从孙中山关于武汉近代化建设蓝图看《实业计划》的可行性 严昌洪 近代史研究 97.2
论甲午战后国人公司意识的觉醒 李

玉、熊秋良 社会科学辑刊 97.2
从云南的半开银元看近代中国的币制 赵仁平 云南学术探索 97.2
晚清重商主义与西欧重商主义 张步先、苏全有 河南师范大学学报 97.1
清末内债的举措及其后果 周育民 学术月刊 97.3
试论近代中国的土地占有关系及其特点 朱玉湘 文史哲 97.2
论本世纪初江苏现代化的启动及其经济环境 张海林 南京社会科学 97.4
略论北洋政府时期的银行业 徐进功 中国社会经济史研究 97.1
略论中国近代农村雇佣关系的异质 池子华 河北大学学报 97.2
论近代中国的银汇波动与对外贸易 张九洲 史学月刊 97.3
路、里、楼——近代上海商业空间的拓展 罗赤文 史林 97.2
中国近代公司制度史：史学领域的一块处女地 李玉、熊秋良 社会科学研究 97.4
民初盐务改革与近代化问题论析 刘经华 江汉论坛 97.5
试论帝国主义侵略与中国近代经济发展 张玉乔 北京联合大学学报 97.2
19世纪末叶外国在华银行的投资活动 汪敬虞 近代史研究 97.4
沙俄对中国东北的资本输出 殷剑平 西伯利亚研究 97.2
中国近代早期市场意识初探 陈明太 苏州大学学报 97.3
关于近代中国外债史研究对象的若干思考 吴景平 历史研究 97.4
清季第一次设厂高潮始于甲午战前 罗肇前 福建论坛 97.4
关于美商旗昌轮船公司的几个问题 史春林、李秀英、曹长久 社会科学探索 97.4
汕头开埠以来的华侨投资 黄绮文 汕头大学学报 97.2
略论近代江南市场经纪人 单强 苏州大学学报 97.3
近代江南庙会经济管窥 小田 中国经济史研究 97.2
近代商人与中国社会转型(序“东方商旅丛书”) 章开沅 天津社会科学 97.4
庚子赔款的债务化及其清偿、“退还”和总清算 宓汝成 近代史研究 97.5
官督商办酿苦果：有关开平煤矿被英商骗夺的思考 董增刚 首都师范大学学报 97.4
太平天国田赋制度的变革 刘秋霞 中州学刊 97.5
简论一战期间中日经济差异的原因 郑春生 温州师范学校学报 97.2
晚清货币制度演变述要 张国辉 近代史研究 97.5
论民国时期东北民族资本的三种形态 衣保中 吉林大学社会科学学报 97.5
近代中国经济史三阶段论 陈勇勤 人文杂志 97.4
近代中国向日支付战争赔款总值考 袁成毅 杭州师范学院学报 97.5
日本殖民渔业对旅大水产资源的独霸与掠夺 宋承荣、张庆山 辽宁师范大学学报 97.5
近代河北币制的变迁 戴建兵 河北经贸大学学报 97.4
上海开埠是宁波帮近代化的机遇 周静芬 浙江师大学报 97.4

近代政治社会

论民国初年议会政治失败的原因 王业兴 历史档案 96.4
孙中山时代华侨的祖国认同 罗福惠 近代史研究 96.6

清王朝仿行立宪失败原因探析　海冬青、卿定文　益阳师专学报　96.4
近代中国的两个世界：一个内地乡绅眼中的世事变迁　罗厚立、葛佳渊　读书　96.10
近代中国民族主义思潮简论：学习马克思主义经典作家关于民族问题论述的体会　田亮　历史教学问题　96.5
清末教育行政机构的改革　汤钦飞、杨忠红　云南社会科学　96.5
简论近代中国先进知识分子的作用　汲广运　山东师大学报　96.增刊
近代华北农村基层政权的变迁　王建国　山西大学学报　96.4
对近代社会集团的研究应不断深化：《淮系集团与近代中国研究丛书》前言　安徽省社科院淮系集团研究中心　安徽史学　96.4
"滦开合并"新探　汪志国　天津师大学报　96.5
论中国早期的"防御型现代化"　闾小波　江海学刊　96.6
关于中国近代史开端之辨　全林中　赣南师范学院学报　96.3
评中国现代化史上的"西化论"　段建海　渭南师专学报　96.4
清朝末年的变革与中国现代化之思考　田晓红　晋阳学刊　96.6
由沈、荣之争看影响晚清政局演变的两个因素　林文仁　史学集刊　96.4
试论中国近代知识分子接受实用主义哲学的途径和程度　黄岭峻　史学集刊　96.4
资治篇：甘肃近代移民成败分析　曾雪梅　发展　96.12
从清政府对西洋教态度的变化看中国近代社会的半殖民地位　朱云鹏、卢国强　柳州师专学报　96.4
认识近代国情的几个重大历史是非　李文海、杨东梁　高校理论战线　96.10
孙中山关于执政党如何继续保持革命精神的思想　张寄谦　北京社会科学　96.4
民生主义的真谛　何兹全　北京社会科学　96.4
浅析《政府说》的思想特征　周术槐　贵阳师专学报　96.4
孝道伦理与近代政治　李愈合等　广州体育学院学报　96.增刊
晚清总理衙门的性质和历史作用　杜耀云、杜华　山东师大学报　96.6
简评中国近代思想家对过剩人口问题的解决方案　姜敬豫　河南师范大学学报　96.6
对"历史"的困惑　刘哲　东方艺术　96.5
"行易知难"：勇于探索勇于实践的革命精神　李永伦　云南学术探索　97.1
"清末新政"通论　周积明　求索　96.6
清末"保路运动"的再反思　萧功秦　战略与管理　96.6
晚清台湾社会的转型及其特征　李祖基　厦门大学学报　96.4
简评清末新政的历史作用和地位　温哲君　惠州大学学报　96.1
论近代玉树纷争　邓慧君　青海社会科学　97.1
试探早期的中国学生运动　张惠芝　河北师院学报　97.1
晚清荒政思想简议　谢高潮　晋阳学刊　97.1
《绥远奏议》简评　李玉伟　内蒙古社会科学　97.1
再论民族资产阶级政治实践失败的原因　李建勇、郭志聪　山西大学学报　97.1
晚清国民参政意识论略　周其厚　史学月刊　97.1
近代时期西南地区近代化问题的历史考察　谢本书　云南学术探索　97.1

中国人天朝观的破灭与主权观的产生　胡玉海　社会科学辑刊　97.1
救亡图存与天演图说　马克锋　福建论坛　97.1
史学界对清末民初政局的新审视　赵书刚　理论前沿　97.2
清末科举制度变革考　别必亮　杭州师范学院学报　97.1
民族危机与思维转型(论甲午战后中国社会思潮的转向)　马克锋　广东社会科学　97.1
光绪皇帝“密诏”的真伪问题　侯杰、勾伟欣　历史教学　97.3
庚子孙李关系与中国政局　苑书义　河北学刊　97.2
论甲午战后国民社会心理的嬗变　韩小林　嘉应大学学报　97.1
近代华北农民政治心态中的二重变题　邓德艾　学术论丛　97.2
关于民国元年参议院风波的几个问题：与胡绳武先生商榷　李学智　近代史研究　97.1
论庚子中国议会　桑兵　近代史研究　97.2
清末新政立宪革命三者关系简论　董丛林　光明日报　97.5.6⑤
近代江南农民负担论析　小田　中国农史　97.1
从《大清新刑律》看中西法律的冲突与融合　周少元　江苏社会科学　97.2
妥协投降换不来现代化：驳某些人对鸦片战争的反思　古清生　山西发展导报　97.4.11③
南京临时参议院弹劾案风波　李学智　近代史研究　97.2
中国近代民主政治思想发展轨迹探微　王春聆　甘肃政法学院学报　97.1
辛亥革命前后“家庭革命”论的提出　尹美英　济宁师专学报　97.1
晚清湘赣边界基层社会结构的演变　潮龙起　江西社会科学　97.3
评《近代中国社会思潮》　光明日报　97.4.15⑤
从康有为上书看中国知识分子政治意识的觉醒　宋德华　求索　97.2
要现代化必须改造国民性：谈晚清新民思潮　喻大华　探索与争鸣　97.4
中国城市管理走向近代化的里程碑：略论新发现的《清末北京城市管理法规》　田伟　北京日报　97.4.28⑦
历史是非不容混淆　黎仁凯　河北日报　97.5.13⑥
民国初年广东社会阶层变动简析　丁旭光　广东社会科学　97.1
被疏忽的研究课题：《民权初步》(孙中山关于民主参政基地规范的构建)　徐梁伯　江海学刊　97.2
清末新政与中国现代化进程　忻平　社会科学战线　97.2
从君宪到共和(论伍廷芳的政治制度思想)　李忠兴　学术月刊　97.4
近代中国政府和人民维护南海诸岛主权概论　吕一燃　近代史研究　97.3
近代反侵略斗争中的台湾与祖国　周文顺　东北师大学报　97.3
维新派与中国妇女解放　张媛　史学集刊　97.2
清末民初京津冀城市化快速进展的历史探源与启示

近代军事

袁世凯与中国陆军近代化　詹素平　吉安师专学报　96.3
湘、淮派系因素与晚清海军、海防　董丛林　河北师院学报　96.4
晚清兵魂再造与近代军人意识的觉醒　熊志勇　东方　96.6
试析冯系军人的倒戈　李国华　泰安师专学报　96.4
从《曾胡治兵语录》看蔡锷对曾国藩治军

思想的敬重与推崇 成晓军 贵州文史丛刊 96.6
晚清社会变迁中的军人集团研究论纲 熊志勇 荆门大学学报 96.4
段祺瑞的私人武装"参伐军" 杨德才 民国春秋 97.1
论庚子大沽口之战 戚其章 近代史研究 97.1
留学生与晚清海防事业的近代化 刘一兵 徐州师院学报 96.4
洋务派的国防意识和清军近代化 赵葆惠 齐鲁学刊 96.6
论湘军集团 王继平 湘潭大学学报 96.6
近代军人社群崛起与传统"四民"结构的整合(以晚清社会变迁为视点) 熊志勇 人文杂志 97.1
大沽炮台兴废始末 刘秉荣 中国青年报 97.4.4⑧
近期淮军研究述评 汪天亮 社会科学动态 97.3
论清末的军事学校 姚琦 社会科学辑刊 97.2
清末巡警制度述论 帅建祥 四川师范学院学报 97.2
中国近代军事工业布局的发展变化述论 何玉成 四川师范大学学报 97.2
论清末警政演变的历史轨迹 黄晋祥 社会科学家 97.2
中国近代退伍军人安置问题初探 皮明勇 社会学辑刊 97.3
中法山西之役始末 黄振南 广西社会科学 97.2
军事权威主义与辛亥以后的秩序重建 熊志勇 江西社会科学 97.5
中国近代对外战争的称谓应规范化 徐修宜 安徽史学 97.2
关于阳夏战役研究中若干问题的辨析 苏全有 中州学刊 97.3
北洋军阀统治时期兵变原因探析 冀满江 历史档案 97.3
清末陆军学堂 朱建新 历史档案 97.3
湘军淮军异同论 王继平 求索 97.5
简论北洋海军 王秀杰 齐齐哈尔社会科学 97.4
湘军与哥老会 吴善中 江海学刊 97.5
论民国初期的山东军阀 吕伟俊 文史哲 97.5
近代的团练和团练制度 黄细嘉 历史教学 97.10

近代文化思想

乡规民约与近代桂东南社会 白正骝 广西社会科学 97.3
清末的海上画派和岭南画派 李毅峰、韩玉霞 历史教学 97.7
略论晚清上海新型文化人的产生与汇聚 熊月之 近代史研究 97.4
墨海书馆与西学传播 李斌 贵州社会科学 97.4
近代中国教会大学的历史作用 戚洪 徐州师大学报 97.2
洛阳存古阁及其藏石 赵振华、黄伏苓 考古与文物 97.4
论社会心理对近代中国知识分子群体转型的影响 陈蕴茜 南京大学学报 97.3
西学东渐与"中体西用" 陆炎 人民日报 97.9.13⑩
广搜博采,精考细订:论乾嘉学风对近代史家的影响 武吉庆 安徽史学 97.3
谈庚子赔款和清华学堂 李友唐 北京社会科学 97.3
传统学术的递嬗与近代湖湘文化的崛起 麻天祥、吴仰湘 益阳师专学报 97.3
湘军与晚清传统教育 高照明 益阳师

专学报　97.3
晚清上海地区学术史述论　张敏　史林　97.3
试论近代广西宗法文化的变异性表现及其批判继承　钱宗范　广西师范大学学报　97.3
论晚清佛教的复兴　徐永志　中州学刊　97.5
帝国主义文化强盗对近代中国的三次文化劫掠　武承明　甘肃教育　97.7/8
略论咸同之际的士绅武化效应　熊志勇　中州学刊　97.5
中国早期启蒙思想说略　孙希国、刘玉建　湖湘论坛　97.5
近代江南茶馆与乡村社会运作　朱小田　社会学研究　97.5
《景教碑》移藏西安碑林经过　路远　文博　97.5
中国近代民主思想简论　刘青　辽宁师范大学学报　97.5
近代“新学”的民族定位　王先明　光明日报　97.10.4⑤
晚清知识分子的对外开放思想　黎仁凯　光明日报　97.11.18⑤
“中体西用”与“体用不二”:近代两种中西文化结合模式之比较　李承贵、江泰然　上饶师专学报　97.4
从反洋教斗争看近代中西文化冲突　唐毅　文史杂志　97.5
近代外国教会在潮汕的办学活动及其影响　苏文纪　汕头大学学报　97.5
近代来华传教士的文化效应　赵慧峰　烟台师范学院学报　97.4
鸦片战争后的甘肃文物遗存　乔楠　丝绸之路　97.5
清末新政与兴办女学　余丽芬　团结报　97.10.25②
晚清教案中的习俗冲突　程歉、张鸣　历史档案　96.4
民国初年绥远地区汉族民俗概览　牛敬忠　内蒙古大学学报　96.6
略论中国近代的女学教育　王雷　沈阳师范学院学报　96.4
民初广东共和时期的文化教育　周兴樑　中山大学学报　96.5
晚清民国时期的国学研究与西学　桑兵　历史研究　96.5
中国近代义务教育发轫年代问题　熊贤君　华中师范大学学报　96.6
晚清报刊的发展历程　李倬字、钱培荣　杭州大学学报　96.4
西学东渐与中国近代教育的变革　周可桢　广东教育学院学报　96.4
中国传统文化与三民主义的产生　武军　淮北煤师院学报　96.4
19世纪中后期变革科举思潮述论　刘新民　荆门大学学报　96.4
清末民初学制变革中的江浙族学　韩凝春　天津师大学报　96.6
试论中国近代以来先进分子思维方式演化轨迹　李爱华　东方论坛　96.3
晚清知识分子的悲剧(从陈鼎和他的《校邠庐抗议别论》谈起)　孔祥吉　历史研究　96.6
甲午战后50年间留日学生的日本观及其影响　李喜所　社会科学研究　97.1
中国近代教会女学述论　吴洪成　西南师大学报　97.1
江南“铜井寄庐”藏书考略　刘汉忠　江苏图书馆学报　97.1
略论晚清学术界的尊颜与反颜之争　陈居渊　河北学刊　97.1
近代城市中的文化张力与“视野交融”:清末上海“双视野人”的分析　梁元生　史林　97.1
近代中国关于精神文明思想的启迪　魏文青　理论探索　97.1
湘军与晚清文化秩序的重建　高照明　东南文化　97.1

庚款留美学生与近代中国高等教育　张振助　高等师范教育研究　96.5
浙江知识阶层的觉醒与清末兴学　仲玉英　史林　97.1
晚清文化思潮的演进　吕炳丽　光明日报　97.4.15⑤
中国近代唯科学主义思潮新论　段治文　天津社会科学　97.2
中国近代女子教育思想论析　李忠康　山西师大学报　97.2
论岭南晚清文化特质　汪松涛　岭南文史　97.1
梁启超在构建近代史学理论体系上的贡献　陈其泰　史学理论研究　97.2
对于文化保守主义的检省　马庆钰　中国人民大学学报　97.3
晚清社会转型的教育需求与教会教育的演变　余子侠　华中师大学报　97.3
考证学与中国近代史研究　祁龙威　扬州大学学报　97.1
近代湖湘民主思想与闽粤江淮两地民主思想之比较　沈其新　求索　97.3
近代中国维新派婚姻观透视　梁景时　东方论坛　97.1
论欧战后中国社会文化思潮的变动　郑师渠　近代史研究　97.3
略论近代上海佛教文化　葛壮　复旦学报　97.3
思想启蒙与近代中国妇女的观念更新　张媛　河南大学学报　97.3
文化冲击、革命与近代宗族社会(以近代湖北黄州宗族社会为例)　林济　华中师范大学学报　97.3

近代民族

民国初年北洋政府招抚鄂伦春族的活动　刘金明　黑龙江民族丛刊　96.3
魏源史学中的"多民族凝聚"倾向　任嘉禾　黑龙江民族丛刊　96.2
浅析民国初年鄂伦春族的军事组织　刘金明、麻晓燕　黑龙江民族丛刊　96.4
论左宗棠对新疆的经济开发与建设　牛济　人文杂志　96.6
阜海与清末民初内蒙古东部政局变化　白拉都格其　内蒙古大学学报　97.1
日据时期的台湾少数民族　陈国强　清史研究　96.4
清末新疆新政述论　赵云田　新疆大学学报　97.1
清末民初的边疆危机与鄂伦春族教育　隋丽娟　北方文物　97.1
近代中国西部边疆变迁的原因　王红蕾　西北史地　96.3
台湾出版的研究清代回民起义的三部著作　李松茂　青海民族研究　97.1
近代内蒙古的犹太人　房建昌　阴山学刊　97.1
清末民初北京旗人社会的变迁　张福记　北京社会科学　97.2
新疆近现代政府对哈萨克族的统治　张岩　西北史地　96.1
清政府收复新疆再评　罗文华　湖湘论坛　97.3
沙俄占领伊犁时期锡伯族人民的反抗斗争　赵天　新疆教育学院学报　97.1
近代西南少数民族起义军民族政策探析　李全中　民族研究　97.4
蒙古族人民在鸦片战争中的光辉一页　格尔玛、阎梅　新疆日报　97.8.15⑧
藏羌健儿抗英战东南　史林　民族　97.8
同治回民起义后西北地区人口迁移及影响　侯春燕　山西大学学报　97.3
辛亥革命前贵州社会的变化及少数民族的觉醒　程昭星　贵州社会科学　97.5

近代中外关系

日本在《马关条约》签订的前前后后　唐

萍 盐城师专学报 96.3
“甲戌台湾危机”时中日军力对比 罗肇前 福建论坛 96.5
近代中国留日学生史的起点和他的周边 (日)细野浩二;晓舟译 历史教学问题 96.5
近代中国留日与留美运动之比较 薛玉胜、杨学新 日本问题研究 96.3
中日两国近代工业化道路分歧浅析 管宁 日本研究 96.3
浅谈中日现代化启动成败之缘由 孔令艳 锦州师专学报 97.2
论晚清对日外交 赵润生、张礼恒 聊城师范学院学报 97.2
1874年日本出兵台湾探析 孔凡岭 台湾研究 97.2
浅析《中日共同防敌军事协定》的出笼和实施 张惠芝 河北大学学报 97.2
略论日俄争夺旅顺口 王春良 历史教学问题 97.2
日据初期台湾稻米输日问题研究 周翔鹤 台湾研究集刊 97.1
论日本帝国主义对中国的鸦片侵略 黄明华 江苏社会科学 97.1
中国留日学生与祖国的历史命运 张海鹏 中国社会科学 96.6
甲午战争以前中朝宗藩关系和中朝日对朝鲜藩属问题的争论 (韩国)金在善 四川师大学报 97.1
英国对华鸦片贸易的起因、扩展与衰落 邢广丛、王学红 安庆师院社会科学学报 97.3
民国时期的留英学生与中英科技交流 元青 历史教学 97.8
十九世纪后期英国觊觎云南之原因 包黎 云南教育学院学报 97.4
英国与天津教案 赵润生、赵树好 人文杂志 97.3
《曾侯致英夷威妥玛》的发现和考证 王庆成 中国社会科学院研究生院学报 97.4
英法联军入侵北京与《北京条约》的签订:从清朝档案谈起 泰国经 北京日报 97.7.13④
历史上中国第四个英租界 陆潮洪 南京史志 97.4
《南京条约》对近代中国社会的影响 何亦农、马志刚 人民日报 97.7.26⑥
《中英南京条约》与“番妇”来华 吕美颐 历史教学 97.6
《南京条约》订立前后的“夷务”争议与民族觉醒 刘学照 民国档案 97.2
九龙城寨与中英关系 郭家宏 民国档案 97.2
英国与近代中国的不平等条约 李育民 湖南师范大学社会科学学报 97.2
中国近代史上英国侵华罪行述略 饶珍芳 杭州师范学院学报 97.2
试论《南京条约》 邓卫中 贵州文史丛刊 97.1
《南京条约》与中国近代化的启动 戚其章 东岳论丛 97.2
十三世达赖喇嘛在西藏抗英战争中的功过新论 贾英波、王春焕 西藏民族学院学报 96.4
英国与甲午战争 赵树好 学海 97.1
《中英南京条约》立约始末 许亚洲 文史精华 97.3
鸦片战争前英国对华政策述论 刘春蕊 青岛师院学报 96.3
英国外交部中文档案与林则徐研究 杨回桢 近代史研究 97.1
近代英国对华鸦片贸易的主要利益 刘淑敏、胡赤军 96.6
赫德与近代中国不平等条约 康之国 河南教育学院学报 96.3
中西文化观念的一次软碰撞:对英使觐见乾隆及其活动的评析 李灿明 社会科学探索 97.2
1917年北洋政府对德断交宣战史料三件

中国第二历史档案馆 民国档案 97.1

寻找世纪的交接点:在德国对清末“出洋考察”的调查手记 夏白鸽 中国青年报 97.3.18⑧

德国皇家吐鲁番考察队综述 陈海涛 西北史地 97.1

论德皇威廉二世在义和团时期的对华政策 姜德昌、周小粒 外国问题研究 97.1

近代在中国的德国基督教传教团 李乐曾 德国研究 97.3

法国侵略越南初期的对华态度与清政府的最初反应 倪腊松 贵州师大学报 96.4

法国与第二次鸦片战争 葛夫平 近代史研究 97.1

法国政府对留法勤工俭学运动的立场和态度 霍益萍 近代史研究 97.1

中法战争期间赫德“业余外交”研究 陈文桂 近代史研究 96.6

美国退还庚款始末 刘正祥 文史杂志 96.6

近代中国首批留美幼童的成就及其意义 王善中 晋阳学刊 97.4

《中美华工条约》 韦爱军 解放军报 97.8.6⑥

由“合作”到“开放”:19世纪后半期美国对华政策浅论 于建胜 青岛大学师范学院学报 97.1

宣统年间清廷遣派赴美留学生史料选 中国第一历史档案馆 历史档案 97.2

近代基督教传教运动与美国在华商业扩张 王立新 世界历史 97.2

“庚款留美”学者在推动中国政治民主化进程中的作用 徐鲁航 汕头大学学报 97.2

近代中印西段边界史略 房建昌 历史研究 97.5

关于中印边界东段的几个问题 吕昭义 历史研究 97.4

试论孙中山联俄后的联英活动 张北根 史学月刊 96.6

评中苏早期外蒙古问题之交涉 孙才顺 淮北煤师院学报 97.1

中国与新加坡的早期贸易往来 聂德宁 近代史研究 97.1

广东人在加拿大 黄启臣 中山大学学报 97.5

澳大利亚华人社团的历史考察 张秋生 华东师范大学学报 97.4

李鸿章遣使赴罗马教廷及蚕池口教堂迁移案 顾卫民 上海教育学院学报 97.1

晚清传教士对中国文化的研究 吴梓明、陶飞亚 文史哲 97.2

关于近代反洋教斗争的几个问题 林华国 河北大学学报 97.1

外交书话 周劭 读书 96.11

胶澳战争前夕袁世凯政府的外交政策述评 黄尊严 齐鲁学刊 96.5

论清政府在新法铁路交涉中的外交姿态 陈磊、杨贺 社会科学辑刊 97.1

帝国主义的侵略给近代中国带来了什么? 晓静 真理的追求 97.2

浅析近代江苏留学活动的不平衡 姜新、马明周 徐州师范学院学报 96.4

《江华条约》与清政府 王如绘 历史研究 97.1

略谈晚清中外不平等条约中的最惠国待遇条款 王国平 江海学刊 97.1

论清末华侨认同的变化和民族主义形成的原因 北国土 中山大学学报 97.2

近代鸦片战争输入与白银外流 霍有光 中国青年报 97.5.1③

近代中国利权丧失的另一种因由:领事裁判权在华确立过程研究 郭卫东

近代史研究 97.2
中国近代史上独立自由外交的先例 陈业强 学术论坛 97.1
试论晚清聘用洋员的指导思想 向中银 安徽史学 97.1
《岭南近代对外文化交流史》之评价 李吉奎 开放时代 97.2
浅评蒲安臣使团出国访问的历史作用 温哲君 惠州大学学报 97.1
中国近代沿海港口开放时间考略 刘文君、王淑英 中国档案报 97.6.2④
简论中国早期外交近代化的延误 张瑾 民国档案 97.2
宣统二年归国留学生史料 中国第一历史档案馆 历史档案 97.2
幕僚与晚清外交 许金芳 安徽史学 97.2
不平等条约给近代中国带来的灾难 乔还田 光明日报 97.7.15⑤
论澳门"开埠"以来法律地位的变迁 訾从进 淮海文汇 97.6
近代中国的留学运动与社会近代化 丁清、王玉祥 徐州师范大学学报 97.2
近代外国驻汕头领事馆及领事考 房建昌 汕头大学学报 97.3
晚清外聘人才管理制度初探 向中银 社会科学研究 97.4
从《天津条约》到《北京条约》 杜才有 历史教学 97.7
略论近现代中国留学史的分期和中国留学生的时代使命 戴学稷、徐如 内蒙古大学学报 97.4
清季使节制度近代化后期的历史考察 危兆盖 江汉论坛 97.7
近代中国对西方外交制度的抗拒与适应 杨晓梅 北方论丛 97.5
近代中外关系的特征 高强 宝鸡文理学院学报 96.3
远东国际关系与清末东北新政 刘迎红 求是学刊 96.6
近代中国大规模的国际迁移:1840—1909 朱国宏 人口研究 97.1
中法战争前夕越南政府对广西移民的处置 罗素珍 学术论坛 96.5
从闭关自守到被迫开放的历史考察 胡小园 福建论坛 97.3
晚清外交官制及其俸薪制度的形成与变革 彭南生 华中师范大学学报 97.2

专 论

论湖南近代人才群体形成的标志 陶用舒 求索 96.5
中国近代的科学名词审查活动(1915—1927) 张大庆 自然辩证法通讯 96.5
1991—1995年中国近现代史研究概述 曾景忠 史学月刊 97.2
鸦片战争前夕的伶仃走私基地 郭小东 中山大学学报 96.6
何秋涛《朔方备乘》的史学价值与影响 王民、李永祥 福建学刊 96.6
北洋时期明清文件档案被盗卖真相 朱伟武 纵横 97.1
《在中国发现历史》新序 (美)柯文 历史研究 96.6
中国近代城市化内容探析 王瑞成 云南学术探索 97.1
清节堂前身是英玉府遗址不容置疑 鲁尧贤 安庆师院社会科学学报 97.1
《中国近代史学术史》的特色 肖谢 光明日报 97.3.25⑤
近代史研究的方法论问题 刘大年 求是 97.2
《国故论衡》校本引言 朱维铮 复旦学报 97.1
微山湖西岸移民述略 侯仰军、张勃 齐鲁学刊 97.2
京汉铁路与石家庄城市的兴起 田伯伏

河北大学学报 97.2
论近代华北农村的居住状况 饶明奇 史学月刊 97.4
清末贵州交通的发展 范同寿 贵州文史丛刊 97.4
清末民初的两次户口人口调查 米红、李树茁、胡平 历史研究 97.1
从啯噜到哥老会 吴善中 扬州大学学报 97.4
近代华北农村的论财婚姻 陈亚平、徐景庶 学术论丛 96.6
近代中国民事习惯在稳定家庭方面的社会功能 吕美颐 郑州大学学报 97.1
近代华北民间婚姻述论 徐永志、吕炳丽 河北师院学报 97.1
清末民初婚姻家庭变革运动的趋向 陈振江 南开学报 97.4
清末民初妇女运动研究述评 (韩)尹美英 青岛大学师范学院学报 97.3
中国近代妇女职业溯源 何黎萍 文史精华 97.8

2. 鸦片战争与香港

鸦片战争与近代中国(重温马克思关于鸦片贸易的论述) 苑书义 光明日报 97.6.3⑤
角度新颖,视野广阔:评《鸦片战争史》 邱远猷 文史杂志 97.3
帝国主义新析:第二次鸦片战争探索 (澳)黄宇和 近代史研究 97.4
鸦片战争与台湾 周文顺 学术研究 97.7
揭开中国近代史的序幕《鸦片战争评介》 戴辽 出版广场 97.3
鸦片战争扭曲了中国近代史的进程 黄启臣 广州师院学报 97.3
看马克思、恩格斯如何评述鸦片战争 詹世亮 世界知识 97.13
鸦片战争中广州升平社学、升平公所的抗英活动 刘泳唐 贵州文史丛刊 97.3
鸦片战争清朝军费考 茅海建 近代史研究 96.6
败在哪里:鸦片战争中的清军将帅 颜军 党史博采 97.8
论青州旗兵在镇江战役中的爱国壮举 孙长来 黑龙江民族丛刊 96.4
日本人看"鸦片战争" 鄢烈山 深圳商报 97.3.13
"广州体系"与鸦片战争 吴致谋 民国档案 97.2
鸦片战争与近代中国爱国主义 刘学照 历史教学问题 97.4
鸦片战争和中国人民的觉醒 佘明侠 淮海文汇 97.9
鸦片战争时期爱国诗潮简析 张德鸿 民族艺术研究 97.3
爱国情怀与天朝观念:试析两次鸦片战争之间岭南知识界的文化心态与社会舆论 赵春晨 学术研究 97.6
鸦片战争时期英国对华侵占地的目标转换 郭卫东 民国档案 97.2
鸦片战争时期的中英舟山交涉 郭卫东 历史教学 96.10
读《鸦片战争史》 邱远猷 人民日报 97.4.12⑥
英国侵占深圳图谋始末 余科杰 团结报 97.5.21②
鸦片战争与香港割让 萧致治 武汉大学学报 97.4
"鸦片战争与香港"国际学术研讨会在深圳举行 人民日报 97.6.1②
历史与现实的交融:"鸦片战争与香港"国际学术研讨会述评 张磊 学术研究 97.6
鸦片战争前后的香港 萧致治 文史杂志 97.3
香港与三个不平等条约 赵永艳 志苑

97.3
英占以前的香港并非不毛之地 刘蜀永 今日中国 97.1
英占以前的香港 刘蜀永 中国青年报 97.2.21⑧
英国是怎样强占香港地区的 萧致治 理论月刊 97.3
英国占领前的香港历史 刘蜀永 光明日报 97.6.16⑥
英国割占香港的真凭实据:清宫所藏三个不平等条约抄件 李国荣 团结报 97.7.12②
英国疯狂侵占香港始末 刘蜀永 中国青年报 97.3.21⑧
香港是如何被英国侵占的 黄玉兰 河北师范大学学报 97.3
英国为什么会选择强占香港 冯敏强 探索与争鸣 97.6
血与火的痛史:英国侵占香港始末 草莽、王杏珍 南京理工大学学报 97.3
百多年前的民族耻辱:英帝国主义割占香港始末 刘泽生 党史纵横 97.1
百年耻辱话香港:香港是怎样被英国强占、强租的 悦健 福建党史月刊 97.2
英国割占香港——旧中国屈辱的象征 张海鹏 党建研究 97.7
英国侵占香港的四个步骤 陈桂芝、王明辉 攀枝花大学学报 97.2
香港百年历史简述 赵扬 学习与探索 97.4
香港问题的历史回顾 周新国 扬州大学学报 97.3
香港问题始末 张怀兵 河北师院学报 97.3
香港问题的历史回顾 余绳武等 光明日报 97.6.17⑤
《南京条约》的签订与香港 阿甫 南京史志 97.1
英国夺取香港地区的第一步——割占香港岛 刘存宽 文史精华 97.4
趁火打劫行径:英国强租"新界"经过 刘蜀永 光明日报 97.6.24⑥
英国夺取香港地区的完成——强租新界 刘存宽 文史精华 97.6
马克思、恩格斯眼中的鸦片战争与香港 陆庆良 南京史志 97.1
近代香港人民抗英斗争述略 蒋述东 重庆教育学院学报 97.2
十九世纪下半叶香港同胞反殖民侵占的斗争 王芳、陈显泗 文史杂志 97.3
早期香港人民反英斗争述评 刘一兵 徐州师大学报 97.1
香港人民反抗港英殖民统治的斗争 林文 兰台世界 97.7
英国对香港的占领与华人的反抗 赵爱伦、李爱芳 龙江党史 97.3
英国夺取香港地区的继续——割占九龙 刘存宽 文史精华 97.5
近代中国人民反对英国殖民统治和争取香港回归的斗争 廖建林 咸宁师专学报 97.2
林则徐反对割让香港的斗争 戴学稷 民国档案 97.2
林则徐止琦善出卖香港 马燕萍 文史杂志 97.3
反对割让香港的第一人——邓廷桢 经盛鸿 民国档案 97.2
道光帝在香港问题上态度演变之探析 季云飞 求索 97.2
国威未伸更失疆土:清朝政府收复香港的努力 施仁 光明日报 97.6.28⑥
论中国近现代国家政权在香港问题上的不同作为 张国良、张霖 南京政治学院学报 97.4
九十九年后的感慨:写于英国逼签《展拓香港界址专条》的日子 凌青 人民日报 97.6.9⑪

数风流人物，还看今朝：析我国历届政府收回香港主权的斗争　王英　山东师大学报　97.增刊

不忘屈辱历史，不忘爱国传统(写在香港回归之际)　刘振岚　首都师大学报　97.3

中国收回香港的历史考察　刘存宽　广东社会科学　97.3

收复香港的历史回顾　张同乐　河北师范大学学报　97.3

香港的沉沦与回归　周雪梅等　内蒙古师大学报　97.3

香港回归的历史思考　任光初　学习与思考　97.6

香港回归的历史反思　李喜所　天津师大学报　97.3

香港回归与舟山发展学术研讨会综述　林信康　浙江　社会科学　97.4

从历史角度看香港回归　苏双碧　深圳特区报　97.6.29⑥

香港回归的历史启示　王进一、王彦有　大庆高等专科学校学报

香港被占与回归的思考　王敦琴　社会科学家　97.4

反思惨痛历史，喜迎香港回归：香港回归与《南京条约》学术研讨会综述　何亦农、马志刚　南京社会科学　97.7

庆祝香港回归，不忘历史教训　穆景元　锦州师范学院学报　97.3

香港回归的历史思索　张克非　兰州大学学报　97.3

百年沧桑·世纪梦圆：论香港的沦丧与回归　杨建新、彭建英　兰州大学学报　97.3

唇齿相依，心心相印：从中华民族凝聚之情看香港回归祖国的必然性　钟卓安　岭南文史　96.3

香港史上的一页：孙中山革命思想的发源地　曹欣欣　文物天地　97.4

香港：孙中山革命活动的中转站　高中华　社科信息　97.5

收复香港的尝试与实现　肖徐波、龙太江　衡阳师专学报　97.4

关于收复香港的历史考察　刘存宽、郦永庆　人民日报　97.3.22⑥

香港百年历史的反顾　何锡毅　山东工业大学学报　97.2

香港与近代中国革命　张思恩、李岩　人文杂志　97.5

香港在中国革命中的历史地位　吴明刚　福建党史月刊　97.10

略述香港在中国民主革命中的作用　李剑虹　学术论坛　97.3

香港与近代中国革命　刘毅政　内蒙古师大学报　97.3

香港：近代中国革命活动家的思想开通地　高中华　社科信息　97.8

论香港在近代中国人心目中的地位　宗成康　南京政治学院学报　97.4

从近代史上的反侵略斗争看香港同胞的爱国主义传统　杨忆　探索　97.1

香港与中国革命的独特关系　姚曙光　云梦学刊　96.3

辛亥革命的重要策源地：香港爱国人士对辛亥革命的支持　苏涌　光明日报　97.6.26②

香港、澳门对孙中山振兴中华思想形成的影响　林家有　光明日报　97.8.12⑤

香港与孙中山的早期革命活动　蒋峰、张立杰　龙江党史　97.3

1884年香港同胞的抗法拒英爱国罢工斗争　唐上意　广东民族学院学报　97.2

试论近代香港同胞的爱国主义传统　张善荣　广东民族学院学报　97.2

香港与辛亥革命　刘蜀永　光明日报　97.3.4⑤

清末香港与内地革命刍议　安宇　徐州师大学报　97.1

辛亥革命前后及抗日战争时期的香港　刘蜀永　今日中国　97.4
香港开埠以来英人经济与华人经济的对比研究　李一平　世界历史　97.2
香港与近代中西文化交流　鲁娜　山东大学学报　97.2
传教士与近代香港的中西文化交流　雷雨田　广州师院学报　97.3
香港曾是贩运契约华工的主要港口　乐水　八桂侨史　97.2
世界交往的内在矛盾与香港问题的历史趋向　陈雄章　广西师范大学学报　97.1
香港与中国近代海关　孙修福　北京档案史料　97.1
香港近代教育　刘蜀永　光明日报　97.2.11⑤
香港变迁的中国政策因素分析　刘德华　内蒙古民族师院学报　97.3
移民对香港早期繁荣的贡献及其社会生活的初步定型　孙吴　徐州师范大学学报　97.2
香港早期发展的特点　潘卫　云南教育学院学报　97.3
鸦片战争时期中英关于香港居民司法管辖权的交涉　郭卫东　史学月刊　97.2
威胁与讹诈的强盗式割占：从割占九龙过程看英国殖民者强权外交　苏涌　光明日报　97.6.22③
香港与武汉的近代沟通　皮明庥　湖北社会科学　97.7
历尽沧桑的九龙城寨　陆茂清　团结报　97.7.12②
圆明园的焚毁与南九龙半岛的割占　高换婷　北京日报　97.7.13④
王璟芳报告香港财税、政情致国务总理呈文两件　中国第二历史档案馆　民国档案　97.2
“登楼四望真吾土，不见黄龙上大旗”：近代诗人香港思怀寻迹　王祖献、陈霞珠　社会科学　97.7
简评《香港杂记〈外二种〉》　小中　暨南学报　97.4
《穿鼻草约》是否签订考证　马治军　理论前沿　97.20
所谓《穿鼻草约》子虚乌有　李国荣　北京日报　97.7.13
子虚乌有的《穿鼻草约》　邱远猷　文史知识　97.5
莫须有的《穿鼻草约》　郑永福　历史教学　97.6
英国强占香港岛与所谓“穿鼻草约”　刘存宽　世界历史　97.2
“穿鼻条约”未签署，历史档案可为凭：访中国社会科学院香港史专家刘蜀永研究员　郭海缨　中国档案报　97.7.10

3. 太平天国

“太平天国与爱国主义国际学术研讨会”综述　光明日报　97.7.15⑤
太平天国与爱国主义国际学术讨论会在蒙山举行　历史档案　97.3
《太平天国军事史》简评　沈渭滨　清史研究　96.4
漫话《太平天国革命亲历记》　王元化　历史教学问题　97.1
一本研究太平天国政权建设的力作：评梁义群著《太平天国政权建设》　俞玉储　历史档案　97.3
天地会起源研究的重要突破：评《天地会起源研究》　邵雍　清史研究　96.4
《资政新篇》与太平天国革命有没有必然联系　何新方　广西民族学院学报　97.4
太平天国《萌芽月令》试说　吴善中　扬州师院学报　96.4
太平军在北京　李惠民　近代史研究

97.3
太平天国对天京的城市管理 周志生 南京史志 97.3
北伐太平军据守高唐述论 黎仁凯 近代史研究 97.2
太平天国余部缘何兵败粤东 杜七成 南京史志 97.3
太平天国运动失败原因再探讨 石志新 青海社会科学 97.4
腐败是太平天国失败的主观原因 樊协太、刘天顺 南都学坛 97.5
太平天国缺乏知识分子的原因 王东艳 济宁师专学报 97.1
洪仁玕签驳《李秀成供》文书的发现和研究 王庆成 历史研究 97.1
英国有可能提出与太平天国结盟分地吗? 陈宁 宜春师专学报 97.4
天地会秘密语与太平天国 周新国 扬州大学学报 97.1
西方列强对太平天国兴亡影响的评估 陈宁 宜春师专学报 97.1
太平天国壁画人物论 郭毅生 历史研究 96.6
太平军筹饷活动之管见 张克炜 河池师专学报 96.4
太平天国商业政策述评 宋士云 聊城师院学报 96.2
略论上帝教与太平天国革命的始终 蒋玲 广东社会科学 97.4
“天国”内讧焚毁南京报恩寺塔 经盛鸿 炎黄春秋 97.5
小刀会起义,太平军战事与近代上海的崛起 周武 上海社会科学院学术季刊 96.4
上海城市民众和上海小刀会起义 沈渭滨 复旦学报 97.4
清军围攻永安州战略失败述论 罗朝才 广西民族学院学报 97.1
多隆阿与安庆战役 隋丽娟 黑龙江社会科学 97.1
碧血长同天地参:谈上海小刀会研究 郭豫明 社会科学报 97.5.1④
清代咸丰年间天地会在韶州的兵事活动浅探 彭视熙、李健毓 韶关大学学报 97.1
清末广西两次会党大起义的比较研究 蒋玲 学术研究 97.3
湘赣边界的哥老会与邓海山起义 潮龙起 南昌大学学报 97.1
试析洪秀全的心理状态:心态史学方法的尝试 陈德鹏 安徽史学 97.1
幼天王被俘质疑 朱树谦 求索 96.6
咸同年间太平军李文彩部在贵州的活动 吴忠诚 贵州师大学报 96.4

4. 洋务运动至甲午战争

论洋务运动的爱国性质 游唤民 甘肃社会科学 97.4
洋务派兴办近代工业的经验教训 梁丽 辽宁大学学报 97.4
洋务运动和明治维新之比较 孙艺 安徽农业大学学报 97.1
《海国图志》与洋务思潮 徐松荣 学术论丛 97.5
论清代洋务官员的思想近代化 郑剑顺 厦门大学学报 97.3
洋务运动研究的回顾 姜铎 历史研究 97.2
洋务运动与思想启蒙 高仁立 长白学刊 97.2
洋务运动与教育改革 杜文錋 求是学刊 97.3
晚清洋务派恢复社会经济的荒政主张与活动 谢高潮 社会科学 97.4
试论晚清的第一次变法——洋务运动 田平凡 抚顺社会科学 96.12
洋务运动与上海城市社会心理 朱李敏 江苏教育学院学报 97.2
试论早期维新思想与洋务思想的分离

何继龄 西北师大学报 97.2
从洋务到辛亥:得失成败的再评估 周积明 天津社会科学 97.1
福州船政局与近代反侵略斗争 周霞 福建论坛 97.1
洋务新政在台湾 刘学照、陈美眼 历史教学问题 97.1
洋务运动中的劳动力国际流动 黄清根 探索与争鸣 97.2
再论洋务思潮的爱国主义蕴义:与唐宝富同志商榷 周辉湘 安徽史学 97.1
淮系集团创办的近代军工企业中的洋员的地位与作用 方英 安徽史学 97.1
早期改良主义思潮就是北洋幕府的洋务思潮 罗肇前 史学月刊 97.1
试论洋务思潮的兴起 徐元红 台州师专学报 96.5
传教士与洋务运动时期的同文三馆 黄新宪 河南师大学报 96.4
浅析洋务运动时期的涉外合同 陆玉芹 福建师大学报 97.1
洋务运动与中国教育近代化 李彬 江西师大学报 96.4
周馥与洋务运动 吴宏爱 河北大学学报 96.4
晚清海关与洋务运动 姜铎 学术月刊 96.12
国际环境与洋务运动 杨益茂 史学月刊 96.6
论洋务运动中的实科教学 西北师大学报 王韵秋 96.6
论洋务运动时期中国新式知识分子群的形成 徐绍清 社会科学战线 96.6
晚清洋务派对政治现代化的认识及其表达 崔运武 河北学刊 96.6
从文化哲学看洋务运动时期的“新学”与“旧学”之争 余秉颐 安徽史学 96.4
论洋务运动的理性偏误 周松青 安徽史学 96.4
洋务运动在甘肃的失败教训 芬林 发展 96.10
甲午战争对日本全面侵华战争的影响 刘承斌、赵文亮 河南师大学报 97.4
甲午战争赔款用于何处 李友唐 北京晚报 97.7.29⑪
郑孝胥的甲午战争观 徐伟民 安庆师院社会科学学报 97.2
日清战争前的日本对清战争准备 (日)中冢明 抗日战争研究 97.2
英国强租威海卫始末 戚圭瑨 历史教学 97.6
清廷兵败甲午英国趁火打劫 中国青年报 97.6.24④
甲午战争宣告洋务运动彻底破产吗? 李红梅 黔东南民族师专学报 97.1
不能忘记那屈辱的一幕 刘蜀永 人民日报 97.6.9⑪
日本预谋发动甲午战争的一组史料 吕永和 抗日战争研究 97.2
甲午战争时期报刊舆论与社会变迁 李坚 华东师范大学学报 97.2
从《申报》看甲午战后国人心态 赵兴元 求是学刊 97.2
甲午中国战败琐议 郭世佑 社会科学战线 97.1
甲午黄海海战“西战场”说质疑 孙克复、张立真 近代史研究 97.1
从统计数字看甲午战争赔款对日本的影响 杨栋梁 历史学习 97.2
福泽渝吉与甲午战争 赵福超、白陀碧 贵州文史丛刊 96.6
甲午战争与士大夫心态 周松青 学术月刊 96.12
甲午战争与浙江近代化 施仲学 浙江师大学报 96.4

5. 戊戌变法至义和团运动

寻找真理和理性结构:谈戊戌变法研究 马洪林、翟从海 社会科学报 97.9.11④

试析戊戌维新思想家的新民观 吴乃华 人文杂志 97.3

论慈禧反对戊戌变法的原因 周敏之 辽宁师范大学学报 97.2

戊戌维新运动中慈禧态度的再认识 李会龙 天中学刊 97.4

丁巳《复辟登极诏》是不是康有为拟定或修改 王隆平 历史档案 97.2

西学东渐与中国现代社团的兴起:以戊戌学会为中心 虞和平 社会学研究 97.3

试析戊戌维新改良说的一个重要前提 朱爱华 贵州师范大学学报 97.4

戊戌变法运动与中国民族资本主义工业的发展 孙丽华 前沿 97.6

关于戊戌时期严复传播"社会契约论"和"天赋人权论"问题的再探讨 王宪明、舒文 河北学刊 97.1

义和团运动与华北社会暨直隶总督全国学术研讨会综述 姜文英、吴宪 河北大学学报 97.1

义和团运动与华北社会学术研讨会综述 黎仁凯 光明日报 97.2.11⑤

义和团研究的铺路之作:评价《义和团史事考》 高刘、侯虎虎 淮北煤师院学报 97.1

深入研究直隶义和团运动的思考 黎仁凯 河北大学学报 97.1

爱国主义传统在义和团运动中的体现 崔树海 石油大学学报 97.1

义和团运动和封建蒙昧主义 王全富、王金华 聊城师院学报 96.2

说《神助拳,义和团》揭帖 张守常 历史研究 97.3

"东南互保"浅议 陈美祥、陈敦庸 台州师专学报 97.1

长江教案发端扬州论辩 云乃庆 学海 96.5

对1900年中国三次政治事件的比较分析 王淑英 史学月刊 96.6

从民教冲突看山东义和团运动爆发的原因 倪顺秀 山东师大学报 97.增刊

义和团兴起初嘉祥县民教冲突形态研究 周育民 历史档案 97.2

论八国联军侵华战争的若干特点 赵春晨 历史教学 97.2

八国联军侵华战争中何以会出现战与非战的矛盾? 赵春晨 广州师院学报 96.4

八国联军统帅及各国司令官史实补正 苏位智 河北大学学报 97.1

6. 辛亥革命

澳门同胞集会纪念辛亥革命86周年 人民日报 97.10.10④

辛亥时期的志士仁人为什么选择了革命?(纪念孙中山先生诞辰130周年) 李文海、刘仰东 中国人民大学学报 97.1

广东各界采取多种形式纪念黄花岗烈士殉难八十六周年 人民日报 海外版 97.3.31④

再论辛亥革命的历史意义 安静波 学习与探索 97.1

略论三民主义的文化内涵及其社会功能 陈剑安 江西社会科学 96.10

评说辛亥组建中央临时政府之争 蒋宜兴 学海 96.5

试论辛亥革命时期国内两个反清共和统一战线的形成和演变 王贵忠 沈阳师范学院学报 96.4

辛亥革命——传统政治现代化的方式

张涛　河南大学学报　96.3
试论滦州起义的历史地位　张东晓　党史博采　96.11
武昌首义后时人对袁世凯的期盼心态探析　杨华山　中州学刊　96.6
东北会党与辛亥革命　曲晓璠　吉林师范学院学报　96.11
辛亥革命时期华侨的反帝爱国斗争　任贵祥　长白学刊　96.6
潮汕华侨对辛亥革命的贡献　李益杰　华侨华人历史研究　97.3
夏威夷华侨对孙中山早期革命活动的支持　(美)马兖生　96.4
重评《中华民国临时约法》　侯贵生　东方论坛　96.3
辛亥革命迅速胜利原因之初探　徐升　玉林师专学报　96.4
华兴会的创立及其在中国历史上的作用　刘英志　江汉大学学报　96.5
辛亥革命统一战线刍议　柳燕、殷正坤　华中理工大学学报　96.4
论华侨与保皇会　任贵祥　华侨华人历史研究　96.4
试论辛亥革命在中国思想文化近代化中的地位和作用　汪悦　天津党校学刊　96.1
王曲策忍与辛亥革命后的亚东关　刘武坤　民国档案　97.1
从新发现的庚戌新军起义资料谈起　黄大德　学术研究　97.2
辛亥革命运动与香港:20世纪初纪事　刘泽生　党史纵横　97.3
“平均地权”几个问题之我见　安静波　学术交流　97.2
对辛亥革命影响的冷思考　苏全有　学术论坛　97.2
日知会——武昌革命之源泉　李广慧　贵州大学学报　97.2
日知会与武昌革命　黄卫国、李广慧　社科纵横　97.1
南京临时政府与临时参议院的矛盾与对立　李学智　天津师大学报　97.2
辛亥革命中阳夏战役失败原因新探　郭梅枝　河南师大学报　97.3
辛亥革命在南阳　毕跃明　南都学坛　97.4
辛亥革命中两湖志士的合作关系　李霞　零陵师专学报　97.2
试论旧桂系核心集团成员关系及组织结构　林子群、傅玉能　史学月刊　97.3
“宋教仁案”是辛亥革命失败的标志　胡再德　上海师范大学学报　97.3
以接合更替的历史观重新评述国民革命:刘曼容:《孙中山与中国国民革命》评价　莫世祥　广东社会科学　97.1
此复神州第一功:略说辛亥革命中的武昌起义　曾成贵　政策　97.8
辛亥革命时期的女子参政风潮　林吉玲　民国春秋　97.4
近代中国知识妇女与辛亥革命　赵文静　烟台师范学院学报　96.4
辛亥革命后的争取女子参政运动　经盛鸿　南京史志　96.6

7. 北洋军阀

北洋军阀统治时期山东土匪成因浅析　吕伟俊、王耀生　烟台大学学报　97.4
试论北洋军阀政府的民族政策　钟桂明　广西民族学院学报　97.3
北洋军阀时期的重要信函一通　孙慧珍　历史档案　97.3
北洋政府的镇守使制与江苏各地镇守使　陈长河　档案与史学　96.6
北洋军阀统治甘宁青历史概述　王劲、黄明　西北史地　96.4

8. 近代史人物

中国人物

试析林则徐的禁烟思想 郭红娟 洛阳师专学报 97.3
林则徐治淮政绩考述 薛玉琴 淮阴师专学报 97.3
谈林则徐研究 殷皓皓 社会科学学报 97.7.24④
谈《林则徐年谱新编》 凌青 人民日报 97.8.11⑫
论林则徐历史地位的确立和爱国主义思想的基础 陈敬木 福建论坛 97.3
论林则徐的爱国爱民精神 戚俊杰 福建论坛 97.3
林则徐和福州人民反英殖民者的斗争 高炳康 福州师专学报 97.2
林则徐在虎门 张建雄 岭南文史 97.2
林则徐的主权意识及其当代教育意义 黄新宪 福建学刊 97.2
林则徐的经世匡时思想与中国传统文化的关系 林岷 广东社会科学 97.1
林则徐的科学思想 周济 自然辩证法通讯 97.1
林则徐对传统文化的接受与奉献 来新夏 福建论坛 96.6
林则徐与中外文化 焦静宜 北方论丛 96.6
论林则徐在江苏的宦绩 刘明智 漳州师院学报 97.1
林则徐在江苏述评 陈德华 苏州大学学报 97.2
林则徐捐修晓庵墓 徐文初 人民政协报 97.8.20
林则徐哈密勘田新探:从新见林则徐所写的布告、信件谈起 齐清顺 西域研究 97.2
充军伊犁途中的林则徐 张振玉 福州师专学报 97.2
林则徐与王鼎的友谊 何敦铧 福州师专学报 97.2
林则徐的战友——邓廷桢 薛瑞泉 中国青年报 97.8.15
龚自珍的爱国主义思想 陈挥 上海师大学报 97.2
论龚自珍的人才思想 董广杰、晁平福 许昌师专学报 97.1
龚自珍的文化忧患意识 叶中强 探索与争鸣 96.12
龚自珍研究三题 陈泊 华夏文化 97.2
龚自珍个性近代色彩探析 郭金鸿 青岛大学师范学院学报 97.1
龚自珍与常州学派 陈鹏鸣 江汉论坛 96.11
魏源与《海国图志》杨小燕 中国档案报 97.4.14
魏源与近代经世思想的复兴 董剑平 烟台师范学院学报 97.4
再论魏源:兼评《魏源,尘梦醒否?》 李瑚 近代史研究 97.5
试论《道光洋艘征抚记》在魏源思想发展中的地位 郭景芳 外交学院学报 97.2
魏源本末论研究 陈鹏鸣 安徽史学 97.3
《海国图志》与魏源对“夷变”的“愤与忧” 龚郭清 民国档案 97.2
魏源社会改革思想研究 陈鹏鸣 华东师大学报 97.3
魏源君子造命论初探 张正明 求是学刊 97.2
魏源与民营经济 陈扬桂、刘兴太 湖湘论坛 97.2
魏源货币思想评议 刘伟顺 邵阳师专学报 96.4
魏源悲剧角色初探 孙功达、阎丽娟 河北师院学报 96.4

定海之战三总兵　乐佳泉等　中国青年报　97.6.23
在第一次鸦片战争中为国尽忠的镇海三总兵　乐佳泉等　团结报　97.5.24
为国捐躯的抗英名将陈化成　刘东生　民国档案　97.2
陈化成与吴淞战役考实　李国环　史林　96.4
抗英殉国的两江总督裕谦　施国俊　民国档案　97.2
试析第二次鸦片战争中叶名琛对英的斗争策略　刘晓宁　烟台大学学报　97.4
清末禁烟又一人——伍长华　伍贻业　南京史志　97.5
僧格林沁弃大沽、天津到通州考　王丽英、李光宇　内蒙古师大学报　97.1
论琦善　赵宜珍　福建论坛　96.5
论中国近代爱国主义思想的形成:从陶澍、魏源的爱国主义思想谈起　陶用舒　益阳师专学报　97.2
洪秀全思想简析　江鸣　聊城师院学报　96.2
洪秀全的洋为中用　钱满素　读书　96.12
洪秀全宗教理论的特色　江贻隆、陈九如　安徽教育学院学报　96.4
洪秀全对待基督教的演变　陈贵宗、陈颂琴　史学集刊　96.4
洪秀全政治思想简论　尹成　昆明社科　97.1
洪秀全革命思想与君权神授理论　李海宁　青海师范大学学报　97.1
洪秀全对传统文化的叛逆与复归　汪志国　安徽史学　97.3
洪秀全、康有为、孙中山的理想社会的异同　藏世俊　学术研究　97.1
洪仁玕的"对外通商论"　汤标中　北京商学院学报　97.3
洪仁玕的外交思想和太平天国后期的外交斗争　胡代聪　外交学院学报　96.4
洪仁玕思想的现实意义　杨达荣　玉林师专学报　97.1
洪仁玕西学思想的再评价　刘圣宜　学术研究　97.7
洪仁玕亲书绝命诗　王庆成　文物　97.4
试论洪仁玕的西方文化观　成晓军　贵州社会科学　96.6
变革中的艰难探索(洪仁玕、冯桂芬的经济变革方案比较)　章友德　上海大学学报　96.5
石达开远征之失策　吴晓　学术论坛　96.5
无义可就:信念缺乏下的生命矛盾:李秀成晚节分析　关景元、关云平　海南师院学报　97.2
张秀眉起义人、地、事考略　吴一文　贵州民族研究　97.2
宋景诗隐身绥西考索　王月珽　内蒙古大学学报　97.2
论杜文秀的政治思想及其历史渊源　马经　云南民族学院学报　96.3
论潘新简起义　竺柏松　贵州社会科学　97.4
苏添福族籍传说及其考证　许宪隆　回族研究　96.4
近代名人与招商局:李鸿章创业艰难　晓武　中国档案报　97.8.28④
李鸿章与《中日修好条规》的签订　刘世华　社会科学战线　97.1
李鸿章"一生功过在和戎辨"　欧阳跃峰、郑林　史学集刊　97.1
李鸿章也具有两重性　袁之舜　石油大学学报　97.1
李鸿章与中国电讯事业　贾熟村　安徽史学　97.2
李鸿章与漠河金矿　贾熟村　安徽史学　96.4

李鸿章对外之矛盾心态浅析　殷俊玲　山西师大学报　97.2

论李鸿章政治性格的基本特征　张富强　安徽史学　96.4

论李鸿章的近代化开放意识　管伟　山东师大学报　97.2

论李鸿章的“外须和戎”思想　崔薇圃　齐鲁学刊　97.3

论李鸿章的海防思想　戚海莹　安徽史学　97.2

李鸿章与马建忠弟兄　贾熟村　清史研究　97.3

李鸿章与曾国藩交往片断　郭静洲、姚长鼎　江淮文史　96.4

曾国藩研究三题　郭世佑　史学集刊　97.3

曾国藩佚联辑说　龙建春　古籍整理研究学刊　97.4

曾国藩处理天津教案辩　邱展雄　益阳师专学报　97.2

曾国藩何时听到普法开战之讯　朱东安　近代史研究　97.5

曾国藩与中国近代文化精神　宋德华、胡文校　湘潭大学学报　97.1

曾国藩的洋务思想与中国传统文化　朱东安　船山学刊　96.2

曾国藩与中国传统文化　朱东安　近代史研究　97.1

曾国藩人才思想论纲　许蕾、祝彦　聊城师范学院学报　96.1

曾国藩家书评析　韩德委　辽宁师大学报　96.6

曾国藩移驻衡州动机探微　杨奕青、谢起章　湘潭大学学报　96.68～70

《曾国藩评传》评介　陈珍棣　江苏社会科学　97.4

论曾国藩对我国近代留学事业的开拓及其影响　黄细嘉　南昌大学学报　96.4

论曾国藩人才群的形成及其特点　陶新益阳师专学报　96.4

曾国藩外交思想刍议　萧云岭、胡文校　吉安师专学报　96.3

一封曾国藩未刊信稿及其史料价值　万里　船山学刊　96.1

对曾国藩奏办粤厘济饷一案的考察　谢起章、杨奕青　近代史研究　97.2

曾国藩与毛泽东　袁伟时　东方文化　97.2

左宗棠与民本主义　安静波　黑龙江社会科学　96.6

左宗棠的“民生观”与实践　谢高潮　安徽史学　97.1

论左宗棠收复新疆的用兵策略　曾长秋　船山学刊　96.2

论左宗棠的教育思想　孙占元　社会科学战线　96.6

论左宗棠的民生观　王中茂　洛阳师专学报　97.1

论左宗棠治国用兵的辩证法思想　彭大成　湖南师范大学社会科学学报　97.5

论左宗棠对近代甘肃开发与发展的贡献　李晓伟　兰州学刊　97.4

关于左宗棠的评价问题　胡滨　文史哲　97.3

试析左宗棠西征借款与协饷的关系　马陵合　历史档案　97.1

杰出的爱国主义者左宗棠　安静波　黑河学刊　97.2

突出思想特色把握评价尺度:读《左宗棠评传》　李吉奎　山东社会科学　97.3

张之洞的清议及其作用　钟康模　学术研究　97.4

张之洞兴办洋务的历史作用　谭晓曙　中国科学报　97.7.16

张之洞与中国近代化学术讨论会在石举行　河北日报　97.5.13

张之洞与中国近代化学术讨论会述评

荟文 河北师院学报 97.3
“张之洞与中国近代化”学术研讨会述要 董丛林、秦进才 人民日报 97.6.7
论张之洞《书目答问》及其学术源流 郭向东 社科纵横 96.4
1980年以来张之洞研究综述 陈旭霞 河北师院学报 97.1
我看张之洞 戴逸 河北师院学报 97.3
推动近代化的先驱:《张之洞全集》序言 苑书义 河北师院学报 97.3
略谈张之洞的儒学 龚书铎 河北师院学报 97.3
试论薛福成的中西文化观 王赓唐、汤可可 江苏社会科学 96.5
晚清使才薛福成 胡代聪 外交学院学报 97.2
略论薛福成的财政思想 周力 暨南学报 97.1
放眼世界呼唤铁路的薛福成 陈晓东 贵州文史丛刊 97.2
容闳与近代中国早期外交 汪波 安徽大学学报 96.6
纪念容闳 邵纯 实事求是 97.3
容闳在洋务运动期间的重要建树 余明侠 徐州师大学报 97.1
王韬是教徒吗? 杨其尼 史林 97.3
论王韬的世界观念 肖永宏 江海学刊 96.6
论王韬的教育实践 张海林 江海学刊 97.5
唐才常拥张独立及张之洞捕杀唐才常原因考析 马小强 河北师院学报 97.增刊
《唐才常集》辨误一则 郭汉民、陈宇翔 船山学刊 97.1
张元济的思想及其渊源 柳和成 东方文化 97.3
张元济和清末立宪运动 承载、王恩重 浙江大学学报 96.4
首任台湾巡抚刘铭传 陈九如 光明日报 97.8.19
是避敌自保还是高明战略:刘铭传撤守基隆新史料辨析 孔祥吉 清史研究 97.1
李榕与张之洞 王显春 文史杂志 97.3
论文祥在左宗棠收复新疆事件中的作用 朱钟颐 湖南教育学院学报 96.4
非常之世,非常之事,非常之人——盛宣怀 夏东元人民日报 97.7.12
丁宝桢与洋务运动 傅德元 贵州文史丛刊 97.4
甲午战争前后的周馥 周榘良 安徽史学 97.3
何如璋与马江海战 江上县 宁德师专学报 96.8
张荫桓流放新疆前后事迹考述 马中文 新疆大学学报 96.4
皮锡瑞的变法思想浅论 宋卫忠 湘潭师范学院学报 96.4
方伯谦被处斩冤枉吗? 张凤翔 内蒙古大学学报 97.1
从专制主义法制看方伯谦冤案 孙放 辽宁大学学报 96.6
康有为的复辟与近代军阀 江锋 社科纵横 97.4
康有为与《诸天讲》 林庆元 史学月刊 97.5
康有为与书院教育改革 王淑良 东南文化 97.2
康有为与近代妇女启蒙思想 张媛 中州学刊 97.2
康有为的大同理想与孔学 王钧林 文史哲 97.1
康有为与丁巳复辟 王隆平 史学月刊 97.1
康有为“七上书”的进化论思想 陈可畏 浙江师大学报 96.5
康有为与中国近代化学术研讨会综述

马洪林 文史哲 96.3
康有为早期思想中的人道观念片议 蔡乐苏 清华大学学报 97.1
康有为关于中国现代化的选择 任银睦 东方论坛 97.1
康有为思考未来的思维轨迹——"公—平——" 任军 人文杂志 96.4
论维新时期康有为的西方富强观 宋德华 暨南学报 96.4
戊戌政变前后的康有为 邝兆江 历史研究 96.5
浅析康有为的变革观 陈璐 惠州大学学报 96.3
评康有为的商务活动 方志钦、蔡惠尧 广东社会科学 97.2
试析康有为的阶级属性 彭家宝 黄淮学刊 97.1
浅谈康有为提出实行"物质之学"的途径 王隆平 淮北煤师院学报 97.1
探索中国近代化道路的奥秘("康有为与中国近代化学术讨论会"综述) 翟从海 学术月刊 96.12
振华公司内讧与康梁分歧 张荣华 复旦学报 97.1
对康有为近代化思想的重估:"康有为中国近代化学术研讨会"综述 阎丹红 历史教学问题 97.1
论《杰士上书记录》所载康有为上光绪第六书第七书曾经光绪改易并论康上光绪第五书确由总署递上 黄彰健 清史研究 96.4
梁启超的檀香山之恋 王春峰 中国文化报 97.10.17
梁启超对辨伪学的贡献 叶树声 淮北煤师院学报 97.2
梁启超与"浏阳二杰" 刘克敌 东方艺术 97.4
梁启超与《新民说》 周建超 江苏社会科学 97.4
梁启超学术评议 党宝海 北京大学研究生学刊 97.2
梁启超英雄观辨 李宝红 湖北大学学报 97.2
梁启超与外国文学 袁荻涌 岭南文史 97.1
梁启超论人的社会化 周好 江海学刊 97.2
梁启超和中国的民主传统 杨续森 理论与改革 97.2
梁启超社会主义观再认识 董方奎 华中师范大学学报 96.5
梁启超与五四运动 崔志海 近代史研究 97.1
梁启超晚年史学思想再认识 张书学 山东大学学报 96.4
梁启超与中国史学的近代化 陈其泰 南开学报 96.5
梁任公清代学术史研究初稿 吴铭能 北京大学研究生学刊 97.2
梁启超《戊戌政变记》成书考 (日)狭间直树 近代史研究 97.4
梁启超对文献学和图书馆学的贡献 袁晓华、王文英 殷都学刊 97.2
梁启超在日本的小说出版活动考略 王中忱 清华大学学报 96.4
梁启超与宋教仁议会民主思想异同论 杨天宏 战略与管理 96.5
梁启超民族主义思想在中国现代化进程中的历史地位 王凡 佛学大学学报 96.5
论梁启超与我国近代教育制度的创建 程禹文 华东师大学报 96.4
论梁启超的政治与法哲学思想 蒋广学、雷沂 南京大学法律评论 1996秋
论梁启超对中国文化向现代发展的探讨 蒋广学 东方论坛 96.3
论梁启超的政府干预思想 杨宏雨 华东师范大学学报 97.3

论梁启超评屈原　肖承罡　嘉应大学学报　97.4
论梁启超的《新民说》　周建超　历史档案　97.3
晚年梁启超与现代新儒家　董德福　天津社会科学　96.6
试析梁启超的"英雄史观"　李峰　浙江学刊　97.1
试析梁启超戊戌变法后的启蒙思想　吴乃华　江西社会科学　97.4
关于"梁启超与清代学术史研究"的几点意见　彭高翔　北京大学研究生学刊　97.2
辛亥革命前后梁启超的政治主张与思想探述　骆顺森　杭州师范学院学报　97.2
维新时期梁启超的女子教育思想　杜学元　西南师范大学学报　97.5
荜路开山，功在其后(梁启超戊戌评议述略)　黄保信　河南大学学报　97.5
重温"少年中国"梦：对梁启超上个世纪之交文化选择的再认识　明铭　山东师大学报　97.2
谭嗣同思想学术研讨会在京举行　侯玢　团结报　97.9.6
海峡两岸谭嗣同思想学术研讨会闭幕　光明日报　97.9.2
谭嗣同与梁启超的应用佛学　王兴国　船山学刊　97.1
试论谭嗣同的社会伦理观　吴良俅　船山学刊　96.2
论谭嗣同"民权"思想的意义　张立明　松辽学刊　97.1
谭嗣同对民族心理的反省与重建　俞祖华　湘潭大学学报　96.4
从追求科学走向献身变法的谭嗣同　何磊　云南师范大学哲学社会科学学报　96.5
杨度晚年突变原因探析　胡建红　武陵学刊　96.4
从保皇派到共产主义战士：杨度人生道路析评　诸葛耀麟　广西艺术学院学报　96.增刊
简论奕䜣在北京政变中的作用　齐春晓　求是学刊　96.6
论奕䜣洋务思想及其实践　董少辉、吴静杰　求是学刊　97.1
孙中山的爱国思想与实践　黄美玉、谭溢民　广州师院学报　97.3
孙中山经济思想述评　任银睦　青岛大学师范学院学报　97.1
孙中山手迹编辑札记　丁贤俊　近代史研究　97.3
孙中山社会主义思想初探　肖传林　湖北大学学报　97.3
孙中山先生的民权主义　胡义成　黔东南民族师专学报　97.1
孙中山宋庆龄与香港　杨亲华　人民论坛　97.7
孙中山与中国边疆现代化　吴福环、李慧荣　新疆大学学报　97.2
孙中山与四川辛亥革命　李胜春　临沂教育学院学报　97.1
孙中山人才思想述评　徐万珉　北京党史研究　97.4
孙中山经济发展战略的再认识　郭灿　广东社会科学　97.3
孙中山与民国初年的轮船招商局借款(兼论革命党人的财政困难与辛亥革命失败的原因)　杨天石　中国社会科学　97.4
孙中山香港之行(近代香港英文报刊中的孙中山史料研究)　莫世祥　历史研究　97.3
孙中山对中国现代化的贡献与局限　李华兴　探索与争鸣　97.2
孙中山"还位"辨正　陈一容、张国镛　史学月刊　97.3
孙中山关于心理建设的思想与人的现代化　张胜男　山西师大学报　97.3

孙中山经济建设思想述略 杨晓东 苏州大学学报 97.3
孙中山与植树节 陆茂清 文史精华 97.8
孙中山与"中日盟约"的真相 王耿雄 历史档案 97.3
孙中山的农业近代化模式 苑书义 人民日报 97.5.24
孙中山爱国主义思想的三点思考 宋富安、吴传清 培训与研究(湖北教育学院学报) 97.2
孙中山行政思想述评 姚琦 贵州大学学报 97.3
孙中山与中国的振兴 侯衔正 江汉大学学报 97.1
孙中山民族平等思想与祖国大陆之民族区域自治 都淦 社会科学研究 97.4
孙中山利用外资的动因分析 李本义 湖北民族学院学报 97.4
孙中山对宗族评价与珠江三角洲宗族社会 林济 孝感师专学报 97.3
孙中山的知行观新论 贺福安 长沙电力学院社会科学学报 97.3
孙中山三民主义历史地位论 韦杰廷 文史哲 97.5
孙中山三次召见塞外依表 左宝 团结报 97.10.11②
孙中山广州轶事 马宣伟 文史杂志 97.4
孙中山现代化经济发展思想初探 易国兵 孝感师专学报 97.3
孙中山对外开放思想的形成及其特征 饶怀民、吴科达 湖南师范大学社会科学学报 97.4
孙中山《上李鸿章书》及其性质 蒋顺兴 民国春秋 97.5
孙中山与南京临时政府时期的教育事业 杨忆宁、杨治亚 徐州师范大学学报 97.3
孙中山先生与台湾 张茜红 台湾研究 97.3
孙中山平等观述评 王道 浙江师大学报 97.4
孙中山"社会革命"方案的历史地位 陶季邑 湖南教育学院学报 97.4
孙中山与福建闽南地区护国军反袁起义 陈长河 历史档案 97.2
孙中山与香港 黄国盛 华人之声 97.3
孙中山维护祖国统一的思想 王继平 衡阳师专学报 97.2
孙中山和辛亥革命的历史功绩不容否定:广东省中山市中山学院部分师生座谈会纪要 文艺理论与批评 97.2
孙中山近代化思想的历史性进步 张玉昆 暨南学报 97.2
孙中山与城市近代化建设 谢本书 楚雄社科论坛 97.1
孙中山与民国官员 商鸣臣 烟台师范学院学报 97.1
孙中山吏治思想初探 张深溪 洛阳大学学报 97.1
孙中山的中国近代化与社会主义的连接 段云章 广东社会科学 97.1
"孙中山与中国现代化学术研讨会述评" 翟国璋 江苏社会科学 97.2
孙中山历史分期思想初探 胡永华、李德栓 云南学术探索 97.2
孙中山思想文化建设得失论 刘青华 史学月刊 97.2
孙中山反清统战思想与实践 季云飞 长白学刊 97.2
孙中山先生利用外资的思想 黄成军 文史杂志 97.2
孙中山的利用外资思想及评价 王克婴、夏绍能 河南师范大学学报 97.1
孙中山农业近代化思想初探 李淑娟 北方论丛 97.2

孙中山与近代中国的留学生 李喜所 广东社会科学 97.2
孙中山与近代法国 陈三井 近代史研究 97.2
孙中山的中日盟约问题辨析 俞辛焞 近代史研究 97.2
孙中山国民革命观的历史演变 刘曼容 广东社会科学 97.1
孙中山的中国近代化思想与实践 周兴樑 中山大学学报 97.1
孙中山对近代中国政治发展的擘划 朱仁显 福建论坛 97.1
孙中山开发长江中下游区域方案的经济思想特征 云乃庆 安徽史学 97.1
孙中山与基督教 舒波 民国档案 97.1
孙中山先生伦敦蒙难史料补遗 熊向晖 贵州文史天地 96.6
孙中山与近代中国留学生 戴学稷 福建论坛 96.6
孙中山研究的现实意义:访著名孙中山研究专家张磊 本刊记者 广东社会科学 96
孙中山:民族民主革命的伟大先导:辛亥革命的世界性涵义 刘望龄 广东社会科学 96.6
孙中山广州蒙难与各方调停活动 梁尚贤 近代史研究 97.1
孙中山先生的革命实践简述 刘铁轮 贵州文史天地 97.1
孙中山交通建设思想主张与广西的实践:纪念孙中山先生诞辰130周年 黄铮 学术论坛 96.6
孙中山与民族精神 陈金龙 华南师大学报 96.6
孙中山的近代化思想与华侨 何科根、胡波 文史哲 97.1
孙中山监察思想述论 梁昱庆 成都大学学报 97.1
孙中山的革命活动与美国友人 周兴樑 文史哲 97.1
孙中山的革命思想与《上李鸿章书》 (日)山口一郎 广东社会科学 96.6
孙中山为孙武七十世孙 贵州文史天地 97.1
孙中山与山东革命运动(1905—1919) 李宏生 山东师大学报 96.6
孙中山的禁毒思想初探 苏智良 上海师大学报 96.4
孙中山的晚年思想与社会心理 乔志强、赵晓华 学术论丛 96.5
孙中山的社会历史观新探 蒋兆年 学海 96.6
孙中山自由观述评 王道 浙江师大学报 96.4
孙中山法制思想探微:“约法”与“训政” 孙放 社会科学辑刊 96.5
孙中山的北方重大史绩——辛亥滦州起义 唐向荣 团结报 97.1.1
孙中山社会进化动力理论研究 沈玉龙 哈尔滨师专学报 96.4
孙中山与中国农业近代化 尚明轩 学术月刊 96.11
孙中山先生的主要遗产和我们的未来 耿云志 北方社会科学 96.4
孙中山民族主义学说的三个来源 梁次孙 团结报 97.1.4
孙中山对外开放及利用外债思想综述 韩小林 嘉应大学学报 96.5
孙中山区域经济思想初探 云乃庆 中南民族学院学报 96.6
孙中山——近代中国勤政廉政楷模 张学恕 南京史志 96.6
孙中山对传统道德的解释和改造 钟克钊 民国春秋 96.6
孙中山当选为临时大总统的原因新探 杨华山 华中师大学报 96.6
孙中山先生的演讲艺术 邵和平 文史杂志 96.6
孙中山的治学精神与方法 涂东霞 文

史杂志 96.6
孙中山与中国早期航空事业 潘银良 民国春秋 96.6
孙中山佚文两篇 舒波 民国档案 96.4
孙中山思想在21世纪的地位与作用 张磊 广东社会科学 96.5
孙中山论中国近代化:纪念孙中山诞辰130周年 张磊 求是 96.21
孙中山政治发展思想初探 郑行 齐鲁学刊 96.5
孙中山的近代化思想与反封建 饶怀民 湖南师范大学社会科学学报 96.6
孙中山军事思想研究综述 宋力等 南京社会科学 96.10
孙中山与南北议和 谢冰 中南民族学院学报 96.5
孙中山法律思想的基本特征与历史地位 唐白斌 湖南师范大学社会科学学报 96.6
孙中山:中国海权第一人 宋力、刘中刚 社科信息 96.10
孙中山早期民族主义思想探微 赵才 江汉大学学报 96.4
孙中山与儒学 张磊 学术研究 96.10
孙中山与岭南大学:纪念孙中山诞辰130周年 邓永泽 岭南文史 96.3
孙中山与华侨学术研讨会述评 周兴樑 文史哲 96.5
孙中山先生与台湾 徐萌山 今日中国 96.11
孙中山与妇女解放运动 王玲玲 山西师大学报 96.4
“孙中山与中国现代化”学术研讨会概述 张宪文、唐茂松 社科信息 97.2
“孙中山与现代文明”国际学术讨论会综述 邵雍 历史教学问题 97.1
孙逸仙思想与民族发展学术研讨会论文选登:附编者按
1. 论孙中山“振兴中华”思想 郭大烈
2. 孙中山的民族平等思想与民族发展 郑晓云
3. 孙中山民族主义的真谛 祝启源 云南社会科学 97.1
《孙中山与华侨》(“孙中山与华侨”学术研讨会论文集)简介 程晓迪 华侨华人历史研究 97.3
缅怀孙中山先生在香港的早期革命活动 李希泌、贺敬美 文献 97.3
论孙中山先生的海外筹款活动 韦朝晖 学术论坛 97.5
论孙中山对中国现代化进程的贡献 忻平 学术月刊 97.7
论孙中山的经济平等思想 唐宝福、程曦 江苏社会科学 97.4
论孙中山的经济现代化构想:《实业计划》评析 刘云虹 民国档案 97.3
略论孙中山早期的农业思想 颜春杰、武云 山东师大学报 97.增刊
读金冲及教授著《孙中山和辛亥革命》一书的几点启示 陈胜粦 中山大学学报 97.5
“从同”和“超越”:孙中山近代化思想的特色 刘学照 社会科学战线 97.5
马克思主义对孙中山的影响 陶季邑 湖湘论坛 97.4
论辛亥革命前孙中山的经济发展思想 吴传清 益阳师专学报 97.3
地方自治——孙中山关于中国政治近代化的一个重要设计 郑永福、吕美颐 史学月刊 97.4
从《实业计划》看孙中山的现代化建国思想 文毅、吴祖鲲 学术交流 97.4
评黄彦著《孙中山研究与史料编纂》 骆宝善 广东社会科学 97.3
评林家有《孙中山振兴中华思想研究》一书 刘望龄 中山大学学报 97.4
重现“历史真实”:评段云章《孙文与日本史事编年》 姜义华 中山大学学报

97.3
联俄联共是孙中山革命实践与思想发展的必然 汤锐祥 嘉应大学学报 97.2
试论孙中山的西方文化观 郑伟 东方论坛 97.2
试论孙中山长期对帝国主义抱有幻想之缘由 谢淑娟 宁德师专学报 97.3
试评孙中山早期革命思想的形成 申满秀 贵阳师专学报 97.3
论孙中山的思想转变与共产国际的关系 蒋春玲 四川党史 97.5
试论孙中山的建国理论 王世勇 许昌师专学报 97.增刊
试论孙中山早年的重农思想 佘明侠、张生 江海学刊 97.4
试释孙中山的"开放主义" 陈晓东 苏州大学学报 97.3
试论孙中山的两大革命业绩 闵庆祝 山东工业大学学报 97.1
试论孙中山对国民心理的反省和重建 成晓军 河北大学学报 97.2
试论孙中山"让位问题" 陈光泉 福建党史月刊 97.4
内容丰富刻意求新:评《孙中山与中国国民革命》 魏宏远 学术研究 97.5
从大亚洲主义走向世界大同主义:略论孙中山的国际主义思想 吴剑杰 近代史研究 97.3
论孙中山关于开发西北经济的战略思想 吴传清 广西大学学报 97.2
对孙中山"民权主义"的再认识 张明军 许昌师专学报 97.2
论孙中山在义和团运动期间的活动及其对义和团的态度 江中孝 广东社会科学 97.2
神户"纪念孙中山诞辰130周年学术讨论会"侧记 邱捷 近代史研究 97.2
北京上海武汉举行活动纪念孙中山逝世72周年 人民日报 97.3.13④
论孙中山的民族平等思想 陈金龙 民族研究 97.7
试论华侨支持孙中山推翻清王朝的文化背景(以南洋及美洲华侨为中心) 陈胜粦、彭鹏 中山大学学报 96.6
岭南文化与孙中山的致思途径 胡波 开放时代 96.6
西安召开孙中山逝世追悼会始末 王自成 历史档案 97.1
甲午战争与孙中山:兼评孙中山的革命战略和策略 俞辛焞 首都师大学报 96.5
消除贫富分化的可贵历史遗产:孙中山"节富助贫"思想评述 赵德馨、邹进文 湖北社会科学 97.1
简论孙中山的爱国统一战线思想及实践 宋德华 华南师大学报 96.6
民主时期孙中山的爱国统一观 唐上意 广东民族学院学报 96.3
民国初期孙中山先生与民族宗教事务 刘付靖 广东民族学院学报 96.3
略论孙中山的民权主义思想 谢俊美 华东师大学报 97.1
试论孙中山文化素质的来源 陈剑安 江西师大学报 96.4
20世纪振兴中华伟业的开拓者——孙中山 史斌 上海师大学报 96.4
武昌起义前孙中山筹措革命经费的主张与实践 郭豫明、刘平 上海师大学报 96.4
略论孙中山的读书生涯 沈道初 学海 96.6
略论孙中山的经济改革思想 陈登汉 贵州师范大学学报:社科版 96.4
试论孙中山的华侨观 谭天星 华侨华人历史研究 96.4
简论孙中山与逻辑学 张金虎、张彬 中国青年政治学院学报 96.4
对1894年孙中山"深入武汉"一事的质疑

黄春华 江汉论坛 96.12
论孙中山伦理思想的特征 郭绪印 民国档案 96.4
中华民族的共同精神财富(论孙中山爱国革命思想的时代意义) 林家有 学术月刊 96.11
论孙中山的权力制约思想 何增光 浙江师大学报 96.4
论孙中山对中国近代化的目标设定 李华兴 学术月刊 96.11
儒学对孙中山思想的影响 高常范 学术月刊 96.11
为国家独立统一鞠躬尽瘁的孙中山 史全生 南京史志 96.6
浅说孙中山的战略战术思想 陈金龙、胡秀勤 文史杂志 96.6
试论孙中山的科学技术思想 陈金龙 自然辩证法研究 96.12
论辛亥革命时期孙中山的民生主义 耿云志 广东社会科学 96.5
试论孙中山的人口思想 胡绳武、戴鞍钢 学术研究 96.10
新发现的孙中山研究资料 黄大德 学术研究 96.10
广东的孙中山研究概况 黄彦 学术研究 96.10
略论孙中山的国家统一思想 孙少艾 山东师大学报 96.增刊
论辛亥前孙中山的舆论活动 闻小波 南京社会科学(文史哲版) 96.10
论孙中山人际关系的价值取向 胡波 学术研究 96.10
从三民主义演讲看孙中山的近代化构想 钟卓安 学术研究 96.10
“乘时一跃而登中国于富强之域”:孙中山关于加速经济现代化建设的思想 江锋 社科纵横 96.4
论孙中山利用外资思想的超越性特征 张海林 江苏社会科学 96.5
孙中山与张作霖的合作关系 肖久保 党史文苑 97.1
孙中山与国际友人戴德伟 邓丽兰 团结报 97.9.6②
孙中山与宫崎寅藏 王建华 东方文化 97.5
孙中山、毛泽东、邓小平改造中国的实践哲学 王影聪等 延边大学学报 97.3
孙中山与卢慕贞的恋情 罗祖宁 广东党史 96.2
孙中山的施洗牧师喜嘉理 张建华 近代史研究 97.1
孙中山视列宁为“国友人师” 文道贵、张虹 团结报 97.1.18②
孙中山与张謇的农业近代化模式述论 苑书义 学术研究 96.10
孙中山与毛泽东外交思想之比较 陈金龙 湘潭大学学报 96.4
孙中山与邓小平精神文明观比较 董芳 河池师专学报 96.3
论孙中山、毛泽东、邓小平对中国的改造 王影聪、易红兵、李伦邓 福建学刊 97.4
孙中山与黄兴关系新论 张笃勤 求索 96.5
孙逸仙近代思想与郑观应、容闳、严复、胡适之比较 (美)吴湘湘 广东社会科学 96.6
论孙中山对袁世凯再度妥协之原因 王淑英 昭乌达 蒙族师专学报 97.1
论孙中山康有为建设中国的共识:以《实业计划》与《物质救国论》为中心 马洪林、何金彝 上海师大学报 97.2
从一篇祭文看孙中山心目中的列宁 张之峰 山西大学学报 97.3
民初孙中山对袁世凯的策略及其原因 高红霞 上海师大学报 97.2
本馆集中披露一批孙中山宋庆龄档案史料 剑荣 档案与史学 96.6
黄兴与护国战争:纪念黄兴先生逝世80

周年　李荣　江汉大学学报　96.5
黄兴经济思想新论　阚立军　社科信息　96.11
黄兴的实业思想与活动　江涌　湘潭师范学院学报　97.2
黄兴对太平天国失败教训的吸取　李荣　江汉大学学报　97.2
黄兴在香港的革命活动　邓泽森　江汉大学学报　97.4
黄兴与汉阳战役新论　翟俊涛、苏全有　河南大学学报　96.3
略论陈天华的反帝爱国思想　梁文俊　玉林师专学报　97.2
陈天华蹈海自殉探因　陈一容　西南师范大学学报　97.3
民主革命的《马前卒》和《先行者》：邹容与孙中山　董汉昀、李新丽　南京史志　97.5
秋瑾确切生年探析　汤毓贤　漳州师院学报　97.1
秋瑾的婚姻悲剧　周英才　中国青年报　97.9.12⑧
试论秋瑾的男女平权思想　何磊　云南教育学院学报　97.1
袁世凯督办新军在中国近代社会的影响　赵乐交　黔南民族师专学报　97.2
民国元年袁世凯争夺江苏地方财政的经过　沈家五、任平　民国档案　97.3
袁世凯与清末新政　祝宪伟　河南师范大学学报　97.1
为袁世凯翻案不可取　郑师渠　北京日报　97.1.1④
民国初年唐绍仪与袁世凯的恩恩怨怨　戴萌　岭南文史　97.1
袁世凯的顾问莫里循　郭存孝　民国春秋　96.6
民国大总统徐世昌的晚年　徐玉琢　纵横　96.11
大悟发现黎元洪家谱　亚之、郭彦　北京日报　97.7.15⑤
纪念蔡锷逝世80周年国际学术研讨会综述　高山　光明日报　97.1.7
八十年来的蔡锷研究　陈宇翔、杨光秋　求索　97.4
蔡锷与云南　谢本书　昆明社科　96.5
蔡锷与民初政局　谢本书　社会科学战线　96.6
蔡锷的爱国精神与廉洁奉公的品格　郎万生　邵阳师专学报　96.4
英辞涌金石，护国树丰碑：读蔡锷《护国岩铭并序》刻石　邵仰之　邵阳师专学报　96.4
略谈蔡锷的童年传说　铁鹰　邵阳师专学报　96.4
蔡锷将军的学生时代　马少侨　邵阳师专学报　96.4
蔡锷将军——邵阳出来的文武全才　肖平　邵阳师专学报　96.4
略论蔡锷的军事思想　周一鸣　邵阳师专学报　96.4
略论蔡锷的性格特征及主导思想　陈新宪、李鸿宣　邵阳师专学报　96.4
蔡锷的人格力量和文化环境　张莉　探索与争鸣　96.12
蔡锷思想之异彩　李富轩、李雄　华中理工大学学报　96.4
救国救民是蔡锷一生的最大抱负　彭书贵　云南学术探索　97.1
除旧布新，勤政为民：蔡锷督滇时的改革　吴达德　船山学刊　97.1
蔡锷与日本　（日）镰田和宏，依闻译　船山学刊　96.1
浅议蔡锷的崇高品格　蓝庆祥　零陵师专学报　97.1
蔡锷"强有力政府论"初探　左双文、张炳辉　广东社会科学　97.3
杰出的爱国主义者：简论蔡锷一生所走过的道路　郭汉民　益阳师专学报　97.2
蔡锷与清末广西"驱蔡风潮"　谢本书

昆明社科 97.4
从蔡锷人格的复杂性看湖湘文化的近代嬗变 张犹才、欧阳斌 96.6
蔡锷拥袁现象试析 苏全有、张步先 山西师大学报 97.1
蔡锷和朱德 艾冰生 邵阳师专学报 96.4
蔡锷与孙中山 尚明轩 求索 97.4
平民将军冯玉祥 贾莉敏 泰安师专学报 96.4
不断从黑暗走向光明的冯玉祥将军 李安本 泰安师专学报 96.4
论冯玉祥将军的“民本”思想 任荣民、徐威 泰安师专学报 96.4
浅析冯玉祥将军的教育思想 聂立申、李厚银 泰安师专学报 96.4
冯玉祥与滦州起义 冷家煜、李宏生 泰安师专学报 96.4
冯玉祥与范明枢 牛之营、宋元明、吴绪伦 泰安师专学报 96.4
严复赋税思想述论 俞政 福建学刊 97.4
浅谈严复的译著《天演论》 林京榕 福建论坛 97.4
严复进化思想探微 李承贵 福建论坛 97.3
严复政治态度的变化及其原因 李自辉 湘潭大学学报 97.2
严复传记研究中的几处疏误 经盛鸿 学海 97.2
严复的政治哲学 蒋国保 学术界 97.1
严复的天演思想对社会转型的催酶作用 罗耀九 厦门大学学报 97.1
历史的画卷，时代的警钟：纪念严复译《天演论》100周年 高时良 福建论坛 97.1
评严复前期的政治思想 彭洁 贵州师大学报 97.1
严复与近代文化转型 郭灿 深圳大学学报 96.4
富强理想的幻灭：严复思想再认识 曾晟堂 社科纵横 96.5
论张謇与近代师范教育 郭考义、殷敦新 镇江师专学报 97.3
论张謇的近代教育思想与实践 崔薇圃 山东工业大学学报 97.2
民初南北议和的风云人物——张謇 戴萌 南京史志 97.5
论张謇在中国教育发展史上的地位 卜贵林、宋玉梅 长白论丛 97.4
张謇与淮河治理 张雷 志苑 97.3
张謇开放主义刍议 王宇博、陈洪 江苏教育学院学报 97.2
张謇：从状元郎到实业家 李羽壮 炎黄春秋 96.12
张謇与中国教育的近代化 崔薇圃 齐鲁学刊 96.5
试论张謇关于厘金税的思想 (韩)申义植 江海学刊 96.6
旧中国自由资本主义改革开放的倡导者：论张謇运用法律实行改革开放的思想与实践 钱大群、董长春 法律与社会发展 96.6
辛亥革命期间张謇为何支持袁世凯 周月思 南通师专学报 96.4
王国维《周开国年表》补正 吴晋生、吴薇薇 学术研究 96.12
再解王国维沉湖之谜 王文耀 探索与争鸣 97.8
为王国维之死因进一解 黄近斋 安徽史学 97.2
王国维死因新探 周一平 学术月刊 97.6
介绍《张太炎的思想》 罗志田 中国社会科学 97.5
《大共和日报》与章太炎 汪幼海 上海社会科学院学术季刊 97.2
戊戌变法时期章太炎变法思想评议 王玉华 江苏社会科学 97.1

章太炎为月刊《革命评论》所作题字与诗轴 朱馥生 档案与史学 97.1
试论儒学在朴殷植与章太炎历史认识中的作用 （韩） 李润和 东岳论丛 96.6
广东各界纪念廖仲恺诞辰120周年 人民日报 97.4.24④
近十年来廖仲恺研究综述 熊吕茂 岭南学刊 96.4
论谭延闿在“二次革命”前后的活动 王艳玲 长沙电力学院社会科学学报 97.2
试论辛亥革命时期谭延闿与革命派的关系 杨新明、谭少兵 湘潭师范学院学报 97.1
论宋教仁的宪政思想 汪志国、江立新 安徽大学学报 97.5
宋氏三姐妹的父亲宋耀如传奇 解力夫 炎黄春秋 97.9
冯国璋与中国早期的军事现代化 张立真 辽宁大学学报 97.4
陶成章的民族主义与江浙辛亥革命 王显成 湛江师范学院学报 97.1
武昌首义领袖民国元勋蒋翊武 刘任之 团结报 97.1
段祺瑞对待孙中山先生北上的态度 吴永康 安徽史学 96.4
段祺瑞及北洋皖系研究述评 胡晓 安徽史学 96.4
略论阎锡山与山西的军事工业 阎中、刘书礼 山西大学学报 96.4
阎锡山的“六政三事”与“用民政治”：民国初年山西新政初探 智效民 晋阳学刊 96.6
陈炯明与“二次革命”关系辨 吴群力 岭南文史 97.3
陈炯明与留法勤工俭学运动 陈三井 近代史研究 97.5
洛阳时期的吴佩孚评析 郭剑林、苏全有 史学月刊 97.5
苗沛霖：中国近代史上第一个军阀 池子华 学术月刊 96.10
张佩纶与中法战争 赵琳 学术月刊 97.7
道光帝与台湾军民的“抗英保台”斗争 季云飞 台湾研究 97.3
肃顺新论 杨华山 学术月刊 97.6
论端方的渐进主义思想及其在江苏的实践 张海林 南京大学学报 97.2
光绪间关于王夫之从祀文庙的争论 陈勇勤 中州学刊 97.1
辜鸿铭为慈禧充当“律师” 中华读书报 97.7.16④
从“护兵被枉杀案”看刘永福与同盟会的关系 廖宗麟、张壮强 学术论坛 96.6
刘永福并未任职台湾民主国 廖宗麟 历史研究 97.4
刘永福在近代反侵略斗争中的功绩和地位 廖宗麟 学术论坛 97.4
潘鼎新和镇南关大捷 廖宗麟 广西社会科学 97.2
刘鹗在新疆的最后一封书信 周轩 故宫博物院院刊 97.1
刘鹗的实业思想 山东师大学报 李伟 96.6
刘鹗《述怀》释论：刘鹗与太谷学派之关系片论 王学钧 南京理工大学学报 97.2
中国近代工程技术界的一代宗师詹天佑 宓汝成 中国科技史料 96.3
中国第一位铁路工程师詹天佑 周铸、峰岚 文史精华 97.7
重温一位实业救国倡导者的风范：读夏东元教授的《郑观应》 赵晓蕾 探索与争鸣 97.3
郑观应与张弼士经济思想及实业经营管理之比较 商鸣臣 山东大学学报 97.2
黄遵宪与近代报业 张加华 淮阴师专

学报 97.3
胡雪岩的谋略与点子 翟政 企业研究 96.10
武训、五训、吾训 冯国长 蒲峪学刊 96.3
论范旭东的企业家素质 李玉 盐业史研究 96.4
试论包世臣的经济思想 陈雁秋 浙江师大学报 97.1
刚毅南巡与轮电两局报效案 王尔敏 近代史研究 97.4
杨增新在开办中俄航运问题上的立场评述 吴景山 西域研究 97.3
清末青年活动家、教育家姚宏业 刘任之 团结报 97.7.19②
刘光弟年谱 曾宪辉 福建师大学报 96.4
攻捻战争中的刘铭传 池子华 苏州大学学报 97.2
孙诒让维新思想及其实践 俞雄 温州师范学院学报 97.2
孙诒让与玉海楼 木子 中国文物报 97.8.10③
论孙宝瑄的经济思想 俞政 苏州大学学报 97.3
蒋百里对中国近代军事学的贡献 吴晓迪 上海大学学报 96.5
留日士官生蒋百里 焦艳琴 日本问题研究 96.2
徐继畲与《瀛环志略》 赵庆杰 辽宁师范大学学报 96.6
徐继畲研究的新收获 田毅鹏 吉林师范学院学报 96.11
梁漱溟政治思想论 马佩英 河南大学学报 97.4
近十年来梁漱溟研究综述 熊吕茂 湖南师范大学社会科学学报 97.5
古学复兴与文艺复兴:从晚清国粹派到胡适 赵利栋 安徽史学 97.2
胡适与科学、玄学之论争 吴二特 汕头大学学报 97.5
冯桂芬吏治思想述评 谢世诚 南京师大学报 97.1
试论韩国钧的政治思想及其发展 范崇山 扬州师院学报 96.3
论胡林翼的人际艺术 温伟斌 益阳师专学报 96.4
“彭翼仲案”真相 姜伟堂 首都师大学报 96.5
马麒对藏政策述论 杨作山 回族研究 96.4
马新贻宦迹考略 哈正利 回族研究 96.4
重评张评纶 赵慧峰 烟台大学学报 96.4
伍廷芳——晚清政坛上的“新型官僚” 李忠兴 档案与史学 96.6
香宋先生年谱 赵念君 成都大学学报 96.4
翁同书与苗沛霖事件 池子庆 江海学刊 97.1
评清末广东水师提督李准 骆永寿 四川教育学院学报 96.3
马建忠的外交思想 谭群玉 清史研究 96.4
石门大儒阎镇珩 夏名镒 武陵学刊 96.4
试论丘逢甲抗日保台军事思想及实践 李灿东 台湾研究 97.1
杨仁山新思想初探 杨国庆 东南文化 97.2
论何炳松在通史理论上的创新 朱发建、张晶萍 武陵学刊 97.2
“志新党”齐如山 王学泰 读书 97.7
郭显德近代在华传教活动之初探 段琦 世界宗教研究 97.2
一位“史学票友”的追求:姜鸣与中国近代海军史研究 施宣圆 文汇报 97.7.29⑫
龙思泰与《早期澳门史》 章文钦 学术

研究 97.7
爱国主义与近代史学:陈其泰教授访谈录 白兴华、许旭红 中国文化报 97.7.12③
黄葆年及其著述 方宝川 南京理工大学学报 97.1
论傅斯年的史学思想 张利庠 山东工业大学学报 97.2
杜亚泉的伦理思想 高力克 浙江社会科学 97.5
宋景诗潜入"归化"时间考述 王月珽 内蒙古大学学报 97.5
徐建寅年谱 汪广仁 清华大学学报 97.3
评蒋廷黻的鸦片战争史观 林冠群 海南大学学报 97.3
简论黄宽、黄胜对西学的传播 梁碧莹 广东社会科学 97.4
吴禄贞的民主革命思想与实践 魏皓洁、尹湘兵 呼兰师专学报 96.4
辛亥革命元老俞应麓将军行述 俞布、俞菲 贵州文史丛刊 97.1
李书城与黄兴的战斗情谊 李新福 湖北大学学报 97.4
马君武与孙中山的早期交往 陈启源 广西大学学报 96.6
陆荣廷与孙中山 尚明轩 学术月刊 97.4
浅谈陆荣廷在辛亥革命中的复杂性 李寿华 玉林师专学报 96.4
《民立报》有关陆荣廷报道述评 傅德华 史林 97.1
辛亥革命前后的黄宗仰 沈替 华中师范大学学报 97.2
林述庆与镇宁光复 郭孝义 镇江师专学报 97.1
蒋尊簋督浙述评 陶水木 杭州师范学院学报 97.4
徐树铮与安福俱乐部 吕茂兵 安徽史学 96.4
同盟会首名会员曹亚伯 汪承武 炎黄春秋 97.1
程家柽:虎穴中的民主革命斗士 翟文明 团结报 97.1.15②
秦中杰士焦易堂 张平和 文史精华 97.5
康正铭革命事略 席少丹 贵州文史丛刊 96.5
再论方伯谦被杀是冤案 郑守正 历史档案 97.3
三次历史巨变和三位伟大人物 金冲及 解放日报 97.10.1⑧

外国人物

义律与鸦片战争的爆发 朱卫斌 贵州文史丛刊 97.1
义律缴烟考 陈晓东 铁道师院学报 97.3
赫德与清末新政 赵玉霞、王同柱 山东师大学报 97.增刊
俾斯麦与曾国藩之试比较 叶隽 德国研究 97.3
伯希和与近代中国学术界 桑兵 历史研究 97.5

(三) 中国现代史

1. 总 论

历史回顾与跨世纪挑战 刘志刚 西藏日报 97.11.3④
帝国主义侵略给中国带来了什么? 方文 湖南党史 97.1
国共两党反对"两个中国"的历史回眸 田海蓝 中南财经大学学报 96.6
"一国两制"理论形成的历史回顾 张建华 港澳经济 97.9
两次国共合作与"一国两制"的实现模式 李精华、陶志刚 农垦师专学报 97.2
"一国两制"四性议 何成学 四川党史

96.25—27
20世纪的中国政治制度史研究　白钢　历史研究　96.6
论中国的反封建与社会主义选择　孙津　当代世界与社会主义　96.6
传统民主主义思想在中国革命中的重铸　段建海　唐都学刊　96.4
“中国革命史”改成“中国革命和建设史”的新尝试　张德鹏、严淑萍　党史研究与教学　96.6
论中国民主革命战争史上的一个重要规律　尹德慈　青海社会科学　97.2

现代经济

建国前内蒙古的地方财政　邢亦尘　内蒙古社会科学　97.3
近现代时期大连殖民地工业述论　何忠诚　辽宁师范大学学报　97.3
对张公权《中国通货膨胀史》的一处质疑　王振科、王钟伟　山东师大学报　97.增刊
解放前江苏的租佃关系探讨　吴玉琴　中国农史　97.1
近代华北平原地租形态研究：近代华北平原租佃关系探索之一　史建云　近代史研究　97.3
论法币改革　姚会元　学术月刊　97.5
抗战前江苏稻米初级市场浅析　唐文起　学海　96.6
哈尔滨解放区的对苏经济联系　赵德玖、郭永学　长白学刊　97.5
“抗日民族统一战线的经济政策”论析　唐正芒　湘潭大学学报　96.5
“浙江省战时物产调整处”述评　黄兰英　浙江学刊　96.6
日本在中国沦陷区经济掠夺的特点　王莹先　徐永昭　江汉论坛　96.11

现代政治、社会

30年代初中国现代化问题讨论探要　杨林书　浙江师大学报　96.6
民主革命派与马克思主义学说在中国的传播　陶季邑　暨南学报　97.3
我国早期马克思主义传播的共性和特性研究(李大钊、陈独秀、李达早期传播马克思主义之比较)　易国喜　山东社会科学　97.5
民族区域自治制度的中国特色及意义　靳士信　中共党史研究　95.2
建国前黎族社会宗法制度存在形态浅析　何海龙　广西师范大学学报　97.3
上海公共租界中的“多国部队”——万国商团　庄志龄　档案与史学　97.4
近代中国地域性灾荒政策史考察(以安徽省为例)　(韩)金胜一　北京大学学报　97.4
列强在华协定关税特权的废除　李秀领　江海学刊　97.4
福建地方军阀与地方经济建设　林星　党史研究与教学　97.3
旧中国禁毒的艰难历程　马模贞、王文昌　中国青年报　97.7.18⑧
40年代初推行新县制后的甘肃乡镇机关　高士荣　历史档案　97.2
上海市民政府——中国民主政权的先声　沈建中　上海党史研究　97.2
战后初期留美学生大部滞留的原因及影响　孔凡岭　齐鲁学刊　96.6
“庚款留美”学者在推动中国政治民主化进程中的作用　徐鲁航　汕头大学学报　97.2
旧中国部分铁路被毁弃的原因及其启示　戈春源　铁道师院学报　96.5
论东北战俘劳工问题　傅波　长白学刊　97.2
抗日战争前中国民族资本主义工业发展的水平和特征　许建平　浙江学刊　97.1
八大前后安徽的社会发展　杨瑞毛　党史纵览　96.5

1936，沸腾的上海(纪念救国会运动60周年) 马福龙 上海党史研究 96.6
战前中国科学社与上海 张剑 上海文化 96.2
宛西自治述评 万新方 河南大学学报 96.3
战前日本对上海的鸦片输出 王明星 日本学刊 97.2
发生在旧政协期间的一桩暴行：关于"搜查黄宅事件"的始末 李国全 人民政协报 97.10.1④
论中国共产党对苏区工会问题的认识与实践 戴文宪 党史研究与教学 97.4
新民主主义革命时期我党解决帮会问题的策略 沈移元 经济·社会 97.3
有关"以俄为师"的一些问题 邱捷 中山大学学报 97.2
论民主革命时期国共两党的政治斗争 孙堂厚 社会科学辑刊 97.1
20世纪前叶黑龙江回族反帝反封建斗争的先驱(1919年5月4日—1937年7月7日) 麻秀荣、谷文双 黑龙江民族丛刊 96.4
新民主主义革命时期关于国家政权建设的理论与实践 孔德生 长白学刊 97.1
评《论危机——1926至1929年的中国革命》 唐宝林 中共党史研究 96.6
新中国成立前中央人民政府筹备述略 李格 中共党史研究 96.6
反对个人崇拜：一个深远的话题 周语玲 当代世界与社会主义 97.1
论近代华北农村服饰的变迁 饶明奇 郑州大学学报 97.5
近现代华北农村社会实态的当代阐释：评《20世纪三四十年代冀东农村社会调查与研究》 王琳 史学月刊 97.2
政治权力与近代中日航运 江道源 学术研究 97.2
延安知识分子群体的特征及其历史地位 刘悦清 中共党史研究 95.5

现代思想、文化、教育

论第一次国共合作的文化基础 陈金龙 青海师范大学学报 96.4
论二三十年代中国的平民教育运动 赵玉霞 山东师大学报 97.2
近数百年我国科学落后于西方的原因 吴大猷 中国科学报 97.3.31①
20世纪中国西化与保守主义的文化思潮 郭建宁 青海社会科学 97.5
20世纪中国激进主义的思想溯源及其他 启良 东方文化 97.5
试论陈独秀的教育思想 徐嫩棠 贵州教育学院学报 96.4
从北大到五明佛学院 释戒圆 佛教文化 97.5
中央研究院的来龙去脉 孙宅巍 民国档案 97.1
1918—1937年中国现代民俗学史的启示 吴效群 民俗研究 97.4
《政治周报》的时代背景和编辑特色 吉家友、张艳丽 信阳师范学院学报 97.4
论文化与政治交织中的"非基督教运动" 郭若平 理论学习月刊 97.8
《反政》半月刊介绍 戴茂林 抗日战争研究 96.4
日本侵台至全面侵华时期中国近代知识分子的日本观 赵艳玲、于多珠 承德民族师专学报 96.4

现代对外关系

美国和抗战时期中国的平准基金 吴景平 近代史研究 97.5
抗战后期美国的对华政策与对苏外交 关绍纪 文史哲 97.3

抗战后期美国与中共合作的基础是脆弱的 刘德喜 北京党史研究 97.2

试论抗战时期美国对华政策的演变 张世均 重庆教育学院学报 97.1

抗战期间美国对华政策及其演变 梁长平 郑州大学学报 97.3

从意识形态看抗战时期美国的对华政策 夏绍能 许昌师专学报 97.3

浅论1927—1935年的中美贸易 仇华飞 上海师范大学学报 97.2

1937年至1941年美国对华政策 辜宗秀、何德远 咸宁师专学报 96.4

从中美合作所主要活动看其实质 刘灿华、钱克锦 安徽史学 97.3

美国驻华外交官有关"南京大屠杀"的证言 杨夏鸣译 民国档案 97.3

1941年美日谈判美国草案中有无停止援华条款:兼述美方两个提案的演变 王建朗 近代史研究 97.3

解放战争前后中美关系的演变及影响 刘立范、李安民 聊城师范学院学报 97.1

有张有弛:1954—1958年的中美关系 陶文钊 社会科学研究 96.6

中国与美国20年空战秘闻 肖占中 党史天地 97.8

1965年以来美国华人新移民的特点 李其荣 华中师范大学学报 97.5

论建国前后中美全面对抗的必然性 卞慕东 广西大学学报 96.6

新中国建立初期美国干涉西藏的内幕 江渝 西藏研究 97.3

震惊中外的美国间谍案:1952年空投特务覆灭记 晓音 党史纵横 97.4

美国的香港政策(1942—1960) 于群、程舒伟 历史研究 97.3

中美互设联络处始末 王永钦 福建党史月刊 97.3

论70年代初中美关系的转折 林广 历史教学问题 97.3

美国对台政策的历史分析 杨金荣 南京大学学报 97.4

台湾问题的缘起与中美关系 袁盈 首都师范大学学报 97.1

使美国陷入被动的"沃德事件"始末 林利民 党史文汇 97.4

中美大空战:朝鲜战场上的较量 希林 党史天地 97.3

1949年美国延宕承认新中国"共同阵线"政策述评 林利民 世界历史 97.2

美国摧毁中国核设施的计划:新的档案证据 (美)沙恩·马多克编;张振江译;任东来校 国外中共党史研究动态 96.5

1949年至1959年美国和海峡两岸关系之研究 洪小夏 党史研究与教学 96.6

美失踪人员专家小组抵兴安 人民日报 97.1.14④

美国研究中国大革命史的历史及其特点 彭红英 北京党史研究 96.6

中美在卫星通信领域的首次合作 刘澄清、刘远 毅刚·纵横 96.12

美国国家安全委员会第81/1号文件形成问题研究 崔丕、侯文富 历史研究 96.6

中美走向对抗的根本原因:国家利益的冲突 张昱 首都师范大学学报 96.6

梦幻与现实(抗日战争胜利前后美国对华政策失败的根本原因) 张重珩 社会主义研究 96.专辑

论二战以来美国分离台湾的政策与演变 孙俊杰 河南社会科学 96.6

战后日本对华赔偿问题 刘士田、李志忠 抗日战争研究 97.3

以史为鉴,推进中日友好关系的发展 汤重南 群言 97.7

日本在沪资产阶级与一·二八事变(九·一八事变前后的上海商工会议

所） 陆伟 上海党史研究 97.4
试论50年代中期的中国对日政策与中日关系 罗平汉 当代中国史研究 97.5
本世纪30年代前后日本对华北的毒化政策 李恩涵 近代史研究 97.4
中日邦交正常化的曲折历程 卫金桂 福建党史月刊 97.4
1937年初日本对华“佐藤外交”初探 袁成亮 铁道师院学报 96.2
略论第一次世界大战至九·一八事变期间的中日关系 王升 东北亚论坛 96.4
《抗日战争时期中国对外关系》 章百家 抗日战争研究 96.4
日本出版《20世纪的中国》一书 平野健一郎著；韩凤琴编译 国外中共党史研究动态 96.5
苏联与盛世才结盟关系若干问题研究 朱杨桂、赵广平 新疆大学学报 97.3
评九·一八事变前后苏联对中东铁路的处理 孙月华 泰安师专学报 97.2
独具特色的中俄侨情 薛永盛等 黑河学刊 97.4
战后中苏关系研究的新材料和新角度 李丹慧 中共党史研究 97.5
中苏核合作秘闻 孙凌云编译 世纪 97.1
简论苏联对中国前期抗战的两面外交 张云平、张洪岳 延安大学学报 97.2
试析苏军出具东北对我党“向北发展，向南防御”战略方针的影响 刘强敏、崔广彬 龙江党史 97.1
论《联共(布)党史简明教程》在中国的影响 娄胜华 南京社会科学 97.6
试论1931—1945年苏联对华政策及其成因 王立新 南京社会科学 97.6
试论苏联对华政策对中国抗战的影响 周荼仙、李兰芳 上饶师专学报 97.2
解放战争时期苏联对华政策及其与国共关系的演变 李福斌、季惠英 龙江党史 96.4
迪化和谈前有关新疆问题的中苏交涉 黄建华 西北史地 96.1
疾风铁马扫关东：苏联出兵中国东北纪实 邱毅 环球 97.4
关于苏联出兵东北问题的评价 曹前发 怀化师专学报 97.1
抗战时期苏联对华政策中的民族利己主义和强权政治 姜春晖 国际关系学院学报 96.3
未圆的民族梦：民国时期中英香港问题谈判始末 杨亲华 党史纵横 97.2
四十年代的中英香港问题交涉 李秀领 江苏社会科学 97.3
抗日战争胜利前后中英在香港问题上的斗争 赵佳楹 外交学院学报 97.3
二战期间中英关于香港的归属之争 张宝善、杨波 团结报 97.3.22②
英国人永占新界的图谋：二三十年代关于新界问题的中英交涉 姜良芹 党史文苑 97.2
旧中国政府早期“收回香港”的外交活动述评 齐鹏飞 中国人民大学学报 97.5
论中英香港问题的交涉(1927—1945) 陈晋文 民国档案 97.2
一部颇具特色的中央关系史新著：读《太平洋战争时期的中英关系》 萨本仁 世界历史 96.6
1942年中英新约谈判述论 王真 民国档案 97.2
从“密月”到断交——抗日战争爆发前后中德关系的演变 易豪精 中共党史研究 95.5
试论1938—1941年的中德关系 何兰 华中师范大学学报 97.5

60年代中印边境冲突与中国边防部队的自卫反击作战 王中兴 当代中国史研究 97.5

1956年"波兰事件"和中国的政策 骆亦粟 外交学院学报 97.3

2. 五四运动和中国共产党创建时期(1919—1923)

论五四前后新传统主义思潮 陈君静 淮阴师专学报 97.3

中共成立前《广东群报》关于无政府主义的论战 黎尚健 广东教育学院学报 97.3

五四前期丧葬礼俗的变革 梁景和 首都师范大学学报 97.4

早期革命史上的瑰丽诗篇:读张惠芝《五四前夕的中国学生运动》 戴逸 河北学刊 97.5

五四前后民主未能在中国扎根原因探析 金太军 人文杂志 97.4

中国早期马克思主义者东西文化观合论 张利民 中国哲学史 97.2

20世纪初的中外文化交流与中国共产主义运动的兴起 徐行 南开学刊 97.4

寻觅工人武装起义时留下的遗物 陆米强 世纪 97.2

1927:刀光剑影上海滩:上海工人第三次武装起义幸存者备忘录 曹志苑、沈飞德 世纪 97.2

新启蒙运动对"五四"的反思和超越 张艳 学术论坛 97.4

五四新文化的历史建构 段培君 北京社会科学 97.3

俄国十月革命的消息是怎样传到中国的? 李兴耕 马克思主义与现实 97.5

安源精神简论 刘建民 江西社会科学 97.10

当代文化保守主义与五四运动再评价 陈焕永 天津社会科学 97.5

五四新文化运动与中国现代化 刘芳 山东师大学报 97.增刊

五四期刊中的一颗"流星":《北京大学学生周刊》 张均兵、方增泉 北京党史研究 97.4

试论"五四"运动时期的妇女解放思潮 尹美英 牡丹江师范学院学报 97.2

北大创办研究所述略 胡晓 团结报 97.7.23②

两份建党时期重要文献的研究 沈海波 上海大学学报 97.3

从五四以后新知识分子队伍的分化看知识分子所走的道路 叶青 福建师大学报 97.3

香港海员大罢工:中国工人阶级第一次同帝国主义的有组织较量 王德旺 党史文汇 97.5

五四时代的宗教思潮及其当代意义 唐逸 战略与管理 97.2

五四时期妇女解放运动的特点 李本义 湖北大学学报 97.3

五四时期妇女争取婚姻自由的运动 (韩)尹美英 淄博师专学报 97.2

五四运动与民族主义的高扬 李安增、刘煜 社会科学 97.5

五四新文化运动与西北 郑万鹏 烟台师范学院学报 97.2

从湖北自治运动看中国近代改良主义思潮 吴海晶、田子渝 党史研究与教学 97.2

新文化运动新论 胡维革、胡晓岩 长白论丛 97.3

五四运动的女权运动 (韩)尹美英 国外社会科学 97.3

试论五四新文化运动时期的个性解放思潮 郑仁霞 青海社会科学 97.

论五四以后新知识分子队伍分化与嬗变的原因 叶青 党史研究与教学

97.2
五四运动与民族主义的高扬　李安增、刘煜　社会科学　97.5
以社会中轴转换原理看“五四”运动时期“民主和科学”的口号　董光壁　方法　97.4
家族主义：五四批判的历史反思　刘林平、陈艳云　求索　97.3
继承五四传统，勇做时代先锋　文汇报　97.5.4⑥
评中苏关于中东铁路问题交涉(1917—1924)　孙才顺　山东师大学报　97.3
五四启蒙运动初探：兼评“五四启蒙运动中断论”　朱玉湘　烟台大学学报　97.2
五四批判精神辨析　郭亚金　理论与现代化　97.5
关于五四运动意义的文化分析　段培君　人文杂志　97.2
五四运动时期的湖南学联　张明　湖南教育学院学报　97.3
五四时代知识分子的平民意识与共产主义运动的兴起　朱志敏　历史研究　97.2
五四运动是新旧民主主义的中介　杨建成、吴焕强　社科信息　97.4
穿越重重的思想雾障：五四先进青年的历史选择　赵军祥、家鲁　河南师范大学学报　97.1
共产国际与苏俄在中共创立初期对中国革命的消极作用　程美东　中央政法管理干部学院学报　97.2
中共广东党组织建设的历史特点　叶文益　广东党史　96.4
中共第一代留俄生述论　徐行　中共党史研究　97.1
马克思主义在中国传播的两个阶段　邵成章　党史研究　97.1
在广东省纪念北伐战争70周年学术讨论会上的讲话　张汉青　广东党史　96.6
北伐丰碑：纪念北伐战争71周年　罗玲　王聚英　文物天地　97.1
苏南农民暴动中的女大学生　徐泉法　世纪风采　97.1
大革命时期中共对汪蒋关系的对策　邵政　江西社会科学　97.1
大革命时期工人阶级的一次壮举：记上海工人第三次武装起义　大江南北　97.3
家庭伦理与五四女性解放思潮　罗检秋　妇女研究论丛　97.1
先进知识分子与广东建党　陈善先　广东党史　96.4
中共广东地方组织建立的历史意义　陈万安　广东党史　96.4
中共广东组织为首次国共合作建立了不朽的勋业　周兴梁　广东党史　97.4
中共广东组织革命实践的特点和启示　黄振位　广东党史　96.4
中共清华大学地下组织的发展历程　徐心坦、刘文渊　北京党史研究　97.2
论五四思想启蒙运动与传统文化(再评“五四全盘反传统”论)　刘正强　云南师范大学学报　97.1
试析五四思想家的立人思想　吴乃华　学习与探索　97.1
中国劳动组合书记部性质辨析　刘功成　工会理论与实践　96.6
评五四前期的反传统主义　王庆安　湘潭大学学报　96.6
论五四时期马克思主义在中国传播的原因　王付昌　中山大学学报　96.6
失落精神的民族、召唤伟大的人格：五四时代现代文化人格建构之反思　朱德发、贾振勇　聊城师范学院学报　96.1
信念的重建：五四与现代性　任剑涛　中山大学学报　97.1

马克思主义传播中国的转换模式(1919—1949) 安贞元 惠州大学学报 96.1
五四运动时期甘肃人民的觉醒 吴万善 西北民族学院学报 96.3
五四时期先进知识分子与无政府主义 江波、龙毅 湘潭大学学报 96.5
选择与考验:中共一大代表人生经历的启示 刘世平 党史文苑 96.5
论五四运动中的妇女斗争 牛书成 河南教育学院学报 96.3

3. 第一次国内革命战争时期(1924—1927)

论第一次国共合作的组织基础 郑可益 中共党史研究 97.5
也谈本世纪20年代的枪会运动 王天奖 近代史研究 97.5
再论中共在北伐战争中的领导作用 李德成、魏秋香 党史文苑 97.1
关于中国大革命史的研究问题 曾宪林 中共党史研究 95.3
大革命时期中共党内"左"倾思想论析 蔡文杰 南开学报 97.4
中西基督教徒与五卅运动 邵雍 史林 97.3
试论第一次国共合作时期中国共产党统战方针的形成 李卫东、程利 江汉大学学报 97.1
苏维埃革命模式对1927—1934年中国革命的影响 杨正辉 湖湘论坛 97.4
试论"中山舰事件"的必然性 刘建国 温州师范学院学报 96.4
中山舰事件后各方对蒋、汪的态度 李兴祥 黔南民族师专学报 97.1
中山舰事件亲历记 刘琦生 贵州文史天地 97.2
有关中山舰事件的若干当事人档案 马贵凡 中共党史研究 97.4
试述大革命时期中国青年留苏学校 刘志青 甘肃社会科学 96.6
前苏联、美国学者关于中国大革命史研究述评 彭红英、刘志强 北京党史研究 97.4
大革命时期农民运动中心再认识 李彦宏 湘潭师范学院学报 96.5
大革命时期收回教育权运动与中国共产党的领导 魏喜龙 学习论坛 96.7
试论中共在大革命时期军事工作的历史作用 杨菲蓉 社会主义研究 96.专辑
大革命时期我党如何区分对待国民党中的左中右派别 杨乃良 广西社会科学 96.6
大革命后期党的路线的两次转变 刘诚 中共党史研究 97.2
论大革命时期的上海资产阶级(兼析上海资产阶级支持蒋介石上台的原因) 薛玉芹 淮阳师专学报 97.1
大革命后期党的路线的两次转变 刘成 中共党史研究 97.2
大革命时期四川党组织的历史贡献 刘国龙 探索 97.2
"中国大革命与亚洲"国际学术讨论会综述 万方杰 社会科学动态 97.4
"中国大革命与亚洲"国际学术讨论会综述 黄嵩海 江汉论坛 97.3
大革命时期马克思主义中国化工作的历史考察 沙健孙 马克思主义研究 97.3
10年来大革命研究若干问题综述 姚江、孔凡铜 社会科学动态 97.6
第一次大革命时期我党军事工作的重要教训 陈立旭 毛泽东军事思想研究 97.2
试论大革命时期国民党南方政权的劳动立法 饶东辉 华中师大学报 97.4
大革命时期党的军事工作刍议 吴少京

党的文献 97.5
论大革命时期的领导者 陶用舒 湖南师范大学社会科学学报 97.5
大革命时期马克思主义中国化工作的历史考察 沙健孙 马克思主义研究 97.3
首次国共合作与北伐战争 周兴梁 中共党史研究 97.2
国共合作中的黄埔军校湖州分校初探 曾宪恒、谢明 嘉应大学学报 97.1
论第一次国共合作时期国民党限共策略的演变 张振朝 党史研究与教学 97.1
力倡国共合作创建统一战线 唐史 人民政协报 97.4.23④
试论国共党内合作形式是大革命失败的重要原因 周维强、夏淑清 沈阳师范学院学报 97.2
试论第一次国共合作的历史作用 杨朝林 广西教育学院学报 96.3
黄埔军校时光:国共合作轶闻录 师达 党史纵横 97.5
第一次国共合作在欧洲 王爱云 中共党史研究 97.3
第一次国共合作破裂原因新探 谢晓鹏 长白学刊 97.4
省港大罢工对香港的深远影响 陈勤 南京史志 97.3
广东纪念省港大罢工 72 周年 工人日报 97.6.20①
上海工人三次武装起义述略 沈建中 党的文献 97.2
党在幼年时期的可贵探索:纪念上海工人三次武装起义 70 周年 周尚文、贺世文 上海党史研究 97.2
中国共产党在北伐战争中的四大作用 刘琦 佛山大学学报 97.3
四·一二反革命政变的历史见证 施海根、金迎珠 上海党史研究 97.2
北伐时期四川人民的革命斗争 刘莉 四川党史 97.3
国共合作与北伐中的农民运动 王涛、戴美瑛 湛江师范学院学报 97.1
国共合作的壮举:1927 年收回汉口英租界纪实 莫元钦 党史纵横 97.5
国民革命与日蒋关系 沈予 近代史研究 97.2
省港大罢工 张俊义 光明日报 97.4.1⑤
湖南农民运动的分期高涨和特点 田湘波 怀化师专学报 97.1
1923—1924 年的海军"沪队"独立事件 苏小东 近代史研究 97.2
北伐漫议:读《中华民国史·北伐战争与北洋军阀的覆灭》 陈铁健 中共党史研究 97.2
论北伐的分期及四·一二后的北伐 熊宗仁 贵州社会科学 97.2
中国共产党为此次上海巷战告全中国工人阶级书:1927 年 3 月 28 日 大江南北 97.3
论北伐时期加伦将军的政治主张 谈方 汕头大学学报 96.6
中国共产党与北伐军的政治工作 卢宁 暨南学报 97.1
共产国际的策略路线与国共"党内合作"的逻辑发展 吴九占 河南师范大学学报 96.6
广东纪念北伐战争 70 周年学术研讨会概述 杨建成 近代史研究 97.1
中国共产党北伐态度再探讨 陶水木 党史研究与教学 96.5
北伐时期的厦门工运 黄国荡 党史研究与教学 96.5
试论北伐战争时期日本对华政策演变的原因 王升 社会科学战线 96.6
1925 年安徽反帝爱国运动述评 鲍和平 民国档案 96.4

4. 第二次国内革命战争时期（1927—1937）

近10年来南昌起义若干重大问题研究述略　曾祥健等　社会科学动态　97.2
论八一精神　叶桉　南昌职业技术师范学院学报　97.3
略论南昌起义军对地理条件的运用及其得失　徐兆林　历史教学　97.10
南昌起义中的安徽人　徐承伦　江淮文史　97.4
艰难困苦、玉汝于成：八大元帅与八一南昌起义　金一南　国防大学学报　97.8/9
南昌起义中的安徽籍将领　任家绪　党史纵览　97.4
八一精神永远是人民军队政治建设的强大支柱　王峰　党史文苑　97.4
近10年来南昌起义若干问题研究综述　杨建成、黄立军　党史研究与教学　97.4
八一南昌起义70周年理论研讨会综述　罗惠兰　江西社会科学　97.9
南昌起义部队入闽，对创建闽西根据地的推动　黄珠燕　福建党史月刊　97.8
当年《真理报》记录的八一枪声　王阿寿　中华老年报　97.9.1③
萧克将军忆南昌起义　李兵　人民论坛　97.8
八一南昌起义对创建人民军队的贡献　王志成　风范　97.8
八一起义为什么要在南昌举行　邹敏　政工学刊　97.8
明智的选择：八一枪声缘何响于南昌　张寒　党史纵横　97.8
追忆南昌起义　谭天度　党史天地　97.8
学习与弘扬八一起义精神　魏全木、李淑兰　江西社会科学　97.7
回忆南昌起义后受挫经过　黄霖　炎黄春秋　97.7
八一南昌起义对创建人民军队的贡献　王志成　江西社会科学　97.7
张国焘奉命阻止南昌起义　彭江流　炎黄春秋　97.7
八一南昌起义军入汕前后　奉梓高　广东党史　97.5
南昌起义和秋收起义的异同及历史经验　桂玉麟　江西社会科学　97.7
江西大旅社与八一起义　凌翔　检察日报　97.7.31④
南昌起义时的公安局长兼卫戍司令是谁　陈先义　党的文献　97.4
也谈南昌起义参战人数：兼与曾祥健商榷　李灿珍　党的文献　97.4
军旗升起的地方：南昌八一起义纪念巡礼　李大伟、黄秋生　人民日报　97.8.2②
建军节的由来、名称和军旗、军徽的变化　褚银　解放军报　97.8.6③
他听到70年前"第一枪"：访南昌起义参加者徐先兆老人　新民晚报　97.7.29⑤
继承前辈伟业，再创我军辉煌：纪念中国人民解放军建军70周年　军事科学院　解放军报　97.7.28①
八一精神永存：纪念南昌起义70周年　李国强　江西社会科学　97.6
八一枪声缘何响于南昌　张寒　南京史志　97.4
南昌起义参战人数考　曾祥健　南京史志　97.3
惊天动地八一旗：记八一起义亲历者徐先兆先生　徐奔、韩树艺　团结报　97.8.6②
永远矗立的丰碑：八一南昌起义档案选萃　杨杰　中国档案报　97.7.28③
南昌起义的前前后后　王勤　中国档案

报 97.7.28③
伟大的创举、历史的丰碑:记周恩来贺龙等在南昌起义前后 石维行 中国档案报 97.7.31①
八一南昌起义旧址巡礼 段八一 团结报 97.7.30②
南昌起义珍闻录 李宜武、罗政球 文史精华 97.8
关于南昌起义的文献选载(1927年4月—1944年3月) 党的文献 97.4
南昌起义失败原因新探 王安平 四川党史 97.4
建军元勋们谈南昌起义 李宜武、罗政球 解放军报 97.8.1⑤
论毛泽东领导秋收起义的指导思想和杰出贡献:纪念秋收起义70周年 彭元杰、詹荫才 南昌职业技术师范学院学报 97.3
中国革命史上的伟大创举:浅议秋收起义的历史意义 《秋收起义》课题组 理论导报 97.9
纪念湘赣边界秋收起义70周年 唐伯藩 毛泽东思想论坛 97.3
湘赣边界秋收起义 王勤 中国档案报 97.9.8③
秋收起义革命精神永放光芒 肖益萍 江西日报 97.9.9①
艰苦卓绝的三年游击战争 樊昊、褚银 解放军报 97.8.7⑥
试析苏联对九·一八事变的态度 尤东晓 日本研究 97.2
浅议秋收起义的历史意义 《秋收起义》课题组 江西社会科学 97.10
一切从实际出发的光辉典范:纪念湘赣边界秋收起义70周年 黄爱国、杨放萍 江西社会科学 97.10
论安源与秋收起义 肖南春、肖益萍 江西社会科学 97.10
武昌起义计划泄露真相 吕清 团结报 97.10.22⑦
红安麻城分别举行集会纪念《黄麻起义》七十周年 高友清、袁志国 人民日报 97.11.14④
井冈山,英雄的山:纪念井冈山革命根据地创建70周年 石大泱 中国档案报 97.10.6④
井冈山纪念革命根据地创建70周年 人民日报 97.10.18②
试论井冈山的光荣革命传统:纪念井冈山革命根据地创建70周年 欧阳珑 党建研究 97.9
弘扬井冈山精神与遏制腐败:纪念井冈山革命根据地创建70周年 赖新春、魏绪平 江西日报 97.9.30⑦
在井冈山的日子里 彭儒 解放军报 97.9.1⑦
试论井冈山时期党的思想政治建设的特点 杨皓 求实 97.10
进军井冈山 王勤 中国档案报 97.11.3③
弘扬井冈山精神,再创吉安地区辉煌:纪念井冈山革命根据地创建70周年 中共吉安地委宣传部 求是 97.19
试论井冈山精神的显著特征 邹耕生 党史文苑 96.6
创建井冈山根据地若干问题再探讨 邹耕生 江西社会科学 96.12
井冈山通往湘赣的秘密交通线 李宗辉 吉安师专学报 96.4
试论井冈山斗争时期统战工作的开展及其作用 马于强 吉安师专学报 96.4
建立井冈山革命根据地是朱毛会师后才正式决定的 王祖元 毛泽东思想论坛 96.4
第二次国共合作特点新论 张伟、酈张翼 安徽史学 96.3
20年代末的反蒋"护党救国军"始末 林雄辉 党史研究与教学 97.1
论抗战前十年间中国社会的主要矛盾

刘培平 烟台大学学报 97.1
30年代留日学生革命活动片断 刘坚 广东党史 97.2
评30年代新桂系的经济政策和措施 范玉春 广西社会科学 97.1
30年代抗日救亡运动中中共与民主党派争取民主的斗争 刘冰兰 探索 97.3
中共领导——"宁都起义"成功的决定因素 曾庆生 党史文苑 97.1
黔东革命根据地的建立及其历史贡献 杨军昌 贵州文史丛刊 97.4
海陆丰是我党创立的第一个革命根据地 唐德光等 长白学刊 97.5
关于中央河北省委与临时中央的"明显分歧":与张新法、王玉斌商榷 李德芳 中共党史研究 97.5
铁路建设与中国的抗战准备 王卫量 安徽史学 97.4
试析闽西革命根据地的精神文明 林炳玉 党史研究与教学 97.5
纪念三大起义70周年学术研讨会述要 李东郎 理论前沿 97.21
土地革命战争时期四川几次兵变若干史实考订 元江 四川党史 97.3
论土地革命时期毛泽东的工商政策和策略 朱新镛 中央社会主义学院学报 97.6
论中国共产党在土地革命时期的法制理论与实践 文胜 党史纵横 96.12
论抗战前10年间中国社会的主要矛盾 刘培平 烟台大学学报 97.1
土地革命战争初期党的统一战线思想初探 罗玉明 安徽史学 97.4
我参与重建济南"五三"惨案纪念碑 马节松 世纪 97.4
试析华北事变后国内政局变动中的爱国主义 杨家余、唐国敏 党史研究与教学 97.3
第二次国内革命战争时期的甘肃新闻事业 李文 西北史地 97.2
赣南会议辨析 黄允升 中共党史研究 96.6
对豫东南苏区几个重要问题的商榷与探讨 徐修宜 阜阳师范学院学报 96.3
展示我军成长壮大的发展历程 宋任务 光明日报 97.7.19⑥
震惊中外的顺天轮抢劫案 罗先哲 人民政协报 97.7.30④
中华国宝迁运纪实 晓峰 南京史志 97.4
西方绥靖政策的开端——不承认主义 杜华 山东师大学报 97.3
中东路事件再认识 王永成 兰台世界 97.3
评"中东路事件" 王凤贤 学术交流 97.2
遵义会议后党中央的两件大事 袁春荪 世纪风采 97.4
地狱、丹心、火花:记第二次国内革命战争时期共产党在浙江陆军监狱现状到斗争 吕红、陆小芳 浙江档案 97.5
试论党对军队绝对领导的确立:兼谈对"三湾改编"的再认识 徐公喜、管桦 上饶师专学报 97.2
中日华北"共同防共"问题交涉与国民政府的抉择 彭敦文 抗日战争研究 97.2
皖北的春雷:记阜阳四九暴动始末 太朴 江淮文史 97.2
对二次革命失败原因的再探讨 金怡顺 青海师范大学学报 97.1
论新启蒙运动 方敏 中州学刊 97.2
试论东北交通委员会抵制"满铁"的业绩 陈毓述、王玉华 绥化师专学报 97.3
试析中华革命党失败的原因 吴志刚 党史研究与教学 97.1

“马日事变”总后台新论 杨学东 求索 97.1
抗战前江苏粮食的流通 唐文起 江苏社会科学 97.2
1932年的“弹劾海军案”风潮 王翔 民国春秋 97.4
震惊哈尔滨的马迭尔血案 肖炳龙、胡凤斌 纵横 97.1
陕南战役的历史作用 范厚坤 四川党史 97.1
“冀察政务委员会”考辨 王建科 南京社会科学 97.2
古城烽烟 罗林远 党史天地 97.2
高干犯罪更不可恕:60年前延安处理黄克功杀人案的经过 方胡 炎黄春秋 97.2
“满铁”线上的破路斗争 庞慧茹 日本研究 96.4
罪恶的“后援部队”:满铁参与七·七事变揭秘 杨韶明 党史纵横 97.9
众志成城赴国难:七·七事变与全国抗战 崔莹 党史纵横 97.9
纪念七七事变60周年国际学术讨论会综述 赵淑玲、李宗远 抗日战争研究 97.3
对卢沟桥事变几个问题的思考 蔡德金 抗日战争研究 97.3
近10年来卢沟桥事变研究综述 宋力、曾祥健 抗日战争研究 97.3
永记卢沟桥的炮声 陈其泰 群言 97.7
卢沟桥事变与抗日战争全面爆发60周年座谈会 刘大可 东岳论丛 97.4
决不要忘却历史,更不许误导未来:写在七·七事变60周年之际 赵丽江 党政干部论坛 97.7
“满铁”参与七·七事变述略 杨韶明 抗日战争研究 97.3
卢沟桥事件的“发端”和所谓“中国共产党计划”说:与坂本夏男商榷 (日)安井三吉;郎维成译 抗日战争研究 97.3
东北民众抗日救国与张学良的关系 王生杰、周志强 抗日战争研究 97.1
东北沦陷对关内民族经济的影响 张远鹏 社会科学战线 97.2
长城抗战两丰碑 李秉刚 抗日战争研究 97.1
七·七事变前日本帝国主义对华北的分离活动 姚洪卓 北京档案史料 97.3
关于七·七事变的起因 赵淑玲、张量、李宗远 人民日报 97.8.2⑥
七·七事变前的一次“鸿门宴” 黄栋法 团结报 97.7.23②
七·七事变前的两次“丰台事件” 王昕 北京党史研究 97.6
论九·一八事变与日本“北进”战略 祝中侠 怀化师专学报 97.2
九·一八事变中日军对辽经济的掠夺 张澍 兰台世界 96.10
九·一八事变以后福建抗日运动概述 高绵 党史研究与教学 97.2
浅析吉林地区各路抗日义勇军的兴衰 宋晓云等 长白学刊 97.3
九·一八事变和中国抗日战争 谢春服 龙江党史 97.1
从日本侵华政策的演变看七·七事变的爆发 刘杰辉、吕家毅 中央检察官管理学院学报 97.3
卢沟桥事变的经过和策划者 吴玉林 北京党史研究 97.4
狮桥战歌:纪念卢沟桥抗战60周年 朱喜来 党史文汇 97.7
历史昭日月,惨案警后人:“平顶山惨案”幸存者在日本法庭诉讼 王和利 中国文化报 97.8.15③
杀机四伏的“中日军官联欢会” 茂清 人民政协报 97.10.1④
论1937年上半年日本对华政策的演变

罗平汉 广西师范大学学报 97.3
论八·一三事变前国共两党对日政策的演变及其成因 吴九占、杨建忠 许昌师专学报 97.1
九·一八事变的历史教训 孙颖杰、丛培英 沈阳师范学院学报 97.1
九·一八事变前的东北形势 郝乾嫱、廉守君 佳木斯教育学院学报 96.3
从一二·九运动到全民抗战 赵石 大江南北 97.2
决定民族命运的时刻:忆西安事变前后 宋黎;王德超整理 党史纵横 97.9
论共产国际及苏联对西安事变的态度 范敏华、孙锡平 苏州大学学报 97.4
共产国际反对西安事变原因探析 陈铁生、张霖 天中学刊 97.增刊
试论西安事变的群众基础 姚建 山东大学学报 97.2
论东北军的抗日意识与“西安事变” 苏晓轩 辽宁大学学报 97.4
史苑新篇:喜读《西安事变新探——张学良与中共关系之研究》 牛桂云 北京党史研究 97.4
为了挽救民族危亡:我党在和平解决西安事变中的作用 夏素清 党史纵横 97.7
论西安事变的历史地位 刘培平 文史哲 97.4
西安事变和平解决的历史必然性 宿志刚 殷都学刊 97.2
试论西安事变对抗日战争的影响 朱烁红 盐城教育学院学报 97.2
西安事变:中国近代历史的转折点 张梅玲 山东社会科学 97.1
西安事变:红军主力秘密南下 魏喜龙 纵横 97.1
西安事变与抗日民族统一战线的建立 宋广波、陶春玲 文博 97.1
西北大联合的形成与西安事变 潘舰萍 西南师范大学学报 97.2
西安事变与陕西群众抗日救亡运动 王梅 文博 97.1
论抗日同志会对西安事变的影响 石八民 文博 97.1
论绥远抗战与西安事变 张永华 内蒙古大学学报 97.1
西安事变若干问题的新思考 郑德荣 中共党史研究 97.1
关于西安事变和平解决的几个问题 房成祥 山东社会科学 97.1
宋黎谈西安事变的前前后后 剑荣 档案与史学 97.1
纪念西安事变60周年学术讨论会综述 梁星亮、王宝成 抗日战争研究 97.1
从社会心理趋向看西安事变因果 周益锋 华夏文化 97.1
西安事变和中国军事格局的变化 史滇生 南京政治学院学报 97.1
西安事变中的新闻发言人 吴孝桐 志苑 97.2
前苏联在西安事变中的民族利己主义态度:纪念西安事变60周年 李淑霞 昭乌达蒙族师专学报 97.1
西安事变中苏联和日本态度之比较 李云峰、叶扬兵 文博 97.1
惊心动魄的黎明 范力、姜雅 文博 97.1
西安事变简论:读《西安事变新探》札记 陈铁健 历史研究 97.1
西安事变发动时间考略:读《西安事变新探》琐记 陈铁健 近代史研究 97.1
西安事变对海洋两岸中国人民的启示 梁仁华 吉安师专学报 96.4
近10年来西安事变若干重大问题研究述略 曾祥健、朱喜来 学术研究 96.12
纪念西安事变60周年学术讨论会综述

张天社、林元　西北大学学报　97.1
西安事变史料选辑　文博　97.1
西安事变笔谈：部分大学生谈“西安事变”及其人物　田建军整理　文博　97.1
黄埔系与西安事变的和平解决　李云峰、田建军　文博　97.1
西安事变发生还应有社会心理方面　孟庆春　齐齐哈尔师范学院学报　96.6
西安事变时期日本态度之探析　李云峰、叶扬兵　党史博采　96.12
近年来西安事变若干问题研究概述　任元　史学月刊　96.6
西安事变的和平解决与抗日民族统一战线的正式形成　泽章　青年学研究　96.4
西安事变前一些重要历史事件的回忆　宋黎　纵横　96.12
从张蒋政见分歧看西安事变　孙刚　北京大学研究生学刊　96.4
陆军第46军司令部秘书处编制之《陕西靖难记略》　中国第二历史档案馆　民国档案　96.4
论中国共产党在和平解决西安事变中的作用　房成祥、兰虹　党的文献　96.6
西安事变中南京国民政府内的主战派和主和派　宋波　北京档案史料　96.6
西安事变后的宁、青、新地方实力派　赵晓燕　青海师范大学学报　96.4
有关西安事变几则电报内容与时间的考辨　杨奎松　党的文献　96.6
西安事变大事记　王秀娥　文博　97.1
爱国主义：西安事变的主旋律　李云峰　西北大学学报　97.1
试论日本对西安事变的态度及事变后日本侵华策略的调整　罗平汉　探索　97.1
西安事变：一个仍需深入研究的历史大事件　陈静　北京党史研究　97.1
“审蒋”无法和平解决西安事变　张伟　抗日战争研究　97.2
西安事变时中共派往西安的是“代表”还是“代表团”　韩泰华　中共党史研究　97.3
西安事变期间我党秘密领导的《解放日报》　周晓红　兰台世界　97.4
西安事变发生及其和平解决的动因　周凤平　中学历史教学参考　97.4
西安事变和平解决的现实意义　张国文　思维与实践　96.6
对西安事变研究中几个问题的探讨　房成祥、兰虹　党史研究与教学　96.6
独立自主解决中国革命问题的光辉范例：纪念西安事变和平解决60周年　刘德熹　安徽教育学院学报　96.4
西安事变期间“三位一体”的军事协商与部署　杨奎松　近代史研究　96.6
浅析“西安事变”后出现的“拥蒋”浪潮　王英　山东医科大学学报　96.4
有关西安事变发生经过的几个问题　杨奎松　民国档案　96.4
两次英勇的长征都是具有世界意义的伟大壮举　鲍庆林　思维与实践　96.6
长征的胜利和中共第一代领导集体的形成　程中原　中共党史研究　97.4
红旗卷起农奴戟：红军战争和土地革命在湖北　曾成贵　政策　97.10
一支朝气蓬勃的红军部队：记少共国际师的建立　艾童　党史纵横　97.6
中央红军长征前战略的若干问题　李宗辉　吉安师专学报　97.2
让子子孙孙听听红军歌谣　羊城晚报　97.10.16①
略论红军长征的胜利与毛泽东高超的谋略　胡弼华　湘潭大学学报　97.4
朱毛红军的来源及在红军史上的地位　夏远生　福建党史月刊　97.3
遵义会议前后中央红军文化工作概况　关黔新　新文化史料　97.2

闽东红军独立师的创建　游思　福建党史月刊　97.9

红十五军在黄梅成立的前前后后　熊安余　党史天地　97.9

试论红军钱币的特殊价值　毋学勇　四川文物　97.4

创建铁的红军：二战时期福建人民对建军的贡献　黄肇嵩　福建党史月刊　97.8

红军长征中的八次会议　蒋玉怀、王付海　党史博采　96.12

“红小鬼”忆长征　苏臬生、张富江　中国煤炭报　97.7.27②

王县委的长征故事　潘继鹏　中国气象报　97.7.21④

红军长征在甘孜藏区与孔萨土司家族　民族　97.8

长征中红军在藏区的政策　张玮　民族　97.7

红军长征史研究的深化和拓展：简评《红军长征史》　陈金龙　安徽史学　97.3

红军石刻代代传　曹弘　中国文物报　97.9

红一、二方面军长征会师的确切时间和地点　杨志文　党史文汇　97.8

红军长征的经济供给　王秀梅、林玉河　殷都学刊　97.3

长征亲历记：忆在红四方面军的艰苦岁月　任寿武口述，陈文清整理　党史纵横　97.10

抉择，并非来自一张报纸　阮凌曦　中国青年报　97.11.15⑧

雪山草地的通司、向导与红军　余宗琼　四川党史　97.5

略论长征中女红军的卓越贡献　史利兵　洛阳师专学报　97.3

让艰苦创业精神发扬光大：纪念红军长征胜利60周年　刘景欣　求是论坛　96.4

简论红军长征胜利的历史意义　李誉功等　攀登　96.6

长征伟大意义初探　邓启沛　萍乡高等专科学校学报　96.3

论长征胜利的历史经验及时代意义　张志梅　安徽史学　96.4

红军长征的历史经验　唐明华　探索　96.6

长征胜利的历史经验与部队思想政治建设　陆殿义、王峰　江西社会科学　96.11

三副红军对联　胡玉春　中国档案报　97.7.28④

也论红军长征的历史意义　晏泽厚　四川教育学院学报　97.1

万安发现大批红军标语　唐兆全、王鹤翔　解放军报　97.8.5④

广元红军碑林　杨十郎　中国青年报　97.3.7⑧

红军长征纪念碑为什么要建在四川？元江　成都大学学报　97.1

《红军长征全史》评介　黄干周　江西社会科学　97.1

中国工农红军对法制建设的贡献　张山新　解放军报　97.8.3③

“叶挺部队”纪念命名50周年　解放日报　97.8.13③

论人民军队革命信念的坚定性：从长征途中红军的革命信念谈起　屈明、张小军　南京政治学院学报　97.3

红军长征的壮举永载史册　王燕梅　青海社会科学　97.增刊

论长征对中国革命历史进程的深远影响　崔广陵　黔东南民族师专学报　97.2

红军长征时期群众工作的历史功绩　秦宇忠　西藏党校　97.2

谈腊子口战役的意义　周润东　江汉论坛　97.5

中央苏区宣传队伍的建设　廖正本　江西社会科学　96.11

关于中央苏区红军战略转移的准备 吴家华 党史文苑 96.5
中国共产党在长征中的民族政策和少数民族对长征的贡献 于世清、龚文友 实事求是 96.6
论长征精神的内涵 廖正本 赣南师范学院学报 96.5
牢记历史教训维护中央权威:纪念红军长征胜利60周年 王士文 探索 96.6
生死攸关的历史转折:纪念中国工农红军长征胜利60周年 吴兴锦 创造 96.6
继承和发扬长征精神 朱昌平、巴岱 宁夏社会科学 96.6
中央红军长征的准备问题研究综述 高维良 党史研究与教学 96.5
中央红军在长征中的整编 李永强 毛泽东思想研究 96.4
析红四方面军六·三命令 李勇、段子贤 党的文献 96.5
试述坚持党管干部原则对红军长征的组织保障作用 李萃华 北京党史研究 96.6
红军长征在藏区的民族政策 杨作山 固原师专学报 96.5
论长征对全民族团结抗战的意义 彭筱敏、焦峰 南京政治学院学报 97.1
试论红军长征中的西北回民工作:兼论回族人民对红军长征的贡献 闫丽娟 西北史地 96.2
西北红军在长征胜利中的历史地位 李彬等 理论导刊 96.11
简论长征胜利的历史地位 武满贵 锦州师范学院学报 96.4
长征精神光照千秋 张敏卿 学习论坛 96.9
红军长征的胜利与我党成熟的两个标志 张开 长白学刊 97.1
红军长征的战略指导研究 庹平 贵州社会科学 97.1
党对军队绝对领导原则在长征中的体现和发展 袁理、张晓峰 南京社会科学 96.12
长征的胜利与统一战线 彭书贵 昆明社科 96.6
红军入黔时期的民族政策 黄克雷 贵州文史丛刊 96.6
论红军长征在甘、宁期间对回族施行的政策 张文琳 民族研究 96.6
论红二、六军团在红军长征中的地位和作用 肖文豪 贵州师范大学学报 97.1
红四方面军铁流三千里 朱诱海 炎黄春秋 97.1
中国工农红军在仁怀境内的活动 张富杰 贵州文史丛刊 96.6
闽西人民:业绩镌刻在长征丰碑上 吴凤娥 福建党史 96.12
红军长征入黔和贵州社会发展的重大变化 林建曾 贵州社会科学 97.1
红军西征与党的民族政策 余贵孝 固原师专学报 96.5
论红军长征时期民族工作的特点 朱爱农、周萍 固原师专学报 96.5
少数民族与红军长征 陈石 福建党史月刊 96.10
红军长征途中对少数民族的政治工作 赵一君 高校理论战线 96.11
远征五千里路,浴血闽浙皖赣:北上抗日先遣队策应主力红军长征纪略 郑复龙 福建党史月刊 96.10
山城堡战役简论 阎庆生 甘肃社会科学 96.6
红军挺进师在浙南实行的两个战略 张志坚 浙江档案 96.8
浴血战湘江:回忆长征中突破蒋介石第四道封锁线时红十团的战斗情况 张震 党的文献 96.5
论湘江战役的历史启录 潘健、王焕福

社会科学家 96.5
论将台堡会师的历史地位:兼论完整准确地宣传红军三大主力长征会师的史实问题 邵予奋 宁夏社会科学 96.6
英勇的西征 施平 党的文献 96.5
红军西征与三大主力会师 薛正昌 固原师专学报 96.5
忆红军的东征与西征 孙毅 党史博采 96.12
简述中央红军主力战略转移的几次变动 孙少华 北京党史研究 96.6
长征最重大的意义:第二次战略转移 荆南翔 社会科学辑刊 96.6
扬长征精神、创天府辉煌:纪念红军长征胜利60周年座谈会述要 唐承进 四川社科界 96.5
中共中央党史研究室召开纪念红军长征胜利60周年座谈会 祝彦 中共党史研究 96.6
长征与艺术 李筚路 北京党史研究 96.6
谱写长征史诗的闽籍精英 山高 福建党史月刊 96.10
长征中的文化宣传工作 张义生 新文化史料 97.2
中国工农红军北上抗日先遣队在福建 黄华 新文化史料 97.2
西路军失败原因浅探 阎晓荣 阴山学刊 97.1
对《鲜为人知的"六盘山红军命案"》的质疑 黄正林 固原师专学报 97.2
《红星报》在长征中的历史作用 马建光 新文化史料 97.2
福建妇女对红军长征的伟大贡献 陈玲 福建师范大学学报 96.4
福建为红军长征所作的准备 游恩 福建党史月刊 96.10
福建人民对长征的杰出贡献 钟建英 福建党史月刊 96.10
红军长征前与广东军阀陈济棠的一次合作 马宏骄、梁战方 党史博采 96.12
兴国籍将军在长征路上的风采 黄健民 党史文苑 96.5
共和国的摇篮——瑞金 谢宝河、曹春荣执笔 党史事苑 96.5
红军东征前后中共与张学良、杨虎城的关系 江丽 北京党史研究 96.6
红军过后尽开颜 刘期劲 民族论坛 96.3
红五军挺进鄂东南的历史功绩 洪殿祥 黄冈师专学报 96.4
不该淡忘的悲壮画卷:中央红军长征后赣南苏区群众游击战争述评 凌步机 党史事苑 96.6
试论红三军在黔东特区革命根据地的政治工作 李双璧 贵州社会科学 97.1
20世纪30年代广东米荒问题的研究 连浩鋈 中国经济史研究 96.4
党中央"打通苏联"战略方针的历史考察 秦生 甘肃社会科学 97.1
关于中共上海临时中央局再次被敌人破获的经验教训及恢复的意见(1935年9月2日) 党的文献 96.6
略述民主革命时期中国共产党土地政策的演变及其原因 曾庆明 惠州大学学报 96.1
发扬长征精神,走好新的长征 杨迎春 锦州师范学院学报 96.4
艰苦卓绝的斗争历程 许自钧 思维与实践 96.5
60年前惊世一幕:毛主席党中央进驻延安城 许发宏、贾巨川 陕西日报 97.1.10⑤
我省隆重经念党中央毛主席进驻延安60周年 陕西日报 97.1.14①
发扬革命传统,争取更大光荣:在纪念党中央、毛主席进驻延安60周年大会上

的讲话 安启元 陕西日报 97.1.14②
试论华北事变对红军长征的影响 程安辉 华中理工大学学报 96.4
长征的伟大意义 王淑增 泰安师专学报 96.4
红军三大主力会师述论 马福生 张家口师专学报 96.3/4
西北革命根据地成为长征落脚点试析 贺恩印、苗建贤 信阳师范学院学报 97.1
从中央红军长征途中“落脚点”的选择看我党实事求是思想路线 袁立耀 党史文苑 96.6
试论红军长征落脚陕北的历史必然性 张秀丽 延安大学学报 96.4
具有重大战略意义的红军东征 耿仲琳、田逢禄、唐群 党的文献 96.6
红军不怕远征难 林文 兰台世界 96.10
踏上长征路 李学先 党史纵览 96.6
长征保存下来的奇物珍宝:中央苏区的一份委任令 裴周玉 党史文苑 96.6
断裂中的延续:寄语红军长征胜利60年 张小惠 张家口师专学报 96.3/4
论红军长征中遵义会议前的三次重要会议 边佐卿 抚顺社会科学 96.8
正确处理民族问题是红军长征胜利的重要保证 潘德琨、周海峰 桂海论丛 97.2
红军长征时期党的民族政策及其现实借鉴意义 黄升任 广西民族研究 97.1
长征期间我党民族工作的特点及其现实意义 吴长城 楚雄社科论坛 97.1
红军在长征中的民族工作与党的民族政策的形成 马长军 理论月刊 97.3
论少数民族在红军长征中的地位和作用 周瑞海 宁夏大学学报 97.1
红军长征对西北国统区的影响 沈社荣 宁夏大学学报 97.1
中央红军长征目的地演变述略 黄春 贵州师范大学学报 97.2
长征和南方游击战争中的归国华侨 田玄 党史文汇 96.12
红军长征伟大意义新探 孙欲声 青海社会科学 97.增刊
红军长征胜利在中国革命历史中的地位 李诸平 青海社会科学 97.增刊
红三军团黔东特区统战政策的重要作用 欧多恒、杨雪梅 贵州社会科学 97.3
红四方面军总指挥部旧址——通江文庙 朱绍下 四川文物 97.3
关于红军长征期间党的民族政策问题 张嘉选、张金冈 青海社会科学 97.增刊
简论大力弘扬长征的艰苦奋斗精神 傅音 青海社会科学 97.增刊
政治工作是长征胜利的重要保证 林祥庚 理论学习月刊 97.5
红军长征三大主力胜利会师的原因及其历史意义 王晋林、李东晖 甘肃理论学刊 97.2
中共中央长征到达陕北后对民族关系的妥善处理 麻秀荣、白锡荣 黑龙江民族丛刊 97.2
红军长征时期民族问题之再探讨 周忠瑜 青海社会科学 97.增刊
长征是党的民族工作的一次伟大实践 张世华 青海社会科学 97.增刊
党的民族政策发展的一个里程碑 张海玲 青海社会科学 97.增刊
红军长征在宁夏的丰碑:纪念红军三大主力胜利会师60周年 李云桥 回族研究 97.2
红军长征时期党对解决中国民族问题途径的初步探索 麻秀荣、王红 黑龙江民族丛刊 97.3

论长征红军建立的回族革命政权的特点:纪念红军长征胜利60周年　周瑞海　回族研究　97.2
试论红军第二十五军长征意义　李志华　甘肃社会科学　97.3
红军长征过四川史实考证两则　何成学　四川党史　97.3
试论长征对青海的影响　王化平　青海社会科学　97.增刊
论红军长征胜利之因　肖然、何毅　青海社会科学　97.增刊
密切联系群众与长征的胜利　邓慧君　青海社会科学　97.增刊
长征与抗日共同开创了中国革命胜利发展的新局面　刘红梅　青海社会科学　97.增刊
女红军在长征中的主要作用及贡献　刘景华　青海社会科学　97.增刊
红军长征再创建陕北革命根据地的历史必然性　谢全堂、阎瑜　青海社会科学　97.增刊
红军实施打通国际路线战略述论　崔永红　青海社会科学　97.增刊
红军长征经过青海研究状况综述　多力　青海社会科学　97.增刊
青海省纪念红军长征胜利60周年理论研讨会在我院召开　青海社会科学　97.增刊
评红军长征中利用国民党派系矛盾　郭绪印　党史研究与教学　96.6
山城堡战斗标志着红军长征胜利结束　阎庆生、黄正林　庆阳师专学报　96.2
长征精神永远鼓舞贵州人民　彭远光　思维与实践　96.22—23
论中央红军长征过广西的历史意义　彭源重　社会科学家　96.6
红军长征在四川的几个重要事实和数字　元江　四川党史　96.6
弘扬红军长征精神为实现跨世纪的新蓝图而奋斗:我省举行纪念红军长征胜利60周年报告会　本刊记者　福建党史月刊　96.11
红军会师综述　罗学渭、黄惠远　吉安师专学报　97.1
'96河洛文化暨纪念红军长征胜利60周年学术研讨会在洛阳召开　白泰川　史学月刊　97.2
外国学者评长征　王汉涛　南京政治学院学报　97.1
红军长征的伟大历史意义及四川在红军长征中的地位　彭塞　四川党史　96.6
四川在红军长征史上的特殊历史地位和作用　元江　四川大学学报　96.4
三大主力红军会师是党的北上抗日方针的胜利　王永康　甘肃理论学刊　96.6
红二十五军对中国工农红军长征胜利的贡献　徐雁　高等函授学报　96.5
红二十五军的长征　程子华、郭述中、韩先楚　江淮文史　96.5
西路军历史的最后一页　刘琦　江淮文史　96.4
湘江激战中的红军将帅　陈辉　广西党史　96.6
雄关漫道真如铁:记中央红军突破国民党四道封锁线　吴新光　党史天地　96.12
鲁迅、茅盾致中国红军贺信之发现　阎愈新　新文化史料　96.6
关于红军长征的准备　吴家华　历史教学　97.3
浅谈湘江之战的积极影响　江波　党史研究与教学　97.1
红军北上抗日先遣队皖南行动　吴敬行、郜建辉　江淮文史　96.5
关于长征历史意义的多维思考　吉彦波　庆阳师专学报　96.2
民族政策与长征的胜利　李晓霞　思维

与实践 96.6
红军长征的历史启示和现实意义 卫忠海 四川大学学报 96.4
弘扬红军长征的爱国主义精神 邓卫红 思维与实践 96.5
重论长征精神 莫岳云 岭南学刊 96.5
长征胜利是中华民族振兴的伟大开端 徐文学等 唐都学刊 97.1
浅析红军长征的原因 夏建文 益阳师专学校 97.1
试论长征与抗日民族战争的实现 赵三军、牛俊法 党史博采 97.1
略论统一战线在长征中的作用 魏晓文 龙江党史 96.4
试论红军长征的胜利与抗日民族统一战线的形成 李钢、张军 广西社会科学 96.6
红军长征过连州的前前后后 黄兆星 广东党史 96.6
红军兵临贵阳的战略意义 李新市 贵州文史天地 96.6
长征功业永留乐昌 林剑锋 广东党史 96.6
红军长征过凉山二三事 张国元、阿依热吉嫫 渝州大学学报 97.1
关于红军长征目的地的选择 宋惜春 发展论坛 96.12
红军长征与党的思想政治工作 林祥庚 福建论坛 96.6
红军长征前的决策经过 吕黎平 民族 96.12
长征中的士气激励 郭新瑞 政工学刊 96.12
纪念长征胜利60周年:共产党员在长征中的模范作用及经验 王芹木、段胜利 政工学刊 96.12
云南省红军长征过扎西理论学术讨论会纪要(1996年10月12日) 史联执笔 云南学术探索 97.1
扎西会议是遵义会议的继续 李辅敏 贵州民族学院学报 96.4
如何评价扎西会议 于东 中共党史研究 97.3
浅论扎西会议的历史意义 胡润 云南学术探索 96.6
苏维埃时期土家族的手工业和商业(1928—1935) 李倩 湖北民族学院学报 96.4
关于中共领导"左联"成立问题考证 余信红 长白学刊 97.3
中共中央机关进驻延安纪实 霍志宏、霍志华 党史天地 97.2
试析中央苏区的文化教育及其特点 郭荣华 江西社会科学 97.2
让苏区调查研究传统发扬光大 周桂香等 聊城师范学院学报 96.4
元帅偷走的那张地图 卢胜利 广东党史 96.5
中华苏维埃共和国军事检察制度评析 曾志平 江西社会科学 97.3
试论中央苏区时期的党建工作 马于强 吉安师专学报 97.1
苏区军事化体育运动的背景及其作用 郑健荣、陈晓强 赣南师范学院学报 97.2
论中共苏区革命文化的历史作用 黄保华 赣南师范学院学报 97.2
中央苏区政治动员述论 刘荣刚 党史文苑 97.1
根据地时期中国共产党的廉政主张和实践 鲁仁 甘肃社会科学 97.2

5. 抗日战争时期(1937.7—1945.8)

中国共产党实现抗日战争领导权之我见 吴珍美 党史文苑 96.6
抗战时期党的政策与民族凝聚力的形成 赵群、孙海涛 沈阳师范学院学报

97.3
中共在抗战时期精神文明建设的理论与实践 缪慈潮 党史研究与教学 97.3
从抗日战争看中国国际地位的变化 阮家新 党史研究与教学 97.3
砥柱中流论:中国共产党在抗日战争中的历史作用新探 王垒、王付昌 广州体育学院学报 96.增刊
曲折中的独立自由:抗战时期对共产国际消极影响的消除 戴亿绵、于庆祥 党史纵横 97.6
国民参政会中的怪状 陆立之 江淮文史 97.4
效能——陕甘宁边区简政的突破口 冉启明 毛泽东思想研究 97.4
世界反法西斯阵营在远东的一个瞭望塔 李仲元 党史文汇 97.9
抗日战争中的宛西自治派 万新方、邵先崇 河南大学学报 97.4
抗日战争使中华民族警醒:纪念"七·七事变"60周年 沈谦芳、韩伟新 探索与争鸣 97.7
抗战时期工会运动的力量 魏宏远 史学月刊 97.4
敌后游击战争的蓬勃发展 聿玉 中国青年报 97.8.22⑧
新四军驻福州办事处与抗日救亡运动 肖忠生 兰州学刊 97.3
抗战初期关于华北工作的文献选载(1937年8月—1938年7月) 党的文献 97.4
新四军在盐城的货币斗争 姜立邦 盐城师专学报 97.2
十九个抗日根据地质疑 房列曙 中共党史研究 97.4
盐阜区货币斗争评述 杨家良 盐城师专学报 97.2
中共中央北方局与华北抗战局面的开创 师文华 党的文献 97.4
抗战时期的安吴青训班 李文恭 党史研究与教学 97.4
抗日战争时期内迁难民与内迁文化略论 张红 广西师范大学学报 97.3
强硬的妥协:抗战后期国民政府收复新界的努力 陈武 党史文苑 97.3
豫西事变及其教训 赵社民 洛阳师专学报 97.4
抗日战争时期海外华侨对祖国的贡献 丁丁 北京党史研究 97.4
试析太平洋战争前的马来亚华侨社会 方德助 台州师专学报 97.2
论抗战时期国民党政府收复香港的尝试 祝中侠 云梦学刊 97.2
抗战时期国共双方围绕中外记者团的斗争 王晓岚 北京党史研究 97.4
抗日战争时期延安的摄影活动 吴本立 新闻出版交流 97.1
杜立特机组袭击东京前后 文汇报 97.8.17⑦
中国共产党是抗日战争的真正领导者 陶瑞恒 阜阳师范学院学报 97.2
试论蒙古族的抗日斗争 李润喜 内蒙古电大学刊 97.3
回族人民武装抗日的一面旗帜 魏福凯 北京党史研究 97.4
1940年上海公共租界选举闹剧 张秀清、房建昌 文史精华 97.8
论抗日根据地政权的性质及其特点 丁俊萍 武汉大学学报 97.5
雅尔塔"密约"对国民政府的冲击与接收东北:也论抗日战争结束时之东亚国际关系 西村成雄 抗日战争研究 97.3
论抗战时期后方的国营工矿业 董长芝 辽宁师范大学学报 97.5
大力加强对抗战史的研究和宣传 王运芳 党史博采 97.8
滇西抗日战争纪念碑修建纪略 李雄才、杨常锁 抗日战争研究 97.3

关于《中国复兴枢纽——抗日战争的八年》 张振鹍 抗日战争研究 97.3
平原作战(上):反"扫荡"忆实 刘路明 党史纵横 97.6
平原作战(下):反"扫荡"忆实 刘路明 党史纵横 97.7
试论日本对中国东北的移民侵略 冯敏、蓝海 求是学刊 97.1
不许为日本战犯翻案(中国国民政府审判日本战犯的前前后后) 张发坤 江汉大学学报 97.2
日本对二战罪责的认识研究 黄宗祥 新疆大学学报 97.2
中条山抗日游击战发展概述 杨圣清 中共党史研究 97.5
八路军驻香港办事处述略 李军晓 抗日战争研究 97.3
试论陕甘宁边区的精兵简政 冯延巧 陕西档案 97.4
试论陕甘宁边区合作社发展的原因 田智勇 陕西档案 97.4
模范的抗日民主政府:纪念陕甘宁边区政府成立六十周年 赵万吉 陕西档案 97.4
陕甘宁边区由工农苏维埃政权到抗日民主政权的转移 任中和 陕西档案 97.4
晋察冀边区的文化传播与抗战新人的造就 欧阳小松 理论学习月刊 97.8
略论抗战时期的中共漳州中心县委 曾一石 福建党史月刊 97.9
百团大战前华北日军对中共力量的认识和对策 丁则勤 抗日战争研究 97.3
浙东抗日自卫军夭折始末 卢公诚 文汇报 97.10.12⑥
1942年国共两党代表的一次互访 李良志 党史天地 97.9
我们抗日在盱嘉 胡坦 江淮文史 97.4
抗日战争时期中国共产党统一战线在内蒙古的实践 周翰 内蒙古社会科学 97.5
第二次国共合作正式形成的经过 孙宅巍 南京史志 97.5
论中共抗日统一战线对世界反法西斯统一战线发展与贡献 张琴芬 江苏教育学院学报 97.3
论抗战时期共产国际和中国共产党的关系 崔德芬 贵州师范大学学报 97.3
八百壮士抗日蒙难记 刘平、胡玉龙 党史博采 97.7
碧血凌云战顽凶:八·一三淞沪抗战时的空中战场 俞允尧 团结报 97.8.16②
沉入血海:八·一三淞沪抗战60周年 杨克林 文汇报 97.8.13⑪
本市举行抗日战争爆发暨八·一三淞沪抗战60周年学术讨论会 张劲 解放日报 97.8.20⑩
前事不忘,后事之师:纪念八·一三淞沪抗战60周年 胡辛人 文汇报 97.8.12⑫
抗日大反攻胶东最后一线:贾若瑜老将军话当年 中国档案 97.8
8.14空战:抗日不死鸟 周艳秋 中国青年报 97.8.14⑥
南京大屠杀目击记 世界历史 97.3
侵华日军南京大屠杀史不容抹煞 文汇报 97.8.14⑧
见证历史:记南京万人寻访大屠杀幸存者活动 文汇报 97.8.15⑧
二战中中国慰安妇总数达20万以上 海客 文汇报 97.8.12②
抗战时期盐阜区的整风运动 梁文 盐城师专学报 97.2
简述抗战时期中国共产党的干部教育 张伟 光明日报 97.8.2⑧
东京审判的反思 何天义 抗日战争研

究 97.3
日本对我国东北森林资源的掠夺 张传杰、孙静丽 世界历史 96.6
日本收买中东铁路浅析 郭洪茂 社会科学战线 97.2
抗战前期日本对蒋介石“和平工作”的构想及其策略 陆伟 党史研究与教学 97.2
伪满时期日本帝国主义对黑龙江地区的经济掠夺 宋德玲 北方文物 97.3
试析日伪对华中的“清乡”活动 杨元华 上海师范大学学报 97.3
浴血苦斗与悲惨一幕:南京守卫战与日军大屠杀纪略 克明、李实 党史纵横 97.9
历史昭日月,惨案警后人 王和利 世纪行 97.8
伪华北棉产改进会史料一组 河北省档案馆 民国档案 97.3
世界红十字会关于南京大屠杀后掩埋救济工作报告 档案与史学 97.4
美国记者采访战时中国 肖桦 民国春秋 97.4
近年来关于抗战时期(1937)中外关系研究述评 吴金松 华东师范大学学报 97.5
抗日战争时期的爱国主义史学思潮 田亮 学术月刊 97.9
论江桥抗战是中国抗日战争的开端 周喜峰 齐齐哈尔社会科学 97.4
南京大屠杀新论(兼论日本军国主义根本没有死亡) 庞士让 人文杂志 97.4
抗日战争领导权问题研究述评 郭德宏 中共党史研究 95.1
山东抗日根据地的“肃托”问题 丁龙嘉、张业赏 中共党史研究 95.1
论山东抗日根据地以全省规模形成的原因 王东溟 中共党史研究 95.3
毛泽东抗日民族统一战线中独立自主原则与共产国际 张喜德 中共党史研究 95.3
平型关大捷与八路军战略方针 薛生平 中共党史研究 95.3
浅析抗战时期李友邦与当今李登辉之“台湾独立”的不同本质 黄坤胜 中共党史研究 95.4
中国共产党抗日外交战略的形成 杨奎松 中共党史研究 95.4
试论抗战时期中共在沦陷区的工作 李蓉 中共党史研究 95.4
论抗战时期人民军队的党建和整训工作 张晓彤 中共党史研究 95.4
抗日战争时期国共两党地位的变化 李东朗 中共党史研究 95.4
中华民族走向世界的历史转折 林强 中共党史研究 95.4
抗日战争的胜利是中华民族由衰败走向振兴的重大转折点 郭德宏 中共党史研究 95.4
抗日战争与毛泽东思想的辉煌 石仲泉 中共党史研究 95.4
伟大而艰难的同盟——略论世界反法西斯战争取胜的重要历史经验 罗荣渠 中共党史研究 95.4
浅评美国对日军“七三一”细菌部队的研究 [美]吴天威 中共党史研究 95.4
抗日战争史研究刍议 邱路、荣维木、徐勇 中共党史研究 95.4
美国研究中国抗日战争的历史考察与成果评析 张注洪 中共党史研究 95.4
抗日战争与中国北方农村社会发展——战时华北抗日根据地社会变革及其影响 刘一皋 中共党史研究 95.4
抗战初期进步文化运动述评 张春雷 中共党史研究 95.5
陕甘宁边区在抗战中的地位和作用 宋金寿 中共党史研究 95.5

抗战时期中国共产党对中间势力政策简论 陈夕 中共党史研究 95.5
抗日与民主改革 谢忠厚 中共党史研究 95.5
论中国抗战的战略反攻 贺新城 中共党史研究 95.5
论中国抗日战争的两个战场 傅吉庆 中共党史研究 95.5
日本侵华战争性质不容歪曲 赵春旸 中共党史研究 95.5
抗日战争中青年运动的地位、贡献和启示 魏久明 中共党史研究 95.6
中国共产党与抗战时期的民主运动 王新生 中共党史研究 95.6
抗日战争初期中国和日本的战略与淞沪会战 程晓 中共党史研究 95.6
试析中国抗日战争的国际性、整体性和复杂性 王廷科 中共党史研究 95.6
关于抗日战争史研究 龚育之 中共党史研究 95.6
回顾抗战时期我国收复台湾的斗争 薛军力、徐鲁航 中共党史研究 95.6
日本驻汪伪政权军事顾问名录 档案与史学 97.4
华中抗大总分校述略 朱国赞等 黄海学坛 97.2
论抗战时期国民党收复香港的尝试 祝中侠 池州师专学报 97.2
武汉会战始末 聿玉 中国青年报 97.9.12⑧
八·一三前夕日兵失踪案 陆茂清 团结报 97.8.16②
第三届三次国民参政会军事询问案及何应钦之答复 中国第二历史档案馆 民国档案 97.3
侵华日军祸书录 蒋伟国 民国档案 97.3
抗战时期日本在山西大同的“坑儒” 田利军 文史杂志 97.4
一部展现中德关系真实历史的新著:简评《友乎?敌乎?——德国与中国抗战》 方庆秋 民国档案 97.3
东京审判中的中国法官 吴湘匡 档案与史学 97.4
五十年前的陇东战役 郝成铭 党的建设 97.8
中国抗日战争时期的西方传教士 吴邦江 史学集刊 97.3
试论第二次世界大战时期的中犹关系 王健 西亚非洲 97.4
1938年黄河决堤史料一组 中国第二历史档案馆 民国档案 97.3
抗战时期重庆美术活动掠影 乐子 团结报 97.8.30②
1942年国共两党代表的一次互访 李良志 北京档案史料 97.4
伪满洲国统治时期日寇铁蹄下的回族:兼论早期来华日本人在回族中的活动 房建昌 宁夏社会科学 97.4
日军细菌攻击的初步展开 (日)森正孝;丁晓强译 浙江学刊 97.4
关于日军细菌战的调查与研究 丁晓强 浙江学刊 97.4
1941年湖南常德的细菌作战 (日)松村高夫;贾玉芹译 浙江学刊 97.4
松井石根在南京大屠杀中罪责问题的再考察 王卫星 学海 97.4
爱国主义精神与抗日战争胜利 陈铁军 安庆师院社会科学学报 97.3
赤子征程追忆录 黎扬 档案与史学 97.4
党在延安时期的廉政建设及其启示 蒲兰芳 天中学刊 97.1
抗日战争时期的陕西驿运 田霞 西北大学学报 97.3
略论国民党政府走上抗战道路的原因:纪念七·七抗战60周年 钟又盛、傅绍昌 社会科学 97.7
赤心卫国的上海市民义勇军 陈长河

民国春秋 97.4
中国远征军第一次入缅作战失败的军事原因 赵占伟、楚保玲 南都学坛 97.4
抗日战争中牺牲的国民党爱国将领英雄行为析 杜越 阴山学刊 97.2
四川人民对抗战的贡献 温贤美 文史杂志 97.4
一·二八淞沪抗战期间程联致友人函稿选辑 档案与史学 97.4
"高、陶出逃"原因析 王建科 江海学刊 97.4
中国到底有没有破译日本突袭珍珠港密电(附编者按) 民国春秋 97.4
论抗战时期中国政治发展的民主化趋势与集权统治的加强 张伟 安徽史学 97.3
卢沟桥事变:历史的转折点 李华兴、杨宏雨 史林 97.3
试论"中东路事件"与九·一八事变 王玉祥 史学月刊 97.4
卢沟桥事变考评 宋德印、赵士昌、孔令荣 山东师大学报 97.增刊
学生抗日救亡运动:"七·七事变"前后的广州 于红保 广东党史 97.4
再论中国战场的战略反攻 苏盾、杨静 安徽史学 97.4
警惕日本军国主义的复活:对战后日本有关中日战争错误言行的考察,余茂辉、文道贵 湖北师范学院学报 97.2
新四军在抗日反顽中发展 聿玉 中国青年报 97.10.25⑧
浅评刘杜会议在山东抗战中的地位 张家来、李广法 泰安师专学报 97.2
试论中国共产党领导抗日战争的基本条件 成丽萍 甘肃社会科学 97.5
抗战时期中共地下组织在海淀地区的活动 彭积冬 北京党史研究 97.6
论赢得抗日战争胜利的中心一环:纪念"七·七事变"抗战60周年 刘伯勋 四川党史 97.5
论中共在抗日民族统一战线中的让步政策 刘国斌 社会科学战线 97.4
统一战线在抗日战争中的光辉实践 黄德超 福建统一战线 97.10
金陵孤儿义勇军 石桥 南京史志 97.6
陕西靖军国前期斗争述论 乔益洁 青海社会科学 97.5
评国民党的地方实力派在抗战中的作用 曹占英 沈阳师范学院学报 97.4
日军航空队空袭南京的暴行 高晓星 南京史志 97.6
从日本资料看日军在江苏常州地区的暴行 高兴祖 民国春秋 97.5
南京大屠杀期间日军在金陵大学的暴行 高兴祖 南京大学学报 97.4
齐藤美夫与日寇在华南的宪警统治 郑泽隆 广东党史 97.5
浅析皖南事变没有发展为全面内战的原因 房晓军 山东师大学报 97.增刊
皖南英烈安魂曲:"三将军"遗骸移葬始末 王辅一 羊城晚报 97.10.27⑤
中共打破国民党反共高潮 聿玉 中国青年报 97.11.8⑧
抗战胜利后国民党政府对日索赔始末 王景芸、杨盛云 团结报 97.11.1②
抗日战争时期中国共产党民族政策的实践 刘吉昌 贵州民族研究 97.2
抗战起点研究述评 宋力 北京党史研究 97.4
南京大屠杀亲历记 陈世玉 贵州文史天地 97.1
东史郎案件:"从军日记"引出的官司 小文 贵州文史天地 97.1
重庆大隧道惨案史料一组 王俊明 民国档案 97.1
尊重历史秉笔直书刻意求新:读《烽州江

南话奇冤——新四军与皖南事变》 余茂笈 北京党史研究 97.2
抗战时期中共的民间外交 韩国庆 北京党史研究 97.2
七·七事变后日军在河北及平津的暴行 齐福霖 北京档案史料 97.1
日本夺取中国东北海关述略 连心豪 厦门大学学报 97.1
日本在侵华期间对浙江沦陷区的奴化教育 周章森 浙江学刊 97.1
抗战初期日本劫夺华北海关税款管理权述论 崔禄春 历史教学 97.2
维护国家主权和领土完整的严正斗争(从《雅尔塔协定》到《中苏友好同盟互助条约》) 田居俭 当代中国史研究 97.1
太平洋战争中的中国战区 冯治、王磊 东南文化 97.1
爱国主义——中国抗日战争胜利的精神动力 杨金品 阜阳师范学院学报 96.4
略论中国战场配合作战式的战略反攻 杨静一 吉安师专学报 96.4
抗战时期的西南边疆与民族研究 侯德础 民族 97.2
抗战时期绥远地区八路军与敌伪力量比较研究 宋雅岚 内蒙古大学学报 97.1
论抗战后期国民政府对国家与地方财政关系的重大调整 张神根 历史档案 97.1
抗战胜利后中国政府接收南海诸岛的斗争 耿立强 文史杂志 97.1
桂林和重庆:大后方文坛的双璧 苏光文 社会科学家 97.1
《北京抗战史话》评介 武月星 北京党史研究 97.1
抗日战争时期根据地政权刍议 孙树清 黑龙江社会科学 97.1
八路军出师抗日的战略计划 张宏志 历史档案 97.1
重建新四军军部亲历记 金治 世纪风采 97.1
1938年6月—8月新四军战况文电选 中国第二历史档案馆 民国档案 97.6
抗战时期精兵减政的理论与实践 张吉彬 历史教学 97.1
窑洞里的马列主义 杨闻宇、张祖煦 党史博览 97.1
铁骑纵横晋察冀:记晋察冀军区骑兵团(营) 韩增寿 党史博采 97.2
风起云涌的兰州抗战文化活动 龚成瑾 兰州学刊 97.1
没有群众的支持就没有抗战的胜利:回忆在西贡开展游击抗战二三事 梁超 广东党史 96.2
抗日战争时的临海县第一个妇女党支部 孙志芳 大江南北 97.3
第二次国共合作的特点与启示 孙玉芝 沈阳师范学院学报 97.1
国共合作与抗战建国 王维礼 潘佩孟 史学集刊 97.1
抗战胜利前夕中共关于中东铁路问题的交涉 王凤贤 黑龙江社会科学 97.1
博秋涛皖南事变突围片断 鲍克强、朱凯中 江淮文史 96.3
在逼近日军投降的最后阶段 杨广宝 党史纵览 96.6
在伪"满洲国"的日子里 华永正 党史纵览 96.6
抗日战争与中华民族的觉醒 龚赛红 青海师范大学学报 96.4
用人民的利益观评判国共不同的抗战方略 王骅书 盐城师专学报 96.4
对"全面抗战"一词的异议 綦君 社会科学探索 96.6
抗战时期南方局与西南地方实力派 孙金伟 殷都学刊 96.4
抗日战争时期我党关于中国资产阶级的

理论与政策 贺金浦、谭林菊 社会主义研究 96.专辑
抗日战争初期国共两党持久抗战思想的比较 陈瑜 湛江师范学院学报 96.1
导致抗战全面爆发的两事变 聿玉 中国青年报 97.2.21⑧
抗战初期在武汉的日子 于光远 平原大学学报 96.4
抗日烽火中的永安进步文化活动 陈东、陈星 福州师专学报 96.4
中共与抗战时期的台湾光复运动 潘银良 党史文苑 96.6
以革命的命令反对革命的命令:新四军重建军部始末 张衡 大江南北 97.2
新四军军部何时进驻皖南泾县云岭? 尹化 大江南北 97.2
对冀察政务委员会的再认识 陈群雄 零陵师专学报 96.3
新四军在盐城旧迹寻踪 姜立邦 盐城师专学报 96.4
试论抗日民族统一战线的形成 周泓、张伟民 黑河学刊 96.6
抗战时期日蒋关系述要 刘宗仁 唯实 96.8/9
军票——日军公开掠夺的罪证 华永正 江淮文史 96.1
日蒋"和平"运动之演化与日本"和平"政策 陈智杰 南通师专学报 96.4
《论持久战》的哲学底蕴 刘建强 绍兴师专学报 96.1
试析民盟产生的历史原因 陶玉霞等 长白论丛 96.6
"川、桂、红协定"及其来龙去脉 曹蓉 文史杂志 96.6
中国民间对日索赔问题 陈景彦 文史杂志 96.6
《中美租借协定》之"防卫用品"供应安装探 刘达永 天府新论 96.6
皖南事变的原因探析 吴凤琴、张冬华 北方论丛 96.6
论长衡会战第二阶段战役:从长衡会战结束时间的角度考察 柯育芳 抗日战争研究 96.4
延安整风中的几个问题 黄岭峻、李军山 华中理工大学学报 96.4
"和平、民主、团结"是个战略方针 张志辉 党史研究与教学 96.6
蒋桂矛盾与桂林抗战文化运动 谭肇毅 广西师范大学学报 96.4
略论南京国民政府的抗战准备 袁素莲 齐鲁学刊 96.6
皖南事变前后的国共谈判:仁至义尽的"临时解决办法十二条"(待续) 王静 团结报 97.1.15②
皖南事变前后的国共谈判:国共间的最后一战与两党关系的缓和(续) 王静 团结报 97.1.16②
侵琼日军慰安妇实录 符和积 抗日战争研究 96.4
侵沪日军的"慰安所" 苏智良 抗日战争研究 96.4
灵定战役述评 赵可 抗日战争研究 96.4
豫湘桂会战之黔南作战 李刚 抗日战争研究 96.4
国共秘谈第二次合作 聿玉 中国青年报 97.1.17⑧
"南京大屠杀"事件研究现状和今后的课题 高兴祖 抗日战争研究 96.4
再谈鲁西北抗日民族统一战线的形成问题 王其彦 聊城师范学院学报 96.2
国难与新安旅行团 张德鹏、洪明 华中理工大学学报 96.4
纪念抗日战争的碑铭 高增德、高杰 团结报 97.1.15②
评《伟大的胜利——纪念中国人民抗日战争胜利50周年》 马齐彬、何仲山

抗日战争研究 96.4
《云南抗日战争史》评介 王文成 抗日战争研究 96.4
陕甘宁边区周边在抗日战争中相对稳固之困 张用建、郭旗、张沛沛 党史文汇 96.12
评《烽火江南话奇冤》——新四军与皖南事变 童志强 抗日战争研究 96.4
太平洋战争时期的香港问题 李爱阳 丹东师专学报 96.4
试论解放战争初期华中战场的纵深作战 张衡 大江南北 96.12
评重庆谈判期间《大公报》的立场 吴廷俊 华中理工大学学报 96.4
抗战时期国共两党敌后游击战争之比较研究 雷祥健、张宝善、孟劲帆 党史研究与教学 96.6
论中国抗日战争中的两个战场 郑志廷 河北大学学报 96.4
湖南抗战述论 范忠程 抗日战争研究 96.4
抗日战争在新疆 朱培民 抗日战争研究 96.4
抗战时期新疆培训特种兵始末 高新生、张玉凤 新疆大学学报 96.4
胶东抗大琐记 迟浩谦 中国青年报 97.1.17⑧
抗日战争时期中国陆军的四十个集团军 杨玉文 纵横 96.12
英美对华政策与独立自主的中国抗战 戴长征 九江师专学报 96.4
抗战时期苏联对华战略与国共摩擦 齐彪 民国档案 96.4
中国共产党抗战时期对日伪的新闻宣传 王晓岚 河北学刊 96.6
抗战大后方在华日人反战运动述论 李鱼卿等 信阳师范学院学报 96.4
贵阳地区抗日救国运动的历史经验 雷奎怀 贵州教育学院学报 96.4
中间党派与抗战时期的民主宪政运动 黄敏 惠州大学学报 96.3
抗日战争中国民党对日、对中共政策变迁浅析 杨志文 党史研究与教学 96.5
中国抗日战争的战略问题 丁晓强 浙江学刊 96.6
抗日战争时期开端的再思考：兼与徐公喜同志商榷 黄爱军 上饶师专学报 96.5
试论国统区抗日知识分子在抗战理论上的贡献 魏继昆 社会科学战线 96.6
试论长江局在抗战中的积极作用 鄢新萍 党史研究与教学 96.5
“抗日战争领导权”观点综述 刘剑华 党史研究与教学 96.5
皖南突围亲历记 韩云 世纪风采 97.4
论抗日根据地的军事社会保障 陆玉、徐云鹏 抗日战争研究 97.2
试论抗战初期八路军挺进敌后的逐步实施过程 严志才 东北师大学报 97.3
论中共在抗日战争中瓦解敌军工作 周晓东 抗日战争研究 97.2
抗战时期淮北苏皖边区“粮政”研究 张燕华 安徽师大学报 97.2
陕甘宁边区参议会评述 刘迪香 益阳师专学报 97.2
试论抗战胜利后中国共产党领导的内蒙古自治运动 白云 内蒙古大学学报 97.3
渤海回民支队对抗日战争的贡献 赵慧 山东师大学报 97.3
陕甘宁边区的财政经济问题（摘要）（1944年12月1、2日） 陈云 党的文献 97.3
论“三三制”抗日民主政权的特点和性质 郝彭证 学术论丛 97.3
延安时期党领导的自然科学事业概述

齐卫平 党史研究与教学 97.2
也谈抗日战争的阶段划分:就教于马仲廉先生 李继华 抗日战争研究 97.2
论党在抗日战争中的知识分子政策 林英 黔东南民族师专学报 97.1
在京老将军举行座谈会纪念七·七事变全民抗战60周年 人民日报 97.6.19⑤
晋察冀根据地的反假币的斗争 吴占权 党史博采 97.5
宁属人民军金江支队在解放宁属地区中的作用和贡献 王英、郑国治 四川党史 97.3
解放区战场研究的新成果:读《砥柱中流——抗战中的解放区战场》 杨圣清 抗日战争研究 97.2
《共产党人》介绍 方明东 抗日战争研究 97.2
抗战时期的国共合作对中国民主政治的影响 张亚斌、董伟 延边大学学报 97.2
延安整风与中共党史科学的创立 陈前 东北师大学报 97.3
抗战时期晋察冀根据地对敌经济斗争述论 文君 漳州师院学报 97.1
试论陕甘宁边区民主政权的特色 陈昌保 江西师范大学学报 97.1
抗日根据地的民主政治与抗战民众动员 陈廷湘 社会科学研究 97.3
革命号角《战斗报》 刘兴生等 中国青年报 97.5.1③
抗日战争时期我军的知识分子政策 徐贵忠、肖冬松 空军政治学院 97.2
关于共产国际与中国抗日民族统一战线形成关系的再认识 常黎峰 理论导刊 97.2
浙东人民营救美国飞行员纪实 顾生霖 文史精华 97.5
一条重要的战线:第二次国共合作期间中共民间外交的历史作用和经验 韩国庆 党史纵横 97.4
南京保卫战述评 沈薇 南通学刊 97.1
令人痛惜的南京保卫战 聿玉 中国青年报 97.5.9⑧
龙潭战役述略 杨吉兴 怀化师专学报 97.2
抗战期间日本对中国文化财产的破坏和掠夺 赵建民 档案与史学 97.2
抗战时期日本对我国文化典籍的掠夺 李彭元 四川图书馆学报 97.2
简析日本侵略者对东北青少年的奴化思想教育 夏潮、史会来 龙江党史 96.4
日军731部队与哈尔滨原平房地区的鼠疫 李平 黑龙江社会科学 97.2
对抗日战争时期华北伪政权的考察 王琳 延安大学学报 97.1
试论抗战初期八路军挺进敌后的逐步实施过程 严志才 东北师大学报 97.3
武汉对日防御体系及其作用 敖文尉 江汉论坛 97.4
试论抗日战争时期四联总处的工矿贴放政策 刘祯贵 四川师范大学学报 97.2
国民政府在珍珠港事件爆发前不对日宣战之原因 张皓、陈国文 北京档案史料 97.2
关于《汪日密约》的谈判、签约与被揭露 蔡德金 档案与史学 97.2
二战中维和教育问题的探讨 李启明 广西教育学院学报 96.3
抗战时期延安的回回民族研究 张剑平 延安大学学报 97.1
碧血丹心铸钢骨:记抗战时期三条国际运输线的开辟与保卫 宋力、梁永胜 团结报 97.5.3②
从满洲移民政策看日本的侵略本质 徐

业滨 学术交流 97.2
影响日本选择侵华时机的因素分析 湛贵戎 洛阳师专学报 97.1
七·七事变研究综述 汪天亮 社科信息 97.5
不战而屈人之兵:抗战时期中共的对敌宣传 王明德 台州师专学报 97.1
论华北抗日根据地的禁毒斗争 田利军 四川师范大学学报 97.2
析工合运动在抗战中迅速兴起的原因 包爱芹 山东师大学报 97.2
港九大队营救国际友人的一段秘史 孟国祥 南京史志 97.2
皖南事变三烈士遗骸移葬南京始末 王辅一 南京史志 97.2
论二战胜利的历史意义 许桂敏、吴俊江 大庆高等专科学校学报 97.1
全面抗战路线的形成与发展 叶成林 中共党史研究 97.1
对日本侵华战争的历史审视:北京大学中日关系史研讨会纪要 牛大勇 抗日战争研究 97.1
抗战时期民主党派在重庆的抗日民主活动 樊伟 重庆师院学报 97.1
抗战初期香港印钞工人的大罢工和反解雇斗争述评 许新华 铁道师院学报 96.2
震惊世界的"花冈暴动" 张芳云 华人之声 97.1
抗日战争时期的驿运事业 陈红民 抗日战争研究 97.1
试论国共两党敌后抗日游击战的关系 莫岳云、郭铁铨 抗日战争研究 97.1
抗战时期中国的外债问题 吴景平 抗日战争研究 97.1
抗日战争中的西南联合大学 (美)易社强 曾景忠、符致兴译 抗日战争研究 97.1
上海宁波邦的抗日救国活动 曹峻 抗日战争研究 97.1
抗日战争时期贵州的科研机构 孔玲 贵州文史丛刊 97.1
卢沟桥畔将矗立抗战纪念群雕 北京日报 97.4.9⑤
我国回族抗日救亡活动概述 胡云生 抗日战争研究 97.1
民主宪政的楷模:简析抗日边区的民主宪政运动 张欣、杨景亮 石油大学学报 97.1
论晋冀鲁豫抗日根据地的集市贸易 魏宏远 抗日战争研究 97.1
冀中根据地在五一反扫荡中对党的策略的正确运用 田苏 中共党史研究 97.1
开辟五岭根据地、东江纵队挺进粤北片段回忆 黄业 广东党史 96.5
抗日战争时期陕甘宁边区的民主制度建设 吕玉广、阎树寿 河南师范大学学报 97.1
略论睢杞太军民的抗日斗争 宿志刚 黄淮学刊 97.1
《中国土地法大纲》述评 任银睦 青岛大学师范学院学报 96.4
论中共抗日持久战制胜战略 肖武男、侯荔江 毛泽东思想研究 97.2
略论二战中苏联对日政策的影响 张晓峰、王玉玲 北方论丛 97.2
平津失陷后的华北战局 聿玉 中国青年报 97.4.11⑧
日本军国主义与侵华战争 曹选玉 重庆师院学报 97.1
从地域概念看日本"满蒙政策"的演变及其实质 金海 内蒙古大学学报 97.2
日寇在吉安的暴行和吉安人民的抗日斗争 刘受初 吉安师专学报 97.1
南京大屠杀又一铁证:拉贝日记公布于世 刘兵 抗日战争研究 97.1
"南京的辛德勒"不再沉睡:拉贝及《拉贝

日记》发现始末 肖林 文汇报 97.4.19⑤
让全世界都知道南京大屠杀：介绍最近出版之三本“南京大屠杀”画册及研究成果 (美)吴天威 抗日战争研究 97.1
美国纪念南京大屠杀受难同胞联合会筹备年会近日向国际社会寄赠资料 人民日报 97.4.21⑥
解学诗著《伪满洲国史新编》读后收获 李佩 抗日战争研究 97.1
徐勇著《征服之梦——日本侵华战略》评介 李吉奎 抗日战争研究 97.1
评徐勇著《征服之梦——日本侵华战略》 曲家源 抗日战争研究 97.1
日本部分学者对歪曲历史者的批判：介绍新出版的《不会从教科书中抹掉的战争》 王士花 抗日战争研究 97.1
民盟组织内部的分化与斗争 秦立海 历史教学 97.3
“七君子”狱中共题抗战辞 邹晓明 团结报 97.4.2②
日军侵占香港经过 陈勤 南京史志 97.2
从抗日战争看爱国主义的全民性本质 徐梁伯 社会科学研究 97.2
南京发现侵华日军军用地图 钟华邦 南京史志 97.1
中国抗日战争对世界反法西斯战争的贡献 顾尧法 社科信息 97.6
抗战起点研究观点种种 宋力 社科信息 97.6
卢沟桥事变与日本全面侵华的阴谋 荣维木 文史精华 97.7
卢沟桥，震天动地四日夜 季纯修 羊城晚报 97.7.7⑩
不能忘却的日子：写在七·七事变60周年之际 赵春荣 光明日报 97.7.8⑤
警惕荒谬历史观作祟：纪念“七·七卢沟桥事变”60周年 新华社评论员 人民日报 97.7.7④
历史不会忘记卢沟桥畔的枪声 孙文涛 人民日报 97.7.7⑪
“七·七事变”是历史的必然：访中国社科院近代史所所长张海鹏先生 崔立 北京日报 97.7.11⑤
世界反法西斯战争的伟大起点：纪念“七·七事变”60周年 潘湘生 文汇报 97.7.15④
1942—1945年国共关系述论 黄岭峻 华中理工大学学报 97.7
国共两党围绕新四军组建的磋商与斗争 郑复龙 福建党史月刊 97.6
卢沟桥事变中29军奋起抗战的原因 周兴旺 首都师范大学学报 97.3
中共推动29军抗战纪 君心 团结报 97.7.19②
驱狼逐虎同执鞭：记中共推动和援助二十九军卢沟桥抗战 君心 党史博采 97.6
29军英勇抗战与中国共产党：访七·七事变时在29军工作的中共党员刘昭同志 崔立 北京日报 97.7.11⑤
战时儿童保育会的难童救济工作初探 孙艳魁 江汉论坛 97.5
震惊中外的“七君子事件” 陈棻德 贵州文史天地 97.3
现代文人在抗战中 霍秀全 新闻出版报 97.7.29④
日据时期台湾与大陆的文化联系 陈小冲 台湾研究 97.2
抗战前后国民党中央对四川的控制 刘正美 民国春秋 97.3
对国民党抗日的初步研究 黄元裕 常州教育学院学报 96.2
湘黔滇旅行日记 中华读书报 97.7.16⑤
从天津到昆明：申泮文教授忆西南联大

陈建强 中华读书报 97.7.16③
弦歌不缀、精神永传 陈岱孙 中华读书报 97.7.16⑤
中国政府放弃中日战争赔偿始末 党史博采 97.6
再生:记中国政府教育改造在押日本战犯 李宗远 中国青年报 97.7.16③
40年代风云激荡,国民政府坐失良机 杨友秀、郑泽隆 档案学通讯 97.3
落后岂能收拾旧山河:国民党政府坐失收复香港良机 刘存宽、郦永庆 光明日报 97.6.28⑥
50多年前八路军在香港建立办事处纪实 梁上苑 远东经贸导报 97.7.7①
存亡关系,血脉相连:抗战时期香港救亡斗争 梁任雪 光明日报 97.6.26⑥
抗战期间中日假钞之战 孙共青 中学历史教学参考 97.6
抗战时期国民政府通货膨胀政策评析 冯宪龙 社会科学辑刊 97.3
汪伪全国商业统制总会述论 张根福 档案与史学 97.3
1942年中国银行缅境撤退回忆录 倪红 档案与史学 97.3
关于南澳抗战历史地位的商榷 刘庆英 汕头特区晚报 97.7.13⑦
苏浙行动委员会别动队初探 黄寿东、苏智良 档案与史学 97.3
论抗战时期国民党军队的军风军纪 郭代习、李南雁 江西社会科学 97.6
日方关于汪伪政权及其经济形势的秘密报告(1940年12月) 档案与史学 97.3
国民政府筹备抗战档案史料一组 中国第二历史档案馆 民国档案 97.2
大型史料丛刊《抗日战争》出版 光明日报 97.7.15⑤
中国境内自杀亡命的侵华日军最高将领 徐家俊 民国春秋 97.3
论抗日根据地的政治动员与政治参与 翁有为 山东社会科学 97.3
论东北抗日联军后期斗争的历史作用 赵润峰、吴琼 龙江党史 97.1
民族魂:评介《抗联将领丛书》 文藻 龙江党史 97.1
论东北抗联与远东军的合作及其结局 高树桥 社会科学辑刊 97.3
八路军桂林办事处与香港 左超英 中国文物报 97.7.27④
全国抗战中的东北救亡运动 王连捷 光明日报 97.7.11⑦
告别延安 曹慕尧 党史博采 97.5
英美法军事考察团在延安 梁立真 党史博览 97.6
国共合作、全民抗战史诗的序幕:纪念第二次国共合作60周年 柴再顶 河南师范大学学报 97.3
《在延安文艺座谈会上的讲话》在40年代的传播与接受 纪桂平、贾玉民 河南社会科学 97.2
关于美军延安观察组的几点思考 汪向阳 历史教学 97.6
抗战初期中共与苏联关系试说 柯奔 温州师范学院学报 97.1
论日俄(苏)对中国东北地区的争夺 王春良 烟台大学学报 97.1
回忆抗战初期的中苏情报交换工作 陆立元 江淮文史 97.3
台儿庄大战纪事 肖松 文史精华 97.7
我目睹了喜峰口抗战 任恒业 团结报 97.7.16②
八·一三事变前夕日本在乡军人会活动史料 档案与史学 97.3
满洲筑垒地域:牵动百万劳工命运的“远东马其诺防线” 程鹏汉 纵横 97.5
日本在华扩设银行及掠夺中国银行财产

史料 档案与史学 97.3
日本占领海南及其对资源的开发和掠夺 李琳 海南大学学报 97.2
南京沦陷时日军在宁沪杭地区的暴行 魏宏远 历史教学 97.6
细菌战日本一六四四部队活动揭秘 文汇报 97.7.20⑦
战犯谷寿夫伏法记 徐树法 党史纵览 97.3
论日本天皇裕仁与侵华战争 侯衔正 江汉大学学报 97.2
南京大屠杀的论争在日本 魏宏远 光明日报 97.7.8⑤
历史的财富不容掠夺:揭露日本侵略者对我国东北档案的利用和破坏 孔繁娟 佳木斯教育学院学报 96.4
罪恶的历史见证:访日本战时毒瓦斯制造基地大久野岛 何天义 党史博采 97.6
日军侵华罪行罄竹难书,上海竟有73处慰安所 文汇报 97.7.9②
庄严的权利,伟大的胸怀:审判45名日本侵华战犯纪实 王晓峰 中国档案报 97.7.10④
抗战起点研究述评, 宋力 社会科学动态 97.5
前事不忘后事之师:纪念七·七事变60周年 魏一江 山东师大学报 97.3
再论中国抗日战争的开端 王树芹 山东师大学报 97.3
中国抗日战争在世界反法西斯战争中的地位 王凤贤 学习与探索 97.3
略论共产党与救国会的抗日统战主张 陈伟桐 抗日战争研究 97.2
抗战初期中共对蒋方针的变化及其与共产国际的关系 崔晓康 辽宁教育学院学报 97.2
论抗日战争时期国民党经济政策的调整 吕家毅 中央检察官管理学院学报 97.2
抗日战争时期的西北地方实力派 赵晓燕 甘肃社会科学 97.2
抗日救亡运动在香港 刘蜀永 中国青年报 97.6.23⑧
港九大队传奇 陈勤 世纪风采 97.3
抗战时期的一场秘密大营救 张春英 统一战线 97.5
新加坡华侨的对日索赔斗争 蓝桂英 福建党史月刊 97.4
"七·七事变"后在中国毙命的日军将官档案(上) 张杨 兰台世界 97.3
不能忘记的历史:评孙金科著《日本人民的反战斗争》 罗焕章 抗日战争研究 97.2
是最新研究成果,还是编辑的疏忽?对《求是》杂志关于中国在抗战中伤亡数字的质疑 余方平 延边大学学报 97.2
略论抗战爆发后中共对正面战场的建设及其作用 戚厚杰 民国档案 97.2
试论抗日民主政权的法制建设 朱恩沛 长白学刊 97.3
中条山战役研究述论 杨圣清 近代史研究 97.3
台儿庄战役对山东抗战的影响 唐志勇 山东师大学报 97.3
台儿庄战役的文化思考 韦健玲 广西社会科学 97.2
给日军以重创的徐川会战 聿玉 中国青年报 97.6.9⑧
侵华日军实验和使用细菌武器的罪行 陆秀清 学习与探索 97.3
皖南事变若干史实的考证 房列曙 近代史研究 97.3
皖南事变前新四军的发展 房列曙 安徽师大学报 97.2
机不可失的教训:对皖南新四军北移路线的再认识 金怡顺 党史纵横 97.6
现代文人在抗战中 霍秀全 新闻出版

报 97.8.5④
血染黄沙万里长：随红西路军征战追忆 任寿武；陈文清整理 党史纵横 97.8
抗战时期的"宪政"之争 孙玉玲 天中学刊 97.1
全面抗战与中国共产党发展的新阶段 曲庆彪、曲彦 辽宁师范大学学报 97.4
论华中抗日根据地创建的主要特点 孙道同 大江南北 97.7
抗日时期在延安的华侨青年 唐正芸 八桂侨史 97.2
中朝友谊的又一见证：刘邓麾下的朝鲜抗日战士 李新市 党史纵横 97.8
抗战史料的宝库 金淑琴 中国教育报 97.8.22③
近十年来抗日战争史研究述评 苏智良、侯平安 学术月刊 97.8
"八·一四空战"探谜 高晓星 民国档案 97.3
沦陷区保甲制之透视 史会来、夏潮 龙江党史 97.2
从汪伪政权的兴亡看近现代中国的劫难 白世业 固原师专学报 97.1
北平人民地下抗日斗争从低潮到高潮的曲折发展及其意义 荣国章 北京社会科学 97.3
抗日根据地的战时邮政 邱振 团结报 97.8.27②
论陕甘宁边区的边、法币斗争 任学岭 延安大学学报 97.2
试论陕甘宁边区的历史地位及其作用 林健成 民国档案 97.3
血战长空：八·一三淞沪抗战中的中国空军 朱秉秀 上海党史研究 97.4
闽北抗日民族统一战线的形成 吴其乐 福建党史月刊 97.8
战时文化界抗日团体组织活动史料选 中国第二历史档案馆 民国档案 97.3
别动队：东满初期抗日民族统一战线的特殊形式 崔厚泽 延边大学学报 97.3
云梦三·二三越狱记 滕厚礼 党史天地 97.7
试论第二次世界大战时期的中犹关系 王健 西亚非洲 97.4
血腥的日伪奴化教育 齐守成 理论与实践 97.17
中国海军抗战述评 祝中侠 历史教学问题 97.4
转入主战场的八路军敌后抗日 聿玉 中国青年报 97.10.11⑧
民族利益与国共第二次合作 郭圣福 党史研究与教学 97.4
略论延安平等精神 张均兵、方增泉 理论学刊 97.5
延安整风运动为夺取全国的胜利奠定了思想基础 张爱叶 渭南师专学报 97.3
质疑"三次高级幕僚会议"决定南京防守 李吉荪 抗日战争研究 97.3
蒋介石坚持"攘外必先安内"，中国丧失一次联苏抗日的机会：试解抗战前夕陈立夫秘密赴欧之谜 奎松 炎黄春秋 97.9
七亘村伏击战 刘志坚 人民论坛 97.9
国民党消极抗战起始于何时？张设华 抗日战争研究 97.3
日本移民侵略与东北殖民地土地占有关系 衣保中、廉晓梅 北方文物 97.3
汪伪"农业增产运动"述略 张根福 浙江师大学报 97.4
抗战时期沦陷区封建礼教泛滥现象分析 夏潮、史会来 学习与探索 97.5
略论日伪对冀东农村基层行政人员的控制 朱德新 中山大学学报 97.5

侵华日军对南京文化的摧残 孟国祥 南京社会科学 97.8
关于皖南事变后中共中央反击反共逆流策略的转变 李良志 中共党史研究 95.3
试论中国远征军入缅抗战的原因 杨洪 思茅师专学报 97.1
论抗战文化运动在抗日战争中的地位和作用 高向远 陕西师大学报 97.3
北平沦陷时期的中国大学 姚楷 团结报 97.10.8②
八路军五将领洛阳见蒋证 胡哲峰 党史博览 97.8
汪伪魔窟"76号" 李文凯 中国青年报 97.9.20⑧

6. 第三次国内革命战争时期(1945—1949)

建国前中国共产党对发展资本主义的认识 杨庆华 丹东师专学报 96.4
"和平、民主、团结"与"统一"关系辨 王建科 江海学刊 97.5
跟随中央机关转战平山前后 于国良 党史博采 97.8
试析解放战争时期中共外交策略的演变 马雪芹 洛阳师专学报 97.4
转变华东战局的关键性一仗:孟良崮战役的经验和启示 初维真 理论学刊 97.5
刘邓大军的伟大壮举 杨国宇 国防大学学报 97.4
刘邓大军挺进大别山决策始末 蒯正和 党史纵览 97.4
旌旗南指大江边:渡江战役总前委在瑞岗 王培垠 江淮文史 97.4
中原解放区的重建及其发展 林风 信阳师范学院学报 97.4
三次解放砀山城的经过 温立殿 江淮文史 97.4
新四军干部队伍构成的几个特点 徐君华 大江南北 97.10
新四军老战士纪念新四军成立60周年 人民日报 97.10.9③
陕甘宁边区孕育了"一国两制"模式 延安地区档案局 陕西档案 97.4
百团大战对国民党抗战态度的影响 刘贵福 辽宁师范大学学报 97.5
"紫石英"号事件——英帝国梦的破灭 潇雨歇 统一战线 97.7
秘密护送民主人士离港赴解放区 李小苏 上海党史研究 97.4
天涯海角大决战:解放海南多 苗生、武心群 党史纵横 97.8
新疆和平解放纪实 赵焕明 党史天地 97.7
福州和漳厦战役若干史实考据 郑澄桂 福建党史月刊 97.8
夜袭函谷关、解放灵宝城:忆陈谢大军解放灵宝战役中的函谷关之战 王树生 中州今古 97.4
中原突围纪事 温敏 中州今古 97.4
历史的丰碑:试论战略决战的作用及其影响 边言 党史纵横 97.8
对豫东战役历史意义的再认识 刁良举 南都学坛 97.2
一生中最难以忘怀的一次学习:记上海局在香港举办的干部学习班 曹力奋 上海党史研究 97.4
上海停战谈判详述 张北根 北京档案史料 97.4
南京惩治汉奸扫描 宁一 文史精华 97.8
暗杀李公朴、闻一多内幕 李晓奇 党史博览 97.8
抗战后期解放战争初期党的城市政策的演变 王盛开 上饶师专学报 97.4
解放战争时期北平学生运动的新经验 潘正祥 学术界 97.3
卢汉反蒋起义始末 陆廷荣 党史纵览

97.5
奔向解放区:演剧二队撤离北平亲历记 刘正言 北京党史研究 97.6
北平和平解放片断 张宗高、张羽 人民政协报 97.10.29④
论解放战争时期的政治攻势 王焕福、潘健 社会科学家 97.5
抗战文化在香港的大发展 张立杰、李爱芳 龙江党史 97.3
简评《中国人民解放军全国解放战争史》第1至3卷 刘志青 中共党史研究 97.4
解放战争时期江苏国统区革命文化活动综述 李兆群 党史研究与教学 97.3
在香港受命秘密赴东北 巴鸿 世纪 97.2
孟良崮战役亲历记 金冶 世纪风采 97.6
伟大的壮举,光辉的业绩:纪念刘邓大军挺进大别山50周年 刘银生、赵士红 学习论坛 97.6
解放第一座大城市石家庄 阎志新 中国青年报 97.8.1⑧
解放天津(1949年1月15日) 李宪科 四川党史 97.4
论刘邓大军转战大别山斗争的历史地位 周宏雁 中共党史研究 97.4
重建中原解放区的历史地位和作用 林风 华中师范大学学报 97.4
驰骋鄂北的江汉支队 孙天银 党史天地 97.6
国民党驻缅甸大使馆起义前后 潘云唐 团结报 97.7.26②
华南游击根据地的土改和"双减" 林益 广东党史 97.2
解放战争时期中共领导香港工运之经验 汤乐毅 江西社会科学 97.6
1945年中共与港英当局谈判 高宏的 羊城晚报 97.7.1⑱
战后中英香港受降之争 周志斌 国外社会科学情况 97.3
军统特务重庆大屠杀罪行实录 杨愍 炎黄春秋 97.6
1946年北海公园赴津运回日本掠走铜塔史料 北京档案史料 97.3
抗战胜利后晋察冀解放区政区沿革(1945—1948) 李铁虎 北京档案史料 97.3
略论南昌五·二一斗争特点 许静 南昌职业技术师范学院学报 97.2
伟人的预见和1947年国统区人民革命高潮 金立人 上海党史研究 97.3
我所目睹的五·二〇惨案 王新民 上海党史研究 97.3
反饥饿、反内战、反迫害运动由此开始:访五·二〇运动参加者浦作、纪锡平、贺彭年 袁志平 上海党史研究 97.3
刘邓大军强渡汝河纪实 卢耀武 党史博览 97.6
北回归线的归客 周震南 人民政协报 97.7.30④
莱芜战役胜利50周年大会在鲁举行:张震发去贺信,迟浩田撰写纪念文章 人民日报 97.7.21③
平津战役纪念馆建成开馆 人民日报 97.7.24①、③
关于"四·三"会议及其历史功绩的思考 孟宪平、姜明生 内蒙古社会科学 97.3
试论五·一大会的基本经验 孙淑兰 内蒙古社会科学 97.3
伊塔河三区政府管理机构设置述略 陈延琪 西域研究 97.2
《挺进报》事件始末和深刻教训 孙丹年 福建党史月刊 97.5
"战胜国"的悲哀:巴黎和会与华盛顿会议上租借地之争 刘蜀永 光明日报 97.6.28⑥

东北解放战争史研究述评　刘信君　社会科学战线　97.3
解放区文化建设论　吴祖鲲　长白学刊　97.3
东北工人阶级在解放战争中的作用　樊晓红　龙江党史　97.1
简评中共华东局1947年寿塔寺会议　王丰　党史研究与教学　97.2
解放战争时期中国共产党与苏关系发展述评　李福斌　哈尔滨师专学报　97.2
解放战争时期的闽江地下航线　徐开继　福建党史月刊　97.4
略论西北人民解放军的战略反攻和战略进攻　郑炳起　李新市　西北史地　97.1
为了人民的上海:纪念上海解放48周年　迟浩田　解放日报　97.5.27③
铁流千里大别山　赵文志　党史天地　97.4
关于成立内蒙古自治区的文献连载(1945年10月—1946年2月)　党的文献　97.2
从一二·一到抗议美军暴行运动　李凌　北京党史研究　97.2
第二条路线的历史地位:纪念五·二〇运动50周年　金冲及　人民日报　97.5.17⑥
本市纪念"5.20"运动50周年　解放日报　97.5.20①
继承发扬反帝爱国的光荣传统:纪念"五二〇运动"50周年　马句　北京日报　97.5.19③
五·二〇运动及其特点　翁仲二　光明日报　97.5.20⑤
反饥饿反内战的光辉一幕　汪朝光　中国青年报　97.5.12⑧
蒙阴集会纪念孟良崮战役胜利50周年　人民日报　97.5.17②
论解放战争时期的统一战线　鞠连和　社会科学辑刊　97.2
略论解放战争时期中共对上海的接管　庞松　近代史研究　97.2
解放战争时期福州党组织领导的学生运动　宋建新　党史研究与教学　97.1
中国人民解放军称谓演变过程　孟俭红　文史精华　97.4
第三野战军战史出版刘华清等出席首发式　人民日报　97.3.16①
战后东南亚华人家族企业的发展　梁英明　华侨华人历史研究　97.1
东北解放区新民主主义农业经济构成初探　王祖鲲、衣保中　东北师大学报　97.2
"两航"在香港起义(上、下)　黄德晟　团结报　97.3.26②;4.2②
北京解放前的私营出租汽车业　赵蕙蓉　城市问题　97.2
渡江战役后苏美两国对华的不同政策及原因　王玉贵　党史纵览　97.1
解放战争末期美国分离台湾阴谋及其破产　袁成亮　铁道师院学报　96.6
八十年代被许家屯压下的一个文件:解放战争时期华中一分区部分老同志座谈会纪要　大江南北　97.4
淮海战役期间国民党统帅部的争吵与决策　郭汝瑰　文史精华　97.4
北京地方党史研究会举行纪念抗暴运动50周年座谈会　史建霞　北京党史研究　97.2
中国共产党代表团对莫斯科的访问(1949年6月—8月)　(俄)安·列多夫斯基;丁明译　当代中国史研究　97.1
兵民是胜利之本:辽宁地方武装50年述略　赵仁、毛长春　党史纵横　97.3
从"鸿门宴"到不了局:重庆谈判前后　杨闻宇、张祖熙　党史纵横　97.2
反暴政反独裁的爱国民主运动　方生　人民日报　97.3.3⑤

在成都黎明前的地下工作　洪德铭　四川党史　97.1
黎明前的疯狂肆虐：记 1949.4.26 大逮捕　李志武　上海党史研究　97.1
接管上海的特点与历史经验　张文清　上海党史研究　97.1
解放哈尔滨　李宪科　四川党史　97.1
鄂西战役始末　温瑞茂　党史天地　97.2
论解放战争时期中国革命新道路的特点　韦绍福　河池师专学报　96.4
论解放战争时期我军瓦解敌军的工作　李云龙　南京社会科学　96.12
解放战争时期党的妇女方针述论　畅引婷　山西师大学报　97.1
第二条战线研究两议　孟庆春　史学月刊　97.1
渡江战役决策纪实　赵鲁杰　党史天地　97.1
略论西北人民解放军的战略反攻　郑炳起、李新市　淮海文汇　96.12
接管上海亲历记　蒋立　档案与史学　96.6
《澳门日报》举办座谈会纪念台湾人民"二二八起义"50 周年　人民日报　97.2.27③
重评 1944 年中国抗日战争的正面战场　温锐、苏盾　抗日战争研究　96.4
大陆歼灭国民党军的最后一战：回忆西昌战役　向守志　大江南北　96.11
血染浙东战旗红　诸敏　上海党史研究　96.6
大决战的前奏：记华北野战军配合东北决战的"牵牛鼻子"战役　马瑛、张震川　党史纵横　96.11
由"沈崇事件"引发的一场爱国斗争　方复、杨立、胡东明　炎黄春秋　96.12
评价四平保卫战必须正确认识和处理好几个关系　陈守林　长白学刊　96.6
重庆谈判中党的斗争策略述论　张先领、张伟　毛泽东思想研究　96.4
岁月悠悠忆当年　高存信　党史博采　96.11
试论解放战争初期中共中央后方工作委员会的地位和作用　阮黄南　党史研究与教学　96.5

7. 中华人民共和国时期（1949—　）

新中国经济建设决策上的几点启示　胡国民　广东党史　97.3
个体经济的性质和作用　孙学文　当代中国史研究　97.1
建国初期经济史研究的若干思考　武力　当代中国史研究　97.2
关于我国建国后经济体制的一些思考　陆洁、王立民　福州大学学报　97.2
中央五个农村一号文件诞生记：围绕包产到户的一场新旧思想斗争　许人俊　炎黄春秋　97.6
论建国初期迅速恢复国民经济的基本经验　彭付芝　固原师专学报　97.4
试析建国以来农村经济体制变革过频过急的负面效应　李占才　信阳师范学院学报　97.2
关于中国的土地改革运动　杜润生　中共党史研究　96.6
论建国以来党的市场政策和市场建设　陈清林　中共党史研究　95.6
建国初期城市政策的几个问题一为《剑桥中国史》订正史实　孙瑞鸢　中共党史研究　95.5
略论 50 年代前期高度集中经济体制的形成及其历史作用　武力　中共党史研究　95.5
1958 年"反浪费反保守"运动述评　朱地　中共党史研究　95.3
论毛泽东的社会主义观与民粹主义的根本区别——兼评中国农业社会主义改

造 赵泉钧、楼健 中共党史研究 95.2
对压迫者剥削者的改造问题 廖盖隆 中共党史研究 95.2
国营经济的建立及其在建国初期的巨大作用 涂克明 中共党史研究 95.2
略论五十年代我国经济发展战略的形成及其得失 武力 北京党史研究 96.6
北京丰台区街道经济的建立和发展 熊崇根 北京党史研究 96.6
繁昌县农业合作化运动始末 王昌举 江淮文史 97.5
几次重大的精简整编 柴中国 解放军报 97.8.6③
新时期阶级结构的变化与正确处理人民内部矛盾 龚珊姣 北京党史研究 97.6
建国以来我国党政关系的演变和发展 艾丽华、张梅 龙江党史 97.2
建国初期的社会改造 王善中 历史教学 97.8
党在建国初期的反腐败斗争 金怡顺 安徽史学 97.3
社会主义精神文明建设与党史工作的几点思考 王中强、韩其平 党史研究与教学 97.3
建国头七年社会主义精神文明的初步建立 林浣芬、林鲁文 党史研究与教学 97.3
党的社会主义精神文明建设问题的探索 夏阳 北京党史研究 97.3
浅析新时期军队建设指导思想的战略性转变 谢国钧 当代中国史研究 96.6
论新时期坚持"长征精神" 张美琴 赣南师范学院学报 96.5
总结历史迎接未来 孙大力 湖南党史 96.6
论建国初期的社会精神风貌 单人麟 党史研究与教学 97.4
上海解放初期禁娼斗争纪实 王申 党史文汇 97.6
建国初期福州市对娼妓的取缔改造 张朝阳 福建党史月刊 97.4
建国初期的安徽省禁毒 王枫林 江淮文史 96.6
解放初期漳浦禁烟禁毒运动 陈国坚 福建党史月刊 97.9
万方乐奏有于阗:中共领导多党合作筹建共和国的历史回顾 刘国新 团结报 97.10.4②
北京解放初期对反动党团的登记工作 雷昀 北京党史研究 97.5
历史的时空:开国大典纪实 罗一恒 中国档案报 97.10.2④
中国共产党对国民党战犯家庭问题的妥善处理 华启新 党史纵览 97.4
中华人民共和国国号的确立 罗倩莱 中国人事报 97.9.26④
1950 年解放台湾的计划为什么会搁浅? 党的建设 97.9
金秋:三代领袖来永新 周发来 中国档案报 97.10.6③
关于南方局与红岩精神的探讨 郑洪泉、王明湘 重庆师院学报 97.3
雏鹰展翅傲蓝天:记志愿军空军在朝鲜战场第一次空战 马宏骄 党史文苑 97.4
中共中央书记处的沿革 栾雪飞、张东旺 东北师大学报 97.5
一次未遂的军事"投机" 冯英子 世纪 97.1
试论我国解放初期的反腐败斗争 李娟芳 宝鸡文理学院学报 97.2
试论 50 年代我党反腐败斗争的历史经验 陆新元 社会科学家 97.1
从"三反"运动看新中国建立初期反腐败斗争的历史特点和深远影响 程大方 中共党史研究 95.1

关于防“左” 胡绳 中共党史研究 95.1
总结历史经验，深刻认识民族分裂主义的特征 寇清平、张玉玺 中共党史研究 95.1
论1956至1966年毛泽东对中国社会主义建设道路的探索 黄如军 中共党史研究 95.2
从工业化到现代化——中国共产党关于中国发展战略选择的宏观描述 陈夕 中共党史研究 95.2
“指标现象”与反右派斗争扩大化 赵社民 中共党史研究 95.3
关于朝鲜战争中中国出兵问题的探讨 张晖 中共党史研究 95.3
从“鸦片与革命”到“和平与发展”——60年代到80年代中国共产党关于时代特征问题认识的演变 柳建辉 中共党史研究 95.3
1956至1966年党在农村中的阶级路线 朱永红 中共党史研究 95.5
1957年反右派斗争及其严重扩大化的起因和教训 李青 中共党史研究 95.6
毛泽东周恩来与中苏航空谈判内幕 段子俊 中华儿女 97.9
论60年代国共各自方针的调整 邓家信 探索 97.4
如何评价建国初期学习苏联经验？ 李利 真理的追求 97.8
龙江县镇压反革命运动的回归和思考 刘世荣 龙江党史 97.2
悲壮凯歌震天宇：记抗美援朝战争中我空军对大、小和岛的轰炸作战 马宏骄 党史纵横 97.8
朝鲜战争研究综述：新材料和新看法（待续、续） 沈志华 中共党史研究 96.6;97.1
党领导黑龙江人民战胜：“三年自然灾害”的成功经验 李秀兰、尤万义 龙江党史 97.2
十月的惊雷：中国第一颗原子弹诞生记 明伟 人民政协报 97.8.27④
九·一三前林彪、江青470次通话 李耐因 炎黄春秋 97.7
邱会作谈九·一三事件 中国社会报 97.9.13⑤
1978年前海峡两岸谋和足迹实录 杨亲华 炎黄春秋 97.8
一份珍贵的文物：《工农报》在横峰发现 进亮、文旺、志兵 党史纵横 97.8
留法勤工俭学运动彪炳千秋：李铁映参观有关展览 人民日报 97.4.19④
建国初期知识分子思想改造学习运动始末 谢莹 党的文献 97.5
非常时刻、非常电话 林玉华 当代中国史研究 97.5
新中国外交史若干史实考订 宗道一 党史研究与教学 97.5
论国民经济恢复时期中国共产党正确对待民族资产阶级及富农的政策 张红 云南教育学院学报 97.4
我国政府对50年代美蒋关系矛盾的利用及其斗争策略 江渝 成都大学学报 97.4
冷战时期新中国的四次对外战略抉择 张小明 当代中国史研究 97.5
著名学者龚育之、金冲及、彭明畅谈三次历史巨变，三位伟大人物 光明日报 97.11.4⑤
“新三反”运动论析 刘义生、周永学 北京党史研究 97.6
人民公社时期农村政治稳定形态及其效应（对影响中国现代化进程一项因素的分析） 吴毅 天津社会科学 97.5
关于“又红又专”问题的历史评价 杨凤城 中共党史研究 97.4
毛泽东领导“三反”运动的主要特点 唐正芒 毛泽东思想研究 97.4

关于合作化运动步伐加快原因的历史考察 高化民 中共党史研究 97.4
关于过渡时期总路线的评价问题 鲁振祥 教学与研究 97.5
50年代中后期毛泽东对经济管理体制改革的设想与尝试 刘亚玫 沈阳师范学院学报 97.3
六十年代社会主义教育运动中的城市“五反” 王连生 南都学坛 97.2
如何用价格扶贫:毛泽东主席部署的一次调查 老物价记者 价格理论与实践 97.6
全面拨乱反正的前奏 范守信 党史研究与教学 97.3
共和国将帅诞生记 王秀英 中国档案报 97.7.28④
有关北平市政建设意见史料一组 赵家鼐选编 北京档案史料 97.2
略论中共第一代领导集体对社会主义建设道路的艰辛探索 黄少群、吴智棠 党的文献 97.4
对50年代农村改造运动的再探讨 董国强 中共党史研究 97.4
50年代我国向社会主义转变的历史条件 刘国新 教学与研究 97.3
五六十年代关于水利建设问题的文献选载(1950年8月—1965年6月) 党的文献 97.2
和平解放台湾的尝试:五六十年代国共两党的几次秘密接触 王中人 党史纵横 97.4
关于50—60年代中国外交的几个问题:评《剑桥中华人民共和国史》的有关观点 董国强 当代中国史研究 97.2
1950年:上海拉响空袭警报 会军、汪洋 炎黄春秋 97.5
新中国的庆典活动与礼宾改革 欧阳凡等 纵横 97.6
“一国两制”构想的形成 张世贵、尹吉成 山东社会科学 97.3
国共两军圈田街谈判始末 王永春 纵横 97.6
论“一边倒”政策形成的历史动因 伍玉林、薛梓奇、程早霞 龙江党史 97.1
背离实事求是思想原则的悲剧:析1951年5月潮汕地委扩大会议 李瑞华 广东党史 97.2
从人民代表会议到人民代表大会:建国初期地方民主建政述论 徐百尧 安徽史学 97.2
当代“有限战争”的历史演变 历史教学问题 97.3
我国农业合作化运动的偏差与反思 刘明智 福建学刊 97.3
和平共处五项原则诞生前后 王俊彦 炎黄春秋 97.6
“破四旧,立四新”的历史反思 金春明 中共中央党校学报 97.1
一个伟大的历史创举:写在纪念“乒乓外交”25周年之际 冯贵家 中国体育报 97.7.21①
上“干校”,绝顶荒唐的所谓改造 李庄 炎黄春秋 97.6
论50年代末急于求成的社会心理 陶季邑 华中师大学报 97.3
对中国50年代“新经济政策”的探讨 王丽荣 华中师大学报 97.3
试论人民公社兴起的动力与理论依据 熊启珍 党史研究与教学 97.2
从商建“陆大”到海上阅兵 熊华源 党史博览 97.4
从原子弹“上天”到赫鲁晓夫“下台”(1964年4月—12月) 《周恩来年谱》编写组 党的文献 97.3
关于西藏和平解放的历史研究(上) 郭冠忠 西藏研究 97.1
关于和平解放西藏的历史研究(下) 郭冠忠 西藏研究 97.2
对我党处理农业、轻工业和重工业关系的历史反思与探索 宋才发 衡阳师

专学报 97.2
党中央对水利建设事业的重视和关心 李焕雅 党的文献 97.2
五十年代关于厉行节约、反对铺张浪费的文献选载(1955年6月—1959年8月) 党的文献 97.3
试论我国社会主义工业化基础的初步奠定 伊胜利、孙玉芝、牛树岭 当代中国史研究 97.3
"现代化"、"工业化"的论争与现代中国的现代化经济取向 李放、黄南珊 江汉论坛 97.4
中国历史上第一部社会主义类型的宪法 杨景宇 党的文献 97.1
关于制定中华人民共和国第一部宪法的文献选载(1953年1月—1954年9月) 党的文献 97.1
两大关系历史背景初探 王逢春、齐迎梅 行政论坛 97.1
工业学大庆运动概述 杜显斌 龙江党史 96.5
我在60年代的经历 肖克 当代中国史研究 97.2
忆繁昌县三年困难时期的"左"倾错误及纠正过程 王昌举 江淮文史 97.1
国民党军的一次流产"兵变" 苗生 党史纵览 97.2
关于工作组存废问题 穆欣 当代中国史研究 97.2
"一化"滞后、"三改"超前原因简析 苏少之 中共党史研究 97.1
1957年反右派斗争扩大化的原因新探 叶旺根 党史研究与教学 97.1
关于1975年整顿的若干史实和一个提法 程中原 中共党史研究 97.1
建国后党内两种社会主义观的争论 沈宝祥 理论探讨 97.2
中国共产党对开辟有中国特色社会主义建设道路认识轨迹的历史考察 王连生 党史研究与教学 97.1
1949—1978:新中国迈向世界的步履为何如此蹒跚 余三乐 中共党史研究 97.2
试析前28年中国民众政治参与的主要特征 杨龙 学习与探索 97.1
新中国历任外交部长 宗道一 党史博览 97.1
共和国海战传奇:中国"五牌"舰艇部队揭秘 陈辉 党史博览 97.2
川康三年 郑伯克 四川党史 97.1
解放初期北京市民主妇联领导下的妇女生产 刘蜀岩 北京党史研究 97.1
忆朝鲜停战谈判 解方 纵横 97.1
志愿军出兵朝鲜后加拿大与美国发生分歧 李节传 炎黄春秋 97.2
社会主义改造运动中的社会思潮及民众因应心态 李占才 历史教学 97.2
手工业社会主义改造的历史经验与教训:纪念手工业社会主义改造基本完成40周年 戎文佐 经济科学 97.1
《论十大关系》——探索建设有中国特色社会主义理论的奠基石 刘导平 广东党史 96.3
纪念我国社会主义改造完成40周年学术讨论会述要 王海光 理论前沿 97.1
当代中国建设史上的创举:三线建设 马英民 北京党史研究 97.1
喜喜忧忧"想不到":回忆"文革"前我在《人民日报》工作的日子 李庄 炎黄春秋 97.2
从"有限的战略盟友"到"有限的战略对手"?:纪念上海公报发表25周年 王建伟 国际观察 97.1
1957年反右派斗争扩大化原因新探 叶旺根 党史纵览 96.6
很有战略眼光的三线建设 马英民 党史文汇 96.12
《三上桃峰》的被诬与平反 陈英茨 炎

黄春秋 97.1
建国初期的"猎虎行动":"三反"运动扫描 罗永常 党史天地 97.1
论镇压反革命运动 王善中 党的文献 96.6
整风运动在中国马克思主义发展史上的地位 沈绍根 湘潭师范学院学报 96.5
50年代我国所有制结构演变中的几个认识问题 庞松 中共党史研究 96.6
专家学者评《中华人民共和国史稿·序卷》以历史的真理昭示后人 梁柱 高校理论战线 96.11
60年代初精减职工、动员城市人口下乡决策的研究 陈理 当代中国史研究 96.6
濉溪县取缔反动道会门始末 曾和平等 江淮文史 96.6
建国初期北京南苑区党政领导关心和任用党外人士片断 杨雪泥 北京党史研究 96.6
60年代初我党对50年代末一些政策的调整 陈立进 党史博采 96.12
关于反右派斗争严重扩大化内容的再探讨 赵社民 党史研究与教学 96.6
粉碎"四人帮"的历史性胜利 金春明 四川党史 96.6
1975年的整顿与新时期的改革思路 王旖旎 内蒙古电大学刊 96.6
运用矛盾法则研究中华人民共和国史:兼谈对国史中几个问题的看法(上、下) 张启华 高校理论战线 96.11.12
邪不压正(九·一三事件纪实) 朱秉秀 上海党史研究 96.6
展现四清运动的实录:《四清实录与思考》前言 张国新等 党史研究与教学 96.6
1958—1962年中共福建省委重大决策的历史回顾 陈宜淳 福建党史月刊 96.11
重温手工业社会主义改造历史经验,促进集体手工业持续健康发展 季龙 当代中国史研究 96.5
农业合作化运动评价的新视角 汪青松 党史研究与教学 96.4
关于开发海南、建设海南和建立海南经济特区的文献选载(1957年1月—1993年4月) 朱德 党的文献 96.5
建国后的"左"倾错误发端于农业合作化运动 李曙新 安徽史学 96.4
党中央对海南开发建设事业的重视和关怀 钱跃、邢治孔 党的文献 96.5
试论接班人问题上的历史教训 余振东 理论导刊 96.3
新中国建立初期党内的几场争论与社会主义农业的改革 黄道霞 中共党史研究 96.6
"大跃进"失败的教训何在? 李锐 马克思主义与现实 97.3
党对国际环境的认识与"大跃进"的发动 程重阳 北京党史研究 97.6
论"大跃进"运动的国际背景 宋银桂 湘潭大学学报 97.3
毛泽东纠正"大跃进"错误的努力 陈立旭 湖南党史 97.4
深翻土地运动与"大跃进"时期的昌进浮夸 刘明钢 党史纵览 97.3
对"大跃进"运动发生原因的深层思考 黄爱军 淮北煤师院学报 97.1
"大跃进"运动前后中国社会政治思潮初探 杨志文 长白学刊 97.1
试析"文化大革命"发动的国际诱因 崔肇新 党史博采 96.11
"大跃进"失败的反思 李锐 东方文化 97.4
"大跃进"历史成因刍论 李向前 中共党史研究 95.1
"大跃进"失败的教训何在(上、下) 李

锐　同舟共进　97.7、8
对“大跃进”成因的系统论说　李安增　中共党史研究　97.5
从人民公社化运动到“文化大革命”的发生:“文化大革命”发生的经济根源初探　高永昌　党史研究与教学　96.5
《“文化大革命”简史》出版座谈会述要　张保军　中共党史研究　96.6
“大跃进”引起的人口变动　李成瑞　中共党史研究　97.2
试论中国农村“文革”的历史特点　周连春　毛泽东思想研究　96.4
“文化大革命”与当代中国政治发展　关海庭　当代中国史研究　97.1
“文化大革命”学术讨论会观点综述　王海光　当代中国史研究　97.1
“文革”时期历史研究座谈会概述　刘志男　当代中国史研究　97.1
“文化大革命”中的社会性矛盾　印红标　中共党史研究　97.2
“文化大革命”时期内地与香港的经济关系　赵自勇、张保军　中共党史研究　97.2
“文化大革命”史研究综述　张均兵、方增泉、沈传宝　北京党史研究　97.2
60年代中期的国际环境与“文化大革命”的发生　张化、沈汉　中共党史研究　97.1
“文化革命”变异曲　陈晋　毛泽东思想论坛　97.2
一部生动形象的文革史:关于文革连环画的研究　高成山　牡丹江社会科学　97.2
对“文化大革命”几个问题的认识(上、下)　郑惠　中共党史研究　97.1、2
“文化大革命”的形态应是“社会运动”　刘济生　北京党史研究　97.5
红卫兵话语的文化表征:从一张发黄的红卫兵小报说起　马越　中国青年研究　96.6
关于红卫兵研究的对话　张志忠、尹丹丹　东方艺术　97.1
红卫兵文化初探　张克永　党史纵览　97.2
红卫兵运动的主要流派　印红标　青年研究　97.4
对红卫兵运动性质的几点认识　范明强、魏纹　党史研究与教学　96.6
幸存的一脉生机:“文革”时期的对台工作　杨亲华　党史纵横　97.5
“知青与社会转型”研讨会综述　李玉琦　中国青年研究　96.6
“老三届”文化现象批判:三个博士和一个硕士的对话　姚新勇等　青年探索　96.6
从文化角度看“知青运动”　王立仁　吉林师范学院学报　96.9/10
家庭出身与知识青年上山下乡　吴丽萍　中国青年研究　97.5
对话:“老三届”与“老五届”　丁东、赵诚　中国青年研究　97.5
知青上山下乡运动引发的思考　辛平　炎黄春秋　97.9
保护最珍贵的革命遗产:在全国革命文物工作会议上的讲话　李源朝　中国文物报　97.8.24①
在全国革命文物工作会议上的总结讲话(摘要)　董保华　中国文物报　97.8.31①
增强使命感,弘扬主旋律,努力开创革命文物工作新局面:在全国革命文物工作会议上的工作报告(摘要)　张文彬　中国文物报　97.8.31①
近年来革命文物保护利用成绩显著　中国文物报　97.9.7⑦
息烽集中营旧址维修开放成绩卓著,李鹏总理题词:“息烽英烈励人民勇往直前”　中国文物报　97.8.31②
华北人民政府发布信用印信规定　北京档案史料　97.4

论三代党中央领导集体民主法制思想的演进 郝铁川 解放日报 97.5.28⑩
中革军委与中央军委的关系 张恒 党史博采 97.8

8. 专 题

中共中央会议和专门问题研究

遵义会议后的一场争论 汤胜利 福建党史月刊 97.5
历史的选择——遵义会议上党中央最高领导人的确定 曾润虎 历史学习 97.6
伟大的历史转折——纪念遵义会议60周年 王荣先 中共党史研究 95.1
不能否定遵义会议确立了毛泽东在全党的领导地位 钟其昌 广东教育学院学报 96.4
遵义会议只解决军事路线问题的重要策略意义 张世贵、尹吉成 石油大学学报 97.3
对遵义会议的再认识 石世龙 云南学术探索 96.6
论遵义会议对中国革命的影响 肖北婴 党史研究与教学 96.6
曙光渐露：记遵义会议前后的三次重要会议 边佐卿 党史纵横 96.11
诈开遵义城抄袭娄山关：遵义会议召开的军事保证 贾明生 党史博采 97.2
遵义会议是我党独立自主解决党内矛盾的开端 孙国福 理论界 97.1
闽南特委扩大会议的历史功绩 李湘君 福建党史月刊 97.9
一大开幕日期再考证 朱泽春 党史研究与教学 96.6
论中共一大会议的发掘筹备问题 沈海波 党史研究 97.1
一大7月24日开幕补证 朱泽春 党史研究与教学 97.5
回忆党的一大 陈潭秋 党史博采 97.7
一大开幕会址再考证 朱泽春 党史研究与教学 97.3
中共一大会议“宣言”考 沈海波 上海党史研究 97.3
浅议党的三大的历史地位和作用 沈济文 抚顺社会科学 96.9
难忘七大 卢伯明 新民晚报 97.9.13⑫
论八大对苏联工业化模式认识的深化及其历史局限 武力 教学与研究 96.6
苏共二十大与中共八大 陈金龙 人文杂志 97.4
论建国后两次历史性政治体制改革：纪念党的八大召开40周年 李亚东 天津党校学刊 96.3
八大前后党对社会主义认识的成果及其原因 李精华、侯艳霞、刘国庆 大庆社会科学 96.6
50年代中期的国际共运及其对中共八大产生的积极影响 王素秋、李清文 学术交流 96.6
党在八大前后关于利用非公有制经济形式的探索和局限 汪振华 中共党史研究 96.6
八大前后我党对区域经济发展战略的探索及其意义 钟健英 党史研究与教学 96.5
八大前后党对自由市场问题初步探索 孙神根 中共党史研究 96.6
浅析中共八大的国际反响 赵寿莲 北京党史研究 96.6
八大经济体制格局的设想与当前经济体制改革的比较 吕东征 党史研究与教学 96.4
党的八大与党的思想理论建设 杨小冬 福建党史月刊 96.11

中国共产党历史上两个转变时期的比较研究：纪念中国共产党第八次代表大会召开40周年　安贞元　惠州大学学报　96.3

“纪念三大改造基本完成、《论十大关系》发表、党的八大召开40周年学术讨论会”综述　杜蒲　当代中国史研究　96.6

探索中国之路的里程碑　金春明　中国党政干部论坛　96.12

八大前后中国共产党对社会主义建设道路的初步探索　翁绮玲　探求　96.6

试论党的八大路线　李桂琴　社会科学研究　97.1

中共八大路线形成的历史条件与时代意义　贾玉彬　抚顺社会科学　97.1

具有划时代意义的八大　唐敦教　四川党史　97.1

纪念中共“八大”召开40周年学术讨论会综述　易宗礼　江西社会科学　97.1

纪念党的八大召开40周年全国学术讨论会概述　张喜德　理论前沿　97.1

八大与党的思想理论建设　何龙群　桂海论丛　96.6

浅谈中共八大对“苏联模式”的突破　赵万钧　党史博采　97.2

试论八大对社会主义道路的探索及其局限性　何文辉　岭南学刊　96.5

试论中共八大正确路线未能贯彻执行的原因　钟廷豪　北京党史研究　97.1

八大前后党中央对中国社会主义道路的探索　刘畅　抚顺社会科学　97.1

党的八大对社会主义的再认识　黄超凡　福建党史　96.12

弊端·探索·夭折：八大前后中国共产党人对社会主义经济体制改革的探索　陈少晖　甘肃社会科学　97.1

社会基本矛盾再认识：兼论八大正确路线中断的哲学根源　赵科天　济宁师专学报　96.4

中共八大正确路线中断原因浅析　谭双泉、熊占茂　湖南师范大学社会科学学报　97.1

挑战与探索：八大和十一届三中全会党对社会主义道路探索的比较研究　程岩　龙江党史　96.4

党的八大与党领导的20世纪中国的两次伟大革命（待续）　石仲泉　中共党史研究　96.6

党的八大与党领导的20世纪中国的两次伟大革命（续完）　石仲泉　中共党史研究　97.1

八大前后中共领导人提出的三个重要思想　徐嫩棠　延边大学社会科学学报　97.1

试论党的“八大”对探索有中国特色社会主义建设道路的历史功绩　张博文　党史研究与教学　97.1

浅析干部素质与八大路线中断之内在联系　李桂花　山东社会科学　97.2

对八大正确路线中断的原因分析　沈春敏　长白学刊　97.2

论中共八大的历史性贡献　章修明、阎曼丽　学术交流　97.2

社会主义民主政治建设的光辉起点：纪念中共“八大”召开四十周年　刘萍华　龙江党史　96.4

八大的经济建设方针及对经济体制的探索　秦慧杰、徐业滨　龙江党史　96.4

党的八大与我国的经济体制改革　邢晓丽　龙江党史　96.4

论确立社会主义民主政治战略地位的历史条件：对八大前后与十一届三中全会后党的人民民主理论的比较研究　卢培青　四川党史　97.3

八大路线与党在社会主义初级阶段的基本路线　江青松　当代中国史研究　97.3

八大前后党对社会主义道路的探索 刘以顺 理论建设 97.1
试论八大路线遭受背离的历史必然性 杨瑞毛 党史纵览 97.3
八大关于执政党建设理论及其现实意义 肖建杰 辽宁大学学报 97.3
党的八大关于社会主义根本任务的理论观点在新时期的发展 高继红 龙江党史 96.4
中共八大对有中国特色社会主义理论的历史贡献 李春林 龙江党史 96.4
中共八大在社会主义经济建设中历史地位 张忠江、陈秀英 龙江党史 96.4
八大路线曲折发展的历史考察和经验教训 赵泉钧、曾宪凯 宁波师专学报 97.1
八大路线未能坚持下去,三中全会路线得以贯彻的缘由与启示 邹玉杰、宋文官 学术交流 97.3
中共八大路线中断的原因及对社会主义建设的启示 刘杰 沈阳师范学院学报 97.2
涵盖·创新·发展:党的八大与建设有中国特色社会主义理论和实践之研究 周钟铭 龙江党史 96.4
党的八大研究新进展 薛民 教学与研究 97.4
对八大路线中断的再认识 阎朦 理论学刊 96.7
八大精神与党的建设 白竹林、胡克泽 齐齐哈尔师院学报 97.3
党的八大对我国社会主义民主与法制建设的历史功绩 田华 河北法学 97.3
对八大路线中断的再认识 沈慧 浙江社会科学 97.3
对中共八大文献中若干问题的再认识 阎治才 党的文献 97.5
八大后经济工作方针改变的原因初探 何其颖 厦门大学学报 97.3
试析中共八斗弯支部和陈策楼支部创立的特点 程少明 黄冈师专学报 97.3
中国共产党八大二次会议评析 刘明钢 武汉教育学院学报 97.4
党的八大关于加强民主集中制的思想 孔海彬 福建党史 96.12
党的八大精神在新疆的贯彻 王棣 党史博采 97.6
对中共八大路线中断的思考 雷奎怀 贵阳师专学报 97.2
党的八大与牧业区的社会主义改造 周忠瑜 青海民族学院学报 97.3
党的八大路线与建设有中国特色社会主义 苏晓 青年思想家 97.3
经济转轨中的八大与八大的经济政策 李大勇 天津党校学刊 97.1
略论反右斗争扩大化对八大路线的影响 唐桂华 辽宁师范大学学报 97.4
党的八大关于执政党建设的历史贡献 许广盛 汉中师范学院学报 96.5
论中共八大关于党员标准规定的现实意义:纪念八大胜利召开四十周年 李娟丽 社会主义研究 96.专辑
八大对中国特色社会主义理论的历史贡献 陈立旭 学习论坛 96.5
从中共八大到十一届三中全会以来党的路线的研究思考 杨守芳 探求 96.6
八大经济方针的形成及其现实意义 宋易风 理论导刊 96.9
八大反对主观主义斗争及其现实意义 郑庆荣 党史研究与教学 96.6
中国共产党历史上第一次伟大转折——八七会议 陈乃宣 湖北日报 97.8.7⑧
郑超麟对八七会议史实的几点看法 林修敏、邸春玲 炎黄春秋 97.8
1959年庐山会议反倾向问题之我见 王

德木 党史研究与教学 97.1
试析庐山会议转向的原因 王格芳、仝祥顺 石油大学学报 97.1
三中全会前我党几次工作重心转移未能实现的原因分析 钟毅刚 当代世界与社会主义 96.2
一段险被湮灭的真实故事 曾庆圭 中国文物报 97.8.31④
中共六届三中全会和反调和主义 章修明 南通教育学院学报 97.1
中共十一届三中全会召开的历史背景 蒋永青 上海党史研究 97.5
"十二大关系"对"十大"关系的继承与发展 薛晓莉、郭焱 理论导刊 96.4
关于沙窝会议会址 张德林 四川党史 97.5
党史上唯一的全国党代会第二次会议 唐正芒 广东党史 97.5
十四大以来党中央的重要文献与重大决策 沈学明等 党的文献 97.5
沿着建设有中国特色的社会主义道路前进:纪念《论十大关系》讲话发表40周年 李力安 当代中国史研究 96.6
论结合就是创造 孙欲声 青海师专学报 97.1
析"左"倾右倾之异同 刘玉琛 河南大学学报 97.1
形成自己的科学理论是我们党政治上成熟的根本标志 覃劲忠 学术论坛 97.2
论中共中央第一代领导核心的形成 谢俊春、白冰 西北师大学报 97.3
中国共产党早期的反腐倡廉斗争 仝华、高校理论战线 97.7
党在不同历史时期对富农的政策 孙平 黔南民族师专学报 97.2
我们实行过战略退却的方针 吴健民 广东党史 97.3
《一·二六指示信》新评 伊建民 北方论丛 97.5
寒夜苦斗:中共满洲省委历届更迭概述 黎清 党史纵横 97.10
借鉴与展望:国共合作形成基础浅议 李福斌、马力 龙江党史 97.3
一次未实现的国共两党谈判:兼述保护中共谈判代表轶事 冯都 上海党史研究 97.5
试论民主革命时期党的土地政策的演变 徐行 历史教学 97.8
我军政治工作70年的光辉实践及历史昭示 国防大学党史党建政工教研室 解放军报 97.8.7⑥
论延安时期精神文明建设在新时期的现实效应 高光智、卓爱平 党史研究与教学 97.4
论"一边倒"政策与独立自主原则 赵光元、陆文培 党史纵览 97.4
延安精神的精髓——实事求是 卢林方 党史研究与教学 97.4
桂北游击队的思想政治工作 陶省三、阳雄飞 广西党史 97.4
保卫中央档案库:"一号机密"背后的故事 倪迅、朱国明 光明日报 97.10.11⑦
论《关于正确处理人民内部矛盾的问题》与中国的工业化道路 钟健英 党史研究与教学 97.5
略论以毛泽东为核心的第一代中央领导集体的形成 张克敏 江汉论坛 97.8
《关于正确处理人民内部矛盾的问题》在改革开放新时期的现实意义 郑庆荣 党史研究与教学 97.5
中国共产党三代领导集体概念的提出及现实意义 李海峰 北京党史研究 97.6
共产党的领导是历史的必然 张曙 湖南党史 97.5
毛泽东为首的中共人才群的形成发展及历史作用 徐万发、宋玉忠 西藏民

族学院学报 97.3
人民至上:论党的宗旨理论的形成、丰富和发展 李秀华、周忠安 党史纵横 97.11

中国共产党历史研究

中共党史学诠释 张静如 北京党史研究 97.3
领导重视是搞好党史工作的关键 冯崇泰 四川党史 97.3
关于地方党史研究的思考 曹明道 四川党史 97.3
时代的变迁与党史研究的拓展 忻平 上海党史研究 97.3
马克思主义阶级分析方法与中共党史研究 周一平 上海党史研究 97.3
谈谈新时期中共党史文献资料的收集、管理与利用 朱琳 图书情报知识 97.2
关于深化中共党史研究的几点思考和建议 郭德宏 中共党史研究 97.4
关于深化党史研究的几个方法论问题 徐国梁 学术界 97.2
高举伟大旗帜、推进党史工作 卞国福 党史纵览 97.5
中共党史上的两大主要问题及其启示 张嘉选、秦学勤 攀登 97.4
以史为鉴知兴替:读《中共江苏地方史》 陈鸿祥 邹嘉南 世纪风采 97.7
关于深化党史研究的几个方法论问题 徐国梁 学术界 97.2
专家学者就"档案与党史研究"一席谈 陶学平 中国档案报 97.7.24③
要禁绝党史研究中的"虚假"现象 王春发、李建华 牡丹江社会科学 97.1
历史经验是宝贵的财富——谈社会主义时期党史研究 胡绳 中共党史研究 95.6
理论学习和党史研究——从《纲要》谈起 龚育之 中共党史研究 95.5
深化党史研究 发挥史鉴作用 李传华 中共党史研究 95.2
党的十一届三中全会的历史意义——谈党史研究的若干问题 胡绳 中共党史研究 95.2
中共党史与社会主义精神文明建设:从中共党史的社会功能说起 刘德军 党史研究与教学 97.4
新时期研究地方党史的意义 巩玉闽 福建党史月刊 97.9
要重视党史的学习与研究 于开金 广西党史 97.4
全国党史研究室主任会议在宁举行 人民日报 97.10.28③
坚持党史研究中党性与科学性的统一:学习邓小平关于党史研究的论述 温乐群 北京党史研究 97.4
深化中共党史研究的学术思考 侯且岸 北京日报 97.9.7④
东北地方党史研究的又一新成果:《哈尔滨革命旧址史话》评介 温野 龙江党史 96.4
对党史上三次思想解放运动的回顾与思考 王明山、高继红 齐齐哈尔师范学院学报 96.6
社会主义时期党史研究中的若干重大关系 林强 党史博采 97.1
北京地方党史研究会召开常务理事会 史建霞 北京党史研究 97.2
发挥党史在精神文明建设中的作用 林保义 大众日报 97.1.14⑦
重视历史经验破除"左"的观念:学习党史的一点体会 钱凤璋 南京理工大学学报 96.6
领导干部要重视党史的学习与研究 人民日报 97.4.1⑨
喜读《中共与国民党地方实力派关系史》 金怡顺 中共党史研究 97.1
一部研究国共两党关系的力作:评《国共两党关系史》 毛磊、张勇 抗日战争

研究　97.1
中共党史研究应重视研究社会史　田居俭等　北京党史研究　97.2
谈社会主义时期党史专题研究　林强　福建党史月刊　96.11
对我党劳动立法的历史回顾与展望　赵映林　工会理论与实践　96.6
党史上的两次生产运动　张霖　党史博采　97.2
我党历史上三次"左"倾路线混淆民主革命和社会主义革命界限原因探讨　施巨流　探索　97.1
关于党的发展资本主义政策的探讨　黄如桐　真理的追求　97.2
近十年来日本的中共党史研究　(日)江田宪治;韩凤琴译　国外中共党史研究动态　96.6
关于《中国共产党历史》(上卷)第一编送审稿的谈话　胡乔木　中共党史研究　97.3
中国共产党历史上"统一战线"一词在运用上的更替　王素秋、冯万岭　党史博采　97.5
民主革命时期中国共产党在香港的活动　商桂珍、黄莺　龙江党史　97.3
中国共产党的统战策略与牺盟会的创建　朱红勤　晋阳学刊　97.4
中国共产党和平统一祖国方针的演变和发展　张嘉选　党的文献　97.4
中国共产党内两种社会主义观的出现和长期争论　沈宝祥　中共中央党校学报　97.1
苏联经验与我党过渡时期的理论和实践　陈君静　宁波师院学报　96.5
中共党内肃"AB团"斗争的导火线及其导因论析　武国友　长白论丛　96.6
中国共产党的执政地位是历史的选择　曹学思　陕西师范大学学报　96.4
中国共产党探索社会主义现代化道路历史的回顾与反思　郝琦、李智晔　延安大学学报　96.4
民主革命时期中国共产党探索国情问题的几个特点　王瑞芳　史学月刊　97.4
两次国共合作中的中国共产党　李百齐　文史哲　97.增刊
试论中共早期农运工作中心地位之形成　董国强　江苏社会科学　97.5
对中国共产党在创建时期的无产阶级性质之争论　陈方怡　党史研究与教学　97.1
对中国共产党开辟适合中国实际的社会主义建设道路的考察　吴兴农、徐文俊　杭州大学学报　97.1

民国史研究

论南京国民政府腐败的政治根源　陈明明　南京师大学报　97.3
《广州国民政府》序　丁守和　广东党史　97.2
试论南京国民政府抗战准备的作用及局限性　袁素莲　北方论丛　97.5
论南京政府的"弹性政体"　许和隆　韶关大学学报　97.3
论南京国民政府在现代化进程中的角色(以财政为中心)　张连红　江海学刊　97.4
国民政府在香港问题上的软弱退让　黄建远　南京史志　97.2
国民政府战时外交决策机制初探　张连红　近代史研究　97.2
九·一八事变后南京政府依赖国联制日外交析评　宗成康　民国档案　97.3
南京国民政府时期的香港问题　陈晋文　民国春秋　97.4
国民政府两次收复香港的失败及其教训　冯敏强　九江师专学报　97.3
关于1947年南京政府颁发"戡乱总动员令(案)"的两点辨正　周炳钦　民国档案　97.3

南京国民政府“撤废不平等条约”交涉述评:兼评王正廷“革命外交” 申晓云 近代史研究 97.3
江浙财团与南京国民政府的建立 邱松庆 党史研究与教学 96.5
南京中央军校初探 华路史林 96.4
试论国民政府大西南大后方战略的确立 姜从山 扬州大学学报 97.4
1928—1937年国民政府组织法述论:兼向陈瑞云教授请教 张皓 史学集刊 97.3
频频迁都的国民政府 龚家政 团结报 97.10.8②
民国政府争取收回香港之评述 张炜玮 文史杂志 97.3
南京国民政府时期的军事法制概述 赵晓冬 社会科学 97.3
南京国民政府侨务工作剖析(1927—1949) 窦文金 八桂侨史 96.4
南京国民政府初建时期财经政策述评 邱松庆 中国社会主义经济史研究 96.4
南京国民政府建立初期对外政策评析 琚贻明 民国档案 97.1
关于国民政府择近重庆问题的再探讨 张国镛 西南师范大学学报 97.1
南京国民政府成立初期的保护国货政策 宋玉梅、孙秉东 史学月刊 97.1
与中国土匪同行——洋人眼中的民国社会 徐有威、(英)贝思飞 档案与史学 97.1
民国时期中央经济机构演变述略 张连红 南京师大学报 97.1
民国时期上海同乡组织与移民社会关系初探 宋钻友 上海社会科学院学术季刊 96.3
民国时期劳动力流动之探析 刘玉书 天津商学院学报 97.1
《中华民国史》第2编第5卷出版暨民国史研究座谈会纪要 汪朝光 近代史研究 97.1
民国时期东北北部民族资本商业的分期与影响 刘迎红 北方论丛 97.1
论民初关于外债问题的争议 马陵全 史学月刊 97.3
民国前期苏北工业发展浅析 刘宏、姜新 江苏社会科学 97.2
论民国时期城市家庭制度的变迁 陈蕴茜 近代史研究 97.2
论民国时期的以工代赈救荒 刘五书 史学月刊 97.2
民国时期社会结构的变动 朱汉国 光明日报 97.6.17⑤
民国时期我国私立高等教育的发展过程、特点及启示 阎光才 煤炭高等教育 97.1
馆藏民国徽章 李泽民 中国档案报 97.4.17③
民国时期审计制度的演进及其特点 张达聪 江汉论坛 97.1
论民国时期四川农业的变迁 陈国生 四川师范大学学报 97.1
民国时期的新型邦会——恒社 夏斯云 档案与史学 97.1
民国方志目录学之成就与影响 巴兆祥 江苏图书馆学报 97.1
民国史研究的新篇章 李广庆 书与人 97.3
略谈民国时期的黑龙江商办矿业 刘迎红 学术交流 97.3
略论民国时期东北的农业经济政策 毛英萍 北方文物 97.2
民国时期历届中央政府维护西藏主权的措施 唐景福 中国藏学 97.1
民国初年山东省的司法变革 张玉清 社会科学战线 97.3
民国时期安多地区的回藏贸易 张世海 回族研究 97.2
民国保甲制度兴起的历史考察 王云骏 江海学刊 97.2

评《中华民国史》第二编第五卷 彭明、王续添 历史研究 97.1
一部求真可信之作:《中华民国史》第二编第5卷读后 金冲及 近代史研究 97.1
一部颇具特色的民国外交史著:《中华民国外交史纲》读后 李福林 民国档案 97.1
民国上海埠际贸易的变迁(1912—1937) 樊卫国 社会科学 97.7
民国时期南京的社会风尚 罗玲 民国档案 97.3
《新编中国通史》民国分册评介 万仁元 民国档案 97.3
民国时期青海管理方略 陈新海 青海民族研究 97.3
民国广州时断时续的禁娼 彭建新 民国春秋 97.5

中国国民党党史研究

试析30年代前期国民党打击土豪劣绅的政策 彭厚文 许昌师专学报 97.4
中国国民党"二大"时全国组织发展状况略考 马雪芹 河南师范大学学报 96.6
简析国民党在大陆失败真正原因 李松林 首都师范大学学报 96.6
国民党政府与收复香港 张北根 北京档案史料 96.6
抗日战争时期国民党政府的外债 贾小玖 理论导刊 96.2
国民党统治区财政经济的总崩溃与国民党在大陆的败亡 李黎明 齐鲁学刊 97.5
国民党左派对社会主义的探索 陶季邑 贵州师范大学学报 97.4
如何评价国民党敌后游击战的作用 董兴林 山东师大学报 97.增刊
国民党开除党籍现象述论 刘义生 史学月刊 97.5
政治民主化的流产与南京国民党政权的覆亡 吴贤辉 华侨大学学报 97.2
国民党敌后游击战述论 孙泽学 华中师大学报 97.4
国民党在国民革命中的农运政策及实践 王涛 人文杂志 97.2
关于国民党抗日游击战的几个问题 唐利国 抗日战争研究 97.1
国民党在台湾立足的一个原因 刘长江、王守贵 唯实 96.8/9
国民党实权派的哲学思想(1925—1949) 杨慧清 史学月刊 96.6

台、港、澳史研究

50年代台湾的白色恐怖 传瑛 纵横 97.2
浅析50年代我党对台湾问题的政策 陈佳刚 党史研究与教学 97.1
我党是何时首次公开提出"和平解决台湾问题"主张的 袁春荪 党史文汇 97.5
建国初期中国共产党争取解放台湾的尝试 张元勋 信阳师范学院学报 97.2
开罗会议后中国政府收复台湾的准备 郭学旺 台湾研究 97.2
金门——建国初期对台关系的焦点(上、下) 舒云 党史博览 97.6、7
1950年解放台湾计划搁浅的幕后 青石 江淮文史 97.3
新中国建立初期解放台湾的尝试 张国星 历史学习 97.6
试述新中国对台政策与美国对台政策关系 罗珍 龙江党史 97.2
福建纪念台湾人民二·二八起义50周年 人民日报 97.2.27③
纪念台湾省人民二·二八起义50周年首都各界举行座谈会 人民日报 97.2.27③

隆重纪念台湾省人民二·二八起义50周年 谵台惠敏 台声 97.4
台湾二·二八事件50周年祭 才家瑞 台湾研究 97.1
战后台湾“公营”经济及其民营化的性质剖析 林长华 台湾研究集刊 96.4
中国革命后的台湾与大陆 周文顺 西北民族学院学报 97.2
“台湾地位未定论”溯源 苏格 台湾研究 97.2
台湾同胞有爱国的光荣传统 郑晓星 人民日报 97.11.13⑤
中国人民争取香港回归的历史考察 王志超、徐景庶 学术论坛 97.1
百年沧桑话香港 张海鹏 求是 97.6
香港回归历史轨迹初探 赵杰 江苏社会科学 97.3
香港问题的历史回顾 余绳武、刘存宽、徐日彪…… 光明日报 97.6.17⑤
接收香港国民党政府机构和资产述略 刘晶芳 中共中央党校学报 97.1
97回归与香港的繁荣稳定 李瑗 当代中国史研究 97.4
新中国不用武力收回香港主权是时局的特殊需要 洪文炳 理论学习月刊 97.7
抗战胜利前后重庆国民政府关于香港问题的交涉 袁成亮 铁道师院学报 97.3
远大的目光:我党“不去解放香港”战略概述 余科杰 党史纵横 97.7
香港回归之旅:48年(1949—1997)历史回顾(上、下) 齐鹏飞、程波 党史纵横 97.7.4—12
对“暂时不动香港”战略方针的历史考察 余科杰 四川党史 97.4
香港在民主革命时期的独特贡献 盛明 四川党史 97.5
中共在香港组织的“秘密大营救” 张立杰、蒋峰 龙江党史 97.3
论战后香港经济与政治的变迁 张海林 江苏社会科学 97.3
香港人民反抗港英殖民统治的斗争 林文 兰台世界 97.7
国共两党与香港回归 孙玲玲 理论导刊 97.7
香港人民反抗英国殖民统治的斗争 朱树根 福建党史月刊 97.7
香港的去归与大国的兴衰 薛其林 益阳师专学报 97.3
香港回归的历史思考 刘济生 港澳经济 97.6/7
香港的过去:香港剪影之二 朱维德 世纪 97.2
香港回归忆往事 李海 志苑 97.4
驻香港步兵旅“红军团”的光辉征程 王健英 党史文苑 97.3
百年漂泊:香港的历史和现状 李雪枝 党史文苑 97.1
红色大逃港(上、下) 节延华 党史博览 97.7、8
香港回归话当年:忆新中国民航三叉戟飞机首飞香港启德机场 张瑞霭(口述)、张瑗(整理) 人民政协报 97.10.9④
民主革命时期民主党派在香港的活动 商桂珍、唐振宇 龙江党史 97.3
香港与中国民主革命 李景恩 党史文苑 97.4
香港在中国民主革命中的地位与作用 姚曙光 湘潭大学学报 96.6
香港“和平回归,一国两制”是历史的抉择 洪文炳 党史研究与教学 97.5
香港回归工程启动始末 齐辉 党史纵览 96.5
“这里黎明静悄悄”:新中国诞生之际“暂时不动香港”战略决策述评 齐鹏飞 中共党史研究 97.1-
28年的不解之缘,建国前的中国共产党与香港 王红续 党史天地 97.2

香港问题的一段历史考察(1979—1982) 汪天亮、黄荣斌 社会科学家 97.2
为顺利解决香港问题奠定扎实基础:党的第一代中央领导集体与香港回归 徐日彪 人民日报 97.6.24⑨
“长期打算,充分利用”(1949年至1978年新中国对于香港问题和香港的特殊政策) 齐鹏飞 中共党史研究 97.3
新中国对港战略方针的历史考察 余科杰 外交学院学报 97.2
现代印刷史的精彩一页:香港永发印刷公司印制毛泽东像纪实 柳百琪 新闻出版报 97.7.11③
香港问题的提出(1979—1982) 黄宋斌、孙都光 党史纵览 97.3
“长期打算,充分利用”:中共对港问题八字方针确定始末 张晓京、齐鹏飞 党史博览 97.7
50年代香港和北美的第三种力量 杨天石 档案与史学 97.3
从毛泽东到邓小平:新中国对香港特殊政策的历史演变 齐鹏飞 教学与研究 97.6
我党第一代领导集体对解决香港问题的历史贡献 李士文 云南师大学报 97.3
二战后30年香港社会的转型与变迁 李广庆 长白学刊 97.4
从“长期打算,充分利用”到“一个国家,两种制度”:中国共产党对香港政策的演变及其内在联系 王红续 党的文献 97.4
三代领导人情系香港:中国共产党香港问题战略决策的回顾与展望 余科杰、杨亲华 当代中国史研究 97.4
机缘错失蒋政府收复香港成泡影 徐庆全 湖南党史 97.3
英国殖民统治下的香港自由港制度:政府基础和历史嬗变 游金华 社会科学 97.6
二战后的美国与香港归属问题 张宝善 求索 97.3
战时香港沦陷记 茂钦 团结报 97.9.27②
八路军香港办事处建立内情 梁上苑 世纪 97.3
活跃在香港的抗战文化 梁上苑 世纪 97.3
进驻香港步兵旅“红军团”的历史演变 王健英 中共党史研究 97.3
香港沦陷前夕文化奇景 刘小清 民国春秋 97.4
中共香港党(团)组织的建立及其早期活动 杨少平 广东党史 96.5
中国大陆迁入香港的人口研究 李若廷 人口与经济 97.2
香港回归的历程 杨亲华、余科杰 北京党史研究 97.3
论近代香港人民的反帝斗争 徐有礼 郑州大学学报 97.3
1949年以前中国政府收复香港的尝试 刘存宽、刘蜀永 历史研究 97.3
香港回归的历史启示 许朝成 党史纵览 97.3
香港与闽粤赣边区的革命斗争 曾梅生 福建党史月刊 97.6
民革与香港 王秉默 团结报 97.7.12②
历史上的中共香港分局 张寒 文史杂志 97.3
日军的统治及香港人民的抗日斗争 王艳芬、汪诗明 铁道师院学报 97.3
香港被日军占领后的苦难岁月 王德旺 党史文汇 97.7
第二次世界大战中的香港 张思恩、相艳 史学月刊 97.增刊
香港与民主党派的组建活动 林祥庚 党史研究与教学 97.5
香港与中国革命 刘英志 江汉大学学

报 97.2

论澳港两地工人运动发展的历史联系 欧阳平 广东党史 97.4

专 论

如何把现代化理论引入中国现代史研究补议 张德旺 中共党史研究 97.1

俄罗斯科学院远东研究所举行第七次“中国·中国文明与世界:历史、现实与前景”国际学术研讨会 路远 中共党史研究 97.1

中国近现代史史料学会第二次会员代表会暨第五次学术讨论会在张家界市举行 历史档案 97.1

1996年北京现代史研究回顾 谢荫明 北京党史研究 97.2

关于“陪都”史研究的几个问题 黄立人、郑洪泉 民国档案 97.1

中国共产党在民主革命时期的思想政治工作 郝彭证 党史文汇 96.12

10年建设时期中国共产党对知识分子政治态度的演变 席富群 史学月刊 97.1

民主革命时期中国共产党人对孙中山三民主义的研究与评析 王秀兰 理论学刊 97.4

共产国际在两次国共合作中的作用评析 郑德荣、邢华 东北师大学报 97.1

略论民主革命时期中国共产党的宗教政策 陈金龙 中共党史研究 97.3

严格的纪律、胜利的保证:重温三大纪律八项注意 易希康 求实 97.10

我党反腐败斗争的历史回顾 张玉彬 中流 97.8

从毛泽东到邓小平:统一历史过程的两个阶段 王庭科、柯继铭 社会科学研究 97.2

浅析党对军队绝对领导认识的形成过程 王健 辽宁师范大学学报 97.5

风云际会中山舰 皮明庥 光明日报 97.2.18⑤

一代名舰沉没江底58年后重展风采,中山舰整体打捞出水 人民日报 97.1.29①

中国现代民主选举浅析 刘迪香 益阳师专学报 97.3

新民主主义革命历史的胜利是历史的必然 魏一江 石油大学学报 97.2

充分认识国情,走有中国特色的革命道路:中国的两次革命实践及其伟大意义 许冬梅 福建党史月刊 97.4

我军战争年代三次军事战略转变及其启示 潘日轩、张勇 国防大学学报 97.8/9

老区人民的革命功绩永载史册 符志洛 海南日报 97.9.19⑤

解读一篇宣言 朱正 近代史研究 97.5

中国民主党派走向新生之路的历史性转变 牛文军、张旻昊 内蒙古电大学刊 97.4

关于国民会议运动的几个问题 王双梅 中共党史研究 95.1

中国近现代史研究的新视野与新领域:近年来中国现代化进程研究综述 董正华 广州日报 97.6.6③

黄埔军校起义经过 谷云鹏 人民政协报 97.10.15④

浅析30—40年代国共两党不同的村级管理制度 孔凡岭 齐鲁学刊 97.5

从20年代《东方杂志》和《国闻周报》看中国知识界对法西斯主义的评价 徐有威 党史研究与教学 97.4

土地革命战争时期中共领导文化战线的巨大成就 余信红 北京党史研究 97.5

论党团关系的确立 刘进喜 中共党史研究 95.6

抗战胜利后对南海诸岛的接收 耿立强 团结报 97.8.30②

德王发动百灵庙"自治"运动的起因、本质和结果 明月 内蒙古大学学报 97.4
扬眉吐气的日子 穆爱英 中国律师报 97.7.23④
锻造无产阶级军队的成功之道(关于我军无产阶级的历史回顾与思考) 李作民、仲华 南京政治学院学报 97.4
熊向晖首次披露:"克什米尔公主号"案件真相 明闻 中国档案报 97.8.28④
中国"开放第一师"秘闻 陈辉 党史博览 97.8
关于防"左"的感想与意见 李锐 广东党史 97.5
依靠琼崖人民建设南岛明珠:纪念琼纵诞生70周年 陈青山 广东党史 97.4
论黄埔军校 张海洋 宁夏教育学院·银川师专学报 97.4
人民空军历史上的"北平飞行队" 马宏骄、刘晓槟 北京党史研究 97.6
略谈改革与政治运动的二律背反 韦大林 党史纵览 97.5
上甘岭:敌人的伤心岭 王立根 中国青年报 97.8.1⑧
人民军队永远忠于党:写在纪念中国人民解放军建军70周年之际 赵小石 南京政治学院学报 97.3
最高决策 钱三强 人民政协报 97.8.13④
人民解放军历史研究的结晶:《中国人民解放军的70年》简析 云帆 新闻出版报 97.7.31③
求真、求实的新著——《国共关系70年》 张同新 中共党史研究 97.4
为奠定新兴学科理论基础和学科体系作出贡献的一本好书:评《国共两党关系概论》 马建离 山东社会科学 97.3
党的七次军事战略转变和人民军队的发展变革 陈伙成 中共党史研究 97.4
"问题与主义"之争的再评价 李安增、刘煜 晋阳学刊 97.3
论新三民主义的新民主主义性质 曾宪林 江汉论坛 97.2
话说洪帮 郭绪印 档案与史学 97.2
百年耻、未曾忘 马捷 中国青年报 97.5.13④
"总有一天我们是要收回的" 史边 中国青年报 97.5.13④
中国共产党人对国家独立和民族富强的历史追求 柯继铭 四川大学学报 96.4
中国资产阶级民主派对革命领导权的谋求及失败 王敏波、唐振宇 理论探讨 97.3
各民主党派同中国共产党团结合作的历史道路 刘德义 中央社会主义学院学报 97.2
20世纪中国的三座理论丰碑 葛洪泽 深圳特区报 97.5.27⑮
"四有"新人——当代中国的理想人格:从近代中国建构新人思想的历史进程谈起 谭献民 湖南师范大学社会科学学报 97.2
殖民侵略能使中国繁荣进步吗? 杨跃进 党史文汇 97.3
关于两次国共合作的比较分析 秦文志 西南师范大学学报 97.2
必须维护《中央关于项袁错误的决定》的严肃性:评王辅一在《项英传》中对中央《决定》的责难 郭希华 党史研究与教学 97.4

9. 现代史人物

中国人物(合传)

只争朝夕与抓住时机——毛泽东与邓小

平高速发展经济思想的比较研究 林蕴晖 中共党史研究 95.1
毛泽东与邓小平人民主体观比较研究 郑谦 中共党史研究 95.2
毛泽东的开放观与邓小平的创造性发展 蒋建农 中共党史研究 95.3
两位伟人的共识:毛泽东、邓小平与新区土改政策的出台 梁杰 党史纵览 97.4
毛泽东的三项指示和邓小平主持的1975年整顿 程中原 当代中国史研究 97.1
向黑暗挑战的巨子:大革命失败的毛泽东与邓小平 陈贵斌 党史纵横 97.2
毛泽东、邓小平与新解放区土地政策的形成 郭晓平 党的文献 97.1
毛泽东晚年打算与邓小平的三大任务 当代世界 97.4
毛泽东、周恩来和任弼时的路居五台山 春英 五台山研究 97.4
毛泽东、周恩来、彭真在延安看话剧《前线》 严正 中国文化报 97.10.17③
毛泽东与刘少奇相交之初(待续) 潇洒 党史文苑 97.3
毛泽东与刘少奇相交之初(续完) 潇洒 党史文苑 97.4
50年代末毛泽东、彭德怀在纠"左"问题上的认识分歧 赵金康 史学月刊 96.6
毛泽东与梁漱溟延安论救国 殷月兰 人民政协报 97.4.9④
梁漱溟、毛泽东关于中国社会改造思想的趋同和差异 时广东 社会科学研究 96.6
毛泽东与林彪:进军东北、血战四平 胡哲峰、于化民 党建文汇 97.8
毛泽东与林彪:不到长城非好汉 于化民、胡哲峰 党建文汇 97.5
东征还是南下:毛泽东与林彪初到陕西时一场争论 之河 党史纵横 97.6
毛泽东与周谷城半个多世纪的友情交往 杨家润、张顺根 湖南档案 97.2
毛泽东书赠傅斯年的是《焚书坑》 王戎笙 炎黄春秋 97.5
从瑞金到延安:毛泽东与博古在历史的转折关头 韩广曾、王金艳 党史博采 96.12
长征期间的毛泽东与瞿秋白 罗水长 文史精华 97.3
毛泽东与王观澜 赵来群 党的文献 96.6
毛泽东与黄炎培的书信交往 张秋云、郑淑兰 人民政协报 97.10.9④
毛泽东为黄炎培修改讲话稿 陈原 福建党史月刊 96.10
毛泽东与彭湃 柯可 广东党史 97.3
谊始长沙:周谷城与毛泽东的交往 刘墨 党史纵横 97.2
曾是志趣相投尔后分道扬镳:论青年毛泽东与肖子升的交往和信仰 韩胜朝、张继才 南都学坛 97.1
许世友与毛泽东 赵福贵 贵州文史天地 97.2
毛泽东与萧军的书信往来 黄刚 中国档案报 97.5.29④
毛泽东与萧军 秋石 文汇报 97.5.22⑦
毛泽东与孙俍工:介绍毛泽东一件书信手迹 胡光曙 中国文物报 97.9.14④
毛泽东与陈永贵 怀录、林森 广西党史 97.2
毛泽东和周陈轩 刘胜生 毛泽东思想研究 97.3
毛泽东和方志敏的三次见面:纪念毛泽东《湖南农民运动考察报告》发表70周年 中国档案报 97.2.20③
毛泽东和张浩:纪念张浩诞辰100周年

熊经俗　党史天地　97.2
毛泽东与班禅大师的交往　李资源　党史天地　96.12
毛泽东与斯大林会谈的政治策略　李福斌　理论探讨　97.2
毛泽东1936年与斯诺谈话的历史地位　杨晨　毛泽东思想研究　97.3
毛泽东与孙中山国防思想比较论略　宋力　江西社会科学　97.5
苍山不改青松色：周恩来与朱德之间的深情厚谊　秦九凤　群众　97.9
周恩来与挚友王朴山　任秀珍　文史精华　97.3
坐谈竟夜，快慰平生：西安事变前周恩来与张学良的一次秘密会晤　范克明　文博　97.1
周恩来与李愚如女士在巴黎　梁吉生　炎黄世界　97.5
周恩来与原北洋政府代总理的一段交往　张宗高　党史纵览　97.2
周恩来与朱启钤的一段交往　张宗高　党史文汇　97.4
周恩来和邓颖超的爱情和婚姻　赵蓓　湖湘论坛　97.2
周恩来与雷锋　孙向忠　毛泽东思想研究　97.1
周恩来与张学良　鱼汲胜　文史精华　96.12
周恩来与邓小平　王玉贵　上海党史研究　97.3
周恩来与贺龙的情谊　石维行　福建党史月刊　97.6
茅盾与周恩来在重庆的交往　张颖　文化月刊　97.6
周恩来与马歇尔使命　章百家　近代史研究　97.4
周恩来与张学良的交往：纪念西安事变60周年　常喜梅　学习论坛　96.12
周恩来与胡宗南的一次酒仗　苏贞　党史天地　97.7
周恩来三劝李宗仁　汤胜利、莫红梅　广西党史　97.4
周恩来与阎锡山战地之交　尹家民　中国文化报　97.11.14③
长相知不相疑：周恩来与叶挺的交往　卓爱平　广东党史　97.5
周恩来与遵义会议前后毛泽东领导地位的确立　吴长庚　党史纵览　97.3
智慧与真情(上篇)：记周恩来与国民党将领的交往　尹家民　文汇报　97.9.9⑤
追忆七伯周恩来七妈邓颖超　周保章　世纪风采　97.1
我与伯父周恩来最后一次通电话　周秉德、李琦　中华儿女　97.8
1952年8至9月斯大林与周恩来会谈经过　(俄)阿·麦·列多夫斯基；陈春华译　中共党史研究　97.5
“度量大如海，意志坚如钢”(朱德同张国焘分裂主义的斗争)　张廷益　四川党史　96.6
蔡锷与朱德　汤军田　学术论坛　97.2
到八路军总部采访：为朱德、邓小平等摄影　罗光达　新文化史料　97.2
运筹帷幄夺取石门：解放石家庄战役中的朱德和聂荣臻　王心亮　河北日报　97.11.14⑦
朱德同张国焘分裂主义的斗争　于俊道　文史杂志　97.4
一场保卫刘少奇主席的鏖战：记杨氏三兄弟共同参与粉碎敌特“秋风行动”　刘云萍　人物　97.2
邓小平与七位元帅　陈继安　党史博览　97.8
在桂林接待邓小平副总理和特鲁多　贺亦然　广西党史　97.2
从历史走到今天(上、下)：邓小平、毛泽东　石维行　福建党史月刊　97.1、2
中苏论战邓小平舌战赫鲁晓夫　刘金田　炎黄春秋　97.5

与邓小平两次握手的山妹子 杨天军、邱海鹰 统一战线 97.5
小平同志给李达同志的一个电话 程鹏 中国经济导报 97.6.11⑧
“我们之间相互了解是最深的”:邓小平与金日成 刘金田 党的文献 96.6
邓小平与赫鲁晓夫的交锋 远东经贸导报 97.3.3②
邓小平的第二次复出与周恩来 宋毅军 中国青年报 97.4.4⑧
邓小平与山妹子 紫黎 团结报 97.3.15④
伟人风范,山高水长:记小平与他的家人 风范 97.4
邓小平与周达文在莫斯科 刘祥斌 贵州文史天地 97.2
邓小平与他的党支部书记 吴明举 解放军报 97.3.6⑦
人间重晚晴:邓小平同志书赠谭启龙 尹纬斌 中国档案报 97.3.24④
邓小平同志与水兵的故事 张卫星 解放军报 97.3.21⑤
邓小平和金庸 吴跃农 团结报 97.5.31②
孙中山与他的两个女保镖 许进 贵州文史天地 96.6
孙中山和张作霖 王光远 北京档案史料 97.4
黄宗仰与孙中山交谊叙录 沈替 吴中学刊 97.2
孙中山张作霖的关系与《孙文越飞宣言》 邱捷 历史研究 97.2
李大钊与胡适 朱志敏 近代史研究 97.2
李大钊与汤化龙 后藤延子;孟祥杰译 北京档案史料 97.1
李大钊和毛泽东 陈增辉 上海党史研究 97.2
陈独秀和胡适的历史交往 张家康 江淮文史 97.5
陈独秀与鲁迅 朱洪 名人传记 97.7
陈独秀与茅盾谈古音 沈楚 世纪 97.1
不计前嫌情更浓:陈独秀与章士钊的交往 吴晓 炎黄世界 97.9
陈独秀与刘海粟的书画情 朱洪 人民政协报 97.11.21④
陈独秀与瞿秋白 张家康 文史精华 97.7
陈独秀与国民党将领杨鹏升的交往 吴晓 纵横 97.5
陈独秀与章士钊 沈寂 江淮文史 96.2
走向崇高:论陈独秀、李大钊的美学思想 封孝伦 贵州师范大学学报 97.1
陈独秀与章士钊 张家康 党史天地 97.4
论建党后陈独秀和毛泽东的思想发展趋势:与钟学敏商榷 贾立臣 大庆高等专科学校学报 97.1
师生情份同志友谊:记陈独秀和蔡和森的交往 陈家骥、陈瑜 党史纵览 97.1
陈独秀与鲁迅 张家康 江淮文史 96.4
蔡元培与陈独秀共育新北大 张晓丽 江淮文史 97.4
南陈北李与相约建党 李起民 中国青年报 97.8.29⑧
叶剑英与叶挺早年的战斗友谊 范硕 大江南北 97.5
我省隆重纪念叶剑英、古大存诞辰100周年 陈弘君、陈金葵、彭建新 广东党史 97.2
彭德怀智斗鹿钟麟 刘昭 纵横 97.5
巴金与彭德怀相见在朝鲜山洞中 许虔东 四川党史 97.3
贺龙与周恩来的莫逆之交 石维行 湖南党史 97.4
贺军长与许郎中 明建中 党史天地

97.7
欧百川与贺龙 黄前进 人民政协报 97.8.20④
贺龙与中国最小的红军 吴明举 党史天地 97.6
劫难将相情:"文革"中的粟裕和周恩来、邓小平 许虔东 今日名流 97.7
抗战时期的左权与刘志兰 娜馥 党史天地 97.4
罗荣桓同林彪合作中的分歧与斗争 于长治 党史文苑 97.2
相处已久相知亦深:记聂帅与孙毅将军的战友情 宋雯、韦力 解放军报 97.6.9⑦
聂荣臻与美穗子 周均伦 党史天地 96.11
刘伯承、邓小平与高树勋起义 宋毅军 中共党史研究 95.2
刘伯承元帅与贺庆积将军 官祥 党史天地 97.1
刘邓一体传佳话 赵勇彪 世纪风采 97.7
刘伯承、邓小平在1947年秋 宁志一 四川党史 97.2
刘伯承、汪荣华:半个世纪的情与爱 许仲 广西党史 97.1
张太雷与鲍罗廷 叶孟魁 常州教育学院学报 97.3
李立三与王明 孔德生 文史精华 97.8
李立三与毛泽东半个世纪的交往 马袁飞 党史纵览 97.3
关于博古·洛甫在"鸡鸣三省"交接权时间、地点考证 翟昭明 党史文苑 97.1
李立三和他失落的女儿 李思慎 炎黄春秋 97.1
李立三、陈毅四十年围棋情 李思慎 炎黄春秋 97.7
陈毅与他的国民党兄弟 文惠 四川统一战线 97.10
从"阿丕"的称呼谈起:记陈毅与陈丕显的友情 丹淮 大江南北 96.11
同仇谋止阋墙争:陈毅与韩国钧的抗战情谊 邹嘉南 党史纵横 97.10
意在诗中,功在诗外:陈毅和苏北名流的诗词交往 盛永年、盛洪 四川党史 97.4
瞿秋白为郑振铎刻印 沈楚 世纪 97.2
回忆我与若飞的同志情谊 薄一波 中共党史研究 97.1
两任总政治部主任的真挚情谊:王稼祥与肖华 徐则浩 党史纵览 97.1
陈云和薄一波在国民经济恢复时期 张建德 发展论坛 97.2
光耀史册的友谊:王稼祥与毛泽东 朱仲丽 湖南党史 96.6
王震将军和他的父老乡亲 姚文奇 党史天地 97.5
暗杀李公朴闻一多的最后一位凶手落网记:[王子民] 李晓奇 纵横 97.4
陈庚与蒋介石 孔德生 文史精华 97.2
曾中生与张国焘的生死抗争 党史天地 96.12
张国焘谋害曾中生真相 赵勇彪 党史纵览 97.1
鲁迅茅盾致党中央信是谁起草的? 陈福康 中华读书报 97.4.9⑤
鲁迅和周作人的一张合影 文汇读书周报 97.4.26⑧
关于"鲁迅茅盾致红军的贺信" 周楠本 书屋 97.3
鲁迅、茅盾致红军贺信的发现与辨析 阎愈新 炎黄春秋 97.2
血性文章血写成:郭沫若和叶挺 冯锡刚 党史文汇 97.6
文武巨子遗风采:郭沫若与冯玉祥抗战轶事 崔石岗 文史杂志 97.1

"翘首嵩高苦忆君":郭沫若和朱德的诗交 冯锡刚 党史文汇 96.11
因为我是"知识分子":秦基伟将军被张国焘降职的一段经历 楚春秋 中国人事报 97.9.2④
解放战争中李宗仁白崇禧为何"倒蒋之和" 谢正清 益阳师专学报 97.2
杨树诚与李宗仁交往秘事 夏侯、叙五 江淮文史 96.4
萧一山与李宗仁的交往 赵蕙蓉 民国春秋 97.4
梁漱溟与托尔斯泰 郑万鹏 中国文化研究 97.2
邓文仪与王明、潘汉年莫斯科谈判实录 杨奎松 炎黄春秋 97.2
胡耀邦和他的老师喻科盈 胡凯 江淮文史 97.2
诚挚最是战友情:胡耀邦与谭启龙的莫逆之交 尹纬斌 党史文苑 97.4
彭真舌战赫鲁晓夫 周溢潢 党史博采 97.8
彭真与萧军 贺金祥 文艺报 97.9.11②
策动傅作义和平起义的三位河东同乡 吴麦黄、杨洪杰 党史文汇 97.10
中山舰事件前的廖仲恺与蒋介石 刘翠英、王怀洲 岭南文史 97.3
蒋介石扣押长芦王纲总案史料选 天津档案馆 民国档案 97.3
蒋介石扣押张学良原因简析 林元等 文博 97.1
张学良与周恩来第二次延安密谈前后 毕万闻 民国春秋 96.6
张学良、杨虎城的爱国思想与西安事变 翁有为 民国档案 97.3
传统政治文化观与西安事变中的张学良和蒋介石 王续添 史学月刊 97.3
试析导致西安事变后张、杨不同命运的原因 陈选康、张小荣 唐都学刊 97.1
冯玉祥和吴佩孚的交往与决裂 王光远 民国春秋 97.1
傅斯年揭露孔祥熙鲸吞美金欠债案 赵映林 民国春秋 97.3
世纪之憾:宋氏三姐妹1971年未能相逢 中国社会报 97.9.6④
宋庆龄与杨杏佛的友谊 杨小佛 世纪 97.4
宋庆龄义救邓演达 写真 党史博览 96.6
土家女赵纪兰与赵君陶对革命的追求 刘云 民族 97.2
胡汉民与廖仲恺被刺案 王光远 民国春秋 97.5
胡汉民、汪精卫早年的生死之交 祁州 纵横 97.8
成仿吾与郁达夫 余飘 湖南党史 97.4
王任重与陶铸的生死情谊 曾志;陶斯亮整理 中华儿女 97.8
胡适与黄炎培 陆发春 江淮文史 97.4
中国近代知识分子与实用主义中国化:以张东荪、胡适、陶行知为例 黄岭峻 安徽史学 97.2
胡愈之与邹韬奋的革命情谊 赵晓恩 贵州文史天地 96.6
走向光明的前夜:记程星龄、刘斐在香港 陈利明 党史文苑 97.4
刘亚楼将军与瞿云英的患难情 姚文奇 党史天地 97.8
胡子缨女士与方志敏遗著的一段缘 阿琪 中国文化报 97.8.15③
浅析陈公博、周佛海的蜕变 陈永阶 广东党史 96.4
曾生与钱兴 曾文露 广东党史 96.2
曾中生与张国焘的生死抗争 马焰明 党史天地 96.11
李达和吕振羽对中国国情认识的历史贡献 李曙新 文史杂志 97.4

周骏鸣和邓子恢二三事　李兴俭　江淮文史　96.2
想起了许玉文、李克农他们　王建平　世纪　97.1
董建华与他的舅父顾国华　文楚　团结报　97.8.23③

中国人物(分传)

毛泽东关于中国抗战在二次世界大战中作用的论述　成国银　四川党史　97.5
毛泽东在争取东北军联共抗日方面的作用　陈肖沫　东岳论丛　97.3
毛泽东与华中抗日根据的创建　孙道同　安徽师范大学学报　97.2
论抗日战争与毛泽东实事求是的思想　郭良美　安徽史学　97.2
抗战时期毛泽东干部教育思想及实践　游国斌　宁德师专学报　97.2
略论毛泽东在抗战时期反腐倡廉思想　韦萍　桂海论丛　97.增刊
浅论抗日战争时期毛泽东的历史教育思想　潘舰萍　党政干部论坛　97.8
毛泽东在争取东北军联共抗日方面的作用　高晓华、史也夫　龙江党史　97.2
论毛泽东对抗日民族统一战线的领导艺术　孙铁民、马晓秋　理论探讨　97.5
毛泽东与香港回归　齐辉　党史博采　96.11
毛泽东的收藏活动　高红军　党史纵览　96.5
毛泽东一生读《诗经》　龙剑宇　党史文汇　96.11
毛泽东祖籍在浙江衢州　郑良安　党的文献　97.3
毛泽东为什么能成为毛泽东　杨胜群　毛泽东思想论坛　97.2
毛泽东两件墨宝从废纸中得救　汪自强　炎黄世界　97.4
毛泽东与《三国》　盛巽昌　文史杂志　97.2
关于毛泽东任北大图书馆助理的史实　田桂林　人民政协报　97.3.26④
战略家的大手笔　红续　党史天地　97.4
毛泽东对一篇新闻稿的修改　熊向辉　贵州文史天地　97.2
毛泽东读《孙子兵法》　夏征难　解放军报　97.5.5⑥
读国民党中央致毛泽东函存稿　杨天石　团结报　97.5.17②
毛泽东诗词与香港　刘济昆　文艺报　97.6.3④
二件毛泽东墨宝从废纸中得救　汪自强　中国社会报　97.7.29③
亦庄亦谐——毛泽东读史论政　詹红旗　中国档案　97.6
毛泽东与井冈山　曾宪文　风范　97.9
毛泽东与图书馆　蒋俊玲　党的文献　97.5
毛泽东"上山"实践的历史启示　罗惠兰　求实　97.10
毛泽东与中共一大　汤胜利　世纪风采　97.10
毛泽东创办与主编过的报刊　王勇　团结报　97.11.12②
论毛泽东同志领导秋收起义的指导思想和杰出贡献:纪念秋收暴动70周年　詹荫才　德州师专学报　97.3
10年内战时期毛泽东怎样认真学习马克思主义　谢毅　高校理论战线　97.10
"八七会议"前后的毛泽东　张廷益　四川党史　97.5
毛泽东在吉水歼白匪　谢家义、罗鹏鹤　人民政协报　97.10.22④
试探八大前后毛泽东关于政治体制改革的构想　刘绍舜、孙步乾　苏州大学

学报 97.3
论毛泽东同志在建党前完成思想根本转变的原因 卢国琪 山东师大学报 97.增刊
1.家藏中文珍本《毛泽东自传》/杨兴华
2.曲江发现的珍本《毛泽东自传》 文博 97.4
五六十年代毛泽东反西方渗透的战略思考 陆文培、王祥 学术界 97.3
三首壮丽诗词,凝聚光辉史实 唐振南 湖南党史 97.5
秋收起义前后毛泽东土地革命思想的形成与发展 谭兴迪 毛泽东思想研究 97.5
毛泽东反对教条主义斗争历程的哲学总结:纪念《实践论》、《矛盾论》发表60周年 邱守娟 党的文献 97.5
毛泽东对党的白区工作的领导 刘祯贵 文史杂志 97.5
毛泽东在重庆谈判时的公众形象 张小满、陈德鹏 南都学坛 97.5
谈毛泽东在中央领导地位的确立 范龙堂 南都学坛 97.5
毛泽东是怎样进北平的 俞兴茂 团结报 97.10.8②
毛泽东和单家集回民在一起 王存福 人民政协报 97.9.24④
毛泽东在1958年的文化心态(附编者按) 陈晋 世纪风采 97.9
雄文退敌10万兵:毛泽东的"空城计" 罗布英 中流 97.9
毛泽东再当红军统帅 肖俊峰 人民论坛 97.9
毛泽东在开国大典开始时说了句什么话 丁岚 北京晚报 97.10.10⑮
也谈毛泽东的三项指示与1975年整顿 张化 中共党史研究 97.5
试论毛泽东对苏联模式的反思与中国社会主义经济现代化的新思路 邓敬雷 理论学刊 97.4
毛泽东对出兵抗美援朝问题的四次决断 晓勇 党史文汇 97.9
皖南事变前后毛泽东的情绪波动与最终决策 孙金根 安徽大学学报 97.5
毛泽东、刘少奇共同奠定了社会主义社会矛盾学说的理论基础 唐振南 求索 97.5
从图书馆助理员到共和国缔造者(毛泽东与北京大学) 萧超然 北京大学学报 97.5
三次历史性巨变与三位伟大人物 金冲及 解放日报 97.10.1⑧
民主革命时期毛泽东农村教育思想论析 唐振南 毛泽东思想研究 97.4
毛泽东与新民主主义革命时期中共领导核心群体的形成 孔德生 延边大学学报 97.3
毛泽东反腐倡廉理论与建国初期的"三反"运动 江榕惠 福建党史月刊 97.7
一部研究学习毛泽东生平思想的生动教材:评价《毛泽东遗物事典》 毕剑横 毛泽东思想研究 97.4
毛泽东和《茶具梅花图》 凯亚 中国食品质量报 97.8.5③
毛泽东与中外近代资产阶级军事遗产 夏征难 中共党史研究 95.6
毛泽东怒斩叛徒陈浩 罗林远 党史天地 97.8
儒家思想与青年毛泽东 刘国梁 长白论丛 97.4
问苍茫大地,谁主沉浮:毛泽东青少年时代研究 舒云 决策探索 97.7
毛泽东决定暂缓制定国旗法与《国旗法》诞生之初探 江良高 中央社会主义学院学报 97.6
毛泽东与红色苏区交通 中国交通安全报 97.8.15④
发扬延安精神、建设社会主义精神文明:

纪念毛泽东进驻延安60周年　祁瑞清　牡丹江师范学院学报　97.2
毛泽东关于富农概念的使用及其界说(1925—1933)　杨菲蓉　毛泽东思想研究　97.4
论60年代初毛泽东纠"左"不彻底的原因　胡国民　龙江党史　97.2
毛泽东构思文革的思想资源　张景芬　东方文化　97.4
光辉的典范，宝贵的经验：学习毛泽东以农民为主要成分的革命军队建设为新型人民军队的思想　陈凤仪、安强　党史纵横　97.8
毛泽东改善中美关系的三着妙棋　梅雨霖　公共关系　97.4
毛泽东临终前欲回韶山滴水洞　湘妃竹　民政之声报　97.8.29⑦
青年毛泽东世界观的转变　赵秉峰、胡海波　龙江党史　97.2
论毛泽东同志对香港回归的伟大历史贡献　侯兴福　经济问题探索　97.8
毛泽东对中国工业化道路的探索　徐麟文　杭州师范学院学报　97.4
毛泽东与中共苏区反腐斗争　汤胜利　世纪风采　97.7
毛泽东战略构想的演进与大决战　温瑞茂　中共党史研究　97.4
毛泽东为什么放弃新民主主义：关于俄国模式的影响问题　杨奎松　近代史研究　97.4
早年的毛泽东与农民运动　王素香　锦州师专学报　97.2
党创建红军时期的毛泽东　陈伙成　人民日报　97.7.31③
在历史的转折关头：毛泽东赴渝谈判纪实　温雪勇　福建党史月刊　97.5
毛泽东在八大前后对我国社会主要矛盾问题的认识轨迹　陈立旭　南昌大学学报　97.2
九大至九届二中全会前夕毛泽东与林彪的分歧和矛盾　刘志男　当代中国史研究　97.3
50年代后期毛泽东由人民公社构想社会主义模式的思想　陈立旭　长沙电力学院社会科学学报　97.2
毛泽东成功运用领导艺术的深刻因素　杨胜洪、杨胜利　毛泽东思想研究　96.4
毛泽东对开辟中国革命新道路作出最卓越贡献之探源　孙金根　党史研究与教学　97.2
中共一大上毛泽东是否反对了"左"、右倾思想考　周一平　党史研究与教学　97.2
大革命时期毛泽东统一战线思想初探　陆文培　青海社会科学　97.3
毛泽东与红军长征的胜利　白风玲　青海社会科学　97.增刊
长征中的毛泽东　钟文　四川党史　97.3
浅谈毛泽东战略技术原则在武警部队"处实"作战中的运用　刘斩成　毛泽东军事思想研究　97.2
毛泽东"上山"思想探析　王玉顺　中共党史研究　97.3
建国前后深恐执政党腐败的毛泽东　李月兰　炎黄春秋　97.5
新中国社会主义经济建设的最初探索：50年代末毛泽东的纠"左"努力　陈原　城市研究　97.2
《关于正确处理人民内部矛盾的问题》评价二题　林源　当代中国史研究　97.3
纪念《关于正确处理人民内部矛盾的问题》发表10周年学术讨论会述要　王宣伯　当代中国史研究　97.3
对《关于正确处理人民内部矛盾的问题》的再认识　李捷　当代中国史研究　97.3
矛盾学说的发展及贯彻中的失误　张启

华 当代中国史研究 97.3
一篇科学名著形成纪实 齐得平、张锡江 当代中国史研究 97.3
青年毛泽东对杨昌济知行观的继承和超越 李灿珍 毛泽东思想论坛 97.2
在延安听毛主席的《反对党八股》的报告 黎辛 新文化史料 97.2
延安颂：忆毛主席创建“抗大” 何启君 党史纵横 97.5
毛泽东对三大改造历史必然性的认识 张启华 党史文汇 97.4
毛泽东对农村基本核算单位的探索历程 薛培松 党的文献 97.2
毛泽东对经济工作及“大跃进”的反思 陈晋 广西党史 97.1
毛泽东在延安阅读批注书刊的一些情况 史敬棠 党的文献 97.2
毛泽东与中国共产党领导的多党合作制的原则的建立 周敬青 淮北煤师院学报 97.1
论长征中毛泽东领导地位恢复的原因 陈明军 黔南民族师专学报 97.1
巨大的精神动力：毛泽东给阜新发电厂发来嘉勉电的前前后后 韩立杰 党史纵横 97.4
遵义会议前夕毛泽东的党内斗争艺术 刘中国 探索 97.2
毛泽东与香港问题 蔡乐苏 中华老年报 97.5.8③
和“圣人”对话（毛泽东晚年文化心态的一个侧面） 陈晋 北京党史研究 97.3
毛泽东与京剧改革 陈晋 党史天地 97.6
棋高一着转乾坤：毛泽东巧借美机输将帅 晓农 党史博览 97.3
试论毛泽东在重庆谈判中的斗争策略 陈龙娟 石油大学学报 97.1
毛泽东与镇反运动 罗珍 哈尔滨师专学报 97.1
从遗物看毛泽东的为政清廉 胡长明、周杏春 党史纵览 97.1
江西发现《毛泽东自传》中译首版本 新闻出版报 97.4.2①
是“根据地之一”还是“根据之一”：对《毛泽东年谱》一处史实的辩证 关晓丽 中共党史研究 97.2
50—70年代：毛泽东研究在日本 林晓光 当代世界与社会主义 96.3
谨慎的态度谦虚的品格：毛泽东谈如何看待毛泽东思想 李树泉、张国春 湖南党史 97.1
毛泽东初读的《共产党宣言》应是罗章龙译本 陈家新 炎黄春秋 97.2
毛泽东对查田的态度探析 阎海涛 东北师大学报 96.6
毛泽东在遵义会议期间是如何正确开展党内斗争的 袁助力、吴志平 上海党史研究 97.1
论毛泽东刘少奇对土改后农村经济发展道路认识的同异 彭焕才 毛泽东思想论坛 96.4
遵义会议后毛泽东重建革命根据地的主张与实践 蒋建农 党的文献 96.5
毛泽东与洛川会议 牛桂云 中共党史研究 96.6
反对王明“左”倾错误的一份珍贵资料：关于1941年毛泽东撰写的专题文章 齐卫平 党史研究与教学 96.5
弘扬延安精神再创圣地辉煌：纪念毛主席党中央进驻延安60周年 高宜新 党建研究 96.12
毛泽东在建国前后反腐防骄的思考和实践 钟康模 岭南学刊 96.6
毛泽东对五反运动的战略指导 谭幼萍 党的文献 96.5
毛泽东与中共八大 于龙生 华东师大学报 96.6
毛泽东等老一辈无产阶级革命家心目中的长征 叶心瑜 四川党史 96.6

《论伦理学原理批注》在毛泽东人格形成过程中的地位 刘利华 毛泽东思想论坛 96.4
《毛泽东致留山亲友书信》简介 胡长明 毛泽东思想论坛 96.4
论毛泽东在全党和全军最高领导地位确立的非同步性 李曙新 青岛大学师范学院学报 96.4
由改良到革命:青年毛泽东的艰难抉择 王明生 安徽史学 97.1
中共中央对毛泽东进驻延安略述 雷云峰 山东社会科学 97.2
60年代初期毛泽东思想作风探微 张素华 党的文献 96.5
毛泽东八大前后对社会主义社会主要矛盾问题的认识轨迹 陈立旭 山西师大学报 97.1
中国现代化的奠基人——毛泽东:论毛泽东对中国现代化的贡献 周国祥 云南社会科学 96.6
毛泽东主持的六届农讲所的特色 梁延器 邵阳师专学报 96.4
毛泽东打退第二次反共高潮的艺术 金冶 大江南北 97.1
毛泽东的山地游击战思想及其在晋东南的实践 司广瑞 山西师大学报 97.1
毛泽东在长征中的领导艺术 唐满正、郝亚军 领导工作研究 97.1
毛泽东与西安事变的和平解决 许冠亭 江苏社会科学 97.1
毛泽东与苏中战役 李存玉、周宏文 唯实 96.8/9
毛泽东与八大路线:纪念党的八大召开40周年 彭思铸 唯实 96.8/9
毛泽东与中非关系 汪勤梅 外交学院学报 96.4
革命历史进程的纪录:谈谈毛泽东诗词与学中国近代史 贾学书 师范教育 96.12
毛泽东读《红楼梦》方法论研究 杜贤荣 毛泽东思想研究 97.1
配乐古诗词与毛泽东的暮年生活 胡长明 毛泽东思想研究 97.1
毛泽东论陈独秀 帅文洁 党史纵览 96.6
抗战爆发前毛泽东对美外交政策的构想 曹志为 党的文献 96.5
作为读书人的政治家——毛泽东 陈晋 东方 96.6
毛泽东对李大钊思想的继承和发展 陈增辉 上海大学学报 96.6
不宜将"三人军事指挥小组"作为确立毛泽东在全党领导地位的论据 李曙新 党史研究与教学 96.6
八大前后毛泽东对中国社会主义建设道路的探索 赵炳章 理论导刊 96.9
毛泽东与党的八大 秦益珍 理论导刊 96.9
毛主席给《广西日报》写指示信始末 王笠夫 广西党史 96.6
毛泽东与王明的五次交锋 姚南 贵州文史天地 97.1
从西安事变看毛泽东的高超统战艺术 金玉芳 社会主义研究 97.1
毛泽东与和平解放西藏 予人 党史文汇 97.1
世界多极化趋势与毛泽东的三个世界划分理论 李捷 当代中国史研究 97.1
关于江西共产主义劳动大学的回忆:兼忆毛主席对它的关怀 汪东兴 当代中国史研究 97.1
"毒箭"射向中南海:一起谋刺毛泽东阴谋大揭密 张宗高 党史纵横 97.2
在修定《毛泽东选集》的日子里 张建华 世纪风采 97.1
毛泽东民族思想的伟大实践:建国初期中央民族访问团历史功绩述略 刘军 黑龙江民族丛刊 96.3

毛泽东指挥的"超级特区" 高土振 党史天地 96.11
毛泽东浏阳历险记 刘玲、姚琦 党史天地 96.11
超人的胆略卓越的功勋:周恩来同志在西安事变中的革命实践 朱仁长、刘增瑞 探索与求是 97.1
周恩来与西安事变 付小青 理论导刊 97.1
和平解决西安事变的丰碑:记周恩来的突出贡献 刘祖荫 党史纵横 96.12
西安事变后周恩来到达西安时间小考 张建芳 安庆师院社会科学学报 96.4
周恩来与1958年炮击金门(1958年8月—11月) 《周恩来年谱》编写组 党的文献 97.3
周恩来与延安城的首次解放 霍志宏、霍钰 党史天地 97.5
周恩来在庐山会议前的一次调查活动 张建华 世纪风采 97.4
抱病壮行定国是:1974年周恩来的长沙之行 夏远生 党史博采 96.11
一部内容丰富翔实的信史(读《周恩来年谱(1949—1976)》) 鲁振祥 中共党史研究 97.3
论周恩来在长征中的思想发展和特殊贡献 黄少群 党的文献 96.5
试论长征前期周恩来在"三人团"中的地位和作用 刘中用、孔凡铜 中共党史研究 96.6
遵循文艺规律,尊重文艺人才(周恩来对文艺工作的领导艺术) 李敬敏 重庆师院学报 97.2
周恩来为"江浙同乡会"假案平反 王光远 世纪 97.2
一个闪光的标志:缅怀周恩来领导南昌起义的光辉业绩 刘武生 解放军报 97.8.14⑦
发展民间外交实现关系正常化:缅怀周恩来总理对中日建交的贡献 陈都明 当代世界 97.7
周恩来对处理党派关系的理论贡献 黄安余、邱格屏 社会科学家 97.4
"7000人大会"前后党对形势认识的反复:兼谈周恩来的困难处境 杨明伟 党的文献 97.5
斯大林、周恩来会谈纪要(1952年9月3日) 尚英译 当代中国史研究 97.5
试论黄埔时期周恩来对军队政治工作的创建 成国银 党史文苑 97.1
周恩来与黄埔军校政治教育工作 陈振林 牡丹江师范学院学报 97.2
周恩来与黄埔军校的政治工作 陈答才 陕西师大学报 97.3
"周恩来返乡往事"纯属无中生有 秦九凤 党史文苑 97.2
心血大计:周恩来与台儿庄大捷 汤胜利 党史纵横 97.9
从让步策略看周恩来的谈判艺术 胡长明 党史文汇 97.10
战斗在欧洲的中国青年马克思主义宣传家——周恩来 李秋枫 宣传导报 97.7
针锋相对、寸步不让:记皖南事变后周恩来领导的政治反攻 陈金 党史纵览 97.5
周恩来与南昌起义 刘武生 人民日报 97.7.30③
周恩来对红军和农村革命根据地发展的重大贡献 汪冬保 理论导刊 97.1
周恩来与中国恢复在联合国合法席位的斗争历程 张秀娟 党的文献 97.1
出席日内瓦会议(1954年2月—7月) 《周恩来年谱》编写组 党的文献 97.1
周恩来在日内瓦会议期间为恢复印度支那和平进行的努力 李海文 党的文

献 97.1
周恩来在“全面夺取”的日子里(1967年1月—2月) 《周恩来年谱》编写组 党的文献 97.2
周恩来在1975年 《周恩来年谱》编写组 党的文献 97.2
关于“周恩来是南开学校唯一免费生”问题的史实考证 李爱华 党的文献 97.2
周恩来的一次神秘之旅(上、下) 汤静涛 团结报 97.10.8、11②
两种社会主义建设方针之争:反冒进与反反冒进(周恩来对八大正确路线的一个贡献) 赵泉钧 宁波大学学报 96.4
周恩来与上海工人第三次武装起义 王关兴 大江南北 97.3
周恩来军事文献选载(1930年2月—1958年9月) 党的文献 97.4
周恩来为八七会议作出的重要贡献 屠莲芳 理论学习与探索 97.4
任贤安天下,无畏护良才:周恩来人才思想和实践 朱贯科、张广洋、周军霞 群众 97.8
南开大学周恩来研究中心成立 光明日报 97.6.16④
认识周恩来了解周恩来学习周恩来:《周恩来年谱》编写组访谈 倪迅 光明日报 97.6.13②
《周恩来年谱(1949—1976)》出版 人民日报 97.6.13①
童小鹏谈“西安事变”中的周恩来 陈清泉 炎黄春秋 97.1
无限的怀念亲切的教诲:回忆周恩来总理访问西安、延安 刘民主 陕西日报 97.1.8②
周恩来的海峡情 杨亲华 党史天地 97.1
周恩来与祖国的橡胶事业 史唯 党史文汇 97.1
首次置身中国政治漩涡中的周恩来 李海文、铁竹伟 中华儿女 97.2
周恩来在长征过程中的特殊作用 邵金凯 淮阴教育学院学报 96.4
周恩来建立与领导的革命文艺队伍:演剧队的音乐活动综述 向延生 音乐研究 97.3
周恩来致陈果夫、陈立夫函中一个存疑问题 刘敬坤 档案与史学 96.6
周恩来与云南的民主运动 杨军 云南日报 97.1.8②
我在周恩来领导下做军事联络工作 陶秉哲 江淮文史 96.6
北伐时期周恩来的军事政治工作及其重要意义 周蕴蓉 广东教育学院学报 96.4
周恩来与中央苏区“戒酒歌” 刘良 人民公安报 97.4.27②
风范长存:周总理第一次访问巴基斯坦追忆 孙宗强 光明日报 97.1.14⑦
回忆万隆会议期间的周恩来 陈叔亮 党的文献 96.6
周恩来关于新中国铁路建设的光辉思想 戴文宪 理论学习与探索 96.6
“文革”中周恩来处理广西问题追忆 焦红光 广西党史 96.6
周恩来与第二个五年计划的制订 熊华源、陈答才 中共党史研究 97.2
中流砥柱挽狂澜:周恩来与林彪、江青集团搞乱国民经济的斗争纪实 南山 党史博览 97.1
周恩来与香港 张宝善 党史文苑 97.2
高瞻远瞩、果断英明:“文革”中周恩来阻止进军香港 厉松 党史纵横 97.8
建国后周恩来处理香港问题的策略 曹林平、肖铁肩 湘潭大学学报 97.4
为了国共第二次合作:周恩来和台湾问题 张宝善 福建党史月刊 97.8

朱德在四渡赤水战役中的贡献 蒙秀琼 四川党史 97.2
朱德出国留学前的一段曲折经历 刘学民 党史博览 97.1
回忆朱德 于光远 华声月报 96.12
朱德抗日游击战术思想初探 徐晓标 中共党史研究 95.4
朱德与石家庄大捷 舒云 党史博览 97.9
朱德与人民军队的初创 江英 人民日报 97.7.8③
南昌起义时朱德任职考 朱清泽、王建丰 大江南北 97.8
花园角二号没有枪声:朱德在八·一南昌起义前夕 郑海滨 中国档案报 97.7.28③
朱德的最后岁月 党史博采 97.6
朱德对党和军队政治建设的贡献 郑宁 北京党史研究 97.1
朱德在抗日烽火中 蓝青 四川党史 97.2
朱德关于建设"中国式的社会主义"思想 张廷益 四川党史 97.2
伟大勋业留青史,崇高品德育后人:纪念朱德同志诞辰110周年 秦玉琴 四川党史 97.2
《朱德人生画卷》前言 李传华 中共党史研究 97.1
朱德对探索中国革命道路的杰出贡献 万建强 江西社会科学 97.3
朱德早年在昆明 万撰一 民国春秋 97.1
朱德对三大主力红军会师的杰出贡献 李军 社科纵横 96.5
朱德与华北抗战初期的"运动游击战"问题 龚希光 党的文献 96.6
从长征中看朱德的伟人品格 李阳 华夏文化 96.4
长征途中朱德的故事 何菁 统一战线 96.12
朱德与红军三大主力会师 吕殿尧 党的文献 96.6
伟大的转变:1992年朱德上海之行述评 沈建中 上海党史研究 96.6
攻坚战术开新面:朱德总司令与石家庄战役 党福民 党史博采 96.12
朱德对军队政治工作的贡献 问真、颜阳春 毛泽东思想论坛 96.4
刘少奇与华中抗日统一战线工作 刘广和 党史纵览 97.4
刘少奇关于执政党建设思想述略 佟静 中共党史研究 95.2
中共第一代领导集体在抗战时期形成过程中的刘少奇 张飞虹 中共党史研究 95.4
从香山到中南海(待续、续完):记少奇在建国前夕的重要活动 王光美 北京档案 97.2、3
吹响团结抗战的号角:刘少奇与中共北方局的秘密刊物《长城》 宏占、骄方 党史纵横 97.8
刘少奇在中共满洲省委研究述评 刘贵田等 社会科学辑刊 97.4
一份珍贵的文件:中央任命刘少奇同志为满洲省委书记考 张旭东 党史纵横 97.10
逼阎抗日:刘少奇的一着妙棋 衣凡 党史纵横 97.10
艰难足迹纵观:刘少奇在满洲省委研究述评 王丽文、刘一力 党史纵横 97.11
建国后刘少奇回湖南纪事 唐振南 党的文献 97.5
略论刘少奇对正确处理人民内部矛盾理论的贡献 张翠敏 党史博采 97.5
刘少奇与华中敌后抗战 徐承伦 抗日战争研究 97.2
白区工作的模范:刘少奇同志在天津 曹慕尧 党史纵横 97.6
刘少奇对山西抗日民族统一战线的贡献

王雷平　晋阳学刊　97.3
刘少奇对亚澳工会代表会议的重大贡献　李万青　湖南党史　97.3
建立东北革命根据地时的刘少奇　储著华　淮海文汇　97.2
刘少奇同志关于白区工作的方针　李慰祖　广州体育学院学报　96.增刊
刘少奇是否在遵义会议上提出了政治路线错误的问题？　王双梅　党的文献　96.6
刘少奇与盐阜抗日根据地的群众工作　徐兰　盐城师专学报　96.4
刘少奇处理"皖南事变"的贡献　王关兴　大江南北　97.1
1957年春刘少奇在广东的若干思考　彭建新　毛泽东思想研究　97.1
新中国思想政治教育的重要文献：论刘少奇《党在宣传战线上的任务》　王炎　北京党史研究　97.1
1957年春刘少奇在广东　彭建新　广东党史　96.6
善于独立思考的战略家和理论家：1996年10月29日在刘少奇研究述评学术讨论会开幕式上的讲话　金冲及　党的文献　97.1
刘少奇对抗日民族统一战线的理论贡献　李国才　南京政治学院学报　97.2
抗战以来党的行动路线和工作的指导方针(1943年3月)　刘少奇　党的文献　97.1
刘少奇研究述评学术讨论会综述　吕小蓟　党的文献　97.1
刘少奇生平研究中的几个问题　张飞虹　党的文献　96.5
刘少奇在中原局任职时期的历史贡献　李新市　安徽史学　96.4
邓小平对毛泽东实事求是思想的丰富和发展　丁晓强　中共党史研究　95.2
试论邓小平对毛泽东思想形成的历史贡献　邹焕聪　党史文苑　97.1
关于邓小平与《红星报》的三个问题　肖娅曼　毛泽东思想研究　97.5
转战大别山时期的邓小平　韩旭初、施昌明　安徽日报　97.9.17⑤
邓小平授意创办《思想战线》被"四人帮"扼杀经过　邢方群　炎黄春秋　97.9
中央苏区时期邓小平反"左"斗争述略　谢一彪　毛泽东思想研究　97.5
扶桑列岛的"邓小平旋风"：1978年邓小平访日纪实　李进、王勇　党史文苑　97.2
论邓小平关于社会政治稳定的思想　刘宋斌　中共党史研究　95.2
邓小平现代化理论与西方现代化理论比较分析　江青松　中共党史研究　95.3
小平同志与二野奖章　蔡宁　收藏　97.9
崇高的风范、伟大的理论：邓小平与出版工作　李冬春　聊城师范学院学报　97.1
政治家的远见：邓小平保持党和国家长治久安的战略举措与不朽贡献　南山　中国地质矿产报　97.9.16④
邓小平同志的伟大品格　彭洪志　贵州农学院丛刊　97.2
拨乱反正的序幕，改革开放的先导：邓小平与1975年全面整顿平议　高新战　许昌师专学报　97.3
邓小平的六次莫斯科之行　王中人　党史天地　97.7
邓小平运筹中原　石维行　福建党史月刊　97.8
浅谈邓小平1975年的整顿　王同义　龙江党史　97.3
论邓小平的伟人品质　张旺清　探求　97.5
邓小平办报　经盛鸿、樊溶溶　世纪风采　97.10

岁月如歌:邓小平旅法活动寻踪 王宁 党的文献 97.5
"新税制风波"与邓小平出任财政部长 巴图 福建党史月刊 97.10
邓小平对毛泽东的廉政建设思想的重要发展(待续、续完) 孙宏典、李义凡 信阳师范学院学报 97.2、3
邓小平与80年代中期的政治体制改革 姜淑萍 党的文献 97.5
无情未必真豪杰:谈邓小平与家人的和睦关系 陈继安 领导工作研究 97.7
邓小平与广西红军的创建 林登泉 人民日报 97.8.4③
邓小平对党的八大的历史贡献 黄从浒、杨建设 毛泽东思想研究 96.4
邓小平与中共八大 关晶 抚顺社会科学 97.7
邓小平与中共八大 于志亭、姜兆儒 石油大学学报 97.3
悠悠岁月,历史丰碑 李力安 光明日报 97.7.29⑤
学习邓小平的革命风格 余秦秀 贵州社会科学 97.3
邓小平事业成就的主客观条件 叶尚志 上海党史研究 97.3
邓小平党建理论与执政党建设学术研讨会在武汉召开 安向荣 党史天地 97.6
新中国40年的邓小平 (美)索尔兹伯里 广西党史 97.2
邓小平——知识分子的贴心人 沈谦芳 理论导报 97.5
邓小平与西藏的和平解放与社会进步 陈崇凯 民族 97.6
邓小平六次莫斯科之行 王中人 世纪风采 97.6
邓小平同志与大庆油田的发现及开发建设 杜显斌 大庆社会科学 97.3
邓小平与大庆油田的发现及其开发建设 杜显斌 龙江党史 97.1
伟人风采永留心中:回忆小平同志第一次南巡 关相生 广东党史 97.2
陪同小平同志首次南巡 梁灵光 广东党史 97.2
永远难忘的关怀:1986年我陪小平同志在桂林 韦纯来 广西党史 97.2
追寻巨人的光辉足迹:邓小平在广东 广东省委党史研究室 广东党史 97.2
难忘的教诲,巨大的鼓舞:陪同小平同志视察珠海 吴健民 广东党史 97.2
邓小平在广西六次 陈欣德 广西党史 97.2
论邓小平1975年的全面整顿 陈朝晌 福建学刊 97.3
从和平解决西藏问题到"一国两制"(邓小平对完成祖国统一大业的重要贡献) 杨超、毕岚 毛泽东思想论坛 97.2
邓小平与中华民族复兴 张静如 北京师范大学 97.3
奔腾之势在胸中:1978年小平同志视察鞍钢纪实(上、下) 彭凤珂、刘永胜 党史纵横 97.5、6
邓小平对新时期中国外交的卓越贡献 丁晋新 特区理论与实践 97.5
张驰有度力挽狂澜独辟蹊径(待续):缅怀邓小平同志处理苏联问题的伟绩 俞邃 当代世界 97.4
张驰有度力挽狂澜独辟蹊径:缅怀邓小平同志处理苏联问题的伟绩(续完) 俞邃 当代世界 97.5
邓小平党派监督思想初探 于景森 四川党史 96.6
论邓小平对外宣传 王仲莘 福建论坛 96.12
47年前,邓小平曾交给他重要任务:拍下历史迎接新时代 许向前 羊城晚报 97.2.24⑨

略论邓小平1975年的整顿　罗珍　理论探讨　97.1
邓小平的伟大品格　宋锦绣　海南日报　97.3.18⑦
小平之赞(上、下)　汤胜利　广东党史　96.4.5
邓小平的几次湖北行　方城　政策　97.5
敬爱的小平同志大庆人永远怀念您　大庆日报社　奋斗　97.5
鉴往察今,把握社会主义建设方向:邓小平与中共党史研究述论　李刚、张军　社会科学家　97.3
邓小平:开创历史的伟人　金仲文　今日中国　97.6
邓小平在山西革命活动大事记:(1997年7月—1945年10月)　李东光　山西档案　97.2
邓小平在百色、龙州起义中对马克思主义的创造性运用　徐方治　广西民族学院学报　97.2
杰出的才能崇高的风范:邓小平领导风格探析　刘锦东　成都大学学报　97.2
太行区经验与邓小平的改革开放　刘君、杜富军　当代经济科学　97.3
邓小平与科技教育战线的拨乱反正　聂锦芳　党的文献　97.3
邓小平恩威并重　张红　羊城晚报　97.2
邓小平关心音教二三事　刘红庆　音乐生活报　97.3.7⑧
高瞻远瞩发展教育:深切怀念小平同志　朱开轩　人民日报　97.3.25⑪
小平同志在左右江革命根据地　桂农　光明日报　97.3.11⑥
邓小平与冀南银行的诞生　田秋平　中国文物报　97.3.9④
一切为了站稳脚:记邓小平率部坚持大别山内线斗争　宋毅军　中国青年报　97.3.7⑧
只身护卫邓政委突围　唐俊高　文化周报　97.3.21③
回忆小平同志对宝钢及冶金工业的关怀　黎明　党的文献　97.3
邓小平非凡的军旅生涯　龙平平　炎黄春秋　97.4
运筹帷幄决胜千里:忆邓小平同志在和平解放西藏中的二三事　汪德军、刘振洲　西藏日报　97.3
准确把握邓小平经济理论的科学内涵:兼论经济发展的五个“不能牺牲”　帅宝强　江西日报　97.2.25⑦
邓小平在蕲春　祝和忠　旅游导报　97.3.14④
邓小平在西南　纪希晨　人民日报　97.3.18⑪
伟大的马克思主义者——邓小平　中书　湖北社会科学　97.3
邓小平伟大光辉的一生　福建通讯　97.3
两大历史关头的道路选择:学习悼念邓小平同志的三篇文献　龚育之　人民日报　97.4.17⑨
邓小平的文化人格　王致钦　中国文化报　97.4.5③
从百色起义、龙州起义看邓小平实事求是思想路线　陈欣德　广西日报　97.3.25⑧
留在侗乡的一张珍贵文物:邓小平同志主编《红星报》在黎平　陆书明、曹东生　中国文物报　97.3.30④
邓 小平与晋冀鲁豫边区建设:访戎子和同志　陈东　党史博采　97.3
无私无畏的勇士:邓小平在中央苏区反“左”回顾　桂玉麟　大江南北　97.4
邓小平在淮海战役中的谋略　田远　文史杂志　97.2
邓小平在中国历史转折中的伟大贡献:纪念刘邓大军挺进中原五十周年　王

世根　大江南北　97.4
邓主任在五台发动民众　章补堂　山西商报　97.3.11③
金戈铁马伟人心:记小平同志二三事　史超　中国艺术报　97.3.28③
坚持平等捍卫独立:记邓小平同志七赴莫斯科　边志海　中国档案报　97.4.7③
小平同志在财政部　戎子和　中国财经报　97.3.25①
我向邓小平汇报鲁西北的"包产到户"　李锦　山东　经济日报　97.3.29①
新时期人民政协的奠基人:永远怀念邓小平同志　王大明　北京日报　97.4.7①
继承小平同志遗志实现祖国统一大业　何鲁丽　人民日报　97.4.2⑪
一事教育、终身受益:深切缅怀邓小平同志　费孝通　人民日报　97.4.2⑪
缅怀伟业继承遗志:中共中央党史研究室举行座谈会沉痛悼念邓小平同志　中共党史研究　97.2
天坛的春天:忆邓小平同志在天坛植树　姚安　中国文物报　97.3.30④
痛悼敬爱的老首长——邓小平　陈锡联　人民日报　97.4.22⑪
"锦绣中华"怀念邓小平　马志民　炎黄世界　97.4
无限哀思寄长空,誓将遗愿化宏图　中国航空工业总公司党组　人民日报　97.4.2⑪
邓小平同志二三事　马识途　四川文学　97.3
邓小平学习与教唱《国际歌》　向延生　人民音乐　97.3
邓小平自传发现记　李明华　中国档案　97.3
邓小平同志是构建中国新历史的巨人　吴富恒　大众日报　97.4.22⑦
邓小平清正廉洁拾遗　李士华、张明元　党史博采　97.3
一笔宝贵的财富:邓小平同志是怎样对待挫折的　史天经　党建文汇　97.3
邓小平怎样对待挫折　史天经　发展论坛　97.2
缅怀小平同志功绩加快劳动事业发展　中共劳动部党组　人民日报　97.4.2⑪
物资流通改革和发展的指路明灯:追念邓小平同志对物资工作的几项重要指示　钟志奇　中国物资流通　97.4
李开信回忆邓小平同志对物资工作的一次重要指示　中国物资报　97.4.2①
他在联合国留下了伟大的风范:追忆邓小平同志参加第六届特别联大　吴妙发　光明日报　97.3.29③
邓小平风采两震美利坚　刘金田　中华儿女　97.4
1980年的回忆　邱笑秋　音乐世界　97.3
邓小平在河南　胡文澜、李琳　奋进　97.3
思念到永远:邓小平同志在涉县　张花香、韩玉琴　人民政协报　97.4.9④
辉煌的业绩:邓小平同志在涉县　张明元　党史博采　97.3
邓小平三到重庆港　严先杰　中国水运报　97.4.15④
邓小平在韶山　龚固忠　湖南党史　97.2
功业留三湘教诲垂后世:记邓小平同志在湖南　唐振南　湖南党史　97.2
小平同志,新唐山建设凝集着您的心血:论邓小平视察唐山　王昆津　党史博采　97.3
殷殷勸播春风:记邓小平同志在三三一厂视察　文代明　中国航空报　97.3.28④
难忘随行采访十一天:怀念小平同志南巡广东　牛正武　炎黄世界　97.4

骊山脚下忆伟人:记邓小平同志参观秦俑博物馆　李淑萍　中国文物报　97.3.30④
邓小平同志参观秦俑馆　李淑萍　陕西日报　97.4.5⑤
邓小平和“资阳人”　王洪林　中国文物报　97.3.30④
难忘的回忆:小平畅游大海　徐忠、贺笑荡　法律与生活　97.4
小平同志与三峡工程　魏廷琤　中国电力报　97.4.6④
难忘小平对川剧的关怀　李致　四川文学　97.3
追忆往事缅怀伟人:程惠远同志谈邓小平同志1969年怎样来到江西　王炯尧　老区建设　97.4
小平与云南民族工作:一位老民族工作者的回忆　冯云生　民族　97.5
小平同志永远活在家乡人民心中　中共四川省委　人民日报　97.6.4⑪
留给南京人民的永久纪念:邓小平对南京的几次题字　高耘、王能伟　南京史志　97.3
在“中国革命连续剧”中首次独立扮演角色的邓小平　(德)乌利·弗兰茨　广西党史　97.1
回归功推第一人:缅怀小平同志对香港回归的历史贡献　赵诗清、张秋实、王国彬　党政干部论坛　97.5
最好的护送:1948年邓小平同志出大别山追忆　赵晓星、慈爱民　解放军报　97.5.2⑥
邓小平和西南服务团　汪作民　南京史志　97.3
试论邓小平同志在晋冀鲁豫敌后抗日根据地建设中的贡献　朱思沛、潘志德　松辽学刊　97.2
邓小平同志在冀南　孙兰学　党史博采　97.4
反对高饶集团斗争中的邓小平　陈继安　党史博览　97.4
邓小平舌战莫斯科　刘金田　党史博览　97.5
邓小平复出前后　高继民、史爱国　贵州文史天地　97.2
他在联合国留下了伟人风范:追忆邓小平同志参加第六届特别联大　吴妙发　中外交流　97.3
邓小平的联合国之行　张素林　中国档案报　97.5.29④
放眼未来相互合作,世代友好:缅怀邓小平同志对发展中日关系的贡献　陈都明　当代世界　97.4
中国经济腾飞的领路人:追议邓小平同志　铁瑛　东海　97.5
邓小平同志关心支持科学基金事业　张存浩　中国人事报　97.5.20④
邓小平与中国科大　汤传霞、蒋家平　中国档案　97.4
邓小平与宣传　彤东　宣传导报　97.4
小平同志三次重要活动采访记　邹爱国　炎黄世界　97.5
邓政委和我们在一起的日子　段源　党的建设　97.5
忆邓政委五次谈话　徐深吉　人民日报　97.6.4⑪
邓小平是计划生育工作的首创者　史成礼　兰州学刊　97.2
邓小平三进遵义城　石永言　贵州文史天地　97.2
三次视察指方向硕果告慰邓小平　中共武汉钢铁集团公司委员会　人民日报　97.6.4⑪
邓小平在河北重要活动简录　王潮　档案天地　97.2
邓小平在江西的日日夜夜　李露孙　中外交流　97.3
邓小平的惊险人生　张德鹏　党史天地　97.4
共产党人伟大人格力量的集中体现[邓

小平〕 石仲泉 文汇报 97.5.19⑨
忆小平同志视察桂林 陈辉光 广西日报 97.3.17①
西藏继往开来的引路人:[邓小平] 倪扶汉、曹兰 西藏日报 97.3.3④
小平同志与三峡工程 魏廷琤 湖北经济报 97.3.12④
莫高窟辉煌不忘小平同志 樊锦诗 中国文物报 97.3.9④
小平同志在避暑山庄 黄崇文 中国文物报 97.3.9④
邓小平五访武侯祠 谭良啸 中国文物报 97.3.9④
邓小平和"资阳人" 王洪林 四川文化报 97.3.14①
难忘的一次会面 黑伯理 人民日报 97.3.18⑪
小平同志22年前的教诲 单大勇 中国船舶报 97.3.21⑦
施燕华回忆30年外交生涯最美好的一页——我为小平做翻译 羊城晚报 97.3.21⑮
手摇风扇:[邓小平] 何文丽 党史博采 97.2
小平,家乡人民怀念您:邓小平同志关心家乡建设二三事 曾邦才 秘书之友 97.3
邓小平与《国际歌》 何延生 人民日报 97.3
邓小平重视档案工作 李荣忠 中国档案 97.4
邓小平与文书、档案工作 李荣忠 四川档案 97.2
伟大的胆识和胸怀:回忆邓小平同志的几次谈话 李德生 人民日报 97.5.7⑪
"丰功伟绩举世名,名垂青史功德满",外国政党领导人及知名人士悼念邓小平同志 李宾 当代世界 97.4
老红军天宝忆小平 余凡整理 民族 97.5
我心目中的小平同志 谭启龙 瞭望 97.16
警卫员深情忆小平:访崔来儒 张勍 解放军报 97.5.9⑤
巨人,从这里起步:邓小平在广安中学 袁亮、邱秋 湖南教育报 97.4.25④
奔向《赤光》:青年邓小平在法国 公亚男、范俊红 党史纵横 97.5
留在侗乡的一份珍贵文物:邓小平同志主编《红星报》在黎平 陆书明、曹东生 西南经济日报 97.5.22④
遵义会议期间邓小平住址基本认定 文汇报 97.5.5⑥
邓小平与"八七"会议会址 赵晓琳 中国文物报 97.5.18④
中国的奥林匹克政治奖得主邓小平 龙平平 中华儿女 97.5
小平同志在重庆的一则轶事 陆大钺 中国档案报 97.5.12①
邓小平为核心的第二代中央领导集体形成的特点 刘天河 北京党史研究 97.3
邓小平与中美关系 倪世雄 国际观察 97.2
扶桑列岛的"邓小平旋风":1978年邓小平访日纪实 李进、王甬 党史纵览 96.6
光辉的思想,伟大的文献:纪念邓小平同志发表南方谈话五周年 康绍邦 光明日报 97.2.22⑤
永远活在我心中:献小平同志灵前 曾克 人民日报 97.2.25⑦
邓小平严格治军的几件往事 于长治 党史天地 96.11
必须坚决反对官僚主义、形式主义:学习《邓小平文选》的一点思考 傅俊德、张永华 党史文苑 96.5
谁是营救王孝和等同志的组织参与者? 尹冠时 上海党史研究 96.6

关于军区建设：邓小平对抗日游击战争的一个重要理论贡献　孔繁芝、张爱秀　山西档案　97.2
邓小平与抗日战争　罗正楷　路爱林　中共党史研究　95.5
邓小平早年五次过香港　李月兰　工人日报　97.3.13⑧
伟大的历史性的抉择、重读邓小平同志关于香港之历史、现状及未来的论断　瞿林东　光明日报　97.3.4⑤
香港——邓小平曾五次到过的地方　李月兰　中国档案报　97.3.20③
邓小平五次途经香港　吴跃农　团结报　97.5.10②
港人治港小平定音　华矢　中国青年报　97.5.27③
千古功臣：邓小平与香港97回归　张元勋　党史纵横　97.4
邓小平与香港　张宝善、王中人　炎黄春秋　97.4
邓小平与香港回归　饶原生　南风窗　97.4
邓小平与香港回归　齐鹏飞、齐辉　北京党史研究　97.2
邓小平与香港　武在平、高同屋　书屋　97.3
中华民族不朽的历史丰碑：敬爱的邓小平同志与香港回归　阎建琪　人民日报　97.6.17⑨
邓小平与香港回归　余汉熙　岭南学刊　97.3
邓小平与香港　徐炯　解放日报　97.6.23⑨
邓小平与香港回归　钟悦　世纪风采　97.3
邓小平与香港回归　陈晓声　福建党史月刊　97.5
邓小平与香港回归　罗克祥　淮海文汇　97.6
邓小平与香港同胞　吴跃农　决策与信息　97.6
邓小平与香港回归大政方针的形成　王红续　党史天地　97.6
香港回归与邓小平非凡的胆略和勇气　王生洪　解放日报　97.6.25⑭
邓小平同志五过香港　黑龙江档案　97.3
邓小平与香港问题　谢本书　云南民族学院学报　97.2
邓小平与97香港回归　张文　佛山研究　97.3
邓小平与香港回归祖国　郑泽清、李伟　福建理论学习　97.6
世纪的构想、成功的实践：邓小平与香港回归　刘蓉蓉　国际观察　97.3
邓小平曾五经香港　党史博采　97.7
“请投资人放心”：邓小平最初与英国人谈香港问题　齐辉　湖南党史　97.4
邓小平对香港回归祖国的杰出贡献　吴少荣　港澳经济　97.4
“这里没有李鸿章”：邓小平与中英两国政府关于香港问题的外交谈判　齐鹏飞　当代中国史研究　97.4
邓小平与香港　孟俭红、东兴飞、王中人　党史文苑　97.1
邓小平对香港回归的历史贡献　严书翰　求知　97.6
邓小平指挥百万雄师过长江　伍文　文史杂志　97.2
长征后期在小平同志领导下工作　梁必业　解放军报　97.4.7⑦
邓小平在长征中　李安葆　北京日报　97.4.5④
长征途中的邓小平　谢庐明　党史文苑　96.6

三　划

西安事变中的马占山将军　王宝成　文史精华　97.3
马文瑞历经磨难成大器　虹霓　中国青

年报 97.3.9③
试析于佑任办报动机的产生 刘惠文 中国青年政治学院学报 97.2
于佑任与西安碑林 樊波 文物天地 97.1
于右任与上海大学 赵守仁、陈艳军 辽宁师范大学学报 97.2
卫立煌与辽沈战役 张殿兴 洛阳师专学报 97.3
对习仲勋同志和西北局工作的一些回忆 马文瑞 纵横 97.8
改革开放习仲勋带领广东先走一步 张汉青 炎黄春秋 97.4

四 划

邓演达与北伐后期的"恢复党权"运动 彭付芝 民国档案 97.3
论邓演达反帝反封建的政治主张 彭付芝 南都学坛 97.2
大革命后期邓演达的反蒋斗争 王维远 辽宁大学学报 97.4
邓演达品格初探 朱春燕、李鸿生 学术研究 96.12
国民革命时期邓演达关于农村问题的理论和实践 范荣祥 北方论丛 97.2
试论邓演达的爱国主义思想 叶洪添 惠州大学学报 96.2
论邓演达平民革命思想 吴祖鲲 吉林大学社会科学学报 96.6
试析邓演达的政治思想 孙平 浙江学刊 96.6
邓子恢与四大自由 王丰 中共党史研究 95.6
部分领导同志在纪念邓子恢同志诞辰100周年座谈会上的讲话
1. 对邓子恢同志的最好纪念/项南
2. 深切怀念邓子恢同志/任洪祥
3. 学习和发扬邓子恢同志的革命精神/林开钦
4. 邓子恢副总理的一次亲切接见/刘国梁
5. 邓子恢关于"肃清社会民主党"事件的两封信/郑学秋
6. 邓子恢同志在漳浦/陈国坚、胡顺根 福建党史月刊 96.11
北京、福州、龙岩各界集会纪念邓子恢同志诞辰100周年 思远 福建党史月刊 96.11
邓子恢:中国农村改革先驱(一) 纪慧 农民日报 97.3.8③
邓子恢:中国农村改革先驱(二) 纪慧 农民日报 97.3.15③
邓子恢:中国农村改革先驱(三) 纪慧 农民日报 97.3.22③
邓子恢——中国农村改革先驱 纪慧 农民日报 97.3.29③
邓子恢——中国农村改革先驱 纪慧 农民日报 97.4.5③
跟随邓老回乡调查 边入群 福建党史月刊 97.2
邓子恢与农业合作化运动(四、五) 《邓子恢传》编写组 人物 97.1.2
对邓子恢"重商"思想的再认识 王丰 中共党史研究 96.6
心系亿万农民(回忆邓子恢同志) 刘蓬勃 农村经济导刊 96.12
纪念邓子恢同志诞辰100周年
1. 在纪念邓子恢同志诞辰100周年座谈会上的讲话 姜春云
2.《邓子恢文集》《邓子恢传》《回忆邓子恢》序 杨尚昆
3. 对邓子恢同志最好的纪念 项南
4. 隆重的纪念与衷心的感谢 陈兰
5. 邓子恢对农业生产责任制的探索与贡献 蒋伯英 党史研究与教学 96.5
邓中夏收回香港的构想与尝试 肖栋梁 湖南党史 97.4
邓中夏与香港回归 肖栋梁 衡阳师专学报 97.4

邓中夏最早提出要收回香港 党史博采 97.6
"烧成灰烬，我还是共产党员"：记邓中夏 沈建中 上海党史研究 97.1
邓发曾任中共中央政治局委员 刘子健 广东党史 97.3
中共第一个出席世界职工代表大会的代表——邓发 陈灿和 广东党史 96.3
邓颖超与国统区妇女抗日救亡运动 林庭芳 毛泽东思想研究 97.1
邓颖超与抗日战争时期的国民参政会 荀翠屏 西南师范大学学报 97.1
邓颖超交待后事的两封信 广西党史 97.2
邓颖超大姐在全国政协工作的往事 赵炜 人民政协报 97.7.11①
遗爱长存：写在邓颖超妈妈逝世五周年之际 明明 光明日报 97.7.9⑦
邓大姐和我们在一起 孟云云 党史博采 97.4
"钱这个东西既可爱又可恨"：王稼祥对待金钱二三事 徐则浩 党史纵览 97.4
王稼祥对遵义会议的历史性贡献 戴小江 安庆师院社会科学学报 97.1
长征中的王稼祥：纪念长征胜利 60 周年暨王稼祥诞辰 90 周年 朱正琪 党史博采 96.11
王稼祥历经艰险的特殊使命 朱仲丽 远东经贸导报 97.7.7①
在王稼祥七大落选之后 刘明钢 党史博采 97.6
王稼祥研究述略 李蓉 学术界 97.1
王稼祥与对外工作的不解之缘 徐则浩 江淮文史 96.4
共和国第一位驻外大使：纪念王稼祥同志诞辰 90 周年 翁明 外交学院学报 96.4
王若飞烈士的半页亲笔信 李光斗 江淮文史 96.5
关于王若飞的若干史实问题 张克 贵州文史天地 96.6
王若飞被捕前后 李新市、马雪芹 西北史地 96.2
王若飞同志生平简介 李传华 中共党史研究 97.1
学习王若飞同志做真正的共产党人 宋平 中共党史研究 97.1
王若飞品格论 张克 贵州文史丛刊 96.6
王若飞在巩固抗日民族统一战线中的贡献 李远祥 黔南民族师专学报 97.增刊
将"稀饭队长"引上致富路：王震在来阳的故事 罗林远 湖南党史 97.1
王震在天山南北 陈伍国 炎黄春秋 97.4
王震与湖南南山牧场 唐尧 农民日报 97.4.26③
王震挥师战江南 石功彬 党史天地 96.12
怀念王首道同志 黄道奇 湖南党史 96.6
西路军失败后的王树声将军 黄嵩海 党史天地 97.3
王明：洋先生扶起的中共领导人 韩广富 党史文苑 97.2
幸福的回忆永久的怀念：访当年"穷棒子"的带头人王国藩 张祥云、陆占山、孙伟 党史博采 96.11
王海容：70 年代中国政坛的风云人物 宗道一 党史博览 97.2
铁骨铮铮的王诤将军 王炳毅 世纪风采 97.6
王唯真：一位英雄记者的往事 俞劲松 纵横 97.7
王野翔生平评介(1911—1987) 陈汝明 南通学刊 97.3
访谈纪实——王野翔同志在南京的一段

经历　陆美珍　南通学刊　97.3
“9·18”《田中奏折》与王芃生　潘昌龙　外国问题研究　97.3
《王步文》:一个早期共产党人形象的再塑　向宁　安庆师院社会科学学报　97.1
丹心碧血写春秋:记王玉修烈士　齐雪平　党史博采　97.4
“铁人”王进喜三次晋见毛泽东　史实、春儒　龙江党史　97.5
方志敏烈士狱中纪事　季琳　党史天地　97.2
方志敏质问江亢虎　李希文　党史文苑　97.1
在香港开辟“反蒋第二条战线”的方方　张开明　炎黄春秋　97.9
毛岸英在山东　徐天宝　纵横　97.1
毛人凤　虞亚梅　民国档案　97.1
中西功和他在狱中写成的《中国共产党史》　乔山　国外中共党史研究动态　96.5
孔祥熙和西安事变　岳宗福　许昌师专学报　.1
女司令传奇:乌兰侧记　智新　党史纵横　97.3

五　划

甘当人民的“骆驼”:学习叶帅的高尚品德　范硕　人民日报　97.4.29⑨
叶剑英与香港　吴跃农　炎黄春秋　97.4
叶剑英的港澳情　吴跃农　羊城晚报　97.4.28⑬
叶剑英元帅的港澳情　吴跃农　今日名流　97.4
赤胆忠心卫共和:叶剑英追随孙中山的革命历程　宋力　团结报　97.4.12②
北平解放后的首任市长叶剑英　路秀华　人民政协报　97.4.16④
叶帅在粉碎“四人帮”斗争中的决定性作用　张江明、曾建昭　炎黄世界　97.4
怀念叶剑英伯伯　方惠平　炎黄春秋　97.4
叶剑英:为花欣作落泥红　金立昕　中国青年报　97.4.18⑧
1. 叶剑英同志诞辰100周年中共中央举行纪念座谈会
2. 在纪念叶剑英同志诞辰一百周年座谈会上的讲话(1997年4月28日)　江泽民　人民日报　97.4.29①
纪念叶帅百年诞辰广州展出图片书画　羊城晚报　97.4.23①
军事科学院纪念叶剑英诞辰100周年　人民日报　97.4.26②
广东纪念叶剑英诞辰100周年《叶剑英》画册《叶剑英军事文选》出版发行　人民日报　97.4.29④
军中之帅风范长存:叶剑英诞辰100年图片展览在穗开幕　朱荣桑　羊城晚报　97.4.27①
叶剑英的四个现代化思想　曹应旺　党的文献　97.2
无产阶级的“吕端”:叶剑英在中国共产党的三次危难中　曾祥健、孙学宝　党史纵览　97.2
叶剑英对精神文明建设的贡献　张绰　学术研究　97.4
叶帅与香港　范硕　炎黄世界　97.5
叶剑英家书两封　党的文献　97.2
学习叶剑英的革命精神:读《叶剑英传》　杨建成、郭明　当代中国史研究　97.2
“诸葛一生唯谨慎,吕端大事不糊涂:”记薄老谈叶帅　范硕、黄特伟　羊城晚报　97.5.6⑭
叶剑英与西安事变　蒋文祥　南通学刊　97.3
叶剑英与改革开放时期的广东建设　冯

君　嘉应大学学报　97.4
功垂青史：叶剑英与广州起义　弋胜、蒋凌　党史纵横　97.8
故乡人纪念叶帅百年诞辰　羊城晚报　97.5.8①
叶剑英追随孙中山的革命历程　宋力　福建党史月刊　97.6
广州起义中的叶剑英　常丽艳、常敏　党史博采　97.5
叶剑英的决策艺术与实践　林伟京　嘉应大学学报　97.2
试论叶剑英的"一简竹"思想　陈申宏　嘉应大学学报　97.2
论叶剑英军事地理思想的理论与实践　江金波、陈义彬　嘉应大学学报　97.2
论叶剑英的宗教观　刘向明　嘉应大学学报　97.2
叶剑英和云南和平起义　卜穗文　广东党史　97.3
叶剑英在南岳游击干部训练班的贡献　苗体君　衡阳师专学报　97.4
"叶剑英革命实践研讨会"在京举行　人民日报　97.11.11④
"我是毛主席的战士"：叶剑英参谋长和我换军帽　谢景恩　党史纵横　97.10
叶剑英与华侨　谢文霖　广东党史　97.3
丰功垂青史、风范励后人：纪念叶剑英诞辰100周年　谢非　广东党史　97.3
解放初期叶剑英主政广东的基本方针　胡提春　探求　97.3
一生七顾情更深：叶剑英与香港　彭建新　党史纵横　97.7
叶剑英对"八一"南昌起义的特殊贡献　张廷益　四川党史　97.4
解放初叶剑英身兼30多职　高宏的　广东党史　97.3
"矢志共产宏图业，为花欣作落泥红"（为纪念叶剑英百年诞辰而作）　范硕　求是　97.8
军事科学院举行报告会纪念叶剑英诞辰100周年　解放军报　97.4.28①
"百战归来意气雄"：叶剑英同志接管广州纪事　李德才　深圳特区报　97.1.22⑬
1950年叶剑英在广西　彭建新　广西党史　96.6
论叶剑英对长征胜利的贡献　蒋如洲　南京政治学院学报　96.6
忆叶剑英在中央军委二三事　成正荣、赵建平、刘晓治　党史文汇　97.1
叶剑英在粉碎"四人帮"斗争中起了决定性作用　张江明、曾建昭　炎黄春秋　97.3
叶剑英与港澳　吴跃农　世纪风采　97.1
叶剑英在长征中的伟大贡献　杨建成　广东党史　96.5
叶剑英对长征胜利的贡献　蒋如洲　毛泽东思想研究　96.4
叶剑英在粉碎"四人帮"中起了决定作用：纪念粉碎"四人帮"斗争胜利20周年　张江明　岭南学刊　96.6
叶剑英早期革命生涯　宋力　党史天地　97.5
叶剑英与香港　彭建新　团结报　97.6.14②
叶剑英在民主革命时期二三事　刘宝联　福建党史月刊　97.4
满目青山夕照明：纪念叶剑英诞辰100周年　范硕　党史天地　97.5
殷殷先烈血，彤彤主义花：评《铁军风采——叶挺独立团述论》　哲夫　广东党史　97.5
两将军访谈录（下）：浩气凛然是叶挺　丁涪海　团结报　97.8.30②
叶挺在南昌　黄祖友、王兆发　党史文苑　97.4

叶挺出任东江游击指挥的背景 童志强 团结报 97.8.23②
叶挺就任新四军军长前后 张金锭、方晓萍 福建党史月刊 97.5
我三次见到叶挺军长 邹健东 炎黄春秋 97.5
叶挺将军在恩施 赵冬菊 党的文献 96.6
辞严义正、累挫群凶(记叶挺将军囚禁恩施的岁月) 胡济民 湖北民族学院学报 96.4
叶挺坚韧不拔临难不惧的顽强革命精神 金治 学术界 96.6
叶恭绰二三事 陈宛茵 团结报 97.8.23②
叶子龙:在主席身边的日子 党史博采 97.8
爸爸的教诲记人间:纪念古大存同志诞辰100周年 古穗贤 羊城晚报 97.4.11⑭
深切怀念古大存同志 薄一波 人民日报 97.4.8⑪
深切缅怀古大存的光辉业绩 张帼英 广东党史 97.3
历史的教训不应忘记 罗天 广东党史 97.3
纪念古大存,学习古大存 杨应彬 广东党史 97.3
为古大存平反应吸取的教训 杨立 广东党史 97.3
两将军访谈录(上):传奇将军冯玉祥 丁涪海 团结报 97.8.27②
冯玉祥将军的最后一副对联 王禹时 人民政协报 97.10.15④
蒋桂战争中的冯玉祥 施言 中国档案报 97.10.16④
冯玉祥遭阎锡山软禁的前前后后 林治波 纵横 97.4
冯玉祥与基督教问题新析 莫志斌 湖南师范大学社会科学学报 96.5
冯玉祥与西安事变 梁星亮 文史精华 97.4
冯玉祥敦促武汉分共"马电"有关郑州会议内容考释 李良玉 学术界 96.5
论七·七事变前冯玉祥将军的抗日活动 蒋铁生 泰安师专学报 96.4
首届冯玉祥学术研讨会在泰安举行 近代史研究 96.6
冯白驹在"文化大革命"中:为纪念冯白驹诞辰93周年而作 邢治孔、钱跃 海南师院学报 97.1
"我是红司令,不是黑司令":冯白驹在"文革"中的抗争 邢治孔、钱跃 上海党史研究 96.6
冯雪峰是怎样被打成"右派"的? 尹骐 炎黄春秋 97.6
左权血洒十字岭 孔令春 党史博采 97.4
斩关夺隘,开路先锋:长征途中的左权将军 贵生 党史纵横 96.12
庐山会议上的田家英 王艳 党史博览 97.3
田汉在贵州的革命文艺活动 宋洪宪 贵州文史天地 96.6
龙云与红军长征过云南 谢本书 文史杂志 97.2
东耀先与《大声》周刊 任远 炎黄春秋 97.2
虎将皮定钧之殁 翁树杰 党史文汇 97.6
帅孟奇 刘桂元 湖南党史 97.4
"民国第一清官"——特别市长石瑛 徐金元 炎黄世界 97.9
民国第一清官——石瑛 刘作忠 文史精华 97.8
俯仰之间,无愧人生:怀念父亲石西民 石小援 人民日报 97.8.14⑫
有争议的中共一大代表包惠僧 李良明 党史天地 97.7
白树仁与二三十年代的中国 单富粮

民国档案 96.4
丘逢甲乙未抗日保台若干问题之我见 李祖基 台湾研究集刊 96.4
秋收起义总指挥卢德铭 倪良端 炎黄春秋 97.1
卢作孚的乡村建设理论与实践述论 王安平 社会科学研究 97.5
壮族烈士卢焘将军 陈崇凯 民族 97.4
卢汉寻找共产党 万揆 民国春秋 97.2

六 划

吕振羽早年与村治运动 戴开柱 江汉论坛 97.4
吕振羽和湖南文化抗战 范忠程 抗日战争研究 97.3
吕振羽与抗日文化宣传 范忠程 湖南师范大学社会科学学报 97.5
简论孙中山的民主监察思想及其启示 李光正 河池师专学报 97.1
孙中山革命思想的发源地 李殿元 团结报 97.6.18②
孙中山最后一次路经香港 博文 团结报 97.7.12②
孙中山在伦敦所摄照片质疑 余齐昭 团结报 97.7.16②
孙中山与上海 熊月之 历史教学问题 97.3
孙中山货币思想述评 郑晔 四川金融 97.5
孙中山社会主义思想与中国儒家传统 董士伟 清华大学学报 97.2
论中国共产党对孙中山的真诚帮助 李殿元 天府新论 97.3
孙中山关于政治心理的思想探析 王蓓 政治学研究 97.3
孙中山对"中国威胁"论的抵制 戚厚杰 团结报 97.10.22②
近代名人与招商局:孙中山:"解衣付质" 骁武 中国档案报 97.11.6④
孙中山在广州国民党党务会议的讲话日期释疑 李莲珍 团结报 97.8.20②
孙中山与澳门 王晋军 团结报 97.10.18②
孙中山北上时为何只是"路经"香港 陆茂清 团结报 97.10.19②
论孙中山晚年对西方社会哲学的批判与对儒家政治哲学的褒扬 姜义华 广东社会科学 96.5
第一次国共合作时期的孙中山与华侨 段云章 中山大学学报 96.6
孙中山晚年的新建树与中国共产党 肖甡 江苏社会科学 96.6
孙中山与祖国统一 邵雍 上海师范大学学报 96.4
孙中山——中国政治制度近代化的奠基人 翟国璋 江苏教育学院学报 96.4
孙中山先生灵梓奉安典礼目击记 牟龙光 贵州文史天地 96.6
第一部研究孙中山政党思想的专著:《孙中山政党思想研究》评介 徐泰来 湘潭大学学报 97.1
以《上李鸿章书》看孙中山的早期近代化思想 李灿珍 湘潭大学学报 97.1
浅释港澳档案所藏有关孙中山与澳门关系研究的一些资料 (澳门)霍启昌 学术研究 97.2
论孙中山的现代化思想 吴祖鲲 理论导刊 97.2
孙中山到南昌 陶涛 南昌职业技术师范学院学报 97.1
孙中山的革命生涯与地缘文化 郭绪印 上海师范大学学报 97.1
论孙中山实行国共合作的主观原因 盛方 韶关大学学报 97.1
"孙中山与中国近代化"国际学术讨论会在广东省中山市举行 戚鸣 广东社

会科学 96.6
1924 年孙中山痛斥“乡共派”内情披露 王德京 炎黄春秋 97.2
试论孙中山的国民人格观 王蓓 陕西师范大学学报 97.1
孙中山坚持国共合作，反对国民党右派的斗争 王德京 中共党史研究 97.1
从“没有更改必要”到“重新来解释”：孙中山对三民主义的认识变化 刘曼容 团结报 97.5.24②
抗战后期孙科关于彻底清算日本军国主义的主张 左双文 长沙电力学院社会科学学报 97.3
中国共产党对抗战时期的孙科评价浅议 左双文 中共党史研究 97.5
孙科与“五五宪草” 石柏林 民国春秋 97.2
孙科与“五五宪草” 王军 湘潭大学学报 97.1
历史从西安拐弯：采访张学良将军的卫队营长孙铭九追记 朱光亚 丝绸之路 97.3
缅甸抗日战场上的孙立人 孙业余 志苑 97.5
武胜人民怀念孙绍麟同志 肖诗芳 四川党史 97.4
我的爸爸刘伯承与宁都起义 刘豹 炎黄春秋 97.9
刘伯承北向店脱险记 徐德瑞 中国青年报 97.10.18⑧
刘伯承挥军“飞”淮河 梁天录 党史博采 97.8
刘伯承与南昌起义 屈镇骞 党史天地 97.9
一次独特的祝寿晚会纪盛：忆刘伯承元帅 50 寿辰 刘备耕 新文化史料 97.4
刘伯承历险记 杨国宇 人民论坛 97.6
刘伯承当“裁缝”师傅 张传保 党史博采 97.6
刘伯承元帅 1958 年前后 《刘伯承》编写组 党史博览 96.6
长征路上的刘伯承 任立 党史纵览 96.5
解放后南京市第一任市长刘伯承 龙义 南京史志 96.6
对《刘晓同志领导白区工作的回忆》一文的补订 刘敬坤 档案与史学 97.4
刘晓何时任上海地下党负责人 张培森 中共党史研究 97.4
刘晓重建上海地下党 鲁圣祥 湖南党史 96.6
踏重寻梅若年春：刘斐将军香港纪事 君心 党史纵横 97.4
怀念刘达 楚涵 新闻与成才 97.6
西康王刘文辉 蔡远 文史精华 97.7
埋没了的历史真相：刘昌义将军起义前后 梁佐华 团结报 97.7.23②
论刘湘与重庆三·三惨案 倪良端 四川党史 97.4
辛亥革命时期的刘半农 育立军 团结报 97.7.23②
两大战役中的刘亚楼将军 钟兆云 中华儿女 97.5
中国空军第一任司令员的潇洒外交：[刘亚楼] 肖占中 党史博览 97.4
迫害刘志丹的执行者不是张敬佛：《西行漫记》中一段史实的补正 于行前 炎黄春秋 97.8
《埋没了的历史真相》一文旁证：关于刘昌义将军上海举义事件 刘怀德、刘训浩 团结报 97.8.23②
松阳人的怀念：忆刘英政委 王人勤 党史纵横 97.3
实业大王刘鸿生 王慧青 上海档案 96.6
刘昌毅血战康家山 贺保峰、朱国宗 党史天地 96.11

刘伯坚烈士纪念碑　马幸辛　四川文物　97.1
刘伯坚：宁都暴动的幕后英雄　孟劲帆、曾祥健　党史文汇　97.2
任弼时在湘赣苏区　尹伟斌　湖南党史　97.3
任弼时对青年工作的理论贡献　刘牧　阜阳师范学院学报　96.3
“江姐”的信是怎样带出渣滓牢房的　吴家华　党史文苑　96.6
“江姐”的信是让亲戚带出渣滓洞的　吴家华　党史文汇　97.1
江上青在上海　黄淑成、曹晋杰　上海党史研究　97.3
“文革”中的许世友　李永春、胡忠红　志苑　97.3
许世友和他的少林刀功　胡居城　党史博览　97.7
许继慎将军的故事　鲍劲夫　党史纵览　96.6
试论许子威的抗日民主政权建设思想　刘宗武　社会主义研究　96.专辑
活着的“烈士”：一等功臣许长友　张树臣　党史纵横　97.4
离别十年情不移：许光达将军的故事　黄子云　福建党史月刊　97.4
“对革命有功的优秀干部”许卓　钟春林　广东党史　96.2
鲜为人知的北平看守所越狱真相：走访50年前越狱的许言午同志　张力　纵横　96.12
许德珩在五四运动中　刘勉玉　江西社会科学　97.5
工人阶级的英雄共产党员的模范：记早期共产党员朱宝庭　陆米强　上海党史研究　97.1
红军外交官秘闻：记中国驻印度首席军事武官朱开印　吴明举　党史天地　97.4
朱执信对第一次国共合作形成的贡献　姚江、吴焕强　团结报　97.11.1②
朱光在香港一段“缘”　王克　广西党史　97.3
抗日将领关玉衡　冯学忠　文史精华　97.5
安子介——企业家，学者、爱国者　沈雨梧　浙江师大学报　97.2
“传奇将军”过家芳　寿魁成　世纪风采　97.2
连横合纵不辱使命：华岗与西南地方实力派　王弘　党史博览　97.3
才华横溢的乔冠华　张容　决策与信息　97.3
成仿吾诞辰100周年纪念会在京举行　江涛　人民日报　97.8.16②
成仿吾与山东大学　石家麟　人民日报　97.8.18⑦
矗立在西北高原上的一座烘炉：纪念延安陕北公学建校六十周年，成仿吾校长百年诞辰　江岚　大江南北　97.7
成仿吾与统一战线工作　屈飞　人民政协报　97.9.10④
中央党校召开座谈会纪念成仿吾诞辰100周年　人民日报　97.8.28④
成仿吾在长征中的故事　李安葆　湖南党史　97.4

七　划

关于李大钊研究的几个问题：读《李大钊文集》札记　朱文通、王小梅　北京党史研究　97.5
李大钊在中国革命中的历史地位和功绩　李运昌　中共党史研究　95.1
李大钊对中国革命的理论贡献　陈增辉　光明日报　97.5.27⑤
创造青春中华文化
1. 李大钊文化思想的当代启示
2. 李大钊爱国主义思想与传统文化
朱志敏　北京日报　97.10.22⑦

李大钊对"五四"新文学运动的贡献:纪念烈士殉难70周年 童伟民 重庆教育学院学报 97.2
"李大钊思想与社会主义精神文明"学术讨论会简介 赵晋 北京党史研究 97.4
纪念李大钊就义70周年学术讨论会暨史料展览在京举行 陈静 北京党史研究 97.4
李大钊孔子观述评 陈增辉 中国哲学史 97.1
枪声中的公葬:记李大钊的葬礼 黄栋法 党史文汇 97.8
谈李大钊的经济思想 乔海燕 山东师大学报 97.增刊
李大钊与儒学 吕明灼 孔子研究 97.3
李大钊重要佚文被发现 文汇报 97.8.2①
论李大钊的"民彝思想" 王宜放 首都师范大学学报 97.2
李大钊妇女解放思想新论 吴汉金 盐城教育学院学报 97.2
李大钊纪念馆在乐亭落成 人民日报 97.7.24④
李大钊与马克思主义的中国化 宿忠显 青海社会科学 96.5
李大钊爱国主义思想初探 朱文通、王小梅 党史博采 96.12
李大钊与北京大学进德会 李贵 党史文汇 96.12
李大钊的中国现代化发展观 宋月红 北京大学学报 97.2
李大钊——中国共产党的主要创始人 乐正文 人民政协报 97.4.23④
北京纪念李大钊英勇就义70周年 人民日报 97.4.26②
李大钊教育思想浅论 刘虹 河北学刊 97.1
李大钊辛亥革命业绩的新发现 唐向荣 党史博采 97.2
试论李大钊的妇女解放思想 王军为 河北师范大学学报 97.1
李大钊廉政思想浅析 彭积冬 北京党史研究 97.1
李大钊民众观点初探 魏训田 德州师专学报 96.3
李大钊早期进化史观试论 文君 漳州师院学报 96.3
近三年来李大钊研究综述 张春丽 北京党史研究 97.3
中国共产党人是精神文明的积极倡导者:李大钊思想研究一得 张阳普 北京党史研究 96.6
李先念纪念馆在红安隆重开馆 张肇俊 党史天地 97.8
从陕西到延安:李先念穿越敌区300里 崔凤鸣、新市 党史纵横 97.8
李先念纪念馆在红安开馆 人民日报 97.6.22①
李立三与上海工人运动 陈卫民 史林 97.2
从李立三更名看其一生 李思慎 炎黄春秋 97.6
不计名位能上能下的典范李立三 孔德生 党史博采 97.4
李公朴的四次山西行 仰和等 党史文汇 97.4
李公朴遇害抢救目击记:云南从医忆闻 田武昌、何艾田 党史纵横 97.1
路遥知马力,岁寒见后凋:李维汉与党外人士交往轶闻 桂新秋 广西党史 96.6
试论李维汉对我国我党合作的理论贡献 高曙东 中央社会主义学院学报 97.9
李维汉与中国民族区域自治制度的建立 买文兰 河南师范大学学报 97.3
李维汉关于民族区域自治的理论贡献及其新发展 常吉林、车哲九 社会科

学战线 97.4
李维汉的人民政协工作理论与实践 莫岳云 毛泽东思想论坛 97.3
李维汉在人民政协工作方面的理论建树 莫岳云 统一战线 97.3
延安时期李维汉对民族工作的贡献 马奎 黑龙江民族丛刊 96.4
中国共产党创建时期的李达 黄子兴 上海党史研究 97.5
李达上将与李达校长的友谊 王晓建 广西党史 97.2
左江赤子:记李明瑞烈士 朱云琴 党史纵横 97.7
李清泉对祖国抗战的贡献及其成功因素 李天赐 八桂侨史 97.3
炒面入朝记:李聚奎同志的贡献 何武 党史纵横 97.10
纪念李明灏将军 萧克 人民日报 97.11.14⑪
首都纪念李明灏百年诞辰 人民日报 97.11.4④
李鹏父亲的遗书 广西党史 97.1
李硕勋在香港 何锦州 中国党政干部论坛 97.7
李硕勋在《中国学生》杂志 吴家华 北京党史研究 97.6
我所接触的第一位首长李凡夫 张汉青 广东党史 97.3
李济深敦促桂系将领弃暗投明 邓正兵 团结报 97.10.15②
李济深何时和柳亚子一起离港去解放区 俞兴茂 团结报 97.10.11②
李济深和新桂系的崛起 邓正兵 团结报 97.8.20②
李欣的越战预言和麦克纳马拉的回忆 钟兆云 福建党史月刊 97.7
李秀英一位在日军37刀下幸存的历史见证人 李根成、贾建林 深圳特区报 97.3.19⑬
李步新在皖南的革命经历 刘春华 江淮文史 97.3
一本生动形象的人生教科书:读《李德生回忆录》 汪永红 解放军报 97.7.29③
李维贤在上饶集中营 寿魁成 志苑 97.3
李士群沦为日寇汉奸内幕 中华读书报 97.7.16④
中国第一位飞机制造家李宝焌 管其乾 福建党史月刊 97.3
东方旅社事件:记李求实等23位烈士的被捕和牺牲 李海文 鲁迅研究月刊 97.4
长征路上的"蛮"大姐:记红军女战士李坚真 张寒 党史纵横 96.12
三次过草地三次被开除:女红军作家李伯钊片断 丁艾 四川党史 97.1
北平和谈中的李炳泉 刘可兴 北京日报 97.4.5④
李宗仁在北平 申晓云 民国春秋 97.2
李宗仁西山泉茶缘 徐汉平 人民政协报 97.10.1④
抗战期间白崇禧与中共的秘密交往 张宗高 文史精华 97.5
李汉俊之死 肖振奎 团结报 97.8.30②
所谓李汉俊"屡遭"陈独秀"打击"并非历史真实:与姚松蛟先生商榷 张同 天津党校学刊 96.3
在历史转折关头的张闻天 程中原 湖南党史 97.3
浅论张闻天抗日民族统一战线思想的形成 范龙堂 求索 97.3
张闻天在抗日民族统一战线策略形成过程中的领导作用 徐波 抗日战争研究 97.2
张闻天调查研究到故乡 施祥根 纵横 97.3
张闻天与西安事变 郭旭东 历史教学

97.4
张闻天与西安事变中的"二·二事件" 何步兰 兰州大学学报 97.2
张闻天在扎西会议中历史作用及地位的重新研究 徐波 安徽大学学报 96.6
功不可没(日本学者高度评介张闻天对和平解决西安事变的重要贡献) 程慎元 党史纵横 96.12
张闻天对红军长征胜利的杰出贡献 张寿春 南京社会科学 97.2
张太雷家世考 吴之光、储佩成 常州工业技术学院学报 97.1
中共最早关于妇女运动的文献:读张太雷致共产国际"三大"的报告 叶孟魁 北京党史研究 97.1
略论张太雷对党的思想理论建设的贡献 张梅毅 常州教育学院学报 96.1
中共最早关于妇女运动的文献:读张太雷致共产国际三大的报告 叶孟魁 常州教育学院学报 96.2
张、杨捉蒋行动中的"倒戈将军" 剑来、周伟芳 上海档案 96.6
张学良与红军长征三大主力胜利会师 牛桂云 上海党史研究 96.6
简评张学良送蒋返宁 陈九如 民国档案 96.4
身在禁中心系抗日:抗战时期的张学良将军 高晓军 党史天地 96.12
"九·一八"事变张学良放弃东北的深层原因探析 雷家君 蒲峪学刊 96.3
西安事变前的张学良 刘耀德 文史精华 97.2
张学良与体育 隋增质 张家口师专学报 96.2
研究张学良的新史料 大江南北 97.2
张学良与安徽 施昌旺 党史纵览 96.6
爱国主义的升华:略述张学良联共抗日的思想的形成 温永录 社会科学辑刊 96.5
张学良与红军:从新发现的写给周恩来的亲笔密函谈张学良何时要与红军"合在一起干" 毕万闻 社会科学战线 96.6
张学良与西安事变再研究 (美)吴天威 中共党史研究 97.2
中原大战中的张学良 杨建成、李新丽 团结报 97.4.16①
张学良将军的历史贡献 刘耀琼、晏泽厚 理论导刊 97.4
论张学良爱国主义思想的形成发展的原因 白竹林 信阳师范学院学报 97.2
历尽艰辛振兴教育:张学良捐资的中小学教育基金会 梁淑杰 党史纵横 97.6
张学良代蒋受过内幕 陆茂清 文史精华 97.6
中原大战期间张学良为何能够倒向蒋介石 周俊仪等 佳木斯教育学院学报 96.3
张学良与红军长征胜利会师 牛桂云 北京党史研究 97.1
张学良驻京期间严肃军纪 董慧云 北京档案史料 97.1
张学良送蒋回宁原因探析 江春劼、叶扬兵 文博 97.1
张学良的爱国壮举:纪念西安事变60周年 李艳玉 文博 97.1
张学良将军囚居阳明洞 陈新国 贵州文史天地 96.6
张学良转移开阳二三事 伍家文 贵州文史天地 96.6
弥足珍贵的一封家书:张学良给张学文的信 赵杰 党史纵横 97.3
从拥蒋剿共抗日到拥蒋联共抗日:论张学良全国抗战思想的转化 尹小平 武陵学刊 97.2
承继传统与超越传统:从西安事变看传

统政治文化对张学良的影响　王续添　长白学刊　97.4
张学良囚禁台湾的岁月　刘盛甲　贵州文史天地　96.6
西安事变前张学良所谓“一二月内定有变动”何指？与杨著《西安事变新探》商榷一个问题　蒋永敬　近代史研究　97.1
张学良将军的历史贡献　刘耀琼、晏泽厚　东疆学刊　97.2
张学良是如何走上联共道路的　刘子建　文史杂志　97.4
珍闻：张学良要求参加共产党的前前后后　周祖羲　炎黄世界　97.9
试述张学良对东北民众抗日救国会的暗中支持和援助　孙玉娟、林迎春　龙江党史　97.2
张学良早年教育轶事　王频　唯实　96.4
张学良的个性与西安事变　李精华　理论探讨　97.1
英豪岂可囚，相忍皆为国：记张学良幽禁期间与周恩来的交谊　深圳特区报　97.2.5③
别有天地非人间：张学良将军在凤凰山　姜宏硕、胡兰宁　党史博采　96.12
“释张”活动中的张学思　郝彭证、阎剑英　党史文汇　97.5
张闻天经济思想简论　李玉荣　山东师大学报　97.4
张闻天对遵义会议的特殊贡献　耿飚　中共党史研究　95.1
张闻天与中国共产党的两大历史转折　张培森　中共党史研究　95.6
冷峻而伟大的思想者——张闻天　石仲泉　中共党史研究　95.6
浅论张闻天思想方法的基本特征　高鸣　江南论坛　97.7
“我是共产党员，应该讲真话”：张闻天与他的“庐山发言”　雒春普　党史文汇　97.10
中央苏区时期，张闻天摆脱“左”倾樊篱的心路历程　郭若平　福建学刊　97.5
抗日民族统一战线策略的制订与张闻天的领导作用　徐波　安徽大学学报　97.4
不该被历史遗忘的人：记早期女革命家张若名　阿庚　党史博采　97.4
参加过长征的国民党中将司令：[张振汉]　梅兴无　党史博览　97.6
正气参天照人间：深切怀念张崇文老将军　黄进琪　党史博采　97.5
张秀山同志在东北　孙庆梅　龙江党史　97.1
浴血奋战陕甘，呕心沥血松辽：深切怀念张秀山同志　习仲勋等　人民日报　97.8.27⑪
40年代张澜的民主思想述评　邬群　社会科学研究　97.3
《张澜思想研究丛谈》读后　张静虚　社会科学研究　97.4
张爱萍上将文韬武略一江山　东方鹤　中华儿女　97.8
抗战胜利后的张元济　周武　档案与史学　96.6
随父亲张元济上庐山　张树年　世纪　97.3
英灵化箭飞太空：缅怀航天工业的开拓者张钧同志　刘有光等　人民日报　97.9.24⑪
热血洒神州忠骨埋宝岛：记在台湾牺牲的张伯哲烈士　王宋斌　广东党史　96.3
张锦湖规劝韩复榘经过　沈印骞　历史档案　97.1
1928—1937年的张静江　赵兴胜　近代史研究　97.1
从《张静如自选集》谈治学态度与治学方法　乐群　北京党史研究　97.1

公审恶霸张右山 姚国平 北京党史研究 97.2
释放张辉赞:一次未能实现的国共谈判 李宗明等 党史博览 96.6
张我军及其同时代的北京台湾籍学生 秦贤次 北京档案史料 96.5
张东荪传略 左玉河、王瑞芳 民国档案 97.1
功绩永载史册浩气长存人间:纪念张浩诞辰100周年 刘益涛 人民日报 97.5.13⑪
全国总工会举行座谈会纪念张浩同志百年诞辰 人民日报 97.3.12④
张季鸾与抗战时期的中日和谈 卫金桂 民国春秋 97.5
张西曼在两次国共合作中的革命文化活 张小曼 新文化史料 97.5
著名抗日爱国将领张炎 黎远明 八桂侨史 97.3
谈《国共合作的秘密使者张冲》一文中的史实错误 丁桂田、庞培法 山东师大学报 97.增刊
张自忠之女张廉云:《父亲那代人完成了他们的使命》 中国文化报 97.7.11①
张自忠洗雪耻辱的第一仗 辛建 江淮文史 97.5
燕赵大地洒热血,长城脚下立丰碑:记张桐烈士 张李明 党史博采 97.1
党的统战工作的楷模:悼念张承宗同志 赵宝玉 解放日报 97.4.7③
张承宗同志生平 上海党史研究 97.1
缅怀老部长张承宗同志 陈铭珊 文汇报 97.4.9②
张鼎丞训勉溥仪 郑玉华 世纪 97.4
为人民服务不是一句空口号:张鼎丞同志对我们的教诲 蔡博文 党史纵横 97.4
张伯驹自述收藏国宝始末 蔚明 世纪 97.1
国共秘密使者张子华 韩培基 炎黄春秋 97.1
张云逸与红军第七军 张广华 炎黄春秋 97.1
我的亲身经历:对张振鹍先生一种观点的补充说明 郭汝瑰;宋冬游整理 抗日战争研究 97.2
张治中在新疆历史大转变中的活动 任伊临 西域研究 96.4
张治中三访张学良 胡先锐 中国企业政工信息报 97.9.17⑥
张治中解决新疆问题的主张及措施 李爽 新疆大学学报 97.3
张治中主湘述论 董季林、肖栋梁 湖南教育学院学报 97.3
张治中在新疆和平解放中的作用 张玉凤、高新生 新疆大学学报 97.2
张国焘与西路军的失败 袁成亮 党史纵览 97.4
张国焘在长征中的主要错误及其教训 王维运 天中学刊 97.1
张国焘的最后一步 吴雪晴 世纪风采 97.2
张国焘叛逃投敌的经过 张海 纵横 97.1
把历史的内容还给历史:关于张国焘密电的考辨 秦生 甘肃理论学刊 97.2
宋庆龄与香港“一碗饭运动” 张雪峰 文史杂志 97.5
宋庆龄统一战线思想述论 樊洁 历史教学问题 97.4
略论宋庆龄的妇女解放思想 肖际唐 华南师范大学学报 97.4
宋庆龄曾经用过的别名马丹:我的一点补正 林铭纲 党史纵横 97.7
宋庆龄在香港 林铭纲 上海党史研究 97.4
宋庆龄与第二次国共合作的形成 李晋玲 党史文汇 97.7

宋庆龄论中国抗战的国际意义　傅绍昌　学术月刊　97.10
宋庆龄与第一次国共合作　张雪峰　文史杂志　96.6
高风亮节大义凛然：宋庆龄营救“七君子”纪实　陈家骥　党史纵览　97.3
宋庆龄与“保盟”在香港　董汉昀　文史杂志　97.3
宋庆龄在香港的抗战活动　董汉昀、张宝善　南京史志　97.3
宋庆龄在香港　周丽萍　团结报　97.5.7②
宋庆龄与香港　蓝汉昀、张宝善　炎黄春秋　97.4
呕心沥血的抗战：宋庆龄与保盟在香港　董汉昀　党史纵横　97.4
新民主主义革命时期宋庆龄与中共合作原因探析　季鸿生　上海师范大学学报　96.4
宋庆龄关于抗日战争的思想及其历史地位　肖学信　厦门大学学报　96.4
宋氏兄妹与西安事变　李昕　人文杂志　96.6
1942—1943宋美龄访美原因、经过及其效果　徐旭阳　华中理工大学学报　97.1
宋美龄与西安事变　蒋文祥　江海学刊　97.3
宋美龄在和平解决西安事变中的地位和作用　王文鸾　史学月刊　96.6
宋哲元与卢沟桥抗战　罗正楷、王旸　北京党史研究　97.4
试析宋哲元抗日思想的演变　吕桂震　聊城师范学院学报　97.3
宋哲元为什么要张自忠留在北平　赵延庆　抗日战争研究　97.3
西安事变的功臣宋绮云　解光一　上海教育学院学报　96.4
何香凝与一·二八淞沪抗战　傅绍昌　联合时报　97.8.22③
为维护三大政策苦斗不屈的何香凝　董汉昀　团结报　97.5.3②
杨虎城开发陕西的经济思想与贡献　陈崇凯　渭南师专学报　97.2
杨虎城与陕西教育　张军、白淑芳　文博　97.1
杨虎城将军之死　何仲　贵州文史天地　96.6
杨虎城主政期间的陕西地方建设　黄莉红　文博　97.1
杨虎城与“兵谏”的发动　张忠发　文博　97.1
论西安事变前的杨虎城及其政治思想　王琳　人文杂志　97.1
杨虎城将军与第二次国共合作　张忠发、姚桐文　文博　97.1
试论爱国名将杨虎城　张军、白淑芳　文博　97.1
试论杨虎城的抗日爱国思想　王玖　文博　97.1
杨虎城将军殉难追记　甘惜分　光明日报　97.1.28⑥
坚持实事求是进行报告性工作的楷模：缅怀原中共黑龙江省委第一书记杨易辰同志　李剑白　黑龙江日报　97.7.8③
功难抵过说杨虎　王炳毅　志苑　97.4
开罗会议上的杨宣城将军　杨亲华　纵横　97.4
杨荫榆其人的是与非　沈岚　民国春秋　97.5
首都纪念杨秀峰诞辰100周年　人民日报　97.3.21①
“烈忾难消志不磨”：日伪审讯杨靖宇档案告诉我们　权芳敏、佟福贵　中国档案报　97.8.21④
“杨余傅事件”中的余立金　舒云　炎黄春秋　97.4
马克思主义者的坚定信念：《杨匏安文集》读后感　龚育之　广东党史

96.6
读《杨匏安文集》 龚育之 中共党史研究 96.6
没有血缘的亲情:杨成武将军与老房东的故事 蔡峰 党史纵横 97.3
党和人民的优秀女儿:写在母亲杨刚逝世40周年之际 郑光迪 人民日报 97.9.24⑪
陈独秀教育思想论析 戚谢美 杭州大学学报 96.4
也论陈独秀"北伐观"的真谛:与董伟同志商榷 王小京 党史研究与教学 96.6
陈独秀与"新青年"编辑部的五次迁徙 徐开忠 党史纵览 97.4
陈独秀之子:陈延年、陈乔年 马玉顺 团结报 97.10.11②
陈独秀与第一次国共合作的形成 白应华 思茅师专学报 97.1
孙中山身边第一位共产党员与党的第一任总书记 朱洪 党史文汇 97.8
五四时期陈独秀民主思想的发展 武军 淮北煤师院学报 97.2
陈独秀的国民革命思想评述 东方溯 安徽史学 97.3
略论陈独秀早期民主思想的局限性 宛小平 安徽史学 97.4
开天辟地的功勋:陈独秀建党活动述略(上、下) 张家康 广东党史 97.4.5
陈独秀晚年发展民族工业思想初探 张晓丽 党史纵览 97.5
论陈独秀对社会民主主义的批判 郭丽君 北方论丛 97.5
陈独秀对武装斗争问题认识探析 王光银 杭州师范学院学报 97.4
陈独秀被开除党籍原因新探 金怡顺 北方论丛 97.4
论一战时期陈独秀对阶级定位的先导性探索 刘增合 安徽史学 97.3
陈独秀早期救国思想嬗变的轨迹 舒文 长沙电力学院社会科学学报 97.2
"二次革命论"的由来及评析 顾丽梅 党史研究与教学 97.2
陈独秀与香港工人运动 帅文洁 团结报 97.6.11②
陈独秀教育思想三题 龚政 安庆师院社会科学学报 96.4
陈独秀与五四运动的发展方向 朱效梅 辽宁大学学报 97.3
陈独秀在大革命前后 张敬让 安庆师范社会科学学报 96.4
从《惨世界》到《黑天国》:论陈独秀的小说创作 钟扬 安庆师院社会科学学报 96.4
陈独秀的人生哲学 周德丰 天津师大学报 97.1
陈独秀在创建广东共产党中立了头功 沙东迅 广东党史 96.4
评陈独秀的反孔斗争 范荣祥 学术交流 97.1
晨曦中的那座墓碑:安庆凭吊陈独秀 陈德舜 党史纵横 97.1
陈独秀与第一次国共合作的实现 白素玉、邓河 党史文汇 97.3
评陈独秀诗中的政治理想和个人感情 刘惠恕 华东师范大学学报 97.2
陈独秀对中国资产阶级的认识及其失误 王开良 黄淮学刊 97.1
陈独秀的五次日本之行 张家康 党史纵览 97.1
陈独秀秘书黄玠然谈大革命前夜的陈独秀 辛平 炎黄春秋 97.1
"陈独秀全盘反传统论"辨析 刘立范、李安民 烟台师范学院学报 97.1
有关陈独秀书法的一则史料 档案与史学 97.2
哲人其萎风范犹存:回忆同陈云同志相处的几件往事 沈鸿 人民日报 97.6.13⑪

站在最大多数劳动人民一边：陈云在主持国家财经工作中　何以馥　党史文汇　96.11
延安时期陈云同志的干部素质论　陈火祥　嘉应大学学报　96.5
为千秋功业奠基石：陈云同志抗战时期培养教育一代青年纪实　刘家栋　人民日报　97.1.14⑪
现代管理的实践家——陈云　韦文　决策与信息　97.3
永远像您那样学习和生活：怀念我们的父亲陈云　陈伟力、陈元、陈伟华等　人民日报　97.4.22⑪
陈云和中共领导的第一支航空队　李建文、李立芸　党史纵览　97.2
陈云在商务印书馆的日子　刘容　中华读书报　97.7.23⑤
陈云：长征的亲历者和最早的宣传者　迟爱萍　中国青年报　97.3.14⑧
陈云与社会主义新时期党的建设　迟爱萍　中共党史研究　95.3
从上海会议看陈云同志解决财经问题着眼于恢复和发展生产的思想　王明友　山东师大学报　97.增刊
陈云在中央苏区反对"左"倾错误的贡献　盖军　中共党史研究　95.6
陈云关于正确开展党内批评与自我批评思想略论　柳建辉　北京党史　97.2
放到历史环境中去考察：记陈云同志的一件事　荣天玙　文艺报　97.3.1④
八大前后陈云对经济体制改革的探索　王家云　淮阴师专学报　96.4
横越江河七百里：陈毅秘密北赴延安　卢荻　党史纵横　97.2
陈毅对华中抗日民族文化统一战线的贡献　成国银　淮海文汇　97.1
陈毅元帅的风采　王列平　党史天地　97.2
永恒的思念　陈珊珊　光明日报　97.3.22⑥
陈毅做报告的艺术魅力　胡兆才　南京史志　97.4
立党为公，坦荡无私(陈毅在红四军党的"七大"前后)　邹书春　四川党史　97.2
在陈毅身边工作的几件事　余子迅　江淮文史　96.4
我为陈毅重要讲话做记录　沈北乐　上海党史研究　96.6
陈毅的三次重大贡献　胡兆才　福建党史月刊　97.3
略论陈毅对华中战场的贡献　柳宏为　淮阴师专学报　97.1
陈毅在茅山抗日根据地的知识分子工作　钱凯　江淮文史　97.1
陈毅铜像落成信丰　王彬权　文汇报　97.10.7⑤
陈毅和《新四军军歌》的诞生　张伟国　党史纵览　97.5
陈毅在黄桥决战前的统战活动　张军　统一战线　97.7
陈毅梅岭脱险记　张开泉　党史天地　97.8
统战艺术的典范：黄桥决战前陈毅同志的统战工作　王勇　党史纵横　97.8
泫然抚伤更英雄：陈毅在三年游击战争中战胜腿伤纪事　凌步机　党史文苑　97.3
陈然与白公馆监狱的一次成功策反　吴家华　党史纵览　97.4
陈然烈士狱中一件鲜为人知的事　吴家华　党史天地　97.8
正义抉择：陈明仁将军起义的前后　师达　党史纵横　97.11
1924年至1927年陈为人在北京地区的革命活动　吕芳文　北京党史研究　97.5
用生命保护党的机密：记陈为人　翁三新　上海党史研究　97.4
陈为人献身"中央文库"　吕芳文　湖南

党史 97.3
红色开拓者:中共满洲省临委首任书记陈为人 肖平 党史纵横 97.10
营救陈延年 马龄国 中国律师 97.8
陈再道将军的传奇经历 祝和忠 统一战线 97.7
陈铁健谈北伐战争 彭建新 广东党史 97.2
丢不起的机要处长:[陈琮英] 戴淦 党史博采 97.6
《陈洁如回忆录》史料价值质疑 谢起章 湘潭师范学院学报 97.2
七·七事变后的陈铁将军 陈英 贵州文史天地 97.3
血和火中的"正气歌":记抗战中的陈伯吹 苏叔迁 解放日报 97.7.22⑨
翻译《共产党的宣言》的陈望道 董舒林 文艺报 97.6.24④
陈友仁在收回汉口、九江英租界斗争中的贡献 方春生 泰安师专学报 96.4
解放战争时期的陈嘉庚 曾昭铎 福建党史月刊 97.4
陈丕显寻找三南游击队 陈杭芹 福建党史月刊 97.5
陈丕显与"八升米"事件 常浩如 世纪风采 97.4
怀念陈丕显同志 叶飞、张震 大江南北 96.11
陈立夫为什么主任教育部长 刘敬坤 民国春秋 96.6
"民国长城"的尽头:陈其美的死后哀荣 刘作忠 党史纵横 96.11
中华战鹰威震敌胆:记抗日空战英雄陈盛馨 邱吉明、林野、魏明建 福建党史月刊 96.11
陈赓挥师回南昌 王永春 党史文苑 97.4
南京大屠杀期间难民区的忠诚卫士陈嵘教授 陈綦法 南京社会科学 97.8
陈光甫与中美桐油、滇锡贷款 张振江、任东来 抗日战争研究 97.1
领导浦东码头工人武装起义的陈博云 陆米强 上海党史研究 97.2
陈翰笙老前辈百岁荣寿祝祠 刘大年 文汇报 97.5.27⑫
陈云章在湖南和平解放前夕 陈再清 湖南党史 97.1
怀念成钧同志 赵启民 大江南北 97.4
陈寅恪先生与德国 陈正宏 德国研究 97.3
大汉奸陈公博"自杀"之谜 周安庆 中国青年报 97.5.1③
吴佩孚盖棺不能定论 马振犊 史学月刊 97.3
日寇诱降与吴佩孚之死 安国 文史精华 97.2
论"科玄"论战中吴稚晖的自然主义人生观 欧人、王世勇 信阳师范学院学报 97.1
吴稚晖与四·一二政变 蒋铁初 江苏历史档案 96.6
试论吴宓的孤独意识 李伟民 辽宁师大学报 96.6
纪念吴有训先生诞辰100周年 周光召 中国科学报 97.4.28①
无愧的共产党员吴荻舟 黄明 福建党史月刊 97.5
关于"吴晗问题"性质的高层争论 苏双碧 炎黄春秋 97.5
批判吴晗:冤案拉开了序幕:《评新编历史剧海瑞罢官是怎样出笼的》 苏双碧 青年文艺家 97.4
骁勇善战的闽北红军司令员:纪念吴先喜烈士牺牲60周年 罗时来 福建党史月刊 97.2
吴玉章与"八一"南昌起义 吴达德 西南师范大学学报 97.4
略论吴玉章在中国马克思主义史学中的

地位　张剑平　社会科学研究　97.4
淮海战役中的杜聿明　夏继成　大江南北　97.8
杜任之被阎锡山决意处死又获救经过　马明　炎黄春秋　96.12
抗战时期杜月笙在香港　沈立行　纵横　97.7
杜月笙与江浙财团　姚会元　民国春秋　97.2
我当袍哥大爷的沉浮　杜重石　世纪　97.4
中国共产党的忠实朋友杜斌丞　毛强　团结报　97.10.25②
杜修经在"八大失败"中所负责问题再认识　周友恩　武陵学刊　96.5
何柱国及骑二军在皖北的活动　赵德才、杨民情、张文军　江淮文史　97.1
论追剿长征红军的国民党统兵大员何键　杨学东　湘潭大学学报　97.2
为苏维埃流尽最后一滴血:纪念何叔衡诞辰120周年　王其森　福建党史月刊　97.6
何基沣打响全面抗战第一枪　寿魅成　志苑　97.2
拼将热血报中华:忆抗日爱国将领何基沣将军　于健　人民日报　97.7.7⑪
血洒卢沟桥:何基沣其人　陈一朗　党史纵横　97.9
救蒋还是害蒋?何应钦在西安事变中　李仲明　文史精华　97.2
汪精卫出任广州国民政府主席原因探讨　陈宪光　党史研究与教学　97.2
汪精卫亲信叛逃录　沈立行　世纪　97.3
奸雄汪精卫死亡之谜　长弓告　党史纵览　96.6
风流奸雄汪精卫死亡之谜　长弓告　党史文苑　97.2
汪精卫叛国投敌前后　聿玉　中国青年报　97.9.27⑧
汪精卫叛离重庆与遇刺河内　贺吉元　中国档案报　97.8.28④
汪精卫出逃后军统对汪系人物的监视　唐润明　民国春秋　97.2
年迈未敢忘忧国:访一二·九运动党的主要领导人之一老将军谷景生　钱行　中华老年报　97.8.4②
佟麟阁之子佟兵忆往事惊心动魄　中国文化报　97.7.11⑪
血雨腥风斗邪恶,赤心向党为人民:怀念我的父亲苏中鼎　萧源锦　四川党史　96.6
抗日县长与"小苏区":苏资琛主政合阳纪事　贾巨川　渭南师专学报　97.1
激民族主义愤,发抗战之先声:九一八事变后的邹韬奋　沈谦芳　党史纵横　96.12
邹韬奋与抗日救国运动　赵晓恩　出版发行研究　96.6
邹韬奋在香港的办报活动　乔云霞　党史文汇　97.10
余秋里首次到大庆实地考察　史实、春儒　龙江党史　96.5/6
伟大的战士邱少云　郑大藩　党史文汇　97.4

八　划

罗荣桓元帅的读书学习生活　于长治　党史天地　97.7
罗瑞卿与大比武　舒云　炎黄春秋　97.7
罗瑞卿在闽西的战斗历程　苏俊才　福建党史月刊　97.8
罗瑞卿与国防工业　张裕、蔡贯刚　当代中国史研究　96.6
罗炳辉将军在抗日战争中的历史贡献　宋霖　江淮论坛　97.5
昆明纪念罗炳辉诞辰100周年　王长山　人民日报　97.11.14④
罗炳辉将军在淮南　周世民　炎黄春秋

97.1
许党为民万事轻:纪念罗世文烈士 党史纵横 97.2
“罗元贞,一字师”之我见 林钧南、曾怀、邓东浩 广东党史 96.6
罗青被捕与“七君子事件” 申春 炎黄春秋 96.12
不朽的国际主义战士——罗盛教 戴煌 党史文汇 97.4
大写的人:忆陆定一同志二三事 宋正纯 中国青年报 97.5.26⑧
书生本色学者风范:怀念陆定一同志 陈清泉 光明日报 97.5.30⑦
宣传思想战线的卓越领导人:怀念陆定一 童大林等 人民日报 97.7.22⑪
“中国的贞德”陆璀 武际良 纵横 96.12
不徇私情的典范:林伯渠严格要求晚辈亲属二三事 李新市 党史纵览 97.1
“游击专家”林维先 屈德骞 党史天地 97.5
深切怀念林子明同志 方亭 北京党史研究 96.6
功绩垂青史,浩气存人间:深切怀念林浩同志 迟浩田等 人民日报 97.11.14⑪
岳小平白区工作片断 朱光壁等 四川党史 97.4
武汉二度,春秋十载:纪念郑位三同志诞辰95周年 雷河清 党史天地 97.7
火一般炽热的歌手:怀念郑律成同志 刘白羽 人民日报 97.8.1①
马革裹尸还万里,虎贲忠烈传千秋:郑作民将军传略 唐森树 零陵师专学报 96.3
东北抗日义勇军第48路军郑桂林在绥中的抗日活动 李玉春 兰台世界 96.11
茅以升曾为上海解放建立功勋 张化本 人民政协报 97.8.25②
心曲万千忆周扬 洁泯 随笔 97.4
是是非非话周扬 李辉 青年文艺家 97.4
我在中宣部工作时对周扬的一些了解 于光远 炎黄春秋 97.9
在赴日途中邂逅周作人 吴景略 世纪 97.3
斯人已逝,风范长存:纪念周谷城同志逝世一周年 方荣欣等 人民日报 97.10.28⑪
周日礼:农村改革的马前卒 江鲲池 党史纵览 97.4
将军驰骋冀鲁边:忆抗战中的江西籍将军周贯王 杨爱华、丁兴 党史文苑 96.6
大汉奸周佛海的庭审内外 杨序凯、彭腾福 中国档案 97.9.1④
周子昆在中央苏区三次反“围剿”战役中 冯都 广西党史 96.6
民盟纪念周新民诞辰100周年 盟讯 光明日报 97.3.25⑥
周新民调查“李闻惨案”始末 黄伟 江淮文史 97.2

九 划

忆贺龙元帅看话剧《八一风暴》 刘云 新文化史料 97.4
贺龙长征在侗乡 吴传仪 民族 97.8
南昌起义前后的贺龙将军 段纪明 党史天地 97.8
南昌起义中的贺龙 解放军总参谋部《贺龙传》编写领导小组 人民日报 97.7.29③
踏遍坎坷成大道:贺龙勤务员齐平轶事 杜学刚、伍时宝 解放军报 97.6.20⑤
贺龙元帅登上我的军舰 贺雄 党史天

地 96.11
贺龙长征二三事 吴清泉(口述);谢日林整理 湖南党史 96.6
攀枝花红寄深情:贺龙同志视察攀枝花 杨官富、赵光同 四川党史 97.2
贺龙元帅与大练兵运动 顾永中 党史天地 97.4
对贺龙生平研究中的若干问题的辨析 刘树发 湖湘论坛 97.2
简析恽代英对西方文化的价值取向 金玉芳 社会科学辑刊 96.5
也谈恽代英在军校的实践与理论建树 曾戎贵 江汉论坛 97.3
试论恽代英的政治文化思想 金玉芳 江苏社会科学 96.6
恽逸群在阜宁 赵怀德 黄海学坛 97.2
红都叙事:项英在中央苏区(之四) 胡居成 党史文汇 97.7
评《项英传》有关皖南事变的论述 金治 抗日战争研究 96.4
关于项英与皖南事变的几个问题:答金治同志 王辅一 抗日战争研究 97.2
《项英传》有几处失实 徐君华 抗日战争研究 96.4
闻一多人生历程的价值现象 宋曦业 文艺研究 97.2
真的就是胡乔木 陈祖芬 新文化史料 97.3
怀念胡乔木同志的三件事 丁景唐 新文学史料 97.3
回忆三十年代乔木同志在上海的日子 方铭 新文学史料 97.3
胡乔木的诗人生涯 程中原 新文学史料 97.3
胡乔木书信选辑 《胡乔木传》编写组供稿 李民志注释 新文学史料 97.3
胡乔木和中国现代文学馆 舒乙 新文学史料 97.3
怀念乔木:零星纪事 王作民 新文学史料 97.3
突围小记胡乔木 卞之琳 新文学史料 97.3
关于17年——从乔木同志的两篇文章谈起 龚育之 中共党史研究 95.1
在胡乔木塑像揭幕式上的讲话(1997年1月1日) 逄先知 党的文献 97.4
我所知道的胡乔木 杨尚昆 当代中国史研究 97.3
回忆两次莫斯科会议和胡乔木 阎明复 当代中国史研究 97.3
回忆乔木 卢之超 中流 97.5
千年不遇他逢辰:胡乔木诗作遗事 黄子云 福建党史月刊 97.2
胡乔木对社会主义问题的思考 徐永军整理 党的文献 96.6
胡耀邦视察迁安 章子合 党史博采 96.11
胡耀邦同志视察兴文时间考 黄志林 四川党史 97.1
“我们不下油锅,谁下油锅”:记胡耀邦接任中组部部长 活力荐 党史博采 97.2
胡耀邦和共青城的不解之缘 涂苏中 文史精华 97.5
胡耀邦心系党史二事 李彦长 湖南党史 97.1
胡耀邦两次汕头行 郑惠玉 广东党史 97.3
论胡适在五四新文化运动中的非政治的政治基础 黄俊强、陈惜龙 广州体育学院学报 96.增刊
前恭后倨:胡适与北伐期间国民党的“党化政治” 罗志田 近代史研究 97.4
从“教育救国”到“文学革命”:胡适“文学革命”主张的形成 刘自臣 华东师范大学学报 97.2
关于胡适“参与政治”的考辨:兼订正《中

国院士诞生记》中的一个说法 张先贵 合肥教院学报 97.2
论胡适对治学方法与材料的深刻认识 吴二持 学术界 97.2
胡适的中国传统文化观 李效增 齐鲁学刊 97.4
也谈胡适与新文学运动 徐改平 甘肃社会科学 97.3
胡适与“五四”时期的“孔教讨论” 刘连朋 长白论丛 97.3
谁是“全盘西化”论的主要代表:替胡适说句公道话 梁克文 石油大学学报 97.2
胡适思想三题 李翔海 北京社会科学 97.2
胡适与北京大学 欧阳哲生 北京大学学报 97.3
胡适与五四时期的丧葬礼仪改革 李纳森 求索 97.3
谈胡适先生的两篇著作 杨向奎 中国社会科学院研究生院学报 97.3
试析胡适的文明观 朱梅福 安徽教育学院学报 97.1
评胡适的现代化模式 冯菊香 延安大学学报 96.4
功力独到的《时代碣鉴》:评沈寂先生胡适研究新著 翁飞 江淮论坛 97.2
胡适在敌伪报纸上发表过文章吗? 朱文华 安徽史学 97.2
读了两种《胡适传》 汤晨光 信阳师范学院学报 97.3
胡适是“全盘西化”论者吗? 刘青华、孟俭仁 社科信息 97.7
胡适与中国共产党关系的历史考察 戴长征 江汉论坛 97.4
论胡适的自由主义思想 马千里 江苏社会科学 96.6
爱国工商界的楷模——胡子昂先生 经叔平 光明日报 97.6.3⑥
读《墙内集》忆胡风 绿原 书屋 97.2
论胡风对“五四”新文艺的认识与评价 庄锡华 中州学刊 97.2
中国革命知识分子的杰出代表胡愈之 马仲扬 炎黄春秋 96.11
微山湖畔抗日魂:悼念为国捐躯的胡子良团长 独逍生 淮海文汇 97.4
10年来胡汉民研究述评 荆蕙兰 龙江党史 97.1
1935年国民党内的倒汪迎胡暗潮:读台湾所藏胡汉民旅欧期间往来电报 杨天石 近代史研究 97.4
毛泽东、蒋介石座上客根据地国统区穿梭人胡仁奎传奇 何奇 炎黄春秋 97.5
悲壮时日:记赵君陶母子在香港 官祥 党史纵横 97.7
赵君陶在香港的日子 官祥 党史天地 97.2
流亡儿童的慈母赵君陶 王明友 四川党史 97.2
怀念慈爱的赵妈妈 薛心慧 四川党史 97.2
赵登禹之女赵学芬述说一段鲜为人知的家史 中国文化报 97.7.11①
打虎壮士、抗日英雄:记爱国名将赵登禹 一凡 党史纵横 97.8
赵赠熊:中国首批女飞行员的教官 沈飞德 世纪 97.1
“碧血染将天地红”:纪念抗日女英雄赵一曼殉国60周年 赵俊清 龙江党史 96.4
“诗人毕竟是英雄”:战时柳亚子在香港 裘臻 党史天地 97.8
柳亚子挽孙中山三对联 李海珉 南京理工大学学报 97.2
现代史学者柳松 吕建华 宁夏社会科学 97.4
段祺瑞与现代中国 段开龄 合肥教院学报 97.2
共和国第一号烈士——段德昌 万建强

党史文苑 97.3
从民族资本家到共和国副主席:[荣毅仁] 李彦春 党史博采 97.6
评施东向的《义理考据和辞章》 余绍秋 河南师范大学学报 97.2
从姚文元的札记看“四人帮”覆灭前的罪恶心态 李耐因 炎黄春秋 97.9
南社与吴江人 杨晓容 南京理工大学学报 97.1

十 划

上海军民衷心爱戴的司令员——郭化若 王致冰 上海党史研究 97.1
郭松龄倒戈反奉的台前幕后 祖雷 炎黄春秋 97.2
全面内战爆发前夕的郭沫若 朱宝琴 世纪风采 97.4
郭沫若与香港 冯锡刚 炎黄春秋 97.4
从《伟大的精神生活者王阳阴》看郭沫若思想的转换 张顺发 贵州社会科学 97.4
论郭沫若早期政治思想的发展历程 刘国华 郭沫若学刊 97.2
“历史的路只有一条”:郭沫若对中间路线的批判 王进 郭沫若学刊 97.2
明亡三百年纪念留给历史的思考:《甲申三百年祭》的发表及其影响 王戎笙 炎黄春秋 97.8
郭滴人“历史问题”真相及余洪 郑学秋 福建党史月刊 97.7
郭道甫的民族革命思想和他的民族观 陶玉坤 昭乌达蒙族师专学报 97.1
郭汝瑰:从旧营垒中冲杀出来的将军 徐林祥 党史纵览 97.1
略论秦邦宪的历史地位 富耀南 党史研究与教学 97.2
一个值得永远纪念的人:纪念秦邦宪(博古)诞辰90周年 温济泽 人民日报 97.11.15③
首都举行纪念博古诞辰90周年座谈会 曲志红 人民日报 97.11.15④
博古与《解放日报》 韩广富 党史天地 97.3
博古在遵义会议以后 韩广富 党史纵览 96.6
博古的曲折思想历程 陈夕 中共党史研究 97.3
知过即改,方为马列:纪念博古诞辰90周年 温济泽 炎黄春秋 97.5
一代名将功垂史册:深切悼念秦基伟同志 刘华清、张震 解放军报 97.5.12①
秦基伟:从黄麻起义到上甘岭 陈晓东 今日名流 97.8
秦润卿与上海钱庄业 陈梅龙 民国档案 97.3
徐向前战斗在大别山 李福珍 领导工作研究 97.6
徐向前活捉“老上司” 李建文、李立芸 党史天地 97.4
在西安事变中活捉蒋介石的徐治范 罗富 文史精华 97.4
聂帅麾下的“常胜军”,华北军区第三纵队传奇(上、下) 陈辉 党史博览 97.4.5
北京理工大学隆重纪念徐特立诞辰120周年 光明日报 96.1.29②
徐特立与南昌起义:纪念中国人民解放军建军70周年 徐禹强 光明日报 97.8.2⑧
徐特立与南昌起义 徐禹强 解放军报 97.9.1⑦
高风亮节人生楷模:怀念我军优秀政治工作者徐立清同志 宋任穷 人民日报 97.2.25⑪
将军与他的“守护神”:徐海东和周东屏的患难情 蒋二明、徐开忠 党史纵览 97.2
一路风波到华中:徐海东 张麟 党史

天地 97.5
徐悲鸿《四俊图》与吴瑞林将军的故事 武际良 纵横 97.8
徐企文与中华民国工党 陈长河 安徽史学 97.1
寒风呼道义，飞雪吊忠魂：记陶铸同志生命中的最后四十三天 孟劲帆 党史纵横 97.4
陶铸关于宣传工作的论述摭谈 王亚春 北京党史研究 97.6
陶铸同志在曲江 李景昌 广东党史 96.2
陶铸和新四军豫鄂独立游击支队 陈永庆 党史文汇 97.3
陶铸的三封信 谭安利 湖南党史 96.6
知识分子政策上敢说敢为的陶铸 郑笑枫 炎黄春秋 97.7
相濡以沫在"育才"：记抗战时期陶行知先生与共产党人的友谊 邹蓉桦 文史杂志 97.5
陶行知与工学团运动 于川、王跃年 民国档案 97.3
危难中的陶行知在我家辞世 任宗德 炎黄春秋 97.3
陶行知和新安旅行团 张德鹏 广西党史 96.6
缅怀陶希晋同志在法制建设中的业绩 任建新 人民日报 97.6.4⑪
元宵、汤元、袁世凯 王受庚 世纪 97.1
与夏衍老伯游香港 吕恩 世纪 97.1
康克清从军小记 郭少峰 党史文苑 97.2
试析"康生现象"的历史条件 冯建辉 炎黄春秋 96.12
北伐时期唐生智的军政建设 范忠程 求索 97.5
将军外交家耿飚 万华、张国华 党史博览 97.2
抗战中的翁文灏 陈学峰 团结报 97.7.19②
忆高存信同志 肖克 人民日报 97.5.13⑪
延河赤子血洒雨花：高波烈士狱中纪事 王昭全 南京史志 97.3
论高树勋将军邯郸起义 公孙訇 河北大学学报 96.4
高君宇对党的建设的贡献 段丽霞 理论探索 97.5
家祭毋忘告乃翁：访林则徐第五世孙、原我国驻联合国首席代表凌青 石永奇 台声 97.7
试析凌升的功过是非 宜日奇 内蒙古大学学报 97.3

十一划

浅论梁漱溟的乡村建设方略 高国舫 浙江社会科学 97.2
简析梁漱溟的"社会主义" 朱汉国 史学集刊 97.2
梁漱溟自恋人格的心理分析 郑剑虹 宁德师专学报 97.2
伦理本位与以德治国（梁漱溟社会伦理思想研究） 栗玉仕 齐鲁学刊 96.6
论梁漱溟的"中国社会结构特殊论" 朱汉国 齐鲁学刊 96.6
一份可资借鉴的遗产：论梁漱溟乡村建设的现实意义 朱汉国 北京师范大学学报 96.6
乡村学校模式：梁漱溟的政治体制构想及其实验 高旺 河北学刊 97.5
论梁漱溟与传统思想现代化 李可亭、李可东 黄淮学刊 96.4
刘胡兰式的女英雄——梁奔前生平轶事 郭正亮 党史文汇 97.4
抗战时期的苗族爱国人士梁聚王 许士仁 贵州文史丛刊 97.3
阎锡山的障眼法 师纶 世纪 97.1

阎锡山的“六政三事” 陈浩 民国春秋 97.5
阎锡山大同思想批判:兼评阎氏《世界大同》 成新文 晋阳学刊 97.1
阎锡山用人与中原大战的失败 李玉才 淮北煤师院学报 97.1
阎锡山水上归绥管见 雒春普 晋阳学刊 97.2
丹心一片照后人:怀念战友阎又文同志 罗青长 北京日报 97.7.10③
九·一八事变后顾维钧的抗日外交活动评析 岳谦厚 山西师大学报 97.3
顾维钧与华盛顿会议 金光耀 历史研究 97.5
在巴黎和会上据理抗争的顾维钧 劳见兴 炎黄春秋 97.7
论顾维钧在巴黎和会的外交实践活动 赵志伟 河北师院学报 97.3
顾维钧在民国外交界的崛起 金光耀 探索与争鸣 97.3
顾维钧与巴黎和会 周建超 民国档案 97.1
从《顾维钧回忆录》看顾氏其人 邓野 近代史研究 96.6
1934年顾祝同、韩德勤与赵启禄往来电函辑录 档案与史学 97.1
最早发现顾顺章叛变的人 张宗高 党史文苑 97.3
顾顺章叛变后我党的应急措施 温雪勇 福建党史月刊 96.11
老骥伏枥志,烈士暮年心:记建国后章士钊先生的两度香港行 劲帆、张寒 党史纵横 97.4
心系祖国统一的章士钊 劲帆、树新 党史文汇 97.4
“文革”中章士钊忧国上书 许门友 炎黄春秋 97.1
章乃器,中共的诤友 翟作君、王惠炎 炎黄春秋 97.4
纪念章乃器诞辰100周年座谈会举行 人民日报 97.4.26②
寸心难报三春晖:痛悼敬爱的章蕴妈妈 胡天锦 湖南党史 96.6
长眠雨花台的特殊使节:毛泽东和蒋介石的神密贵宾 曹聚仁 钱戈天 党史纵横 97.1
曹聚仁的最后岁月 李伟 世纪 97.1
黄炎培与穆藕初:近代企业界与教育界携手奋斗之典范 陈正书 史林 97.2
四海为家尽弟昆:论黄炎培土地革命时期的政治态度 俞润生 南通师专学报 97.1
黄炎培与抗日战争时期的第二次宪政运动 闻黎明 近代史研究 97.5
黄镇与第一面八一军旗 朱洪 人民政协报 97.9.24④
难忘的教诲,永远的激励:我与黄镇同志两次接触的印象 卞国福 党史纵览 97.1
心底无私天地宽:黄克诚大将六次遭受贬抑纪事 李红卫 党史纵览 97.3
黄克诚大将六次被撤职、降职纪实 月涛 党史博览 97.9
军中统战一面旗:黄显声成为中共特别党员始末 朱秀兰 党史纵横 97.11
黄克功事件始末 杨永华、肖周录 人文杂志 97.4
黄爱、庞人铨与中国共产党 王连弟 中国青年政治学院学报 97.3
一颗明亮的将星:忆黄公略军长 杜平 党史纵横 97.1
忆外祖父黄齐生及同在延安的亲人 李光斗 贵州文史天地 96.6
黄继光献身的一刻 万福来 党史文汇 97.4
黄绍竑香港领衔举义 江虹 广西党史 97.3
抗战时期盛子瑾与中共在皖东北的合作

王广汉　江淮文史　96.6

十 二 划

彭德怀情寄核试验场　彭继超　现代化　97.4
伯父彭德怀的八万言书是怎么写出并保存下来的　彭梅魁　炎黄春秋　97.7
彭总选秘书　周治科　党史纵横　97.3
彭德怀蘸着血泪述人生　祥健　福建党史月刊　97.6
“请为人民鼓咙胡”:从彭德怀喜爱的一句诗谈起　李曙新　党史博采　97.5
彭德怀与他的“八万言书”　罗永常　党史天地　97.6
彭德怀的衣食住行　应秋　党史博览　97.3
彭德怀出访轶事　孙立忠　湖南党史　97.2
论抗战时期彭德怀军事经济思想　汪天亮　毛泽东军事思想研究　97.2
四访彭大将军　陆诒　抗日战争研究　97.2
在彭湃同志诞辰100周年纪念会上的讲话　谢非　广东党史　96.6
人民永远不会忘记他:彭干臣烈士光辉的一生　中国人民解放军军事科学院　人民日报　97.7.22⑪
解开周恩来密友彭干臣身后的谜团　尹家民　中华儿女　97.8
中华英烈彭干臣　朱清泽、王建丰　文史精华　97.8
新时期彭真的人民民主思想　傅洋　法制日报　97.10.12⑤
追念敬爱的老领导彭真同志　黄火青等　人民日报　97.10.11③
彭真与1982年宪法　齐芳　当代中国史研究　97.4
略论彭真对新时期人大选举制度建设的贡献　徐百尧　当代中国史研究　97.4
牢记伟人教诲,做好公安工作:深切怀念彭真同志　陶驷驹　人民日报　97.10.28⑪
彭真同志对我国社会主义民主法制建设的卓越贡献　王汉斌　光明日报　97.10.26④
缅怀彭真教诲,加强党的建设　马句　北京党史研究　97.4
彭真七七事变前在北平　赵晋　北京党史研究　97.4
太行静哀,汾水黔泣:深切缅怀彭真同志在山西的革命实践活动　苗长青　党史文汇　97.7
彭真思想的三个鲜明特色　阎建琪　前线　97.7
彭真同志在延安中央党校　陈模　前线　97.7
彭真同志关怀北京矿工　张起林　北京党史研究　97.4
胸怀坦荡风范长存:记矢志不渝坚持真理的彭真同志　阎建琪　中国纪检监察报　97.7.17④
彭真与一位牧羊人的故事　王永林　北京晚报　97.7.28⑮
彭真同志爱读《毛泽东评点〈二十四史〉》　周留树　中国档案报　97.7.10①
哀思父亲彭真　傅彦　人民日报　97.6.13⑩
伟人长辞风范存,功彪史册人民颂:缅怀彭真同志在河北的革命活动　中共河北省委党史研究室,河北省社会科学院　河北日报　97.6.5⑤
共和国第四任委员长:彭真纪事　阎军、王晓晖　法制日报　97.5.22⑤
彭真——我国社会主义法制的主要奠基人　刘复之　法制日报　97.5.20②
彭真同志是把调查研究放在第一位的楷模　马句　北京日报　97.5.27⑥
彭真同志在延安　田西如　光明日报　97.5.9⑦

牢记谆谆教诲，发扬延安精神：悼彭真同志 马文瑞 光明日报 97.5.9⑦
牢记彭真教诲，弘扬延安精神 马文瑞 中国青年报 97.5.15⑧
满园桃李慰英灵：深切怀念彭真同志 李玉英 北京日报 97.5.15⑦
谆谆的教导深切的怀念：忆彭真同志二三事，陈明绍 北京日报 97.6.4⑦
德高望重的工运先驱：深切缅怀敬爱的彭真同志 北京市总工会工人运动研究室 北京工人报 97.5.10①
彭老永远活在我们心中 李立功 光明日报 97.5.9⑦
痛悼衷心爱戴的老领导彭真同志 刘涌 北京日报 97.5.9③
彭真95年再回首 闫军、王晓晖 中国人事报 97.5.27④
深切缅怀彭真同志 项淳一 法制日报 97.5.26②
缅怀彭真同志的深刻教诲 项淳一 经济日报 97.5.26⑦
牢记谆谆教诲，全心全意为人民服务[彭真] 王纯 北京日报 97.5.27⑥
彭真同志，顺义人民怀念您 李瑜铭、赵凤山 北京日报 97.5.27⑥
彭真同志，警卫战士怀念您 岳双喜、余应祥 法制日报 97.5.22③
文艺小兵忆彭真 李琦 人民日报 97.5.23⑫
彭雪枫和他的党外挚友 田富华 党史纵览 97.3
试论彭雪枫对中原抗战的贡献 李慎智、赵起河 南都学坛 97.1
莫再把彭述之的照片错当陈独秀 唐宝林 炎黄春秋 97.5
从苏中七战七捷看粟裕将军的军事指挥艺术 王伟、杨文栋 毛泽东军事思想研究 96.4
历史不会忘记：粟裕将军在“文革”中 许虔东 党史纵横 97.10
要敢于实事求是：悼念粟裕同志 陈沂 解放日报 97.8.11③
青少年时代的粟裕 曹晋杰 世纪风采 97.6
粟裕对繁荣发展我国军事科学的贡献 高锐等 解放军报 97.8.26⑥
在粟裕身边14年片断回忆 鞠开 炎黄春秋 97.8
粟裕斗胆直呈改变南进战略 赵鲁杰 党史天地 97.5
建国以后的粟裕大将 薛庆超、张勤民 党史博览 97.5
粟裕在皖南的抗日活动 蔡长雁 江淮文史 96.3
奇妙的指挥艺术：忆苏中战役中的粟裕司令员 傅奎清 党史纵横 97.1
粟裕指挥艺术与战争理论研讨会举行 人民日报 97.8.28④
粟裕两让司令 厉松 福建党史月刊 97.7
“斗胆直陈”决战前：纪念粟裕同志诞生90周年 侗枫 解放日报 97.8.7⑪
“庐山谈话会”与蒋介石讲话评析 田勇 江西社会科学 97.9
试论蒋介石另立南京国民政府的四·一八反革命政变 范崇山 扬州大学学报 97.4
蒋介石与广州事变的发动 李光祥 黔南民族师专学报 96.4
北伐时期蒋介石反革命的几个重要步骤 王颖 广东教育学院学报 96.4
宋子文与蒋介石关系演变探析 于兴卫 党史研究与教学 96.6
抗战结束后蒋介石为何放弃日本的战争赔偿 卫金桂 民国春秋 97.2
蒋介石处决韩复榘的真相 陈青华 华人之声 97.1
评蒋介石庐山谈话 秦力 唐都学刊 96.4
1923—1924年蒋经国致蒋介石亲笔函

三封　中国第二历史档案馆　民国档案　97.6
“二战”期间中英关于香港归属斗争中的蒋介石　张宝善　南京社会科学　97.4
蒋介石收回香港的失败交涉　木易　人民政协报　97.6.4④
试析蒋介石成立三青团的原始动机　马烈　民国档案　96.4
对北伐战争前的蒋介石政治活动剖析　王承璞　北京师范大学学报　96.6
蒋介石以苏制共政策述评　陶炎武　咸宁师专学报　97.2
蒋介石与地方军阀的矛盾与中央红军长征的胜利　吴兴河　龙岩师专学报　97.1
蒋介石两次收复香港的失败尝试　窦应泰　文史精华　97.6
蒋介石两次避寿　王光远　纵横　97.6
蒋介石最后一次来汉中　周建民　人民政协报　97.7.30④
蒋介石的十位老师　王舜祁　民国春秋　97.3
大陆蒋介石研究述评　彭厚文　湖北大学学报　97.5
读《蒋介石与西北四马》　李松茂　青海民族学院学报　97.3
北伐战争中的蒋介石　梁汝森　广东党史　96.6
蒋介石与基督教　张庆军、孟国祥　民国档案　97.1
蒋介石发动的新生活运动　刘红　民国春秋　96.6
我率蒋经国“太子军”嘉兴起义（上、中、下）　贾亦斌　纵横　97.2、3、4
丝绸巨子蒋廷桂　楼达人　团结报　97.8.30②
民族英雄浩气长存：纪念谢子长同志诞辰100周年　马文瑞　人民日报　97.2.25①
闪光的红星：忆谢子长同志　贺晋年　人民日报　97.2.25⑪
《谢觉哉日记》中的史料　一勺　团结报　97.11.12②
长征途中的谢觉哉同志　李新市　党史纵横　96.12
长征途中的谢觉哉　李新市　贵州文史天地　97.1
白崇禧身边的中共秘密党员——谢和庚（上、下）　姚蓝、邓群　世纪　97.1—2
一位红色特工的传奇：[谢和赓]　宜厚、晓红　广东党史　97.2
谢彬开发海南岛的思想　杨昌泰　衡阳师专学报　97.2
不到长城非好汉：谢家祥将军长征二三事　王银茂　福建党史月刊　96.10
傅作义将军与奋斗中学　李祥鹤　团结报　97.8.6②
傅作义集团的特点与中共消灭国民党军队的“三种方式”　舒励　内蒙古师大学报　97.1
试析傅作义的“整体思想”　舒励　内蒙古社会科学　97.2
董必武关心中共一大会址的复原　陆米强　世纪　97.4
董必武与黄河归故　王延荣　中州今古　97.2
董必武对建国初期政权建设和法制建设的贡献　张海萍　当代中国史研究　97.3
一部在逆境中诞生的文献：关于《鲁迅》照片集的是非功过　周海婴、裘沙　中华读书报　97.9.4⑤
论鲁迅的改革思想及对中国现代化的启示　黄健　社会科学战线　97.2
童陆生将军二三事　石维行　中国档案报　97.8.21④
枞阳出俊杰，英名彪史册：记革命烈士童长芝　任家绪　党史纵览　97.2
中国农村经济改革的先驱——曾希圣

周多礼 党史纵览 96.6
在革命斗争中结成亲密战友和伴侣:回忆和曾生一起参加抗日救亡斗争的日子 阮群英 广东党史 96.5
大岭山上擎旗人:[曾生] 陈立平 广东党史 96.6
1946年随程潜庐山之行 熊彭年 纵横 97.6
抗争者的冲突:遇罗克与联动的论争 印红标 中国青年研究 97.5
1921年吴县知事温绍梁被控案档案选 沈慧英 民国档案 97.1
韩世昌其人其事 朱文楚 团结报 97.10.15②
她为小平同志做翻译:记前驻日本大使杨振亚夫人韩秋芳 宗道一 旅游文化报 97.3.28②

十 三 划

对溥仪被俘时间的考辨 徐修宜 信阳师范学院学报 97.1
"满洲共党要案"与楚图南 魏亦胃 炎黄春秋 97.5
褚玉璞在天津罪行纪略 周利成 历史档案 97.3
艰险与殊勋互映,传奇与淡泊相辉:深切悼念靖任秋同志 叶尚志 上海党史研究 97.1
蔡和森兄弟遇难香港 罗绍志 湖南党史 97.4
论蔡和森对创建中国共产党的理论贡献 张学义 天津党校学刊 96.1
试论蔡和森早期政治思想的形成与发展 谢起章 湘潭大学学报 97.2
"五·四"时期蔡元培在北大的教育改革 楚保玲 南都学坛 97.5
蔡元培在香港的最后日子 刘小清 炎黄春秋 96.12
对瞿秋白绝笔诗的管见 邢棠 中共党史研究 97.4
瞿秋白对中国革命的理论贡献 邱守娟 北京社会科学 97.2
论瞿秋白对建设社会主义法律制度的贡献 徐岱 吉林大学社会科学学报 96.6
瞿秋白《多余的话》之我见 徐启基 江西社会科学 97.4
多元才华无绝期:瞿秋白研究的现状和走向 刘福勤 社会科学报 97.1.23④
评瞿秋白对中国现代资产阶级哲学的批判 刘建华 天津党校学刊 97.1
瞿秋白报刊编辑思想论略 胡正强 江苏社会科学 97.1
我所知道的瞿秋白烈士就义前后 高春林 文史精华 97.5
瞿秋白烈士被捕和就义史实 宋希濂 文史精华 97.5
瞿秋白缘何未能参加长征 胡兆才 党史纵横 97.4
瞿秋白的《声明》与国共两党的"分家"风波 杨天石 档案与史学 97.2
试析瞿秋白的世界观、人生观和价值观 王关兴 上海师范大学学报 96.4
日本学者评说瞿秋白 张惠才编译 国外中共党史研究动态 96.6
勤奋不息才华自溢:记瞿秋白勤学详究二三事 赤穹 上海党史研究 96.6
评瞿秋白绝笔诗 徐启基 中共党史研究 96.6
谭震林清廉的一生 邓湖生 炎黄春秋 97.1
谭震林在三年游击战争中(续四、续完) 黄肇嵩 福建党史月刊 96.10、11
"谭老板"主政浙江 伍砺矛 胡南党史 97.2
南昌起义中的谭平山 劲帆 团结报 97.8.13②
谭平山在广东建党中所起的作用 蔡洛 广东党史 96.4

谭副司令收编土匪余子才 马继庆 党史纵览 97.4
百岁寿星与香港回归:[谭天度] 高宏的 党史天地 97.2
革命寿星光彩照人:广东省、广州市联合举行座谈会同贺谭天度103岁华诞暨从事革命活动76周年 陈中汉 广东党史 96.3
参与创建广东党组织的谭植棠 陈仕金 广东党史 97.3
谭冠三将军的西藏情 欧阳正平 湖南党史 97.2
评薄一波有关中共"八大"决策的论述 胡移山、纪万春 沈阳师范学院学报 97.1
政策和策略是党的生命:读薄一波《70年奋斗与思考》 郑社奎 党的文献 96.5
不忘党的历史继承革命传统:学习薄老新著《70年奋斗与思考》上卷 陈元 中共党史研究 96.6
"红色特工"潘汉年在香港的岁月 朱喜来 党史文苑 97.3
智勇忠良胆,敌后步从容:潘汉年在香港 朱径红 上海党史研究 97.4
潘汉年的最后岁月 武在平 湖南党史 97.4
潘汉年冤案始末 丁桂田、庞培法 石油大学学报 97.3
潘汉年在香港 朱喜来 福建党史月刊 97.5
潘汉年在香港的岁月 朱喜来、张宝善 党史纵览 97.3
特殊功勋:潘汉年的香港地下工作 凯云 党史纵横 97.5
潘汉年的香港情报生涯 刘小清 世纪风采 97.3
廖仲恺与香港工人运动 陆象贤 团结报 97.4.23②
烈火真金:廖承志在狱中 黄辛 党史纵横 97.3
廖承志与八路军驻香港办事处 张春英 党史天地 97.6
1942—1946年廖承志在狱中 黄辛 党中文汇 97.5
眷恋与期待:廖承志的香港情 朱喜来 党史纵横 97.4
马家洲集中营与廖承志狱中斗争 龚屏 团结报 97.10.25②
廖承志的潇洒人生 王志俊 党史博览 97.9
廖承志与香港 君心 炎黄春秋 97.4
营救廖承志出狱始末 黄昭燧、童舜柱 文史精华 97.5
刚直不阿的共产党员:记中共满洲省委秘书长廖如愿 文武 党史纵横 97.10
对"三家村"亡师廖沫沙迟到的纪念 侯瀛曾 炎黄春秋 97.3
戴季陶政治思想论 马佩英 史学月刊 97.3
戴安澜将军与东瓜之战 杨荣 江淮文史 97.5
胡宗南身边的中共地下工作者:熊向辉的秘密工作生涯 徐林祥 江淮文史 96.6
抗战时期的蹇先艾 工鸿儒 贵州文史天地 97.3
战斗在太行山上:抗日战争中薛明其事 光耀 党史纵横 97.6
勇于开拓,为国为民的缪云台 凤来 中国企业政工信息报 97.9.17⑥
肩负特殊使命的人:记党的地下工作者缪谷稔 王荣方 党史纵横 97.3
1949:逃亡香港的国民党军政委员 徐毅 纵横 97.3
一对老共产党员飘零异国25年 王一;钟敬又整理 世纪 97.2
上饶集中营的"七君子" 蔡水泉 纵横 96.12

关于《北京同人的提案》执笔者的考辨　朱成甲　中共党史研究　97.5
同志与同难之间　罗培元　广东党史　96.3
夏雨初血染雨花台　桑盛庭、朱邦启　志苑　97.4
汤尧集团覆灭始末　温瑞茂　党史天地　97.8
他与省委书记们结下情谊　京中　党史博览　97.8
正确的领导，有力的支持　王思桥　北京党史研究　97.4
回忆和怀念　杨尚昆　中共党史研究　97.4
“每两个月送我一罐蜂蜜”　牛克伦　解放军报　97.8.11⑦
“第二次台海危机”前因后果析　江渝　四川教育学院学报　97.2
“东史郎事件”的幕前幕后　孙宝巍　世纪风采　97.4
《“‘大东亚战争’解放史观”的虚妄性》述评　文以明　史学史研究　96.4
由《反对本本主义》发现引发的……　蓝桂英　福建党史　97.2
德国和日本对二战的不同态度述评　龚维华　天中学刊　96.4
三位将帅的少年时光：献给青少年朋友的故事　师慧　党史纵横　97.6
奔向延安热土　宋鸿召　炎黄春秋　97.5
两位元帅的诗交之情　金卓　党史博览　97.4
从参加保盟运动到进入日军拘留营　爱泼斯坦　纵横　97.5
开拓保卫台湾的安徽四杰　程虎　志苑　97.3
叔翁　赵友慈　人民政协报　97.8.20④
硬骨铮铮女中杰：记革命战争中浙江的四位女英雄　鲍珍玲、吕红　浙江档案　97.3
巾帼壮歌：皖南事变中的新四军女战士　厉松　福建党史月刊　97.3
韶山上屋场的两位女性　张步真　湖南党史　97.2
中共“五大”唯一健在的女代表　姚忠志　四川党史　97.3

外国人物

孤胆英雄，记国际共产主义战士宝音图　穆忠德　党史纵横　97.3
“南京的辛德勒”不再沉睡：拉贝及《拉贝日记》发现始末　肖林　党史博览　97.8
寻找拉贝　生活时报　97.9.1④
汉斯·希伯与中国革命　张忠年　临沂师专学报　97.2
魏金斯基与马列主义在中国的初期传播渠道　（日）石川祯浩　湖北大学学报　97.4
端纳：在西安事变中起特殊作用的外国人　思嘉　党史博览　97.8
对斯大林曾否劝阻过长江问题的再思考　张小明　历史教学问题　97.5
唯一参加南昌起义的外国人　鱼恩平　中国企业政工信息报　97.7.30⑥
鲍罗廷与1927年初的反蒋斗争　孙善根　贵州社会科学　97.4
毛泽东寻找的怀威将军　应跃鱼　世纪　97.3
营救胡志明　杨耀健　党史博览　97.7
卢沟桥事变前后的斯诺　武际良　纵横　97.6
斯特朗与中国　蒋晓星　党史文汇　97.6
为了全人类共有的精神财富：斯诺与索尔慈伯里的“长征情结”透视　阎丽娟　社科纵横　96.5
斯诺对扩大红军国际影响的作用　管丽萍　理论前沿　97.5

斯诺——“东方魅力”的真正揭示者 杨国章 东方文化 97.3
史迪威与抗战后期中美关系 刘迎红 求是学刊 97.3
交响乐的一个“音符”:李约瑟对中国抗日大后方的科学考察 道朗 玉林师专学报 96.4
抗日战争中的李约瑟博士 萨本仁 抗日战争研究 97.2
加伦与第一次国共合作 姚洪亮 北京党史研究 97.3
端纳在西安事变爆发以后 于志亭 党史文汇 96.11
端纳与西安事变 刑建榕、李敏 文博 97.1
端纳与西安事变的和平解决 葛桂莲 兰州大学学报 97.2
拉铁摩尔与中美政治 许亚洲 文史精华 97.5
斯大林对王稼祥的一次接见 石维行 党史博览 96.11
斯大林、冷战与中国的分治 (美)布赖恩·默里 张盛发译;沈志华校 中共党史研究 97.2
斯大林和毛泽东:一位前苏共中央机关中文翻译的回忆 (俄)谢德明 徐向敏校 当代世界与社会主义 96.3
中国人民的忠诚战友绿川英子 孙金科 文史精华 97.4
简析米高扬秘访西柏坡及其对新中国的重要影响 李福斌 黑龙江教育学院学报 97.1
美国海军准将卡尔逊的中国情 武际良 炎黄春秋 97.4
柯西金与周恩来在北京机场的会谈 (俄)M.C. 贾丕才;马贵凡译 中共党史研究 97.1
试述罗易和鲍罗廷在大革命紧急时期的分歧 刘亨让 益阳师专学报 97.1
战功高太行友谊胜清漳:记朝鲜朋友武亭将军在晋冀鲁豫根据地 李志宽、李东光 党史博采 97.2
让事实说话:贝德士眼中的南京大屠杀 章开沅 抗日战争研究 96.4
武汉——白求恩进入中国的第一站 杨晓华
从越南来的洪水将军 洪峰等 炎黄春秋 97.5
第一位向世界客观介绍红军长征的外国人 徐成 党史博采 96.11

世界史论文索引

世界历史研究所　王　凌

目　录

一、总　论

马克思主义世界历史理论探析　张艳国　浙江学刊　97.2

经典作家笔下的西欧封建主义理论的考察　甄修钰　内蒙古大学学报　97.2

20世纪世界历史整体概观　李植枬　武汉大学学报　97.1

关于世界史研究的几个问题　刘宗绪　历史教学　97.10

我国世界史学科的回顾和瞻望　廖学盛　历史教学　97.12

从马恩学说到邓小平理论——为纪念十月革命80周年而作　姜长斌　世界历史　97.5

欧洲中世纪至近代社会文化形态的生成及演化　纵瑞彬　西藏民族学院学报　97.1

西方政治发展的逻辑：从中世纪到近代　陈明明　欧洲　97.5

新大陆的一份沉重礼物：烟草的发现、传播及其他　李隆庆　华中师范大学学报　97.5

世界近代史的阶段特征　王充　中学历史教学参考　97.7

关于世界近代史开端问题的商榷　尹海君　东疆学刊　97.2

论近代世界历史上的内向发展　周友光　武汉大学学报　97.2

关于“资本主义”的定义　何顺果　世界历史　97.5

近代资产阶级革命的特点　张艳国　学习月刊　97.2

各具特色殊途同归：近代资产阶级革命的类型　张艳国　学习月刊　97.3

近代资产阶级革命的意义　张艳国　学习月刊　97.4

近代视野中的“改革”与“革命”辨：兼论英、法、俄、德、美、日六国现代化模式　徐奉臻　北方论丛　97.6

资本主义制度确立时期的社会思潮——自由主义　向荣　学习月刊　97.8

近现代资本主义国家政治制度的确立与发展　严双伍　学习月刊　97.9

试析两次工业革命对资本主义世界体系形成和确立的影响　刘国贞　天中学

刊 97.增刊
近代世界海上殖民史导论 曹智英 南京政治学院学报 97.1
关于殖民主义"双重使命"研究 郑家馨 世界历史 97.2
重商主义与人文主义 王素兰 社会科学战线 97.4
欧洲的中产阶级社会 Jurgen Knocka;朱建华译 金继武校 贵阳师专学报 97.3
欧洲近代民族主义的几种类型 王勤榕 中央民族大学学报 97.3
第二次世界大战:欧洲衰落的开始 李红庆、李玉娟 锦州师专学报 97.2
试论30年代经济危机对世界整体发展进程的影响 杨泽伟 世界历史 97.1
第二次世界大战爆发的原因教训及其意义 陈伟等 山东师大学报 97.增刊
第二次世界大战与反法西斯统一战线 许超宇 外国问题研究 97.3
第二次世界大战反法西斯同盟形成条件浅探 曾昭玉、刘灵心 山东师大学报 97.增刊
二战中盟军的宣传战 张晓校 历史教学 97.7
试论二次大战中原子武器研制的竞争 叶江 上海师范大学学报 97.2
《世界人权宣言》的产生再说 胡义成 呼兰师专学报 97.2
试论国际战略的三种形态 王德春 唐都学刊 97.2

二、世界古代、中世纪史

古代欧洲人"东方观念"的形成及其作用 朱襄 中学历史教学 97.2
浅论古代的民主与共和 施治生 世界历史 97.1
世界古代军事后勤思想论要 武文 辽宁大学学报 97.2
试论第四次十字军东征改变进攻方向的原因:兼评西方史家的观点 王金辉、许红英 绥化师专学报 97.1
史前文化遗址——圆形石林 尧步编译 世界博览 97.9
西班牙发现欧洲最古老人类化石 人民日报 97.6.16
德发现四十万年前木矛 人民日报 97.3.4
秘鲁发现印加古墓群 人民日报 97.4.22
尼尔德人为何绝迹?德国考古学家有新解 杨晶峰编 中国科学报 97.10.3
《巴比伦法》的人本观初探——兼与传统的"同态复化"原始残全说商榷 于殿利 世界历史 97.6
对国内世界上古史著作中赫梯部分一些问题的重新认识 李政 世界历史 97.5
赫梯王权与法 易建平 世界历史 97.3
楔形文字起源新论 拱玉书 世界历史 97.4
中共十一届三中全会以来我国古代希腊史研究概述 杨俊明 内蒙古民族师院学报 97.4
希腊古典文化特色及对后世的影响 刘小荣 新疆大学学报 97.1
古希腊文化繁荣的原因 伍军 黔东南民族师专学报 97.3
古希腊文化繁荣的成因:兼论文化交流

之历史意义与态势　史海青　固原师专学报　97.4

希腊历史发展趋势与马其顿征服希腊之主要原因　徐松岩　西南师范大学学报　97.4

试论古希腊发展的原因　陈超　武汉教育学院学报　97.5

关于古希腊罗马奴隶制社会的若干问题——与廖学盛同志商榷　朱晞　湘潭大学学报　97.5

论“特尔菲神谕”在希腊古典时代的主要社会功能　蒋苓　佳木斯师专学校　97.4

试论荷马社会的性质与早期希腊国家的形成　黄洋　世界历史　97.4

古希腊货币经济与金融活动初探　邓晓　重庆师院学报　97.3

古代希腊罗马的死亡哲学及其历史演变　林中泽　世界宗教研究　97.2

雅典与罗马国家形态演变的差异　张庆服　济宁师专学报　97.1

试析古代雅典民主产生的条件　廖学盛　世界历史　97.2

论古代雅典民主政治的权力制约机制　孟祥玲　蒲峪学刊　97.4

析古希腊奴隶制经济的外向型特征　林中泽　华南师范大学学报　97.2

色诺芬的经济思想　杨俊明、张晓霞　湖南师范大学社会科学学报　97.3

古希腊人的“玄想”　上海师范大学学报　97.3

古代雅典和斯巴达妇女　郝际陶、那志文　东北师大学报　97.4

试论斯巴达克起义失败原因　王海利、傅利华　内蒙古民族师院学报　97.1

简论早期罗马文化的务实精神　胡长林、江华　西南师范大学学报　97.3

公元前二世纪罗马城市经济的崛起　隋竹丽　佳木斯师专学报　97.4

论古罗马发达型奴隶制的特点及成因　李永采、马书山　烟台师范学院学报　97.1

罗马时期埃及的奴隶制　颜海英　世界历史　97.4

共和传统与罗马的帝王崇拜　江华　世界宗教　文化　97.夏季号

晚期罗马帝国的文化困境　金利安　浙江大学学报　97.1

格利高里一世与罗马教皇权的初步形成　姜德福　陕西师范大学学报　97.2

罗马共和国陆军评价　张维　四川师范学院学报　97.2

亚历山大大帝形象的变迁　晏绍祥　高等函授学报　97.3

罗马共和时期“具有协议权的军事保民官”述论　苏洪志　黄淮学刊　97.2

论罗马共和国保民官制度产生的社会根源和历史条件　王瑞聚　齐鲁学刊　97.6

论古罗马共和国新贵的政治优势及社会基础　张晓校　齐鲁学刊　97.2

浅析古罗马共和国后期的社会矛盾　崔艳红　齐齐哈尔师范学院学报　97.5

略论古罗马的“保护关系”　左芙蓉　北京联合大学学报　97.4

浅论狄奥多二世的改革　赵虹　汉中师范学院学报　97.3

关于希腊化时代的若干问题　陈恒　华东师范大学学报　97.2

古代两河流域的长老会　吴宇虹　世界历史　97.2

古代中国和两河流域的“刑牲而盟”　吴宇虹、曲天夫　东北师大学报　97.4

古埃及第一中间期的“大饥馑”与人民大起义　刘文鹏　内蒙古民族师院学报　97.2

略论埃及希克索斯王朝　郭丹彤　东北师大学报　97.3

三角绿神兽镜是“卑弥呼镜”论争的回顾（日）上野武　郑州大学学报　97.6

日本古代的家、宅、屯仓及其他 赵汝清 西北师大学报 97.5
日本史书中关于唐文化对日本影响的记载 李春凌 中国社科院研究生院学报 97.5
甲子改革与大化体制的延续 王顺利 东北师大学报 97.2
从考古学上看北千岛文化所处的位置 (日)山蒲清;王巧天译 北方文物 97.1
东吴哥时期重要古迹出土 人民日报 97.6.16
从中外古籍记载上所见到有关老挝历史发展概况 韩振华 南洋问题研究 97.2
公元7世纪新罗金文王墓地考 刘盛佳、宋传银 华中师范大学学报 97.4
13世纪朝鲜杰出的现实主义汉文诗人——李奎报 席永杰 内蒙古民族师院学报 97.2
波斯在蒙古人统治时期文化繁荣论 徐民利 武陵学刊 97.1
印度莫卧儿帝国的兴衰及其历史地位 李文业 辽宁大学学报 97.6
12世纪蒙古社会中的宗族及族谱 (日)白岩一彦;哈剌古喇译 蒙古学信息 97.1
拜占廷教育概述 郭健 河北大学学报 97.3
拜占廷在中世纪地中海商业复兴中的地位 徐家玲 求是学刊 97.5
论宗教在古希腊社会中的作用 裔昭印 上海师范大学学报 97.3
基督教会在西欧中世纪的积极作用 朱伟奇 唐都学刊 97.2
再析圣像破坏运动的影响 祁颖 学术交流 97.5
论英国清教运动的性质 赵虹 云南师范大学学报 97.4
英国爱德华六世宗教改革述评 蔡骐 湖南师范大学社会科学学报 97.5
经典作家笔下西欧封建主义理论的考察 甄修玉 内蒙古大学学报 97.2
中古前期英国封建王权与世俗贵族的关系 孟广林 历史研究 97.1
近千年来伦敦犹太社团的沉浮与沧桑 邓新裕 史林 97.4
西欧中世纪教会法中的婚姻与性 林中德 历史研究 97.4
试论西欧中世纪晚期行为方式文明化 刘新成 世界历史 97.3
论西欧中世纪文化中的变革因子 刘建军 东北师大学报 97.2
中世纪欧洲犹太人家庭模式探析 陈文海 华南师大学报 97.5
人的社会关系变化与西欧封建领主政制的形成 任奇正 青海师范大学学报 97.1
诺曼西西里:中古地中海世界的一页 沈坚 史林 97.1
中世纪西欧的封建等级制度及其成因 朱伟奇 北方论丛 97.4
中世纪西欧的宗教禁欲主义及其历史影响 林中泽 史学月刊 97.5
论英国行会的衰落 赵文洪 世界历史 97.4
关于英国自耕农消失问题 陈紫华 世界历史 97.1
新英格兰早期市镇会议初探 胡莹 湛江师范学院学报 97.1
论早期斯图亚特社会的特征 许洁明 思想战线 97.5
试论查理时代的政教关系 尚烨 阴山学刊 97.1
伊丽莎白大陆军事政策的积极意义 杨玉林 齐齐哈尔师范学院学报 97.4
试论中古英国神学家约翰的“王权神授”学说 孟广林 世界历史 97.6
论11—12世纪英国封建集权君主制 程

汉大 史学月刊 97.3
盎格鲁撒克森时代英国法制初探 成鸿昌 山东师大学报 97.5
英国都铎王朝对外贸易政策述评 姚爱爱 南通师专学报 97.1
西班牙帝国为什么衰落 王加丰 浙江师大学报 97.6
民族语言,民族文化,民族国家——法国中世纪后期语言文化的民族化进程 陈文海 世界历史 97.6
析11世纪德意志皇权与罗马教廷的关系 王亚平 东北师大学报 97.3
日本封建社会村社共和体浅析 王顺利 日本学刊 97.5
中西封建行会的一些差异 顾銮斋 东方论坛 97.1
从帝王、国家、政府之间关系看中西封建税收差异 顾銮斋 齐鲁学刊 97.3
中世界末近代初期欧洲的华瓷藏风考 孙锦泉 社会科学研究 97.5
理雅各——从传教士到传播中国文化的使者 宋新 国际关系学院学报 97.2
试比较中古时期西欧与中国城市的不同特色 吴本祥 信阳师范学院学报 97.3
浅论西欧"十二、十三世纪的文艺复兴" 谢丰斋 淮北煤师院学报 97.3
浅谈意大利的城市共和国对文艺复兴的贡献 侯聪玲 嘉应大学学报 97.2
16世纪意大利城市衰落的历史考察 刘景华 长沙电力学院社会科学学报 97.3
论文艺复兴运动的潜文化意义 蒋承勇 台州师专学报 97.1
析意大利文艺复兴时期的思想自由 孙有中 湖北大学学报 97.2
文艺复兴时期意大利的艺术三杰 张屏 徐州师范大学学报 97.4
创建西方近代国民自卫军的先驱——马基雅维利 彭顺生 广州师院学报 97.1
评马基雅维利及其《君主论》 王彦章 绥化师专学报 97.1
马基雅维里对西方近代军事的贡献 彭顺生 世界历史 97.6
论美第奇家族支持文艺复兴之原因 祁颖 求是学刊 97.4
5至15世纪西欧的封建政权和教会 傅际红 承德民族师专学报 97.4

三、亚洲非洲史

中东封建化问题的新思索 许晓光 四川师范大学学报 97.2
论19世纪中东的改革 姜桂石、姚大学 内蒙古民族师院 97.1
试论20世纪中东君主制的变迁 黄民兴 西亚非洲 97.6
论阿拉伯帝国的民族政策与文化繁荣 张咏梅 西亚非洲 97.3
1882—1914年犹太复国主义运动初兴阐析:兼谈现代阿犹冲突的起源 余建华 西亚非洲 97.4
从历史交往看犹太民族商业特征的形成 张倩红 南都学坛 97.4
犹太复国主义运动的国际背景及对现代以色列国的影响 邓晓川 江西师范大学学报 97.2
第四次中东战争 周远 历史教学问题 97.3
法赫德国王在沙特经济发展和政权建设中的作用 李国发 阿拉伯世界 97.2
从哈桑·班纳的思想和实践看伊斯兰原

教旨主义与世俗主义　杨灏城　世界历史　97.6
浅论近代奥斯曼帝国三次改革的历史背景　王新刚、于淑云　内蒙古民族师院学报　97.1
论土耳其泛空厥主义的发展轨迹与社会基础　杨增耀　西北大学学报　97.4
伊期兰教与土耳其社会　黄维民　西北大学学报　97.4
第二次世界大战中的土耳其问题　金重远　复旦学报　97.5
后冷战时期东盟国家地区安全战略　孙福生　世界历史　97.1
越南《越战略》编撰的若干问题　张笑梅、郭振铎　河南大学学报　97.1
越南前黎朝统治时期的若干问题　张笑梅　开封师专学报　97.1
越南封建社会长期延续的原因　张笑梅、郭振铎　东南亚纵横　97.3
黄浦江畔寻遗踪：阮良朋1964年上海之行忆记　洪左君　当代世界　97.7
越南战争　袁方　历史教学问题　97.3
新加坡“国家意识”的形成及启示　邵腾　长白论丛　97.3
班达拉奈克的自由思想　黄复年　南亚研究季刊　97.1
华侨在菲律宾民族独立中的作用　马丁　杭州师范学院学报　97.4
论马来西亚客民崇拜习俗及其“变异”　刘丽川　深圳大学学报　97.2
中泰两国14—18世纪的文化交往　施荣华　云南师范大学学报　97.3
苏非派对近代中亚政治的影响　张文德　徐州师大学报　97.4
关于克什米尔问题的由来　赵克仁　世界历史　97.1
德里苏丹国时期的田斌制度和伊克塔制度　黄思骏　世界历史　97.1
印度海德拉巴土邦政治经济发展变化初探　吴宏阳　郑州大学学报　97.6
论甘地的宗教观　方尔加　中国青年政治学院学报　97.1
论尼赫鲁与甘地的思想特征和政治风格　默父　湛江师范学院学报　97.1
尼赫鲁的人生哲学　朱明忠　当代亚大　97.6
托尔斯泰的宗教思想与“南非时代”的甘地　李义中　安庆师院社会科学学报　97.3
印度与不丹关系剖析　王鸿余　南亚研究季刊　97.1
朝鲜箕氏考　张碧波、喻权中　社会科学战线　97.6
百花争艳：高丽学研究在90年代　郑判龙、雷子金　延边大学社会科学学报　97.1
浅议汉文化在朝鲜的流播和影响　梁利　解放军外语学院学报　97.4
日俄战争对朝鲜的影响　林忠国　辽宁大学学报　97.2
朝鲜战争的性质及其变化　李伟科　历史教学　97.3
伊朗巴布教徒起义与清同治年间西北回民起义比较研究　徐晓萍　西北史地　97.3
幕藩体制——武家统治之大成　娄贵书　贵州师范大学学报　97.4
日本“都民”源流及大和时期的社会性质　陈明莉　贵州师范大学学报　97.4
重西学轻儒学的福泽谕吉　杨国章　东方文化　97.4
试论德川时代的农民　娄贵书　贵阳师专学报　97.4
日本“文明开化”思想探源　郝秉键　中国人民大学学报　97.3
论日本早期封建土地所有制的二重性　王顺利　外国问题研究　97.1
阿伊努与堪察加土著人的交易　（日）菊池俊彦　北方文物　97.4
神道与日本政治　盛晓明　浙江大学学

报 97.1

关于日本宪法性质及庄园制崩溃问题的商榷 左学德 世界历史 97.4

近代日本的立国理论 周颂伦 日本研究 97.1

日本“开国”进程的历史考察 李凤斌、郝秉键 阴山学刊 97.2

大阪兰学始祖:桥本宗吉的生平和业绩 赵建民 日本学刊 97.2

幕末的“宇内混同说”与明治时代的“大东合邦论”:近代日本的“国家主义”思想研究 严绍璗 日本学刊 97.1

板桥宗吉与大板兰学的发展 赵建民 江海学刊 97.2

明治维新的思想历程刍论 崔世广 日本学刊 97.1

日本明治政府重视教育的历史背景及特点 苗懿明 辽宁师范大学学报 97.3

明治早期引进欧美经济学的若干特征 朱绍久 日本研究 97.3

明治维新对东北亚区域的影响 李明 黑龙江社会科学 97.1

试论日本明治政权“征韩论”形成的原因 李敦球 国外社会科学 97.3

洋务运动和明治维新之比较 孙艺 安徽农业大学学报 97.1

谈谈日本武士道 陈瑞林 东北亚论坛 97.4

“殖产兴业”与日本资本主义的发展 王铭 辽宁大学学报 97.6

日本原始资本积累的来源 吴闻 光明日报 97.3.1

日本“大陆政策”形成的指导思想 薛子奇 齐齐哈尔师范学院学报 97.2

海外雄飞论——日本“大陆政策”的思想渊源 薛子奇、周彦 北方论丛 97.1

论桂园体制的形成及其终结 安平 日本研究 97.2

近代日本的政治制度 陈朝鲜 毕节师专学报 97.2

“大东亚共荣圈”的历史与现实思考 赵建民 97.3

浅谈中日现代化启动成败之缘由 孔令艳 锦州师专学报 97.2

日本的规格化大量生产型的工业社会与其文化传统 俞素美 浙江大学学报 97.3

论民间右翼团体在日本30年代法西斯化过程中的作用 东北亚论坛 97.3

日本的军国主义传统 姚敬恒 贵州文史丛刊 97.6

浅析日本发动侵略战争的原因 王芳、唐鹤龄 政治论丛 97.4

论日本在二战中的南进、北进战略 徐勇 外国问题研究 97.2

略论日本国力匮乏与败降 王昌沛 荷泽师专学报 97.3

世界反法西斯战争对日本战后改革的启动作用 李德芳 湘潭师范学院学报 97.1

太平洋战争时期日本法西斯在东南亚的统治方式 王士录 东南亚 97.2

政治的“低姿态”和经济的“高姿态”——再议日本战后50年发展轨迹 左学德、杨晓平 北方论丛 97.4

试析战后日本对外政策在“贸易立国”战略中的作用 章前明 浙江大学学报 97.2

试论近代日本早期右翼团体的产生及后果 堵晓东 重庆师院学报 97.4

战后日本右翼势力否认侵略历史原因探析 聂好春 郑州大学学报 97.3

靖国神社问题浅析 林述 福州师专学报 97.3

日本军国主义复活原因简析 王莹先 河南师大学报 97.5

试析日本军国主义的两面性 武寅 世界历史 97.3

关于日本慰安妇制度的几点辨析 苏智良 抗日战争研究 97.3
试论战争对日本现代化进程的影响 解晓东 锦州师院学报 97.2
论日本现代化启动的历史条件 冯明臣、杨俊广 天中学刊 97.4
浅析战后日本经济的发展和变化 姜文 历史教学 97.5
战后日本农地制度改革及其启示 欢佩君 日本问题研究 97.1
探战后日本农地改革的渊源 傅宪华 山东师大学报 97.4
宫崎寅藏与中国革命 薛子奇、刘徽 龙江党史 97.2
论近代日本对华纺织资本输出 朱婷 档案与史学 97.5
论西原借款在日本对华侵略中的特殊作用 赵古伟 史学月刊 97.2
侵略中国是前日本政府的基本国策 唐培吉 上海党史研究 97.4
日本的"中国非国论"的检证 (日)水野明 东南文化 97.1
日本决定对孙中山政策诸因素探析 俞辛焞 世界历史 97.4
战后50年日本的中国观念:纪念中日邦交正常化25周年 严绍璗 日本研究 97.3
日本对东南亚政策的源流 陈奉林、靳颖 外国问题研究 97.2
战后日本论坛的华侨与华人论 (新加坡)卓南生 华侨华人历史研究 97.1
近代埃及学者塔赫塔维思想初探 张秉民、陈晓虎 西亚非洲 97.2
穆罕默德·阿里改革与埃及早期现代化 王泰 内蒙古民族师院学报 97.4
穆巴拉克时期埃及的中东外交 张咏梅 阿拉伯世界 97.3
论非洲对世界反法西斯战争的贡献 张世均 黔东南民族师专学报 97.1
埃及的现代化历程与伊斯兰教的作用 杜红 阿拉伯世界 97.2
泡沫政治:战后早期非洲国家多党民主制思考 陈明明 西亚非洲 97.3
曼德拉民族主义思想的缘起与演变 李安山 北京大学学报 97.6
南非种族隔离制度的兴废 余建华 史林 97.2

四、西欧澳洲史

试论近代早期西欧城市化道路及其与农业的关系 唐宛竹 华南师大学报 97.1
论近代欧洲绝对君主制 刘北成 北京师范大学学报 97.1
18世纪欧洲的"开明君主"改革 刘军 历史教学 97.2
试论近代晚期西欧的社会保障制度 丁建定 史学月刊 97.4
伊丽莎白政府的外交政策与苏格兰问题的成功解决 夏继果 首都师范大学学报 97.6
试论英国女王伊丽莎白一世的封爵政策 王晋新 东北师大学报 97.3
论东印度公司与近代早斯的英国社会 湛燠义 广西师范大学学报 97.1
英国维多利亚时期城市化的发展特点 廖跃文 世界历史 97.5
社会稳定:英国复辟时期经济繁荣的原因 李金亮、张美娟 南京师大学报 97.4
论18、19世纪英国农业生产发展的原因 黄兴耀 广西大学学报 97.5
资本主义的历史发展与大罢工的使命:

1926年英国大罢工失败的启示 陈晓律 当代世界与社会主义 97.2
英国工党和工会之间关系的演变及其走势 林建华 河南师范大学学报 97.4
英国确立君主立宪制原因初探 沈尊华 安徽教育学院学报 97.3
财政权与历史视野中的英国议会 叶供发 历史教学问题 97.6
国王与议会关系的颠倒——英国的立宪君主制 严双伍 学习月刊 97.11
英国近代议会制的困境和政治上的倒退逆流 岳爱成 四川大学学报 97.1
英国社会保障体制源流浅探 钟国发 新疆师大学报 97.2
论近代英国政党制度的形成与特征 许洁明 历史研究 97.4
贵族与政党——18世纪晚期的英国政党政治 刘为 浙江大学学报 97.1
论18世纪英国政党结构 程汉大 山东师大学报 97.5
关于18世纪英国政党结构的争论 程汉大 世界历史 97.6
重传统而不为传统束缚:英国人政治传统观探析 孙红军、陆敏菊 苏州铁道师院学报 97.6
英国费边社会主义产生的历史背景与思想渊源 徐孝明 杭州师范学院学报 97.5
近代英国教育特征初探 李冈原 杭州师范学院学报 97.1
试论英国宗教改革所建民族教会的彻底性 李增洪 齐鲁学刊 97.4
英国前工业社会的贫困问题与社会控制 姜守明 史学月刊 97.2
前工业化时期英国乡村经济的变迁 邹绍华 咸宁师专学报 97.4
英国工业革命前期的资本配置 舒晓昀 湛江师范学院学报 97.2
英国工业革命的基础和环境 杨杰 杭州大学学报 97.3
论英国国有工业的改造 杨豫、王皖强 史学月刊 97.3
20世纪英国经济政策的理论基础 陈祖洲 南京大学学报 97.3
从近代英国工业的兴衰看科学技术的作用 许永璋 洛阳师专学报 97.6
论约翰·洛克的财产观 梅雪芹 北京师范大学学报 97.1
18世纪英国统治集团的政治思想倾向——兼评马尔特申关于洛克的一个观点 梅雪芹 世界历史 97.1
也论柏克 黄景用 北京社会科学 97.4
保守与自由——埃德蒙·伯克的政治思想 陈志瑞 世界历史 97.5
两次世界大战间英国和平主义运动及其历史评价 王春露 东北师大学报 97.4
“日不落帝国”之日暮黄昏 郑继借 宁德师专学报 97.4
现代英国衰落的历史启示 陈晓律 战略与管理 97.2
试论英国的回流移民 潘兴明 史学月刊 97.3
论英法资产阶级革命中土地问题处理的不同方式——兼论这两次革命的保守性和彻底性 林晓星 云南学术探索 97.5
英法两国现代化模式中的世俗化过程及其特征 尤天然 历史研究 97.2
英国殖民撤退过程中的军事条约和协定 张顺洪 世界历史 97.4
香港开埠以来英人经济与华人经济的对比研究 李一平 世界历史 97.2
香港在新中国成立初期对外贸易中的作用 李世安 世界历史 97.2
驻香港廓尔喀兵的由来 张惠兰 当代亚太 97.3
试论英国中近东政策的形成 赵军秀

首都师范大学学报 97.4
对英国在印度殖民统治的新认识 关颖 牡丹江师范学院学报 97.3
评战后英国在非洲的"政治撤退" 陈晓红 湘潭大学学报 97.5
英国对肯尼亚殖民政策的演变 高晋元 西亚非洲 97.3
一次大战后丘吉尔外交思想略论 金海 历史教学问题 97.2
略论丘吉尔的战争指导 熊伟民 湘潭师范学院学报 97.2
1945年英国公民的选择——论丘吉尔下台与工党执政 王日清 江西师范大学学报 97.3
三十年代英国的绥靖政策 王丹红 昭乌达蒙族师专学报 97.2
英国对德绥靖政策的思考:原因与启示 谢鹏 北京大学研究生学刊 97.2
二战爆发前后英国海军战略与远东政策的演变 周旭东 浙江师大学报 97.4
第二次世界大战后英国从远东的"退却" 吴惠敏、季洪 云南教育学院学报 97.3
撒切尔主义研究的几个问题 王皖强 世界历史 97.1
英伦今昔谈 柴金如 外交学院学报 97.2
不光彩的米字旗 张耀 世纪 97.1
关于法国近代经济发展若干问题的再思考 沈坚 华东师范大学学报 97.6
大革命前后法国农业近代化的本质特征 华南师范大学学报 97.2
从人文层面看法国专制主义君主政治的确立和发展 朱耀辉 复旦学报 97.5
法国大革命时期平等思想述评 祝令建 济宁师专学报 97.1
雅各宾派的土地革命对法国农业近代化的影响 张庆梅 史学集刊 97.1
历史的漩流:路易十六之死和法国人的"弑君情结" 马为民 方法 97.10
法国复辟王朝时期政治进步性述论 丁建定 河南大学学报 97.5
七月王朝的右翼和左翼 刘文立 法国研究 97.2
札克·卢"恐怖统治"思想述论 陈新田 湖北师范学院学报 97.4
伯克与潘恩关于法国大革命的论战 尹虹 史学集刊 97.3
伯克、卢梭与法国大革命 陈志瑞 史学月刊 97.5
法国大革命与近代欧洲档案学的形成 查玲玲 史学月刊 97.5
法国大革命与近代法国宪政运动 张建新 湛江师范学院学报 97.1
《法国民法典》与法兰西民族文化 刘巍 华中理工大学学报 97.2
伏尔泰的世界史观 王加丰 华东师范大学学报 97.4
论拿破仑的宗教政策 赵乐文 黔南民族师专学报 97.增刊
英法争雄与拿破仑的大陆封锁政策 王淑丽 烟台师范学院学报 97.4
拿破仑大陆封锁政策探源 周明圣、朱兆伟、雨杉 聊城师范学院学报 97.2
论拿破仑外交政策的两重性 罗玲玲 黔南民族师专学报 97.3
拿破仑的人才思想 葛兆富、王为桓 青岛大学师范学院院报 97.4
拿破仑三世的沉浮与当时的社会思潮 蔡秉欣 樊鸿臣 历史教学 97.12
拿破仑三世的"民族原则"外交及评价 孙守春、张旭东 蒲峪学刊 97.2
略论梯也尔与共和制 韩慧琍 杭州大学学报 97.1
戴高乐的气质与品格 冯泉 湘潭师范学院学报 97.1
评19世纪中叶法国"海关革命"前因后果

王家宝　世界历史　97.3
评1919—1945年法国的军事建设　陈海宏　肖华锋　江西师范大学学报 97.3
1940年6月法国败降对二战战局的影响　周希奋、甘雨　暨南学报　97.2
1940年法国败降原因分析　李道豫　唐都学刊　97.1
试论战后法国的欧洲构想　谭晓曙　湘潭师范学院学报　97.5
试论20年代法国的欧洲安全对策　韦长发　安庆师院社会科学学报　97.2
浅论德国近代文化民族主义　宋晓芹　山西大学学报　97.3
德国的城市化、人口流动与经济发展　肖辉英　世界历史　97.5
关于1848年德国革命任务问题　关勋夏　暨南学报　97.3
德意志"以普鲁士为首的统一"——历史的必然　关勋夏　华南师范大学学报　97.5
德国魏玛时代"社会福利"政策的扩展与危机　李工真　武汉大学学报　97.2
德国1921—1923年通货膨胀的原因及政治影响　梅义征　安庆师院社会科学学报　97.3
论1923—1929年德国施特雷泽曼时东方政策　姚华　武汉大学学报　97.5
俾斯麦与曾国藩之试比较　叶隽　德国研究　97.3
1939年希特勒派往西藏的使节　房建昌　德国研究　97.1
试论德意志军国主义传统的成因　李冈原　湖北师范学院学报　97.4
浅析德国纳粹党性质转变的原因　吴晓莉　蒲峪学刊　97.4
普通德国人与大屠杀　(美)戈德哈根；力文译　现代外国哲学社会科学文摘　97.11
纳粹主义的残暴　保尔·斯塔米　台州师专学报　97.1
论纳粹德国的农业思想及政策　刘新利、王肇伟　世界历史　97.3
1945年前德国资本主义社会演变的特色及政治与经济的不同步性　吴友法　武汉大学学报　97.6
苏德战争爆发前夕希特勒对苏政策调整探析　程早霞、何长占　齐齐哈尔师范学院学报　97.6
论希特勒的战争指导　熊伟民　湖南师范大学　社会科学学报　97.3
纳粹德国为何对美国宣战　蒋相泽　学术研究　97.6
从德国对欧洲占领国的统治看欧洲新秩序的实质　国洪梅　牡丹师范学院学报　97.3
评德国和日本不同的二战史观　李乐曾　德国研究　97.2
战后德国分裂探析　龚向前、吴友法　江汉论坛　97.7
阿登纳的欧洲联合政策及早期实施——兼论德国对二战的反思　黄正柏　97.1
战后德国对外关系及其地位的演变　刘顺吉、唐连凤　呼兰师专学报　97.2
战后德国与朝鲜的统一进程比较研究　李尚学　湘潭师范学院学报　97.1
俄国村社制度述论　张广翔　吉林大学社会科学学报　97.4
俄国村社制度述论　张广翔　吉林师大学报　97.4
斯拉夫派与农奴制度　李玉君　西北师范大学学报　97.6
关于俄国征服西伯利亚问题的研究　初祥、赵杰　西伯利亚研究　97.1
20世纪初期远东地区的俄国移民问题　王国杰　史学集刊　97.2
浅析19—20世纪之交俄国资产阶级女权运动的失败原因　吴晓莉　历史教学问题　97.6
世界史背景下的俄罗斯远东，从过去走

向未来 （俄） B.л. 拉林；郭燕顺译 社会科学战线 97.2
“否则就永远不能讲了”：斯托雷平改革与俄国知识界的保守思潮 苏文 读书 97.1
试论19世纪的俄国地方自治机关 艾林 广西师范大学学报 97.4
浅析1917—1918年俄国地方自治机构的演变 徐向梅 东欧中亚研究 97.2
试论第三届国家杜马 刘显忠 史学集刊 97.3
俄国与西欧宗教改革之比较：兼谈改革对其历史进程的不同影响 苑一博 烟台师范学院学报 97.4
二月革命后俄国军队的民主化及其对十月革命的影响 吴伟 首都师范大学学报 97.5
俄国关于十月革命研究的新观点 帕·瓦·沃洛布耶夫、弗·普·布尔塔科夫 马克思主义与现实 97.5
“世界历史”与俄国十月社会主义革命 洪春 淮阳教育学院学报 97.3
俄国关于十月革命的研究概况及若干争论 孙凌齐 当代世界与社会主义 97.3
欲速则不达：纪念俄国十月革命80周年 胡瑾 山东大学学报 97.3
十月革命与东方社会主义战略——纪念十月革命80周年 俞良早 湖北大学学报 97.4
光辉不磨的根本历史经验——纪念十月革命80周年 徐双敏 中南财经大学学报 97.5
十月革命：必然性、历史意义和启迪 吴恩远 世界历史 97.5
十月革命永放光芒：纪念十月革命80周年 马文瑞 光明日报 97.11.11
十月革命揭示的真理永存：纪念十月革命胜利八十周年 周新城 中流 97.11
十月革命的原则是永存的：纪念十月革命80周年 辛岩 高校理论战线 97.11
一座耸立于人类历史长河的不朽丰碑：纪念十月革命80周年 常青 真理的追求 97.11
十月革命光芒永存：纪念俄国十月革命胜利80周年 沈志恩 浙江师范大学学报 97.5
列宁与十月革命 范玉传 马克思主义研究 97.6
马克思主义既不能被“泛化”，也不能被“简化”：纪念十月社会主义革命胜利80周年 倪德刚 中国党政干部论坛 97.11
关于十月革命的反思 殷叙彝 中国党政干部论坛 97.11
首都学者纪念十月革命80周年 光明日报 97.11.22
论哈萨克斯坦苏维埃政权的建立 邓浩 西北民族学院学报 97.1
哈萨克斯坦共和国百年历史人口透视 李琪 西域研究 97.4
关于帝国主义三次联合武装进攻苏俄问题的再思考 张盛发 东欧中亚研究 97.1
试析苏联对九·一八事变的态度 尤东晓 日本研究 97.2
评“九·一八”事变前后苏联对中东铁路的处理 孙月华 泰安师专学报 97.2
论1939年苏联的外交选择 曹胜强 史学集刊 97.4
《布列斯特和约》与《苏德互不侵犯条约》比较研究 欧阳杰 吉安师专学报 97.1
苏德战争初期苏军受挫原因新探 张广翔 长白学刊 97.1
略论二战中苏联对日政策的影响 张晓

峰、王玉玲　北方论丛　97.2
试评苏联在第二次世界大战中的对日宣战　范浔华　探索　97.3
一场实力悬殊的战争:评苏联红军与日本关东军之战　周銮书、廖信春　江西师范大学学报　97.4
1941年苏联关于日本对苏动态的情报　娄杰、左凤荣译　民国档案　97.3
战后初期的苏联经济　张义德　历史教学　97.9
苏联是抗击法西斯的中流砥柱　高其荣　云梦学刊　97.1
评赫鲁晓夫的"秘密报告":兼谈邓小平对毛泽东的正确评价　杨小燕　当代中国史研究　97.5
赫鲁晓夫与1956年"十月革命的波兰春天"　李华　南京社会科学　97.10
勃列日涅夫时期的苏联意识形态　安启念　哈尔滨师专学报　97.3
试论列宁与党内反对派　吴善群　龙岩师专学报　97.1
列宁晚年对斯大林的六大批评　胡林辉　中学历史教学参考　97.6
对托洛茨基《新方针》的再评价　孙景峰　吉林大学社会科学学报　97.4
必须辩证地对待苏联革命和建设的经验　周新城　中国人民大学学报　97.2
历史的必然还是偶然:论苏联社会主义工业化发展模式的形成　马占稳　河北师院学刊　97.3
苏联农业集体化的历史回溯与评析　宋才发　黄淮学刊　97.1
苏联新经济政策时期市场发展状况与私商——兼论20年代市场的特点　胡舶　华东师范大学学报　97.5
苏联早期政治建设中的另一条道路:关于布哈林的政治建设思想　张森林　外国问题研究　97.2
斯大林和布哈林关于农民问题的认识比较　赵占伟　洛阳师专学报　97.1
苏联知识分子问题和布哈林的"奇谈怪论"　郑异凡　当代世界社会主义问题　97.2
布哈林对列宁合作化思想的继承与发展　赵占伟、张德昌　河南大学学报　97.3
试论战后初期斯苏联对"基金"和银行的态度转变及对苏美关系的影响　毛锐　山东师大学报　97.1
析二战中西班牙之中立　陈安全　淮北煤师院学报　97.1
无政府工团主义与内战前的西班牙第二共和国　郑宪　苏州大学学报　97.2
加富尔与意大利的统一　辜庆志　沧州师专学报　97.4
意大利的政治——社会分裂与法西斯政权的早熟　刘家钦　阜阳师范学院学报　97.3
瑞典妇女运动特点初探　张晓华　世界历史　97.6
试论澳大利亚"白澳政策"的形成及其原因　杨梅枝　唐都学刊　97.4
试析澳大利亚的"白澳政策"　谢梅枝、谢秀英　陕西师大学报　97.4
澳大利亚民族文化心理的自卑与优越　张安德　湖北大学学报　97.5
澳大利亚土著文化及其滞后原因　刘丽君　汕头大学学报　97.6
澳大利亚"淘金狂"及其影响　张建新　世界历史　97.3
论澳大利亚建国初期的国家法制化　张天、张晓虹　社会科学战线　97.3

五、东欧中亚史

当前苏联史研究中的几个方法论问题 陈之骅 东欧中亚研究 97.4
俄国社会发展模式分析 孙晓谦 学习与探索 97.2
重评苏联的"一国社会主义"论争 刘文汇 徐州师范大学学报 97.2
马克思和民粹派关于俄国村社论述的比较研究 郑祖铤 史学月刊 97.2
俄乌克里米亚问题的由来 赵克仁 世界历史 97.5
东正教与俄罗斯历史命运 葛因子 俄罗斯研究 97.5
俄罗斯引进中国文化的四次热潮 李明滨 华侨大学学报 97.2
俄罗斯流民研究 薛永盛、韩来兴 黑河学刊 97.5
斯大林遗体迁葬秘史 解红、王鹏 环球时报 97.10.12
1996年中亚史研究述评 贾依肯 中国史研究动态 97.8
1916年中亚各民族起义原因探讨 万雪玉 新疆大学学报 97.4
论共产党情报局的成立 孙耀文 世界历史 97.3
论经互会的问题与苏东关系 李兴 世界历史 97.6
保加利亚历史概要 葛志强 东欧 97.1
季米特洛夫关于人民民主思想的演变 马细谱 世界历史 97.4
波兰犹太人的反法西斯抵抗斗争 姜天明 史学集刊 97.2
论波兰三次被瓜分与卡廷惨案 王春良 山东师大学报 97.1
斯洛伐克民族英雄施特凡民克 朱伟华 东欧 97.1
捷克著名人物马萨里克的生平和学说 万世荣 东欧 97.3
西方为何没有干预"布拉格之春"? (俄) H.H. 奥尔利克;王昌滨摘译 当代世界 97.5
试论克罗地亚走向独立的历史进程 张世满 世界历史 97.4
塞尔维亚的独立与大国外交 林绍玲 世界历史 97.2
政体问题与南斯拉夫的解体 雷琳 当代世界与社会主义 97.3
马其顿历史演变中的几个问题 姚勤华 史林 97.3
一桩扑朔迷离的历史疑案 晓光、李英鹏 东欧 97.2

六、美 洲 史

"独立"和"平等"是近代美国反对英国殖民统治的两面旗帜 王锦瑭 武汉大学学报 97.5
殊途同归:"启蒙"与"大觉醒" 孙有中 美国研究 97.4
试析北美独立战争过程中的外交策略 姜德琪 淮北煤师院学报 97.3
美国诞生的时间辨 翁有利 范有芳 松辽学刊 97.2
从宪法角度看美国内战的爆发 艾克文 武汉教育学院学报 97.2
内战前美国国有土地市场的形成与发展

陈锡镖 上海社会科学院学术季刊 97.4
内战时期林肯反奴隶制思想的演变 徐宏英 青岛大学师范学院学报 97.1
内战前美国国有土地开放的经济影响 陈锡镖 复旦学报 97.5
美国革命时期黑奴制合法地位的确立 梁茂信 历史研究 97.6
工业化时期的美国城市化 王小侠 沈阳教育学院学报 97.4
论镀金时代美国社会思潮之主流 袁鹏 北方论丛 97.2
试论战后美国总统与国会的外交权之争 李胜凯、刘国柱 齐鲁学刊 97.3
移民:美国历史发展的动力 张玲蓉 江西师范大学学报 97.5
从人口流变看纽约市哈莱姆贫民区的成因 林广 华东师范大学学报 97.6
精神因素在美国扩张中的作用 宋云伟 山东师大学报 97.1
约翰·昆西·亚当斯对"门罗宣言"的贡献 孙唐水 淮北煤师院学报 97.1
汉密尔顿与美国民族市场的成长 孙文武 世界历史 97.1
美国中西部城市的衰落及其对策——兼议中国"东北现象" 韩宇 东北师大学报 97.5
有关美国"权利法案"的几个问题 赵夙岚 南开学报 97.4
杰斐逊与美国购买路易斯安娜 赵学功、曹萌 历史教学 97.11
美国宪政体制稳定的第一基石——麦迪逊的社会利益多元体制论 夏立安、万尚庆 湖北大学学报 97.5
30年代美国未走上法西斯道路的原因初探 李淑芳 黄冈师专学报 97.3
从"杀鸡取卵"到"养鸡下蛋":道威斯计划述评 缪军 固原师专学报 97.5
中国人的罗斯福新政观 杨玉圣 史学月刊 97.2
罗斯福与"四大自由" 蒙思 同舟共进 97.4
试析"马歇尔计划" 腾海剑 昭乌达蒙族师专学报 97.1
美国的"第三院游说"制度 董天佳 社会学研究 97.4
战后初期美国推动西欧联合政策的实行 徐煜 湖北师范学院学报 97.2
战后美国犹太人民族凝聚力的盛衰 李晓岚 历史研究 97.2
论古巴导弹危机及其后果 韩洪文 聊城师范学院学报 97.2
19世纪后半期美国经济迅速发展的原因 赵学功 历史学习 97.2
战后美国的贫困、贫困结构和贫困线 黄安年 史学月刊 97.4
社会救济时期的社会保障——17世纪初20世纪30年代的美国 黄安年 山东师大学报 97.4
美国西部牛镇的兴起与变化 周钢 首都师范大学学报 97.2
林登·约翰逊的"伟大社会"与美国当代经济的发展 杨鹏飞 青海师范大学学报 97.3
20世纪前期美国汽车工业快速发展原因 王金彪 河南大学学报 97.5
美国建国以来移民政策的发展变化 丁则民 湖北大学学报 97.2
美国的非法移民与政府政策效用分析 梁茂信 史学集刊 97.4
战后洛杉矶地区新移民对华侨华人社会的影响 (美)黄兴荣 华人华侨历史研究 97.4
美国1952年移民法对亚洲移民和亚商集团的影响 戴超武 东北师大学报 97.2
1940—1990年美国移民政策的变化与影响 梁茂信 美国研究 97.1
美国1965年移民法对亚洲移民和亚裔集团的影响 戴超武 美国研究

97.1
两次世界大战期间美国的人力动员政策 陈海宏 齐齐哈尔师范学院学报 97.5
论早期美国对印第安人的“开化”政策 李胜凯 烟台大学学报 97.3
论早期美国政府对印第安人的“开化”政策 李胜凯 山东师大学报 97.5
评美国的“人权外交” 朱广东 盐城师专学报 97.1
美国人权状况的透视 赵云秀 人文杂志 97.3
“西雅图精神”刍议 丁则民 东北师大学报 97.5
美国新左派运动 王恩铭 史学月刊 97.1
17世纪至20世纪50年代美国黑人法律地位的演变 邢先进 洛阳师专学报 97.3
美国黑人解放运动道路之争 吴金平 社科信息 97.4
20世纪美国城市黑人问题 胡锦山 东北师大学报 97.5
论十九世纪后期美国社会城市化发展 王金虎 史学月刊 97.4
1860—1920年外来移民对美国城市化的影响 梁茂信 东北师大学报 97.5
工业城市发展的周期及其阶段性特征——美国中西部与中国东北部比较 王旭 历史研究 97.6
略论宗教在美国城市化中的作用 金卫星 世界历史 97.6
七八十年代美国宗教新右派运动 钟文范 武汉大学学报 97.3
美国对外关系的文化探源 王晓德 历史研究 97.3
从理想到现实:独立战争期间的美国外交 陈效卫 解放军外语学院学报 97.3
美国在菲律宾的殖民政策及其影响 周庆 宁夏教育学院 银川师专学报 97.1
评美国的“门户开放”政策 吴双全 兰州大学学报 97.4
略论美国对九·一八事变的态度 吴惠敏 云南教育学院学报 97.1
北非登陆前美国不承认自由法国的客观原因 彪晓红、宋永成 历史教学 97.7
珍珠港事件前美国的对日政策 国洪梅 牡丹江师范学院学报 97.1
从孤立主义到反法西斯立场的转变:太平洋战争爆发前美国的对外政策 王春梅 社会科学探索 97.2
试析美国传统外交政策:孤立主义的发展及其在30年代外交中的运用 张宗华 西北师大学报 97.4
威尔逊的社会政治观、历史观及其外交政策 韩莉 首都师范大学学报 97.1
论艾森豪威尔政府在朝鲜战争中的核讹诈政策 赵学功 南开学报 97.4
朝鲜战争中美国越过三八线的决策过程 杨彪 上海教育学院学报 97.4
1941年美日谈判美国草案中有无停止援华条款:兼述美方两个提案的演变 王建朗 近代史研究 97.3
美国亚洲战略中的香港问题 (1943—1949) 郭又新、刘大平 东北师大学报 97.4
西奥多·罗斯福与排华 朱卫斌 中山大学学报 97.4
美国亚洲冷战政策形成探微 王伟 松辽学刊 97.4
1949年美国延宕承认新中国“共同阵线”政策述评 林利民 世界历史 97.2
美国建立国家安全委员会原因初探 周军 历史教学问题 97.6
艾森豪威尔政府对华冷战外交探析 孟

庆龙　世界历史　97.5
美国"遏制但不孤立"中国政策提议的历史由来、反响及其意义　顾宁　世界历史　97.1
苏联东欧内部变化和美国的政策　时殷弘　世界历史　97.6
试论美国文官制度的形成、演变及其影响　刘建芳　青海师范大学学报　97.4
美国知识分子与现代文官制度的形成　黄贤全　西南师范大学学报　97.3
战后日美科技政策成败的原因之比较　伍玉林、宁家丽　学术交流　97.4
萨帕塔主义与资本主义(1910—1996)：从经济民族主义到全球化　(墨)塞尔希奥·德拉佩尼亚；曾昭耀译；白凤森校　拉丁美洲研究　97.1
19世纪中期墨西哥革新运动述评　池小平　内蒙古师范大学学报　97.5
试探拉美经济发展落后于北美的根源　韩琦　世界历史　97.3
论独立运动前夕拉丁美洲资本主义因素及其特点　陆国俊　世界历史　97.2
加拿大魁北克省分离运动的历史渊源　杨令侠　历史研究　97.2
加拿大北极高纬度地区德文岛北部史前早期爱斯基摩人的骨骼遗存　(加)詹姆斯·W·海尔默·布兰德·V·肯尼迪；杨静华译　北方文物　97.1
早期加拿大史上法国人的殖民定居活动　陆明　黑龙江教育学院学报　97.4
关于1995年10月魁北克独立问题的公民公决：当代魁北克民族主义对加拿大政体及多元化主义的攻击　徐炳勋　内蒙古大学学报　97.3
加拿大由不涉足远东到卷入朝鲜战争的转变　李节传　世界历史　97.2
新中国成立前后的加拿大对华关系　刘广大　世界历史　97.6
加拿大与美国在"联合国军"跨越38°线问题上的分析　李节传　南开学报　97.6

七、国际关系史

1909：国际禁毒大会在沪召开　邢建榕　世纪　97.1
联合国在世界非殖民化进程中的历史作用　刘少华　湘潭师范学院学报　97.1
英国、法国与美国内战外交　承庆昌　山西师大学报　97.3
1815年维也纳会议新论　吴木生　世界历史　97.4
试论1815年维也纳均势体系的特点　吴木生　南开学报　97.3
评维也纳会议的正统主义原则　褚娟　南通师专学报　97.1
试论中日甲午战争对日本政治和国民意识的影响　王文英　苏州大学学报　97.4
"三国干涉还辽"与日本军国主义的外交转折　张富强　社会科学战线　97.2
论远东国际关系格局的演变　黄鸿剑　南京大学学报　97.3
布列斯特和约的签订　熊银忠　历史教学　97.8
《布列斯特和约》与《苏德互不侵犯条约》比较研究　欧阳杰　吉安师专学报　97.1
1815—1914年欧洲均势关系探析　李晔、温文治　东北师大学报　97.3
第一次世界大战参战国问题再探：一战的参战国究竟有多少？　赵晓兰、吴潮　浙江师大学报　97.3

一战后的战绩和赔偿问题与30年代经济大危机　陈从阳　咸宁师专学报　97.2
顾维钧与巴黎和会　周建超　民国档案　97.1
日本的妥协与华盛顿五国海军协定　祝曙光　日本研究　97.4
华盛顿会议与日美在中国的争夺　林家恒　历史教学问题　97.3
20世纪国际秩序的历史研究——凡尔赛体系与雅尔塔体系比较　黄胜强　世界历史　97.1
雅尔塔体制与世界总体和平　丁晋清　广东党史　97.2
两次世界大战间欧洲集体安全系探微　郭梅花　青海师范大学学报　97.4
二战前期苏德经贸关系述论　程早霞、伍玉林　北方论丛　97.3
二战前夕欧洲各国外交走向与苏联"双重外交"的实施　胡刚亮　湘潭大学学报　97.5
二战期间美英在殖民地问题上的矛盾和斗争　马晓京　中南民族学院学报　97.2
英美特殊关系形成的历程及影响　刘忠堂、刘延胜　石油大学学报　97.2
德日合作开发原子弹之谜　陈宝莲　编译参考　97.12
德苏战争开始后纳粹德国外交活动论析　肖汉森　华中师范大学学报　97.5
略论二战中苏联对日政策的影响　张晓峰、王玉玲　北方论丛　97.2
试析1941年美国在美日谈判第一阶段的对日绥靖倾向　隋淑英　烟台大学学报　97.3
太平洋战争前美国的对日政策　唐庆　江汉大学学报　97.4
太平洋战争新资料：日军以细菌战攻击美军和美国本土内幕　吴天威　抗日战争研究　97.4
关于二战期间苏美英结盟的几点思考　祝中侠　安徽教育学院学报　97.3
论二战时期苏美关系的演变　张世均　青海社会科学　97.4
对第二次世界大战影响的再认识　雷恒军、田昕　汉中师范学院学报　97.2
从战争走向和平的二次探索：1947年巴黎和约的历史意义　刘尤喜　历史教学　97.3
苏南冲突与冷战述论　郝承敦　齐鲁学刊　97.2
三八线的由来及其政治作用　沈志华　上海师范大学学报　97.4
略论朝鲜战争对日本经济的影响　马焕明　史学集刊　97.3
美国在菲律宾的殖民政策及其影响　周庆　宁夏教育学院、银川师专学报　97.1
"门罗宣言"与"睦邻政策"　时晓红　山东师大学报　97.1
略论美菲交涉与《旧金山对日和约》中的"劳务赔偿"问题　侯文富　日本学刊　97.4
"没有永远的朋友，只有永恒的利益"：论美国在两次世界大战之间与主要资本主义国家的矛盾　程佩璇　徐州教育学院学报　97.1
美国与1944年英苏划分巴尔干势力范围　任东来　美国研究　97.1
美苏冷战起因透析　汪波　安徽大学学报97.6
导弹危机与多极化世界政治格局的萌芽　时晓红　沈阳师范学院学报　97.2
战后日美安全保障体制演变解析　赵志辉　淮北煤师院学报　97.1
战后初期美苏对日本的影响　高辉　日本研究　97.1
冷战后日韩俄美的东北亚政策比较　高平　辽宁大学学报　97.6
美国与南斯拉夫50年代初内政改革方

向问题　时殷弘　扬州大学学报　97.1
从“国家利益”看美国对朝鲜政策的演变　孟庆义　延边大学学报　97.3
禁运与反禁运:50年代中美关系中的一场严重斗争　陶文钊　中国社会科学　97.3
论赫鲁晓夫时期中苏关系破裂的苏联因素　李华　南通师专学报　97.3
略论日本大陆政策形成的历史原因　唐若玲　海南师院学报　97.1
浅论近代日本与欧美列强不平等条约的修订　王铁军　日本研究　97.1
美国远东政策之嬗变与日本的战争赔偿　陈从阳　咸宁师专学报　97.4
蒙日关系发展历程及趋向　娜琳　日本研究　97.1
奥地利问题与30年代的意德关系　杨和平　四川师范学院学报　97.5
论德皇威廉二世在义和团时期的对华政策　姜德晶　周小粒　外国问题研究　97.1
1879年德奥同盟形成原因浅析　蔡建　吴中学刊　97.2
试论1938—1945年中的中德关系　何兰　华中师范大学学报　97.5
英缅战争缅甸殖民化　李霞　汕头大学学报　97.1
英国强占香港岛与所谓“穿鼻条约”　刘存宽　世界历史　97.2
沙特阿拉伯与欧洲国家的关系　黄民兴　阿拉伯世界　97.1
永恒的美中民间友谊:“乒乓外交”揭秘　顾宁　世界历史　97.6